亳州年鉴

BOZHOU YEARBOOK

2021

中共亳州市委党史和地方志研究室 编

总第20卷

方志出版社
Publishing House of Local Records

图书在版编目（CIP）数据

亳州年鉴 2021 / 中共亳州市委党史和地方志研究室编 . -- 北京 : 方志出版社 , 2021.10
ISBN 978-7-5144-4882-5

Ⅰ . ①亳… Ⅱ . ①中… Ⅲ . ①亳州市 — 2021 — 年鉴
Ⅳ . ① Z525.43

中国版本图书馆 CIP 数据核字 (2021) 第 269860 号

亳州年鉴（2021）

编　　者：中共亳州市委党史和地方志研究室
责任编辑：张　颢

出 版 者：方志出版社
地址　北京市朝阳区潘家园东里9号（国家方志馆4层）
邮编　100021
网址　http://www.zgfzcb.org

发　　行：方志出版社图书经销中心
电话（010）67110500
经　　销：各地新华书店
印　　制：山东新华印务有限公司

开　　本：889mm × 1194mm　　1/16
印　　张：36.5
字　　数：797千字
版　　次：2021年10月第1版　　2021年10月第1次印刷
印　　数：001~800册

ISBN 978-7-5144-4882-5　　定价：260.00元

《亳州年鉴（2021）》编辑委员会

《亳州年鉴（2021）》编辑部

编辑说明

一、《亳州年鉴（2021）》以马克思列宁主义、毛泽东思想、邓小平理论、“三个代表”重要思想、科学发展观、习近平新时代中国特色社会主义思想为指导，坚持辩证唯物主义和历史唯物主义的立场、观点和方法，全面记述2020年亳州市自然、经济、政治、文化、社会、生态文明等各方面的发展情况，本卷是连续出版的第20卷。

二、《亳州年鉴（2021）》采用分类编辑法，按类目、分目、条目编排，部分内容设有次分目。条目为记述的基本单位。条目标题加【 】。全书设特载、专记、大事记、市情概览、中国共产党亳州市委员会、亳州市人民代表大会、亳州市人民政府、中国人民政治协商会议亳州市委员会、纪检 监察、民主党派、群众团体、法治、军事、经济管理、中药产业、农业、工业、商贸、旅游、财政 税务 金融、交通 邮政 通信、城乡建设与管理、教育、科技、文化、医疗卫生、体育、社会事务管理、开发区简介、县（区）概览、人物、附录32个类目。

三、本卷文字资料由全市各部门、各县（区）及其他有关单位提供，亳州年鉴编辑部统筹编纂，经各部门和单位审核定稿。记述时限为2020年1月1日至12月31日，为保持内容资料的完整性和连续性，部分资料适当上溯或下延。

四、本卷主要综合性统计数据由市统计局或相关单位提供。所用数据由于统计的来源、口径、方式、方法和时间的不同，可能存在一定差异，使用时请以市统计局提供的统计资料数据为准；凡市统计局未做统计的，以供稿单位提供的数据为准。计量单位一般均使用法定的单位。为遵从行业或使用习惯，有些内容使用“亩”等单位。数据一般保留到小数点后两位，保留数末尾为“零”的，一般不标出；同时，根据实际情况对部分数据予以全部保留。

五、本卷年鉴对各类目、分目间的交叉重复资料，在分清主次和互相协调的基础上，采取详此略彼的记述方法予以记载。

六、为方便读者查阅，本卷年鉴设“目录”“主题词索引”“图表索引”三种检索系统。

类目

亳州市行政区划图

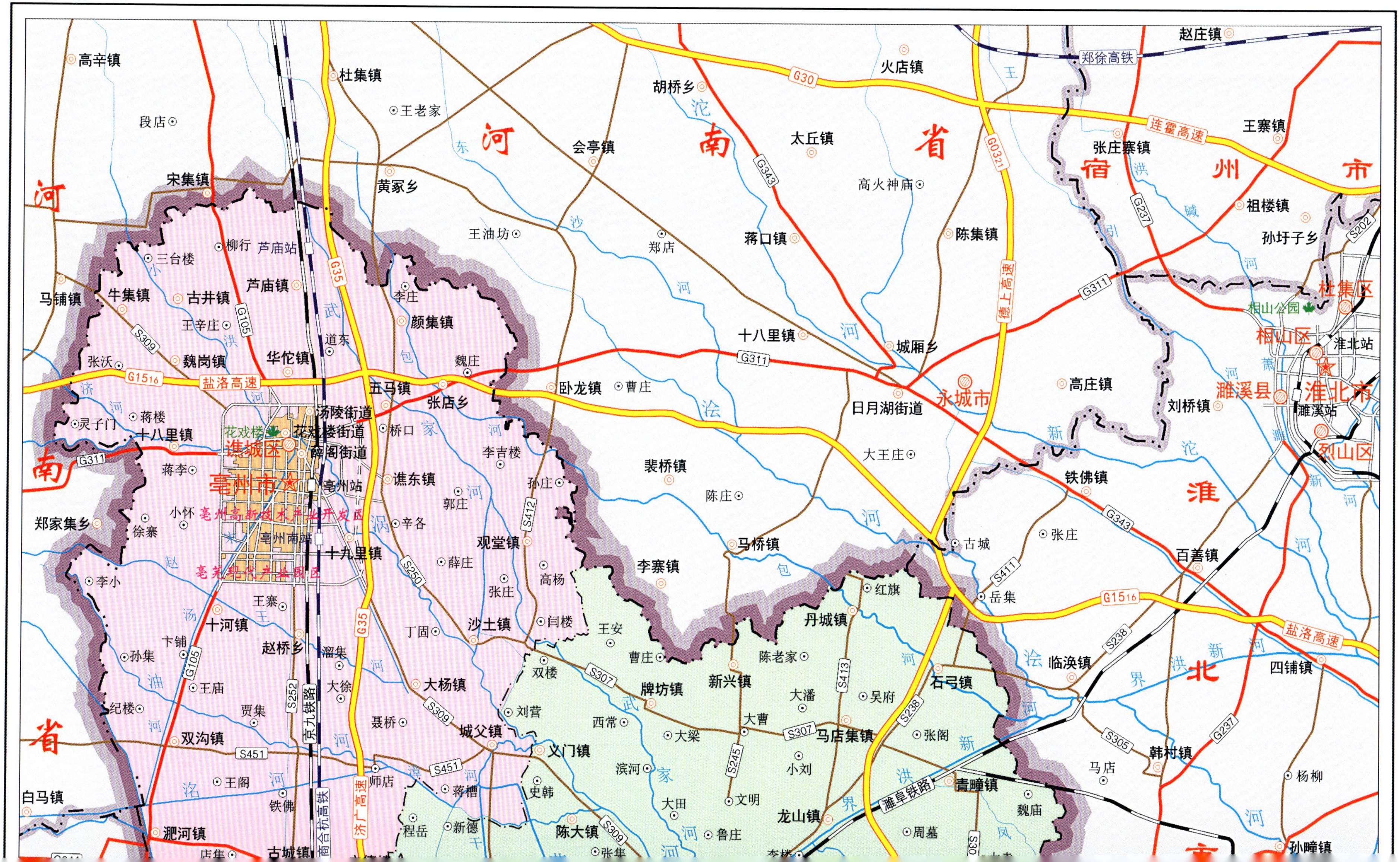

河南省
宿州市
淮北市
杜集区
相山区
烈山区
濉溪县
永城市
谯城区
亳州市
亳州高新技术产业开发区
亳芜现代产业园区
相山公园
花戏楼
淮北站
濉溪站
亳州站
亳州南站
连霍高速
盐洛高速
德上高速
济广高速
京九铁路
商合杭高铁
郑徐高铁
濉阜铁路
G30
G35
G0321
G1516
G311
G343
G237
G105
S202
S238
S305
S309
S307
S245
S250
S252
S412
S411
S413
S451
高辛镇
杜集镇
王老家
段店
宋集镇
黄冢乡
会亭镇
胡桥乡
太丘镇
火店镇
高火神庙
陈集镇
蒋口镇
郑店
王油坊
十八里镇
城厢乡
卧龙镇
曹庄
日月湖街道
大王庄
裴桥镇
陈庄
马桥镇
李寨镇
古城
岳集
张庄
铁佛镇
百善镇
临涣镇
四铺镇
韩村镇
马店
杨柳
孙疃镇
青疃镇
魏庙
周墓
高庄镇
刘桥镇
赵庄镇
张庄寨镇
王寨镇
祖楼镇
孙圩子乡
马铺镇
牛集镇
古井镇
芦庙镇
芦庙站
柳行
三台楼
王辛庄
魏岗镇
华佗镇
张沃
蒋楼
十八里镇
灵子门
蒋李
小怀
徐寨
郑家集乡
李小
十河镇
卞铺
孙集
王庙
纪楼
贾集
双沟镇
王阁
铁佛
白马镇
淝河镇
店集
古城镇
师店
蒋槽
新德
程岳
史韩
陈大镇
张集
五马镇
张店乡
汤陵街道
花戏楼街道
薛阁街道
桥口
李吉楼
谯东镇
郭庄
辛各
十九里镇
王寨
赵桥乡
溜集
大徐
聂桥
丁固
大杨镇
城父镇
观堂镇
薛庄
张庄
沙土镇
高杨
闫楼
孙庄
颜集镇
李庄
道东
魏庄
王安
曹庄
双楼
刘营
西常
义门镇
滨河
大田
鲁庄
文明
大梁
大潘
大曹
小刘
牌坊镇
新兴镇
陈老家
丹城镇
红旗
马店集镇
吴府
张阁
石弓镇
龙山镇

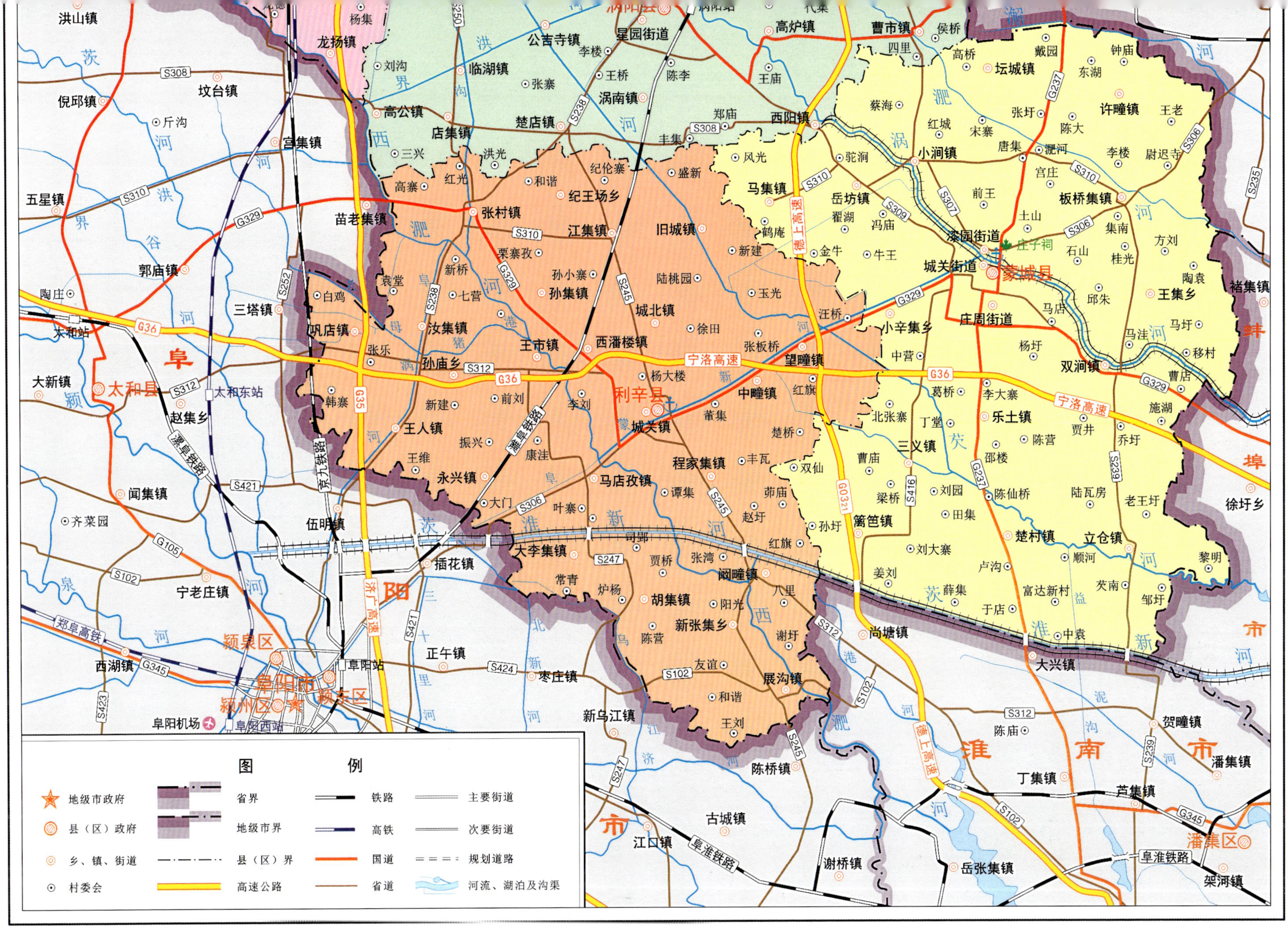

安徽省第四测绘院编制 审图号：皖亳S(2020)02号 二〇二〇年十一月

鸟瞰亳州　（刘勤利　摄）

数字亳州

地区生产总值及增长
931.8
1017.9
1066.9
1200.9
1351.5
1551.3
1749.0
1806.0
9.7
7.8
9.1
8.9
9.2
10.1
9.4
4.1
2013年
2014年
2015年
2016年
2017年
2018年
2019年
2020年
地区生产总值（亿元）
增速（%）

粮食产量及增长
447.4
467.5
485.2
473.9
483.4
487.8
499.7
505.2
1.1
4.5
3.8
-2.3
2.0
-2.6
2.4
1.1
2013年
2014年
2015年
2016年
2017年
2018年
2019年
2020年
粮食产量（万吨）
增速（%）

工业增加值及增长
267.86
293.38
311.98
334.63
358.31
402.3
448.8
454.8
13.0
9.0
10.1
9.7
8.5
10.9
10.5
4.9
2013年
2014年
2015年
2016年
2017年
2018年
2019年
2020年
工业增加值（亿元）
增速（%）

数字**亳州**

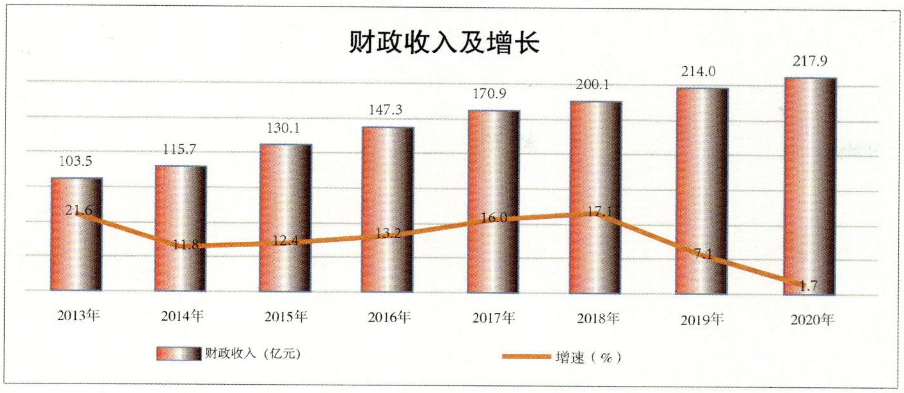
财政收入及增长
103.5
115.7
130.1
147.3
170.9
200.1
214.0
217.9
21.6
11.8
12.4
13.2
16.0
17.1
7.1
1.7
2013年
2014年
2015年
2016年
2017年
2018年
2019年
2020年
财政收入（亿元）
增速（%）

社会消费品零售总额及增长
453.4
516.9
588.4
672.3
762.1
861.8
966.9
991.7
15.1
14.0
13.8
14.3
13.4
13.1
12.3
2.6
2013年
2014年
2015年
2016年
2017年
2018年
2019年
2020年
社会消费品零售总额（亿元）
增速（%）

城镇常住居民人均可支配收入及增长
22605
21192
23120
25053
27246
29711
32409
34159
10.3
8.6
9.1
8.4
8.8
9.1
9.1
5.4
2013年
2014年
2015年
2016年
2017年
2018年
2019年
2020年
城镇常住居民人均可支配收入（元）
增速（%）

农村常住居民人均可支配收入及增长
7456
8967
9738
10576
11591
12756
14102
15293
13.8
12.0
8.6
8.6
9.6
10.1
10.6
8.5
2013年
2014年
2015年
2016年
2017年
2018年
2019年
2020年
农村常住居民人均可支配收入（元）
增速（%）

2020 年 2 月 20 日，中央广播电视总台《新闻联播》栏目报道古井集团防疫工作　（孙嘉伟　摄）

2020年2月13日，亳州青年关爱协会组织捐助物资
（张延林　摄）

疫情防控

疫情防控期间，亳州市相关企业抓紧生产抗疫物资。图为 2020 年 3 月 2 日，涡阳县中俄国际医学研究股份有限公司在赶制口罩　（张延林　摄）

2020 年 2 月 7 日，谯城区王炳华剪纸工作室，王炳华夫妇在创作剪纸作品《众志成城　战胜疫情》（刘勤利　摄）

2020 年 3 月 5 日，亳州同仁堂药房员工在包装抗疫“一号”方中药　（王长江　摄）

2020 年 2 月 27 日，在亳州市新型冠状病毒感染肺炎定点收治医院，医护人员护送出院患者　（刘勤利　摄）

2020 年，亳州市派出多批医疗队支援武汉抗疫。图为 2020 年 4 月 10 日，亳州市一批支援武汉抗疫医疗队员凯旋　（张延林　摄）

2020年12月19日，谯城区芦庙镇王楼村村民在晾晒红薯粉皮　（刘勤利　摄）

2020年1月18日，文艺下乡惠民活动　（张延林　摄）

脱贫**攻坚**

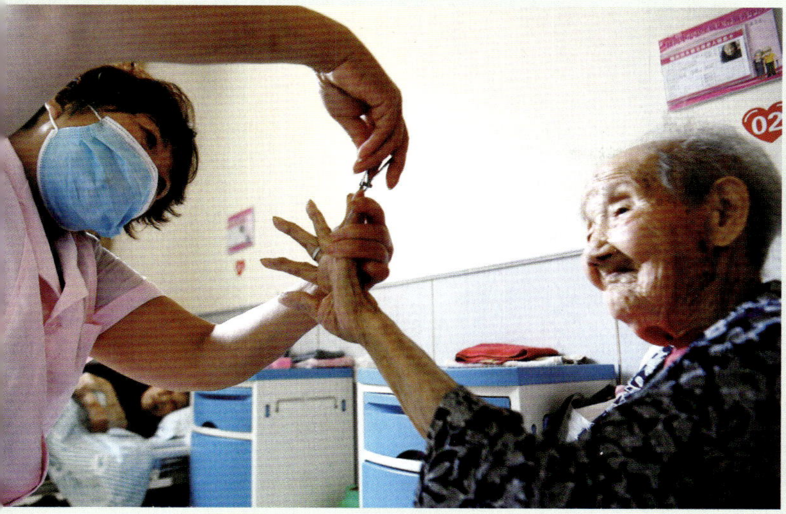

2020 年，亳州市多种形式推进医疗扶贫。全市医养相结合的养老服务体系初步形成。图为 9 月 11 日，谯城区魏岗镇敬老院医护人员在为老人剪指甲　（张延林　摄）

2020 年 4 月 15 日，利辛县巩店镇刘寨村扶贫就业车间　（刘勤利　摄）

2020 年，亳州市推进教育扶贫，无一儿童辍学。图为小学生在阅读课外读物　（张延林　摄）

谯城区五马光伏电站　（市扶贫开发局　供图）

2020年9月9日，国际（亳州）中医药博览会暨第36届全国（亳州）中药材交易会开幕
（药业发展局　供图）

亳州中药材商品交易中心

2020年9月，亳菊盛开　（刘勤利　摄）

2020年4月，谯城区十八里镇万亩芍花盛开
（刘勤利　摄）

世界中医药之都

（刘勤利　摄）

2020年9月9日，亳州市举办纪念华佗诞辰1893周年祭祀典礼　（张延林　摄）

药商在亳州中药材专业市场销售药材

（城建集团　供图）

2020年8月7日，小学生到亳州市中医院参观体验

（张延林　摄）

2020年5月15日，中国亳州中药材专业市场　（刘勤利　摄）

蒙城经济开发区江淮安驰汽车生产基地 （刘勤利 摄）

联滔电子机器人生产车间 （申晶 供图）

皖北承接产业**转移集聚区**

板集电厂 （陈海红 摄）

2020年8月6日，济人药业疏风解毒胶囊生产现场

（申晶　供图）

光大绿色环保生物能源（涡阳）有限公司厂房一角

（涡阳经济开发区　供图）

司尔特生态肥业厂区　（申晶　供图）

2000年，亳州绿色农产品在上海展销
（张涛　供图）

2020 年，涡阳县赵瓦房村中原绿色食品暨涡阳长三角蔬菜种植基地（张涛　供图）

五得利集团面粉生产车间　（张涛　供图）

长三角绿色农产品
生产加工供应基地

2020 年，蒙城县以小辛集乡精益诚食品有限公司等代表的果蔬加工龙头企业，辐射带动 45 家经营主体，成为安徽省内首家上海市外蔬菜主供应基地　（王森　供图）

2020年，亳州市粮食生产实现“十七连丰”。图为5月26日，谯城区小麦收割现场　（刘勤利　摄）

2020年，亳州市推进养殖业发展。图为10月16日，涡阳县安徽安欣（涡阳）牧业发展有限公司第一羊场，工人在打扫羊舍　（涡阳县高炉镇　供图）

2020年9月19日，古井贡酒2020秋季开酿大典在亳州中华酒谷古井酒神广场举行　（明梦晨　摄）

中国白酒博物馆　（桑雅　摄）

2020 中国·亳州
黄淮流域白酒核心产区高质量发展峰会

安徽金不换白酒集团

你公司产品 金不换厚道酒 在2020第三届黄淮流域白酒核心产区高质量发展峰会上，被评为

地域标志产品

特发此证！

中国食品工业协会白酒专业委员会
安徽省食品行业协会　江苏省食品工业协会
山东省食品工业协会　河南食品工业协会
2020年12月9日

2020 年，安徽金不换白酒集团获黄淮流域地域标志产品　（赵杰　供图）

2020 年 11 月 3 日，酱香百岁高炉家新品上市发布会　（王玉恒　供图）

金不换酿酒明清古窖池　（冯国杰　摄）

2020 年 12 月 7 日，中国白酒文化国际推广活动暨古井贡酒迪拜世博会中国馆指定用酒全球首发仪式在北京举行（桑雅　摄）

2020 年 7 月 9 日，中国白酒 T9 峰会在贵州茅台举行，古井集团董事长梁金辉（左三）参加峰会　（桑雅　摄）

2020 年，古井贡酒海外经销商携手共同战“疫”，图为 2 月 24 日，古井贡酒美国经销商在时代广场投放古井贡酒抗疫广告　（桑雅　摄）

华夏 酒城

无极酒窖

文化旅游强市

2020 年，亳州被评为中国最佳康养休闲旅游城市。图为中国国际健康旅游高峰论坛在亳州举办 （文化旅游体育局　供图）

2020年，亳州市继续推进国家非物质文化遗产传承。图为华佗五禽戏展演 （文旅局　供图）

2020年9月5日，游客在亳州北关历史街区参观　（刘勤利　摄）

（刘勤利　摄）

亳州花戏楼（史永刚　摄）

曹操地下运兵道（城建集团　供图）

商合杭高铁亳州跨涡河特大桥 （刘勤利 摄）

省际毗邻 区域中心城市

亳州高新技术产业开发区鸟瞰图 （亳州高新技术产业开发区 供图）

亳州南站 （刘勤利 摄）

亳州南湖灯光水舞秀 （陈海红 摄）

2020年，亳州市基础设施不断完善，亳州机场即将开工。图为亳州机场航站楼　（市机场公司　供图）

2020年，亳州市涡河高等级航道整治工程有序推进。图为整治后的涡河航道　（刘勤利　摄）

目　录

特　载

专　记

大事记

市情概览

中国共产党亳州市委员会

亳州市人民代表大会

亳州市人民政府

纪检　监察

民主党派

群众团体

法　治

军　事

经济管理

中药产业

农　业

工　业

商　贸

旅　游

财政　税务　金融

交通 邮政 通信

城乡建设与管理

教　育

科　技

文　化

医疗卫生

体　育

社会事务管理

开发区简介

县（区）概览

人　物

附　录

索　引

特　　载

亳州南湖美景　　　　（刘勤利　摄）

政府工作报告（节选）

——2021年2月23日在亳州市第四届人民代表大会
第五次会议上

亳州市人民政府市长　杜延安

一、攻坚克难，圆满收官“十三五”

过去一年是极不平凡的一年，突如其来的新冠肺炎疫情和各种困难挑战交织叠加，经济社会发展受到前所未有的冲击。全市人民在省委、省政府和市委的坚强领导下，坚持以习近平新时代中国特色社会主义思想为指导，全面贯彻党的十九大和十九届二中、三中、四中、五中全会精神，深入学习贯彻习近平总书记考察安徽重要讲话指示精神，在抗击疫情中负重前行，在应对挑战中攻坚克难，付出艰辛努力，经受多重考验，实现经济发展稳中向好，社会大局和谐稳定。全市地区生产总值达1806亿元，同比增长4.1%，居全省第四位；财政收入217.9亿元，增长1.7%，居全省第八位；固定资产投资下降3.3%；社会消费品零售总额增长2.6%；进出口总额增长2.8%；规模以上工业增加值增长5.9%；城镇、农村常住居民人均可支配收入分别增长5.4%、8.5%，城镇登记失业率2.4%。

一年来，重点抓了以下工作：

（一）迅速打响阻击战，疫情防控取得重大战略成果。坚持把人民生命安全和身体健康放在第一位，迅速打响疫情防控的人民战争、总体战、阻击战。严格落实“四早”要求，坚持中西医并重，创新实行“五集中”“六个一律”，在全省最早扩大核酸检测范围，最早成立大数据比对专班，用1个月时间控制住疫情蔓延，用43天时间实现住院患者“清零”，全市108个确诊病例全部治愈康复，自去年2月15日至今未新增确诊病例。坚决响应党中央和省委号召，派出24名援鄂医疗队员奔赴武汉保卫战、湖北保卫战主战场，为全国抗疫斗争贡献了亳州力量。疫情防控转入常态化后，坚持“人物同防”，制定突发疫情应急预案，建立满足30天应急需要的医疗物资储备体系，疫情防控成果得到有力巩固。在这场同疫情的殊死较量中，广大医务人员白衣为甲，逆行出征，向险而行，诠释了医者仁心和大爱无疆！各级党组织和党员干部闻令而动，人大代表、政协委员倾力相助，爱心企业、各界人士、海外同胞捐款捐物，公安干警、疾控工作人员、社区工作者日夜值守，志愿者和新闻工作者不畏艰险，环卫、快递、抗疫物资生产运输人员不辞辛苦，670万亳州人民同呼吸、共命运、齐奋斗，构筑起万众一心、抗击疫情的坚固防线，汇聚成众志成城、共克时艰、夺取胜利的磅礴力量！

（二）千方百计稳增长，“六稳”“六保”任务落地见效。在全省率先成立复工复产领导小组，常态化推进“四送一服”专项行动，创新开展“服务企业年·重点企业五级包保”活动，推动经济发展恢复性增长，全市地区生产总值一季度下降2.4%，二季度迅速恢复到正增长并逐季回升。坚持把稳就业、保居民就业放在首位，主动与长三角26个城市签订员工返岗复工协议，帮助130万外出务工人员安全返岗就业，城镇新增就业5.9万人，“亳州老乡，请您回家”和助力青年学子创业活动直接带动就业8.8万人次，青年创客空间成功入选安徽青年创业园。全面落实中央和省级下达财政资金直达基层、惠企利民政策，连续出台支持企业发展20条、降低企业用水电气汽成本等系列措施，成功发行地方政府专项债券84.6亿元，直接降低企业成本、减轻企业负担54亿元，发放疫情相关贷款6.6万笔、395亿元，小微企业贷款平均利率下降1.2个百分点，小微企业申贷获得率99.1%，居全省第一位。着力为市场主体营造良好发展环境，新增市场主体8.2万户，增长13.3%，“四送一服”工作在年度考核中居全省第三位。强力抓项目稳投资，新签约亿元以上工业项目236个，总投资797亿元。实际利用省外资金923亿元，居全省第八位、皖北六市第二位。举行重大项目集中开工活动13次，集中开工项目123个，总投资590亿元。460个亿元以上项目加快建设，103个亿元以上项目顺利竣工。着力稳外贸稳外资，新增进出口实绩企业63家，利用外商直接投资4.3亿美元。粮食生产突破100亿斤，达101亿斤，实现“十七连丰”，小麦新品种“国禾麦19”荣获全国强筋小麦评比冠军。生猪生产恢复到常年水平，三县一区全部列为全国生猪调出大县（区）。可再生能源并网发电规模164万千瓦。有序推进复工复产、复学复课、复商复市，生产生活秩序快速恢复，经济运行持续回升，全面回暖，回归常态。

（三）多措并举补短板，三大攻坚战取得决定性成就。打赢脱贫攻坚收官之战。深入开展“抗疫情、补短板、促攻坚”专项行动，开发扶贫公益岗位3.4万个，实施扶贫项目3716个，帮助15.6万贫困劳动力实现就业，帮销扶贫产品13.2亿元，在全省率先实现“四个清零”。中央专项巡视“回头看”和国家成效考核反馈问题、“单位包村、干部包户”等各类排查发现问题整改全面完成，“两不愁三保障”和饮水安全问题动态清零。剩余11382名贫困人口全部脱贫，脱贫攻坚普查高质量完成。污染防治成效显著。强化市中心城区网格化包保责任，落细落实工地扬尘管控、柴油车深度治理、中药材初加工治理、烟花爆竹禁放等举措，开展成品油市场专项整治，完成PM2.5年度任务，空气质量优良天数比例上升13.7个百分点。落实长江“十年禁渔”要求，退捕渔民全部安置到位，茨河鳜鱼青虾种质资源得到有效保护。河长制改革有力推进，获省级水生态补偿资金2200万元，居全省第三位，水环境持续向好。扎实开展净土保卫战，土壤环境保持稳定。畜禽粪污资源化利用做法在全国推广。防范化解重大风险。全面完成政府隐性债务化解年度任务，化解非法集资陈案4件，银行业金融机构贷款质量居全省第四位。化解房地产领域历史遗留问题80个，“难办证”专项治理整改率99.97%。排查整改粮食储藏安全问题271个。农村乱占耕地建房问题整治工作扎实推进。

（四）凝心聚力强产业，转型升级迈出坚实步伐。传统产业提质增效。承接长三角产业转移集聚区建设获国家、省专项政策支持，新增规模以上工业企业91家，古井集团酿酒生产智能化等总投资152亿元的28个重大技改项目加快建设。酒饮料和精制茶制造业、汽车制造业增加值分别增长5.8%、24.1%，古井集团营业收入连续3年突破100亿元，江淮汽车中高端MPV正式下线，花草茶产业线上销售额达20亿元。涡阳县绿色装配式建筑、蒙城县汽车零部件获批省级县域特色产业集群（基地）。利辛县煤电一体化产业集群加快形成，板集电厂二期2×66万千瓦项目成功获批。新兴产业不断壮大。战略性新兴产业产值增长21.4%、居全省第五位。“世界中医药之都”建设成效明显，现代中医药产业规模达1450亿元，现代中药产业集聚发展基地产值增长14.2%，992个中药配方颗粒品种进入省医保目录，22个药品品种成功转入亳州市生产，113个品种签订仿制药一致性评价合作协议。新增“亳企登云”企业134家，培育省工业精品6个、新产品32个，培训企业家和企业管理人员1350人次。农业产业化稳步推进。长三角绿色农产品生产加工供应基地加快建设，市县区食品产业园经营收入115亿元，双百万工厂化产业化肉羊养殖、羊肉食品加工和冷链物流等项目稳步推进，全市供应长三角地区农产品241万吨，销售额202亿元。新认定“三品一标”农产品146个，涡阳高炉家酒入选中欧地理标志协定首批保护名录。新建改建农村综合服务社（中心）57家、农家店162家。农产品网络零售额总量和增速均居全省第二位，蒙城县获评国家级电子商务进农村综合示范县。现代服务业快速发展。新增限上商贸流通单位265家，“火热药都·惠民消费”活动累计带动消费超2亿元。开展“企业融资服务提升年”行动，金融机构贷款余额增长19.6%，居全省第五位，新增各类挂牌企业127家，实现直接融资193亿元。“互联网+金融”案例入选中国营商环境特色评选50强榜单。新增AAAA级景区2家，建成运营华佗百草园等一批精品旅游项目，利辛县西淝河国家湿地公园通过国家验收，成功举办中国国际健康旅游论坛，荣获“中国最佳康养休闲旅游城市”“中国研学旅行最佳目的地”等称号，旅游总收入、接待国内旅游人数恢复率分别居全省第二、第三位。邮政业务总量增长65%，居全省第一位，花草茶获2020年全国快递服务现代农业金牌项目。

（五）改革开放增活力，创新创造动能持续增强。重点领域改革不断深化。“放管服”改革提档升级，“一网一门一次”改革扎实推进，7×24小时政务服务地图正式上线运行，164项证明材料实行告知承诺制，82种410个事项实现自助办理，705个市本级公共服务事项1日办结，10020个市县两级行政事项全部实现全程网办，“最多上一次”事项占比达98.2%。省级开发区赋权清单全部对外公布。全省开发区改革创新推进大会在亳州市召开，亳州高新区、谯城经开区在全省省级以上开发区综合考评中进入30强，亳芜现代产业园区荣获“安徽省际产业合作园区”称号。1291个村全部完成农村产权制度改革，87.4%的村完成“三变”改革。国有企业工资总额预算管理、事业单位和国有企业公务用车改革顺利完成，国家医保基金监管方式创新试点市建设通过中期评估。创新推行邻长制，乡镇纪检监察工作协作区标准化规范化建设入选中国改革典型案例，“一线一网”打造“永不下班的政府”成为全省唯一入选全国走好网上群众路线的典型案例。开放合作持续拓展。积极融入长三角一体化发展，与沪苏浙的3个市（区）签订战略合作协议，与沪苏浙的13个园区开展对接合作，实现与长三角所有城市公安类电子证照互认互通、医保“一卡通用”、236个事项“一网通办”，异地就医的住院和门诊医保费用实现直接结算。中药“走出去”取得重大突破，亳州市中药配方颗粒被10多个国家和地区选作抗疫药物；济人药业公司中药配方颗粒获批进入德国主要城市药房销售，是唯一以药品身份进入欧盟市场的配方颗粒；疏风解毒胶囊成为英国政府“创新英国”全球第一个立项资助的中药。积极参加第三届进博会、世界制造业大会，成功举办2020年国际（亳州）中医药博览会暨第36届全国（亳州）中药材交易会。三县连续两年均上榜全国投资潜力百强县。创新能力日益增强。现有国地联合工程研究中心2家、省技术创新中心1家，设立院士和博士后工作站11家，药明康德等国内顶级研发团队入驻亳州。新认定高新技术企业79家，高新技术产业增加值增长14.6%，全社会研究与试验发展经费投入增长27.9%，每万人口发明专利拥有量增长38%，获省科学技术奖4项，获批省级以上科技重大专项、重点研发项目14项。

（六）建管并重提品质，城乡融合发展步伐加快。城市功能更加完善。国土空间规划编制工作有序推进。市、县城区122个城建项目完成投资81.7亿元，新建改建城市道路177千米，市中心城区道东2号、3号地块内的29条道路基本建成。开通5G基站1300个，5G网络实现市中心城区和三县县城主要区域全覆盖。城南地表水厂、220千伏亳州希夷输变电工程、太和至亳州天然气输送管道等一批供水供电供气项目建成投用或主体完工，6个省级开发区全部实现集中供热。累计完成72条道路雨污分流和248个易涝点整治，“城市看海”现象得到根本改变。数字化城管数据普查与采集范围扩展至163平方千米。建成宋汤河六期治理工程，新增公园、街头游园39个，完成人工造林、森林抚育7933.33公顷。成功获批国家节水型城市，顺利通过国家历史文化名城保护评估验收。亳州市和蒙城县获评全国文明城市提名城市、省文明城市，谯城区获评省文明城区，涡阳县、利辛县获评省文明城市提名城市。美丽镇村加快建设。建成美丽乡村省级中心村56个，80个乡镇污水处理厂全部投入使用，农村卫生厕所普及率72%，农村生活垃圾无害化处理率95.9%，三县均获批中央财政农作物秸秆综合利用试点县，蒙城县获评全国村庄清洁行动先进县。完成农村公路扩面延伸工程931千米。实施农村饮水型氟超标改水工程20处，惠及23万人。建成村级综合文化服务中心1320个。创建人居环境整治省级重点示范村16个。获评全国文明村镇5个、全国乡村旅游重点村2个。农村电网改造升级工程完成投资4.3亿元。10个乡镇实现通燃气。党建引领信用村试点做法获省好评。基础设施不断完善。引江济淮亳州段正式通水，历史性地解决了长期困扰全市发展和百姓生活的水资源短缺问题。阜蒙淮城际铁路、亳蒙高速公路开工建设，亳州机场开工在即，涡河高等级航道整治工程有序推进，11个国省干线改造项目建设里程205千米，亳蒙城际铁路前期工作积极推进。

（七）用心用情保民生，人民群众获得感成色更足。着力加强民生保障。坚决兜牢基本民生底线，完成32项民生工程年度任务，民生支出328亿元，占财政支出的83.9%。棚户区改造住房基本建成18201套，完成老旧小区改造61个，被推荐为国务院真抓实干成效明显表扬激励对象。建成养老服务中心（站）161所，新增社会办养老床位650张。保障低保、“五保”、孤儿等救助对象27.1万人，发放救助资金12.8亿元。医保智慧监管做法获评全国医保经办精细化管理服务优秀案例。农民工工资防欠治欠成效显著。大力发展社会事业。持续加大公办教育投入力度，新建改扩建公办中小学、幼儿园79所，完成城镇小区配套幼儿园治理55所，公办幼儿园开设食堂、课后延时服务加快推开。2936个标准化中高考考场全部安装空调。组建城乡义务教育联盟26个。亳州学院顺利通过省学士学位授予权评估，亳州学院中医药学院即将开工建设。亳州职业技术学院获批建设省技能型高水平大学。启动总投资63亿元的医疗卫生健康事业“三年提升、两年巩固”行动，84个卫生健康项目已开工77个。连续8次荣获全国无偿献血先进市称号。古井贡酒酿造技艺等3个项目入选第五批国家级非物质文化遗产，市广电中心投入使用，三县融媒体中心通过省级验收。建成社会化足球场78个，成功举办全国象棋男子甲级联赛、全国健身气功网络视频大赛等活动。加快建设平安亳州。深化“铸安”行动，推进“1+2+22”安全生产专项整治三年行动，创新建成基层火灾防控“一镇一委一站”体系，安全生产实现“四降四无”。着力化解信访突出问题，信访形势持续向好。持续开展“守护平安”系列行动，国家安全全面加强，扫黑除恶专项斗争取得决定性胜利，药品药材、麻黄草及其制品专项整治成效显著，视频数据平台实现城市公共区域、农村重点部位监控全覆盖，人民群众安全感实现五连升，再创历史新高。退役军人事务服务能力得到新提升，蝉联全国双拥模范城，大型国防教育综合基地一期建成开放，“408”人防基本指挥所、“831”人防疏散基地建成投用。圆满完成第七次全国人口普查和“七五”普法验收工作。《亳州年鉴（2019）》获第七届全国地方志优秀成果年鉴类（市级）一等奖。市档案馆成功创建为国家级数字档案馆。民族宗教、气象、地震等工作再上新台阶，工会、妇女儿童、老龄、残疾人、红十字、关心下一代等事业实现新发展，对台、侨务、公积金管理、无线电管理和机关事务管理等工作取得新成效。

全面加强政府自身建设，不断提升治理能力和水平。坚决落实全面从严治党主体责任，建立健全“不忘初心、牢记使命”长效机制，持续深化“三个以案”警示教育。深入贯彻习近平法治思想，坚持依法行政，修订市政府工作规则，主动接受人大法律监督、工作监督和政协民主监督，合法性审查重大事项107件，办理行政复议案件198件，办理市人大代表议案建议185件、市政协提案建议（案）318件。深入落实中央八项规定精神及实施细则，大力整治“四风”特别是形式主义官僚主义，市政府文件、会议分别减少5.3%、6.9%，市本级一般性支出压减10%，全市“三公”经费支出下降11.5%。强化作风建设，深化廉政风险防控，加强审计监督，营造了积极向上、风清气正的良好政治生态。

过去一年，我们万众一心加油干，越是艰险越向前，走过了极不平凡的历程，收获了高质量发展的累累硕果，实现了“十三五”规划的圆满收官。回首过去五年，虽然征途充满艰辛，但我们靠苦干实干拼出了骄人业绩，现代化五大发展美好亳州建设取得了历史性重大进步。五年来，我们狠抓发展勇争先，综合实力实现重大突破。经济总量五年跨越8个百亿元台阶、是“十二五”末的1.7倍，年均增长8.3%、居全省第1位；累计完成财政收入951亿元、是“十二五”期间的1.9倍，年均增长10.9%，居全省第二位。经济总量和财政收入均又赶超2个市，分别上升至全省第9、第10位。人均地区生产总值突破5000美元，是“十二五”末的1.6倍；固定资产投资、社会消费品零售总额、进出口总额年均分别增长12.4%、11%和20.8%，呈现出“增速全省靠前、总量位次前移”的加速崛起态势。亳州市连续4年获国务院通报表扬，连续5年获省目标管理绩效考核先进单位，连续3年获省稳增长贡献奖，创建市以来最好成绩。获得省级以上表彰1066项，在省级以上会议作典型发言180次，在亳州市召开省级以上现场会79次，省级以上转发推介亳州市有关工作经验做法105次，充分展示了亳州奋发有为、勇争一流的时代风貌。

五年来，我们狠抓攻坚补短板，全面小康社会建设取得决定性成效。如期完成新时代脱贫攻坚目标任务，48.95万名建档立卡贫困人口全部脱贫，286个贫困村全部出列，三县一区全部摘帽，是全省唯一连续4年获得脱贫攻坚年度成效考核“好”等次且位次逐年前移的市。顺利实现污染防治三年攻坚目标，中央和省生态环境保护督察及“回头看”交办问题、“23+80+N”反馈问题完成整改，“地净、路畅、水活、天蓝、林拥城”工程深入实施，PM2.5平均浓度下降19%，森林覆盖率提高到21%，水环境质量改善、水污染防治考核连续3年居全省第一位，生态环境质量持续提升。有效防范化解重大风险，政府债务总体可控、稳步化解，金融网贷机构全部退出，银行业金融机构贷款质量连续5年保持全省前4位，顺利完成省下达化解非法集资案件任务，房地产市场平稳运行，为经济持续健康发展筑牢了安全底线。

五年来，我们狠抓产业优结构，转型发展取得显著成效。三次产业比由18.1∶38.8∶43.1调整为14.2∶35.0∶50.8。农业基础更加稳固，划定永久基本农田51.33万公顷，高标准农田占比49.7%，粮食单产、总产在全省名列前茅，农业产业化龙头企业总数达549家，规模农产品加工产值总量、增速均居全省第二位。工业经济质效齐升，规模以上工业增加值年均增长9.8%，高于全省1.8个百分点。“世界中医药之都”建设上升为省级战略。第三产业快速发展，对经济增长的贡献率达42.9%，较“十二五”末提高2.9个百分点，限上商贸流通单位达1008家，旅游总收入、接待国内外游客人数分别较“十二五”末增长7.1倍、7.8倍。

五年来，我们狠抓建设促协调，城乡面貌发生根本变化。市中心城区建成区面积由62平方千米扩大到117.4平方千米、增加89.4%，三县县城建成区面积由79.8平方千米扩大到113.3平方千米，增加42%，全市常住人口由505万人提高到520万人，城镇化率由37%提高到45%，市中心城区朝着百万人口大城市目标快速推进。城市承载力大幅提升，获批各类建设用地指标1.13万公顷，新建改建城市道路562千米，治理城区水系126千米，城市生活污水集中处理率提高到95%以上，乡镇政府驻地污水处理设施在全省率先实现全覆盖，生活垃圾日处理能力提高3倍，新增城市绿道262千米，建成区绿化面积950万平方米。新建改建国省干线公路555千米，商合杭高铁通车运行、亳州市迈入高铁时代。获批省级特色小镇5个，建成美丽乡村省级中心村271个，农村居民饮水安全有效保障，农村电网电压低问题得到极大改善，新建改建农村公路10298千米，全市40户以上较大自然村全部通硬化路，1141个建制村全部通客车，百万农民实现“出村硬化路，抬脚上客车”。

五年来，我们狠抓改革加强创新，开放水平得到明显提升。深化改革多点突破，政府机构改革全面完成，打造了“互联网+政务服务”、乡镇纪检监察工作协作区、乡镇生态环保工作站、农村敬老院、邻长制、企业联办服务平台、免费为新开办企业刻制寄送公章、村级集体经济“联合体·组合投资·优先股”模式等一批领先全省、叫响全国的改革成果。市场主体达34万户，较“十二五”末增长8.6倍。创新成果不断丰富，全社会研究与试验发展经费、每万人口发明专利拥有量、高新技术企业数、技术合同交易额分别较“十二五”末增长2倍、4倍、5倍、30倍，战略性新兴产业产值年均增长21.2%，高新技术产业增加值占规模以上工业增加值比重达34.9%。开放平台持续深化，正式加入长三角城市经济协调会、淮河生态经济带城市合作会议"俱乐部"，累计落地招商项目1675个，总投资3050亿元，引进高层次人才174人、急需紧缺人才1064人，建成一批科研合作平台，实现亳州海关开关运营，内陆开放大通关大通道大平台建设取得新突破。

五年来，我们狠抓民生办实事，人民福祉实现重大改善。城镇、农村常住居民人均可支配收入均是"十二五"末的1.5倍。民生支出1452亿元，是"十二五"期间的1.7倍。城镇新增就业超30.8万人，"一封家书"吸引3.1万名老乡回家成功创业，直接带动就业近40万人次。在全省率先实现城乡低保统筹，城乡养老服务三级中心实现全覆盖。改造棚户区住房13万套、农村危房5.7万户，改造老旧小区86个，群众居住条件得到极大改善。累计投入538亿元，推动教育、卫生、体育等事业实现了根本性提升。新建改扩建公办中小学、幼儿园696所，增加学位25.4万个，学前教育毛入园率、九年义务教育巩固率、高中阶段教育毛入学率均超过全省平均水平。亳州师专成功升格为亳州学院，结束了亳州市没有本科院校的历史。亳州职业技术学院在校生突破1万人。建成各类卫生健康项目279个，每千人口床位数、执业（助理）医生数、护士数分别是"十二五"末的1.7倍、1.9倍、2.2倍。建成各类体育场馆、体育公园、健身中心等设施35个，城市社区"15分钟健身圈"覆盖率96%，村级农民体育健身设施基本实现全覆盖。建成各类文化场馆1421个、新时代文明实践点654个，公共文化场馆全部免费开放。"中国好人"五年累计上榜人数居全省第一位，中央文明办"中国好人榜"网上发布活动在亳州市成功举办。

五年来，我们不忘初心、牢记使命，紧紧咬住发展不动摇，勇往直前，日夜兼程，苦干实干拼命干，取得了决胜全面建成小康社会的决定性成就。这些成绩的取得，是以习近平同志为核心的党中央统揽全局、掌舵领航的结果，是省委、省政府和市委坚强领导的结果，是市人大依法监督、市政协民主监督、社会各界大力支持的结果，是全市人民团结拼搏的结果。在此，我代表市人民政府，向在各个岗位上辛勤工作的全市人民，向给予政府工作大力支持的人大代表和政协委员，向各民主党派、工商联、人民团体和社会各界人士，向驻亳解放军指战员、武警官兵、政法公安干警和消防救援队伍指战员，向所有关心支持亳州发展的各界朋友，表示衷心的感谢！

面对人民群众对美好生活的向往和高质量发展的要求，我们清醒地认识到，发展不平衡不充分的问题仍然突出，主要是：经济体量不大，产业结构不优的局面尚未根本改变；创新能力较弱，科技成果转化、高层次人才支撑不足，还不能适应高质量发展要求；城乡之间、县域之间发展不够平衡，乡村振兴任务艰巨；生态环境保护任重道远，污染防治特别是大气污染防治仍需持续发力；开放型经济水平不够高，对外合作有待进一步深化；财政收支矛盾较为突出，民生、社会治理领域还有短板弱项；政府系统少数部门和个别干部担当精神、争先进位意识不强。对此，我们一定直面问题和挑战，勇于担当，精准施策，竭尽全力做好政府工作，决不辜负全市人民的期望和重托！

二、科学谋划，砥砺奋进"十四五"

根据《中共亳州市委关于制定国民经济和社会发展第十四个五年规划和二〇三五年远景目标的建议》，市政府编制《亳州市国民经济和社会发展第十四个五年规划和二〇三五年远景目标纲要（草案）》，提交大会审查。《纲要（草案）》深入贯彻习近平总书记考察安徽重要讲话指示精神，紧紧围绕强化"两个坚持"、实现"两个更大"的目标要求，聚焦加快建设经济强、百姓富、生态美的新阶段现代化美好亳州，明确今后五年经济社会发展的主要任务和2035年的远景目标，重点包括以下十个方面。

（一）强力推动经济实力实现更大跃升。把握开启全面建设社会主义现代化国家新征程的阶段性特征，贯彻新发展理念，服务构建新发展格局，抢抓长三角一体化发展、促进中部地区崛起、淮河生态经济带建设等国家重大战略机遇，充分发挥增长潜力巨大、产业特色鲜明、要素资源丰富等优势，加快建设"世界中医药之都”、皖北承接产业转移集聚区、长三角绿色农产品生产加工供应基地、华夏酒城、文化旅游强市和省际毗邻区域中心城市。经济增速较大幅度高于全省，高质量发展走在皖北前列，到2025年，经济实力显著增强，一般公共预算收入较大幅度增长，人均地区生产总值与全省差距进一步缩小。

（二）切实增强创新发展能力。坚持创新在现代化建设全局中的核心地位，实施科教兴市战略、人才强市战略、创新驱动发展战略，开展主导产业关键技术攻关，推进科技型中小微企业培育计划、药都“双创”英才计划，加快完善创新体制机制，以创新增强高质量发展动能。到2025年，全社会研究与试验发展经费投入、高新技术产业增加值、高新技术企业数翻一番，科技企业孵化器、众创空间实现县域全覆盖，创新能力显著增强，人才强市建设成果丰硕。

（三）着力完善现代产业体系。坚持把做实做强做优实体经济作为主攻方向，深入实施产业链补链固链强链行动、规模企业培育工程，转型升级传统产业，发展壮大新兴产业，做大做强现代中医药、白酒、农产品深加工、文化旅游四大主导产业，鼓励支持县区培育打造特色产业集群，提高产业链供应链现代化水平。到2025年，现代中医药产业迈向中高端，皖北承接产业转移集聚区建设走在全省前列，长三角绿色农产品生产加工供应基地基本建成，白酒产业影响力进一步提升，文化旅游对经济发展支撑作用不断增强，县区形成一批特色产业集群。

（四）深入实施扩大内需战略。统筹推进基础设施建设，建成亳州机场、阜蒙淮城际铁路、亳蒙高速公路等一批重大项目，积极争取亳蒙城际铁路获批建设，改造升级县际道路、县乡道路。提升传统消费，培育新型消费，适当增加公共消费，全面拓展消费需求。优化投资结构，激发民间投资活力，精准扩大有效投资。建设综合交通运输体系，完善现代商贸物流体系，打造应急综合体系。到2025年，综合立体交通网络基本形成，现代流通体系日益完善，有效需求规模不断扩大，在服务全国构建新发展格局中的作用进一步发挥。

（五）坚定不移深化改革开放。深化要素市场化配置改革，建设高标准市场体系，推进国资国企改革，实施民营经济上台阶行动计划，激发市场主体活力。加快政府职能转变，开展“四送一服”专项行动和“服务企业年”活动，完善地方财税金融制度，推动有效市场和有为政府更好结合。实行高水平对外开放，实施招商引资提质增效工程，全面推动开发区改革创新发展，加快发展外资、外贸、外经工作。到2025年，重点领域和关键环节改革扎实推进，开放型经济发展水平大幅提升，深度融入长三角一体化发展等国家重大战略取得明显成效，发展活力和动力显著增强。

（六）加快推动城乡协调发展。建设省际毗邻区域中心城市，推动县城建成中等规模城市。扎实推进新型城镇化，统筹新城区建设、老城区改造，支持基础较好的乡镇建设特色小镇。建设“数字亳州”，建成“城市大脑”，全面提升智慧城市水平。全面推进乡村振兴，提高农业质量效益和竞争力，实施乡村建设行动，深化农村改革，实现巩固拓展脱贫攻坚成果同乡村振兴有效衔接，打造新时代幸福新农村。到2025年，城市综合承载力和辐射带动力进一步提升，省际毗邻区域中心城市地位更加稳固，常住人口城镇化率持续提高，乡村振兴战略全面推进，城乡区域发展协同性明显增强。

（七）繁荣发展文化事业和文化产业。深入开展习近平新时代中国特色社会主义思想学习教育，拓展新时代文明实践中心建设。推进诚信建设，打造好人亳州品牌。加强城乡公共文化服务体系建设，推进媒体深度融合，实施文化产业优化升级工程，健全现代文化产业体系。到2025年，社会主义核心价值观深入人心，人民思想道德素质、科学文化素质、身心健康素质明显提高，公共文化服务体系和文化产业体系更加健全，群众精神文化生活日益丰富，全国文明城市创建成功。

（八）奋力打造生态宜居美丽新家园。践行“绿水青山就是金山银山”理念，实施大气、水、土壤污染防治升级版，守住自然生态安全边界。实施可持续发展战略，深入推进“地净、路畅、水活、天蓝、林拥城”工程，深化河长制、林长制改革，争创国家园林城市、国家森林城市。到2025年，国土空间开发保护格局得到优化，主要污染物排放总量持续减少，引江济淮入亳工程覆盖面不断扩大，生态安全屏障更加牢固，城乡人居环境明显改善，全社会绿色转型成效明显，生态文明制度深入落实。

（九）持续改善人民生活品质。坚持把实现好、维护好、发展好最广大人民根本利益作为发展的出发点和落脚点，提高民生工程质效，扎实推动共同富裕。建设高质量教育体系，建成投用亳州学院中医药学院。完善社会保险制度，加强分层分类的社会救助体系建设。健全公共卫生体系，全面推进健康亳州建设。到2025年，城镇新增就业15万人，居民收入较大幅度增长，基本公共服务均等化水平明显提高，人民受教育程度不断提升，多层次社会保障体系更加健全，医疗卫生健康事业“三年提升、两年巩固”行动成效显著。

（十）建设更高水平的平安亳州。落实国家安全战略，把安全发展贯穿全市经济社会发展各领域和全过程。加强产业、基础设施、粮食、能源、水资源、金融等风险预警和防控，确保经济安全。落实安全生产责任制，抓好森林防火、食品药品、河流湖泊、城市防洪等安全，完善应急管理体系，保障人民生命财产安全。完善社会矛盾综合治理机制，常态化机制化开展扫黑除恶斗争，维护社会大局稳定。到2025年，法治亳州、法治政府、法治社会建设取得积极进展，社会治理水平明显提高，平安亳州建设不断深化，统筹发展和安全更加有力。

今后五年，是我市抢抓机遇、加快发展的五年，也是乘势而上、再谱新篇的五年。前进道路上不会一马平川，风险挑战无处不在，只要我们坚定讲看齐、提振精气神、强化执行力，比别人干得更多、更实、更拼，就一定能够实现新阶段现代化美好亳州建设的宏伟蓝图！

三、奋力前行，只争朝夕开新局

今年是实施“十四五”规划、开启全面建设社会主义现代化国家新征程的第一年。我们要坚持以习近平新时代中国特色社会主义思想为指导，全面贯彻党的十九大、十九届二中、三中、四中、五中全会精神，深入落实中央经济工作会议精神，认真贯彻习近平总书记考察安徽重要讲话指示精神，全面落实省委十届十一次、十二次全会，市委四届十一次、十二次全会和省委、市委经济工作会议决策部署，坚持稳中求进工作总基调，立足新发展阶段，贯彻新发展理念，构建新发展格局，以推动高质量发展为主题，以深化供给侧结构性改革为主线，以改革创新为根本动力，以满足人民日益增长的美好生活需要为根本目的，坚持系统观念，巩固拓展疫情防控和经济社会发展成果，更好统筹发展和安全，扎实做好“六稳”工作，全面落实“六保”任务，强化“两个坚持”，实现“两个更大”，全面开启经济强、百姓富、生态美的新阶段现代化美好亳州建设新征程，确保“十四五”开好局，起好步，以优异成绩庆祝建党100周年。

今年发展的主要预期目标是：全市地区生产总值高于全省增速0.5个百分点，一般公共预算收入增长5.5%左右，社会消费品零售总额增长9.5%以上，固定资产投资高于全省增速1个百分点左右，城镇常住居民人均可支配收入与全省同步增长，农村常住居民人均可支配收入高于全省增速0.5个百分点左右，城镇新增就业3.2万人以上，城镇登记失业率4.5%以内，居民消费价格涨幅低于全省平均水平，全员劳动生产率5.3万元/人以上，研究与试验发展经费投入强度0.8%以上，常住人口城镇化率提高1.2个百分点以上，粮食产量稳定在100亿斤左右，能耗及生态环境质量指标完成省下达年度目标任务。

为实现上述目标，重点抓好七个方面工作：

（一）突出工业立市、产业强市，强力塑造现代产业体系。以链式思维提升产业层级。实施产业链补链固链强链行动，推行产业链链长制和产业集群群长制，开展重点产业产业链供应链设计，提高产业链供应链现代化水平。培育新增规模以上工业企业80家，规模以上工业增加值高于全省增速0.5个百分点。补强产业基础和产业链短板，培育“专精特新”中小企业、成长型小微企业各100家，新认定“专精特新”冠军企业5家。壮大县域经济，支持涡阳县培育绿色装配式建筑、生态有机农产品加工等重点产业，蒙城县发展汽车及装备制造、新型建材家居等主导产业，利辛县推动纺织服饰、食品制造及农副产品加工等产业集聚,谯城区建设具有重要影响力的现代中医药、白酒产业聚集地和创新示范区。提升金融服务产业链能力,开展“金融服务提升年”活动,新增贷款300亿元,实现直接融资120亿元,上市挂牌企业30家,推进药都农商行主板上市。

以集群模式壮大新兴产业。培育壮大以现代中医药为主体的战略性新兴产业,力争战略性新兴产业产值增长15%左右。制定实施新一年度“世界中医药之都”建设发展任务清单,推动现代中医药产业规模突破1500亿元。稳定中药材种植面积,实现中药材种植业产值38亿元以上。加快现代中药产业集聚发展基地建设,引进药品品种8个,培育年销售额亿元以上大品种5个,医药制造业产值达380亿元,增长10%,现代中药产业集聚发展基地产值增长13%。推进医药流通业线上线下同步发展,实贸易总额1000亿元以上。积极创建华佗中医药研究院和省中医药科学院亳州分院。推进先进制造业和现代服务业深度融合,促进现代服务业转型升级。

以创新驱动升级传统产业。实施高新技术企业和科技型中小微企业培育行动,充分激发创新活力,新认定高新技术企业20家,新建科技创新平台5家以上,新引进高层次人才50名左右,完成科技成果登记400件,确保高新技术产业增加值增速高于规模以上工业增加值增速。改造升级传统产业,创建省级数字化车间、智能工厂5家,实施重大技改项目25个,工业技改投资增长10%左右。完善支持白酒产业高质量发展政策措施,加快古井集团酿酒生产智能化技术改造项目建设,打造以古井集团为龙头的白酒产业集群,白酒业产值增长8%。加快建设长三角绿色农产品生产加工供应基地,推进双百万工厂化产业化肉羊养殖、羊肉食品加工和冷链物流等项目建设,新增规模农产品加工企业12家以上,规模农产品加工产值增长5%以上。加快建筑业转型发展,力争实现特级资质建筑业企业零的突破。强化数字赋能,新建5G基站1200个,新增“亳企登云”企业150家。

以全域理念发展文旅产业。加快文化旅游强市建设,持续开展文化旅游年活动,推动文化旅游产业高质量发展,力争旅游总收入、接待国内旅游人数恢复到2019年的75%以上。成立市中医药健康旅游联盟,打造中医药健康旅游目的地。实施全域旅游发展示范工程,加快建设华佗百草园二期、涡阳县道源国家湿地公园、蒙城县北淝河国家湿地公园等项目,着力提升林拥城、亳药花海休闲观光大世界、利辛县西淝河国家湿地公园等景区品质,打造精品旅游线路3条,创建国家AAA级以上旅游景区2个。大力发展乡村旅游,创建省特色旅游名村、A级旅游村庄、休闲旅游示范点各2个。

(二)突出扩大内需、畅通循环,强力厚植经济增长根基。大力度抓好招商引资。实施招商引资提质增效工程,在法定权限内制定出台更具吸引力的招商引资优惠政策和激励政策,形成大招商、招大商工作格局。聚焦主导产业,建立长三角、珠三角等重点区域产业图谱和招商地图,继续开展融入长三角招商引资活动,新签约亿元以上工业项目200个,每个载体至少引进5亿元以上工业项目5个、10亿元以上项目2个。实行“招商引资市长接待日”制度,定期开展已签约项目“回头看”,持续跟进项目投资转化,新落地亿元以上工业项目100个,新建亿元以上省外投资项目200个,实际利用省外资金增长5%。

快节奏推进项目建设。深化“四督四保”、领导包保、“双调度”等机制,推行“容缺受理+承诺”和政府投资项目代建制,用好地方政府专项债券,实施省市重点项目850个以上,完成投资1000亿元以上。继续实施新开工项目“季度滚动计划”、重大项目集中开工、项目前期工作攻坚行动,开工建设亿元以上项目140个以上、竣工80个以上,力争省重点项目投资完成率、开工率和竣工率位居全省前列。实施项目储备扩容行动,聚焦“两新一重”、先进制造业、民生保障等领域,高质量谋划储备强基础、提功能、利长远重点项目1200个以上、总投资3600亿元以上,争取更多项目纳入国家、省投资计划。

全方位激发消费潜力。开展消费提振行动,推动汽车、家电等实物消费,促进住宿餐饮、文娱休闲等受疫情冲击严重行业恢复性增长。大力培育商贸主体,建设特色商业街区和高品质夜市街区,新增限上商贸流通单位90

家，新建、改造菜市场10个以上，打造“15分钟便民服务圈”。加快“云端”消费升级服务，挖掘直播带货等消费潜力，积极参加“皖美好物”线上线下融合促销活动。深入推进电子商务进农村和农产品出村进城，加快蒙城县国家级电子商务进农村综合示范县建设，力争全市农产品网络销售额突破80亿元。落实带薪休假制度，扩大节假日消费。

多举措完善流通体系。完善物流体系，加快建设中国亳州综合物流园、韵达（亳州）现代产业园、涡阳港“公铁水”多式联运物流园区、蒙城县冷链物流项目等一批重点项目。培育壮大花草茶知名品牌，提升产业质量和水平。加强县域乡镇商贸设施和到村物流站点建设，提升县域乡镇消费便利度。推进“快递进村”，行政村快递服务通达率超80%，邮（快）件业务总量突破2.4亿件。

（三）突出深化改革、扩大开放，强力释放市场主体活力。大力推动改革攻坚克难。强化预算绩效管理，推进重点领域财政事权和支出责任划分改革。深化金融改革创新，加强金融风险防范处置。制定落实国企改革三年行动实施方案，健全以管资本为主的国有资产监管体制，支持国有企业围绕主业做大做优做强。推动公共资源交易领域行政处罚权相对集中，依法必须招标项目全流程电子化交易率达95%以上。深化要素市场化配置改革，促进土地、劳动力、资本、技术等资源在更大范围畅通流动。依法有序推动政务数据开放与利用，深化政务数据汇聚共享和创新应用。推进医保支付方式改革，深挖彻查持续打击欺诈骗保行为，通过国家医保基金监管方式创新试点市验收。推深做实教育、科技、文化体制等领域改革，依靠改革应对变局，开拓新局。

大力推动开放提质拓面。着力稳外资，落实外商投资法及配套法规、外资准入负面清单，积极参加进博会、世界制造业大会，加强外资企业跟踪服务，提升利用外资质效，确保增速高于全省平均水平。着力稳外贸，孵化新增进出口实绩企业20家以上，实现生产型企业进出口额增长8%左右。深化与“一带一路”沿线国家和地区经贸合作，积极发展市场采购贸易，支持出口产品转内销。推广国际贸易“单一窗口”、全国通关一体化模式，规范和降低进出口环节合规成本，提升货物通关时效和便利化水平。加快建设涡阳县农产品保税仓。办好2021年国际（亳州）中医药博览会暨第37届全国（亳州）中药材交易会，积极争取举办全国健康旅游大会。做好对台和侨务工作，拓展国际友城交流合作深度。

大力推动区域一体化发展。落实长三角一体化发展、促进中部地区崛起、淮河生态经济带建设等国家重大战略，用足用活国家、省促进皖北承接产业转移集聚区建设政策，积极争取能源指标、建设用地、电力交易等支持，打造高质量承接产业转移集聚区。加强与沪苏浙市（区）战略合作。推进特色产业协同创新，继续设立异地孵化器和科创基地，形成“创新在沪苏浙、转化在亳州”的格局。推进公共服务一体化，扩大与沪苏浙政务服务“一网通办”、居民服务“一卡通”覆盖面。

大力推动园区创新发展。创新园区管理体制、投入机制和要素保障机制，集中优势资源，支持6个省级开发区做大总量、提升质量、创新发展，力争省级开发区经营（销售）收入、一般公共预算收入增速较上年分别提高1.5个和2个百分点，在省内考核争先进位。依托省“6+2+N”产业承接平台布局，探索发展“飞地经济”，采取“园中园”、委托管理、投资合作等模式，深化与沪苏浙园区对接合作。深化开发区改革创新，实施“标准地”改革和“亩均效益”评价，推进低效闲置用地再开发，新增产业用地按照“标准地”供地的面积不低于20%。推动亳州高新区创建国家级高新区，建设省级承接长三角产业转移试验区。支持谯城经开区创建国家级开发区，支持亳芜现代产业园区打造现代新兴产业园、建设长三角省际合作示范园区。

大力推动营商环境优化。持续推进“互联网＋政务服务”延伸扩面，加大“皖事通”APP推广使用力度，初步建成“城市大脑”，98.5%以上的政务服务事项实现“最多上一次”，23.5%以上的政务服务事项实现“材料零上传”，新上线智慧审批事项50个，7×24小时“不打烊”政务服务自助大厅覆盖县区政务服务中心和部分银行网点。加快“放管服”改革迭代升级，动态调整权责清单，全面推行证明事项和涉企经营许可事项告知承诺制，着力推开企业简易注销登记改革，扎实推进政务服务“跨省通办”。常态化开展“四送一服”专项行动，持续推进“服务企业年·重点企业五级包保”活动，依法依规、穷尽办法、倾尽全力帮助市场主体解决实际困难。加大企业家培训力度，全面提升企业家素质和能力。认真落实减税降费等各项惠企政策，进一步减轻企业负担。推进大众创业万众创新，深入实施民营经济上台阶行动，全面实行市场主体住所（经营场所）“负面清单＋自主承诺”登记制度改革，新增市场主体4.8万户，民营经济增加值增长8%左右。

（四）突出优先发展、有效衔接，强力推动乡村全面振兴。巩固拓展脱贫攻坚成果。过渡期内严格落实“四个不摘”要求，保持现有主要帮扶政策总体稳定，加快实现巩固拓展脱贫攻坚成果同乡村振兴有效衔接。健全防止返贫动态监测和帮扶机制，常态化监测脱贫不稳定户、边缘易致贫户，重点监测收入支出情况、“两不愁三保障”和饮水安全状况，定期核查，精准施策，动态清零。强化易地扶贫搬迁后续扶持，加强扶贫项目资产管理和监督。调整优化产业扶贫政策，实施脱贫地区乡村特色产业发展提升行动，促进脱贫人口稳定就业。继续加大基础设施、公共服务投入力度，健全农村低收入人口常态化帮扶机制，带动更多脱贫人口和低收入人口就业增收。

加快现代农业发展。坚决扛起粮食安全政治责任，严守耕地保护红线，坚决遏制耕地“非农化”、防止“非粮化”，整治农村乱占耕地建房问题，新建高标准农田56万亩。调整优化种养结构，种植蔬果150万亩，抓好生猪稳产保供，守护好老百姓的“菜篮子”。强化农业种质资源保护与利用，加快推进农业关键核心技术攻关，加大粮畜新品种推广应用。推动农村一二三产融合补链强链，亿元以上农业产业化龙头企业发展到138家，新增现代生态农业产业化联合体20个，推动休闲农业和乡村旅游加快发展，每个县区至少打造1个全产业链发展的农业优势主导产业。培育“绿色亳农”品牌，新增“三品一标”农产品60个，培育中国驰名商标1个。扩大农业保险覆盖面。提升农业机械化水平，农作物耕种收综合机械化水平达93.5%以上，主要农作物农机作业托管服务面积占比达95%以上。开展新一轮“一规四补”，启动灾后水利建设三年行动计划，实施武杨河谯城段、茨河涡阳段、北凤沟蒙城段和利辛段等中小河流治理工程，建成涡河蒙城枢纽。

提升乡村宜居水平。加快乡村建设，启动实施农村人居环境整治提升五年行动，建成美丽乡村省级中心村84个，完成农村改厕2万户，农村生活垃圾无害化处理率在96%以上，乡镇政府驻地生活污水处理率提高到70%。加强农村基础设施建设，实施农村供水保障工程，改造农村公路500千米、危桥9座，动态清零农村危房。增加农村基本公共服务供给，建成乡村中小学智慧学校268所，乡镇卫生院和村卫生室标准化建设全部达标，村级综合文化服务中心覆盖率达98%。加强农村精神文明建设，深化文明村镇和文明家庭创建，推进农村移风易俗，开展一村一年一场文艺演出、一月一场电影等文化惠民活动，大力培育新时代中国特色社会主义乡村文明。

激发农业农村活力。稳妥推进第二轮土地承包到期后再延长30年试点工作。实施“三变”改革的村达89%，经营性收入50万元以上的村在15%以上。有序推进农村集体经营性建设用地入市，稳慎推进农村宅基地制度改革试点。建成县乡联网运行的农村产权流转交易市场，促进产权流转交易公开规范运行。加快培育新型农业经营主体，新增省级示范农民合作社20个、家庭农场22个，适度规模经营面积发展到470万亩，培训职业农民3200人次。提升农业社会化服务水平，新建改建为农服务中心、村级供销社各8家，新建改建农村综合服务社40家。全方位培养各类人才，加快推进乡村人才振兴。

（五）突出区域一体、内涵提升，强力加快新型城镇化建设。优化城市布局。坚定不移推进以人为核心的新型城镇化建设，推动更多农业转移人口落户城镇。完成国土空间总体规划编制，划定“三区三线”，更好引领城市发展。立足省际毗邻区域中心城市定位，编制实施市中心城区道东片区成片开发方案，高标准建设高铁新城、北部新城，构建城市发展新框架。提升基础设施互联互通水平，加快建设阜蒙淮城际铁路、亳蒙高速公路，开工建设亳州机场，建成涡河高等级航道整治一期主体工程，加快总里程105千米的9个国省干线改造项目建设，推进亳蒙城际铁路前期工作，完善连接长三角核心区的大通道。聚焦中等规模城市建设目标，加快推进三县新城区扩容提质、老城区改造提升、新老城区有机融合，支持基础条件好的乡镇高质量建设特色小镇，形成梯次带动、优势互补、协同发展的城镇化格局。

增强城市能级。实施121个重点城建项目，完成年度投资87.7亿元。建成市中心城区道东2号、3号地块路网和汤王大道涡河隧道，新建改造三清大道等市县城区道路65条，推进市中心城区快速路网前期工作，实施药都大道等24条道路照明补盲工程，让出行更顺畅。建设公园游园31个、城市绿道30公里，新增城市绿化260万平方米，争创国家园林城市。推进城区水系治理，完成"一涵三闸"主体工程，启动实施宋汤河局部修复和大西庄闸、王寨闸工程，全面修复城市水体生态。改造涡北水厂、市第三水厂配套供水设施，市中心城区天然气年供气能力达4亿立方米，改造污水管网125千米，进一步提升城市基础保障能力。

提升城市形象。开展城市体检，实施城市更新行动。贯彻《亳州市文明行为促进条例》，深入开展文明创建攻坚行动。着力加强城市精细化管理，建成综合管理平台，开展市容和环境卫生突出问题集中整治，提升"五车"监管平台实时管控能力，加大城区三轮车、四轮车专项治理力度，推进生活垃圾分类，城市垃圾做到"日产日清"和100%无害化处理。优化公交线路，提高服务水平。新增停车位6049个，鼓励机关企事业单位有序开放停车位。抓实内涵提升重点，修编国家历史文化名城保护规划，加大历史文化街区、历史建筑保护利用力度，推进中医药类非物质文化遗产保护和传承。

（六）突出生态环保、和谐共生，强力推进全面绿色转型。持续改善环境质量。巩固中央、省交办的突出生态环境问题整改成效。实施污染防治精细化差异化监管。强化大气污染防治，压实网格化责任，落实"五控"措施，推进柴油货车污染治理、挥发性有机物专项治理行动，推动PM2.5平均浓度持续下降。强化水污染防治，深化入河排污口和畜禽养殖场污染整治，建立水生态补偿机制，确保西淝河亳州市断面和利辛段断面、茨淮新河阚疃闸上断面达到III类水质，地表水优良率达23%以上。强化土壤污染治理修复和风险防控，推进化肥农药减量增效。

持续加强生态修复。实施城乡建设用地增减挂钩项目2万亩、工矿废弃地复垦利用项目6000亩，完成建设用地报批6000亩。推进林长制改革，实施国土绿化提升行动，完成人工造林3万亩，创建省级森林城镇4个、森林村庄28个，森林覆盖率达到21.3%。加强重点生态功能区生态系统修复，推进自然保护地勘界立标、规划编制和建设保护工作，做好茨河鳜鱼青虾种质资源保护工作。深化河长制改革，完成主要河流确权划界，深化河道"四乱"专项治理，加强西淝河、茨淮新河清水廊道保护。推进水体生态修复，实现水清岸绿河畅景美。

持续推进绿色低碳发展。制定实施碳排放达峰行动方案。加快推动产业绿色发展，创建绿色工厂3家，申报省工业领域节能环保"五个一百"推介项目20个，完成电能替代3.2亿千瓦时，秸秆、畜禽粪污综合利用率分别达93%和97%以上。加快培育循环经济、清洁能源等绿色新业态，建成投运利辛板集煤矿、涡阳信湖煤矿、市建筑垃圾综合处理项目，加快建设亳州木兰220千伏等输变电工程，开工建设利辛板集电厂二期、古井智能园区热电联产等工程。巩固国家节水型城市创建成果。

（七）突出民生为本、共建共享，强力改善人民生活品质。促进更充分的居民就业。落实援企、稳岗、扩大就业政策措施，常态化开展"2+N""招聘进镇村"活动，突出做好高校毕业生、退役军人、农民工、残疾人等重点群体就业。发挥公益性岗位就业兜底安置作用，帮扶就业困难人员就业，实现零就业家庭动态清零。建设人力资源服务产业园，用好建安零工市场，支持灵活就业。举办药都技能大师竞赛活动，开展就业技能培训3.8万人次，促进更充分更高质量就业。持续开展"亳州老乡，请您回家"和助力青年学子创业活动，开展创业培训3000人次，实现2万名左右高校毕业生留亳来亳就业创业。

提供更普惠的民生保障。完成民生工程年度任务。科学调整低保和特困人员供养标准，城乡居民医保参保率达96%以上。着力解决“一老一小”问题，按时足额发放养老金、高龄津贴，改建提升老年大学，创建医养结合示范机构、托育服务示范机构各2家，新增医养结合护理床位、社会办养老床位各500张，打造智慧养老试点示范工程8个。改造老旧小区61个。新开工棚户区改造住房9830套，基本建成12449套，公租房分配率达99%以上。升级各县区未成年人救助保护中心，统筹做好社会福利、慈善事业、留守妇女童老人关爱等工作。强化城市低收入群体等困难群众动态监测预警，加快建立分层分类的梯度救助制度体系。

发展更优质的教育事业。坚守为党育人、为国育才，启动实施德智体美劳全面培养五大行动，深化思政课改革创新。推动基础教育高质量发展，投入14.6亿元建设公办中小学、幼儿园55所，全面推广公办幼儿园午餐供应和课后延时服务，力争学前教育毛入园率达93.8%以上、普惠性幼儿园覆盖率提高到85.3%。促进义务教育优质均衡和城乡一体化，提升联盟办学实效。支持和规范民办教育。开工建设亳州学院中医药学院，支持亳州职业技术学院建成省技能型高水平大学，提高各类中职学校办学水平。提升普通高中办学条件，支持亳州一中打造皖北一流名校。稳定和壮大师资队伍，完善中小学教师待遇保障机制，培养20名药都名校长、50名农村优秀校长、100名市级学科带头人、50名药都名师。加强师德师风建设，继续开展“药都最美教师”和“最美职教人”评选活动。提高全民科学文化素质。

打造更完善的卫生体系。坚持“人物同防”，落细落实常态化疫情防控措施。健全公共卫生和疾病预防控制体系，扎实推进医疗卫生健康事业“三年提升、两年巩固”行动，加快建设市第二人民医院、市儿童医院、市肿瘤医院、市人民医院急诊大楼、市中医院二期工程，推进市传染病医院、市县区疾控中心等项目建设。提升县级医院综合能力，县域内就诊率85%以上。发展“互联网+医疗健康”，建成市远程心电平台、市人民医院互联网医院，乡镇卫生院远程医疗系统覆盖率20%以上。加强医疗人才队伍建设。深入开展爱国卫生运动。大力推广五禽戏，完善市中心城区“15分钟健身圈”，举办市第三届运动会。

建设更和谐的平安亳州。强化重大风险防控，严格政府债务管理，严厉打击各类非法金融活动，推进房地产市场“一城一策”差别化调控，牢牢守住不发生系统性风险的底线。强化应急体系建设，抓实安全生产专项整治三年行动，排查整改一般安全隐患6万处以上，建成市应急指挥中心，做好第一次全国自然灾害风险普查工作。强化基层社会治理，完善邻长制体系，完成村和社区“两委”换届，稳妥处置信访积案，深化“一村一警”建设，推动社会治理和服务重心向基层下移。深化社会治安防控体系建设，开展“守护平安”系列行动，常态化机制化推进扫黑除恶斗争，严厉打击黄赌毒、盗抢骗、食药环等各类违法犯罪活动，坚决捍卫政治安全，维护社会安定，保障人民安宁。

深入贯彻习近平强军思想，加强全民国防教育、国防动员和后备力量建设，强化退役军人服务管理，加快大型国防教育综合基地二期工程建设，建成双拥公园，完成市光荣一院主体工程，巩固军政军民团结，力争蝉联全省新一届双拥模范城。持续抓好民族宗教、气象、人防、地震、档案、地方志、统计等工作，大力发展工会、妇女儿童、残疾人、红十字、关心下一代等事业，扎实做好公积金管理、无线电管理和机关事务管理等工作。

进入新发展阶段，贯彻新发展理念，服务构建新发展格局，必须把发展重任扛在肩上，把万家忧乐放在心头，大力发扬为民服务孺子牛、创新发展拓荒牛、艰苦奋斗老黄牛的精神，加快建设服务有为、执行有力、人民满意的政府。要始终坚持对党忠诚。以党的政治建设为统领，以中央第五巡视组巡视反馈意见整改为抓手，坚决落实习近平总书记重要讲话指示批示精神，深入开展党史学习教育，增强“四个意识”、坚定“四个自信”、做到“两个维护”，自觉同以习近平同志为核心的党中央保持高度一致，不断提高政治判断力、政治领悟力、政治执行力，确保党中央国务院、省委省政府和市委决策部署不折不扣落到实处。要始终坚持尊崇法治。深入贯彻习近平法治思想，制定实施新五年法治政府建设纲要，启动实施“八五”普法，规范“三重一大”事项决策程序，用法治为行政权力定规矩、划界限、明职责。主动接受人大法律监督、工作监督和政协民主监督，自觉接受人民群众监督和社会舆论监督，强化审计监督、统计监督，推进政务公开标准化、规范化。要始终坚持人民至上。巩固深化“不忘初心、牢记使命”主题教育成果，紧盯“四个点问题”，开展好“我为群众办实事”实践活动，用脚步丈量土地，用眼睛发现问题，发挥“12345”市长热线、“政风行风热线—市长有约”作用，解决好群众身边的操心事、烦心事、揪心事，让670万亳州人民的日子越过越好。要始终坚持苦干实干。按照“四化三可”和“好快高”要求，坚持“三严三实”“马上就办、真抓实干”，只搞真的、不搞假的，大兴学习之风，加强调查研究，锻造抓落实的硬功夫，提升打硬仗的真本领，一个项目一个项目抓，一件实事一件实事办，用我们的辛勤劳作、夙夜在公换来实实在在的发展业绩。要始终坚持清正清廉。严格落实全面从严治党主体责任，认真履行“一岗双责”，让知责、担责、履责体现在每个单位、每个岗位上。严守中央八项规定精神及实施细则，开展新一轮深化“三个以案”警示教育，贯彻落实政府督查工作条例，大力纠治形式主义官僚主义，持续为基层减负。一般性支出可压尽压，非刚性非重点项目支出应压尽压，各类结余、沉淀资金应收尽收、统筹调控。全力支持纪检监察机关履行职责，一体推进不敢腐、不能腐、不想腐，让清正清廉清明成为政府的鲜明底色。

实干书写华章，奋斗成就梦想。让我们更加紧密地团结在以习近平同志为核心的党中央周围，在省委、省政府和市委的坚强领导下，同心同德，真抓实干，只争朝夕，不负韶华，奋力开创新阶段现代化美好亳州建设新局面，以优异成绩庆祝中国共产党成立100周年！

名词注释：

1.PM2.5：即细颗粒物，细颗粒物指环境空气中空气动力学当量直径小于等于2.5微米的颗粒物，其在空气中含量浓度越高，即代表空气污染越严重。

2.四早：即早发现、早报告、早隔离、早治疗。

3.五集中：即新冠肺炎危重症病例一律送省定点医疗机构集中救治，确诊、疑似病例（含无症状感染者）一律送市定点医院集中救治，密切接触者一律分县区实行集中隔离，确诊、疑似病例（含无症状感染者）所在的小区楼栋、自然村划定合理区域实行集中封闭管理，乡镇、村卫生机构接诊的发热病人根据诊断情况实行集中医学留观。

4.六个一律：即所有到医院就诊患者一律凭身份证进行登记，所有到药店购药的患者一律凭身份证实名购药，来自重点疫区人员一律集中隔离14天，其他地区来（返）亳不满7天的发热人员一律集中隔离，其他发热人员一律自行居家隔离，所有疑似新冠肺炎病人一律进行核酸检测。

5.六稳：即稳就业、稳金融、稳外贸、稳外资、稳投资、稳预期。

6.六保：即保居民就业、保基本民生、保市场主体、保粮食能源安全、保产业链供应链稳定、保基层运转。

7.四个清零：即贫困人口务工就业、扶贫农畜产品销售、扶贫项目开工复工、贫困学生上网课四个难题清零。

8.两不愁三保障：“两不愁”即不愁吃、不愁穿；“三保障”即保障义务教育、基本医疗和住房安全。

9.亳企登云：即注册地在亳州的企业以互联网为基础进行信息化基础设施、管理、业务等方面应用，并通过互联网与云计算手段连接社会化资源、共享服务及能力的过程。

10.三品一标：即无公害农产品、绿色食品、有机农产品和农产品地理标志的统称。

11.三变：即资源变资产、资金变股金、农民变股东。

12.一线一网：即以市长热线电话为“一线”，集12345网站、市长信箱、市民论坛、“我家亳州”APP四大服务窗口为“一网”的服务平台。

13.1+2+22：“1”即1个总体实施方案；“2”即按照国家、省方案制定的全市学习宣传贯彻习近平总书记关于安全生产重要论述、落实企业安全生产主体责任2个专题实施方案；“22”即按照国家、省方案再结合我市实际在危险化学品、煤矿、城市建设、电力设施保护、特种设备、城镇燃气、卫生健康、民政、农业等22个重点行业领域制定的专项整治实施方案。

14. 一镇一委一站：“一委”即每个乡镇（街道）成立消防安全委员会；“一站”即每个乡镇（街道）成立消防工作站。

15. 四降四无：“四降”即事故总量、死亡人数、受伤人数、较大事故数下降；“四无”即无重大生产安全事故、重大森林火灾事故、重大消防火灾事故、重大自然灾害事故。

16. 三个以案：即以案示警、以案为戒、以案促改。

17.23+80+N：“23”即长江经济带生态环境警示片反映的涉皖23个问题；“80”即2019年省长江经济带生态环境警示片披露问题（不涉及亳州）；“N”即中央环保督察及“回头看”反馈问题、省环保督察及各方面检查督查发现的突出问题。

18. 两个坚持、两个更大：“两个坚持”即坚持改革开放、坚持高质量发展；“两个更大”即在构建新发展格局中实现更大作为、在加快建设美好安徽上取得新的更大进展。

19. 城市大脑：即利用大数据、云计算、区块链、人工智能等新一代信息技术构建的，支撑经济、社会和政府数字化转型的新型基础设施和城市运营赋能平台。

20. 四督四保：即督查推进新建项目，保证开工率；督查推进续建项目，保证竣工率；督查推进竣工项目，保证达产率；督查推进储备项目，保证转化率。

21. 双调度：即对经济运行、项目建设、招商引资、安全生产和环境保护工作，实行市政府分管负责人每周一调度、市政府主要负责人和分管负责人共同两周一调度的工作制度。

22. 两新一重：即新型基础设施建设，新型城镇化建设，交通、水利等重大工程建设。

23. “6+2+N”产业承接平台：“6+2”即皖北6市和四个县（市）所在的2个市各选择一个园区，作为省级重点支持的承接产业转移试验区；“N”即在“6+2”的基础上，再选择一批主导产业突出、配套条件成熟、产业关联度较高的相对集中区域，作为重点扶持对象，争取国家有关部门支持。

24. 飞地经济：即打破区划限制，以开发区为主要载体，在平等协商、自愿合作的基础上，以生产要素的互补和高效利用为直接目的，在特定区域合作建设开发各种产业园区，通过规划、建设、管理和利益分配等合作和协调机制，实现互利共赢的区域经济发展模式。

25. 标准地：即在完成建设项目相关区域性统一评估基础上，明确建设项目投资、能耗、环境、建设、亩均税收等控制性指标履约承诺出让的国有建设用地。

26. 四个不摘：即摘帽不摘责任、摘帽不摘政策、摘帽不摘帮扶、摘帽不摘监管。

27. 新一轮一规四补：即制定新一轮水利建设总体规划，着力补齐主要支流和中小河流治理、城乡排涝设施建设、湖泊防洪治理、小型病险水库除险加固等短板。

28. 三区三线：“三区”即生态、农业、城镇三类空间；“三线”即生态保护红线、永久基本农田和城镇开发边界三条控制线。

29. 一涵三闸：即养生大道涵、蔷薇路闸、十九里闸、蒋庄闸。

30. 四乱：即乱占、乱采、乱堆、乱建等河湖管理保护突出问题。

31. 五个一百：即省《“五个一百”专项行动暨合同能源管理降低企业用能成本实施方案》提出的壮大100户节能环保生产企业、推介100项节能环保先进技术、推广100种节能环保装备产品、实施100个节能环保重点项目、培育100家节能环保服务公司。

（市政府办公室）

专　记

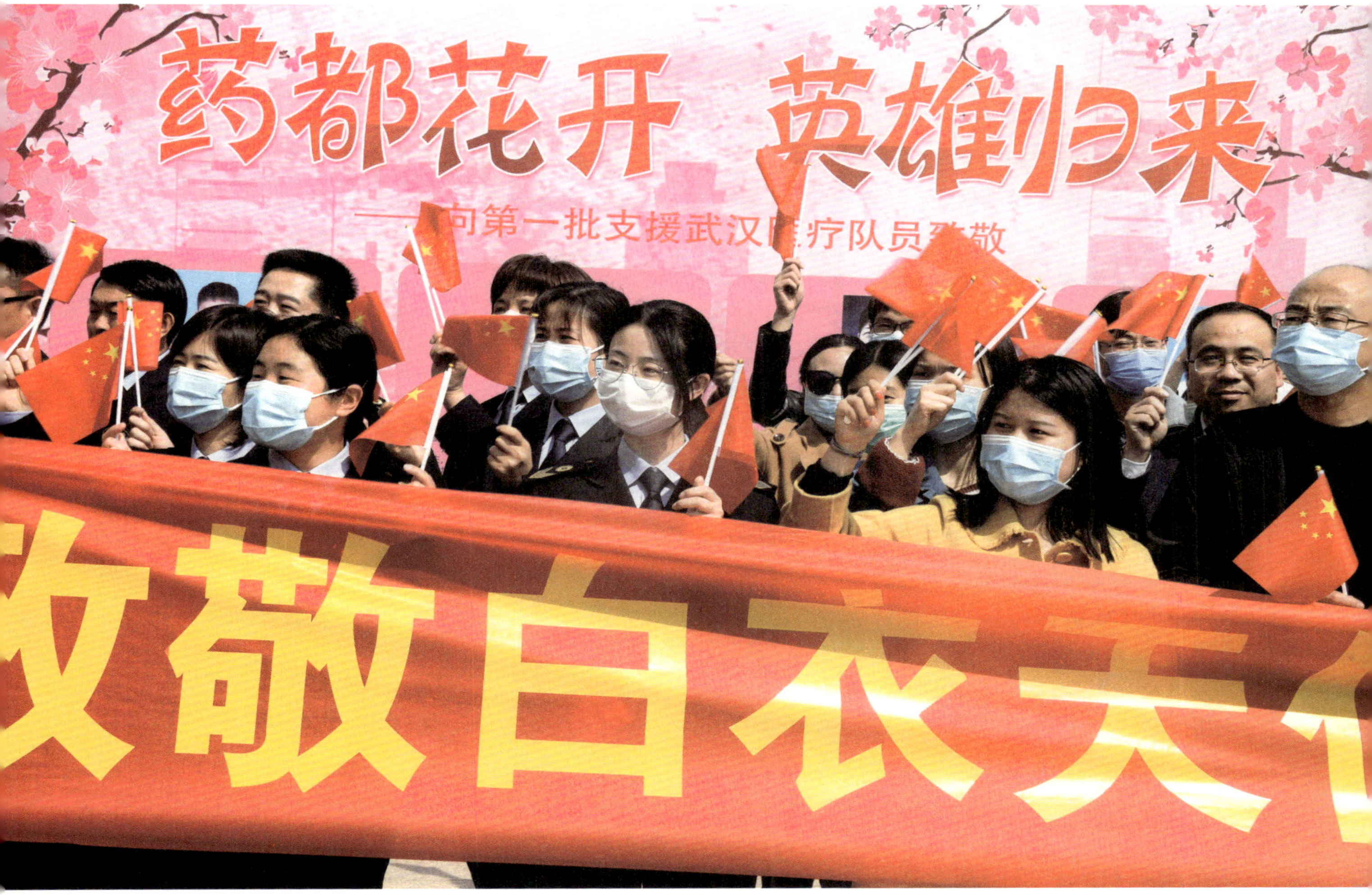

2020 年 4 月 14 日，亳州群众欢迎第一批支援武汉抗疫医疗队员凯旋　　（张延林　摄）

新冠肺炎疫情防控

新冠肺炎疫情突袭而至后，亳州市深入贯彻落实习近平总书记关于疫情防控的重要指示批示精神和党中央、国务院及省委、省政府疫情防控决策部署，按照“坚定信心、同舟共济、科学防治、精准施策”的总要求，有力有序抓好疫情防控工作，全力守护好群众的生命健康安全。

一、迅速打响疫情防控阻击战

坚持人民至上、生命至上，全面落实“四早”要求，创新坚持“五集中”“五个一律”，用24天时间控制住疫情蔓延，用38天将全域转化为低风险地区，用43天时间实现108例确诊患者全部“清零”，疫情防控取得阶段性成果。

（一）强化组织领导。第一时间启动重大突发公共卫生事件一级响应，成立由市委、市政府主要负责人担任“双指挥长”的市新冠肺炎疫情防控应急指挥部，组建1个办公室和11个工作组，实行集中办公和扁平化管理，分战线落实防控责任；各县区落实属地责任，分兵把守，高效联动。发布《致全市各基层党组织和广大党员的倡议书》，动员全市各级各领域党组织和广大党员干部参与疫情防控工作，7468个基层党组织、11.13万名党员干部投入疫情防控一线，1.22万余名机关事业单位党员干部下沉到社区（村）参与疫情防控志愿服务。全年以市疫情防控应急指挥部及其办公室名义先后印发各类通知、通告和方案217件，工作动态45期。

（二）强化联防联控。一是严把域外输入防线。在境内高速公路（含服务区）、国道、省道、县乡道路、渡口布设交通防疫监测点61处，对过往车辆、人员逐一检查，累计检查车辆576475台次。二是严把社区管控防线。建立网格化管理责任体系，按照覆盖到小区（自然村）、楼栋（村民组）的要求，将全市96个乡镇（街道）、1344个社区（村）细化为19522个小网格。严格落实街道、社区网格化管理责任，乡镇干部、社区网格员、派出所民警、社区医生“四位一体”全员上岗。实行城乡社区封闭管理，对全市所有住宅小区（村庄）、单位实施封闭式管理，原则上只保留1个进出口，24小时检查；对37个发生1例确诊病例和23个发生2例及以上确诊病例的小区（自然村）全部实行楼道封锁管理，严格人员出入，并由所在社区（村）提供生活保障服务。三是严把重点人员管控防线。组建流调小分队17支53人，组成流行病学联合调查组，充分利用科技手段和公安侦查措施，全面深入地开展流调溯源。全市累计开展个案流调2024人次，判定追踪密切接触者1615人，全部实行定点集中、单间隔离。组建数据核查专班，建立全市抗击新冠肺炎疫情大数据库，开展大数据分析比对，累计分析存在发热干咳等可疑症状、确诊或疑似的同户同楼道同村等人员180余万人，核查后集中隔离1400多人。严格发热患者管理，要求个体诊所、村卫生室等基层医疗卫生服务机构不准私自接诊发热病人，建立乡镇卫生院院长与村医每天会商排查机制，把与呼吸道感染症状有关的发热病人找出来，并在乡镇卫生院等场所进行集中留观。全市共建设乡镇留观点106个，累计留观4103人次。四是严把社会管控防线。对非涉及居民生活必需的公共场所一律关闭，加大对农贸市场、超市、药店防控措施落实的监督检查力度，落实体温检测、信息登记、环境消杀等措施。严厉打击违法违规行为，公安部门累计查处涉疫情案件98起，其中刑事案件34起、行政案件64起；市场监管部门办理各类案件94起，其中商标侵权类口罩案件6起、药品案件14起、医疗器械案件8起、价格违法案件66起。持续开展药品生产企业集中整治，检查药品生产企业119家次，约谈20家，告诫19家，警告责令限期改正12家，9家企业因存在问题被暂停生产或主动申请停产。

（三）强化医疗救治。严格落实“应收尽收、应治尽治”和“四集中一远程”要求，全力以赴救治感染患者，全市108例新冠肺炎确诊患者全部治愈出院，无死亡病例。一是集中救治患者。统筹全市医疗资源，用4天时间将亳州骨科医院改造为全市集中收治医院，配备负压救护车3辆，最多可收治237名病人，实行“两接两包”管理，确保所有确诊、疑似病例“应收尽收”“应治尽治”。二是组建救治队伍。

成立涵盖呼吸、重症、感染、中医、儿科、影像、检验等学科的42名市级救治专家组，组建第一批107人、第二批109人的医疗团队，集体进驻市级定点医院开展救治工作。累计416名医务人员参与全市新冠肺炎医疗救治工作，其中医生164人、护理人员204人、医技人员48人。三是发挥中医药独特优势。抽调8人组成中医专家团队进驻市级定点救治医院，坚持中西医结合原则，中医药全部参与新冠肺炎患者救治。定点救治医院提前备足3个月用量的疏风解毒胶囊，用于患者救治。加强学习研究，针对不同病情、不同舌态对“清肺排毒汤”进行加减，形成1号、2号、3号救治方。救治期间，共开具中药处方224张，中成药100%应用，95%以上新冠肺炎确诊患者使用了中药汤剂，总有效率达93%以上。

（四）强化物资保障。坚持快生产、广开源、善节流，全力以赴抓复工、抓扩产、抓采购，累计入库N95等各类口罩822327个、医用一次性防护服35066套、隔离衣37015套、护目镜9118副和大量的医用手套、额温枪、消毒用品等物资。实行马上就办，全程帮办，对全市准备生产医用防护产品的21家企业集中进行医疗器械注册业务帮扶培训。发放医疗器械备案证和生产企业备案证1家，获得注册证和生产许可证的医疗器械生产企业5家。加快对经营医用口罩、医用防护服、额温枪等企业进行经营许可，发放医疗器械经营许可证6家、第二类医疗器械经营备案凭证31家。协调解决资金需求，帮助企业扩大产能，增加产量。全市口罩生产企业由1家日产能2万只，增加到49家600万只，其中医用口罩6家、民用口罩45家；新增防护服生产企业4家，熔喷布生产企业1家，消杀品企业产能翻了两番。同时，为保障群众防护需求，以每只1元的价格通过“我家亳州”线上预约等渠道面向社会群体供应。

（五）强化宣传引导。向全市发出《致广大群众朋友的一封信》，第一时间通报疫情信息，公开发布确诊病例详情及生活轨迹，主动解读疫情防控措施，正面引导群众科学防护、规范就医，大力消除社会恐慌心理，有效防止谣言传播。开辟“党旗在防控疫情斗争第一线高高飘扬”专栏，通过广播、电视、新媒体等发稿3300余条，启动“村村通”喇叭3万余只。每日通过微信公众号、微博、官方网站发布疫情信息，累计阅读量超过17.6万人次，亳州电视台连续循环播放防控措施字幕48天；委托亳州移动公司面向市民发送防控知识短信20余万条，印制发放宣传折页2万份、宣传手册2万份。亳州发布官方微博与网友互动3万余次，转办网友反馈问题700多个；组织网评员开展舆论引导139次，转发跟帖33049条，撰写《向最美逆行者致敬》《不慌不乱也是良药》等原创网评作品27篇；查处涉疫情谣言、有害信息传播人员15人。人民网、新华网、“学习强国”平台、《安徽日报》等主流媒体推出亳州市疫情防控工作原创报道200余条。

二、毫不放松抓好常态化疫情防控工作

转入常态化防控之后，全面实施“外防输入、内防反弹”防控策略，科学调整防控措施，压紧压实防控责任，防控成效持续巩固，截至2020年12月31日连续320天无新增疑似、确诊病例和无症状感染者。

（一）完善应急处置体系。全市疫情防控指挥体系保持机构不变、人员不变，并增设数据核查组，调整社区防控组，疫情防控人员力量进一步增强。同时，坚持班子不撤，人员不散，始终保持工作状态，实行24小时应急值班制度，市、县区皆安排专人值班，确保应急指挥体系第一时间做出应急处置。启动全市常态化防控下突发疫情应急预案编制工作，抽调业务骨干20人，组建专班，集中办公，集体研讨。在总结以往防控经验、借鉴其他地区应急处置做法的基础上，充分考虑突发疫情后可能出现的各种情况，经过多轮研究细化，制定《亳州市新冠肺炎疫情常态化防控下突发疫情应急预案》和12个操作手册，并按照“定岗、定人、定事、定责”的原则，将社区防控、物资储备、全员核酸检测、流行病学调查、医疗救治、社会维稳、市场供应等工作具体到岗，到人，到任务，到职责，形成一整套“召之即来，来之能战”的突发疫情应急处置机制。10月15日，组织开展秋冬季疫情防控应急处置桌面演练。11月份，组织拍摄突发疫情应急处置实战演练视频教学片，时长约 1 小时，并纳入全市“一月一课一片一实践”活动，在全市所有基层党组织中播放学习。

（二）坚持“人、物”同防。紧盯入境人员，建立联防联控机制，公安、卫健、属地密切协作共同做好入境人员防控。对已在口岸城市或省集中隔离点解除隔离后的来（回）亳入境人员，公安机关依托大数据开展 7×24 小时分析研判，属地落实核酸检测、健康监测等健康管理措施，累计录入入境隔离观察后来（回）亳数据填报系统 941 人。紧盯进口冷链食品，制定《冷链食品排查监测工作方案》，发布《关于加强冷链食品监管的公告》，增设冷链食品（物防）监管组，开展进口冷链食品风险排查，共排查涉及冷链食品企业 1442 家 3579 人，其中涉及进口冷链食品企业 218 家 858 人。实行进口冷链食品“批批覆盖”核酸检测，对进口冷链食品及其包装、环境、从业人员采样检测，累计采集样品 33941 份，检测结果全部为阴性。实行进口冷链食品备案制度，推广使用省冷链食品追溯平台，注册企业 533 家（包括进口企业 1 家）。开展常态化监督检查，查处违规经营进口冷链食品餐饮服务单位 2 家。

（三）加强重点人员管控。密切关注国内疫情形势，持续做好国内中高风险地区来（回）亳人员的排查和健康管理。依托大数据技术，及时开展数据筛查，核查追踪定位重点人群。加强外地协查人员管理，接到协查函后，第一时间组织流调队伍开展流行病学调查工作，严格落实核酸检测和隔离医学观察等管控措施。对已不在全市辖区内的人员，及时向所在地发出协查函，请求落实相关管控措施，全市共收到外地协查函 102 份，涉及 220 人，全部落实了管控措施。

（四）提升核酸检测能力。加快核酸检测实验室、城市核酸检测基地建设，全市 11 家二级以上公立医院、5 家疾控中心全部建成核酸检测实验室，市人民医院在全省率先建成日检测能力 1 万份的城市核酸检测基地，全市 16 家医疗卫生机构日检测能力 1.8 万份。统筹第三方检测力量，与第三方机构签订日检测能力 11.7 万份的应急核酸检测协议。若按 10 ∶ 1 混检计算，全市日检测能力可达 135 万人份。严格落实“应检尽检、愿检尽检”核酸检测工作要求，对密切接触者、发热门诊患者、新住院患者及陪护人员等重点

2020 年 2 月 3 日，疫情期间亳州市场蔬菜供应充足　　（张廷林　摄）

人群"应检尽检",对其他人群实行"愿检尽检"。2020年6月19日至12月31日,累计检测466772人份,全部为阴性,其中"应检尽检"389482人份、"愿检尽检"77290人份。

(五)加强院感防控和医疗救治储备。严格落实"院长管院感"制度,严格探视陪护管理,实施"一患一陪护"制度,对陪护人员全部进行核酸检测。规范发热患者就诊诊疗行为,依托二级以上公立医院、社区服务中心、乡镇卫生院合理布局设置11家发热门诊、96家发热哨点诊室,要求基层医疗机构将接诊的发热患者引导至发热门诊就诊,并全部采集核酸进行检测,2020年以来,11家发热门诊累计接诊发热患者79614人(不包括儿科门诊),日均接诊218人。加强医疗救治储备,制定定点医院启用方案,设立定点救治医院、后备医院7家,并严格按照"三区两通道"要求规范进行设置和改造,储备救治床位924张,其中重症监护床位175张。加强医疗力量调配,储备新冠肺炎救治医生780人、救治护士1662人、检验人员358人。

(六)建立物资储备体系。按照满足30天满负荷运转需要,建立健全市级实物储备和产能储备体系及保障机制,实行市、县区分级储备。截至2020年底,全市医用防护口罩和一次性使用医用口罩日产能260万只、消杀品400吨、医用防护服5000套、隔离衣1万套、隔离眼罩4000只,基本可以满足全市需求。同时,市本级通过提前采购储备、提前议定供货价格等方式强化应急物资保障,提前预订100万份核酸检测试剂、50000支混检病毒采样管、50000支单检病毒采样管,储备各类防护服6万件、隔离衣8.35万件、各类口罩174.8万只、手持式测温仪1700只。

(七)持续做好宣传引导。编制疫情防控宣传标语15条,播发《未雨绸缪!一场新冠肺炎疫情防控演练在观澜天下小区进行》等稿件140条,刊发《亳州市疾控中心发布最新提醒!》《严防疫情,亳州人请这样做!》等稿件120篇,精心策划设计制作以"'罩'顾好自己"为主题的疫情防控公益广告,在重要版面刊发9期。创新宣传形式,先后发布《新冠病毒传染防控措施"一张图"》《一半口罩、一半面罩》等融媒体作品,统一录制《关于重点场所人员规范佩戴口罩的通告》和公益广告宣传片《口罩不是护身符》《用公筷不见外》等疫情防控宣传音频稿件10条,全市3万多只"大喇叭",每天在对农广播节目《"学习强国"乡村大喇叭》中,同步播发疫情防控相关信息,织密防疫广播宣传网。

三、有力有序做好下步工作

一是有序推进免疫接种工作。按照国家和省统一部署,做好重点人群免疫接种准备,印发重点人群免疫接种工作方案、技术指导方案,做好接种点设置、接种台配备、接种人员培训等,统筹安排医疗救治保障力量,确保重点人群免疫接种工作稳妥有序推进。

二是强化重点人群防控。持续关注国内疫情变化形势,对中高风险地区来(回)亳人员,依托大数据技术,迅速开展数据分析比对,确保做到落地查人、及时管控。同时,发挥"邻长制"基层组织体系作用,组织邻长入户核查,摸排重点人员信息,规范做好信息报送,确保重点人员"早发现、早报告"。

三是严格大型活动监管。严格审批监管文艺演出、体育比赛、展览展销等活动,严控节日祈福、庙会灯会等群众性活动。继续推动景区预约常态化,实现限量、预约、错峰入园。严格管控出入境旅游,引导公民尽量减少不必要非急需跨境旅行。

四是做好公共场所防控。商场、超市、集贸市场等场所要落实体温快速检测、"健康码"查验、佩戴口罩、清洁消毒等防控措施。监所、养老机构、校园等密闭性场所要进一步健全内部防控制度和应急预案。对通过火车站、长途汽车站来(回)亳旅客,要有序开展测体温、查验"健康码"等工作。

五是加强进口冷链食品疫情防控。严格进口冷链食品市内加工、流通、销售全程防控和追溯管理,做好从业人员个人防护和定期核酸检测工作。持续做好风险排查,加大抽样检测力度,加强人、物、环境监测,全面落实预防性消毒要求。

六是做好局部疫情处置准备。积极做好突发疫情应急处置准备,强化防疫物资、隔离场所、医疗救治等储备,组建疫情防控工作队伍,一旦突发疫情,立即按照应急预案启动应急响应,加强统筹指挥调度，做到“疫情风险早识别、指挥体系快启动、核酸检测广覆盖、流调溯源不遗漏、社区管理控传播、风险划定防输出”，争取在最短时间内控制住疫情。

（侯学振）

脱贫攻坚

亳州市是全省5个脱贫攻坚重点市之一，所辖三县一区中，利辛县为国家扶贫开发重点县、大别山片区县、省深度贫困县，涡阳县、蒙城县、谯城区为省扶贫开发重点县，全市建档立卡贫困人口48.95万人、贫困村286个，贫困发生率9.68%。党的十八大之后，亳州市持续深入学习贯彻习近平总书记关于扶贫工作的重要论述，始终把脱贫攻坚作为第一民生工程，聚焦精准、咬紧牙关，一以贯之、尽锐出战，如期完成新时代脱贫攻坚目标任务。在省2016—2019年成效考核中，连续4年获得“好”的等次，且位次逐年提升。完成历年减贫任务，286个贫困村全部出列，三县一区全部脱贫摘帽，其中谯城区、蒙城县为全省首批摘帽县区，现行标准下建档立卡贫困人口全面脱贫，累计减贫54.84万人。

一、披荆斩棘，栉风沐雨，兑现庄严承诺

一是“两不愁三保障”全面实现。累计发放教育扶贫资助资金27.3亿元，资助19.2万人次，无一名学生因贫失学辍学；健康脱贫“351”“180”政策惠及906.02万人次，综合补偿比91.6%；完成危房改造8.1万户，贫困群众住房安全问题实现动态清零；建成农村集中供水工程208处，545.6万农村居民实现安全饮水。2020年贫困人口人均纯收入达10011元，年均增长20%，实现吃穿不愁。

二是生产生活条件显著改善。全市农村公路总里程达14674千米，建成高标准农田24.93万公顷，所有自然村实现通硬化路，村卫生室和村医空白点全面消除，县域义务教育基本均衡目标全面实现，全面完成贫困村电网改造任务，实现村村通宽带，基层基本公共服务主要指标全部达到或超过全省平均水平。

三是经济收入水平大幅提高。坚持以脱贫攻坚统领经济社会发展全局，县域经济发展呈现出稳中有进、进中提质的良好态势。2017年在全省率先全面消除集体经济“空壳村”，2020年286个贫困村村均集体经济收入达到63.56万元。全市农村常住居民人均可支配收入从2013年的8006元增长到2020年的15293元，年均增长9.7%。

四是基层党组织战斗堡垒作用明显增强。为286个贫困村和60个基础薄弱、脱贫攻坚任务较重的非贫困村选派1047名帮扶干部，为10308个自然村配备扶贫小组长，扶贫领域作风和能力建设持续向好，一大批经过脱贫攻坚锤炼的优秀干部快速成长，在社会治理、疫情防控、灾情应对等各项工作中积极主动作为，群众获得感和社会认可度进一步提升。

二、尽锐出战，精准务实，落细攻坚举措

（一）坚持和加强党的领导，全面压实攻坚责任。始终坚持党委总揽全局、协调各方，建立健全抓党建促脱贫攻坚体制机制，为决战决胜提供坚强政治保证。一是强化组织领导。坚持党政同

2020年9月18日，在亳州市谯城区赵桥乡，工作人员正在对谯城区第三届农民丰收节活动参赛选手采摘的辣椒进行称重　（刘勤利　摄）

责、书记主抓，按照“满足扶贫工作一切需要，火力全开，适当宽裕，分级负责，各方协同，工作到户，责任到人”工作要求，市县乡村四级党组织书记拿出主要精力主抓脱贫攻坚，各级政府分管扶贫工作负责人专职具体抓，其他党政负责人抓好各自分管领域的扶贫工作。二是健全机构设置。2017年在全省率先设立市扶贫局，各县区均单独设立扶贫工作机构及贫困信息监测中心，选派59名优秀干部到市县扶贫部门挂职、任职。乡镇（街道）设立扶贫工作站，新增乡镇扶贫专职副书记或副乡镇长60名。三是动员全线作战。组织全市1331家单位包保1277个村（社区），6.05万名干部帮扶18.3万户贫困户，实现“两个帮扶”全覆盖。开展以党支部为单位、以“二十看二十问”“八看八问”为抓手的“单位包村、干部包户”入户走访排查活动。各民主党派分别对口县区，针对性开展脱贫攻坚民主监督。成立4个脱贫攻坚驻点监督组，进驻县区掌握情况，发现问题，推动整改。动员组织367家企业参与“百企帮百村”工作，投入款物2.9亿元帮扶462个村5.4万贫困群众。

（二）狠抓政策措施落实，持续增强脱贫能力。建立与脱贫攻坚任务相适应的投入保障机制，累计投入财政专项扶贫资金72.7亿元，统筹整合涉农资金88.2亿元，全过程、全方位加强资金使用管理和绩效提升，保障脱贫攻坚决战决胜。一是持续完善帮扶举措。制定关于打赢脱贫攻坚战的决定和三年行动实施意见，配套出台行业扶贫政策文件，精心编制贫困户贫困村帮扶措施大全，变“政府端菜”为“贫困户点菜”，对特殊困难家庭开展个性化帮扶，确保帮扶措施精准到位、帮扶政策高效落实。二是着力拓展增收渠道。投入35.91亿元，建成并网村级光伏扶贫电站总规模50.5万千瓦，约占全省21%，实现发电收入25.5亿元，30多万户次贫困户受益。依托温氏集团、强英鸭业等企业，以“四带一自”为抓手，大力推进产业扶贫，发展到村到户种养殖扶贫项目41.1万个。发展“金银林”林业产业扶贫工程7133.33公顷，4.8万户贫困户年均增收1300元。累计发放小额信贷贷款37亿元，带动8万余户贫困户增收脱贫。技能培训2.27万人次，认定扶贫龙头企业278家、就业扶贫车间24家，培育创业致富带头人1948名，因地制宜设置扶贫公益性岗位3.4万个。易地扶贫搬迁安置群众2042户5755人，全部落实后续帮扶措施，95%以上得到了产业、就业扶持。

立足革命老区红色文化、中草药种植等资源和产业优势，打造形成涡阳辉山村、谯城药王村等一批特色旅游扶贫新样板。创新实行“联合体·组合投资·优先股”村级集体经济发展模式，各县区成立共富公司、各村成立振兴公司，全市村级集体经济经营收入达6.4亿元，村均收入52.5万元，其中50万元以上的强村297个。三是扎实推进“智志双扶”。在省级以上主流媒体刊发扶贫报道1.6万余篇，全市3万多只“村村通”广播常态化宣传扶贫政策、脱贫典型等，开展“微心愿”征集，讲好政策解释“五句话”，评选五星文明标兵户、移风易俗带头人、身边好人、道德模范、脱贫致富带头人等1744人，组织脱贫攻坚先进事迹报告会、扶贫政策宣讲和“亳州旅游扶贫新貌游”，生动讲好扶贫故事，贫困群众精神面貌焕然一新，实现从“跟着干”到“主动干”的可喜转变。

（三）贯彻落实精准方略，不断提升攻坚成色。坚定不移把精准理念贯穿扶贫工作全过程，以“基础信息一个都不能错，精准施策一个都不能差，政策落实一个都不能缺”为目标，不断夯实工作基础，提升工作质量。一是健全动态管理机制。建立健全部门数据比对机制，常态化开展“六必看六必问”“两册一审”精准贫困识别，确保应纳必纳。组织多轮次建档立卡“回头看”和“再回头”活动，开展行业部门数据比对和“优亲厚友”问题比对排查，持续提高识别质量。建立健全贫困退出机制，严格退出标准和程序，杜绝数字脱贫、虚假脱贫。二是狠抓各类问题整改。突出抓好中央专项巡视和“回头看”反馈问题整改，坚持“实事求是、对号入座、突出重点、清单要清、逐级汇编、压实责任”，市、县区结合实际制定具体整改方案，镇村制定问题清单，杜绝“上下一般粗”“清单不清”；组织开展“七个不落一个不少”大排查、又走访又排查又整改、见面行动、城市低保普查和专项巡察及基本医疗、义务教育有保障等专项行动，持续做好暗访督查、扶贫问题线索有奖征集等；创新搭建问题清单系统，将中央巡视反馈安徽涉亳十个方面问题全部纳入，一体推进，一体整改，实现问题动态掌握、“扫除式”清零。三是加强动态监测预警。结合“乡镇（街道）—村（社区）—片—组—邻”邻长制基层组织体系，紧盯“三户一体”，对符合条件的因灾、因疫等致贫返贫人口及时纳入监测管理，及时消除10650名脱贫不稳定和19272名边缘易致贫群众致（返）贫风险，实现了脱贫人口“零返贫”、边缘群体“零致贫”。四是扎实做好兜底保障。聚焦“老少病残孤”特殊困难群体，坚持逐个走访，逐类分析，逐项解决，用足兜底保障政策，全市贫困群众纳入兜底保障占比40%。建立统一由乡镇卫生院做好失能“五保”老人规范护理工作的机制，开展滞留在外的亳州籍流浪乞讨人员和涉案贫困群众专项排查救助，确保特殊群体小康路上“一个不落”。

（四）强化疫情灾情应对，有效克服不利影响。紧盯稳岗就业、扶贫项目开工复工等研究制定25项重点工作任务，建立分析应对机制，全面实现“四个清零”。一是突出抓好稳岗就业。与长三角26个城市签订互认协议，为8万多外出务工人员提供“点对点、一站式”包车直达服务，发放贫困户交通补贴124.2万元，持续监测贫困劳动力务工情况，2020年全市共15.6万贫困劳动人口外出务工或实现就业，同比增加14.6%。二是全力推动复工复产。提前拨付市级专项扶贫资金5.64亿元，全力保障扶贫项目建设资金需要，完善项目实施方案，加强调度推进，全市2020年度3716个扶贫项目全部当年完工。三是强力推进消费扶贫。成立工作专班，组织开展“消费扶贫月”系列活动，全市通过审核认定的扶贫产品816个，全部发布至中国社会扶贫网平台，铺设消费扶贫智能专柜863台，完成扶贫产品销售13.2亿元。四是及时消除灾情影响。充分研判疫情灾情对脱贫攻坚的影响，建立预警机制，逐户排查走访，针对3221户9380名受灾贫困群众及286.8公顷农作物，建立到户受灾台账，通过补种补栽、保险理赔和个性化帮扶等措施开展“一户一策”救助帮扶，全面消除灾情影响。

（五）全力加强作风建设，打造过硬干部队伍。践行“三严三实”，把作风和能力建设贯穿脱贫攻坚各方面全过程，激励扶贫干部担当作为，汇聚脱贫攻坚强大力量。一是强化作风建设。深化“三个以案”警示教育，坚持少报数、少填表，不搭车、不加码，明确基层填报扶贫工作表格需报市分管负责人同意，持续抓好基层减负工作。连续4年开展扶贫领域“懒政怠政、不作为慢作为”专项整治，发挥乡镇纪检监察工作协作区职能，实行“履职免责、失职追责”，倒逼问题整改，坚持“点名道姓”，通报曝光不留情面，拍摄《扶贫奶酪动不得》等15部警示教育片，强化持续震慑教育效果，查处问题数量呈逐年下降趋势。二是重视教育培训。市委主要负责人亲自部署谋划，制定培训工作实施意见，按照“告诉大家干什么、教会大家怎么干、帮助大家干成功”要求，分级分类开展各类脱贫攻坚培训，全市累计培训各级扶贫干部50余万人次，打造了一支懂扶贫、办法多、举措实的扶贫干部队伍。三是加强关心关爱。制定和出台关心激励脱贫攻坚一线干部干事创业的系列政策措施，累计提拔重用扶贫干部623人，鼓励干部在脱贫攻坚中建功立业。发挥典型示范作用，中央、省、市各类媒体宣传报道全市选派帮扶工作信息1335条，涌现出一大批脱贫攻坚战线上的榜样模范和典型事迹，驻村第一书记刘双燕连续9年驻村扶贫，被授予全国脱贫攻坚奖奉献奖、“全国先进工作者”“全国最美职工”“最美公务员”等称号。

三、牢记嘱托，守正创新，探索扶贫新路

（一）强化扶贫干部培训，着力提升脱贫攻坚能力。将干部教育培训作为脱贫攻坚基础性工作，市委主要负责人亲自部署、谋划、参与，提出“告诉大家干什么、教会大家怎么干、帮助大家干成功”的工作要求，在重要培训前审定讲稿、听取试讲，培训时全程参加，为基层干部答疑解惑。坚持“全员培训，全面培训”，制定培训工作实施意见，确定市、县、乡各级培训任务，明确培训对象、内容等要求。组织有市直单位主要负责人在内的“讲师库”，按照“务实管用”的原则，培训前组织开展调查研究，发现问题，研究对策，精准确定授课内容。充分发挥教育培训统一思

想、明确要求作用，结合阶段性工作要求，围绕新任村干部能力提升、“单位包村、干部包户”、中央脱贫攻坚专项巡视整改等工作分类分级组织开展专项培训。全市累计培训各级扶贫干部50余万人次，为打赢打好脱贫攻坚战提供了强有力的人才支撑和智力支持。

（二）聚焦特殊困难群体，确保小康路上“一个不落”。在全省率先开展贫困人口慢性病用药“长处方”、行动不便慢性病患者送药上门、解锁救治严重精神障碍关锁患者和失能“五保”老人医护养融合发展等工作，为行动不便慢性病患者送药上门26224人，集中救治贫困精神障碍患者2253人，将全市失能“五保”老人补助标准提高到3.6万元，推动医疗护理与养老服务联通，相关做法受到国家和省的充分肯定，《人民日报》等中央媒体进行了专题报道。开展滞留在外流浪乞讨人员专项救助，向全国其他救助管理机构致函1931封，请求通告人员信息，全力做好受助人员返乡和妥善安置工作。聚焦城镇困难家庭开展普查，组织对涉案贫困人口逐户走访，精准落实帮扶举措，确保所有困难家庭应保尽保。

（三）深化大数据应用，力促基层工作减负增效。持续深化大数据在脱贫攻坚工作中的应用，明确提出各级各部门不得要求基层填报脱贫攻坚相关报表，不得增加贫困人口信息采集内容。建立完善数据共享交换制度，梳理247种数据比对规则，提取民政、财政等78家单位2342类55.7亿条数据，实现政务数据互联互通、共享共用，全市持续保持1～3级重点数据零误差、全省排名第一的良好态势。通过信息化手段提升政策落实的主动服务能力，大幅减轻基层干部负担，实现了减负增效的工作目标。该做法被国务院扶贫办作为经验在全国推介。

（四）坚持党建引领，提升帮扶实效。结合“一月一课一片一实践”活动，将“单位包村、干部包户”活动作为主题党日的重要社会实践，按照“全面启动、全年坚持、全部覆盖、全力以赴”要求，在全市开展以党支部为单位的帮扶责任人入户走访“二十看二十问”“六看六问”和帮扶单位“八看八问”活动。市委主要负责人亲自修改审定“二十看二十问”具体内容，对入户走访易忽视问题提出“30防”要求，并在全市帮扶责任人入户走访培训会上详细解读，动员各级党组织及所有帮扶联系人全部参加，一遍一遍查，一步一步跟踪。全市6万余名包户干部实现18.3万户贫困户走访全覆盖，发现并帮助解决问题10.9万个。该做法在全省第五期脱贫攻坚专题培训班上作典型经验交流。

（五）发挥民主党派优势，开展脱贫攻坚民主监督。各民主党派分别对口监督一个县区，支持其结合自身优势，有针对性地开展监督。建立“民主党派脱贫攻坚监督微信平台”，健全“找交销查考”工作机制，实行问题清单管理，定期通报，挂账销号。已累计深入县区524次、885天，对2318个自然村、6489户贫困家庭开展深度调研，发现收集问题1542条，问题全部整改并及时反馈。民革、民建、农工党、九三学社安徽省委分别在全市召开脱贫攻坚民主监督工作现场会，《人民日报》等媒体对我市脱贫攻坚民主监督工作进行宣传报道。

四、乘势而上，接续奋斗，再谱乐章

下一步，我们将深入贯彻落实党的十九届五中全会、中央农村工作会议和全国扶贫开发工作会议精神，弘扬脱贫攻坚精神，进一步巩固拓展脱贫攻坚成果，探索一条乡村全面振兴、百姓富裕幸福的新路径。一是认真落实“四个不摘”要求，确保过渡期内主要帮扶政策保持总体稳定。加强扶贫资产、扶贫小额信贷、村级光伏扶贫电站、扶贫公益岗位、扶贫车间管理和信息化建设，防范化解风险，确保持续健康发展。二是进一步健全防止返贫动态监测和帮扶机制，对易返贫致贫人口实施常态化监测，继续精准施策，及时发现，及时帮扶，切实巩固好攻坚成果。三是做好巩固拓展脱贫攻坚成果同乡村振兴有效衔接，妥善做好现有帮扶政策逐项分类优化调整，做好与乡村振兴思路衔接、政策衔接、工作衔接、组织衔接，切实增强脱贫地区发展能力，奋力建设经济强、百姓富、生态美的新阶段现代化美好亳州，以更加优异的成绩迎接建党100周年。

（市扶贫开发局）

环境保护

2020年，在市委市政府的坚强领导和全市上下共同努力下，我市认真贯彻习近平生态文明思想，不断提高政治站位，改进工作方法，优化管理措施，以服务经济发展为中心，以改善环境质量为目标，以打赢蓝天保卫战和做好突出环境问题整改为抓手，坚定精准、科学、依法治污，统筹经济社会高质量发展和生态环境高水平保护，三年污染防治攻坚战胜利收官，全市生态环境质量总体稳中有升，大气、水环境质量改善明显，土壤环境质量较为稳定，圆满完成国家和省下达的“十三五”生态环境保护目标任务，取得积极成效。

一、有力有序推进问题整改。我们坚持一级对一级负责，压实县区属地责任和市直部门管理责任，深入开展环境问题大起底、大排查，建立问题、任务、标准、责任“四项清单”，对标对表进行整改，对重点任务和薄弱环节开展专项督查。修订完善环境问题整改行业分类标准，指导各类突出生态环境问题规范整改。对各类突出生态环境问题继续落实“县区整改初验、市级核查验收”的动态销号管理制度，跟踪督促整改到位，不断查漏补缺，巩固整改成效。2017—2018年度中央环保督察及“回头看”交办的360个问题、省生态环境保护督察交办的931个问题、需2020年度完成整改的6个“23+N”突出生态环境问题均已完成整改验收销号。

二、全力推进大气污染防治。2020年，PM2.5年均浓度47微克/立方米，较2015年下降19%，圆满完成年度及“十三五”目标任务。一是坚持高位全力推进。市领导带头包保市中心城区网格责任，直接下沉到一线，与2000多名基层干部、网格员同进共退，及时发现问题，依照《大气污染防治“九查九做”表》定点整改问题。二是开展精准有效治理。抓好扫“黄”灭“红”、变革生产方式、强化科技支撑，落细落实道路冲洗保洁、柴油车深度治理、中药材初加工污染治理等具体举措。实施道路深度保洁，科学实施道路洒水、冲洗、雾炮作业，城区主干道机械化清扫率达到95%以上，主干道清洁车辆全部使用清洁能源。构建机动车天地人车一体化监管体系，通过远程监控平台对柴油车运行状况实时在线监控。完成城区范围内柴油车和非道路移动机械深度治理1016辆。完成中药材加工企业烟粉尘治理140余家。加强建筑工地“六个百分之百”措施落实，强化330余个建筑工地、道路管网施工现场、38家混凝土搅拌站日常监管，完成187个建筑面积5000平方米及以上的建筑施工工地视频监控安装联网工作。摸排涉VOCs企业292家，储罐701个，立案查处9家。整治木材加工企业479家，其中依法关闭152家，规范整改327家。实行全年禁烧、全面禁烧，严查违规燃放烟花爆竹行为。三是提升绿色发展水平。持续推进新能源发电项目建设，全市清洁能源消费占比达10%，新增新能源公交车占比总量达到80%以上。研制新型烘炕，全面取代4800多个白术脱须土炕，有效解决中药材初加工污染问题。持续开展燃煤锅炉综合整治和工业炉窑煤改气工作，取缔燃煤小锅炉及燃煤设施3500余个。治理“散乱污”企业900余家，通过土地置换激励，促进砖瓦行业改造升级，城区周边已拆除复垦砖瓦窑厂30家。

三、扎实推进水污染防治。“十三五”纳入国家考核的4个国考断面均达到考核要求。涡河龙亢、岳坊大桥、西淝河利辛段断面达到了地表水III类标准，水质优良率75%，超额完成了地表水优良率25%的目标。主要污染物化学需氧量和氨氮累计减排15.47%和18.38%，圆满完成“十三五”减排目标。2017—2019年连续三年在水环境质量改善或水污染防治考核方面位居全省第一。2020年获得省级地表水生态补偿资金2200万元，位居全省第三。建成投运城市污水处理厂11座，日处理城市生活污水能力达50万吨，城市生活污水集中处理率达95%以上。建成乡镇驻地污水处理设施80座，日处理生活污水能力达11万吨，集镇生活污水集中处理率达45%以上，在全省率先实现乡镇政府驻地污水处理设施全覆盖。36条城区黑臭水体完成整治。215个在用集中式饮用水水源地已全部设立水源地保护区。全面开展调蓄水库周边污染源排查整治，并同步开展保护区划定。完成230个农村建制村环境综合整治，全市2683家规模化畜禽养殖场均已建成粪污处理设施。

四、稳步推进土壤污染防治。全市土壤环境质量保持稳定。明确40家土壤污染重点行业企业名单，完成7个地块采样。每年动态更新土壤污染重点监管单位名单，开展监督性监测并向社会公开。完成耕地土壤环境质量类别划分和受污染耕地安全利用工作，受污染耕地安全利用率96.6%，完成149个耕地土壤和103个农产品的5种重金属协同监测。对全市危险废物产生单位和经营单位进行了3次排查，共抽查年产1吨以上危废产生单位59家次，危险废物经营单位2家。推进亳州永康医疗废物处置有限公司项目扩建，日处理能力由5吨提升到15吨。

五、严格环境执法服务。结合污染源自动监控设备“三个全覆盖”工作，全面推进移动执法系统建设使用，实现执法全员、全业务和全流程信息化。实行“大队长负责制”，重点排污单位污染源在线监控数据超标24小时之内，执法人员到达现场调查取证。组织各县区执法骨干开展交叉异地执法检查，以暗访、突击检查等方式提高执法效果。2020年，全市共下达环境行政处罚决定书202件，处罚金额1196万元。其中，市生态环境局下达行政处罚决定书59件，处罚金额745万元，案件数量和处罚金额较上年同期分别增长522%和120%，位居全省第一位。全市共适用《中华人民共和国环境保护法》“四个配套办法”案件244件（查封扣押 219件、限产停产4件、移送行政拘留20件、涉嫌环境污染犯罪移送1件）。其中，市生态环境局共适用“四个配套办法”案件共计91件（查封扣押77件、限产停产4件、移送行政拘留10件），案件数量较上年同期增长314%，位居全省第一位。查处厂内VOCs无组织超标排放全省第一案、2020年打击危险废物环境违法犯罪行为专项行动全省第一案、机动车尾气检测机构行政强制全省第一案。2020年，省厅公布的全省生态环境系

2020年，亳州市持续加强生态环境治理。图为治理后的谯城区陵西湖　（张延林　摄）

统“以案释法”十大案例中，市生态环境局办理的案件入选两件。起到“查处一个、震慑一批、教育一片”的效果。全面落实行政执法“三项制度”，举行4次听证会，有效监督执法人员依法查处案件，启动3件生态环境损害赔偿案件，完成了亳州市首例生态环境损害赔偿磋商案。将服务“六稳”“六保”工作贯穿环境监督执法全过程，防止环境问题“一刀切”，累计开展“四送一服”双千工程政策宣讲67场次，确定正面清单企业94家，对3家企业轻微违法违规行为进行免罚，对46家存在环境问题的企业提出整改意见，对196家企业进行服务指导，提升了企业环境管理水平和治污能力，多家企业赠送锦旗感谢。环境行政处罚卷宗评查获得全省第一名，2020年全省环境执法大练兵获得第一名，入围生态环境部环境执法大练兵表现突出集体候选名单。

六、加强生态环境管理。完成第二次全国污染源普查，共普查污染源7454个。加强全市9家放射源、2家非密封源、159家射线装置监管，未发生辐射安全事故。强力推进“三线一单”编制，11月11日通过省厅初审，12月21日市政府常务会研究通过后已报省厅正式审查。在全省率先完成排污许可核发登记工作，共发证登记企业7211家，其中发证562家，登记6649家，实现排污许可登记率和发证率“双百”目标，基本实现排污许可管理全覆盖。深化“放管服”改革，切实加强环评审批事中事后监管，不断提高环评服务质量。“十三五”以来全市共审批建设项目2900个，其中报告书315个，报告表2585个;2020年审批建设项目552个，其中报告书59个，报告表493个。强化疫情防控工作，强化医疗废物和医疗废水处理的管理工作，医疗废物处理做到日产日清，医疗废水做到稳定达标排放，严格日常管理，严防二次污染。

七、构建现代环境治理体系。一是强化科技支撑。建成空气自动监测站95座，空气环境质量监测覆盖到乡镇、街道，建成水质自动监测站16座，实现对空气环境质量和主要入境河流水质变化情况实时监测。投入资金3000余万元，聘请中国环境科学研究院等技术单位对全市开展空气污染源解析，提供空气质量持续改善对策。二是实施生态补偿。压实县区环境管理责任，明确考核目标、考核因子和奖惩标准，依据定期监测结果实施奖惩。三是深化环保体制改革。持续推动乡镇环保工作站改革增效，完成县区分局人员上划，市生态环境执法机构升格，各县区分局大队划为支队内设机构，形成了全市统一的综合行政执法格局。2020年1月以来共提拔和进一步使用科级干部5批次共16人，平级交流4批次共10人，晋升职级5批次共21人，完成2批次6名人员调动，有效调动干部职工积极性。

八、积极营造社会共治氛围。一是召开突出生态环境问题整改、坚决打赢蓝天保卫战、六五环境日等4次新闻发布会，通报工作成果，及时回应社会关切。二是强化环保普法，通过线上法律知识竞答，环保法律法规进校园、机关、企业、农村、车站等形式，宣传《水污染防治法》《固体废物污染环境防治法》等重点法律法规。三是强化媒体宣传，坚持利用电视、网络、报纸等媒体，中小学校、志愿团体等平台和“世界水日”“六五环境日”等宣传节点，开展多种形式的环保宣传教育活动。“亳州生态环境”微博、微信公众号实现自然日每日更新。政务双微4次进入生态环境部发布的《副省级、地市级生态环境部门前20名榜单》。在新华社、人民网、《中国环境报》、《安徽日报》、《亳州晚报》等主流媒体及新媒体平台刊发稿件800余篇。

（任爱军）

大事记

2020年12月25日，中国共产党亳州市第四届委员会第十二次全体（扩大）会议召开，审议通过《中共亳州市委关于制定国民经济和社会发展第十四个五年规划和二〇三五年远景目标的建议》 （张延林　摄）

1月

1日　零时起，亳州市境内的3个省界收费站全部取消，车道全部实行ETC不停车收费模式。

2日　亳州海关全面承接亳州地区海关业务。

3日　中国共产党亳州市第四届委员会第十次全体会议召开。

5日　长三角康养一体化第二届中医药康养文化旅游融合发展论坛在亳州市举行。

6日　亳州市组织召开服务企业发展座谈会，倾听企业诉求，帮助解决问题。

6—7日　全国人大常委会委员、省人大常委会副主任谢广祥率部分在皖全国人大代表考察亳州市推进长三角一体化发展工作情况。

7日　亳州市召开市中心城区道路交通秩序综合整治座谈会，要求全力推进"路畅"工程。

8日　利辛县城北镇绿色果蔬产业园入选国家农村创新创业园区。

9日　蒙城县公安局乐土派出所入选省公安厅首批命名的12个"枫桥式公安派出所"。

10日　全市"不忘初心、牢记使命"主题教育总结会议召开。

同日　2020年春运开始。

14日　2020年亳州市暨利辛县文化科技卫生"三下乡"活动启动。

18日　亳州动物园开放。

21日　市长杜延安主持召开全市新型冠状病毒感染的肺炎疫情防控工作会议，全面部署亳州市防控工作。

24日　亳州市发布《市场价格行为告知书》，提醒本市各经营者及相关单位严禁哄抬口罩等商品价格。

25日　16时起，亳州市新型冠状病毒感染的肺炎疫情防控应急指挥部启动突发公共卫生事件一级响应，要求取消全市一切群体性集会活动。

29日　全省首批、亳州市首例新型冠状病毒感染的肺炎患者病愈出院。

31日　亳州市新型冠状病毒感染的肺炎临时集中收治医院——亳州骨科医院投入使用。

同月　省委常委、常务副省长邓向阳两次到亳州市督导新型冠状病毒感染的肺炎疫情防控工作。

同月　市几套班子领导集中开展春节慰问活动，走访慰问部分贫困户、困难老党员、部分退役军人等。

同月　《亳州市2020年创建全国文明城市工作方案》印发。

同月　亳州市组建首批市级重点实验室3家（药食同源功能食品、中药资源开发与利用、酿造关键技术）。

同月　蒙城县逍遥路小学政通路校区被确定为安徽省第二批中小学知识产权教育试点学校。

2月

1日　即日起至12月31日，亳州市开展药品药材生产经营综合整治。

3日　受新冠肺炎疫情影响，亳州市全面推行"网上办、掌上办、自助办、邮递办"，暂停市政务服务中心窗口现场受理业务。

6日　市委疫情防控工作会议召开。会议要求完善"早发现、早报告、早隔离、早治疗"机制，落实市、县、乡、村四级防控措施和重点区域包保制度；做好应对返程高峰的各项准备，抓好返程人员的组织、体温监测、防护用品保障等各项工作；做好开门、开工、开学准备工作，做到测体温、消毒、戴口罩。

7日　即日起，全市所有村组、小区一律实行封闭式管理。

8日　零时起，全市所有个体诊所、社区卫生服务站、门诊部暂停营业，有就诊需求的群众需到设有发热门诊的医疗机构就诊。

10日　全市疫情防控工作电视电话会议召开。会议听取关于企业复工复产、乡镇发热人员集中留观等工作情况汇报，对做好疫情防控工作进行安排部署。

11日　即日起，在疫情防控期间，全市范围内购买发热、咳嗽、腹泻类药械产品需要出示相关身份信息并实名登记。

12日　全市疫情防控期间复工复产工作电视电话会议在市行政会务中心召开，各县区设分会场。会议要求贯彻落实习近平总书记关于疫情防控的重要讲话精神，按照"统一管理、分级负责、属地管理、压实责任、安全有序"的要求，做到防控机制、员工排查、现场管理、日常防护、物资储备、隐患整改、及时诊治“七到位”，在做好疫情防控的前提下，全力支持和组织推动各类生产企业复工复产。

13日 《亳州市应对新型冠状病毒肺炎疫情支持企业发展的若干措施》出台。

同日 市委组织部、市教育局、市科学技术局、市民政局、市财政局、市人力资源和社会保障局、市卫生健康委员会7部门联合印发《关于进一步激励引导基层党员干部和医务工作者在疫情防控一线担当作为的具体措施》，激励基层党员干部和医务工作者在疫情防控一线敢于担当、冲锋在前、扎实工作。

15日 亳州市印发《关于认真做好新冠肺炎疫情防控期间农民工包车运输的通知》，明确在农民工相对集中的地区，采取“点对点”运输的包车运输方式，集中组织农民工返岗复工。

17日 市委书记汪一光主持召开市委常委会扩大会议，听取全市疫情防控工作情况汇报，安排部署工作。

20日 亳州中药材专业市场开市。

22日 市委书记汪一光主持召开脱贫攻坚工作专题会议，对贯彻落实中央和省委部署要求，统筹做好疫情防控和脱贫攻坚工作作安排部署。

23日 亳州市与杭州、宁波等长三角城市签订返程返岗复工人员协同联动协议，助推外出务工人员安全有序快速返岗复工。

24日 全市统筹推进新冠肺炎疫情防控和经济社会发展工作部署会议召开。

25日 亳州市外出务工人员返岗复工工作指挥部成立。

同日 安徽省首批生产企业防疫防控规范（《代用茶生产企业防疫管理规范》T/AHFIA046—2020、《中药饮片生产企业防疫管理规范》T/AHN001—2020）发布实施。此2项团体标准由亳州市提出、制定。

28日 中共亳州市委、亳州市人民政府印发《关于表彰亳州市新冠肺炎疫情防控工作先进集体和先进个人的决定》，对市卫生健康委等10个先进集体和张孝飞等181名先进个人予以通报表彰。

29日 全市贯彻落实“六稳”重大项目2月份集中开工仪式在百花园项目建设现场举行。该次集中开工12个重点项目，总投资约130亿元。

同日 《亳州市应对疫情降低企业用水电气汽成本有关措施清单》印发，疫情期间，对全市中小微企业生产经营所需的用水、用电、用气、用汽价格，作出优惠调整。

同月 省委常委、常务副省长、省疫情防控工作领导小组常务副组长、应急指挥部副总指挥邓向阳三次分别到亳州市蒙城县、涡阳县等地督查疫情防控和复工复产工作。

同月 亳州市国资委落实免租政策，对承租国有企业经营性用房的中小微企业（含个体工商户）免收3个月房租，助力复工复产。

同月 亳州市的安徽九方制药有限公司、安徽协和成药业饮片有限公司、安徽东临药业有限公司等中药企业，向湖北、亳州市疾控中心、亳州市红十字会、谯城区红十字会捐助抗疫药品、中药材、医用口罩、防护服等医疗物资。

同月 自1月27日起，亳州市24名医护人员分批驰援武汉抗击疫情。

3月

2日 安徽省新冠肺炎疫情风险等级分类名单发布，亳州市谯城区、涡阳县、蒙城县、利辛县均被列为低风险地区。

2—8日 亳州市中小学校开始通过电视、网络等方式开展线上教育教学活动，开启“开学第一课”。全市实现线上学习全覆盖。

3日 连日来，亳州市广大党员自发为支持新冠肺炎疫情防控工作捐款。市领导带头捐款。全市有16.3万余名党员主动捐款，所捐款项将统一上交中央组织部。

5日 市总工会开展网上就业招聘活动，助推复工复产。

7日 全市决战决胜脱贫攻坚工作部署会议召开。

同日 中央广播电视总台《焦点访谈》栏目报道市扶贫女干部刘双燕的事迹。

8日 亳州市试行食用农产品合格证制度，以保障食用农产品安全。

同日 亳州市开始阶段性减免企业基本养老保险、失业保险、工伤保险三项社会保险，纾解因疫情造成的企业困难，推动企业复工复产。

11 日　省委书记李锦斌到亳州市利辛县强英食品公司、利辛县和谐村、中煤新集利辛发电公司调研督导疫情防控、脱贫攻坚和复工复产复市工作。

12 日　亳州市印发《关于做好新冠肺炎疫情防控期间脱贫攻坚工作的通知》，计划通过 34 条举措，降低疫情对脱贫攻坚工作的影响。

同日　亳州市全面展开固定污染源排污许可清理整顿和 2020 年排污许可发证登记工作。

13 日　《亳州市进一步培育和壮大建筑业企业的若干措施》出台，推动亳州市建筑业高质量发展。

同日　即日始，亳州市开展汛前雨水管网清淤疏通行动。工期约持续 3 个月时间。计划清淤 70 个路段，共有 434 千米。

13—15 日　全市脱贫攻坚专题培训班在市委党校举行，市委书记汪一光作开班动员并主持结业式，市长杜延安作培训总结讲话。市扶贫开发领导小组及成员单位负责人、市各民主党派负责人、各县区及乡镇有关负责人、114 个贫困村驻村第一书记参加培训。

17 日　《亳州市公共机构生活垃圾分类实施方案》出台。

19 日　亳州市召开新闻发布会介绍《世界中医药之都（安徽亳州）建设发展规划（2020—2030 年）》内容。

同日　亳州市部分开放性景区开始对外营业。

20 日　中国共产党亳州市第四届纪律检查委员会第五次全体会议在亳州举行。

21 日　截至即日，全市规模工业等 9 大类应复工企业（项目）2658 家（个），累计复工 2628 家（个），复工率 98.9%。

23 日　全省社会足球场地设施建设推进视频会议两次点赞亳州，号召全省向亳州学习。

25 日　全市第三批贯彻“六稳”重大项目集中开工现场推进会在利辛县举行，集中开工 14 个重点项目，总投资 57 亿元。

28 日　安徽省公布 2019 年第二批美丽乡村示范村和重点示范村名单，亳州市 5 个村庄入选。涡阳县曹市镇辉山村入选“美丽乡村重点示范村”；涡阳县店集镇王相村，谯城区魏岗镇刘各村、芦庙镇王楼村、赵桥乡赵桥村入选“美丽乡村示范村”。

30 日　《亳州市农村爱国卫生防疫运动暨人居环境整治提升工作实施方案》出台。

同月　省委常委、常务副省长邓向阳两次到亳州市督查脱贫攻坚问题整改和复工复产复市等工作。

同月　截至 3 月 9 日，亳州市已连续 23 天无新增新冠肺炎确诊和疑似病例。全市累计报告新冠肺炎确诊病例 108 例，患者全部治愈出院（最后 1 名患者于 3 月 5 日出院），治愈率 100%。累计排查到密切接触者 1615 人，截至 3 月 4 日，全部解除医学观察。

同月　亳州市社会各界、各民主党派、无党派人士和党外知识分子等积极投入疫情防控工作。

4 月

2 日　全市组织宣传统战政法武装党办工作会议召开。会议要求真抓实干，把疫情造成的影响降到最低，把疫情耽误的时间抢回来。

4 日　上午 10 时，防空警报鸣响，全市人民集体默哀 3 分钟，哀悼抗击新冠肺炎疫情斗争牺牲的烈士和逝世同胞。

5 日　中国民航局出具审查意见，同意新建亳州民用机场。

8 日　亳州市出台《第 32 个爱国卫生月活动实施方案》，掀起爱国卫生运动热潮。

9 日　省人大常委会党组副书记、副主任沈素琍到亳州市调研引江济淮工程建设情况。

10 日　全市深化“三个以案”警示教育动员部署会议召开。

11 日　亳州市落实中央财政农村环境整治资金 1115 万元，支持全市 60 个建制村环境综合整治。

14 日《亳州市普通中小学中等职业学校幼儿园 2020 年春季学期学生返校工作方案》发布，部署全市各级各类中小学、中职学校、幼儿园开学工作。

15 日　全省第四批贯彻“六稳”重大项目集中开工现场推进会亳州市分会场活动在谯城经开区举行。亳州市该次集中开工的重大项目共有 14 个，总投资 65.6 亿元。

16 日　一季度全省城市建设重点工作暨重点项目推进会在亳州市召开。

21 日 《2020 年亳州市创建国家园林城市工作实施方案》出台。亳州市建成区将新增绿地 200 万平方米以上，各项指标达到国家园林城市标准。

22 日 亳州市生态环境保护综合行政执法支队成立。

同日 市区原鬏尾厂临时菜市场正式运营。新兴路菜市场占道经营户 84 户搬迁至此。

22—23 日 市委书记汪一光到谯城区、涡阳县、利辛县，沿线调研引江济淮亳州段工程建设暨河长制、林长制、文化旅游等工作，并在利辛县主持召开座谈会。

23 日 全市“干部包户”工作推进会议在市行政会务中心召开。会议部署入户走访工作，要求各地各部门要抓好“干部包户”各项任务落实。会议采取电视电话会议形式召开，各县、区设分会场。

同日 亳州市组织收听收看全省防汛抗旱工作电视电话会议，市长杜延安在亳州市分会场参加会议，部署亳州市防汛抗旱工作。

24 日 全市安全生产工作会议暨 2020 年市安委会第二次全体成员（扩大）会议召开，市长、市安委会主任杜延安出席会议并讲话。与会人员共同观看警示教育片，签订安全生产责任书。通报 2020 年一季度安全生产形势和安全隐患挂牌工作开展情况，部署二季度安全生产重点工作。蒙城县、涡阳县、市城市管理局、古井集团分别围绕问题短板整改作表态发言。市委常委、常务副市长李军主持会议。

28 日 市文化旅游体育局组织相关企业开展“送千万红包、逛药都亳州”线上消费活动。即日起至 5 月 31 日，派送 10 万套、总额 1500 万元消费券，分为酒店住宿券、旅游景点券等 6 种类型。全国游客和广大市民可以通过“我家亳州”平台领取。

30 日 亳州市生物发酵工程技术研究中心、亳州市化药口服制剂工程技术研究中心、亳州市道地药材炮制工程技术研究中心等 12 家市级工程技术研究中心组建立项。是亳州市首次组建市级工程技术研究中心。

同月 2020 年亳州市 61 个老旧小区改造工作有序开展，25695 户居民将从中受益。

5 月

1 日 “云赏花”直播活动在市区亳药花海大世界举行，并通过新华网、央广网、“亳州头条”客户端等平台同步直播，观看量近 200 万人次。

5 日 《国务院办公厅关于对 2019 年落实有关重大政策措施真抓实干成效明显地方予以督查激励的通报》发布，亳州市入围对落实有关重大政策措施成效明显、创造典型经验做法且受到国务院督查表扬的地方。

6 日 《亳州市人民政府关于实施 2020 年民生工程的通知》印发，2020 年，亳州市实施 32 项民生工程。计划投入资金 210 亿元，较上年增加 4 亿元。9 项工程建设类项目全面开工。

同日 亳州市中小学校及幼儿园师生全面返校复课。

7—8 日 省委常委、常务副省长邓向阳率队到亳州市调研医药等产业发展和新基建项目建设。

9 日 亳州市实施“法律明白人”培养工程。

10 日 亳州市在市本级城市规划区内展开闲置低效建设用地集中清理处置活动。

11 日 四届市委第九轮巡察工作动员部署会议召开。会议传达学习中央和省委巡视工作动员部署会以及省委书记李锦斌在省委“五人小组”会议上讲话精神，宣布巡察组长授权任职及任务分工决定。本轮巡察市委共派出 4 个巡察组，对市委政法委、涡阳县公安局、蒙城县公安局、利辛县公安局开展常规巡察，对市公安局谯城分局开展巡察“回头看”；授权 3 个县（区）委组建巡察组对其所主管的 8 所学校开展常规巡察。

同日 全市推进五大发展 2020 年第一次督查调度会议暨招商引资工作会议召开。

12—14 日 中国人民政治协商会议第四届亳州市委员会第四次会议召开。

13—15 日 亳州市第四届人民代表大会第四次会议召开。

16 日 全省深入实施长三角一体化发展国家战略暨第五批贯彻“六稳”重大项目集中开工现场推进会亳州分会场在涡阳举行。亳州市该次集中开工重大项目 15 个，总投资约 56 亿元。

16—18 日 亳州市农产品（上海）运营中心在上海揭牌成

立。亳州市50余个绿色农副产品和特色扶贫产品走进上海的超市、社区。

17日　亳州市2019年度省管领导班子和领导干部综合考核工作会议召开，市委书记汪一光主持会议，省委第二综合考核组组长、省委组织部副部长、省委老干部局局长夏小飞作动员讲话。汪一光代表市委领导班子作工作总结报告，并作表态发言。杜延安代表市政府领导班子作工作总结报告。会议进行民主测评、民主评议。

同日　全市医保定点医疗机构正式上线启用医保电子凭证。

19日　亳州市新冠肺炎疫情防控应急指挥部和市卫健委下文，要求推广使用“安康码”。在解除疫情之前，全市所有乡镇卫生院、县级以上公立医疗机构发热门诊，必须持“安康码”进入。“安康码”的使用和推广纳入民生工程考核。

21—28日　全国两会在北京召开。市长杜延安，古井集团董事长梁金辉，市文化旅游体育局全民健身指导中心主任陈静作为亳州市3位全国人大代表和全国政协委员、市政协副主席马露参加会议。

23日　亳州市举办市中心城区大气污染防治四级网格员培训，700余名网格员参加。

同日　亳州市李芳家庭入选“全国抗疫最美家庭”。

25日　亳州博物馆面向社会各界广泛征集亳州抗击疫情实物、图片和资料等相关物证。

26日　亳州市诚盛新型建材有限公司被处以130万元罚款，是亳州环保史上开出的最大罚单。

同日　亳州市全面部署2020年度秸秆禁烧工作。

28日　亳州市45.47万公顷小麦开始收割，全市超10万台农机具备战“三夏”。

同日　省学位委员会批准亳州学院增列为学士学位授予单位，批准亳州学院小学教育、学前教育、文化产业管理等3个本科专业为新增学士学位授权专业。

29日　省农业农村厅公布“一县一业（特）”全产业链示范创建和首批长三角绿色农产品生产加工供应基地示范创建名单。谯城区中药材上榜“一县一业（特）”全产业链示范创建名单；安徽东昕食品有限公司、安徽正宇面粉有限公司、涡阳县华阳食品冷链物流有限公司、蒙城县兴农投资有限公司、安徽精益诚食品有限公司、安徽省东升食品有限公司、安徽浩翔农牧有限公司、亳州市沪谯药业有限公司8家企业上榜绿色农产品生产加工供应基地示范创建名单。

30日　省文化和旅游厅公布“安徽省十大研学旅游示范基地”和“安徽省十大旅游古村镇”评选结果。亳州古井酒文化研学旅游基地入选“十大研学旅游示范基地”，涡阳县义门古镇入选“十大旅游古村镇”。

同月　亳州市农机大市场启动入驻搬迁。大市场位于亳芜产业园区张良路以西、茴香路以南，总占地面积152667平方米。

同月　由国家生态环境部组织开展的“美丽中国，我是行动者”2020年百名最美生态环保志愿者评选结果公示，亳州市谯城区青年志愿者协会的刘辉入选。

同月　省卫生健康委员会、省人力资源和社会保障厅、省中医药管理局联合下发文件，对全省卫生健康系统新冠肺炎疫情防控工作先进集体和先进个人进行表彰。市人民医院感染性疾病科、市疾病预防控制中心、蒙城县中医院感染性疾病科（老年科）、利辛县疾病预防控制中心获评先进集体。市华佗中医院护师周慧芳、市中医院主治医师张铁群、市人民医院副主任医师张孝飞、涡阳县人民医院中医科主任医师庄捷、市人民医院主管护师闫芳芳、蒙城县疾病预防控制中心助理医师张伟、市疾病预防控制中心医师龚海政、利辛县城关镇卫生院护师王海洋获评先进个人。

同月　安徽省红十字会通报表扬优秀红十字志愿者和志愿服务组织。亳州市王德志、王盼、段卫东、龚继峰、黄文辉、武腾腾等18名红十字志愿者和亳州市红十字志愿者协会、蒙城县红十字战狼救援队两支红十字志愿服务组织获通报表扬。

6月

1日　致公党亳州市支部成立。

同日　亳州市首座零工市场——建安零工市场，正式投入使用。

同日　市区刘庄还原小区开

始交房,首批共有600余户居民领到新房。整个工程计划于年底全部完成,可安置居民2628户。

2日　全省政府热线片区工作座谈会在亳州市召开。

同日　全市小麦已收割43.42万公顷,占应收面积的91.95%,全市夏收“大头落地”。同时,夏种陆续展开。

同日　亳州市仲裁委员会换届,副市长应国君为第二届市仲裁委员会主任。

同日　全市“四送一服”“三包三抓”银企对接会暨企业融资服务提升年推进会召开。12家企业与金融机构现场签订协议,金额达3.3亿元。

3日　省农科院组织专家组,对涡阳县楚店镇后水波村张林森家庭农场种植的涡麦9号小麦进行实产验收。结果显示,亩均单产824.70千克,刷新安徽小麦最高单产纪录。

同日　“美丽中国,我是行动者”——2020年亳州环保世纪行暨六五环境日活动在市行政会议中心多功能厅举行。

6日　全市各县区陆续开始中考体育测试。

同日　亳州市新增“安康码”应用便民民生工程。

7日　市民办教育发展促进会正式成立。侯洪运当选市民办教育发展促进会第一届理事会会长。

8日　晚8点至9点,副市长曹振萍走进安徽广播电视台直播间直播带货,推介亳州优质农产品。亳州市23家企业参加直播活动,带去年份原浆、瓜篓子、五香牛肉、石榴酵素等20余种产品。

9日　亳州市妇幼保健院正式开始营业。

10日　亳州市三县一区出动12个作业队进行人工增雨,发射火箭弹76枚,共进行18点次增雨作业,取得明显效果。

10—12日　阜阳至蒙城至宿州(淮北)铁路可行性研究报告通过中国铁路上海局集团公司初审。项目技术标准为高速铁路,全长约147千米,其中亳州段85千米。项目建成后,蒙城、利辛两县不通高铁的历史将会改写。

11日　亳州市第一张非道路移动机械环保标牌在亳州高新区3号工地上牌。7月底前全市将完成辖区内所有机械全部摸排登记并发放非道路移动机械环保标牌,未申报环保标牌的机械禁止使用。

13日　亳州至蒙城高速公路路线方案确定。亳蒙高速公路项目列入《安徽省高速公路网规划(2016—2030年)》,并明确由亳州市负责亳蒙高速的建设。

同日　亳州市启动2020年“文化和自然遗产日”系列活动。

14日　市区柴家沟还原小区B区项目开建。

14—15日　芜湖传媒集团采访团队到亳州采风,推介报道亳州市中药材交易现场和美景美食。

15日　亳州市夏粮收购工作开始。

同日　市防汛抗旱指挥部办公室印发《关于做好近期强降水防范应对工作的通知》,针对可能出现的灾害性天气,部署防范应对工作。

16日　副省长章曦到亳州市检查防汛工作。

17日　建行亳州市分行联合市住房发展中心共同开发的网上选房系统上线,正式入驻“我家亳州”APP。为全省首个上线网上选房的城市。

18日　引江济淮工程(亳州段)35千伏双沟—龙德供电线路投运送电。

19日　省委书记李锦斌全程参加指导亳州市委常委会中央脱贫攻坚专项巡视“回头看”整改暨深化“三个以案”警示教育专题民主生活会。

同日　总投资16亿元的华能安徽蒙城风电项目并网发电。

19—21日　中国农商银行董事长深谈会在亳州市召开。

20日　加快皖北承接产业转移集聚区建设暨全省第六批贯彻“六稳”重大项目集中开工现场推进会亳州分会场活动在亳州高新区举行。亳州市该次集中开工重大项目14个,总投资53.7亿元。

同日　市珠算珠心算协会成立。田颖为市珠算珠心算协会会长。

同日　即日起,亳州市推广实施非现场交通违法行为异地处理工作。

22—24日　按照市委部署,市委书记汪一光,市委副书记、市长杜延安,市委副书记陈军等市领导,分别参加指导各地各有关单位中央脱贫攻坚专项巡视“回头看”整改暨深化“三个以案”警示教育专题民主生活会。

23日　《亳州市民文明行为促进行动工作方案》出台。

25日　亳州市涉黑涉恶境

外目标逃犯王某在中老边境落网。至此，全市11名涉黑涉恶目标逃犯全部到案。

同日　亳州供电公司220千伏赵曙2NQ9线智慧线路建设完成，为商合杭高铁稳定运行提供重要电力保障。

27日　亳州市全面实施中小学教师“县管校聘”管理改革。

29日　即日起至7月5日，亳州市政协·古井集团联袂捐赠“抗疫”书画作品展在市文化馆举办，115位艺术家创作的160余幅作品参展。展出作品由古井集团收购，善款全部捐献给市红十字会用于新冠肺炎疫情防控。

同日　市区东城海子景观带通过验收并正式对外开放。

30日　亳州市与江汽集团公司在合肥市江汽集团公司总部，举行中高端MPV项目投资协议签约仪式。

同月　蒙城县三义镇彭集村李圩庄李哲家庭农场负责人李哲、亳州市星宁新型材料有限责任公司总经理张红星、谯城区西苑水果种植合作社负责人胡静静获评全国“双带”农村致富青年先进个人称号。

同月　农业农村部、财政部公布2020年农业产业强镇建设名单，利辛县城北镇上榜。

同月　亳州市的潘艳伟家庭、刘桂芳家庭、胡灯元家庭、马溶健家庭入选2020年“安徽省抗疫最美家庭”。

同月　谯城区城父镇蒋家大院留守儿童之家被中国关心下一代委员会评为“全国优秀儿童之家”。

同月　亳州市和蒙城县获评第五届安徽省文明城市，利辛县和涡阳县获评安徽省文明城市提名城市，谯城区获评第三届安徽省文明城区。蒙城县板桥集镇、涡阳县曹市镇、谯城区十八里镇、亳州经济开发区十九里镇、蒙城县岳坊镇等多个乡镇入选第五届安徽省文明村镇。亳州市第一中学、中国邮政集团公司亳州市分公司、亳州市烟草专卖局、安徽省亳阜高速公路路政大队等单位获评第十二届安徽省文明单位。

7月

1日　即日起，全市城乡居民最低生活保障标准由调整前的585元/人/月提高至628元/人/月。全市特困人员基本生活标准由调整前的765元/人/月提高至817元/人/月。分散供养特困人员财政补助标准由调整前的359.2元/人/月提高至500元/人/月。集中供养特困人员财政补助标准为700元/人/月。

1—22日　副省长章曦三次到亳州市督导检查防汛救灾工作。1—3日，到市城市防汛指挥中心、涡阳涡河枢纽、涡阳包河涡河石弓闸、蒙城县立仓三圩茨河现代农业示范园洼地综合整治工程、引江济淮江水北送亳州调蓄水库、汤王大道隧道工程等地；16日，到市区西关排涝泵站、国祯排水公司、凤尾沟建安路闸、宋汤河亳菊路钢坝闸等地；21—22日，到蒙城县防汛指挥中心、涡河蒙城闸、涡河蒙城枢纽建设工程、利辛县防汛救灾应急仓库、苏沟闸、茨淮新河阚疃枢纽等地实地查看、督导检查防汛救灾工作。

4日　《亳州市2020年度养老服务和智慧养老实施方案》出台，计划到2020年年底，全市实现县级、乡镇、街道、社区养老服务中心（站）覆盖率100%，同时实现正常运营。

5日　安徽省文化和旅游厅发布“关于国家级非物质文化遗产代表性项目优秀实践案例推荐申报名单的公示”，亳州市的华佗五禽戏项目入选。

6日　《亳州市加快推进5G通信网络建设发展实施方案》印发，计划到2025年，实现全市域5G网络全覆盖。

同日　亳州市的天马（安徽）国药科技股份有限公司申报的“三七微粉化关键技术及产业化”项目和蒙城县通赢农业科技有限公司申报的“岳坊镇万亩莲藕种养及旅游”项目入选全国光彩事业重点项目。

7日　12时起，全省防汛Ⅲ级应急响应提升至Ⅱ级。亳州市进入实战状态，抓好强降雨防范和救灾准备工作，确保亳州市安全平稳度汛。

7—8日　全市30191人参加高考。高考期间，未发生与疫情相关的突发事件。

8日　省政府办公厅日前印发《关于对2019年落实有关重大政策措施真抓实干成效明显地方予以督查激励的通报》，亳州市共7项工作获通报表扬。

同日　由亳州市文化旅游体

育局牵头、皖北六市共同参与的2020“皖北人游皖北”市场联动推广活动在线上启动。

9日　安徽省药品监督管理局第二分局在亳州市揭牌，将全方位服务亳州中药产业发展。

同日　亳州市表彰20名当选文明标兵称号的出租车司机。这是全市首次举办“文明标兵驾驶员”评选。

同日　亳州市涡阳县辉山村和谯城区药王村入选第二批全国乡村旅游重点村名录乡村。

10日　由亳州文旅集团亳州锐艺传媒、重庆景萱文化传媒联合出品的儿童魔幻真人剧《奇幻仙踪》在腾讯视频上映。该剧主要取景地是亳州。

11日　亳州市第三人民医院（谯城区人民医院）开工。按照三级综合医院标准建设，将填补谯城区没有公立综合医院的空白。

12日　亳州市建成县（区）新时代文明实践中心4个，乡镇（街道）新时代文明实践所96个，行政村（社区）新时代文明实践站1344个，实现新时代文明实践中心建设全覆盖。

13日　亳州市城镇职工大病保险制度建立。

14—16日　亳州市70798人参加2020中考，考生人数创历史新高。

16日　谯城区人民法院公开开庭审理一起涉黑案，该案是全市首例采用“远程庭审”方式审理的涉黑案件。实现在押人员与外界人员“零接触”，有效杜绝疫情传播。

同日　全市推进五大发展2020年第二次督查调度会议在蒙城县召开。

同日　亳芜现代产业园区中联冷链物流基地项目全面竣工。

17日　亳州市委托检测中心启动对新建63块社会足球场地检测验收，将对公众开放。

20日　即日起至8月30日，亳州市开展“火热药都惠民消费”活动。分6个批次，向市民发放1.6亿元、53万张惠民消费电子券。按照“政府有补贴、商家有促销、平台有优惠”的原则，吸引市区内500余家商户参与，以应对疫情对零售、餐饮行业的影响。

21日　市区望汤阁骑路市场搬新家。新建的汤陵北路菜市场占地约500平方米，可容纳56个经营摊位。

同日　即日起，亳州辖区内所有通航水域实施禁航措施，解除时间另行通知。

同日　亳州市开展《中华人民共和国民法典》主题宣传活动。

22日　省文化旅游厅发布关于拟确定为AAAA级旅游景区的公示，亳州林拥城景区和市展览馆景区上榜。

同日　亳州市2020年希望工程“圆梦大学行动”和“成长助力计划”启动。

23日　国家体育总局气功中心公布最新的健身气功推广功法目录公告，校园五禽戏（小学版、初中版、高中版）被列入该目录。

25日　电影《五禽戏》在全国上映，宣传五禽戏，宣传亳州。

同月　亳州市3人入选第六批安徽省“特支计划”高层次创新创业领军人才名单：安徽东方帝维生物制品股份有限公司副总经理、研究员丁国杰，安徽奥斯博医疗仪器设备有限公司总经理段月强，安徽正熹标王新能源有限公司总经理曹超然。

同月　中央广播电视总台中文国际频道《记住乡愁》栏目组到亳州，启动《记住乡愁》亳州篇的拍摄工作。

同月　亳州市安徽古井集团有限责任公司专员黄香丽获“全国青年岗位能手”称号。

同月　武汉市总工会公布2020年援汉医疗队“武汉五一劳动奖章”获得者名单，亳州市利辛县中医院护士马慧慧入选。

同月　亳州市第四届优秀返乡创业人才评选揭晓，涡阳县花沟镇孙标农作物种植家庭农场法人代表孙标等10人入选。

同月　全省防汛抗洪形势严峻，亳州市组织支援。19日，根据命令，武警亳州支队组织兵力到六安市裕安区固镇镇参加抗洪抢险；亳州市消防救援支队组织48人的抗洪抢险突击队，星夜驰援阜阳市阜南县王家坝。22日，市人防应急通讯志愿者大队组织由苏辉、张威振、丁天琦、丁亚威4人组成的第一批志愿者队伍，于晚9时出发到庐江县参与抗洪抢险应急救援。25日，亳州人防蓝天救援队一行13人到合肥庐江一线参与抗洪。在这批队员中，曾因一条深夜在电动车上睡着被交警喊醒的视频而温暖无数人的外卖小哥张乐乐也在其中；11日他自驾到江西九江江堤抗洪，17日结束返回，20日“火线”通过申请，成为一名专业救援队员。25 日，武警亳州支队百余名官兵驰援铜陵市郊区老洲镇横埠河南岸横裕村。26 日，谯城区益英志愿服务队志愿者从庐江“转战”颍上；第二梯队 12 名志愿者，于当天晚上到达颍上县参与抗洪抢险。

8 月

1 日　珍宝岛战斗英雄华玉杰的骨灰从淮北市迁回亳州，英雄魂归故里。华玉杰，谯城区双沟镇华庄人，1964 年应征入伍。1969 年 3 月在珍宝岛战斗中，华玉杰和助手创造了世界军事史上以一个单筒火箭连续击毁 4 辆装甲车的光辉战例。华玉杰等 10 名官兵被中央军委授予“全国战斗英雄”称号。华玉杰的战斗事迹被写入历史教科书。华玉杰从部队转业后到淮北市工作，直至去世。

同日　涡阳标里镇至临湖镇 203 路公交线正式开通。该公交线路是亳州市首条开通的镇镇通公交线路。

同日　即日起，全国首个依托“区块链 + 电子证照”技术的全流程无纸化平台在“皖事通”亳州分厅上线试运行。集律师预约会见、看守所后台审核、自助核验律师电子证照信息等功能于一体。

3 日　谯城区将 110 户公租房承租家庭严重失信行为信息推送至全省公租房保障信息管理系统，谯城区成为全省首个推送住房保障信用“黑名单”的县区。这是亳州市首次将信用惩戒措施运用到违规处置实践中。

5 日　市生态环境局对 VOCs 无组织排放超标的谯城区某鞋服有限公司进行立案查处。

7 日　《健康亳州行动实施方案》印发，以推进健康亳州建设。

9 日　亳州市在全省率先实现“安康码”与电子社保卡无缝对接。全市所有药店正式上线“安康码”扫码购药。

10 日　第九届中国创新创业大赛亳州赛区选拔赛开始，25 家企业参赛。

11 日　亳州市排污许可核发登记工作全面完成。

同日　亳州民用机场航站楼设计方案投票结果揭晓，“亳芍留香”方案占比 51%，获第一名。

12—14 日　副省长章曦到亳州市督导检查灾后恢复重建工作。

13 日　亳州市空军飞行员录取通知书颁发仪式在市教育局举行，东部战区空军招飞局南京选拔中心的相关负责人为全市 7 名被录取的空军飞行员学生颁发录取通知书。2020 年亳州市空军招飞工作创下历史新高，居全省第三位。中国人民解放军东部战区空军政治工作部向市政府发感谢信。

15 日　市文明办向全市广大市民朋友和餐饮服务单位发出“制止餐饮浪费培养节约习惯”倡议书。

18 日　《2020 年国际（亳州）中医药博览会暨第 36 届全国（亳州）中药材交易会总体活动方案》出台。本届药博会首次开启永不落幕的“云”上药博会。

19 日　中国邮政发行《华佗》特种邮票 1 套 2 枚，小型张 1 枚。

20 日　亳州市“漳河游船”项目正式对外开放。

21 日　全国双拥工作领导小组办公室公示拟命名表彰的全国双拥模范城（县）和双拥模范单位名单，亳州市名列其中。

同日　“安康码”与图书馆融合应用在蒙城县图书馆实现，亳州市在全省率先进入“码上看书”时代。

22 日　亳州市 11213 人参加安徽省 2020 年考试录用公务员和选拔选调生笔试。

25 日　市生态环境局与金顺超硬材料有限公司磋商，并就该公司非法排放未经处理的含有重金属生产废水案生态环境损害赔偿签订协议。全市首例生态环境损害赔偿案一次性磋商成功。

26 日　亳州市人民政府与建设银行安徽省分行在合肥市签订战略合作协议。市长杜延安、建设银行安徽省分行行长方华平参加签约仪式。

27 日　全市政党协商会议召开。

28 日　安徽九洲方圆制药有限公司入选第三批中药配方颗粒品种医保支付范围目录，是全省唯一入选企业。

29 日　全省推进灾后恢复重建暨贯彻“六稳”重大项目集中开工现场推进会亳州分会场在蒙城县举行。该次全市集中开工重大项目 14 个，总投资 70.6 亿元。

同月　7 月中旬、7 月底两

次强降雨，造成亳州市受灾人口25998人，农作物受灾面积51026.28公顷，倒塌房屋15户32间，严重毁损房屋11户36间，一般毁损房屋65户154间，直接经济损失13853.03万元。强降雨期间，亳州市各级领导深入包保地方一线，督导检查度汛措施落实、农田清沟沥水、查灾核灾、恢复生产等工作。

同月　《人民日报》发布《关于抗击新冠肺炎疫情国家级表彰拟表彰对象的公示》，亳州市人民医院呼吸与危重症医学科病区副主任、副主任医师张孝飞入选。

同月　教育部教师工作司、中国教师发展基金会公示2020年乡村优秀青年教师培养奖励计划人选名单。亳州机电信息工程学校邓坤入选。

同月　公安部在全国选树800名民警为“标兵个人”，亳州市蒙城县公安局特巡警大队副中队长张浩和市公安局特警支队反恐防暴突击大队一级警员刘红兵当选。

同月　国务院扶贫办公示第四、五批拟认定的全国扶贫产品名单，亳州市利辛县尚禾食品有限公司生产的面条、亳州市康楼禽业有限公司生产的鸡蛋和五香皮蛋3个产品入选。

9月

1日　亳州市人民政府办公室官方微信公众号“亳事公开”正式上线。

3日　亳州市召开学习宣传贯彻习近平总书记考察安徽重要讲话精神部署会。

同日　亳州市第三代社会保障卡启用。该社保卡有公交乘车、医院门诊挂号缴费、药房购药闪付、惠农补贴发放等功能。

4日　亳州市召开2020年国际（亳州）中医药博览会暨第36届全国（亳州）中药材交易会新闻发布会。

5日　亳州老街打铜巷明道宫美食综合体正式营业。

8日　2020年安徽省中医药宣传周暨中医药文化推进行动启动仪式在亳州市举行。

同日　全国抗击新冠肺炎疫情表彰大会在北京人民大会堂举行。亳州市张孝飞获评“全国抗击新冠肺炎先进个人”“全国优秀共产党员”。

9日　2020年国际（亳州）中医药博览会暨第36届全国（亳州）中药材交易会开幕。

同日　亳州市举行纪念华佗诞辰1893周年祭祀典礼。

同日　亳州市举行2020年国际（亳州）中医药展、酒类产品展暨制药机械展。

同日　建设世界中医药之都暨中国（亳州）投资环境说明会在亳州市举行，市长杜延安主持会议。会上共签约67个合作项目，总投资432.6亿元。

同日　中国中药协会中药材市场专委会年会暨产业发展学术报告会在亳州市召开。

同日　全国中药材市场创新发展联盟在亳州市成立。

同日　长三角中医药一体化发展高峰论坛在亳州市举行。

10日　市委书记汪一光带队慰问抗战、抗美援朝老战士及教师代表。

同日　2020年全国健身气功网络视频系列大赛之五禽戏暨第十二届华佗五禽戏养生健身节在市体育馆开幕。

12日　世界制造业大会江淮线上经济论坛开幕式在合肥举行，同时在全省16个市设分会场。活动期间，亳州市签约28个项目，总投资225亿元。

15日　亳州市召开2020年土地招商推介会。来自上海、广州及本省40多家房地产开发商参加会议。

15—18日　2020全国象棋男子甲级联赛预选赛在亳州市举办。

16日　亳州市全面启动2020年新兵起运工作。

同日　全省“三秋”农机化生产暨农机化项目推进会在亳州市召开。

同日　亳州市劳动人事争议仲裁院法律援助工作站设立。

17日　省委宣讲团到亳州市宣讲习近平总书记考察安徽重要讲话精神。省委宣讲团第十组组长、省生态环境厅党组书记、厅长贺泽群作宣讲报告。市委书记汪一光主持报告会。宣讲会以视频会议形式召开，各县区设分会场。

18日　亳州市试鸣防空警报。

同日　亳州市举行“中国统计开放日暨第七次全国人口普查宣传月启动仪式”。

同日　亳州市成立“举旗帜·送理论”习近平总书记考察安徽重要讲话指示精神市委宣讲

团并召开动员培训会。即日起，市委宣讲团成员将分赴县区和市属企业、高校等开展集中宣讲；市委讲师团宣讲专家库成员将分赴农村、社区、企业、学校、机关等一线基层单位开展专题宣讲。

同日　亳州市反电信网络诈骗宣传联盟成立。

19日　古井集团举行“古井贡酒·年份原浆”2020秋季开酿大典。

24日　中国共产党亳州市第四届委员会第十一次全体会议在市行政会务中心召开。

同日　亳州市财政电子票据管理系统上线，市不动产登记中心开具首张非税收入类电子票据。亳州市财政票据由纸质化迈入电子化（无纸化）时代。

26日　增强高质量发展动能暨全省贯彻“六稳”重大项目集中开工现场推进会亳州分会场活动在亳芜现代产业园区安徽佳和药业项目现场举行。亳州市有11个重大项目集中开工，总投资36.4亿元。

27日　亳州市人民政府下发关于划定柴油车禁限行管控区域的通告。

28日　亳州市中药材检验检测研究院在国家中药材产品质量监督检验中心（安徽）挂牌成立。该研究院为亳州学院二级机构，由亳州学院管理。

30日　亳州市举行烈士纪念日向烈士纪念碑敬献花篮仪式。

同月　亳州市开展“消费扶贫月”活动。

10月

2日　亳州市组织收看全国、全省安全防范工作紧急视频会，市长杜延安出席市分会场会议。会后，杜延安带队检查安全生产工作。

9日　中国田径协会官网公布2019中国马拉松等级赛事评定结果，2019年亳州马拉松被授予“金牌赛事”称号。

9—11日　2020年安徽省职业院校技能大赛中职组比赛暨国赛改革试点赛在亳州中药科技学校举行。全省19所中职学校的74人参赛。

12日　省第一生态环境保护督察组进驻亳州市开展专项督察。

同日　市委书记汪一光主持召开亳州市大气污染防治工作专题培训会。

12—18日　亳州市开展“决胜全面小康 决战脱贫攻坚”集中主题采访活动。

16日　亳州市印发《关于加强西淝河、茨淮新河饮用水源地保护及河道管理工作的决定》。

16—18日　中国安徽名优农产品暨农业产业化交易会在合肥召开。亳州市70家企业，19家合作社、家庭农场，700多个产品系列参加展示展销，9个参展产品获金奖；7个项目参加农业招商项目集中签约仪式现场签约，签约总金额48.65亿元。

17日　加快推进战略性新兴产业发展暨全省第十批贯彻“六稳”重大项目集中开工现场推进会亳州分会场在蒙城举行。全市该次开工9个重大项目，总投资37.1亿元。

19日　亳州市召开中心城区网格化管理动员培训会议。

20日　亳州市蝉联“全国双拥模范城”称号。

22日　亳州市通过创建国家节水型城市现场考核。

24日　中共亳县工委纪念馆开馆仪式在谯城区古井镇张集小学举行。

25日　2020年中国国际健康旅游高峰论坛在亳州市举行。中国旅游协会健康旅游分会发布优质健康旅游产品，亳州市药都国际旅行社的“世界药都中医药康养之旅”和亳州文化旅游控股集团有限公司的“华佗故里·中医药文化感悟之旅”获2020年优质健康旅游产品。

同日　亳州市老年养护中心正式开业。

27日　亳州市委召开议军会议。

28日　国家历史文化名城调研评估组到亳州开展名城保护调研评估。

同日　四届市委第十轮巡察工作正式启动。本轮巡察市委共派出4个巡察组，对市人大常委会机关、市政协机关、市生态环境局〔延伸至县（区）生态环境分局、高新区生态环境分局〕开展常规巡察；授权蒙城县委组建巡察组对蒙城经济开发区开展常规巡察。

同日　淮河生态经济带第二次省际联席会议和城市合作市长会商会在蚌埠召开，亳州市作为成员单位参加会议。

同月　亳州市两家企业（安徽京威纺织服饰有限公司、安徽双轮酒业有限责任公司）通过2020年安徽省绿色工厂认定。

同月　安徽省2020年度省级特色小镇创建和试验名单公示，亳州市经开区中药电商小镇、亳州市利辛县绿色果蔬小镇入选。

同月　亳州市新发现古窑遗址。该遗址位于古井镇高楼村北部，被命名为“高楼遗址”。该古窑与古井贡酒的明代窖池处于同一时代、同一区域，具有重要文物价值。

同月　由交通运输部、中华全国总工会联合主办的2019年最美公交司机先进事迹报告会在湖南长沙举行，亳州市公交车驾驶员张飞获评2019年“最美公交司机”。

11月

3日　全国、全省疫情防控工作电视电话会议召开，亳州市设立分会场收看会议实况。

4日　亳州市新的社会阶层人士联谊会成立。北京京师（亳州）律师事务所副主任孙涛担任会长。

6日　亳州市保健按摩师职业技能大赛在亳州中药科技学校举行。

9日　安徽省“119”消防宣传月活动启动仪式在亳州市举行。

13—14日　2020年安徽秸秆暨畜禽养殖废弃物综合利用产业博览会在合肥滨湖国际会展中心举办。14日，省长李国英、副省长张曙光考察亳州馆，参观资源化利用成果。

16日　江淮安驰公司中高端MPV下线暨百台交车仪式在蒙城举行。

16—17日　省政协主席张昌尔到亳州市宣讲党的十九届五中全会精神，围绕“十四五”发展重大问题和政协工作开展调研。

17日　亳州市“四送一服”政产学研用金专项对接会召开。亳州市120多家企业负责人、省内5家高校近30位专家教授及相关金融机构参加会议。

同日　亳州市实施人工增雨，全市普降中雨，部分地区大雨，亳州市小麦旱情基本得到解除。截至17时30分，全市共开展22轮次人工增雨作业，共发射火箭弹77枚，亳州市大部分地区降雨在20毫米以上，降雨最多的达47毫米。

19日　全市政协工作经验交流会暨推进基层民主恳谈现场会在蒙城县召开。

同日　亳州市召开维护妇女儿童合法权益联席会议第一次全体成员（扩大）会议，启动婚姻家庭纠纷排查化解专项行动。

19—22日　第三届长三角国际文化产业博览会在国家会展中心（上海）举行，亳州市文旅集团锐艺文化传媒公司参展的“知亳文创”被组委会授予“优秀展示奖”称号。

20日　2020年亳州市全民科学素质工作会议召开。

21日　中国农商银行董事长论坛·2021竞争趋势报告会在亳州举行。全国13家农商行高管参加论坛。

同日　颜振卿书法艺术馆开馆仪式在亳州一中举行。该馆收藏颜振卿多年创作并捐赠给母校的百余幅书法精品，其中《七律·长征》曾先后收展于首都博物馆、中国军事博物馆。

24日　亳州市质量发展大会、市食品安全委员会和市药品安全委员会全体会议召开。

27日　由中央网信办网络新闻信息传播局主办、安徽省委网信办承办的“决胜2020”网络主题活动（安徽站）采访团到利辛县，采访报道利辛在脱贫攻坚中的亮点做法。

28日　全市扎实推进长三角一体化高质量发展暨全省第十一批贯彻“六稳”重大项目集中开工现场推进会在涡阳县举行。该次集中开工重大项目7个，总投资38.8亿元。

同日　2020年“华佗杯”亳州市传统武术比赛在市体育馆举行，三县一区近900人参赛。

同日　2020年安徽省青少年棋类锦标赛（象棋）在亳州市开赛，全省共171人参赛。

29日　亳州市举行全市青年志愿者服务技能培训班。

30日　亳州市组织召开城区医保定点药店购药实名登记公开承诺大会，200余家城区医保定点药店负责人现场签订购药实名登记承诺书。

同月　截至10月底，亳州市城区内1300余辆在用渣土车和商砼车全部完成OBD安装，在全省率先实现城区内在用渣土车和商砼车 OBD 安装联网全覆盖。

同月　省林业局组织开展“最美生态护林员”活动，亳州市利辛县江集镇郑老营社区郑海岛入选。

12 月

2 日　学习贯彻党的十九届五中全会精神省委宣讲团报告会在亳州市行政会务中心举行。

同日　亳州市新时代职工文明实践中心揭牌暨劳模（职工）志愿服务队授旗仪式举行。

4 日　全省开发区改革创新推进大会在亳州市召开。省长李国英参加会议并讲话，省委常委、常务副省长邓向阳主持会议。会议对亳州高新技术产业开发区和谯城经济技术开发区等进行表彰，公布县域特色产业集群（基地）名单并进行授牌。

同日　亳州市暨谯城区“12·5”国际志愿者日系列活动启动。

5 日　全市推进重点交通运输基础设施建设暨全省第十二批贯彻“六稳”重大项目集中开工现场推进会在谯城区立德镇召开。该次有 5 个重大交通项目集中开工。

7—10 日　全省“携手共圆小康梦”文艺惠民系列活动在亳州市三县一区展开。

9 日　安徽省总工会学习宣传全国劳动模范和先进工作者表彰大会精神劳模宣讲团到亳州开展宣讲。

同日　2020 年第三届黄淮流域白酒核心产区高质量发展峰会在亳州市举行。

11 日　2020 年市安委会第四次全体成员（扩大）会议暨安全生产专项整治三年行动调度会议召开。

12 日　全市加快实施数字经济赋能暨全省第十三批贯彻“六稳”重大项目集中开工现场推进会在谯城区十河镇循环经济产业园举行。该次全市有 8 个重大项目集中开工，总投资 32.7 亿元。

同日　中央广播电视总台新闻客户端《我和我的村庄》特别节目组到利辛县汝集镇朱集村进行现场直播。该村是此次选取的全国 5 个村庄之一，是全省唯一直播点。

16 日　亳州市人民医院急诊大楼项目正式开工。

同日　亳州市农业招商推介暨建设长三角绿色农产品生产加工供应基地座谈会在上海举行。

17 日　副省长张曙光巡视中国安徽名优农产品暨农业产业化交易会（2020·上海）亳州展厅，了解亳州市参展企业布展情况。

18 日　亳州市人民政府与国家开发银行安徽省分行举行座谈会，并签署《亳蒙高速公路项目合作框架协议》《开发性金融支持亳州建设“世界中医药之都”合作备忘录》两项合作协议，总额 300 亿元。

21 日　《亳州市民公约》正式对外公布，内容为：爱国爱亳，遵纪守法；爱岗敬业，自律自强；遵德守礼，互助友善；诚信勤俭，修身齐家。

24 日　全市党校（行政学院）校（院）长会议召开，市委副书记、市委党校校长孔涛出席会议并讲话。会上，孔涛为王正国等 11 人颁发客座教授证书。

25 日　中国共产党亳州市第四届委员会第十二次全体（扩大）会议在市行政会务中心召开。

29—30 日　市长杜延安带队到上海市奉贤区、浙江省衢州市、江苏省连云港市签订战略合作协议。

同日　中央文明办在亳州市举办 2020 年 11 月“中国好人榜”网上发布活动。

同日　阜蒙淮铁路亳州段开工仪式在蒙城县举行。

同月　《亳州年鉴（2019）》获评全国地方志优秀成果（年鉴类）一等年鉴。《亳州年鉴（2020）》、清乾隆三十九年《亳州志》（点校本）出版。

同月　亳州市同阜阳市建立两市跨西淝河联防联控联治机制。

同月　亳州市 6 家景区被批准为国家 AAA 级旅游景区，分别是：涡阳县文化艺术中心、利辛西淝河湿地文化园、华佗国药药博园、皖北恐龙化石谷、百药科技园林、亳州植物科普园。

同月　亳州民用机场项目可行性研究报告获国家发改委正式批复。

（孙　静）

市情概览

2020年12月14日，亳州市政公园冬日美景　　（刘勤利　摄）

概　述

【概况】亳州市位于安徽省西北部，地处华北平原南端，西北与河南省接壤，西南与阜阳市毗连，东与淮北市、蚌埠市相倚，东南与淮南市为邻。辖涡阳县、蒙城县、利辛县和谯城区。辖区面积8521平方千米，户籍人口668.2万人。亳州市是“国家历史文化名城”“全国首批优秀旅游城市”“中国长寿之乡”“中国五禽戏之乡”，享有“中华药都”“华夏酒城”的美誉。

亳州市区位优势明显，交通便利，距省城合肥330千米。京九铁路、青阜铁路纵贯全境，311、105、237、329、344国道和102、238、239、306、411、416等18条省道在市内交叉穿过，济广高速、宁洛高速、泗许高速和济祁高速构成亳州市“井”字形高速公路网，涡河、茨淮新河航运畅通，南距阜阳机场120千米，邮电通信网遍及城镇乡村。引江济淮亳州段正式通水，阜蒙淮城际铁路、亳蒙高速公路开工建设，亳州机场开工在即，涡河高等级航道整治工程有序推进。

2020年，全市人口668.2万人，地区生产总值1806亿元，比上年增长4.1%；财政收入217.9亿元，增长1.7%。城镇常住居民人均可支配收入34159元，比上年增长5.4%；农村常住居民人均可支配收入15293元，比上年增长8.5%。亳州市连续4年获国务院通报表扬，是全省唯一在2020年度国务院大督查及专项督查中予以“免督查”的市、享受国家企业债券“直通车”激励措施支持的市。

【历史沿革】亳州历史悠久，大量新石器时期遗存表明，远在七八千年以前，就有人类在此生息繁衍，是中华民族古老文化的发祥地之一。炎黄时代，帝喾代颛顼为帝，都于亳。夏朝，境西北为有虞氏，东南为涂山氏。汤灭夏，建立商朝，都亳，在亳境内建嵇方国。周初，亳地置焦国，后属陈国，又属楚国，至楚改名曰谯。秦为谯县，隶泗水郡。西汉，隶沛郡；今蒙城县称山桑县。东汉，隶豫州沛国；建安年间置谯郡。魏黄初二年（221），改谯为都。南北朝时期，改谯县为小黄县，于谯郡置南兖州。北周大象元年（579），改南兖州为亳州。隋大业三年（607），复改小黄县为谯县。唐开元年间，亳州为“望”州府之一。唐天宝元年（742），山桑县改称蒙城县。五代时期，亳州先后置宣武军、防御州、团练州。北宋大中祥符年间，升为集庆军，置节度使。元代，改属河南江北行中书省归德府。明初，亳州改隶凤阳府。清雍正二年（1724），亳州升为直隶州。雍正十三年（1735），降为散州，隶颍州府。同治三年（1864），清政府在亳、阜、蒙、宿接壤处，以雉河集为县治，循北魏古郡名，设立涡阳县。民国元年（1912），亳州改为亳县，隶安徽省凤颍六泗道（后改名淮泗道）。民国37年（1948）8月成立亳州市，辖城关及郊区。民国38年（1949）2月，市、县合并，恢复亳县建制，隶阜阳专员公署。1964年10月，国务院决定从阜阳、涡阳、蒙城、凤台各划出部分行政区域，为利辛县行政区域，治所设于利辛集。1986年3月撤亳县建亳州市（县级），其辖区不变；同年，被批准为国家历史文化名城和对外开放城市。1998年2月，收归省直辖（副地级）。2000年5月，国务院批准亳州市为省辖市（地级），辖涡阳县、蒙城县、利辛县和谯城区。

【人文简况】亳州英才辈出，人文荟萃。千百年来，孕育出许多文治武功、彪炳史册的先哲名流。名扬四海的道家学派创始人老子，其经典著作《道德经》，文约辞要，博大精深，被誉为“万经之王”。一代圣哲庄子，曾为漆园吏，其彪炳千秋的《南华经》，教育和启发人们探索宇宙的真理、养生的道理。著名政治家、军事家、文学家曹操，曾任东汉丞相，讨伐称霸诸侯，统一中国北方；他与子曹丕、曹植诚招天下文人墨客，倡导推动文学艺术兴盛繁荣，形成独具风骨的建安文学；神医华佗发明的“麻沸散”，在世界医学史上最早应用于全身麻醉手术，比西方国家早1600余年；他首创的“五禽戏”已成为人们的养生之术。代父从军的巾帼英雄花木兰，唐代悯农诗人李绅精于诗、文、书、画和易学的宋代名士陈抟，元代杂剧创作家孟汉卿、捻军首领张乐行等都是亳州人。欧阳修、曾巩、晏殊等文坛巨子相继在亳州为官。历代名人为辉煌的中华古代文明做出不可磨灭的贡献。

悠久的历史和灿烂的文化，

给亳州大地留下众多名胜古迹和文化遗产。亳州有全国重点文物保护单位8处，省级文物保护单位44处，省级以上文保单位数量位居皖北第一位。著名的人文景观有：被誉为“中国原始第一村”的新石器时代尉迟寺遗址，以砖木镂雕双绝闻名于世的国家级重点文物保护单位花戏楼，全国道教第一大殿太清宫（天静宫），俗称老子庙，被誉为“地下长城”的曹操运兵道，当代文史大家郭沫若亲题馆名的华祖庵，建筑考究、工程浩大的曹氏宗族墓群，浓缩亳州悠久文明史、馆藏丰富文物的亳州博物馆，讲述酒文化源起、传承和发扬的古井酒文化博览园，明清风格犹存、古色古貌依旧的明清老街等。在安徽三大旅游版块中，以亳州为重点的文化旅游区是其中之一。

【自然地理气候】 亳州市位于北纬32°51′～35°05′，东经115°53′～116°49′，地貌呈东南、西北向斜长形，南北长约150千米，东西宽约90千米。辖境与黄河决口扇形地相连，属平原地带，地势平坦，仅东部有龙山、石弓山、齐山、狼山、双锁山等10余处石灰岩残丘分布。整个亳州地势西北高而东南低，以1/9000地面自然坡降向东南微倾。西北部谯城区詹楼地势最高，海拔42.5米；东南部利辛县展沟地势最低，海拔22米，相对落差20.5米。由于受河流蜿蜒切割变迁和黄河历次南泛的影响，形成平原中岗、坡、碟形洼地相间分布，具有“大平小不平”的地貌特征。

亳州市气候处在暖温带南缘，属暖温带半湿润气候区，有明显的过渡性特征，主要表现为季风明显，气候温和，光照充足，雨量适中，无霜期长，四季分明，春温多变，夏雨集中，秋高气爽，冬长且干。因气候的过渡性，造成冷暖气团交锋频繁，天气多变，年际降水变化大。亳州市常见的灾害性天气有旱、涝、大风、冰雹、干热风、低温、霜冻等，旱、涝是最主要的自然灾害。

2020年，亳州市年平均气温16.3℃，较常年显著偏高1.1℃，为有气象资料以来第二高，仅次于2019年的16.5℃。全市平均年降水量999.9毫米，较常年偏多1.5成。年日照时数1945.3小时，较常年偏少1成。综合全年气候要素、极端气候事件及其灾害影响，2020年属于“较差”的气候年景。

辖区内河流属淮河水系。主要干流河道有涡河、西淝河、茨淮新河、北淝河、芡河等。涡河自谯城区安溜镇入境，东南流经涡阳县至蒙城县移村集出境入怀远县，境内长173千米，流域面积4039平方千米；西淝河自谯城区淝河镇入境，东南流经涡阳县，至利辛县展沟镇出境入凤台、颍上县界，境内长123.4千米，流域面积1871平方千米；茨淮新河自利辛县大李集镇入境，向东流经利辛县境南部，至蒙城县邹楼出境入怀远县，境内长66千米，流域面积1401平方千米。

【资源】 亳州地下蕴藏着丰富的煤炭、石油等矿产资源。全市已发现各类矿产8种，已探明储量的矿产4种，煤炭储量达50.6亿吨。

亳州明清时期就有“药都”之称，是中医药文化的摇篮，盛产中药材。自东汉末年神医华佗开辟第一块“药圃”开始，亳州人种植、经营中药材已有1800余年的历史。在中国《药典》上冠以“亳”字的就有“亳芍”“亳菊”“亳桑皮”“亳花粉”4种；其中亳白菊、亳白芍通过国家地理标志产品认证。1995年，江泽民亲笔题写“华佗故里，药材之乡”。2020年，“世界中医药之都”建设上升为省级战略，亳州市现代中医药产业规模达1450亿元，现代中药产业集聚发展基地产值增长14.2%，992个中药配方颗粒品种进入省医保目录，22个药品品种成功转入亳州市生产，113个品种签订仿制药一致性评价合作协议。济人药业公司中药配方颗粒获批进入德国主要城市药房销售，是唯一以药品身份进入欧盟市场的配方颗粒；疏风解毒胶囊成为英国政府“创新英国”全球第一个立项资助的中药。

亳州酿酒历史悠久，春秋时期起，当地就用古井甘泉酿酒，此后酿酒业代代相传。建安元年（196），曹操将家乡酿制的“九酝春酒”贡奉汉献帝，被列为宫廷用酒，年年进贡朝廷。“九酝春酒”即为今“古井贡酒”之前身。古井贡酒被誉为“酒中牡丹”，跻身中国八大名酒之列。古井贡酒“九酝酒法”作为世界上现存最古老的蒸馏酒酿造方法获吉尼斯世界纪录。2020年，古井集团实现营业收入110.90亿元，利润总额24.32亿元，上缴税收34.90亿元。古井贡品牌价值以

1971.36亿元稳居安徽白酒行业第一位，保持中国白酒行业第四位。古井贡酒酿造技艺等3个项目入选第五批国家级非物质文化遗产。涡阳高炉家酒入选中欧地理标志协定首批保护名录。

亳州市是全国优质农副特产品生产基地，盛产小麦、大豆、玉米、棉花、烟叶等粮油经济作物。国家级蔬菜批发市场辐射周边省市，成为苏、鲁、豫、皖交界处多县市果菜区域集散中心、信息传播中心、价格形成中心、科技推广中心，被农业部命名为“全国定点鲜活农产品批发市场”。2020年，粮食生产突破50亿千克，实现“十七连丰”；农产品地理标志产品（商标）12件；小麦新品种“国禾麦19”获全国强筋小麦评比冠军；长三角绿色农产品生产加工供应基地加快建设；三县一区全部列为全国生猪调出大县（区）；蒙城县获评国家级电子商务进农村综合示范县。

亳州市是皖北地区老工业基地。2020年，全市规模以上工业企业达691户。全年规模以上工业企业实现增加值比上年增长5.9%。全市30个工业行业中，16个保持增长，增长面达53.3%，增速超全市平均水平的12个。煤炭开采和洗选业增长21.1%，农副食品加工业增长2.0%，酒、饮料和精制茶制造业增长5.8%，医药制造业增长9.7%，汽车制造业增长24.1%，五大主导行业对全市规模以上工业增长贡献率77.3%。高新技术产业增加值增长14.6%。战略性新兴产业产值增长21.4%。

亳州市拥有丰富的旅游资源。2020年，亳州市有AAAA级旅游景点（区）9处，星级酒店16家，旅行社32家；实现旅游总收入139.4亿元；华佗故里中医药文化感悟之旅、世界药都中医药康养之旅获评全国十大中医药健康旅游精品线路；获评“中国研学旅行最佳目的地”“中国最佳康养休闲旅游城市”“2020年度中国康养旅游目的地案例”等称号。

年度要事

【“十四五”规划和2035年远景目标的建议出台】2020年12月25日，中国共产党亳州市第四届委员会第十二次全体（扩大）会议召开。全会对标党的十九届五中全会精神，贯彻落实习近平总书记重要讲话精神，审议通过《中共亳州市委关于制定国民经济和社会发展第十四个五年规划和二〇三五年远景目标的建议》。该建议描绘了亳州“十四五”乃至中长期经济社会发展的宏伟蓝图，明确提出建设新阶段现代化美好亳州的奋斗目标。

【经济发展稳中向好，交出“十三五”圆满收官的合格答卷】2020年，亳州市统筹推进疫情防控和经济社会发展，扎实做好“六稳”工作，全面落实“六保”任务，实现经济发展稳中向好，全市地区生产总值达1806亿元，增长4.1%、居全省第四位；财政收入实现218亿元，增长1.7%、居全省第八位；居民人均可支配收入22274元，增长7.3%、居全省第三位。“十三五”期间，亳州市综合实力实现重大提升，地区生产总值连跨8个百亿元台阶，是“十二五”末的1.7倍，年均增长8.3%，居全省第一位；财政收入累计完成950.6亿元，是“十二五”期间的1.9倍，年均增长10.9%，居全省第二位。亳育小麦首创全省高产纪录，粮食生产实现“十七连丰”，突破50亿千克。亳州市连续4年获国务院通报表扬，连续5年在省对市综合考核中获得“优秀”等次，连续3年获省稳增长贡献奖，创地级亳州市成立以来最好成绩。五年中，亳州市获得省级及以上表彰1039次，召开省级以上现场会73次，获省级及以上推介经验做法105次。

【抗击新冠肺炎疫情斗争取得重大战略成果】疫情暴发后，亳州市坚决服从中央、省委统一号令，把人民群众生命安全和身体健康放在第一位，严格落实“四早”要求，创新坚持“五集中”“六个一律”，1个月内控制住疫情，43天实现住院患者“清零”，108例报告确诊病例全部治愈。自2020年2月15日至今未新增患者。疫情防控进入常态化以后，坚持以“邻长制”为核心，编制常态化疫情防控下突发疫情应急预案，开展实战化演练，推动疫情防控从广泛动员、社区防控向科学防控、专业防控转变。

【脱贫攻坚取得决定性胜利，现行标准下农村贫困人口全面脱贫】党的十八大以来，亳州市持续深入学习贯彻习近平总书记关于扶贫工作的重要论述，坚持以脱贫攻坚统揽经济社会发展全局，始终把脱贫攻坚作为第一民生工程，聚焦精准、咬紧牙关，一以贯之、尽锐出战，如期完成新时代脱贫攻坚目标任务。在省2016—2019年脱贫攻坚成效考核中，连续4年获得“好”的等次且位次逐年提升。全市286个贫困村全部出列，三县一区全部脱贫摘帽，现行标准下建档立卡贫困人口全面脱贫，累计减贫54.84万人，向党和人民交出了一份高质量的脱贫攻坚收官之战答卷。

【“邻长制”基层组织体系建立】亳州市探索开展邻长制改革，建立“乡镇(街道)—村(社区)—片—组—邻”的邻长制基层组织体系，全市116个社区、1228个村已全部完成片、组、邻划分，邻长制基层组织体系构建完成，已选配片长9224名、组长26826名、邻长107769名，合计143819名。邻长制基层组织体系的建立，推动了社会治理和服务重心向基层下移，促进制度优势转化为治理效能，贯通了社会治理体系延伸到户的“最后一米”。

【加快融入长三角一体化发展】2020年，亳州市聚焦“一都一区一基地”建设，积极融入长三角一体化发展。加快推进皖北承接产业转移聚集区建设，与上海市奉贤区、江苏省连云港市、浙江省衢州市签订战略合作协议，与13个沪苏浙园区开展对接合作。打造长三角绿色农产品生产加工供应基地，双百万工厂化产业化肉羊养殖、食品加工和冷链物流等项目建设加快推进，8家企业获批全省长三角绿色农产品生产加工供应基地示范创建单位。促进基本公共服务互联互通，实现与长三角所有城市公安类电子证照互认互通、医保“一卡通用”、236个事项“一网通办”。

【世界中医药之都建设路线图出炉】2020年1月13日，经省政府研究同意，省发展改革委、省卫生健康委、省中医药管理局、省经济和信息化厅联合印发实施《世界中医药之都(安徽亳州)建设发展规划(2020—2030年)》，为未来10年亳州市打造世界中医药之都提供了遵循指导。亳州市坚持以药立市，全力推进世界中医药之都建设，支持药品研发及生产经营，制定仿制药一致性评价奖励办法，22个药品品种完成转让落户亳州，992个中药配方颗粒品种纳入省医保目录；建成中药材组培繁育中心、中药材初加工产业园，设立中药产业基金和中药饮片产业集团，推进药明康德(亳州)临床开发基地建设；中药“走出去”取得重大突破，亳州市中药配方颗粒被10多个国家和地区选作抗疫药物，济人药业公司中药配方颗粒获批进入德国主要城市药房销售、是唯一以药品身份进入欧盟市场的配方颗粒，疏风解毒胶囊成为英国政府“创新英国”全球第一个立项资助的中药。全市现有药品生产企业192家，现代中医药产业规模达1450亿元。安徽省药品监督管理局第二分局在亳州揭牌。

【着力增进民生福祉】2020年，亳州市32项民生工程完成年度任务，民生支出328亿元，占财政支出的83.9%。大力提升公共服务水平，新建改扩建公办中小学、幼儿园79所，公办幼儿园开设食堂、课后延时服务，学前三年教育毛入园率、九年义务教育巩固率、高中阶段教育毛入学率均超过全省平均水平。实施总投资63亿元的医疗卫生健康事业“三年提升、两年巩固”行动，84个卫生健康项目已开工77个。建成社会化足球场78个。棚户区改造基本建成18201套，完成老旧小区改造61个。建成养老服务中心(站)161所。市中心城区雨污分流改造和易涝点整治顺利实施，“城市看海”现象得到根本改变。引江济淮亳州段工程实现供水，长期制约亳州市发展的水资源短缺、影响群众饮水安全的氟含量过高等问题得到有效解决。持续推进农村环境“三大革命”“三大行动”和美丽乡村建设，农村人居环境明显改善。

【污染防治三年攻坚目标完成】亳州市贯彻落实习近平生态文明思想，牢固树立“两山”理念，深入实施“地净、路畅、水活、天蓝、林拥城”工程，中央生态环保督察及“回头看”、省生态环保督察交办问题及“23+80+N”涉及亳州问题完成整改，污染防治三年攻坚目标顺利完成。深入推进大气污染防治，PM2.5完成年度任务，空气质量优良天数比例上升13.7个百分点。落实长江“十年禁渔”要求，茨河鳜鱼青虾水产种质资源得到有效保护。河长制改革持续推进，水环境持续向好。扎实开展净土保卫战，土壤环境保持稳定。畜禽粪污资源化利用做法在全国推广。

【“中国好人”连续四年年度上榜人数全省第一】2020年，亳州市有11人上榜“中国好人”，“中国好人”连续4年年度上榜人数全省第一。累计上榜“中国好人”173人，获评“安徽好人”149人，评选“亳州好人”506人。中央文明办在亳州市举办11月“中国好人榜”网上发布活动。涌现出一批全国先进典型，利辛县汝集镇朱集村第一书记、扶贫工作队队长刘双燕荣获全国先进工作者、全国最美职工、全国最美公务员等荣誉称号，安徽省首批援鄂医疗队成员、亳州市人民医院医生张孝飞获评全国优秀共产党员和全国抗击新冠肺炎先进个人。“好人”不断涌现并形成规模效应，展现了厚德亳州的良好形象和文化内涵。颁布施行《亳州市文明行为促进条例》，蝉联省级文明城市称号。

（许发夫）

亳州市行政区划统计表

表1　　单位：个

单位	市辖区	县	街道	镇	乡
亳州市	1	3	9	72	7
谯城区			3	20	2
涡阳县			3	20	
蒙城县			3	12	2
利辛县				20	3

说明：数据截至2020年12月31日

亳州市乡镇一览表

表2

亳州市 1区、3县、9街道、72镇、7乡	
谯城区	街道：薛阁　汤陵　花戏楼 镇：古井　双沟　古城　淝河　大杨　城父　五马　魏岗　牛集　芦庙　沙土　十河　观堂　龙扬　谯东　颜集　华佗　立德　十八里　十九里 乡：张店　赵桥
涡阳县	街道：城关　星园　天静宫 镇：高炉　义门　青疃　石弓　龙山　西阳　花沟　店集　涡南　楚店　高公　曹市　新兴　临湖　丹城　陈大　牌坊　标里　公吉寺　马店集
蒙城县	街道：城关　漆园　庄周 镇：双涧　小涧　三义　乐土　许疃　坛城　岳坊　楚村　立仓　马集　篱笆　板桥集 乡：王集　小辛集
利辛县	镇：城关　阚疃　张村　江集　旧城　孙集　永兴　王市　中疃　胡集　展沟　望疃　汝集　王人　巩店　西潘楼　马店孜　程家集　大李集　城北 乡：孙庙　纪王场　新张集

（市民政局）

中国共产党亳州市委员会

2020年11月8日，亳州市林拥城美景 （刘勤利　摄）

概　述

【概况】2020年，中国共产党亳州市委员会在以习近平同志为核心的党中央坚强领导下，坚持以习近平新时代中国特色社会主义思想为指导，全面贯彻党的十九大和十九届二中、三中、四中、五中全会精神，学习贯彻习近平总书记考察安徽重要讲话指示精神，按照省委、省政府部署，坚定讲看齐，提振精气神，强化执行力，把握新发展阶段，贯彻新发展理念，构建新发展格局，坚持统筹发展和安全，坚持稳中求进工作总基调，坚持改革创新，大力推进供给侧结构性改革，统筹推进常态化疫情防控和经济社会发展，主动融入长三角一体化发展、共建“一带一路”、长江经济带发展、中部地区崛起、淮河生态经济带、加快皖北振兴等重大战略，聚力建设世界中医药之都、皖北承接产业转移集聚区、长三角绿色农产品生产加工供应基地、华夏酒城、文化旅游强市和省际毗邻区域中心城市，扎实做好“六稳”工作，全面落实“六保”任务，着力推动高质量发展，不断开创新阶段现代化美好亳州建设新局面，实现“十三五”圆满收官。在省对市综合考核中连续5年获得“优秀”等次，连续5年获省目标管理绩效考核先进单位称号，连续3年获省稳增长贡献奖，连续4年获省脱贫攻坚工作成效考核“好”等次。连续4年获国务院大督查通报表扬。2020年地区生产总值达1806亿元、总量居全省第九位，同比增长4.1%，增速居全省第四位，实现财政收入217.9亿元，总量居全省第十位，同比增长1.7%，增速居全省第八位。

【学习宣传贯彻党的十九届五中全会精神】2020年，中国共产党亳州市委员会坚持把学习贯彻十九届五中全会精神作为重要政治任务，召开市委常委会会议暨理论学习中心组学习会议等，传达学习党的十九届五中全会精神，对学习宣传贯彻工作进行系统谋划部署。组织收听收看学习贯彻党的十九届五中全会精神中央宣讲团、省委宣讲团宣讲报告会，市、县、镇、村四级联动，集中开展“举旗帜·送理论”专题宣讲活动，在全市上下迅速掀起学习宣传贯彻热潮。把学习贯彻党的十九届五中全会精神作为重大题材，在重要版面、重要位置、重要时段，精心策划推出“聚焦十九届五中全会”“辉煌十三五”“十四五规划”等专题专栏，开展多形式、多角度、立体式的宣传报道。市级领导结合赴基层宣讲，开展“十四五”发展若干重大问题调研。在深入学习调研、开门编制规划、广泛听取社会各界广大干部群众意见的基础上，研究制定市委“十四五”规划建议。召开市委四届十二次全体（扩大）会议，审议通过《建议》，动员全市上下进一步增强信心、鼓足干劲，积极作为、真抓实干，全面开启新阶段现代化美好亳州建设新征程。

【学习贯彻习近平总书记考察安徽重要讲话指示精神】2020年，中国共产党亳州市委员会坚持把学习宣传贯彻落实习近平总书记考察安徽重要讲话指示精神作为重大政治任务，相继召开全委会、常委会会议等，制定学习宣传贯彻落实方案，抓好学习宣传贯彻工作。市委常委结合工作和思想实际带头开展交流研讨，各级党组织通过“一月一课一片一实践”活动等及时跟进学习，实现学习全覆盖。举行市委理论学习中心组学习会议暨全市领导干部学习贯彻习近平总书记考察安徽和在扎实推进长三角一体化发展座谈会重要讲话指示精神专题研讨班，市委常委，市人大常委会、市政府、市政协负责人分别到专题研讨班各个小组参加交流研讨。组建市委宣讲团、市委理论骨干宣讲团、百姓宣讲团“三支宣讲队伍”，深入基层一线开展面对面、分众化宣讲。运用“村村通”广播、“两微一端”等媒体平台，在市级主流媒体开设专题专栏，推出宣传报道560余篇（条）。坚持用脚步丈量每一寸土地、用眼睛发现每一个问题，深入基层一线开展系统调研，形成重点课题调研报告。贯彻落实省委十届十一次全会精神，召开市委四届十一次全会，审议通过《关于深入学习贯彻习近平总书记考察安徽重要讲话指示精神奋力在构建新发展格局中实现更大作为在加快建设美好亳州上取得新的更大进展的决定》，并及时制定行动方案，不折不扣抓好落实。

【打好"三大攻坚战"】2020年，中国共产党亳州市委员会坚持把打好三大攻坚战作为重中之重，扛起政治责任，坚持问题导向，紧盯薄弱环节，全力以赴推进。

脱贫攻坚取得全面胜利。学习贯彻习近平总书记决战决胜脱贫攻坚座谈会讲话精神，坚持以脱贫攻坚统揽经济社会发展全局，目标不变、力度不减、劲头不松，三县一区全部脱贫摘帽，286个贫困村全部出列，现行标准下48.95万农村贫困人口全部实现脱贫。在省年度成效考核中，连续4年获得"好"的等次，且位次逐年提升。抓好"354+N"突出问题整改，坚持"实事求是、对号入座、突出重点、清单要清、逐级汇编、压实责任"的原则，市、县区结合实际制定具体整改方案，镇村制定问题清单，杜绝"上下一般粗""清单不清"。市县镇村排查的7.8万个问题全部完成整改，77件中央专项巡视"回头看"交办信访件全部办结。组建驻县区脱贫攻坚监督组，开展"单位包村、干部包户"、又走访又排查又整改、见面行动、城市低保普查和专项巡察、基本医疗及义务教育有保障专项行动，发现解决问题13.9万个。紧盯"三户一体"和"老少病残孤"群体，全力攻克深度贫困堡垒，11382名贫困群众通过省脱贫监测评估；及时消除19369名边缘易致贫户和10654名脱贫不稳定户致（返）贫风险。排查出滞留在外亳州籍流浪乞讨人员47人，全部护送返乡并落实帮扶措施。15.6万贫困人口外出就业，9380人受灾贫困人口得到妥善安置，开发扶贫公益岗位34169个，光伏扶贫电站累计发电5.6亿度，完成扶贫产品销售13.2亿元。

污染防治三年攻坚目标完成。牢固树立"两山"理念，实施"地净、路畅、水活、天蓝、林拥城"工程，中央环保督察及"回头看"、省生态环境保护督察交办问题及"23+80+N"涉及亳州问题完成整改。推进大气污染防治，市领导带头履行市中心城区网格化包保责任，直接下沉到一线，逐村逐户、逐企业摸排整改问题。抓好变革生产方式、强化科技支撑、做到精准管控，落细落实道路冲洗保洁、柴油车深度治理、中药材初加工污染治理等具体举措，完成PM2.5控制指标年度任务。获评第十批（2020年度）国家节水型城市。水环境持续向好，茨河鳜鱼青虾水产种质资源保护区禁捕退捕工作全面落实到位。土壤环境保持稳定。

牢牢守住不发生重大风险的底线。落实国家安全责任制，落实落细防范化解重大风险"1+9+12"方案体系。疫情期间中药材领域未发生一起"发国难财"案件。排查整改粮食储藏安全问题271个。开展麻黄草及其制品专项整治，规范麻黄草生产经营管理。严格落实政府隐性债务防范化解各项政策。排查整改在建水利工程等安全隐患22处、城区易涝点103处。抓好灾后重建"四启动一建设"工作，5073.33公顷绝收农作物得到及时补种。化解房地产领域历史遗留问题80个，"难办证"专项治理整改率99.97%。推进扫黑除恶"打伞破网"，立案查处涉黑涉恶腐败、"保护伞"问题80起，给予党纪政务处分129人。

【疫情防控和经济社会秩序恢复】2020年，中国共产党亳州市委员会坚持"两手抓，两到位"，即一手抓疫情防控，一手抓经济社会发展，每一手都做到管住到位、放活到位，推动全市疫情防控形势不断向好，实现经济社会运行早正常，生产生活秩序快恢复。

着力打好疫情防控阻击战。坚决服从中央、省委统一号令，把人民群众生命安全和身体健康放在第一位，以疫区来人和发热人员管理为重点，落实"四早"要求，创新坚持"五集中""六个一律"，在较短时间内有效控制了疫情，全市共报告确诊病例108例，全部治愈，无死亡病例。自2月15日始无新增患者（包括无症状感染者）。以大数据运用为基础，成立数据工作专班，汇集重点疫区来（返）亳、发热门诊就诊、购药、企业复工返岗等数据并开展比对，精准锁定人员。以增强检测能力为抓手，在全省率先扩大核酸检测范围，依法依规范做到应检尽检。派出24名援鄂医疗队员奔赴武汉以及湖北其他城市。加强养老、救助等场所防护，做好境外入境人员管控。以"邻长制"为核心，编制常态化疫情防控下突发疫情应急预案，开展实战化演练，推动疫情防控从广泛动员、社区防控向科学防控、专业防控转变。

全面恢复经济社会秩序。团结引导全市上下，坚定信心、迎难而上，推动复工复产复课。落实低风险地区管控要求，及时取消基层一些不必要的做法。制定出台应对疫情支持企业发展20条措施，落实测温、消毒、佩戴口罩要求，支持各类企业复工复产。组建市外出务工人员返岗就业工作指挥部，主动与长三角26个城市签订员工返岗复工健康互认协议，农民工外出返岗就业130万人。聚焦“四重一小”，实施“五减”行动，常态化开展“四送一服”。疫情期间实现网上教学全覆盖，至5月6日全市中小学幼儿园全部复课。全市经济社会发展持续回升、全面回暖、回归常态。

【推进经济高质量发展】2020年，中国共产党亳州市委员会坚持稳中求进工作总基调，坚持把做实做强做优实体经济作为主攻方向，服务构建新发展格局，经济高质量发展迈出新步伐。

构建现代产业体系。聚力建设世界中医药之都，现代中医药产业规模突破1450亿元，战略性新兴产业集聚发展基地产值增长21.4%。支持药品研发及生产经营，制定仿制药一致性评价奖励办法，992个中药配方颗粒品种进入省医保目录，22个药品品种成功转入亳州市生产，113个品种签订仿制药一致性评价合作协议。建成中药材组培繁育中心、中药材初加工产业园，设立中药产业基金和中药饮片产业集团，推进药明康德（亳州）临床开发基地建设。古井集团营业收入连续3年突破100亿元，推动解决民营白酒企业土地厂房产权问题。市县区食品产业园主营业务收入达115亿元。规模农产品加工产值总量、增速均居全省第二位。持续推进文化旅游年活动，新增AAAA级景区2家，建成运营华佗百草园等一批精品项目。

推进长三角一体化发展。加快推进皖北承接产业转移集聚区建设，与上海市奉贤区、江苏省连云港市、浙江省衢州市建立合作共建关系，与13个沪苏浙园区签订战略合作协议。支持南北合作共建园区建设。新签约亿元以上工业项目236个，总投资797亿元。双百万工厂化产业化肉羊养殖、食品加工和冷链物流等项目建设加快推进。蒙城县成为上海市外蔬菜主供应基地，8家企业获批全省长三角绿色农产品生产加工供应基地示范创建单位。全市供应长三角地区农产品241万吨，销售额202亿元。公安类电子证照在长三角区域互认互通，与长三角城市医保“一卡通用”。

实施扩大内需战略。组织开展“火热药都·惠民消费”等系列活动，累计带动消费超2亿元。建安文化广场获省“十佳夜间文旅消费集聚区”称号。发展“直播带货”、无接触交易服务等消费新业态新模式，网上零售额达83.3亿元、增长53.3%，总量、增速分别居全省第四、第二位。新增限上企业258家，限上社会消费品零售额增速扭负为正。实施重大项目集中开工、项目前期工作百日攻坚行动，集中开工重大项目123个、总投资590亿元，省重点项目投资完成率、竣工率、开工率均居全省第三位。发挥金融支撑作用，申报并成功发行地方政府专项债券84.6亿元。金融机构贷款余额同比增长19.6%，居全省第五位。新增各类挂牌企业127家，实现直接融资193亿元，金农易贷、金农企e贷等线上信贷产品在全省推广。

推进改革开放。深化“互联网+政务服务”，市县两级10028个可网上办理事项全部实现全程网办，705个市本级公共服务事项1日办结，“最多上一次”事项占比98.5%。优化营商环境，164项证明材料实行告知承诺制，一般工业项目审批时限压减至27个工作日以内，新增市场主体4.8万户。连续4年获国务院大督查通报表扬。国资国企、财税金融、卫生、教育等领域改革扎实推进。招商引资提质增效，实际到位省外资金923亿元，总量位居皖北六市第二位。新增进出口实绩企业63家，利用外商直接投资4.3亿美元。组织参加第三届进博会、世界制造业大会，成功举办药博会。高新技术产业增加值增长14.6%。全社会研发经费投入增长27.9%，万人发明专利拥有量增长38%。持续开展“亳州老乡，请您回家”和助力青年学子创业活动，创业直接带动就业近8.8万人次。创新实行以县为单位发展村级集体经济“联合体·组合投资·优先股”模式，各县区成立共富公司、各村成立振兴公司，全市村级集体经济经营收益6.4亿元、村均收入52.5万元。

【推进城乡协调发展】2020年，中国共产党亳州市委员会落实习近平总书记“城镇化要发展，农业现代化和新农村建设也要发展”的重要指示，优先发展农业农村，同步推进乡村振兴和新型城镇化战略。

推进城市建设管理。坚持“人民城市人民建，人民城市为人民”重要理念，城市功能和品质持续提升。市中心城区117个城建项目完成投资41.2亿元。5G网络覆盖市中心城区和三县县城。6个省级开发区全部实现集中供热。市中心城区雨污分流改造和易涝点整治顺利推进，城市内涝问题得到根本改观。市建成区主次干道机械化清扫率在90%以上。完成61个老旧小区改造，建成宋汤河六期治理工程。数字化城管数据普查与采集范围扩展至163平方千米。改造提升城市绿化5.6万平方米，完成人工造林、森林抚育7933.33公顷。新增39个公园、街头游园。引江济淮亳州段工程实现供水，长期制约亳州市发展的水资源短缺、影响群众饮水安全的氟含量过高等问题得到有效解决。亳州机场、亳蒙高速、淮蒙阜城际铁路、涡河高等级航道改造等项目加快推进。

推进农业发展。深化农业供给侧结构性改革，粮食生产实现“十七连丰”。“三品一标”品牌认证总数达632个。花草茶项目获全国快递服务现代农业金牌项目，线上销售额达20亿元。开展农村乱占耕地建房专项整治，抓好耕地保护督察发现问题及卫片执法检查发现问题整改。高标准农田建设进度居全省前列。坚持抓好土地增减挂钩工作。涡阳县和利辛县获批2020年中央财政资金秸秆综合利用示范县，蒙城县获评国家级电子商务进农村综合示范县。农村常住居民人均可支配收入分别增长5.4%、8.5%。

农村人居环境整治。加快编制多规合一的村庄规划，推进农村环境“三大革命”“三大行动”和美丽乡村建设。创建农村人居环境整治省级重点示范村16个。已建成的80个乡镇污水处理厂实现主体工程和在线监控设施“双委托第三方”管理。畜禽粪污资源化利用工作得到省领导批示肯定，在全国畜禽粪污资源化利用交流会上作经验交流。农村人居环境整治三年行动目标任务基本完成。

【民主政治建设】2020年，中国共产党亳州市委员会按照习近平总书记“更好发挥中国特色社会主义政治制度的优越性”的重要指示，坚持党的领导、人民当家做主、依法治国有机统一，丰富民主形式，拓宽民主渠道。

支持人大及其常委会发挥职能作用。坚持和完善人民代表大会制度这一根本政治制度，发挥人大及其常委会在立法工作中的主导作用，审议通过《文明行为促进条例》。紧扣五大发展行动计划、三大攻坚战、长三角一体化发展等中心工作，听取审议专项工作报告18项，作出决议决定6项。任免国家机关工作人员59人次。

发挥人民政协专门协商机构作用。出台《关于新时代加强和改进人民政协工作的实施意见》。开展新时代加强和改进人民政协工作情况督查，推动中央、省委及市委政协工作会议精神走深走实。推进政协党的建设，实现党的组织对党员委员、党的工作对政协委员全覆盖。开展协商议政和民主监督活动，形成一批高质量履职成果。推进委员进社区活动，开展基层民主恳谈试点。

发挥统一战线重要法宝作用。支持民主党派持续开展脱贫攻坚、污染防治民主监督。召开民营企业座谈会，推动构建亲清政商关系。同心合力共抗疫情，全市统一战线累计捐款捐物2707万元。开展民族团结进步创建“三下乡”示范活动。谯城区牛集镇蒋楼民族村获全国第三批“特色民族村寨”称号。协助致公党安徽省委成立致公党亳州市支部。

发挥群团组织桥梁纽带作用。健全党委统一领导群团工作制度，打造“亳工招聘”网上工会品牌，达成就业1.2万余人；实施非公有制经济组织团建攻坚行动，全市非公有制企业团组织数量居全省第一位；推出“巾帼贷”业务和线上带货活动，帮扶巾帼企业家复工复产、渡过难关。市工商联抗击疫情服务企业复工复产获省工商联通报表扬。推进基层文联组织建设，谯城区魏武社区成立全省首家社区文联。

发挥军政军民团结作用。全市纳入市军民融合发展潜力项目库项目30个，总投资114.1亿元；纳入“民参军”潜力企业信息库企业31家。全国大型国防教育综合基地一期建成开放，争取大型退役武器装备27件。规范退役军人基层服务中心（站）机构建设，全面提升服务保障能力。组织开展纪念抗美援朝出国作战70周年有关活动。全市烈属优待金由7776元提高至1万元。带头落实党管武装述职制度。蝉联"全国双拥模范城"。

发挥法治服务保障作用。学习贯彻习近平法治思想，学习宣传和贯彻实施宪法，完成全市"七五"普法评估验收。蒙城县获全国首批法治政府建设示范县称号。推进县区公检法领导班子成员及内设机构、派出机构、下属单位正副职交流轮岗，符合条件的全部交流轮岗到位。市法院诉前委派调解率居全省第一位。市检察院在全省检察业务考评中获第一名。

【宣传思想文化工作】2020年，中国共产党亳州市委员会按照习近平总书记"举旗帜、聚民心、育新人、兴文化、展形象"的重要指示，做好宣传思想文化工作，坚定主心骨、汇聚正能量、振奋精气神。

壮大主流思想舆论。组织市委理论学习中心组集体学习25次，学习党的十九大和十九届二中、三中、四中、五中全会精神，学习《习近平谈治国理政》第一、二、三卷，跟进学习习近平总书记最新重要讲话指示批示精神。开展"举旗帜·送理论"系列宣讲1.1万余场，受众56.6万人次，推进党的创新理论深入人心。落实党委（党组）意识形态工作责任制实施办法，做好"决胜全面小康、决战脱贫攻坚"重大主题宣传，2020年中央、省主流媒体分别刊播亳州稿件780余篇（条）、1600余篇（条）。"村村通"广播常态化播出习近平总书记重要论述。持续推进宗教工作督查反馈问题整改。

加强思想道德建设。培育和践行社会主义核心价值观，落实新时代公民道德建设、爱国主义教育两个《纲要》，深化"我和我的祖国"群众性主题教育。"中国好人"上榜人数连续4年居全省第一位，涌现出刘双燕、张孝飞等一批先进典型，"中国好人榜"网上发布活动在亳州市举办。推进制止餐饮浪费、倡树文明新风行动。加强群众性精神文明创建，蝉联省级文明城市称号。

推动文化体育事业发展。建成村级综合文化服务中心1320个。市广电中心投入使用。三县融媒体中心通过省级验收。谯城药王村和涡阳辉山村获评全国乡村旅游重点村。建成社会足球场78块。成功举办2020年全国象棋男子甲级联赛、全国健身气功网络视频大赛。《亳州年鉴（2019）》获全省史志科研成果评比年鉴类一等奖。

【民生保障和社会建设】2020年，中国共产党亳州市委员会坚持统筹发展和安全，完善共建共治共享的社会治理制度，切实解决群众急难愁盼问题，满足人民对美好生活的向往。

民生保障。32项民生工程年度任务全面完成。落实就业优先政策，城镇新增就业5.9万人，新增技能人才3.4万人。"外出务工人员管理系统"被人社部评为"全国公共就业服务优秀成果一等奖"。稳妥推进机关事业单位养老保险制度改革，社会保险覆盖面不断扩大，城乡居民及职工基本医疗保险参保589.2万人，城镇职工养老保险参保43.44万人。事前、事中、事后一体化"医保智慧监管模式"，入选全国医疗保障经办精细化管理服务典型案例。健全社会救助制度，实现低保标准城乡统筹，保障低保、"五保"、孤儿等救助对象27.1万人。新增乡镇（街道）养老服务中心31所，三级养老服务中心实现全覆盖。

社会事业。推进义务教育优质均衡发展，投入14.6亿元建设公办中小学、幼儿园55所。继续完善午餐供应、课后延时服务。亳州学院中医药学院即将开工，亳州职业技术学院获准建设省技能型高水平大学。落实义务教育阶段教师工资待遇规定，维护教师合法权益。实施医疗卫生健康事业"三年提升、两年巩固"行动，市人民医院"卒中中心""胸痛中心"通过国家验收，在急性胸痛患者的综合救治、脑卒中多学科联合规范诊疗等方面达到全国先进水平。每千人口医疗机构床位数完成市"十三五"规划目标。推进全市137家公办敬老院与乡镇卫生院融合发展，农村医护养结合"亳州模式"被国家卫健委推广。

"邻长制"改革。结合常态化疫情防控，严格依照《村民委员会组织法》《城市居民委员会组织法》等法律法规要求，发挥基层党组织的领导核心作用，建立"乡镇（街道）—村（社区）—

片—组—邻”邻长制基层组织体系，全市116个城市社区、1228个村全部完成片、组、邻划分，选配片长9793名、组长2.5万名、邻长10.1万名，打通社会治理体系延伸到户的“最后一米”。

统筹发展和安全。深化“铸安行动”，组织开展“1+2+22”安全生产专项整治三年行动，开展危险化学品安全生产大排查，举行高层建筑消防救援应急演练，安全生产实现“三降四无”。推进平安亳州建设，积极化解“四重”信访事项，全市每十万人命案起数低于全省、全国平均水平，社会大局保持稳定。

【党的建设】2020年，中国共产党亳州市委员会树立“抓党建是最大政绩”的理念，坚决扛起政治责任，把“严”的主基调长期坚持下去，持续净化优化政治生态，纵深推进全面从严治党，筑牢高质量发展的根基。

党的政治建设。坚持把党的政治建设摆在首位，将习近平总书记重要讲话指示批示列为市委常委会会议暨市委理论学习中心组学习会的首要议题，带头增强“四个意识”、坚定“四个自信”、做到“两个维护”。及时组织学习习近平总书记最新重要讲话指示批示精神，突出抓好党的十九届五中全会和习近平总书记考察安徽重要讲话指示精神学习，谋划16个方面75项举措。继续探索完善《全市各级领导班子和领导干部政治建设监督检查参考指标》，推动未巡先改和巡察工作规范化。开展党内政治监督谈话，督促抓好整改“后半篇文章”，推动市县两级谈话294人次，指出问题1285个，全部完成整改。严明政治纪律和政治规矩，全市立案审查违反政治纪律案件11件，给予党纪政务处分7人。

党的组织建设。坚决贯彻新时代党的组织路线，持续推进基层党组织标准化规范化建设，“一村一策”整顿63个软弱涣散村党组织，非公企业和社会组织新组建党组织152个，城市领域基层党建工作“领航”计划2个案例入选省级示范库。推进街道社区减负赋权增能，全面实施“红色物业”工程，在全省城市基层党建工作推进会上作交流发言。持续开展“一月一课一片一实践”活动，全市各级在职党员领导干部参加双重组织生活实现常态化。坚持严管厚爱结合、激励约束并重，注重从脱贫攻坚、环境保护、疫情防控、复工复产和招商引资等经济社会发展工作一线选拔使用干部。坚持严管和厚爱结合、激励和约束并重，制定落实激励村“两委”干部干事创业八项举措，村“两委”班子成员报酬增长10%以上，对表现优秀的村支部书记，每个县（区）择优1～2名直接选拔为乡镇领导班子成员并形成制度。

党的作风建设。对违反中央八项规定精神问题露头就查，共查处各类问题260起。开展深化“三个以案”警示教育及“回头看”，新拍摄警示教育片19部，用身边事教育身边人。坚持只搞真的、不搞假的，带头执行省委持续解决形式主义突出问题为基层减负若干措施和正负面清单，查处形式主义官僚主义问题44起。落实“基层减负年”各项要求，市级发文开会数量在上年大幅下降基础上分别下降25.1%、60.8%。

党风廉政建设和反腐败斗争。市委常委会会议固定设有全面从严治党专题。运用监督执纪“四种形态”批评教育帮助和处理6930人次，其中第一、二种形态占比94.2%。持续推动乡镇纪检监察工作协作区制度化规范化。选举配备村级纪检委员实现全覆盖。编制农村基层“小微权力”清单，开展百名纪检监察干部“进基层、抓监督、解难题、暖民心”工作，反映基层党员干部纪检监察信访量在上年下降40.4%的基础上，2020年又下降16.4%。整治群众身边腐败和不正之风，查处扶贫领域问题275件449人。构建一体推进“三不”体制机制。突出重点削减存量，零容忍遏制增量，保持惩治腐败高压态势，共处置问题线索6178件，立案1418件，给予党纪政务处分1437人。

（陆亚洲）

重大决策

【统筹抓好疫情防控和经济社会秩序恢复】2020年，亳州市坚持“两手抓，两到位”，即一手抓疫情防控，一手抓经济社会发展，每一手都做到管住到位、放活到位，落实“四早”要求，创新坚持“五集中”“六个一律”，推动全市疫情防控形势不断向好，实现经济社会运行早正常，生产生活秩序快恢复。

【精准脱贫】2020年，亳州市坚持以脱贫攻坚统揽经济社会发展全局，坚持目标不变、力度不减、劲头不松，不折不扣抓好脱贫攻坚各项政策举措的落实，开展“二十看二十问”“六看六问”等活动，推动问题发现整改落实，三县一区全部脱贫摘帽，286个贫困村全部出列，现行标准下48.95万农村贫困人口全部实现脱贫，脱贫攻坚取得全面胜利。

【污染防治】2020年，亳州市实施“地净、路畅、水活、天蓝、林拥城”工程，加大突出环境问题整改力度，强化市中心城区网格化包保责任，变革生产方式、强化科技支撑、做到精准管控，落细落实道路冲洗保洁、柴油车深度治理、中药材初加工污染治理等具体举措，污染防治三年攻坚目标顺利完成。

【防范化解重大风险】2020年，亳州市落实国家安全责任制，修订完善防范化解重大风险“1+9+12”方案体系，牢牢守住不发生重大风险的底线。

【融入长三角一体化发展】2020年，亳州市加快推进皖北承接产业转移集聚区建设，与上海市奉贤区、江苏省连云港市、浙江省衢州市建立合作共建关系，与13个沪苏浙园区签订战略合作协议，融入长三角一体化发展取得积极进展。

【深化“三个以案”警示教育】2020年，亳州市按照省委部署要求，以“四联四增”为主要内容，在全市开展深化“三个以案”警示教育，进一步推深做实“作风建设年”活动，纵深推进全面从严治党。

【“服务企业年”活动】2020年，亳州市开展“服务企业年”活动，坚持依法依规、穷尽办法、竭尽所能，坚持“两个毫不动摇”，持续深化“互联网＋政务服务”，帮助企业解决实际困难，打造“四最”营商环境，推动民营经济高质量发展。

（陆亚洲）

重要会议

【市委全委会议】2020年1月3日，中国共产党亳州市第四届委员会第十次全体会议在市行政会务中心召开。全会审议通过《中共亳州市委关于贯彻落实〈中共中央关于坚持和完善中国特色社会主义制度、推进国家治理体系和治理能力现代化若干重大问题的决定〉和省委〈实施意见〉的责任分工方案》。会议指出，要全面深刻把握党的十九届四中全会精神实质，增强贯彻落实的自觉性和坚定性。要聚焦目标任务，抓好贯彻落实。要坚决贯彻落实“坚持和巩固”的要求，切实把制度自信转化为政治自觉，健全党的全面领导制度，完善落实“两个维护”的制度，建立健全推动党中央及省委重大决策部署的落实机制，完善党领导各项事业的具体制度。要坚决贯彻落实“完善和发展”的要求，把制度建设与贯彻新发展理念、发展民主政治、打造人民满意的服务型政府、全面依法治市、文化繁荣发展、创新社会治理、全面深化改革紧密结合，切实把制度优势转化为治理效能。要坚决贯彻落实“遵守和执行”的要求，切实把制度意识转化为执行能力，做到自觉尊崇制度，坚决维护制度，严格执行制度。

会议强调，要以贯彻全会精神为动力，做好当前重点工作。要进一步抓好全会精神的学习宣传贯彻，持续巩固拓展主题教育成果，做好中央脱贫攻坚专项巡视反馈问题整改，坚决打好污染防治攻坚战，全力做好重大风险防范化解工作，推动各项工作落地落实。

2020年9月24日，中国共产党亳州市第四届委员会第十一次全体会议在市行政会务中心召开。全会书面听取市委常委会工作报告，审议通过《中共亳州市委关于深入学习贯彻习近平总书记考察安徽重要讲话指示精神奋力在构建新发展格局中实现更大作为在加快建设美好亳州上取得新的更大进展的决定》和《中国共产党亳州市第四届委员会第十一次全体会议决议》。会议指出，要完善制度机制，以扎实务实的举措抓好落实，进一步完善以“四化三可”、清单制管理为抓手的工作推进机制，完善以网上办事大厅、市长热线等为抓手的问题发现机制，完善以赛场选马、严管厚爱为抓手的激励约束机制。要强化责任担当，以严实的工作作风抓好落实，坚持只搞真的、不搞假的，马上就办、真抓实干，勇于担当、敢于创新，持之以恒、久久为功，努力把亳州打造成美好安徽建设的皖北新样板。

会议强调，要聚焦年度任务，围绕当前重点工作抓好落实。要坚定不移干在实处、走在前列、勇立潮头；突出抓好脱贫攻坚，确保小康路上不落一人；突出抓好污染防治，持续推进“地净、路畅、水活、天蓝、林拥城”工程；统筹抓好常态化疫情防控和经济社会发展，确保完成全年目标任务；突出抓好民生保障和社会建设，不断增强基层群众的获得感幸福感安全感；突出抓好“十四五”规划编制工作，提高规划的前瞻性、科学性、可操作性；突出抓好全面从严治党，实现正气充盈、政治清明。

2020 年 12 月 25 日，中国共产党亳州市第四届委员会第十二次全体（扩大）会议在市行政会务中心召开。此次市委全会与全市推进五大发展督查调度会议合并召开，会前，与会人员先后来到涡阳县中原绿色食品产业基地暨涡阳长三角蔬菜基地、易腾服装科技有限公司等地，现场观摩涡阳县推进五大发展情况。全会听取和讨论市委常委会工作报告，审议通过《中共亳州市委关于制定国民经济和社会发展第十四个五年规划和二〇三五年远景目标的建议》《中国共产党亳州市委第四届委员会第十二次全体会议决议》。杜延安就建议（讨论稿）向全会作说明。

会议指出，“十四五”时期是实现新的更大发展的关键时期。要以习近平新时代中国特色社会主义思想为指导，全面贯彻党的十九大、十九届二中、三中、四中、五中全会和中央经济工作会议精神，贯彻落实习近平总书记考察安徽重要讲话指示精神，落实省委十届十一次、十二次全会和省委经济工作会议精神，科学把握新发展阶段，坚决贯彻新发展理念，服务构建新发展格局，推进世界中医药之都、皖北承接产业转移集聚区、长三角绿色农产品生产加工供应基地、华夏酒城、文化旅游强市和省际毗邻区域中心城市建设，依法执政、依法行政，纵深推进全面从严治党，不断强化“两个坚持”，努力实现“两个更大”，全面开启新阶段现代化美好亳州建设新征程。

会议强调，要坚定不移做强实体经济，一手抓传统产业转型升级，一手抓战略性新兴产业发展，加快建设现代产业体系。坚定不移实施扩大内需战略，把扩大消费同改善人民生活品质结合起来，挖掘消费潜力，加快项目建设，形成需求牵引供给、供给创造需求的动态平衡。坚定不移深化改革开放，推进创新创业，推动发展活力动力不断迸发。坚定不移推进乡村振兴，抓好农业生产，实施乡村建设行动，巩固拓展脱贫攻坚成果同乡村振兴的有效衔接。坚定不移推动绿色发展，践行“两山”理念，毫不放松推进环境治理。坚定不移保障民生和加强社会治理，推进共同富裕。

会议要求，要抓好当前重点工作。坚持把人民群众生命安全和身体健康放在第一位，全力抓好常态化疫情防控。对标年度目标任务，查缺补漏，加快补齐短板弱项，确保“十三五”圆满收官。组织开展走基层送温暖等活动，帮助困难企业和群众解决实际问题。时刻紧绷安全稳定这根弦，落细落实“两节”安全防范责任，确保人民群众生命财产安全和社会和谐稳定。

【疫情防控会议】2020 年 2 月 6 日，市委疫情防控工作会议召开。会议指出，要学习贯彻习近平总书记在 2 月 3 日召开的中央政治局常委会会议上的重要讲话精神；按照省委部署要求，完善“早发现、早报告、早隔离、早治疗”机制，落实市、县、乡、村四级防控措施和重点区域包保制度；做好应对返程高峰的各项准备，抓好返程人员的组织、体温监测、防护用品保障等各项工作；做好开门、开工、开学准备工作，做到测体温、消毒、戴口罩。

会议要求，要做好改革发展稳定各项工作，打好脱贫攻坚战，保持经济平稳运行，做好城市低保工作。开展药品药材生产经营综合整治，加强环境卫生管理。要保障交通畅通，确保人员车辆正常通行。要强化领导，压实工作责任，充实市疫情防控应急指挥部力量；各级领导干部既当指挥员，又当战斗员，切实履职尽责，发挥中流砥柱、主心骨作用；做好宣传教育和舆论引导，更好强信心、暖人心、聚民心。

2020 年 2 月 17 日，市委书记汪一光主持召开市委常委会扩大会议。会议学习贯彻习近平总书记在中央政治局常委会会议和在北京市调研指导新冠肺炎疫情防控工作时的重要讲话精神，贯彻落实省疫情防控应急综合指挥部《关于分区分级实施差异化新冠肺炎疫情防控措施的通知》要求，听取全市疫情防控工作情况汇报，安排部署下步工作。

会议指出，新冠肺炎疫情发生伊始，市委、市政府深入学习贯彻习近平总书记重要讲话指示批示精神，落实中央及省委决策部署，坚决扛起政治责任，以有湖北（武汉）旅居史人员为重点，以发热人员管理为重心，以增强检测能力为抓手，以数据分析比对为基础，严格落实“四早”“五集中”等各项措施，保物资供应，促复工复产，有力有序推进疫情防控工作，取得阶段性成效。全市各地各部门要从坚决做到“两个维护”出发，学习、深刻领会习近平总书记在中央政治局常委会会议和在北京市调研指导疫情防控工作时的重要讲话精神，进一步坚定信心决心，坚决抓好贯彻落实。

会议强调，要以严防返工潮引发疫情反弹为目标，实行全民健康登记，紧盯发热人员和有湖北（武汉）旅居史人员，做到“六个一律”，加强健康登记宣传、培训，实现有序可控。市县（区）直机关各级党组织和广大党员要在疫情阻击战中发挥战斗堡垒和先锋模范作用，下沉社区，积极投身疫情防控一线，同社区干部一起抓好全民健康登记，落实到户、落实到人。全市各级党委、政府和领导干部特别是党政主要负责人要切实扛起责任、经受考验，既要有责任担当之勇、又要有科学防控之智，既要有统筹兼顾之谋、又要有组织实施之能，切实抓好工作落实，统筹做好疫情防控和经济社会发展工作，坚决打赢疫情防控阻击战，努力实现全年经济社会发展目标任务。

【全市“不忘初心、牢记使命”主题教育总结会议】2020 年 1 月 10 日，全市“不忘初心、牢记使命”主题教育总结会议召开。会议指出，要学习领会中央“不忘初心、牢记使命”主题教育总结大会及全省主题教育总结会议精神，永远坚守“不忘初心、牢记使命”的政治本色。要贯彻落实习近平总书记在大会上的重要讲话精神，学习领会“六个方面成果”的重要意义、“六条重要经验”的丰富内涵、“六个必须”的实践要求，持续推进全面从严治党向纵深发展。

【全市决战决胜脱贫攻坚工作部署会议】2020 年 3 月 7 日，全市决战决胜脱贫攻坚工作部署会议召开。会议要求，要勇于担当作为，做到履职尽责、不辱使命；坚持尽锐出战，强化帮扶力量，加强干部培训；严明纪律作风，巩固“不忘初心、牢记使命”主题教育成果，纵深推进“三个以案”警示教育，力戒形式主义官僚主义；强化激励保障，树立鲜明用人导向，真正让有作为的有地位，为如期完成脱贫攻坚目标任务、全面建成小康社会提供坚强政治保障。

【全市组织宣传统战政法武装党办工作会议】2020 年 4 月 2 日，全市组织宣传统战政法武装党办工作会议召开。会议要求，要聚力聚焦重点，坚持以党的政治建设为统领，全面抓好党的自身建设各项任务落实。要着力抓好组织工作，巩固拓展主题教育成果，建设忠诚干净担当的高素质干部队伍，加强基层组织建设，推动组织工作提质增效。要着力抓好宣传工作，营造决胜全面建成小康社会的浓厚氛围。要着力抓好统战工作，突出思想政治引领，做好统战各领域重点工作。要着力抓好政法工作，确保实现扫黑除恶专项斗争三年为期目标，推进市域社会治理现代化试点工作，确保社会大局安全稳定。要着力抓好党管武装工作，全面提升应急应战能力，推动军民深度融合发展。要着力抓好党办工作，当好参谋助手，抓好统筹协调，提供优质保障。

【全市“干部包户”工作推进会议】2020 年 4 月 23 日，全市“干部包户”工作推进会议在市行政会务中心召开。会议强调要全面启动，以支部为单位，集中组织开展帮扶责任人入户走访。要全年坚持，把干部包户、入户走访作为今年脱贫攻坚工作重头戏，贯穿始终，紧抓不放。要全面覆盖，所有单位、党组织、党员、帮扶责任人实现参与全覆盖，所有贫困村、非贫困村、贫困户、边缘户实现包保全覆盖。要全力以赴，各级领导干部要以普通党员身份入户走访，参加支部讨论，广大帮扶责任人要倾注感情做好帮扶工作。

【全市平安建设领导小组暨市域社会治理现代化试点工作推进会议】2020 年 8 月 11 日，全市平安建设领导小组暨市域社会治理现代化试点工作推进会召开。会议强调，要高度重视平安亳州建设，筑牢政治安全防线，切实防范化解重大风险，着力夯实基层基础，持续巩固安全生产局面，抓好常态化疫情防控，坚决夺取扫黑除恶专项斗争全面胜利，全力推进平安亳州建设和市域社会治理现代化试点工作，推动平安亳州建设迈向更高质量、更高水平，有效维护社会稳定，保障人民安居乐业，不断提升人民群众的幸福感、安全感、满意度。

【全市“六稳”“六保”座谈会议】2020年8月13日，全市“六稳”“六保”座谈会召开。会议强调，要认清形势，坚定信心决心，做好“六稳”工作，落实“六保”任务，突出稳增长、保企业。要开展“服务企业年”活动，推进“四送一服”专项行动，查找和解决各类问题，纾困惠企，共同推动亳州市经济高质量发展。要解放思想，勇于担当作为，善于改革创新，进一步完善服务企业的工作机制、强化企业发展的要素保障、落细纾困惠企的政策措施。要穷尽办法、竭尽所能、依法依规解决企业遇到的各类难题。

（陆亚洲）

市委办公室工作

【概况】2020年，按照市委“绝对忠诚、极端负责、狠抓落实”的工作要求，市委办公室围绕中心，服务大局，创新思路，主动作为，努力提升“三服务”工作水平。

组织举办全市办公室业务培训班，邀请有关专家领导就机要保密、公文写作、办文办会、信息报送、应急值守等工作开展专题授课。召开市委保密委会议暨全市保密工作会议。开展保密宣传教育培训，制作播放保密工作公益广告片，邀请省保密局专家进行全市保密专题业务培训，组织人员到县区及市直机关单位举办保密知识讲座8次，培训人员600多人。开展全市档案安全风险隐患排查整治调研，开展脱贫攻坚“小康记忆”档案征集活动，推进长三角地区民生档案“异地查档、便民服务”工作，做好主题教育、新冠肺炎疫情防控、精准脱贫档案征集工作。开展“讲规矩、重精细、出精品”标兵竞赛活动。规范标准流程，推进办文精准、办会严密、办事周到。帮助协调芜湖市弋江区帮扶资金125万元，解决产业发展资金不足问题。

【参谋服务】2020年，市委办公室完成省委主要负责人走访慰问抗疫一线人员代表和参加指导亳州市深化“三个以案”警示教育专题民主生活会、省综合考核组到亳州考核、市委全会、市“两会”、市推进五大发展督查调度会等重大活动的服务工作。

调查研究。班子成员分别围绕整治形式主义为基层减负、机要保密、创新支部活动方式、脱贫攻坚民主监督等主题，到基层开展调查研究，完成多篇调研报告。其中，《“不忘初心、牢记使命”主题教育问题清单整改工作的成效探析》《整治形式主义为基层减负》两篇调研报告分别在全市党建调研课题、重点调研课题成果评选中获评“优秀”等次。

文稿服务。坚持以文辅政，树立精品意识，改进文风，严把文稿思想关、政策关和文字关，确保“参到点子上、谋到关键处”。起草贯彻落实习近平总书记考察安徽重要讲话指示精神和党的十九届五中全会精神、“十四五”规划建议等文稿320余篇、100余万字。

信息报送。围绕全市中心工作，加大信息约稿力度，坚持跟班学习制度，注重业务培训，建强信息员队伍。健全完善《亳州市党委信息系统信息报送工作质量评价办法》等工作机制，强化信息考核。全年上报到省信息1200余条，被采用140余条，获省领导批示4次。

【综合协调】2020年，市委办公室运转中央办公厅、省委办公厅下发的文件169件，严格按照《习近平新时代中国特色社会主义思想学习贯彻工作平台使用管理细则》和“四大平台”信息上报工作考评办法，及时上报相关信息。

文件管理。签收中央办公厅、省委办公厅下发的“三密”文件100件6662份，向省委办公厅法规处报备党内规范性文件24件，报备率达100%，做到应报尽报。

应急值守。做好防汛抗灾等信息上报，做好上级到亳调研指导及市委考察调研等组织工作。

组织服务市委常委会39次，做好市委全会、市推进五大发展督查调度会、药博会等100余次各类会议的组织服务工作。落实领导干部外出报备工作机制，办理领导干部离亳请假报备上报2000余人次。

机要密码工作。召开全市机要密码工作领导小组会议，安排部署机要密码工作。推进机要密码基础设施标准化建设，注重日常维护，加强值班备勤，高质量完成疫情期间密码通信服务保障任务。开展密码法学习宣传活动，印发《关于扎实推进金融和重要领域密码应用工作的通知》，保证全市金融和重要领域密码应用有序推进。做好全市80余场次重要电视电话会议保障服务。

【督察落实】 2020年，市委办公室起草《关于市直单位、事业单位节后上班安排有关事项的通知》，制定《市委办公室加强新型冠状病毒感染肺炎疫情防控工作指南》，牵头组成检查组到县区、乡镇卫生院、村卫生室督查检查，确保市委举措落实落地。

严格落实疫情防控网格化管理责任制。加强排查管控，加强24小时应急值守、应急通信，及时掌握县区疫情防控动态，编发《亳州信息》疫情专刊10期，向省委办公厅报送疫情防控信息200余条，为打赢疫情防控阻击战赢得时间、争取主动。

完善各领域防范化解重大风险问题清单，健全防范化解重大风险"1+9+12"方案体系。制定《市防范化解重大风险暨履行国家安全责任制情况督查考核工作机制》，把防范化解重大风险工作纳入市直机关效能考核，列入"不忘初心、牢记使命"主题教育检视问题整改清单和市委《全市各级领导班子和领导干部政治建设监督检查参考指标》的内容。筹备召开市委国安委第二次全体会议，牵头制定防范化解重大风险攻坚战2020年重点工作任务，推动各项工作高效运转。

（陆亚洲）

【督察考核】2020年，市委督查考核办公室（市政府督查考核办公室）围绕"服务大局、真督实查、政风提效、畅通政令"的工作思路，开展督查督办和效能监督考核工作，促进市委、市政府决策部署落实落细。

坚持真督实查，推进重点工作落实。督办市委、市政府交办督促事项以及国务院"互联网+督查"转办、人民网网友留言反映事项6211项。督办市委交办督促事项1166项，其中督办《中共亳州市委常委会2020年工作要点》任务事项72项、市委常委会会议交由督查考核办督促事项26项、市委专题会议议定事项753项、市委主要负责人批示事项260项、市委副书记批示事项55项。督办市政府交办督促事项1942项，其中督办市《政府工作报告》分解任务125项、市政府常务会议议定事项671项、市政府专题会议议定事项494项、市政府主要负责人批示事项472项、政府工作问题清单事项180项。督办市直单位年度岗位责任目标1088项。督办省、市人大建议、政协提案565件。督办国务院"互联网+督查"留言78件，按照"条条要整改、事事有着落、件件要复核"的要求，全部按时办结反馈。督办人民网网友给省委书记、市委书记留言1937条，按时回复率100%。围绕市委、市政府重大决策部署和领导安排事项，开展实地暗访120次，形成《督查考核专报》《督查考核通报》30期，服务市委、市政府科学决策。

坚持公平公正，深化效能监督考核。按照"抓日常、高频次、找硬伤、能扣分"的要求，完成2019年度市直机关效能考核工作，制定《2020年度市直机关效能考核办法》。做好政府目标管理绩效考核工作职责承接过渡，制定《2020年各县区政府目标管理绩效考核办法》，做好2020年省对市政府目标管理绩效考核任务分解，及时督促市直相关部门开展自查。加强效能监督，定期从市长热线、人民网网友留言、行风热线等渠道，搜集梳理在服务态度、履职尽责、作风纪律等方面的问题线索，开展市县机关及基层站所效能暗访6次，印发效能提醒单、督办单57次，通报作风问题136起，效能问责75人。

坚持只减不增，统筹规范督查检查。制订40项市级2020年度督查检查考核计划，较2019年减少3项。升级建设亳州市督查考核线上督办平台，将年度岗位责任目标、市委市政府专题会议纪要议定事项等推进情况纳入平台进行线上督办。探索开展电话访问核查、大数据信息分析、直接运用省考核结果等形式，减少实地督查。实行督查检查考核事项按月统计，建立减负工作台账。加强市级层面6个督查检查考核基层减负观测点成效观测。及时预警纠偏，对县区和市直部门多次开展暗访调研，结合减负台账分析，对发现问题及时反馈。加强调查研究，形成《统筹规范督查检查考核，推进工作有效落实》调研报告，获市重点课题评比优秀等次。

同年，市委督查考核办公室（市政府督查考核办公室）获评2020年度人民网“网民留言民心汇聚单位”。

（刘士信）

组织工作

【概况】2020年，亳州市有党的基层组织9691个，包括城市街道基层党组织452个，乡镇基层党组织5227个。全市共有党组212个、中央和各级地方党委派出工委27个。城市街道9个，全部建立党工委；城市社区（居委会）116个，其中单独建立党委的48个，单独建立总支部的53个，单独建立支部的15个；乡镇79个，全部建立党委；乡镇社区（居委会）223个，其中单独建立党委的72个、单独建立总支部的140个，单独建立支部的11个；建制村1005个，其中单独建立党委的281个，单独建立总支部的679个，单独建立支部的45个。公有经济控制的企业法人单位共有353个，其中单独建立党委的28个，单独建立总支部的16个，单独建立支部的302个；在岗职工36384名，其中党员6191名。非公有制经济控制的企业法人单位共3061个，其中单独建立党委的7个，单独建立总支部的3个，单独建立党支部的872个；建立联合党支部的单位211个，建立联合党支部54个；在岗职工104824名，其中党员4741名。事业法人单位共有941个，其中单独建立党委的80个，单独建立总支部的79个，单独建立支部的775个；在岗职工74741名，其中党员23647名。机关法人单位共有411个，其中单独建立党委的83个，单独建立总支部的51个，单独建立支部的277个；在岗职工28361名，其中党员14807名。社会团体、基金会、民办非企业单位613个，其中单独建立总支部的2个，单位建立支部的160个；建立联合党支部的单位74个，建立联合党支部23个；从业人员14598名，其中党员959名。

【党员干部思想政治建设】2020年，亳州市深入学习贯彻习近平新时代中国特色社会主义思想和考察安徽重要讲话指示精神，把“两个维护”贯彻落实到党的建设和组织工作全过程各方面。举办学习贯彻习近平总书记考察安徽重要讲话精神专题研讨班，组织1.2万名干部参加十九届五中全会精神等网络专题培训班。举办13期主体班、88期专题班。加强党员理想信念和党性教育，举办各类培训班103期，培训党员6.2万余名，建立57个“12+N”现场教学基地。开展领导干部政治素质考核反向测评，明确5个方面20项负面表现，对政治上不合格的“一票否决”。组织50名高层次人才开展国情研修。继续深化“不忘初心、牢记使命”主题教育，累计整改9598个问题，整改率99.7%。

【领导班子和干部队伍建设】2020年，亳州市在干事创业中培养忠诚干净担当的高素质干部，以实际行动服务中心大局。蹲点调研识别干部，深入20家（次）单位，与460名（次）干部谈心谈话，建立班子、干部研判预案，市委全年研究调配市管干部17批248人次，其中提拔及进一步使用72人次。树立重一线重实干重实绩用人导向，选派142名市直干部驻村帮扶，121名得到提拔重用或晋升职级。选拔7名年轻干部任乡镇党政正职，提拔6名乡镇党政正职到市直单位、县区党政班子任职或职级明确为副县级。拓宽选人用人视野，19名国有企业、事业单位和科研院所人才调任公务员，6名党政机关处级干部到市属国企任职。符合交流轮岗条件的393名市县区公检法重要岗位干部全部交流轮岗。用活职务与职级并行制度，市管干部职级使用率85%。落实机关事业单位干部职工带薪年休假和加班补助办法，贯彻乡镇公务员工资高于县直机关同职级干部20%以上要求，为38名科级以上市直机关干部解决夫妻两地分居问题。招录387名公务员。建立领导干部即时谈话提醒制度，收集干部信息3200余条，谈话提醒76人次。开展领导干部个人有关事项报告专项整治，制作《领导干部报告个人有关事项—不能忽视的规定》警示教育片，6名漏报、5名瞒报人员受到组织处理，如实报告率达95.86%。

【基层党组织建设】2020年，亳州市在固本强基中统筹推进各领域基层党建，以实际行动夯实党的执政根基。注重压实责任，全领域开展党委（党组）书记抓基层党建工作述职评议考核。强化工作指导，2091名党委（党组）班子成员与2509个党支部建立联系点，帮助解决问题5300余个。强化党员教育管理，持续深化“一月一课一片一实践”活动，党员登台授课累计23万余人次，“微型党课”巡讲4400余场，制作警示教育片53部，180万余人次参加脱贫攻坚、大气污染防治等社会实践活动，支部活动开展率在95%以上。13部电教片在全国党员远教频道播出。做好发展党员工作，稳妥排查整顿农村发展党员违规违纪问题。强化典型引领，实施“登高计划”，累计授牌命名675个“五星基层党组织”、563个“五星远教站点”，《中国组织人事报》予以整版报道。深化“一抓双促”，出台激励村“两委”干部干事创业八项举措，补配295名村“两委”班子成员，整顿63个软弱涣散村党组织，公开选聘村级后备干部5028人。创新村级集体经济“联合体·组合投资·优先股”模式，收益1475.41万元。全市村级集体经济经营收益6.4亿元，村均52.46万元。稳步推进党建引领信用村建设，2个试点乡镇24个村全部完成信息采集和等级评定，累计用信2573户1.9亿元。实施城市基层党建“三抓一增强”工程，取消27项街道社区检查考核评比事项。选聘街道、社区党组织兼职委员180名。组织1.6万名在职党员到社区报到。开展共驻共建活动530余场次。建立100个小区党支部、物业服务企业党组织。《中国城市报》刊载亳州市做法，亳州市在全省城市基层党建工作推进会上作经验交流发言。实施非公企业和社会组织摸底排查“百日攻坚行动”和组织覆盖“提速行动”。出台行业党委管理办法，新成立行业党委12个。实施非公党建工作积分管理，推动144个公立组织与187个联合党支部结对共建。《中国组织人事报》刊载亳州市做法，亳州市在全省非公工委（扩大）会议上作经验交流发言。

【人才队伍建设】2020年，亳州市在创新创业中集聚培育各方面优秀人才，以实际行动服务人才强市战略。加大招才引智力度，引进急需紧缺人才339人、高层次人才47人。推进乡村产业创新团队“1831”支持计划，遴选53个团队到基层服务。实施皖北产业创新团队建设工程，推进药都“双创”英才计划。加强乡土人才培育，培训乡村企业家1500余人、农村贫困劳动力1.8万余人，评选41名优秀返乡创业人才。修订享受市政府特殊津贴人员选拔管理办法，提高津贴标准。为190名各类人才、5家招才引智主体兑现引才补贴1451.14万元。出台高层次人才健康医疗服务暂行办法，为250名高层次人才免费体检、帮助解决事业编制25人、配偶就业3人。

【助力打赢疫情防控阻击战】2020年，亳州市第一时间发出倡议书，在疫情防控一线成立1280个临时党支部，设立9392个党员责任区、4801个先锋岗，组建1541支党员突击队。划拨党费580余万元，发动17万余名党员捐款1590余万元。动员760名非公党建指导员和非公企业党员志愿者帮扶企业复工复产。制定激励基层党员干部和医务工作者在疫情防控一线担当作为“暖心十条”，24名干部得到提拔使用，10个先进集体、181名先进个人受到通报表彰。

【助力打赢脱贫攻坚战】向172个贫困村增派344名帮扶干部，及时调整34名不能坚持驻村帮扶干部。组织1331家单位包保1277个村（社区），60543名干部帮扶183667户贫困户。开展干部包户“二十看二十问”“六看六问”和单位包村“八看八问”，发现并整改问题13.9万个。

【创新邻长制改革】聚焦打通基层治理“最后一米”探索推开邻长制改革，构建“乡镇（街道）—村（社区）—片—组—邻”基层治理体系。选配片长9222名、组长26812名、邻长107555名。开发邻长信息平台，建立问题“发现、反映、交办、解决、反馈”闭环工作机制，形成群众线上

"吹哨"、乡镇(街道)和部门线下"报到"的工作格局。共收到各类问题14316个,办结13923个,办结率97.25%。新华社《国内动态清样》《光明日报》《中国发展观察》《安徽信息·情况专报》等予以推介,亳州市在全省组织部长会议上作经验交流发言。

(何　静)

宣传工作

【概况】2020年,亳州市把学习宣传贯彻习近平新时代中国特色社会主义思想作为首要政治任务。严格落实学习对标制度,建立中心组学习巡听旁听机制,市委理论学习中心组开展学习27次,做好《习近平谈治国理政》(第三卷)等读本学习使用和发行工作,开展"举旗帜·送理论"宣讲1.1万场次、受众56.6万余人次,编印《亳州社会科学》刊物4期。巩固壮大主流舆论,组织"决胜全面小康、决战脱贫攻坚""抓'六保'促'六稳'育新机开新局"等专题宣传,统筹推进"三大攻坚战"、邻长制、长三角一体化发展等30多项重点工作宣传报道,开设抗疫专题专栏20余个,三县融媒体中心建设通过省委宣传部验收。培育和践行社会主义核心价值观,落实《新时代公民道德建设实施纲要》《新时代爱国主义教育实施纲要》,选树脱贫攻坚、疫情防控等一批先进典型,持续深化"村村通"广播宣传。掌握意识形态工作领导权,落实《党委(党组)意识形态工作责任制实施办法》《中国共产党宣传工作条例》,加强讲座、论坛、报告会、研讨会等阵地建设和管理,开展"扫黄打非"工作。

【理论武装】2020年,亳州市持续推动习近平新时代中国特色社会主义思想学习走深走实走心。发挥市委理论学习中心组示范作用,推动各级党委(党组)落实以"四个第一"为重点的学习对标制度。组织党员干部学好用好《习近平谈治国理政》第三卷、《论党的宣传思想工作》等理论读物。持续深化"举旗帜·送理论"宣讲活动,围绕习近平总书记考察安徽重要讲话指示精神、十九届五中全会精神等主题,开展宣讲1.1万场次,受众56.6万余人次。"学习强国"平台推广使用取得新成效,全市有18.7万名党员、48.9万名党外人士下载使用"学习强国"学习平台,下载数量位居全省第一,省平台刊发亳州稿件3200余篇。在全省基层理论宣讲先进评选中,全市实现全部奖项"满堂红",入选数位居全省第二位。精心组织社科课题研究,2019年度95项课题成果结项通过,2020年度立项课题172项。开展"百城千县万村"调研活动,涡阳县辉山村入选中宣部重点报道名单,新华社、《人民日报》、中央广播电视总台《新闻联播》和《光明日报》分别报道。全省宣传工作创新范例实现"六连评",1篇调研报告获省思政会调研报告一等奖。

【媒体宣传】2020年,亳州市组织"决胜全面小康、决战脱贫攻坚""抓'六保'促'六稳'育新机　开新局"等主题宣传,统筹推进"三大攻坚战"、邻长制、长三角一体化发展等重点工作宣传报道,营造正面舆论强势。在疫情防控阻击战中,第一时间启动宣传应急响应机制,开设抗疫专题专栏20余个,播发原创报道1.5万篇,近4万个"村村通"广播平均每天播出5小时以上疫情防控内容。对外宣传成果丰硕,

"安徽好人""亳州好人"赵忠东走进校园进行励志宣传,传递立德树人正能量　(张延杯　摄)

中央主流媒体刊播亳州市新闻报道 529 篇（条），增长 39%。其中，《人民日报》发稿 69 篇（条），增长 165%；中央广播电视总台发稿 113 条，增长 157%；新华社发稿 265 篇（条），增长 24%；省级主流媒体刊播 2200 余篇（条），增长 5%。媒体融合稳步推进，亳州广电中心投入使用，三县融媒体中心建设顺利通过省委宣传部验收。新闻发布品牌效应持续扩大，举行新闻发布会 44 场、网上发布 172 次。建立警示教育片制作“选题申报—脚本创作—拍摄制作—集中审核—组织收看—效果评估”全链条式统筹机制，制作并纳入“一月一课一片一实践”活动警示教育片 23 部。

【社会主义核心价值观建设】2020 年，亳州市贯彻落实《新时代公民道德建设实施纲要》《新时代爱国主义教育实施纲要》，深化“我推荐我评议身边好人”活动，入选“安徽好人”15 人，上榜中国好人 11 人，成功举办 11 月“中国好人榜”网上发布活动。举办 2020 年全市暨利辛县文化科技卫生“三下乡”集中示范活动 20 余项。开展“我们的中国梦”——文化进万家暨送“文化年货”活动。实地督导 7 家市级爱国主义教育示范基地文明城市创建工作。选树先进典型，刘双燕相继获“全国先进工作者”“全国最美职工”“全国最美公务员”“全国三八红旗手标兵”等称号。新冠肺炎疫情防控期间，推出抗疫先进人物报道 200 余篇，创作十集微广播剧《抗疫》，在市直媒体《榜样》专栏推出扶贫干部、优秀共产党员、最美教师等典型 25 个。面向基层一线，挖掘推荐第六批全省学雷锋活动示范点和岗位学雷锋标兵各 1 个。组织做好纪念中国人民抗日战争暨世界反法西斯战争胜利 75 周年、纪念中国人民志愿军抗美援朝出国作战 70 周年等主题社会宣传，利用各级各类媒体媒介，广泛张贴刊播全国文明城市创建、疫情防护知识宣传海报和“最美新时代革命军人”先进事迹的视频公益广告、“感人瞬间”系列微电影微视频等，深化群众宣传教育。

【意识形态工作】2020 年，亳州市贯彻落实《党委（党组）意识形态工作责任制实施办法》，严格落实意识形态工作报告制度，开展全市意识形态领域情况分析和通报，建立意识形态领域风险定期研判机制。严格管理讲座、论坛、报告会等，共审核报告会、讲座 51 场（次）。对市直 5 家单位开展意识形态工作责任制落实情况专项检查。做好省委巡视意识形态工作整改情况跟进工作。举办全市意识形态工作专题培训班。把意识形态工作纳入市委党校主体班培训课程，轮训学员 2000 余人次。开展“扫黄打非”工作，开展“清源”“固边”“净网”“护苗”“秋风”五大专项行动，查缴各类非法出版物 2.7 万余册，查处“扫黄打非”案件 60 余起，创建省级示范点 2 个。全省“扫黄打非”工作考核位列第二名，1 人获评全国“扫黄打非”工作先进个人。

【文化文艺惠民】2020 年，亳州市推进文化改革发展工作，印发《2020 年亳州市文化发展改革工作要点》，梳理文化体制改革任务 28 项。注重培育发展文化实体经济，省重大项目投资计划文化产业项目 37 个，全年完成投资 41.5 亿元。新增文化类高新技术企业数 2 家。组织规模以上文化企业及非遗传承人参加第三届上海长三角文博会并搭建亳州展馆。加大文化产业人才队伍建设培育力度，每季度召开 1 次全市文化产业发展工作推进会。村级综合文化服务中心覆盖率 98%，三县一区“村村通”广播体系全部建成并投入使用，农村电影公益放映 16672 场次，开展送戏下乡 2626 场。组织开展“决胜全面小康、决战脱贫攻坚”主题采风创作、微电影征集等活动，推出大型舞台现代戏《雨燕衔春》、扶贫微广播剧《幸福敲响咱家门》《我和老杨的故事》等优秀作品。评选出全市十大名团、名剧、名角，成立全省首家社区文联。亳州市 71 人获首届省“村级文化带头人”称号。中央广播电视总台中文国际频道大型纪录片《记住乡愁》栏目组到亳州开展实地拍摄工作，深度反映亳州的古城历史文化。组织亳州市演艺公司做好“有戏安徽点亮剧场”——全省十六市剧场复苏演出季活动。开展重点文艺创作项目选题征集工作，推荐上报全面建成小康社会主题、抗击疫情题材文艺项目等重大节点重点文艺创作选题 6 项。推荐上报中国梦主题歌曲 1 首。开展学习强国“有戏安徽”频道供稿工作，推介亳州市微电影、戏曲等文艺作品 30 余部。

【"村村通"广播宣传】2020年，亳州市加快农村广播改造升级，全市三县一区完成应急广播建设工作，4个县（区）级平台、86个乡（镇）级平台，36739只农村广播喇叭（含音柱）全部建成并投入使用，形成技术先进、设备新颖、全面覆盖、全程可控的立体化广播宣传网络。做好对农广播节目提质增效，创新开办"学习强国"乡村大喇叭品牌节目，制作播发节目1000余期，每天在早、中、晚3个时段常态化播放"习近平总书记重要讲话同期声"、扶贫宣传、三农政策信息宣传、扫黑除恶宣传、生态环保宣传等重大主题宣传，时长70分钟，各县区每天均按时完整转播。亳州市创作的《"村书记"广播喊话》系列广播产品，音视频网络点击量达400万次，成为全网"爆款"，先后被《人民日报》、新华社、中央人民广播电视总台、《光明日报》等中央主流媒体转载转发，白岩松为此点赞，成为一部现象级产品。开展全市"村村通"广播宣传暗访调研，深入三县一区34个乡镇68个村，对发现的问题，及时交办，限期整改，"村村通"广播通响率在95%以上。组织评选全市农村广播宣传示范广播站12个、示范广播室11个。

（李　林）

统战工作

【概况】2000年，中共亳州市委统一战线工作部（简称"市委统战部"）成立，是市委主管统一战线工作的职能部门。2019年2月机构改革后，市委统战部统一管理民族宗教、侨务工作。将市民族事务委员会（市宗教事务局）并入市委统战部，将市政府外事办公室（市政府侨务办公室）的侨务管理职责划入市委统战部，加挂市委台湾工作办公室牌子，对外保留市政府侨务办公室（简称"市侨办"）、市政府台湾事务办公室牌子（简称"市台办"），对外加挂市民族宗教事务局牌子。

2020年，全市各级党委把统战工作纳入党委重要议事日程。市委常委会2次专题听取统战工作汇报。市委书记汪一光主持召开市委统一战线工作领导小组会议，指导解决统战领域实际问题，安排部署脱贫攻坚民主监督等重点工作。市委书记汪一光、市长杜延安对政党协商党外代表人士提出的建议、民营企业家谈心谈话和台企反映的问题专门作出批示，市政府分管负责负责人领衔督办并列入市政府常务会议专题调度。市委常委、组织部部长、统战部部长秦凤玉37次调度、协调统战领域热点难点问题整改。全面落实统战工作"六个纳入"，增强各级党委抓统战工作的责任。建立健全多部门联动工作格局，健全部门联合执法、信息共享、网络舆情处置等12项工作机制，构建党委统一领导、部门各司其职、信息共享、协同配合的大统战工作格局。

将习近平总书记关于统战工作的重要论述和党的统战理论方针政策纳入各级党委理论中心组学习内容，纳入各级党校主体班教育培训内容。举办全市统一战线学习贯彻习近平总书记考察安徽重要指示精神和党的十九届五中全会精神培训班，培训党外代表人士300余人。市、县（区）共开展37次专题学习和业务培训，累计参训9700余人次。支持各民主党派、无党派人士开展"不忘合作初心、继续携手前进"主题教育；在党外知识分子、非公有制经济人士中开展"弘扬爱国奋斗精神、建功立业新时代""不忘创业初心，接力改革伟业"主题教育；开展民族团结进步创建活动，引导宗教界培育践行社会主义核心价值观；创新开展宗教领域"月度巡诊"，促进宗教领域法治化、规范化水平提升。召开全市网络人士统战工作会议，传达贯彻全国、全省网络人士统战工作会议精神，部署网络人士统战工作。发挥亳州市留学人员联谊会、侨胞之家、国际华侨文化交流基地等作用，加强宣传引导，坚定共圆中华民族伟大复兴中国梦的信心。通过各类主题教育，引导统一战线广大成员树牢"四个意识"，坚定"四个自信"，坚决做到"两个维护"。

新冠肺炎疫情防控期间，全市统一战线投身疫情防控，一大批医疗卫生战线的统一战线成员奋战在医疗救护、基础预防等战疫一线；宗教领域落实"两停一关"措施和"日报告、零报告"工作制度，严防因宗教活动形成人员聚集引发疫情；通过各种方式，做好华侨"稳住人心、稳在当地"工作；亳州市光彩事业促进会购买贫困户滞销农产品支持湖北省孝感市；民主党派、亳州市党外知识分子联谊会、民族宗教、非公有制经济、港澳台、海外各界人士累计捐款捐物价值2707余万元；市委统战工作领导小组相关成员单位落实各项惠企政策，促进复工复产复市，落实“六稳”“六保”。引导统一战线助力打赢脱贫攻坚战。各民主党派开展脱贫攻坚民主监督140次、256天，到1012个自然村、1635户贫困家庭实地调研，核验问题线索1517件，提出意见建议264条。民建、民进市委会分别获全国履职能力建设和脱贫攻坚民主监督先进市委会。组织民营企业开展“百企帮百村”精准扶贫行动。229家企业帮扶365个行政村，帮扶贫困人口25683人，新增产业帮扶资金4252万元，推动脱贫攻坚同乡村振兴有效衔接。引导统一战线助力高质量发展。市各民主党派、知联会（亳州市党外知识分子联谊会）、留联会（亳州市留学人员联谊会）、新联会（亳州市新的社会阶层人士联谊会）参政议政、建言献策，全年围绕全市经济社会发展重大问题开展专题调研，提交提案议案150余件，调研报告30余篇。开展台资企业、侨资企业“双百”（百家台企、百家侨企）对接活动，在2020年世界制造业大会上，共推选6个台企、侨企项目作为全市大会签约项目，投资额40.77亿元。

出台《亳州市民族宗教工作联络员管理办法（试行）》，对村级民宗联络员实行动态管理。开展民族团结进步宣传教育创建“石榴籽·民族情”系列活动。加强城市民族工作流动人口服务体系建设，建成11个外来少数民族流动人口服务中心。

新时代民营经济统战工作。建立联席会议制制，坚持与民营企业家季度座谈会制度，开展与代表人士谈心活动，推动构建亲清政商关系。推进工商联所属商会改革，促进统战工作向商会覆盖，10家市工商联所属商会均设立统战工作联络员。完善民营企业诉求受理处置反馈工作机制。制定并实施年轻一代民营经济人士健康成长促进计划，组织举办民营经济代表人士培训班、民营经济高质量发展培训班。

在上海市、江苏省昆山市、福建省漳州市开展对台经贸招商活动。举办福建厦漳泉台商专场招商推介活动，与漳州台协会建立招商战略合作关系，开展“百家台企进亳州”活动。全年接待到亳州交流台胞9批80余人次。以复工复产、权益保护为主题开展“贴心服务助台企”专项活动，解决台商台企反映问题11个。

做好党外干部培养选拔任用工作，市管干部中党外干部提拔及进一步使用2人，晋升职级8人，平级交流3人，挂职1人。探索开展党外干部“三案”（基础信息档案、运行情况备案、调整配备预案）精准管理。

推进民主党派深化“参政党建设年”活动。做好政党协商工作，召开3次政党协商会议和1次立法书面协商，提出意见建议59条，并推进协商成果落到实处。成立致公党亳州市支部。

同年，市台办获评“全省对台经济文化交流工作先进单位”。谯城区牛集镇蒋楼民族村获评“中国少数民族特色村寨”。涡阳县扶贫开发局、利辛县张村镇四星何民族村村民委员会获评全省民族团结进步工作先进集体，谯城区委统战部民族股股长李倩，蒙城县委常委、组织部部长、统战部部长于斌，涡阳县义门镇刘营村党总支书记刘振林3人获评全省民族团结进步先进个人。

（贾军涛）

【侨务工作】2020年，据不完全统计，全市有归侨29人，主要分布在涡阳县和谯城区；海外华人华侨192人，主要分部在美国、加拿大、日本、澳大利亚、新加坡、德国、英国、阿联酋、柬埔寨、俄罗斯、马达加斯加等国家和中国香港地区，其国内眷属约2000人；全市有较大规模的侨资企业6家。分别为安徽邦泰置业有限公司、安徽井泉中药股份有限公司、涡阳县华侨医院、亳州加侨置业有限公司、世纪金源集团亳州腾云置业有限公司、安徽天航纺织品有限公司。

市侨办号召归侨侨眷全力配合做好疫情防控工作。先后接收俄罗斯华侨、中国侨商会副会长陈齐、罗马尼亚安徽华人华侨联合会、澳大利亚亳州商会等向亳州市捐资人民币33万元，捐赠防护服400套、N95口罩2100个、一次性医用口罩18950个、医用手套5000只和酒精、84消毒液等价值约26万元的防疫物资，接收省侨联转赠海外华人华侨捐资人民币6万元。印发《致海外安徽籍同胞及其亲友的一封信》,并通过QQ、微信和设立咨询热线等方式,开展宣传。指导县区侨办配合属地社区(村)开展上门宣传,加强与外派菲律宾华文教师的联系,做好外派教师返程跟踪服务和隔离措施落实工作。

推选世纪金源集团亳州域见·国学文化小镇项目作为2020年世界制造业大会亳州签约侨企项目,投资额20亿元。

邀请罗马尼亚华商联合会、芜湖市侨青会等涉侨经贸团体到亳州考察,洽谈合作。实施2020年度涉侨捐赠项目——亳州一中"珍珠班"项目,给予40名"珍珠生"每人每年2500元,共30万元的生活补助。对侨爱心项目蒙城县、利辛县两所"新华爱心小学"现状进行跟进了解。市侨企安徽邦泰控股集团向利辛县大李集镇谢楼村捐赠10万元,支持谢楼村贫困户特色养殖项目建设。

建立亳州市侨务工作协调会议制度,于11月20日召开第一次会议。制定出台《亳州市关于加强新时代海外统战工作重点任务分工方案》,推动近30家市直相关部门形成海外统战工作合力。建立全市华人华侨和归侨侨眷代表人士信息库,摸排推选代表人士作为安徽省侨联所属社团委员(理事)人选,建立党政领导干部联系侨界代表人士及归侨侨眷工作机制。

设立亳州学院"侨胞之家"。组织市"侨胞之家"负责人参加全省第二批"侨胞之家"集中授牌暨经验交流会议。加强市留联会组织建设,在全市教育和金融系统开展新增归国留学人员摸底排查工作,充实市留联会队伍。组织人员参加全省第五期归国留学人员研修班。

妥善处理涉侨信访投诉纠纷。办理省委统战部转办的华侨胡国赞信访件,该项工作受到省侨办表扬。优化涉侨事项网上办理流程,对已经办理的归侨侨眷证、三侨生加分证明等信息进行数据化,方便市民网上查询。向省侨联争取3.64万元困难归侨侨眷慰问金,走访慰问困难归侨侨眷等27户。

组织全市14名归侨侨眷代表、委员出席省第七次归侨侨眷代表大会,宣传省第七次侨代会精神。组织涡阳天静宫、亳州古城2处"中国华侨国际文化交流基地"精心制作"交流基地小故事"宣传片,通过中国侨联网面向海内外开展中华传统文化宣传。组织参加第21届世界华人学生作文大赛,全市共9812名学生参与。加大涉侨工作信息宣传,通过省委统战部、省侨联网站等省级宣传平台发布亳州市涉侨工作信息12篇。

(孙　涛)

【亳台交流】截至2020年底,常住亳州市台胞10人;亳州市台湾省籍台胞38人(其中涡阳县11人,蒙城县25人,利辛县2人);涉台企业23家(其中台资企业10家,技术合作及聘用台胞13家)。

2020年,市台办到上海、昆山、厦门、漳州等地开展涉台招商交流活动4场。接待到亳州交流台胞9批80余人次。全国台企联福建江西区区长、泉州台协会会长杨荣辉,全国台企联副会长、漳州台协会会长林伯彦,大润发·欧尚联合总部中国区总经理王强,上海弘辉中国集团总经理范云杰,台湾中国生产党主席卢月香等知名台商先后带队到亳州考察交流。推选5个台企项目作为2020年世界制造业大会亳州市签约项目,投资额20.77亿元,其中谯城区"养生保健食品生产项目"被大会推选为开幕式现场签约项目。

及时向在亳台胞通报实时疫情,宣传有关疫情防控政策和防疫防护知识。爱心台企——亳州三之三教育咨询有限公司分别向市红十字会和谯城区红十字会捐赠特种安全防护服260套,价值10万余元;宜勤纺织有限公司及时投入医用口罩等防疫紧缺物资的生产;王董食品(亳州)有限公司向防疫一线卡点捐赠食品30件。协助企业解决复工复产过程中存在的问题和困难。上半年,全市涉台企业实现有序复工复产。

组织开展贴心服务助台企走访座谈活动。走访台资企业,组织10余家台企代表参加在亳台商台企座谈会,宣讲有关惠台政策,了解存在的困难与问题,推动台企健康发展。

帮助在亳台胞台属解决困难,协调处理利辛县孙庙乡台湾媳妇李某某父母办理慢性病证、涡阳县台胞张某某反映原化肥厂职工买断、安徽宜勤纺织有限公司招工困难、亳州福达印务有限公司涉环保问题查封、安徽育修农业科技发展有限公司台胞独立法人注册困难等涉台求助事件8件次。在春节等节日期间走访慰问台胞台属代表和困难台属20余人次。

同年，亳州市台办获2020年度全省对台经济文化交流工作先进单位。

（谭　涛）

【中国致公党亳州市支部成立】2020年6月1日，中国致公党亳州市支部成立大会在亳州召开，全国人大常委会委员、省人大常委会副主任、致公党省委主委谢广祥出席会议并讲话，市委书记汪一光应邀出席会议并致辞。省政协常委、副秘书长，致公党省委专职副主委武琼宇，市委常委、组织部部长、统战部部长秦凤玉出席会议。市政府副市长、市工商联主席曹振萍当选致公党亳州市支部主委，致公党亳州市支部有党员11名。致公党亳州市支部的成立进一步巩固和壮大了亳州市民主党派组织，为全市经济社会发展注入新活力。

【亳州市新的社会阶层人士联谊会成立】2020年11月4日，亳州市新的社会阶层人士联谊会（简称“新联会”）召开第一届第一次会员大会暨成立大会。市委常委、组织部部长、统战部部长秦凤玉出席会议并讲话。会议选举产生新联会第一届理事会理事、监事及领导班子成员， 北京京师（亳州）律师事务所副主任孙涛当选会长，亳州市汽车后市场商会张大鹏当选秘书长。新联会会员106名，市新的社会阶层人士统战工作联席会议成员单位、市各民主党派、亳州市党外知识分子联谊会、各县区委统战部相关负责人参会。新联会是以民营企业的管理技术人员、社会组织和中介组织的从业人员、自由职业人员、新媒体从业人员等新的社会阶层代表人士组成的具有统战性、联谊性的社会团体。新联会的成立，为广大新的社会阶层人士建立了一个家园，搭建了与党委、政府团结联系的桥梁纽带，标志着市新的社会阶层人士统战工作迈上新台阶。

【全省少数民族特色村镇暨村居环境整治工作现场会在亳州市召开】2020年9月27日，全省少数民族特色村镇建设暨人居环境整治工作现场观摩会在亳州召开。省委统战部副部长、省民委主任陆友勤出席会议并讲话。省民委副主任时先政主持会议，亳州市委常委、组织部部长、统战部部长秦凤玉出席会议并致辞，谯城区、宁国市、望江县作会议发言。全省16个地市民宗局负责人、民族科科长，11个民族乡（场、街道）和13个中国少数民族特色村寨负责人及其所在县区民宗局长参加会议。

【外来少数民族流动人口服务中心建设】2020年，亳州市新建外来少数民族流动人口服务中心5个，全市共建成外来少数民族流动人口服务中心11个（涡阳2个、蒙城2个、利辛2个、谯城区5个）。外来少数民族流动人口服务中心，为全市外来少数民族流动人口在随迁子女入学、法律援助、就业咨询、房屋租赁、卫生计生等领域提供服务，将少数民族流动人口纳入城市基本管理和服务体系中。

（贾军涛）

市委政策研究

【概况】2020年，市委政研室围绕“四个点问题”即“人民群众关心关注的热点问题、社会各界反映强烈的焦点问题、当前工作中亟待解决的重点问题以及制约亳州长远发展的难点问题”的解决，开展重点课题调研，分析现状，寻找问题，提出建议，为市委掌握全局、把握大势、正确决策提供参考依据。形成全市重点调研成果67篇，《决策与参考》7期。牵头制定《关于组织开展贯彻落实习近平总书记考察安徽和在合肥主持召开扎实推进长三角一体化发展座谈会重要讲话精神若干重大问题系统调研工作方案》，服务协调市领导完成调研课题19个。

起草并印发《市委党的建设工作领导小组2020年工作要点》，明确工作任务、责任单位和完成时限，实行半年督查通报制度。推进基层党组织标准化和规范化建设，主动对接省委党建办，及时领会省委精神，做好省委下达的各项工作任务。针对市直单位、县区组织开展党的建设重大问题研究工作，结合各单位党建工作实际，形成全市党建调研成果85篇。

【信息服务】2020年，市委政研室编印《新亳州》6期，交流到全国各地市。新改版编印《2020年市情手册》，介绍亳州近年来经济社会发展及历史、文化、旅游等情况，成为亳州市对外宣传的名片。

（张　健）

市直机关党建

【概况】亳州市直属机关工作委员会（简称“市直工委”）于2000年成立。其职能主要是领导市直机关党的工作、纪律检查工作和工青妇等群团组织的工作；指导市直机关各级党组织实施对党员特别是党员领导干部监督、精神文明建设和维护社会稳定的工作等。截至2020年底，市直机关党组织有党委43个、党总支25个、党支部475个，党员人数7863人。

2020年，市直工委为市直机关党员干部订阅学习辅导资料4000余册。组织40余名市直机关党务干部参加“举旗帜 送理论”党的十九届五中全会精神宣讲报告会。

开展模范机关创建活动，推动机关党员、干部发挥忠诚干净担当的示范引领作用。

推动市直机关执行《关于新形势下党内政治生活的若干准则》等，落实“三会一课”、一月一课一片一实践、主题党日、组织生活会、民主评议党员、党员领导干部过双重组织生活等制度。

印发《关于进一步动员市直机关各级党组织和广大党员在抗击新冠肺炎疫情阻击战中发挥战斗堡垒和先锋模范作用的通知》，号召市直机关各级党组织和党员干部投入抗击疫情斗争。分两批下拨59万元支援市卫健委机关党委等15家机关党组织开展疫情防控工作，动员市直机关8055名党员为抗击新冠肺炎疫情捐款80余万元。

坚持完善党建带群建机制，实施党员干部身心健康工程和关爱帮扶行动。倡导全民健身，举办“五禽戏进机关”系列活动，举办市直单位法制宣传培训班，组织市直机关干部参加全市气排球比赛，举办2020年亳州市直机关职工金秋（环水库）徒步行活动等。推荐市级“三八红旗手”5名（含集体1个）和省劳动模范和先进工作者各1名。

支持消费扶贫。向市直机关党组织和广大党员发出消费扶贫倡议，组织市直机关400余名党员干部参加扶贫产品中秋展示展销会，48个市直单位购买消费扶贫产品38万余元。

【市直机关基层党组织建设】2020年，市直工委加强邻长制基层组织体系建设，发挥机关基层党组织和党员干部在服务基层、服务群众中的示范作用。市直机关（单位）编制407名邻长、195名组长。市直机关在职党员和党组织到社区报到率在98%以上。

严格基层党组织换届改选、党员发展、组织关系转接等程序时限，规范机关党建。举办市直机关党组织书记和党务干部培训班3期，培训学员312人次。

加强对市直机关党组织落实“一月一课一片一实践”活动的指导和检查，运用好“亳州智慧党建”云平台，加强对活动的管理和监督，开展10次督查。组织市委办机关党委等15家党组织申报领航计划，深化基层党组织标准化规范化建设。落实基层

市基层党员、干部、志愿者坚守疫情防控检测点　（张延林　摄）

党组织换届提醒制度，指导市直机关12家基层党组织按期换届，新增市融资担保公司党支部等2个基层党组织，撤销豫皖纺织公司党委和律协党总支，并督促协调其41名党员将组织关系全部接转至相关党组织。对一名违规发展的党员作出不予承认的批复。组织召开2019年度市直机关党组织书记述职评议会议，10家单位党组织口头述职，75家单位党组织书面述职，实行现场测评，现场打分。

【市直机关党员教育管理】2020年，市直工委把好市直机关党员入口关，举办5期党员发展对象培训示范班，按照规定程序做好党员发展工作，共审批预备党员128名。党费经费进一步向基层倾斜，向市直机关党组织下拨党费39万元。关心帮助机关生活困难党员。春节和“七一”前夕，下拨29.4万元走访慰问困难党员、老党员等268人。

【微型党课教育】2020年，市直工委拓展深化微型党课教育。举办市直机关第七届微型党课精品课程比赛，完善市直机关微型党课人才库，开展微型党课巡讲活动24场次，受众2600多人次，进一步扩大微型党课教育的覆盖面。与市国家安全局联合下文，将国家安全教育作为主题党日的学习内容，50家单位党组织开展安全知识教育。

【纪念建党99周年活动】2020年，市直工委印发《关于在市直机关开展纪念建党99周年系列活动的通知》，组织市直机关党组织开展活动。组织开展先进推荐、评选活动，表彰10个市直单位先进党组织、20名优秀党务工作者、50名优秀共产党员。“七一”前后，与亳州广播电视台、亳州晚报社等合作开展专题宣传报道，营造“学先进、赶先进、争先进”氛围。

【“灯下黑”问题专项整治】2020年，市直工委制定出台《市直机关党的建设工作责任清单》，明确“三级五岗”工作职责，突出党组（党委）书记履行抓党建第一责任人职责，以清单制度压实党建责任、传导压力，形成明责履责问责的闭环链条，推动单位党组（党委）担好主责，抓实主业，种好党建“责任田”，严防“灯下黑”“两张皮”，推动机关党建落实。

突出问题导向，对症下药抓整治。结合各类巡视巡察反馈的机关党建工作方面存在的问题，通过座谈交流、现场调研、教育培训、督查通报等形式，督促各单位梳理排查问题，建立整改问题清单，落实整改措施。下发《党支部工作手册》《发展党员工作流程图》等，进一步规范机关党建工作流程。

强化考核督查。按照“四化三可”要求，抓好对单位党组（党委）、机关党委、基层党支部落实机关党的建设工作责任清单的督查和评价。开展半年督查通报、专项督查、随机抽查等，进行打分排队、通报批评、组织约谈等，倒逼各级党组织书记履行党建主体责任，破解“灯下黑”“两张皮”等问题。

（杨　锐）

机构编制管理

【概况】2020年，中共亳州市委机构编制委员会办公室（简称“市委编办”）完成经营类事业单位改革、重点领域改革、权责清单制度建设等重点工作。

办理出入编手续1385人次；把好部门编制使用审核关，办理用编审核150项；规范机构编制实名制管理系统数据。开展机构编制督查，抽查14家市直单位和各县区委编办。为168家机关事业单位办理社会信用代码行政许可事项。完成中文域名管理工作，全市共有党政机关中文域名68家，事业单位中文域名136家。2019年度机构编制统计工作被省委编办通报表扬。

截至年底，亳州市有市直行政机关83家、事业单位191家，行政编制数1333名、政法专项编制数1674名、事业编制7392名。市级周转池编制2919名，其中市人民医院公立医院周转池编制885名，中小学教职工周转池编制2034名。

【经营类事业单位改革】2020年，亳州市完成经营类事业单位改革。全市57家生产经营类事业单位，转企改制18家，撤销36家，剥离经营职能与其他事业单位整合或合并3家。拓宽安置渠道和方式，妥善安置涉改单位人员1529人，收回编制1471名，改革平稳进行。推动政府职能转变，将应由市场配置资源的生产经营活动交还市场。

【清单制度建设】2020年，亳州市开展县级依职权类权责事项统一规范验证试点和优化乡镇权责清单厘清县乡职责边界试点，完善参考目录，提升规范标准，对接综合执法，探索互补衔接，共比对三县一区行政处罚事项12207项、行政强制事项616项，核实依据2.2万余条，提出372条修改意见。出台《亳州市权责清单动态调整管理办法》，结合省直部门清单调整情况，全年开展适时动态调整4次，确保清单要素一致、统一规范，持续深化清单制度建设。规范开发区管理机构，完成开发区赋权和机构编制保障，赋权后6个园区赋权事项"一区一单"，其中，亳州高新区赋权207项，亳芜现代产业园区赋权172项，谯城经开区赋权119项，涡阳县经开区赋权56项、蒙城县经开区赋权39项，利辛县经开区赋权54项，服务开发区转型升级，创新发展。

【重点领域改革】2020年，亳州市及时调整和加强疾控部门机构编制，为全市疾病预防控制机构增加全额拨款事业编制，增设领导职数和内设机构，优化职责，为全市打赢疫情防控阻击战提供体制机制保障。优化绿色优质农产品发展管理中心体制，为加快长三角优质绿色农产品基地建设提供体制机制保障。完成交通运输领域综合行政执法改革，推动执法重心下移，实现交通运输领域区级执法。优化市公共就业人才服务中心机构编制，推进就业创业工作。加强对县区提出的机构编制事项的调研分析，批复县区机构编制事项22个，缓解困扰基层经济社会发展的体制机制障碍。设立市社会科学界联合会和市委讲师团，加强全市社科阵地建设及市委理论学习中心组学习服务工作。设立市网络安全应急指挥中心，保障市网络意识形态和网络安全工作。

（王浩峰）

老干部工作

【概况】中共亳州市委老干部局（简称"市委老干部局"）于2000年10月成立，是市委工作部门，归口市委组织部管理，承担全市老干部工作检查、指导、协调和服务工作。下属事业单位市关心下一代工作委员会服务中心（市老年大学管理服务中心）。2020年，全市有离休干部400人，机关事业单位退休干部约3.3万人。

市委老干部局全面落实离退休干部政策待遇，加强离退休干部政治建设、思想建设和党组织建设，引导离退休干部发挥优势和作用。为离退休干部宣讲党的十九届五中全会精神、习近平总书记考察安徽重要讲话精神，发放学习资料。组织全市离退休干部观看离退休干部网上专题报告会4场。开展"我看脱贫攻坚新成就"课题调研，组织座谈会126场，469人参与。举办全市离退休干部党支部书记和老干部工作者培训班，100余人参加培训。推进离退休干部党组织规范开展"一月一课一片一实践"活动。为离退休干部订阅《安徽老年报》等。《关于加强和改进离退休干部党建工作的调研与思考》调研报告获评全省老干部工作优秀调研成果。

【服务老干部】2020年，市委老干部局春节期间为离退休干部发放慰问金14.4万元。在中国人民抗日战争暨世界反法西斯战争胜利75周年之际，走访慰问17名抗战时期离休干部，发放慰问金1.7万元。走访慰问64名抗美援朝出国作战离休干部，颁发纪念章，送上慰问信。慰问易地安置和异地居住离休干部。办理离退休干部来信来访来电，协调解决老干部诉求。组织98名市直离退休干部到亳州中药材商品交易中心、济人药业和谯城区古井镇药王村参观考察。组织市直离退休干部体检。加大中组部老干部局、省委老干部局和市委老干部局微信公众号推广力度，举办3场推广活动，订阅人数在全省排名第四位，受众1万余人。"亳州老干部"微信公众号发布50期，200条信息。推广使用全省离退休干部服务管理系统，举办全市离退休干部服务管理系统信息化建设培训班，做好信息录入，全市录入离退休人员3.3万人。指导老干部下载"安徽老干部"手机APP。组织到县区调研，召开老干部代表、老干部党组织书记座谈会，制发"老干部工作信息化、精准化、规范化建设情况调查问卷"，撰写《关于组织和引导离退休干部为党的事业增添正能量实践与思考》调研报告。

【发挥离退休干部优势】2020年，市委老干部局推进选树先进典型，做好全国、全省离退休干部先进集体和先进个人申报、宣传工作。刘文贵获评全国离退休干部先进个人，纪建立、张培修、范新安、李学进、罗立志获评全省离退休干部先进个人，蒙城县庄周街道离退休干部党支部、涡阳县教育局机关老干部党支部和利辛县人大机关老干部党支部获评全省离退休干部先进集体。在网站开设“致敬全国、全省离退休干部先进集体和先进个人”专栏，在微信公众号开设“银耀亳州”专栏，宣传先进事迹。组织全市1101名“五老”参与抗疫斗争，捐赠口罩3200个、酒精消毒水100瓶、体温表100支，捐献特殊党费174万元，捐赠专项钱款13.1万余元。张西军被省关工委评为最美抗疫“五老”。翟影创办的“蒋家大院留守儿童之家”获评“全国优秀留守儿童之家”，3人获评全国“双带”农村致富青年先进个人。全市各级关工组织共筹措资金90余万元，资助困难学生480余人。组织参加省关工委第二届“阅读伴随我成长”演讲征文活动，1人获演讲比赛一等奖。指导各县（区）关工委开展“放飞中国梦·聚力奔小康”教育活动。谯城区关心下一代工作委员会获评全国关心下一代工作先进集体，3人获评全国关心下一代工作先进工作者。刘文贵获评“十佳五老”，纪建立获“十佳五老”提名奖，亳州市教育局关工委获“十佳先进集体”提名奖。

【老干部学习活动阵地建设】2020年，亳州市老年大学利用微信公众号和班级微信群宣传疫情防控知识。组织师生创作以抗击疫情为主题的书画作品362幅、摄影作品257幅、剪纸等作品165余幅，诗歌175首。开展“线上教学”，依托安徽老年大学协会免费开放的在线学习平台，开展远程教育，停教不停学。秋季开学，共设置35个专业、126个班级，招收学员1892人、4071人次。组织师生开展志愿服务，到乡镇、社区开展太极拳、健身气功教学活动；参与征兵活动宣传；到亳州市鑫瑞麒康养中心慰问演出；开展“梨园风采展、戏曲进社区”为主题的文化惠民戏曲演唱活动；举办以“弘扬文明实践新风，携手走进小康社会”为主题的学员摄影作品展。

（锁楠楠）

文明创建

【概况】亳州市精神文明建设指导委员会办公室（市文明办）成立于2001年6月，是市委工作机关，负责全市精神文明建设工作。内设综合科、创建协调科、未成年人工作科、志愿服务科4个科室；二级机构市文明创建中心是正科级事业单位，财政全额拨款，下设综合室等6个工作室。

2020年，亳州市以创建全国文明城市为目标，推进各项工作。

文明城市创建。开展铁路沿线环境综合治理。召开居民小区、农贸市场、交通秩序等专题调研调度会13次，推动39项专项行动工作开展。协调住建、城管部门开展中心城区外墙保温层脱落和裸露土地整治工作，完成2019年50个试点居民小区整治提升验收工作，推进200个居民小区整治提升工作，组织召开中心城区文明创建工作座谈会，对城区主次干道、背街小巷、城乡接合部、乡镇、公厕、临时摊群点和网吧进行专项督查。开展创建文明城市示范点建设，推进文明城市创建工作规范化、项目化管理。

市民文明行为促进行动。出台《亳州市文明行为促进条例》。发布新版《亳州市民公约》，编印《亳州市民文明手册》。发出《“制止餐饮浪费 培养节约习惯”倡议书》，推动机关食堂、酒店饭店带头开展光盘行动、文明餐桌行动。累计制作公益广告2万余平方米，完成凤尾沟景观带社会主义核心价值观主题公园、军分区和武警支队围墙彩绘公益广告设置。

中心城区社区包保。优化升级“亳州创城管理平台”，丰富完善平台功能。将社区居委会、居民小区、主次干道、背街小巷（建筑公司周边、城乡接合部）列为社区包保重点事项，召开中心城区社区包保工作培训会，明确各单位工作任务和考核制度。每月定期对社区包保单位工作情况进行通报，组织开展2次社区包保第三方测评考核工作，通报考核情况。

新时代文明实践活动。开展新时代文明实践“六个一”（举行一场宣讲、举办一场“村晚”、开展一次座谈、组织一场比赛、观看一部电影、进行一次表彰)和新时代文明实践暨“三下乡”集中示范活动。开展“3·5”学雷锋新时代文明实践志愿服务活动。推动5个新时代文明实践市级示范站建设。开展新时代文明实践活动约2.4万场次,受益群众约135万余人次。推报第六届全国文明村镇。开展第六届亳州市文明村镇评选活动。蒙城县许疃镇尉迟寺村、蒙城县许疃镇土桥村、蒙城县岳坊镇戴尧村3个村规民约和谯城区薛阁街道薛阁社区、蒙城县城关街道漆园社区2个居民公约获评全省优秀村规民约和居民公约。

文明单位创建。将文明单位创建工作要求写入《亳州市2020年精神文明建设工作要点》,指导各级文明单位开展文明创建活动。亳州市汽车南站“晶馨班组”获评第四批安徽省文明单位创建十佳品牌。推报第六届全国文明单位。评选第九届亳州市文明单位143家。引导亳州市药都银行、亳州市税务局等国家级、省级文明单位参与礼遇道德的模范身边好人、创建全国文明城市街头小品制作。

志愿服务制度化。全市志愿者注册登记占全市居民常住人口比例13.71%。约14万名各类志愿者有序参与新冠肺炎疫情防控,开展帮扶慰问1000余场次,累计捐助募集资金和物品总价值350余万元。组织开展“五一”文明旅游、“志愿同行 共践文明”助力环保攻坚、“志愿药都行 共践新时代”“12·5”国际志愿者日等系列活动。获评省“月评十佳”志愿服务优秀典型11个,获评数量位居全省前列。

未成年人思想道德建设。对照39项专项活动方案,细化任务分工,明确责任单位和完成时限。发放乡村学校少年宫以奖代补资金,组织文明校园参与抗疫防疫活动,开展乡村学校少年宫、校园示范点调研活动。组织参与全省乡村学校少年宫网上才艺展演活动,4个作品在安徽文明网进行展播。评出“第四届亳州市新时代好少年”5人,“第四届亳州市新时代好少年提名奖”5人。评选出第一届亳州市文明校园60所。

同年,亳州市获评第五届安徽省文明城市,这是亳州市连续第五年获评省文明城市;蒙城县获评第五届安徽省文明城市,利辛县和涡阳县获评安徽省文明城市提名城市,谯城区获评第三届安徽省文明城区。全市上榜“安徽好人”15人(11组),上榜人数及组数位居全省前列;上榜“中国好人”11人(7组),上榜人数居全省第三位,组数居全省第二位。谯城区古井镇、谯城区五马镇桥口村、蒙城县坛城镇韩寨村、利辛县孙庙乡阳光村、涡阳县楚店镇三里赵村获评第六届“全国文明村镇”,北京同仁堂(亳州)饮片有限责任公司、安徽古井集团有限责任公司、亳州药都农村商业银行、国家税务总局亳州经济开发区税务局获评第六届“全国文明单位”,利辛县城关镇文州社区的于秀娟家庭获评第二届“全国文明家庭”,亳州市第一中学、亳州市第一小学获评第二届“全国文明校园”。

【道德典型选树活动】2020年春节、中秋期间,亳州市组织慰问道德模范、身边好人及优秀志愿者代表96人。评出“亳州好人”64人(57组),评出“第七届亳州市道德模范”10组(14人)、“第七届亳州市道德模范提名奖”10组(11人),入选“安徽好人”15人(11组),上榜“中国好人”11人(7组)。48个家庭获“第一届亳州市文明家庭”称号,推选武中海家庭、王成良家庭获“第一届安徽省文明家庭”称号。新冠肺

2020年11月7日在利辛县举办全市好人座谈会并为获评的“亳州好人”颁发证书 (市文明办 供图)

炎疫情防控期间，引领各级好人模范参与疫情防控，组织道德模范与身边好人进基层宣讲活动8次，组织开展道德模范与身边好人“海报式”活动，在谯城区、利辛县组织召开道德模范与身边好人座谈会。建设好人广场、好人亭、好人文化墙等宣传阵地。联合药都银行推行“道德信贷”。

【“中国好人榜”网上发布活动】2020年12月6日，2020年11月“中国好人榜”网上发布活动在亳州市举办。活动由中央文明办主办，中国文明网、中共安徽省委宣传部、安徽省文明办、中共亳州市委、亳州市人民政府承办；中共亳州市委宣传部、亳州市文明办、亳州广播电视台协办。中央文明办中国文明网副总编辑郝瑞珩，中共安徽省委宣传部部务会成员、省文明办主任杨明世，中共亳州市委书记汪一光等出席。安徽省文明办相关处室负责人，亳州市文明委成员单位负责人、亳州市各县区文明委负责人以及“中国好人”代表、亳州市各行业代表等参加活动。

“我推荐我评议身边好人”活动自2008年始，全国上榜“中国好人”14616人，其中亳州市173人入选“中国好人榜”。自2016年始，亳州市上榜人数连续4个年度居安徽省第一位。2020年11月，全国有103人入选“中国好人”，其中亳州市康士彪、李永芳夫妇入选。

【谯城区马元社区获国家级志愿服务“四个100”先进典型】2020年7月，谯城区薛阁街道马元社区获评中共中央宣传部、中央文明办等14部门推选的全国学雷锋志愿服务“四个100”（100个最美志愿者、100个最佳志愿服务组织、100个最佳志愿服务项目和100个最美志愿服务社区）先进典型“最美志愿服务社区”典型。

马元社区志愿服务站成立于2013年6月，登记在册志愿者2362人。由社区党员、工作人员、退休人员以及社区群众组成的敬老孝亲志愿服务队、巾帼志愿服务队、阳光助残志愿服务队等10支志愿服务队伍。马元社区志愿服务坚持以贴近生活、贴近实际、贴近群众的原则，每年开展的环境保护、计划生育宣传服务、节日慰问、日常帮扶、医疗保健、义剪、助残、家电清洗、老年人集体过生日、治安服务、文艺演出、法律知识宣传等志愿活动百余次。社区党委成立志愿服务工作领导小组，坚持“党建+志愿服务”的发展模式推进工作。在社区综合服务大厅一角设有志愿者服务台，同时设立两名社区工作人员专门负责志愿服务工作。马元社区打造的志愿服务主题广场（也称为孝道志愿服务广场），曾获评安徽省三星级社区志愿服务广场、安徽省四星级社区志愿服务广场、安徽省十佳学雷锋志愿服务优秀典型。

【《亳州市文明行为促进条例》出台】2020年，亳州市推进文明行为促进条例制定工作；9月29日，《亳州市文明行为促进条例》经省十三届人大常委会第二十一次会议批准；11月11日，召开《亳州市文明行为促进条例》新闻发布会，该条例将于2021年1月1日起正式施行。该条例共分总则、文明行为规范、保障和促进、法律责任、附则5章。针对社会上存在的不文明行为、社会不良风气，对公共秩序、交通秩序、公共环境、社区秩序等社会关注度高、群众反映比较集中的各类文明行为规范作出比较细致的规定，并对养犬、乡村文明行为作了相关规定。条例强化了文明行为保障措施。规定了对健全文明行为促进的相关工作制度要求，对环境卫生、公共秩序、交通出行、文化体育、无障碍环境等公共服务设施的完善作出相关规定。

条例体现了与时俱进和地方特色。结合新冠肺炎疫情防控，把公民应当自觉增强生态保护和公共卫生安全意识、把不非法猎捕交易运输食用野生动物及其制品、应当自觉遵守有关公共卫生防疫的规定等内容进行明确规定。倡导和鼓励文明用餐，厉行节约，反对浪费等。条例坚持正面引导和制度约束结合。注重采取多种鼓励支持措施和综合管理手段，治理社会陋习，弘扬正能量。将有益于社会文明和谐进步的倡导和鼓励行为分别列举，并规定了表彰奖励措施；明确规定建立文明行为记录制度、文明行为表彰奖励制度、不文明行为曝光机制、不文明行为的综合治理机制等。

该条例是亳州市取得地方立法权后制定的第四部实体地方性法规，是全市首个聚焦精神文明建设的地方性法规。该条例的制定出台，填补了全市精神文明立法的空白，消除了文明行为认知领域的盲点和误区，将有效推动全市精神文明建设工作纳入法治化轨道，促进全市文明创建工作和社会文明进步。

【《亳州市民公约》发布】2020年，《亳州市民公约》发布，内容为“爱国爱亳，遵纪守法；爱岗敬业，自律自强；遵德守礼，互助友善；诚信勤俭，修身齐家”共32个字。

在架构上，采取分层式，第一层阐述国家层面，第二层阐述工作层面，第三层阐述社会层面，第四层阐述个人层面。

《公约》包含“亳”字，突出了亳州元素，体现社会主义核心价值观对公民层面要求即“爱国、敬业、诚信、友善”，涵盖“四德”教育内容即社会公德、职业道德、家庭美德和个人品德，兼顾公民基本道德规范“爱国守法、明礼诚信、团结友善、勤俭自强、敬业奉献”内容，符合中央文明办规定的把加强诚信制度化建设和“厉行节约，反对浪费”纳入市民公约等有关要求。

《亳州市民公约》对于维护亳州城市公共环境、公共秩序，规范约束市民公共行为、日常行为，倡导时代新风，弘扬社会正气等方面具有重要意义。

（桂金棉）

党校教育

【概况】2020年，市委党校以学习习近平新时代中国特色社会主义思想为中心内容和首要任务，突出党的理论教育和党性教育，充实完善课程体系。

召开全市党校校（院）长会议，传达学习贯彻中央、省委市委关于党校工作要求。举办全市党校系统教学比赛。制定《中共亳州市委党校2020年业务指导办法》，在课题项目、课题实施、成果转化等方面加强与县区委党校合作，建立业务指导长效机制。组织开展2020年度县区委党校办学质量评估工作，探索县级党校分类建设路径，推进全市党校系统全面发展。

开设意识形态工作教学专题，落实学员“两群”管理机制。严明党校课堂政治纪律规定，完善学员管理规定、学员党性锻炼考核办法，出台学员党性修养量化考核标准，严格落实学员请销假制度。实行校委班子成员联系主体班制度和“双班主任”制度，学员手机上课时一律入柜存放。完善学员考试考核制度，实施理论学习和党性修养考核双百分制，及时反馈学员在校学习考核情况，严肃处理学员在校期间发生的违纪行为。

【教育培训】2020年，市委党校举办各类主体班13期，培训746人，开展对外培训88期，培训人员12897人次，加大学历教育工作力度，招录在省委党校在职研究生60人，在校人数207人。

以习近平新时代中国特色社会主义思想的课程作为各类主体班的核心课程，开设37个专题，占比82.8%，理论教育和党性教育占总课时的比例为95.5%，其中党性教育课占比为51.1%。落实教学专题准入、备课试讲、教学测评、优课优酬等奖励和约束机制，教学质量稳步提升。教学比赛和精品课评选获全省党校系统优秀教学比赛一等奖和二等奖各1人，获全省党校精品课市级组和县级组各1个课程。开展案例教学、结构化研讨、学员论坛、现场教学等教学形式，实现教学相长、学学相长。

【理论研究】2020年，市委党校公开发表论文47篇，课题立项38项，课题结项25项，决策咨询报告8篇，获市长肯定性批示4篇，其他市级领导批示2篇。

【决策咨询】2020年，市委党校成立决策咨询部，制定《学员决策咨询研究实施细则》，修订完善科研决策咨询奖励办法。组织骨干教师到市直机关、企事业单位和县（区）、乡镇宣讲习近平新时代中国特色社会主义思想和党的十九届五中全会精神、《民法典》等200余场次。

（黄　奎）

党史和地方志研究

【概况】2001年6月，中共亳州市委史志办公室成立，2003年2月更名为中共亳州市委党史研究室，与亳州市地方志编纂办公室一个机构、两块牌子。2019年3月，更名为中共亳州市委党史和地方志研究室（简称“市委史志研究室”），为市委直属事业单位。2019 年 7 月，被列为公益一类事业单位。主要职能是：研究中国共产党在亳州市不同时期的历史，收集整理党活动的有关资料，总结历史经验，宣传党的路线、方针、政策，为党的中心工作服务；编纂亳州年鉴，续修亳州市志，发挥其“资政育人”作用；同时指导三县一区史志研究室的工作。

2020 年，市委史志研究室开展党史资料征集、编写、研究、宣传工作。指导完成涡阳县党史二卷编写工作，指导县区开展党史三卷编写工作。推进新四军历史研究，编辑《涡河风云》1 期。

同年，《中国共产党安徽省亳州历史第一卷（1926—1949）》获评 2020 年度安徽省社会科学知识普及优秀作品。

【《中国共产党安徽省亳州历史第三卷》编纂启动】 2020 年，市委史志研究室全面启动编写《中国共产党安徽省亳州历史第三卷（1978—2002）》工作。撰写亳州党史三卷大纲，形成征求意见稿，下发县区征求意见建议；列出几十个党史专题，通过资料查询、县区征集、实地走访等形式，收集整理自 1979 年至 2002 年全市党委系统重要文件、重要会议、重要活动的专题资料，形成 200 余万字党史专题资料，为党史三卷的编纂打下资料基础。

【“全市党员干部党史教育日”活动】 2020 年 7 月，市委史志研究室与市委组织部联合开展第 11 个“全市党员干部党史教育日”活动。活动以“牢记党的历史、坚守初心使命、决胜全面小康”为主题，以党史、新中国史、改革开放史、社会主义发展史“四史”学习教育为主要内容。全市各级党组织通过组织到红色教育基地瞻仰革命先烈、缅怀英雄事迹、重温入党誓词、参观党史图片展、开展党史宣讲报告会、举办党史专题学习座谈会等形式，开展活动。

地方党史宣讲。组织人员到市直部门开展党史知识宣讲，介绍亳州党组织的发展历程，突出亳州地方史的主要历史事件和重要历史人物。举办“光辉的历程—亳州党史图片展”，宣讲红色故事，接待市直、谯城区党政机关、企事业单位、乡镇、社区近 600 名党员干部观展。

党史“六进”活动。将党史编研成果送到机关、院校、企业、军营、社区、乡村。把亳州地方党史书籍作为奖品赠送给市庆“七一”知识竞赛获奖选手。

党史宣教工作调研。组织到市直有关单位、各县区，对开展党史、新中国史宣传教育工作情况进行调研，全面总结全市在党史、新中国史学习宣传教育方面的工作成效，剖析存在问题、提出下步工作意见建议，形成调研报告。

亳州市党员干部参观“光辉的历程——亳州党史图片展”

（市委史志研究室　供图）

【《亳州抗战风云》编纂出版】 2020 年 11 月，由市委史志研究室、市新四军历史研究会编纂的《亳州抗战风云》面世。

该书以亳州抗战史实为时代背景，以彭雪枫将军带领新四军在亳州建立丰功伟业为主线，全景式、多角度地展示亳州抗战历史，谱写了亳州军民在中国共产党领导下，团结奋战，共御外敌，前赴后继，不屈不挠，用鲜血和生命谱写了抵抗日本侵略者的气壮山河的英雄篇章。该书共 29 章，约 17 万字。为新时期开展党史、新中国史宣传教育提供了地方党史教材。

【市新四军历史研究会四届二次理事会】 2020 年 6 月 18 日，市新四军历史研究会四届二次理事会在市委史志研究室会议室召开。市新四军历史研究会会长时明金、常务副会长张峡、副会长高雷、监事祁快乐及秘书长、理事计40余人参加会议。常务副会长张峡主持会议。会议传达省新四军历史研究会七届三次常务理事(扩大)会议精神,听取2019年度工作报告,三县一区市新四军历史研究会理事交流发言,会长时明金作总结讲话。会议指出,2020年是抗日战争暨世界反法西斯战争胜利75周年,抗美援朝出国作战70周年,也是全面建成小康社会的收官之年,市新四军历史研究会要继续坚持以习近平新时代中国特色社会主义思想为指导,以新四军历史研究宣传为中心,促进市新四军历史研究会工作高质量发展。

【纪念抗日战争暨世界反法西斯战争胜利75周年、抗美援朝出国作战70周年活动】2020年,市委史志研究室组织开展纪念抗日战争暨世界反法西斯战争胜利75周年、抗美援朝出国作战70周年活动。组织人员编纂《亳州抗战风云》一书,全面反映亳州人民的抗战历程;征集抗美援朝党史资料,重点做好亳州地区参与、支持抗美援朝以及其他时期的重要党史资料,包括口述资料、实物资料、音像资料,反映亳州地区抗美援朝历史;与市退役军人事务局、市文化旅游局联合下发文件,申报第三批国家级抗战纪念设施、遗址和著名抗日英烈、英雄群体。

（李之平）

【地方志工作】2020年,市委史志研究室推进市县区地方综合年鉴编纂,全市5部地方综合年鉴12月底前全部出版面世。完成《安徽年鉴》(2020年卷)市县区的文稿编纂、图片搜集整理及表格合成审核、报送。指导西藏自治区山南市错那县年鉴编纂工作。完成清乾隆三十九年《亳州志》点校出版工作,督促指导《涡阳县志》(民国乙丑刊)点校版出版面世。

推进村镇志编纂。谯城区的《城父镇志》由方志出版社出版,利辛县的《阚疃镇志》由合肥工业大学出版社出版;《解甲集村志》修改稿完成,计有图片200余张、文字22万字。涡阳县马店镇《大罗村志》初稿完成。协助《中国名酒志·古井贡酒志》编纂工作,该志通过中国地方志指导小组名酒志专家组评审。

编印大事记。完成搜集整理编印《亳州大事记》2020年月刊12期,总计近10万字,编印《亳州大事记(2019)》合订本。县区志办均根据自身实际编印季刊或月刊或年度大事记。

与市民政局等4家单位联合开展第八批安徽省千年古镇、千年古村落地名文化遗产申报工作,加强地名文化遗产保护,助力推进文化旅游强省建设。

同年,《亳州年鉴(2019)》获评中指组组织开展的第六届全国地方志优秀成果评比地市级年鉴序列一等奖,获评省委党史研究院(省地方志研究院)组织开展的2019年度全省史志科研成果评比年鉴类一等奖;清道光《亳州志(点校版)》获评全省史志科研成果评比三等奖;市委史志研究室在全省党史和地方志主任工作会议上作题为《凝心聚力开拓创新,全力推进年鉴工作再上新台阶》的经验交流发言。

【《亳州年鉴(2020)》出版】2020年9月,由中共亳州市委、亳州市人民政府主办,市委史志研究室负责编纂的《亳州年鉴(2020)》由方志出版社正式出版。这是自2002年开编起,亳州市连续编纂出版的第19卷。

《亳州年鉴(2020)》以马克思列宁主义、毛泽东思想、邓小平理论、"三个代表"重要思想、科学发展观、习近平新时代中国特色社会主义思想为指导,全面系统记载2019年度亳州市政治、经济、文化和社会、生态文明等方面的发展变化情况,为读者了解亳州、研究亳州提供权威性、系统性的信息资料。全卷设34个类目,154个分目,34个次分目,1053个条目,总计68.5万字。

本卷年鉴卷首彩页延续《亳州年鉴(2019)》的设计思路,设置"数字亳州""亳州要事""药都亳州""酒乡亳州"4个栏目,较好地突出了亳州的地方特色和年度特色;内文有效信息量较上年增加,收录部门图片132幅,图文并茂,可读性更强。

【清乾隆三十九年《亳州志》点校版出版】2020年,由中共亳州市委党史和地方志研究室组织人员点校整理的清乾隆三十九年《亳州志》由黄山书社正式出版面世。至此,亳州市现存世的6部亳州旧志全部点校整理完毕。

清乾隆三十九年《亳州志》是乾隆三十九年由知事郑交泰主修，王云万编纂。该志采用平目体，共13卷，正文12卷，首1卷；正文分24类，加上附录共有31目。字数约24万字。该志内容翔实，可靠，保存了大量与当地有关的文献，艺文几乎占全书的三分之一，为考察亳州乃至整个皖北历史文化和社会变迁提供了重要资料。

（孙　静）

亳州市数字档案馆系统通过测试，被国家档案局批准为"国家级数字档案馆"
（市档案馆　供图）

档案馆

【概况】2020年，亳州市档案馆共接收档案143464卷(件)，馆藏量达488545卷(件)，增长率继续保持全省第一。

面向社会各界广泛征集反映亳州抗击疫情防控的重要文字、图片、语音、视频、实物等档案资料。征集到手绘画一册22张、照片16张、先进事迹材料12篇、视频2个和书法绘画艺术作品12幅。

通过网上办事大厅、安徽省档案资源共享平台和长三角民生档案"异地查档、便民服务"等查阅利用方式，实现网上办事、全省跨馆出证和长三角地区的异地查档。全年共接待197人（批）次，查阅档案11471卷（件、册）次。

利用馆藏档案资源和征集到的劳模档案、全国道德模范档案、荣誉档案及实物档案等，布展爱国主义教育基地，接待学校未成年人参观。开展档案文献展活动，共接待机关、企事业单位、医院、社区等540人次参观，义务提供讲解10多场次。

【档案信息化通过国家级数字档案馆测试】2020年，亳州市档案馆加快推进档案数字化工作。推进进馆档案数字化，优先接收已完成数字化的档案；推进馆藏档案数字化，购置相关设备，开展馆藏档案数字化。馆藏档案数字化率逐年提升，文书档案数字化率达100%，专业档案数字化率在90%以上。

推进数字档案馆建设。在"十三五"期间，数字档案馆系统从谋划、设计、实施到通过测试，始终坚持一张蓝图绘到底的新发展理念，根据《数字档案馆建设指南》要求，对照《数字档案馆系统测试办法》的具体指标体系，逐条对照抓好落实，逐项开展档案保密审查、档案质量检查和档案数据统计，顺利通过国家级数字档案馆测试，走在全国的前列。

（潘小华）

亳州市人民代表大会

2020 年 5 月 13—15 日，亳州市第四届人民代表大会第四次会议召开　　（张延林　摄）

概　述

【概况】至 2020 年末，亳州市有各级人民代表大会 84 个，包括亳州市人大代表大会和 4 个县区人民代表大会、79 个乡镇人民代表大会。各级人大代表 7364 人（不含在亳全国人大代表 3 人，省人大代表 52 人），其中市人大代表 432 人，县区人大代表 1448 人，乡镇人大代表 5484 人。市四届人大常委会有组成人员 35 人，其中主任 1 人，副主任 5 人，秘书长 1 人，委员 28 人。市四届人大设有法制、财政经济、社会建设 3 个专门委员会。市人大常委会设有办公室、研究室 2 个办事机构以及法制、预算、财政经济、监察和司法、人事代表选举、城乡建设环境与资源保护、教育科技文化卫生（民族宗教侨务外事）、农业与农村经济、社会建设 9 个工作委员会。

【市人大常委会依法履职】2020 年，亳州市人大常委会坚持以习近平新时代中国特色社会主义思想为指导，贯彻党的十九大和十九届二中、三中、四中、五中全会精神，落实习近平总书记关于坚持和完善人民代表大会制度的重要思想和考察安徽重要讲话指示精神，按照中央和省委、市委决策部署，履行法定职责。全年召开常委会会议 7 次、主任会议 23 次，制定地方性法规 1 部，听取审议专项工作报告 18 项，作出决议决定 6 项，开展执法检查、视察和专题调研 47 次，依法选举和任免地方国家机关工作人员 59 人次，依法组织宪法宣誓。完成市四届人大四次会议确定的目标任务。

【立法工作】围绕全面推进依法治市，紧紧抓住地方立法、法律法规实施等工作重点，全力推进法治亳州建设。助力全国文明城市创建，制定《亳州市文明行为促进条例》，以法治力量护航文明前行。立法过程中，坚持开门立法，先后开展立法调研 6 次，召开座谈会 16 次、论证会 3 次。条例经 2020 年 8 月 14 日市四届人民代表大会常务委员会第三十五次会议通过，2020 年 9 月 29 日省第十三届人民代表大会常务委员会第二十一次会议批准，自 2021 年 1 月 1 日正式施行。条例共分总则、文明行为规范、保障与促进、法律责任、附则五个部分。条例聚焦市民关心关切，从公共秩序、公共环境、文明交通等方面，规范文明行为，强化保障措施，明确法律责任，填补了亳州市精神文明建设领域立法的空白。扎实开展饮用水源地保护、城乡规划、居家养老服务等立法调研，为后续立法奠定基础。

【执法检查】2020 年，亳州市人大常委会组织开展《亳州市城市绿化条例》执法检查。8 月 21 日，第 109 次主任会议通过《〈亳州市城市绿化条例〉执法检查方案》，成立由常委会主任会议成员任组长，部分常委会组成人员、市人大代表为成员的执法检查组。9 月 10 日，召开执法检查协调会，安排布置执法检查有关事宜。9 月 15 日，举办《条例》法律知识讲座，进行专题培训。9 月 16 日起，4 个执法检查组分别到县区开展实地检查。10 月 15 日，第 111 次主任会议听取《亳州市城市绿化条例》执法检查情况的汇报。10 月 21—22 日，市四届人大常委会召开第三十六次会议，听取审议执法检查组关于检查《亳州市城市绿化条例》实施情况的报告。11 月 4 日召开第 113 次主任会议，将审议意见书连同执法检查报告印发市政府研究办理。

【专题询问】2020 年，亳州市人大常委会开展养老服务体系建设专题询问。8 月 21 日，第 109 次主任会议通过《养老服务体系建设专题询问方案》。9 月 17 日，召开养老服务体系建设专题询问动员会。9—10 月，开展养老服务体系建设情况调研。10 月 15 日，第 111 次主任会议研究确定专题询问问题。10 月 21—22 日，召开市四届人大常委会第三十六次会议，听取审议市政府关于养老服务体系建设情况的汇报，对市政府及市民政局、市卫健委、市医保局、市自然资源规划局、市住建局、市发改委、市财政局、市人社局、市商务局、市市场监管局、市应急管理局、市公安局等 12 个部门进行专题询问。11 月 4 日，召开第 113 次主任会议，将审议意见书印发市政府研究办理。

【专题调研】2020 年，市人大常委会围绕常委会监督议题，组织常委会组成人员对水利工程建设、落实省人大常委会《关于依法全力做好当前新型冠状病毒肺炎疫情防控工作的决定》、审判监督、文化产业和文化事业发展、乡村产业发展、规模以上工业企业发展、国有资产管理、公益诉讼等工作情况开展专题调研，提出意见建议，助推有关工作开展。

【议案建议办理】2020年，市四届人大四次会议代表提交有关亳州市“世界中医药之都”建设的议案共4件，经会议确定并案办理。6月5日，召开市人大代表议案建议交办会议，交办人大代表议案建议217件。6月23—24日在市四届人大常委会第三十四次会议上听取市政府关于议案办理方案的报告，并作出相应决议决定。印发《2020年代表议案决议落实情况和建议办理工作督办方案》，进行集中督办。11月25日，市人大常委会第114次主任会议研究通过督办结果报告，印发市政府办公室及有关部门研究办理。11月26日，开展代表议案办理情况集中视察。12月23—24日，市四届人大常委会第三十七次会议听取审议市政府关于市四届人大四次会议代表议案决议落实和建议办理情况的报告，并进行满意度测评。各承办单位办理议案、建议回复率均100%。

重要会议

【亳州市第四届人民代表大会第四次会议】2020年5月13日至15日，亳州市第四届人民代表大会第四次会议在亳州举行。会议审议通过市人大常委会工作报告、市人民政府工作报告、市中级人民法院工作报告、市人民检察院工作报告；审查和批准亳州市2019年国民经济和社会发展计划执行情况与2020年国民经济和社会发展计划草案的报告，批准2020年国民经济和社会发展计划；审查和批准亳州市2019年预算执行情况与2020年预算草案的报告，批准2020年市级财政预算。

【亳州市第四届人民代表大会常务委员会会议】2020年，亳州市第四届人民代表大会常务委员会共召开7次。

第31次会议于1月20日召开。会议传达省十三届人大三次会议精神，听取关于《亳州市人民代表大会常务委员会工作报告（草案）》起草情况的说明，听取有关人事任免议案的说明；会议审议并表决通过《亳州市人民代表大会常务委员会工作报告》，亳州市第四届人民代表大会第四次会议议程（草案）、日程（草案）、主席团和秘书长名单（草案）、议案审查委员会名单（草案）、列席人员名单，市人大常委会代表资格审查委员会关于部分市人大代表代表资格变动的审查报告。审议并表决通过《亳州市人民代表大会常务委员会关于接受哈薇辞去市第四届人民代表大会常务委员会副主任职务请求的决定》，审议并表决有关人事任免事项。

第32次会议于3月17日召开。会议传达全省人大发挥职能作用助力全省疫情防控和复工复产工作视频会议精神，听取审议市政府关于2019年度全市环境状况和环境保护目标完成情况的报告，听取有关人事任免议案的说明，审议并表决有关人事任免事项。

第33次会议于4月28日召开。会议听取审议市政府关于水利工程建设情况的报告、关于落实省人大常委会《关于依法全力做好当前新型冠状病毒肺炎疫情防控工作的决定》情况的报告，听取有关人事任免议案的说明，审议并表决有关人事任免事项。

第34次会议于6月23日至24日召开。会议传达十三届全国人大三次会议精神，听取审议市政府关于市四届人大四次会议代表议案办理方案的报告、关于全市文化产业和文化事业发展情况的报告，听取审议市中院关于全市法院审判监督管理工作情况的报告，听取审议市政府关于《亳州市文明行为促进条例（草案）》的说明，听取有关人事任免议案的说明，审议并表决通过《亳州市人大常委会关于市人民政府议案办理方案的决议》，审议并表决有关人事任免事项。

第35次会议于8月13日至14日召开。会议听取审议市政府关于2019年市级决算的报告、关于亳州市2020年上半年预算执行情况及下半年工作意见的报告、关于亳州市2020年市级预算调整方案（草案）的说明、关于亳州市本级2019年度预算执行和其他财政收支情况的审计工作报告、关于亳州市2020年上半年国民经济和社会发展计划执行情况及下半年工作意见的报告，听取审议市人大财经委员会关于亳州市2019年市级决算（草案）审查结果的报告、关于亳州市2020年市级预算调整方案（草案）审查结果的报告，听取市人大法制委员会关于《亳州市文明行为促进条例（草案）》修改情况的说明，听取有关人事任免议案的说明，审议并表决通过《亳州市人民代表大会常务委员会关于批准亳州市2019年市级决算的决议》《亳州市人民代表大会常务委员会关于批准亳州市2020年市级预算调整方案的决议》，审议并表决有关人事任免事项。

第36次会议于10月21日至22日召开。会议听取审议市人大常委会执法检查组关于检查《亳州市城市绿化条例》实施情况的报告，听取审议市政府关于全市养老服务体系建设情况的报告、关于乡村产业发展情况的报告、关于规模以上工业企业发展情况的报告、关于亳州市本级2019年教育、卫生、公安系统国有资产管理情况的专项报告，听取审议市检察院关于全市检察机关公益诉讼检察工作情况的报告，听取有关人事任免议案的说明，审议并表决有关人事任免事项。会议对全市养老服务体系建设情况开展专题询问。市政府副市长应国君，市民政局、市卫生健康委、市医疗保障局、市自然资源和规划局、市住房城乡建设局、市发展改革委、市财政局、市人社局、市商务局、市市场监管局、市应急管理局主要负责人到会应询。

第37次会议于12月23日至24日召开。会议传达省委人大工作会议精神，听取审议市政府关于亳州市本级2019年度预算执行和其他财政收支审计查出问题整改情况的报告、关于市四届人大四次会议代表议案决议落实和建议办理情况的报告，审议市人大法制委员会关于市四届人大四次会议代表立法议案办理情况的报告、市人大常委会规范性文件备案审查工作情况的报告，听取市政府关于《亳州市2020年第二次预算调整方案（草案）》的说明，审议市财经委员会关于《亳州市2020年第二次预算调方案（草案）》的审查报告，听取有关人事任免议案的说明。会议审议并表决通过《亳州市人民代表大会常务委员会关于批准亳州市2020年市级第二次预算调整方案的决议》《亳州市人民代表大会常务委员会关于许可对市第四届人民代表大会代表邓雷采取强制措施的决定》。会议审议并表决通过《亳州市人民代表大会常务委员会关于接受佘树民辞去亳州市第四届人民代表大会常务委员会委员、社会建设委员会副主任委员和法制委员会委员职务请求的决定》。会议审议并表决有关人事任免事项。

人事任免

【市四届人大四次会议人事任免】选举张洁、胡明文为亳州市第四届人民代表大会常务委员会副主任；万洪超、崔新海为亳州市第四届人民代表大会常务委员会委员。表决通过亳州市第四届人民代表大会部分专门委员会主任委员、副主任委员名单。法制委员会主任委员巩中；副主任委员王洪杰。

【市四届人大常委会第31次会议人事任免】表决通过巩中为市第四届人民代表大会常务委员会代表资格审查委员会主任委员，袁方为市第四届人民代表大会常务委员会代表资格审查委员会委员。

【市四届人大常委会第32次会议人事任免】任命李涛为市监察委员会副主任。决定任命张韶光为市人民防空办公室（市地震局）主任（局长）。决定免去张利华的市人民防空办公室（市地震局）主任（局长）职务。免去张震的市中级人民法院副院长、审判委员会委员、审判员职务（挂职），免去张士利的市中级人民法院审判委员会委员、审判员职务。

【市四届人大常委会第33次会议人事任免】任命李红波为市中级人民法院审判员。任命魏海玉为市人民检察院检察员，杜明威为市人民检察院检察员，李周为市人民检察院检察员，马巍为市人民检察院检察员。

【市四届人大常委会第34次会议人事任免】免去时志远的市监察委员会副主任职务。决定任命孙善豹为市交通运输局局长，陈长安为市人力资源和社会保障局局长。决定免去张廷林的亳州市人力资源和社会保障局局长职务。任命牛淑君为亳州市中级人民法院副院长、审判委员会委员、审判员，张秀远为市中级人民法院刑事审判第二庭庭长，刘秋菊为市中级人民法院行政审判庭庭长，怀峰为市中级人民法院民事审判第三庭庭长，王冬云为市中级人民法院立案二庭庭长、审判委员会委员。免去张秀远的市中级人民法院行政审判庭庭长职务，刘秋菊的市中级人民法院民事审判第三庭庭长职务，怀峰的市中级人民法院立案二庭庭长职务，王冬云的市中级人民法院执行庭副庭长职务，谢超的市中级人民法院刑事审判第二庭庭长、审判委员会委员、审判员职务。免去赵昊平的市人民检察院副检察长、检察委员会委员、检察员职务。

【市四届人大常委会第35次会议人事任免】决定任命李丰为市住房和城乡建设局局长，刘允强为市市场监督管理局局长，张磊为市人民政府信访局局长。决定免去李成杰的市住房和城乡建设局局长职务，刘允强的市人民政府信访局局长职务，彭殿伟的市市场监督管理局局长职务。任命罗胜为市中级人民法院立案庭庭长、审判委员会委员，马超为市中级人民法院审判委员会委员，张广军为市中级人民法院审判委员会委员，蒋祥东为市中级人民法院执行庭副庭长，张贝贝为市中级人民法院民事审判第二庭庭长，赵亮为市中级人民法院民事审判第一庭庭长，孙浩杰为市中级人民法院立案庭副庭长，安翠香为市中级人民法院民事审判第三庭副庭长，孙曼为市中级人民法院审判员。免去罗胜的市中级人民法院民事审判第二庭副庭长职务，张贝贝的市中级人民法院民事审判第一庭庭长职务，赵亮的市中级人民法院民事审判第二庭庭长职务，孙浩杰的市中级人民法院民事审判第三庭副庭长职务，安翠香的市中级人民法院立案庭副庭长职务，王平的市中级人民法院立案庭庭长、审判委员会委员、审判员职务。

【市四届人大常委会第36次会议人事任免】免去佘树民的市人民代表大会常务委员会教育科学文化卫生(民族宗教侨务外事)工作委员会主任职务。决定任命张秀忠为市文化旅游体育局局长，吴海波为市经济和信息化局局长。决定免去雅浩海的市文化旅游体育局局长职务，李龙杰的市经济和信息化局局长职务。

【市四届人大常委会第37次会议人事任免】免去杨立民的市监察委员会副主任职务。任命符连峰为市监察委员会副主任，于群为市监察委员会副主任，郑戈为市监察委员会委员，李辉为市监察委员会委员，邵利明为市人民检察院副检察长。

人大代表工作

【“双联”工作】2020年，亳州市人大常委会推深做实“双联”工作。落实主任会议成员联系代表小组、委员联系基层代表制度，定期走访基层代表，实现常委会联系基层代表全覆盖。建立与列席常委会会议代表座谈机制，召开6次列席代表座谈会，听取代表意见建议。扩大代表对常委会工作的参与。全年邀请代表列席人大常委会会议，参加常委会视察、调研、执法检查等活动156人次。组织代表参与“一府一委两院”活动149人次。加强人大代表网络履职平台建设，密切代表与人民群众联系。

【人大代表议案建议办理】2020年，亳州市人大常委会做好议案建议交办、督办、落实等工作。组织常委会组成人员和提出议案的领衔代表对办理情况，进行集中视察，加强跟踪督办。对于交付办理的代表建议，通过及时交办、通报办理进度、进行满意度测评、纳入效能考核等举措，提高代表建议办理质量和效率。市四届人大三次会议交付办理的17件议案(并案后2件)、200件建议，均按时办结回复代表。

【规范人大代表小组活动】2020年，亳州市人大常委会召开代表小组组长座谈会，交流履职经验，提高履职能力。加强代表小组建设，按照有场所、有制度、有计划、有档案、有保障、有实效的目标，推进代表小组活动经常化、制度化、规范化。提高专业代表小组活动实效，支持专业代表小组自行选题开展活动。11个专业代表小组，发挥自身专业优势，选择城市绿化、市容与环境卫生、乡村文化建设、企业发展、教育事业等专题，到城市、农村、企业、学校开展实地调研，形成调研报告，为常委会开展立法、监督等工作提供重要参考。

【人大代表服务保障】2020年，亳州市人大常委会完善代表活动经费管理使用办法，保障代表履职。连续四年举办人大代表专题培训班，提高代表履职能力。及时向代表通报全市经济社会发展情况，开展会前集中视察，拓宽代表知情知政渠道，为代表更好审议各项报告、提出高质量议案建议提供支撑。规范代表资格审查，完善代表履职档案，强化对代表的管理与监督。宣传代表先进事迹，扩大代表依法履职的社会影响力。根据代表出缺情况，依法做好补选工作。做好驻亳全国和省人大代表履职服务保障工作。

（谢文星）

亳州市人民代表大会代表人数一览表

表3　　单位：人

届次	代表总数	女代表		少数民族代表	
			占代表总数（%）		占代表总数（%）
一届一次	370	81	21.9	19	5.1
一届二次	369	81	22.0	19	5.1
一届三次	388	84	21.6	20	5.2
一届四次	388	83	21.4	20	5.2
一届五次	393	83	21.1	19	4.8
一届六次	393	83	21.1	19	4.8
一届七次	385	82	21.3	19	4.9
二届一次	420	117	27.9	18	4.3
二届二次	415	117	28.2	18	4.3
二届三次	433	118	27.3	17	3.9
二届四次	428	117	27.3	17	4.0
二届五次	424	116	27.4	17	4.0
二届六次	436	115	26.4	17	3.9
三届一次	438	109	24.9	10	2.3
三届二次	438	109	24.9	11	2.5
三届三次	433	110	25.4	10	2.3
三届四次	427	111	26.0	10	2.3
三届五次	434	111	25.6	10	2.3
三届六次	428	118	27.6	16	3.7
三届七次	434	118	27.2	16	3.7
三届八次	427	117	27.4	16	3.7
四届一次	443	125	28.2	22	5.0
四届二次	437	122	27.9	21	4.8
四届三次	437	124	28.4	22	5.0
四届四次	435	120	27.6	21	4.8

亳州市人民政府

2020 年，引江济淮亳州段工程正式通水　　（市交通局）

概　述

【概况】2020年，亳州市坚持统筹推进疫情防控和经济社会发展，实现经济发展稳中向好，社会大局和谐稳定。全年地区生产总值1806亿元，同比增长4.1%，居全省第四位；财政收入217.9亿元，增长1.7%，居全省第八位；固定资产投资下降3.3%；社会消费品零售总额增长2.6%；进出口总额增长2.8%；规模以上工业增加值增长5.9%；城镇、农村常住居民人均可支配收入分别增长5.4%、8.5%。亳州市连续4年获国务院通报表扬，连续5年获省目标管理绩效考核先进单位称号，连续4年获省脱贫攻坚工作成效考核“好”的等次且位次逐年前移，连续3年获省稳增长贡献奖，是全省唯一在2020年度国务院大督查及专项督查中予以“免督查”的市、享受国家企业债券“直通车”激励措施支持的市。

农业。2020年，亳州市粮食生产突破500万吨，达505万吨，实现“十七连丰”，小麦新品种“国禾麦19”获全国强筋小麦评比冠军。新认定“三品一标”农产品146个，涡阳高炉家酒入选中欧地理标志协定首批保护名录。长三角绿色农产品生产加工供应基地加快建设，市县区食品产业园经营收入115亿元，双百万工厂化产业化肉羊养殖、羊肉食品加工和冷链物流等项目稳步推进，全市供应长三角地区农产品241万吨，销售额202亿元。生猪生产恢复到常年水平，三县一区全部列为全国生猪调出大县（区）。新建改建农村综合服务社（中心）57家、农家店162家。农产品网络零售额总量和增速均居全省第二位，蒙城县获评国家级电子商务进农村综合示范县。

工业。2020年，亳州市战略性新兴产业产值增长21.4%，居全省第五位。“世界中医药之都”建设成效明显，现代中医药产业规模达1450亿元，现代中药产业集聚发展基地产值增长14.2%，992个中药配方颗粒品种进入省医保目录，22个药品品种成功转入亳州市生产，113个品种签订仿制药一致性评价合作协议。新增“亳企登云”企业134家，培育省工业精品6个、新产品32个。承接长三角产业转移集聚区建设获国家、省专项政策支持，新增规模以上工业企业91家，古井集团酿酒生产智能化等总投资152亿元的28个重大技改项目加快建设。酒饮料和精制茶制造业、汽车制造业增加值分别增长5.8%、24.1%，古井集团营业收入连续3年突破100亿元，江淮汽车中高端MPV正式下线，花草茶产业线上销售额达20亿元。涡阳县绿色装配式建筑、蒙城县汽车零部件获批省级县域特色产业集群（基地）。利辛县煤电一体化产业集群加快形成，板集电厂二期2×66万千瓦项目成功获批。

服务业。2020年，亳州市新增限上商贸流通单位265家，“火热药都·惠民消费”活动累计带动消费超2亿元。开展“企业融资服务提升年”行动，金融机构贷款余额增长19.6%，居全省第五位。新增各类挂牌企业127家，实现直接融资193亿元。“互联网＋金融”案例入选中国营商环境特色评选50强榜单。新增国家AAAA级景区2家，建成运营华佗百草园等一批精品旅游项目，利辛县西淝河国家湿地公园通过国家验收，成功举办中国国际健康旅游论坛，获“中国最佳康养休闲旅游城市”“中国研学旅行最佳目的地”等称号，旅游总收入、接待国内旅游人数恢复率分别居全省第二位、第三位。邮政业务总量增长65%，居全省第一位，花草茶获2020年全国快递服务现代农业金牌项目。

民生事业。2020年，亳州市完成32项民生工程年度任务，民生支出328亿元，占财政支出的83.9%。棚户区改造住房基本建成18201套，完成老旧小区改造61个，建成养老服务中心（站）161所，新增社会办养老床位650张。保障低保、“五保”、孤儿等救助对象27.1万人，发放救助资金12.8亿元。新建改扩建公办中小学、幼儿园79所，完成城镇小区配套幼儿园治理55所，公办幼儿园开设食堂、课后延时服务加快推开。2936个标准化中高考考场全部安装空调。组建城乡义务教育联盟26个。启动总投资63亿元的医疗卫生健康事业“三年提升、两年巩固”行动，84个卫生健康项目已开工77个。连续8次获全国无偿献血先进市称号。市广电中心投入使用。建成社会化足球场78个。

平安建设。2020年，亳州市深化“铸安”行动，推进“1+2+22”安全生产专项整治三年行动，创新建成基层火灾防控“一镇一委一站”体系，安全生产实现“四降四无”。着力化解信访突出问题，信访形势持续向好。持续开展“守护平安”系列行动，国家安全全面加强，扫黑除恶专项斗争取得胜利，药品药材、麻黄草及其制品专项整治成效显著，视频数据平台实现城市公共区域、农村重点部位监控全覆盖，人民群众安全感实现五连升、再创历史新高。退役军人事务服务能力得到新提升，蝉联全国双拥模范城，大型国防教育综合基地一期建成开放，“408”人防基本指挥所、“831”人防疏散基地建成投用。完成第七次全国人口普查和“七五”普法验收工作。

【“六稳六保”】2020年，亳州市在全省率先成立复工复产领导小组，常态化推进“四送一服”专项行动，创新开展“服务企业年·重点企业五级包保”活动，推动经济发展恢复性增长。与长三角26个城市签订员工返岗复工协议，帮助130万外出务工人员安全返岗就业，城镇新增就业5.9万人，“亳州老乡，请您回家”和助力青年学子创业活动直接带动就业8.8万人次。落实中央和省级下达财政资金直达基层、惠企利民政策，连续出台支持企业发展20条、降低企业用水电气汽成本等系列措施，成功发行地方政府专项债券84.6亿元，直接降低企业成本、减轻企业负担54亿元。新增市场主体8.2万户，增长13.3%，“四送一服”工作在年度考核中居全省第三位。新签约亿元以上工业项目236个，总投资797亿元，实际利用省外资金923亿元，居全省第八位，皖北六市第二位。举行重大项目集中开工活动13次，集中开工项目123个，总投资590亿元。460个亿元以上项目加快建设，103个亿元以上项目竣工。新增进出口实绩企业63家，利用外商直接投资4.3亿美元。可再生能源并网发电规模164万千瓦。

【“三大攻坚战”】2020年，亳州市开展“抗疫情、补短板、促攻坚”专项行动，中央专项巡视“回头看”和国家成效考核反馈问题、“单位包村、干部包户”等各类排查发现问题整改全面完成，“两不愁三保障”和饮水安全问题动态清零，剩余11382名贫困人口全部脱贫。推进污染防治，落细落实工地扬尘管控、柴油车深度治理、中药材初加工治理、烟花爆竹禁放等举措，开展成品油市场专项整治，完成PM2.5年度任务，空气质量优良天数比例上升13.7个百分点。落实长江“十年禁渔”要求，退捕渔民全部安置到位，茨河鳜鱼青虾种质资源得到有效保护。河长制改革有力推进，水环境持续向好。防范化解重大风险，全面完成政府隐性债务、非法集资陈案化解年度任务，房地产领域历史遗留“难办证”专项治理整改率99.97%，排查整改粮食储藏安全问题271个，农村乱占耕地建房问题整治工作推进。

【改革创新】2020年，亳州市推进“放管服”改革提档升级，“一网一门一次”改革扎实推进，7×24小时政务服务地图正式上线运行，164项证明材料实行告知承诺制，“最多上一次”事项占比98.2%。省级开发区赋权清单全部对外公布。1291个村全部完成农村产权制度改革，87.4%的村完成“三变”改革。国有企业工资总额预算管理、事业单位和国有企业公务用车改革顺利完成，国家医保基金监管方式创新试点市建设通过中期评估。创新推行邻长制，乡镇纪检监察工作协作区标准化规范化建设入选中国改革典型案例。新认定高新技术企业79家，高新技术产业增加值增长14.6%，全社会研究与试验发展经费投入增长27.9%，每万人口发明专利拥有量增长38%，获省科学技术奖4项，获批省级以上科技重大专项、重点研发项目14项。

【对外开放】2020年，亳州市积极融入长三角一体化发展，与沪苏浙的3个市（区）签订战略合作协议，与沪苏浙的13个园区开展对接合作，实现与长三角所有城市公安类电子证照互认互通、医保“一卡通用”，236个事项“一网通办”，异地就医的住院和门诊医保费用实现直接结算。中药“走出去”取得重大突破，亳州市中药配方颗粒被10多个国家和地区选作抗疫药物；济人药业公司中药配方颗粒获批进入德国主要城市药房销售，是唯一以药品身份进入欧盟市场的配方颗粒；疏风解毒胶囊成为英国政府“创新英国”全球第一个立项资助的中药。参加第三届进博会、世界制造业大会，成功举办2020年国际（亳州）中医药博览会暨第 36 届全国（亳州）中药材交易会。三县连续 2 年均上榜全国投资潜力百强县。

【城乡融合】2020 年，亳州市国土空间规划编制工作有序推进。市、县城区 122 个城建项目完成投资 81.7 亿元，新建改建城市道路 177 千米，开通 5G 基站 1300 个，累计完成 72 条道路雨污分流和 248 个易涝点整治，数字化城管数据普查与采集范围扩展至 163 平方千米，新增公园、街头游园 39 个，完成人工造林、森林抚育 7933.33 公顷，获评全国文明城市提名城市、省文明城市，获批国家节水型城市，顺利通过国家历史文化名城保护评估验收。建成美丽乡村省级中心村 56 个，80 个乡镇污水处理厂全部投入使用，农村卫生厕所普及率 72%，农村生活垃圾无害化处理率 95.9%，完成农村公路扩面延伸工程 931 千米，实施农村饮水型氟超标改水工程 20 处，惠及 23 万人，创建人居环境整治省级重点示范村 16 个。基础设施不断完善，引江济淮亳州段正式通水，阜蒙淮城际铁路、亳蒙高速公路开工建设，亳州机场开工在即，涡河高等级航道整治工程有序推进，11 个国省干线改造项目建设里程 205 千米。

（孙　维）

市政府重要会议

【市政府全体会议】2020 年召开市政府全体会议 2 次。

1 月 20 日第七次全体会议，讨论《政府工作报告（送审稿）》《亳州市人民政府工作规则（送审稿）》，安排部署近期工作。

5 月 15 日第八次全体会议，分解落实 2020 年《政府工作报告》主要目标任务，安排部署有关工作。

【市政府常务会议】2020 年共召开市政府常务会议 45 次。

1 月 6 日第 134 次常务会议，传达学习习近平总书记 2020 年新年贺词和习近平总书记关于审计工作的重要指示精神，听取市审计局关于历年审计发现问题整改情况等汇报，还研究了其他事项。

1 月 20 日第 135 次常务会议，听取市政府办公室关于《政府工作报告（讨论稿）》起草情况、市发展改革委关于《亳州市 2019 年国民经济和社会发展计划执行情况与 2020 年计划草案的报告（讨论稿）》起草情况、市财政局关于《亳州市 2019 年预算执行情况和 2020 年预算草案的报告（讨论稿）》起草情况等汇报，还研究了其他事项。

2 月 13 日第 136 次常务会议，传达学习习近平总书记在中央政治局常委会会议上的重要讲话精神，听取关于《亳州市应对新型冠状病毒肺炎疫情支持企业发展的若干措施（讨论稿）》起草情况等汇报，还研究了其他事项。

2 月 17 日第 137 次常务会议，传达学习习近平总书记在中央全面深化改革委员会第十二次会议上的重要讲话精神、省委书记李锦斌在省委常委会会议上的重要讲话精神等，还研究了其他事项。

2 月 24 日第 138 次常务会议，传达学习习近平总书记在统筹推进新冠肺炎疫情防控和经济社会发展工作部署会议上的重要讲话精神、省市统筹推进新冠肺炎疫情防控和经济社会发展工作部署会议精神等，还研究了其他事项。

3 月 2 日第 139 次常务会议，传达学习《安徽省新型冠状病毒感染肺炎疫情防控应急综合指挥部转发国务院应对新型冠状病毒感染肺炎疫情联防联控机制关于进一步落实分区分级差异化防控策略的通知》《安徽省新型冠状病毒感染肺炎疫情防控应急综合指挥部办公室转发关于切实做好新冠肺炎聚集性疫情防控工作的紧急通知》等，还研究了其他事项。

3 月 9 日第 140 次常务会议，传达学习习近平总书记在决战决胜脱贫攻坚座谈会议上的重要讲话精神、省委书记李锦斌在全省决战决胜脱贫攻坚工作部署会议上的讲话精神等，还研究了其他事项。

3 月 16 日第 141 次常务会议，传达学习《中共安徽省委办公厅　安徽省人民政府办公厅印发〈关于助力中小微企业克服疫情影响加快复工复产的若干意见〉的通知》、全省研究推进中央投资项目谋划申报工作视频会议精神等，还研究了其他事项。

3 月 23 日第 142 次常务会议，传达学习习近平总书记在中共中央政治局常务委员会分析国内外新冠肺炎疫情防控和经济形势、研究部署统筹抓好疫情防控和经济社会发展重点工作会议上的重要讲话精神，听取市疫情防控物资保障组关于亳州市新冠肺炎疫情防控物资保障工作情况的汇报等，还研究了其他事项。

3月30日第143次常务会议，传达学习习近平总书记关于进一步统筹推进疫情防控和经济社会发展工作的重要讲话精神，听取关于省委第七巡视组对亳州市巡视反馈问题涉及政府系统整改情况的汇报、关于扫黑除恶专项整治进展情况汇报等，还研究了其他事项。

4月8日第144次常务会议，传达学习习近平总书记在浙江考察时的重要讲话精神，习近平总书记关于应急管理、森林防火等重要讲话指示精神和李国英省长在2020年第一季度省安委会全体会议上的讲话精神等，还研究了其他事项。

4月13日第145次常务会议，传达学习《中共中央 国务院关于构建更加完善的要素市场化配置体制机制的意见》，听取关于省委第七巡视组对亳州市巡视反馈问题涉及政府系统整改情况的汇报、关于扫黑除恶专项整治进展情况的汇报等，还研究了其他事项。

4月20日第146次常务会议，传达学习习近平总书记关于抓紧抓实抓细常态化疫情防控工作分析研究当前经济形势和经济工作的重要讲话精神、省委书记李锦斌在省委强化金融服务企业发展座谈会上的讲话精神，传达《安徽省生态环境保护委员会办公室关于2019年度全省突出生态环境问题整改核查考核情况的通报》等，还研究了其他事项。

4月27日第147次常务会议，传达学习省委常委会会议暨省疫情防控工作领导小组会议精神和省政府第97次常务会议暨全省经济运行季度分析调度会议精神，研究第一季度全市经济运行和第二季度工作安排等，还研究了其他事项。

5月8日第148次常务会议，讨论2020年《政府工作报告》，传达学习全省经济形势分析会议、全省防汛抗旱工作电视电话会议精神等，还研究了其他事项。

5月18日第149次常务会议，听取关于省委第七巡视组对亳州市巡视反馈问题涉及政府系统整改情况的汇报，传达学习全省产业扶贫现场会精神等，还研究了其他事项。

5月25日第150次常务会议，听取关于2019年度市政府安排重点工作未完成事项和历年审计发现问题整改情况、市推进依法行政工作领导小组办公室关于法治政府建设重点任务推进情况的汇报等，还研究了其他事项。

6月1日第151次常务会议，传达学习习近平总书记重要讲话精神和全国"两会"精神，听取关于省委第七巡视组对亳州市巡视反馈问题涉及政府系统整改情况的汇报等，还研究了其他事项。

6月8日第152次常务会议，听取关于2019年度市政府安排重点工作未完成事项和历年审计发现问题整改情况、市推进依法行政工作领导小组办公室关于法治政府建设重点任务推进情况的汇报等，还研究了其他事项。

6月15日第153次常务会议，听取关于省委第七巡视组对亳州市巡视反馈问题涉及政府系统整改情况的汇报，传达学习全国普通高等学校毕业生就业创业工作会议精神等，还研究了其他事项。

6月22日第154次常务会议，传达学习全省脱贫攻坚专题培训班精神，听取市水利局关于《引江济淮亳州段清水廊道及亳州调蓄水库管理暂行办法（讨论稿）》起草情况的汇报等，还研究了其他事项。

6月29日第155次常务会议，听取关于全市2020年全面建成小康社会目标任务完成情况、关于省委第七巡视组对亳州市巡视反馈问题涉及政府系统整改情况的汇报等，还研究了其他事项。

7月6日第156次常务会议，传达学习安徽省委书记李锦斌在省委专题会议上听取全省上半年经济形势汇报后的讲话精神和全省上半年经济形势分析会议、全国长江流域重点水域禁捕和退捕渔民安置保障推进电视电话会议及安徽省打赢长江禁捕退捕攻坚战工作推进电视电话会议精神等，还研究了其他事项。

7月13日第157次常务会议，听取关于贯彻落实习近平总书记防汛救灾重要指示精神、李克强总理重要批示精神，抓好我市防汛问题整改等工作的汇报；

通报近日汛期雨情、市区防涝排涝工作及各县区汛期值班值守情况等，还研究了其他事项。

7月20日第158次常务会议，传达学习习近平总书记在中共中央政治局常务会议上关于研究部署防汛救灾工作的重要讲话精神、省防汛抗旱指挥部会商会议精神，听取关于2019年度省政府目标管理绩效考核指标扣分原因及整改措施的汇报等，还研究了其他事项。

7月27日第159次常务会议，传达学习全省防汛救灾工作调度汇报会议精神和《安徽省减灾救灾委员会关于进一步做好当前受灾群众紧急转移安置和生活救助工作的通知》《国务院办公厅关于进一步优化营商环境更好地服务市场主体的实施意见》等，还研究了其他事项。

8月3日第160次常务会议，传达学习国务院联防联控机制严防聚集性疫情做好秋冬季防控工作电视电话会议、全国全省安全生产电视电话会议精神等，还研究了其他事项。

8月10日第161次常务会议，传达学习全省稳外贸稳外资工作电视电话会议精神，听取市自然资源和规划局关于林长制改革工作实施情况的汇报等，还研究了其他事项。

8月17日第162次常务会议，传达学习《中共安徽省委安徽省人民政府印发〈关于促进中医药传承创新发展具体举措〉的通知》精神，听取关于扫黑除恶专项整治进展情况的汇报等，还研究了其他事项。

8月24日第163次常务会议，听取关于全市优化营商环境和“四送一服”工作整改情况、市应急局关于《亳州市防汛抗旱应急预案（讨论稿）》和《亳州市防御台风暴雨灾害应急预案（讨论稿）》修订情况的汇报等，还研究了其他事项。

8月31日第164次常务会议，传达市委常委会关于政府工作组巡视整改情况及市政府系统市管领导班子和领导干部综合考核存在问题情况的会议精神，听取关于全市优化营商环境和“四送一服”工作整改情况的汇报等，还研究了其他事项。

9月21日第165次常务会议，听取市生态环境局关于中央生态环境保护督察及“回头看”和“23+80+N”突出生态环境问题整改情况的汇报，传达学习全省脱贫攻坚秋季攻势推进会议、县域结对帮扶工作推进会暨脱贫攻坚问题整改工作调度会议和全省扶贫办主任座谈会议精神等，还研究了其他事项。

9月28日第166次常务会议，传达学习《安徽省新冠肺炎疫情防控应急综合指挥部关于进一步做好防范境外疫情输入工作促进复工复产的实施意见》、全省严防聚集性疫情做好秋冬季防控工作电视电话会议、省委十届十一次全会、市委四届十一次全会精神等，还研究了其他事项。

10月13日第167次常务会议，听取关于政党协商会议有关情况和市委统战部同民营经济人士谈心企业反映问题办理情况的汇报，传达学习全省生态环境保护督察工作启动会议精神等，还研究了其他事项。

10月19日第168次常务会议，传达学习安徽自贸试验区建设工作领导小组第一次会议暨自贸试验区建设专项推进行动动员部署会议精神、《安徽省人民政府办公厅关于印发安徽省进一步优化营商环境更好地服务市场主体工作方案的通知》等，还研究了其他事项。

10月26日第169次常务会议，听取关于全市2020年全面建成小康社会目标、完成“十三五”规划任务补短板工作情况、市政府督查考核办关于市2020年《政府工作报告》主要目标任务前三季度完成情况的汇报等，还研究了其他事项。

11月2日第170次常务会议，传达学习2020年土地例行督察工作动员部署视频会议精神，听取关于省委第七巡视组对亳州市巡视反馈问题涉及政府系统整改情况、关于扫黑除恶专项整治进展情况的汇报等，还研究了其他事项。

11月9日第171次常务会议，传达学习《李克强总理在研究分析当前经济形势和部署下一步经济工作时的讲话》、全国全省疫情防控工作电视电话会议、全省加快推进“皖事通办”建设工作电视电话会议精神等，还研究了其他事项。

11月16日第172次常务会议，传达学习全国冬春农田水利暨高标准农田建设电视电话会议精神，听取关于省委第七巡视组对亳州市巡视反馈问题涉及政府系统整改情况、关于扫黑除恶专项整治进展情况的汇报等，还研究了其他事项。

11月23日第173次常务会议，传达学习《长三角地区2020—2021年秋冬季大气污染综合治理攻坚行动方案》精神及研究我市任务分解情况，听取市数据资源局关于《“数字亳州”建设总体规划（2020—2025年）（讨论稿）》起草情况的汇报等，还研究了其他事项。

11月30日第174次常务会议，传达学习全国全省深化教育督导体制机制改革视频会议、国务院及省政府根治欠薪冬季专项行动动员部署电视电话会议、全省农村电商提质增效电视电话会议精神等，还研究了其他事项。

12月7日第175次常务会议，传达学习全省开发区改革创新推进大会、全省农村地区道路交通安全工作现场会议精神等，还研究了其他事项。

12月14日第176次常务会议，传达学习《中共安徽省委办公厅、安徽省人民政府办公厅印发〈关于全面加强危险化学品安全生产的实施意见〉的通知》、全省就业创业工作推进会暨就业工作先进表彰大会会议精神，听取关于三季度省“互联网+营商环境监测”系统涉及我市弱项指标整改情况的汇报等，还研究了其他事项。

12月21日第177次常务会议，传达学习中央经济工作会议、12月份全省经济形势分析会议精神，听取关于省委第七巡视组对亳州市巡视反馈问题涉及政府系统整改情况、关于扫黑除恶专项整治进展情况的汇报等，还研究了其他事项。

12月28日第178次常务会议，传达学习省委经济工作会议、全省全面推动长江经济带发展和扎实推进长三角一体化发展专项行动工作部署会议及市委四届十二次全会精神，听取市督查考核办关于2020年省对市政府目标管理绩效考核工作自查情况的汇报等，还研究了其他事项。

（孙　维）

市政府办公室工作

【概况】2020年，市政府办公室按照习近平总书记对办公室工作提出的“五个坚持”要求，坚持“三严三实”“马上就办、真抓实干”，持续提升“三服务”水平，纵深推进全面从严治党。加强疫情期间政务运转，启动并完善应急值守协调联动机制，对500余件疫情防控文电特事特办、优先办理。严格公文审查，办理各类来文5500余件、阅件近10000件，推行无纸化办公，OA系统发文、收文网上运转率分别达85%、90%；完成《政府工作报告》、综合性汇报材料、市领导讲话等各类文稿近600篇、超350万字。组织筹办市政府常务会议、市政府党组会及市长工作例会等84场次，协助筹备省级以上会议102场次，起草印发市政府常务会议纪要45篇、专题会议纪要125篇，推动市政府决策部署落地落实。报送信息获省政府办公厅采用143条。依法推进政务公开，开通“亳事公开”微信公众号，发布政府信息24万余条。全省市县政务公开重点工作推进会（北片）在亳州市召开。

【营商环境】2020年，印发《亳州市优化营商环境和“四送一服”双千工程提升工作方案》，优化组织协调机构，制定出台创优营商环境提升行动方案升级版（第一、二批）、2020年深化“放管服”改革创优“四最”营商环境工作要点等，提升工作实效。贯彻落实全国深化“放管服”改革优化营商环境电视电话会议精神，持续深化“一网一门一次”改革，提升7×24小时“不打烊”随时办服务质效，协调推进大规模“五减”行动，切实降低企业成本。常态化开展“四送一服”专项行动，创新开展“服务企业年·重点企业五级包保”活动，累计走访调研企业（项目）11792家（次），办结企业反映问题5079个，帮助企业获得贷款授信72.1亿元，解决用地621.73公顷、用工3.5万人，达成产学研协议91个。在全省“四送一服”工作考核中，亳州市获得“优秀”等次，居全省第三位。

【服务群众】2020年，市政府办公室畅通群众诉求表达渠道，加大市长热线、市民论坛等平台反映问题整改力度，开展市领导接听热线、“在线访谈”活动，“12345”市长热线系统共受理群众诉求46.7万件，增长21.9%，按时办结率99.96%，群众满意率96.98%。承接省长热线、人民网省长（市长）留言等省交办事项1049件，办结率100%，群众满意率97%。“一线一网”打造“永不下班的政府”

成为全省唯一入选全国走好网上群众路线的典型案例。

【外事工作】2020年，市政府办公室学习贯彻新形势下统一战线工作要求，强化对外联络和沟通，组织3家企业参加安徽与东盟国家驻沪领事机构对话会活动，选派6名人员参加国际交流公务员研讨会，完成赴韩研修公务员和派遣留学生选拔工作，与安徽大学外事处签署友好合作协议。与柬埔寨干拉省、法国干邑市对外友好协会、马来西亚诗巫市就中医药领域合作进行沟通交流。获批全省首批国际交流合作基地2家，居全省第二位。防范化解对外工作领域重大风险，制定发放《亳州市市民出国领事保护和海外安全常识手册》1500余册，协助亳州市公民联系境外使馆做好领事保护3起。疫情期间，开通涉外疫情防控24小时服务热线，组织20余名外语志愿者到社区开展翻译服务，慰问走访在亳外籍人员44人次，协助4名外籍人员安全归国。12月11日，召开中共亳州市委外事工作委员会第二次会议。

【机关事务管理】2020年，市政府办公室结合腾退房交接，统一接收机构改革后部分单位富余的办公家具、设备并进行统筹调剂，有效盘活存量资产。优化改进机关食堂服务，引进"豆之花"餐饮服务公司，规范小商品超市管理，尽力满足职工需求。加强集中办公区安全隐患排查整治，提升消防应急处置能力，定期维修保养大型设备设施，确保机关办公场所安全。开展节约型机关创建工作，指导2家单位获国家级、8家单位获省级节约型公共机构示范创建单位称号，53家市直单位完成年度创建任务。牵头制定《亳州市公共机构生活垃圾分类实施方案》，规范开展公共机构生活垃圾分类。助力疫情防控，面向群众供应一次性卫生口罩、应急非医用口罩637万只。

【红十字工作】2020年，市红十字会办公室协助34名白血病患儿和4名先天性心脏病患儿申报专项资金120万元，完成全市第一例涉外造血干细胞捐献工作，开展抗汛抢险救援40余次，举办"5·8"红十字日"6·14"无偿献血者日等特色志愿服务活动。疫情期间，市红十字会共接收爱心企业和人士捐款1666.7万元，接收捐赠医用物资共计126批次、50.2万件（套），均由市疫情防控指挥部统筹安排使用。市红十字会在2020年省红十字潺水公益基金众筹扶贫大赛中获二等奖、优秀组织奖。

【住房公积金管理】2020年，亳州市创新推行"互联网+住房公积金"，融入"长三角住房公积金一体化"服务圈，实现足不出户"一网通办、全网办结"，网上受理住房公积金业务30万件，按时办结率、群众满意率均达100%。全年归集住房公积金27.7亿元，增长11.8%；提取住房公积金20.3亿元，增长7.1%；发放住房公积金个人贷款19.9亿元，增长55.9%，按时回收贷款8亿元。为94家受疫情影响企业办理公积金缓缴，惠及职工11434人。荣获省"第五批全省住房城乡建设系统学雷锋活动示范点""第十二届安徽省文明单位"等称号。

【值守联络】2020年，市政府办公室强化应急值班值守，坚持"三级带班值班、24小时人员在岗"，在全省率先实现与省政府总值班室、县区政府可视化互联互通，接收并协助处置信息138件，编辑上报《亳州值班信息》35期、《值班工作情况》9期。做好驻京联络工作，提高到京公务、学习考察、招商引资等服务水平，协助北京亳州之友理事会、北京亳州商会等开展工作，配合做好亳州机场评审、北京至亳州直达高铁开通等工作。

（孙　维）

市政府发展研究

【概况】2020年，市政府发展研究中心围绕市委市政府中心工作，聚焦"四个点"问题，运用问卷调查、电话调查和现代统计分析等调研方式，加强与院校、科研机构、县区及市直部门交流合作，主导或参与组织开展重大课题调研，累计开展新冠肺炎疫情影响下农民工外出务工情况、打造"文化旅游强市"、高层住宅外墙保温层脱落、疫情影响下中医药制造业发展分析与思考等调研16项，有7篇调研报告17次被市领导批示。制订2020年度市政府系统重点调研课题计划，实施市政府负责人领衔调研制度，完成市政府领导牵头课题15

篇，协调指导部门完成重点课题报告58篇，获市委、市政府领导批示36条，为市委、市政府科学决策提供了有力参考。

【信息服务】2020年，市政府发展研究中心以《决策参考》为载体，及时选编有关经济、政治、文化、社会、思想等方面的国家大政方针和先进省市出台的政策文件，突出挖掘全局性、宏观性政策动态和与亳州市经济发展有关的政策措施，解读分析，提高信息服务的时效性、实用性和针对性。拓宽选题范围，从具体工作和实践探索出发，多角度收集外省、市先进经验做法，为领导科学决策和指导工作提供借鉴参考。全年编辑完成《决策参考》46期，选编120余条信息，其中获市领导批示20余条。

（孙　维）

数据资源管理和政务服务

【概况】亳州市数据资源管理局(亳州市政务服务管理局)〔简称“市数据资源局(市政务服务局)”〕于2019年2月成立，是市政府工作部门，正处级。主要职能是坚持和加强党对信息化、数据资源和政务服务管理工作的集中统一领导。

2020年，市数据资源局(市政务服务局)坚持全市“一盘棋”思维，强化数据资源整合共享，推动政务服务从“可办”向“好办”转变，助力营商环境持续优化。“互联网+政务服务”工作连续两年在全省考核中位居第一；企业联办服务平台受到国务院办公厅和省政府办公厅通报表扬；深化大数据应用力促基层扶贫减负增效的做法被国务院扶贫办综合司在全国推广；律师会见系统被安徽省数据资源管理局、安徽省司法厅共同确定为全省唯一的“区块链+电子证照”创新试点应用，并被列为2021年长三角“一网通办”重点项目；住房保障信息系统、企业联办服务平台、“证明证照查询出具”系统3项政务服务工作入选安徽省政务服务改革创新优秀案例。

【“互联网+”政务服务建设】2020年，市数据资源局(市政务服务局)牵头制定《“互联网+政务服务”服务质量评价指南》等4项省级地方标准，统一编制四项清单，梳理细化实施清单，实现“政府权力进清单、清单之外无权力”“目录之外无收费”。统筹规范市县乡村四级清单，做到事项编码、事项名称、权力类型、设立依据“四级四同”和权限划分、行使内容、法定办结时限等要素“四级二十同”，最终实现全市一单。

推进服务管理。优化网上办事主渠道，市县两级10020个事项实现全程网办。全年受理群众办事申请672.83万件，办结654.58万件，群众满意率99.99%，节约群众办事成本约6.7亿元；“皖事通”APP上线全部政务服务事项和169个便民服务事项，全年新增注册量131.74万人，用户活跃度2269.69万次。加强政务中心功能建设，市政务服务中心入驻35家部门、69个窗口，日均办件量近850件；建设7×24小时政务服务大厅，市县两级共进驻自助设备68台，可自助办理事项82种410个；上线7×24小时政务服务地图，有效访问量134.4万次，有效访问人数11.9万人。

提升便民水平。深化“最多上一次”改革，利用数据核查、实名认证、电子证照等技术，减环节，减材料，减时限，减费用，全市事项平均办理时限压缩至1.31个工作日、平均申报材料精简至1.35件，23.1%的事项实现“材料零上传”，98.2%的事项实现“一次上网、事就办成”。依托党群服务中心设立1344个代办点，常态化开展线上核查、线下暗访和人员培训，打造一批群众家门口的办事大厅。2020年，全市代办点为群众代办事项266.4万件。

【数据规范管理】2020年，市数据资源局(市政务服务局)整合公安、工商、水电气等83家单位3092类68.3亿条数据，推进74440台摄像机视频数据与9亿余条警务数据、物联数据融合互通，汇集自2013年至2020年年底全市高分卫星数据近3000景，建成人口库、法人库等5个基础数据库和信用信息数据库、医疗数据库、城市部件库等10个专题数据库。

数据应用成效显著。开发党建引领信用村建设服务平台、“信贷工厂”“金农企e贷”“金农易贷”等产品。截至2020年年底，累计为26425家中小微企业、个体工商户、新型经营主体和28.96万市民、农户提供贷款

1720.59 亿元。建设智慧资助平台，实现特殊学生群体精准资助；开展扶贫领域优亲厚友核查，着力解决扶贫不精准的问题；建设居民家庭经济状况核对信息平台，对低保人员进行“跨界核对”，有效避免“住豪宅、开名车、吃低保”的现象；利用大数据比对技术，替代原有公共租赁住房分配人工核查资料模式，避免人为因素，行政效率提高 60 多倍。

视频应用扩面提效。视频数据基于一张网，分场景、分权限推送给城管、公安等 1000 余家单位共享使用。助力治安防控，全市八类案件破案数同比上升 80.88%，人民群众安全感同比上升 1.46 个百分点，每 10 万人命案发案率下降至 0.26，创历史新低。助力引导交通，布设 4 个行人闯红灯抓拍曝光系统，闯红灯人次大幅下降；利用车载监控 + 传感器 +4G 技术，实现“五车”工作状态和过程的精准监管。助力环境保护，对污染物排放口、监测站取样处等重要地点进行全天候视频监视、全流程追踪。助力安全生产，实现市主城区建筑工地重要部位监控全覆盖，中药饮片厂生产、经营场所视频监控统一联网管控。

数据管理日臻规范。制发《亳州市政务数据治理技术规范》《“互联网 + 政务服务”服务质量评价指南》等 4 类 14 项技术规范和标准化指南，建立数据全生命周期管理机制，动态维护数据目录和数据资源，确保数据精准有效。

【信息化工作创新】2020 年，市数据资源局（市政务服务局）建设完善企业联办服务平台，开发“6+X”可配置系统架构，实现企业开办 6 项基本要素事项 1 个工作日办结，让开办企业“零跑腿”“零成本”。截至 2020 年年底，平台上线 47 种企业开办服务，新开办市场主体 39639 家，平均开办用时 5.4 个工作时，节约企业成本约 3345.78 万元。

优化就业服务。打造“稳就业”平台，实现求职人员与工作岗位的智能匹配、在线评价，以及扶持政策与企业的智能匹配等功能。平台已上线“找工作”“找人才”“找政策”等 6 个模块，共有 4199 个在招职位，20833 人发布求职意向，943 人成功匹配用工需求。

精简证明证照。建设全市统一的“证明证照查验系统”，实现证明证照线上申请、预览、下载、打印等操作，力争做到“证明系统之外无证明”。系统已出具实时证明、许可证明、承诺证明等各类证明 6100 个。

创新“区块链 + 电子证照”应用。依托省“区块链 + 电子证照”基础平台，建设“亳州市律师会见系统”，实现律师扫“安康码”快速进出看守所。该系统已于 2020 年 5 月 8 日在“皖事通”亳州分厅上线，并被省数据资源局、省司法厅共同选为全省唯一的“区块链 + 电子证照”创新试点应用。

【信息化推进疫情防控】2020 年，市数据资源局（市政务服务局）建设“安康码”市级平台，探索“安康码”转码应用，拓展“安康码”应用场景，加强“安康码”宣传推广。2020 年，实现“安康码 + 扫码购药”“安康码 + 发热门诊”等 13 个应用场景，全市申请量达 385.4 万个，核验量达 2590.8 万次。

强化数据比对。按照市委、市政府统一安排，抽调局骨干人员，配合组建疫情防控数据专班，通过多方位“数据碰撞”，精准锁定可疑发热人群。2020 年，累计比对各类数据 980 余万条，发现重点人员 1.8 万余人，提前比对发现确诊患者 35 名，占全市总确诊人数的 32.4%。

网上销售口罩。组织亳州市信息产业公司开发线上购买口罩程序，通过线上申购、线下统一配送的方式，将省对市调配的口罩投放市场，有效解决疫情期间群众购买口罩难的问题。全年共计销售口罩 308 万只。

推进邻长制体系建设。按照“1+3+1+1”体系，建设邻长信息平台，实现全市实有人口信息全覆盖和空间全覆盖。截至年底，共收集全市 171.9 万条房屋信息、670.64 万条人口信息，主城区 2.5D 地图、乡镇 2D 地图全部绘制完成并上线。

【信息化基础建设】2020 年，《亳州市中心城区 5G 通信基础设施专项规划（2020—2030）》《亳州市加快推进 5G 通信网络建设发展实施方案》印发，建立 5G 问题清单，加快推进 5G 网络建设，实现主城区和三县县城主要区域覆盖。建成 5G 基站 1300 个，完成年度任务的 130%，居全省第三位。

加快政务云平台建设。统筹推进全市政务云平台建设，协调推进市级各类政务系统迁移上云，提升云基础设施保障能力。全年市政务云平台承载56家单位670个政务系统。

加快大数据产业园建设。完成亳州大数据产业园云中心1号楼和数据加工楼建设，建筑面积2.1万平方米，完成投资1.44亿元，着力打造数字经济发展载体。

【信息化项目建设】2020年，市数据资源局（市政务服务局）印发《“数字亳州”建设总体规划（2020—2025年）》，以“我家亳州3.0”建设为载体，按照“1346”的总体思路构建“数字亳州”框架体系，设置27个专栏59个重点项目，以规划确定项目、以项目落实规划，统筹推进新型基建、数字政府、数字社会、数字经济四大板块建设。

严格落实《亳州市政务信息化建设项目管理办法》，对项目申报、审批、建设和验收进行全流程管理，避免重复建设。2020年，共审核信息化项目87个，预算金额2.57亿元，核减金额4237万元，资金节约率17.65%。

【“我家亳州3.0”建设】2020年，亳州市完成数据湖和数据、技术、业务、物联感知四大中台建设，上线25个应用场景，着力提升城市治理体系和治理能力现代化水平。

城市管理更智能。接入主城区20条主路段700路视频监控，实现暴露垃圾、沿街晾晒、店外经营等6类问题的全时段、智能化采集，每日智能采集案件达700余件，约占采集总量的35%，能减少约1/3的台席人员和事件采集人员。

交运治理更精细。利用城市道路监控和车载定位、车载视频等传感设备，对“五车”作业规范、货车遮挡号牌、出租车异地经营等11种车辆运行情况进行实时监控、智能预警。截至2020年年底，共接入135270辆车辆数据，发现车辆违规问题1049次，整改处罚916次。

产业发展更健康。推进中药饮片追溯监管，实现20家饮片企业生产流程全监管、产品质量全追溯。聚焦花草茶、农特产品，全面监测我市网络零售、电商规模情况和变化趋势，为政府提供决策支持。利用高分卫星图像，结合工地视频监控，实现2000万以上的重大项目建设进度实时监控。

安全监管更有效。对接2个小区、1所学校、5个机关单位共42部电梯运行数据，实现电动车入梯、困人事件、电梯故障等运行状况实时监控、自动预警。2020年，累计发现电梯运行异常219起。

生态保护更有力。通过视频抓拍识别和系统自动比对，对不在通行证白名单内的高排放柴油车擅进城区进行识别预警。截至2020年底，累计有效预警处罚4279次。汇集河湖、水质断面、雨情、水情等数据，一张图展示全市6条主要河流重点关注要素；利用卫星遥感、视频AI分析能力对茨淮新河及西淝河流域“乱堆、乱建、乱采、乱占”现象进行告警处置。截至2020年年底，累计告警处置121次。

（王峰志　曹单单）

信访工作

【概况】2020年，市党政领导开门接访80次，接待来访群众99批224人次，其中，市委、市政府主要领导开门接访、约访11次，接访、约访群众28批55人次。全市开展“四下基层”，有序推进“四最”试点，重点关注涉及疫情信访矛盾，着力化解信访突出问题，集中开展重复信访治理，依法及时就地解决群众合理诉求，全市信访形势持续向好，呈现出“访情平稳、舆情平稳、大局平稳”的良好态势。

亳州市听证评议工作持续处在全省第一方阵。依法分类处理信访诉求占比41.26%，居全省第三位；听证化解信访问题511件，息访率22.13%，听证占比12.71%，居全省第七位；代表市政府办理的信访复查案件，无一例到省政府申请信访复核。

开展“网上信访代办”工作，方便群众通过网上信访反映问题。全市建立乡镇（街道）网上信访代办站87个，占乡镇（街道）总数的97.75%，村（社区）网上信访代办点993个，占村（社区）总数的75.74%，代办信访案件3738件；网上信访占比82.63%，其中网上投诉51.84%、微信信访21.93%、手机信访5.95%。

推进信访积案化解。国家局交办“四重”信访事项6件全部通过审核化解；省交办十八大以来信访积案802件，化解（息访）772件，占比96.26%；集中治理重复信访化解信访积案专项工作，省信访局交办的882件信访积案，省局当年审核通过295件，化解率33.4%。

【“四下基层”】2020年，亳州市开展信访“四下基层”（信访接待下基层，现场办公下基层，调查研究下基层，宣传党的方针政策下基层）工作。市委常委会每季度听取一次信访工作汇报，市政府常务会议每周听取分管副市长汇报“四下基层”工作情况，市委、市政府主要负责人率先做好开门接访、带案下访、重点约访，亲自协调化解重点领域信访突出问题。市委、市政府主要领导开展“四下基层”8次，接待信访群众10批14人次。

【“四最”试点】2020年，按照省信联办安排部署，亳州市信联办印发《亳州市信访工作“四最”试点方案》，确定蒙城县、利辛县、谯城区为“最多交一回”试点县（区），确定涡阳县、蒙城县为“最多投一次”试点县，确定涡阳县为“最多跑一地”试点县，确定利辛县、谯城区为“最多访一回”试点县，开展“四最”试点工作。坚持市分管领导月调度制度，建立市信访局领导班子分包县区机制，推动县区试点工作，全市信访秩序井然有序，信访形势稳中向好。全市网上信访事项按期办结率100%，信访事项平均办理周期11.87天，一次性化解率95.68%，信访部门、责任单位及时受理率分别是99.97%、99.43%，信访部门、责任单位群众满意率分别是97.05%、97.15%。

【“信访超市”打造】2020年，亳州市开展“人民满意窗口”建设，实现“一个窗口”受理群众来访事项、“一站式”现场调解矛盾纠纷、“一条龙”跟踪督办落实目标。完善多元矛盾纠纷化解体系，纪委监委、公检法、住建、住房中心、市场监管等部门入驻市群众来访接待中心，开展联合接访机制常态化运行。在市、县（区）两级信访接待大厅组建由540名律师参加的“律师超市”，努力做到让群众矛盾纠纷化解“只进一扇门、最多跑一地、最后访一回”。在全省信访系统人民满意窗口互评互查中，亳州市来访接待中心获评“人民满意窗口示范单位”。

【“为民服务解难题”】2020年，亳州市梳理信访积案1853件，纳入“为民服务解难题”问题清单。程序性化解1830件，占总数的98.8%；听证评议182件，占总数的9.8%；三级终结103件，占总数的5.6%；息诉息访1632件，占总数的88.1%。信访事项化解成效显著。

（姚　宁）

应急管理

【概况】2019年3月25日，亳州市应急管理局正式设立，主要职能是坚持和加强党对应急工作的集中统一领导。该局整合原亳州市应急办、市安全生产监督管理局、市水利局防汛抗旱、市民政局防灾减灾等职能，为市政府工作部门，级别为正处级。内设机构有办公室、监督管理科、综合协调科、救灾减灾和应急指挥中心。

【安全生产】2020年，亳州市创新隐患排查工作机制、搭建安全隐患排查治理APP，实现隐患排查大数据监管。采取条块结合、以块为主模式，以县区、乡镇属地监管横向为块、行业监管竖向为条，横竖双向分工负责，隐患排查整治情况按照各自渠道分别汇总市安委办统一管理。全市有4384人从事安全生产隐患排查整治工作。

建立市级安委办一级网格、市直部门和县区二级网格、乡镇和县区直部门三级网格、企业四级网格的主体网格结构，隐患排查逐级汇总、统一上报。并实现隐患排查随查随报、可检索、可分析、可查证、可溯源等功能。全市3万余家经营主体通过该系统开展隐患排查整治，通过系统排查隐患11万余处。

利用手机终端进行现场检查，即时上报有关隐患内容、位置、图片；利用电脑端对隐患构成要素进行数据统计分析，实时掌控隐患排查动态和时效，随时查看行业、地区、部门的安全隐患数量，分析隐患排查整治情况与事故的关联性等，为科学决策提供技术支撑。年末，全市生产安全事故起数较上年同期下降26.1%。

畅通群众监督通道。市应急局共接收办理各类隐患投诉举报577件，其中办理市长热线咨询及信访件8件，省厅转办亳州辖区内隐患投诉548件，接群众电话投诉18件，人民来信2件，现场投诉1件，有效防范一些重大安全隐患风险。投诉件中，发现安全生产违法行为和重大安全隐患有效线索13起，为打击非法违法行为提供了帮助。市应急局对提供有效线索的部分举报人员予以奖励，共奖励6名举报人员1万元。

警示教育。针对辖区内发生的典型事故和存在的突出问题，及时拍摄制作警示教育片，做到“一地出事故，全市受警训”。市安委办制作“一月一警示”。收集整理国内同期发生的典型安全生产事故，分析问题原因，提出工作要求和建议，并作为市安委会全体成员会议“一月一课一片一实践”活动的必看内容。用身边的事故教育身边人，举一反三，推动安全生产责任落实。制作一月一期警示片12期，拍摄《蚊香惹的祸》《吃人的有限空间》《居民区的定时炸弹》警示教育片3部，10余万人次观看，接受警示教育。

执法检查。检查生产经营单位303家次，查出隐患和问题1392处，立案处罚32起，其中预防性处罚21起，事故处罚11起，共落实行政处罚款138.656万元。全市共监督检查各类生产经营单位1702家次，排查隐患5625条，开展行政处罚185件，罚款540.15万元，其中预防性处罚166起，罚款282.40万元。

【防汛救灾】2020年汛期，亳州市出现6次暴雨天气过程，主汛期雨量偏多4成，7月份受多次暴雨叠加影响，各县区城区低洼地出现积水，蒙城、利辛北部、涡阳大部和谯城南部出现积涝和农田渍涝。其中，涡阳县涝灾较重，共有受灾人口260102人，农作物受灾面积51041.28公顷，直接经济损失17544.17万元。根据《亳州市防汛抗旱应急预案》规定，7月31日12时启动防汛Ⅳ级应急响应，市防指及时督促各地做好防范应对。市委书记汪一光、市长杜延安迅速赶到灾情较重的涡阳县和谯城区，深入田间地头，对受涝严重区域，组织应急防汛抢险队伍紧急疏通“三沟”。涡阳县由镇统筹协调，以村为单位组织3～5台挖掘机疏通排水沟，确保沟渠畅通；对无法排水的田块，组织机械开展抽排，共组织排水机械1465台套。应急部门及时做好报灾核灾，争取上级救灾资金。水利部门科学调度涵闸，及时腾出库容，排泄涝水。农业部门组织600余名农技人员进村入户指导灾后田管工作，全市开展灾后田管282.8万亩次。依托数字城管指挥中心监控系统和易涝点监测系统，及时掌握城区整体防汛排涝情况和重点部位积水情况，发现问题及时通知现场防汛人员进行应急处置，城市防汛智慧化水平和应急处置效率提高。

同年，中共安徽省委安徽省人民政府对2020年防汛救灾先进个人和先进集体进行表彰，亳州市2家单位、5名个人获表彰。

【减灾救灾】2020年，市应急局开展全市防范和化解自然灾害领域重大风险工作。召开各责任单位联络员会议4次。每月对各单位工作开展情况、取得的成效进行梳理总结，分析工作中存在的问题，采取的下一步措施。水利工程项目、城市基础设施、农业病虫害防治、文物保护、高速公路交通安全等方面的风险得到有效化解。

加强灾害信息员培训，举办全市灾害信息员培训班，对各县区、各乡镇（街道）灾害信息员进行业务培训。各县区组织乡镇、村社区信息员进行业务培训。

全市遭遇3次洪涝和风雹灾害，共有74个乡镇受灾，受灾人口260102人，农作物受灾面积51041.28公顷，直接经济损失17544.17万元。市、县、乡、村4级灾害信息员，加强值班值守，及时将灾情信息汇总上报。

冬春救助。全市共收到上级冬春救助资金3657万元，其中，中央资金3495万元，省级资金162万元，共救助受灾困难群众174178人。

综合减灾示范社区创建。组织对全市综合减灾示范社区创建工作进行督查；召开综合减灾示范社区创建工作现场会；组织市地震局、市气象局到各县区开展督查，确定推荐名单。全市成功创建省级综合减灾示范社区5家、国家级综合减灾示范社区3家。

【应急演练】2020年，市应急局联合市消防支队、市住建局、市公安局等单位，6月18日，在中国亳州中药材专业市场组织开展人员密集场所消防救援应急演练。7月1日，在恒大翡翠华庭组织开展高层建筑消防应急演练。10月28日，亳州宿州中心联合在盐洛高速宿州服务区开展2020年冬季除雪保畅联合应急演练，进一步锻炼除雪保通队伍除雪铲冰和“一路三方”协同保畅能力。亳州、宿州、淮北和蚌埠等地6个交警大队、4个路政大队、4个地市应急管理局参加演练。市自来水公司第三水厂开展综合应急演练、市住建局开展受限空间中毒和窒息事故应急救援演练、安徽省交通控股集团有限公司宿州高速公路管理中心开展除雪保畅等应急演练、古井集团组织开展消防灭火应急演练等。

【非法加油站点监管】2020年，亳州市加强加油站安全监管，严打违法违规经营汽油、柴油行为，确保全市成品油经营安全形势稳定，未发生生产安全事故。全市应急管理系统共监督检查加油站点410余家次，查处加油站点52家，行政罚款156万元，责令停业整顿2家，提请关闭1家，移交相关部门线索18起。其中市应急局监督检查60家次，行政处罚26起，落实罚款35.2万元。

（付友善）

消防救援

【概况】2019年12月31日，亳州市消防救援支队正式挂牌，由亳州市公安消防支队（中国人民武装警察部队亳州市消防支队）转制组建。国家综合性消防救援队伍作为应急救援主力军和国家队，承担防范化解重大安全风险、应对处置各类灾害事故的重大职责。其中，消防救援队伍主要承担城乡综合性消防救援和火灾预防、监督执法以及火灾事故调查相关工作，负责调度指挥相关灾害事故救援行动。支队下辖三县二区5个消防大队，10个在编消防站。

2020年，市、县区和乡镇街道消安委成立率、实体化运行率均达100%。亳州市打造“一镇一委一站”城乡基层火灾防控组织架构，实现基层消防组织和消防力量建设提升，该做法受到应急管理部消防救援局的肯定，并向全国推广。药王大道特勤站副站长周伟获评安徽省消防救援总队“十大江淮卫士”，利辛县消防救援大队政通路站指导员胡伟获评“70周年国庆安保先进个人”。

【消防宣传教育】2020年，亳州市消防救援支队承办全省“119”消防宣传月启动仪式。开展消防元素嵌入市级重大活动、“屏幕点亮城市”“唱响消防好声音”“媒体主创宣传”“科技文化三下乡”“消防宣传五进”等6大宣传活动。打造市应急消防教育培训、消防科普教育、社区消防体验、居民住宅区消防科普4类基地。在市三大主流媒体设置3个专栏，中央级媒体发稿24条，省级媒体发稿36条，市级媒体发稿186条。开通“快手APP”亳州消防政务公众号，坚持“双微三号”每日线上传递消防知识，“亳州消防在线”微信公众号多次获评总队十佳作品。按照市委“一月一课一片”的要求，制作打通生命通道、火灾隐患曝光、消防安全警示片等3部，供全市16万党员集中学习。

【消防信息化建设】2020年，亳州市消防救援支队在全省率先完成城市重大应急通信系统和实战化指挥平台建设。县区政府专职消防站、乡镇消防工作站、企业专职消防站和企业、社区微型消防站统一纳入指挥调度体系。上线运行支队实战指挥平台及城市重大事故灾害应急通信系统，建立社会联动基础资料台账和常态化沟通协作机制。加强各级应急通信保障队伍和前突通信侦察小组建设，配齐配强“高精尖”应急通信装备。加强指挥中心基础环境改造，升级指挥中心供配电设施、各级消防接处警系统软硬件设施，保障应急响应、调度指挥24小时全天候运行。建设支队运维团队，采取政府购买服务形式，落实运维中心和技术支撑实体化运行。

【火灾形势稳控】2020年，亳州市消防救援支队坚持全域防控、靶向整治，建立健全单位自查、网格排查、部门联查、消防抽查、政府督查“火灾隐患五查”工作体系，突出高风险场所、隐患集中区域和突出问题，深化源头治理、系统治理和综合治理。对发现的隐患，实施政府、安委会、消安委“三级挂牌督改机制”，落实政府统筹、行业督办、专班帮扶、单位自改“四级责任”，采取领导会谈、部门座谈、单位约谈、媒体访谈等“四谈措施”，完善政务督办、人大监督、监察问责等“三项机制”，推动工作落地见效，压减隐患存量，实现较大以上火灾事故“零发生”。

【消防队伍建设】2020年，亳州市消防救援支队开展“践行训词精神，担当神圣使命，坚持五个不动摇，加速冲刺走前列”教育实践活动、“弘扬清风正气、凝聚奋进力量”内部关系专题教育、“警示教育周”活动、“学典型、当先锋、铸忠诚”专题学习教育活动等。

开展2期干部政治理论培训班。与市检察院建立违纪线索互通和共建协作机制，签订家庭助廉承诺书、建立家属助廉微信群。制定战时表彰奖励实施办法，举行先进典型表彰仪式，为38名一线指战员及家属、消防文员、专职队员颁发证书、奖章，激励士气斗志，营造创先争优氛围。

消防练兵。修订完善《执勤训练奖惩办法》，细化练兵项目标准，开展“一日一训、一月一考、一季一演、一年一赛”活动。依托训练塔升级改造完成室内消防栓、水泵接合器、障碍破拆、燃烧室4类微型模拟训练设施。依托训练基地投入840万元建设完成烟热训练馆、危化品泄漏、公路交通事故模拟训练设施。聘请专业体育教练指导基础体能训练，实施基础科目全员达标轮训、专业科目分批集中轮训、中队整建制轮值轮训。组建地震、水域、高空、交通4支专业消防救援队。开展高层建筑等随机实战拉动演练5次、地震和水域救援培训3次。50名消防指战员历时15天转战阜阳市两县三地支援防汛救灾，受到省委李锦斌书记的接见和赞扬。

消防作战安全教育。开展典型战例研讨、战训大讲堂、安全警示教育，重点开展安全评估和风险预测，严格执行灭火救援安全要则和行动规程，印制1500份《作战行动安全要则》《作战训练安全常识100问》。开展全市各级安全助理和安全员全员培训，实施等级考核。开发应用安全题库手机APP，每日抽查随机提问，定期开展安全理论考核，考核结果记入个人训练档案，与评优评先挂钩。

【消防综合性保障】经费预算保障。2020年，亳州市消防救援支队党委争取地方党委政府支持，进一步提高消防业务经费保障标准，并将现役消防员和合同制消防员高危职业津贴、执勤补助、加班补贴等全部纳入地方消防经费保障范畴。自2017年始，支队本级预算连续4年破超1亿元。2020年全市共争取经费2.01亿元，同比增长31%，其中基本支出6939万元，同比增长14.1%；车辆装备经费4954万元，同比增长6.7%；基础设施建设经费6878万元，同比增长98.7%。各县区消防业务预算经费均超过500万元，其中蒙城县、利辛县超过1000万元。

战勤体系保障。依据省政府消防救援装备发展规划和全市装备评估结果，推动市政府出台《亳州市综合性消防救援装备发展规划（2020—2024年）》，推进车辆装备采购项目，举高喷射消防车、重型水罐消防车、通讯指挥车、装备运输车等36辆特种执勤车辆及1万余件（套）器材装备已分步招标并逐步部署到位。

队站建设。占地2.67公顷支队训练基地室外真火模拟综合训练馆、模拟交通道路救援和危化品泄漏槽罐车事故处置训

2019年2月23日，消防指战员现场处置火灾事故 （卢野 供图）

练设施以及占地1.33公顷的支队战勤保障大队交付投用。十八里镇、万福大市场小型消防站完工投用。杜仲路消防站、百合路消防站、利辛县阚疃镇小型消防站等项目开工建设。

【消防“亳州经验”在全国推广】2020年，亳州市在全省首创“一镇一委一站”基层城乡火灾防控组织架构，落实基层末端消防安全责任，解决乡镇街道消防工作不设防、灭不掉问题，实现消防共建共治共享，形成“亳州经验”，被应急管理部在全国推广。

全市构建“一镇一委一站”（一委：每个乡镇街道成立消防安全委员会；一站：每个乡镇街道成立消防工作站）城乡基层火灾防控组织架构，按“一站一组一队”（一组：防火组；一队：专职消防队）编配力量，形成“村（社区）、乡镇（街道）、县区、市”四级基层消防共建共治共享格局。推行“一组两员三主责”，每个乡镇（街道）消防工作站配备消防文员2名，履行火灾隐患排查、消防宣传培训、火灾辅助调查等3项职责，98个消防工作站全部挂牌、196名消防文员全部上岗、必要办公设施全部配齐，破解监管没“腿”问题。推行“一队一增一策”升级模式，选取专职消防队60个，每站增配载水量4～5吨消防车1辆、专职消防队员5名，采取选址新建、原址升级、依托闲置营院改建等方式实施“一队一策”升级改造。首批42个乡镇专职消防队全部提档升级、710名队员全部上岗，破解救援不“专”问题。推行“一改一建一体系”，改造镇村洒水车，增添供水灭火功能；在学校、养老机构等重要单位周边建设市政消火栓；结合智慧消防建设，将专职消防队纳入“一键调度”指挥体系，改造洒水车489辆，增建乡镇消火栓795个，破解设施不“强”问题。

该经验得到应急管理部的肯定，省委办公厅内参《安徽信息》两次刊发推介，《中国应急管理报》头版头条刊登，省消防救援总队召开全省现场会推广，“亳州经验”列入全省2021年度消防工作重点内容，并被全国人大代表作为建议提交十三届全国人大四次会议，《中国改革报》就此在北京对出席全国人大四次会议的全国人大代表、杜延安市长进行专访。

（卢　野）

招商引资

【概况】2020年，亳州市新签约亿元以上工业项目236个，总投资796.8亿元，完成全年目标任务（220个）的107.3%；全市新落地亿元以上工业项目112个，总投资450.7亿元，完成年度目标任务（110个）的101.8%。全年全市新建亿元以上省外投资项目243个，实际利用省外资金923.2亿元，完成年度目标任务（915亿元）的100.9%，总量居全省第八位，同比增长11.1%，增速居全省第十位。

组织开展长三角招商引资服务月活动，共引进长三角地区（江浙沪）的新签约亿元以上工业项目48个，占全市新签约亿元以上工业项目的20.3%，总投资195.2亿元，占新签约亿元以上工业项目投资总额24.5%；新落地亿元以上工业项目20个，占全市新落地亿元以上工业的17.9%，总投资97.9亿元，占全市新落地亿元以上工业项目总投资额的21.7%。在实际利用省外资金方面，长三角区域项目起到决定性作用。实际利用省外资金项目库中，来自长三角区域的在库项目有112个，总投资485.5亿元，实际到位资金381.7亿元，占全市实际利用省外资金总额的41.3%。

【重大项目签约】2020年，亳州市共签约投资5亿元以上的工业项目50个，总投资521.6亿元，10亿元以上工业21个，总投资361.3亿元。

【药博会招商】2020年9月9日，亳州市举办建设世界中医药之都暨中国（亳州）投资环境说明会。会议围绕“建设世界中医药之都”主题，邀请现代中医药领域143家行业百强、上市公司、知名企业负责人和业界专家共200余人参会。会议共推动67个合作项目签约，总投资432.6亿元，其中工业项目57个，签约金额289亿元；总投资5亿元以上的重大项目有24个，项目涵盖现代中药、生物医药、医疗器械、电子电气、机械制造等多个产业。

（王　猛）

中国人民政治协商会议
亳州市委员会

2020 年 5 月 12 日至 14 日，中国人民政治协商会议第四届亳州市委员会第四次会议召开　（张延林　摄）

概　述

【概况】2020年，中国人民政治协商会议亳州市委员会（简称“市政协”）及其常委会在中共亳州市委的坚强领导下，以习近平新时代中国特色社会主义思想为指导，深入学习贯彻中共十九大和十九届二中、三中、四中、五中全会精神，贯彻落实习近平总书记考察安徽重要讲话指示精神和中央及省委、市委政协工作会议精神，坚持团结和民主两大主题，主动肩负起“落实下去、凝聚起来”的政治责任，充分发挥专门协商机构作用，为亳州市完成决战决胜脱贫攻坚目标任务、全面建成小康社会和“十三五”规划胜利收官做出积极贡献。全年组织战“疫”捐款捐物1138万元，位居全省地级市政协前列。就疫情防控、复工复产等问题，开展专题调研视察6次，提交提案30件，报送意见建议61条。全年共召开1次全体会议、2次专题议政性常委会会议、2次专题协商会、2次监督性调研座谈会、8次对口协商会、20次界别协商会、11次重点提案办理协商会。全年在16个试点乡镇（街道）及村（社区）共举办基层民主恳谈会64次。全年共形成调研视察报告347篇，立案交办提案348件，报送建议（案）、信息专报、重要提案摘报和社情民意信息37件（期），其中32篇履职成果得到市党政领导68人次批示，300多项意见建议被吸纳办理。向全国政协、省政协提交协商发言材料13篇，其中1篇入选省政协全会口头发言，4篇入选全国政协、省政协相关专题协商会口头发言。

各级政协组织和广大政协委员奋力投身疫情防控，通过捐赠款物、参加一线诊治、提供后勤保障、建言防控举措、助推复工复产等多种形式，扛起责任担当，展示家国情怀。117项年度重点工作任务圆满完成。

【理论学习和党的建设】2020年，市政协常委会坚持用党的创新理论武装头脑。建立常态化的理论学习培训机制，重点围绕《习近平谈治国理政》第三卷、习近平总书记关于加强和改进人民政协工作的重要思想、考察安徽重要讲话指示精神，中央及省委、市委重要会议精神等，联系政协工作实际，开展专题学习研讨。全年组织市政协党组理论学习中心组学习（扩大）会和主席读书班14次、常委会集体学习4次，举办“委员讲堂·专家讲座”4期，启动委员网上读书活动，组织委员培训328人次，进一步打牢了共同团结奋斗的思想根基。

坚持党对政协工作的全面领导。旗帜鲜明讲政治，增强“四个意识”，坚定“四个自信”，做到“两个维护”。严格执行重大问题请示报告制度和定期报告工作制度，年度工作要点、重点协商计划、重点提案报请市委审示转发，重大工作事项报请市委批复，重要履职活动邀请党政负责人参加，重要履职成果报请党政领导批示，年度工作情况向市委专题汇报，确保政协工作在市委领导下有序进行。紧扣市委、市政府中心任务谋划和开展政协工作，协助召开市委政协工作会议并开展贯彻落实情况督查，不折不扣落实市委各项部署要求。

坚持发挥政协党组的领导作用。制定实施《市政协党组工作规则》，充分发挥在政协工作中把方向、管大局、保落实的领导作用。坚持以政治建设为统领从严从实抓好政协党的建设，推动全面从严治党向纵深发展，扛起坚持和维护党的领导的政治责任。高质量开展主题教育和警示教育，高标准落实学习教育、调查研究、检视问题、整改落实各项工作，努力使党员干部初心守得更牢、使命担得更实，履职成效更加明显。做好省委巡视反馈问题和省委督查政协工作反馈问题整改，压紧压实党风廉政建设、意识形态责任，严格执行中央八项规定及其实施细则精神和省、市相关规定，持之以恒纠正“四风”，坚决破除政协工作中的形式主义、官僚主义。

【参政议政】2020年，市政协坚持建言资政与凝聚共识齐发力，收获履职“双成果”。贯彻落实新时代关于加强和改进人民政协工作的新部署新要求，坚持发扬民主与增进团结相互贯通、建言资政和凝聚共识双向发力，发挥专门协商机构作用。召开1次全体会议、2次专题议政性常委会会议、2次专题协商会、2次监督性调研座谈会、8次对口协商会、20次界别协商会、11次重点提案办理协商会，进一步形成常态化、多层次、各方面有序参与的协商议政格局。在协商推进过程中，广泛征求意见，科学确定议题，周密制定协商计划，精心组织协商活动，转化运用调查研究成果，在交流中完善建议，在共商中集思广益，增强议政建言实效。更加注重互动性协商，在协商中深化认识，寓建言、支持、监督于协商之中，使协商议政的过程成为思想引领、宣传政策、释疑增信的过程，成为沟通情况、换位思考、交换看法的过程，广泛凝聚各方共识，形成同心同德贯彻落实党和国家大政方针及市委、市政府决策部署的强大合力。

坚持深化改革与打造品牌同推进，赢得创新“双丰收”。落实市委部署的深化改革年度工作任务。在学习借鉴外地先进经验做法的基础上，研究制定《关于充分发挥人民政协专门协商机构作用，推进基层民主恳谈试点工作的实施方案（试行）》，开启基层民主恳谈试点工作。全年在16个试点乡镇（街道）及村（社区）共举办基层民主恳谈会64次，有效促进了基层群众一些急难愁盼问题解决，赢得广大基层干部群众和政协委员的普遍欢迎，《安徽日报》对此进行了宣传报道。会同市委、市政府制定出台《市政协履职成果形成报送办理和反馈工作办法（试行）》，形成从“耕耘”到“收获”完整闭环和工作规程。坚持以“质量提升年”活动为抓手，实施调研质量、界别活动质量、提案质量、协商活动质量和委员管理服务质量“五大质量”提升工程，着力打造专门协商机构品牌，推动政协工作从注重“做了什么”“做了多少”向“做出了什么效果”转变。全年共形成调研视察报告347篇，立案交办提案348件，报送建议（案）、信息专报、重要提案摘报和社情民意信息37件（期），其中32篇履职成果得到市党政领导68人次批示，300多项意见建议被吸纳办理。向全国政协、省政协提交协商发言材料13篇，其中1篇入选省政协全会口头发言，4篇入选全国政协、省政协相关专题协商会口头发言。

围绕优化营商环境深入建言。着眼有效解决实体经济发展中面临的突出困难和问题，组织全市政协系统联动调研，通过深入走访企业、开展网络问卷调查、组织座谈讨论等形式，查找问题，分析原因，研究对策，召开“扎实推进服务企业年活动，打造‘四最’营商环境”专题议政性常委会议，形成建议案，针对优化政务服务、金融服务、要素保障、社会法治等环境，提出19条建议。市委书记汪一光出席会议听取意见，对委员发言和建议案中反映的问题高度重视，当即要求相关部门研究解决。汪一光领衔督办《关于扎实推进服务企业年活动，打造“四最”营商环境的建议》重点提案，就破解民营白酒企业用地、融资等问题，听取意见和建议，并现场督促落实，有力推进了相关问题解决。举办“畅通服务民企绿色通道，优化法治营商环境”对口协商会，聚焦破解疫情形势下民营企业生产经营困难问题，开展专题调研，所提意见建议得到办理落实。

围绕融入长三角一体化发展深入建言。学习贯彻习近平总书记关于扎实推进长三角一体化发展的重要讲话指示精神及省市部署要求，聚焦推进“一区一都一基地”建设，组织开展调查研究，召开“加快融入长三角一体化发展”专题议政性常委会议，重点就“米袋子”“菜篮子”“药箱子”“酒坛子”“后院子”等重点产业深度融入长三角一体化发展，提出意见建议。市长杜延安出席会议听取意见，对建言成果给予高度评价，并现场作出回应。会后市政府从意见建议中梳理出34条办理事项，“清单化”分解到市直有关部门，并召开市政府常务会议逐项落实。就“加快建设承接长三角产业转移聚集区”，进行专题调研，开展对口协商，报送的5个方面意见建议得到市政府领导的批示，有力推进协商成果转化落实。

围绕推动主导产业和社会事业发展深入建言。召开“放大高铁效应，加快经济发展”专题协商会，着眼抢抓高铁机遇，推动中医药、文化旅游、现代农业发展和教育、医疗卫生事业进步等7个方面，提出意见建议。围绕“加强龙头企业培育，推动农业产业化发展”“盘活城市闲置土地，提高土地利用率”，开展了专题调研和对口协商。选择中药材种植基地建设、健康产业发展、中药配方颗粒推广应用、中医药传承创新发展、农村合作组织发展、重大文旅项目建设和乡村旅游发展、解决企业短期贷款续贷问题等议题，开展界别调研视察，如实反映问题，提出意见建议。上述履职成果，有14件得到市党政领导批示及相关部门办理，促进了全市主导产业转型升级、高质量发展。

【民主监督】2020年，市政协常委会贯彻落实市委关于扶贫包保工作部署要求，组织班子成员和机关干部开展“五级书记遍访”活动，主席会议每月听取“遍访”情况汇报，实时掌握贫困户生产生活动态。全年开展走访活动124次、贫困村19个、贫困户712户，反映并督促整改问题204个。支持民主党派常态化开展脱贫攻坚民主监督。组织开展监督活动136次、249天，深入992个自然村、1595户贫困家庭，核验问题线索1490条，提出意见建议262条。持续开展结对帮扶、“扶贫慰问月”“捐资助学月”活动，精准向贫困家庭、困难学子伸援手、献爱心。

聚焦“加强主城区交通秩序综合整治”开展专题协商，就加强城区道路规划、推进停车场建设管理、大力发展公共交通、加大执法监管力度、破解畅通堵点问题等6个方面，梳理汇总19条意见建议。汪一光对报送的协商成果作出长篇批示，多条意见建议得到办理落实。组织开展“落实文明城市创建举措，提高创建工作成效”监督性调研，重点聚焦老旧小区改造，提出完善小区基础设施、加大环境整治力度、提高物业服务水平等建议。围绕“依法推进大气污染防治”开展监督性调研，着眼完善机制、夯实基础、推深做实、强化法治等问题建言献策。组织班子成员和机关干部，落实中心城区环保督导工作，完成督查包保任务。

围绕办好人民满意的教育开展系列协商，召开“加强民办普惠幼儿园的扶持和管理”对口协商会，就“城区公办教育项目建设情况”“主城区学前教育发展情况”“科普教育基地建设情况”开展界别协商。围绕“打造20分钟养老服务圈”开展对口协商，对提升居家养老服务能级建言献策，所提意见建议为市直相关部门推进工作提供了重要参考。就建立社会矛盾纠纷多元化解机制、发挥非公企业工会作用、创新信访办理量化考核机制、公共场所消防安全问题、关爱重症精神障碍患者等，开展界别调研视察，促进提高基层社会治理水平。

结合年度协商议题，完善工作情况通报机制，让委员知情明政的同时，了解新变化，感受新成就，增进思想共识。举办工作情况通报会6次，听取市政府和法检两院相关方面工作情况通报。

【协商方式创新】2020年，市政协常委会坚持把沟通情况、互动回应作为协商的重要环节，促进不同思想观点的充分表达和深入交流，努力在协商中求同存异、聚同化异，推动形成既畅所欲言、各抒己见，又理性有度、合法依章的协商氛围。连续第四年推进委员进社区工作，通过宣传政策、解疑释惑、化解矛盾等多种形式，广泛凝聚共识、促进社会团结。全市有社区委员联络室76个、委员个人工作室12个，参与活动的各级政协委员2000余人次。创建“委员个人工作室”的做法，被省政协称赞为“最有特色的创新工作”。

【团结协作与对外交流】2020年，市政协常委会落实党员委员与党外委员联系制度，组织开展交流学习心得、协作履职、谈心谈话等活动。密切与市各民主党派、工商联和无党派人士的联系，激励不忘合作初心、共担时代使命。全市各民主党派、工商联参加视察调研258人次，提交提案245件、协商发言56篇，反映社情民意信息101条，成为政协履职不可替代的骨干力量。围绕“推深做实基层宗教工作”召开对口协商会，开展“民族村脱贫攻坚成果巩固情况”专题调研，派员参加少数民族节庆活动，促进民族团结、宗教和顺。以“亳州之友”联谊会、亳州市政协书画院为依托，举办招商引资企业迎春座谈会、经贸文化（济南）恳谈会、书画笔会等活动，宣传推介亳州。

【政协队伍建设】2020年，市政协常委会推进“两个全覆盖”落实落细。贯彻落实中央《关于加强新时代人民政协党的建设工作的若干意见》及省委配套《实施意见》，建立健全政协党的组织体系。市县（区）党委统战部长兼任同级政协党组副书记、乡镇（街道）党委副书记兼任当地政协工作召集人全部落实。市政协以“全员入委”为基础，建立专委会功能型党支部8个、委员小组和党小组各21个，实现党的组织对154名党员委员的全覆盖。制定落实党组成员联系党员常委、党员常委联系党外常委、党员委员联系党外委员等联系制度，推动联系工作常态化。推进党建工作与履职工作、专委会工作与界别工作融合衔接，充分发挥党支部的战斗堡垒作用和党员委员的先锋模范作用。

推进党的政治建设走深走实。贯彻中共中央关于加强党的政治建设的决策部署，强化委员政治责任，珍惜荣誉和政治身份。紧扣“懂政协、会协商、善议政，守纪律、讲规矩、重品行”“两为两上”要求，推进委员当好政协事业创新发展的参与者、实践者、推动者。教育引导委员树立协商理念，掌握协商方法，提升专业素养。

推进制度机制建设见行见效。持续开展“制度建设年”活动。全年修订完善13项工作制度，进一步提升政协工作制度化、规范化、程序化水平。持续强化委员服务管理，连续6年实施委员履职量化考核，对委员履职情况及时进行登记、统计、反馈和通报，强化考核结果运用。连续3年推行政协常委述职制度。该做法得到省政协主席张昌尔肯定，《人民政协报》等媒体作宣传报道。持续开展履职成果评比活动，激励委员加强调查研究。完善社情民意信息工作机制，推进“质”“量”双升。

【提案工作】2020年四届四次会议期间提案434件，平时提案18件。经审查，立案348件。立案提案中，委员提案266件，集体提案82件。从提案内容看，经济建设方面提案105件，占30.2%；政治建设方面提案26件，占7.4%；文化建设方面提案32件，占9.2%；社会建设方面提案153件，占44%；生态文明建设方面提案32件，占9.2%。6月5日，市委、市政府、市政协联合召开政协提案交办会议，把市政协四届四次会议提案集中分交市直有关党政部门和县区政府办理。截至12月底，所有提案均已办复，所提问题已解决的99件，占28.4%；正在解决或拟解决的240件，占69%；留作参考的9件，占2.6%。提案者对办理结果反馈满意的340件，占97.7%，基本满意的8件，占2.3%。反馈基本满意的提案，承办单位又进一步办理，或与提案者沟通协商达成共识，提案者重新反馈表示满意。

工作举措。一是多举措提升办理质量。坚持以党政主要负责人领衔督办重点提案引领办理工作新格局。市委书记汪一光领衔督办《关于“扎实推进服务企业年活动，打造‘四最’营商环境”的建议》重点提案，召开协调会，并以解决白酒企业用地问题为切入点，部署相关部门深入调研，在督办重点提案暨促进白酒企业发展协商会上，现场把脉问诊，为提高提案办理实效作出典范，为创优“四最”营商环境作出示范。市长杜延安领衔督办《补短板 强弱项 促进基础教育优质均衡发展》重点提案，带队实地调研，召开专题协商会，强调办理提案要把质量放在首位，做到协商有序、办理有效、督办有力，对调研中发现的问题，当场明确责任部门，要求限期解决、答复，推动提案建议转化落实。完善市政协主席、副主席领衔督办、专门委员会协同督办重点提案工作机制。市政协主席汤涌领衔督办《关于充分发挥政府性融资担保机构作用帮助企业融资的建议》重点提案，市政府分管负责人亲自部署安排，多次参与办理协商活动，承办单位采取举办企业家沙龙、点对点融资服务、专题培训、政策宣讲等方式，丰富办理内涵，促进问题解决。市政协各位副主席领衔督办重点提案，采取实地调研、协商座谈等方式，促进提案办理取得更大实效。加强联合督办。会同市委督查考核办开展提案办理“回头看”，对市领导关于提案批示意见落实情况进行重点督办。探索跟踪督办。首次组织委员跟踪视察四届二次、三次会议提案办理成效。二是多举措提升提案质量。坚持讲求质量，不追求数量，树立质量鲜明导向。坚持全体会议期间初审、会后立案做法，进一步严格立案审查，加大并案力度，四届四次会议提案立案率78.3%，同比下降4个百分点。加强集体提案策划，支持党派团体、专门委员会建立课题组机制，充分发挥自身组织、人才优势，定向打造观点前瞻、见解深刻、可操作性强的集体提案，积极推动党派团体在政协全体会议及专题协商会上的大会发言、调研报告等优秀履职成果转化为集体提案，四届四次会议集体提案占比24.1%，同比提高4.4个百分点。制定完善提案质量评价办法，开展提案质量评议活动，邀请主办单位评议提案质量，加强评价结果运用，评选年度优秀提案16件，对评议结果不佳的，适时约谈提案者。三是多举措提升服务质量。加强委员培训，应邀为民主党派作专题辅导，提高提案撰写能力水平。加强与党政部门联系，聚焦中心大局，坚持问题导向，提前印发提案参考选题，增强选题与党政中心工作的契合度。通过座谈会、通报会、协商会等形式，有效拓宽委员知情明政渠道。加强与提案者、承办单位的日常联系，连续两年在提案交办会上印发温馨提示，提醒承办单位办理工作中应注意的关键环节。编报《重要提案摘报》6期，市委、市政府负责人18人次作出批示，其中党政主要负责人每期都作出批示。加大宣传力度，在市主要媒体开设专栏，深度报道重点提案办理实效，扩大社会影响。

【社情民意信息和宣传工作】2020年，市政协常委会建立社情民意信息员微信工作群，畅通信息上报渠道。及时将编印的社情民意信息在工作群发布，供大家学习借鉴。结合省政协社情民意信息有关通知要求，定期发布社情民意信息阶段报送重点，健全信息上报督促机制。树立精品意识，实施“精品再造”工程，研读委员报送的社情民意信息，选择部分信息，进一步调研，重新打造，提炼再生，提高信息质量。全年共征集社情民意信息238条，经过选编、再生打造，共编报《社情民意》内刊24期，7期得到市党政领导批示、3期被省政协采用。其中1期《加强村镇医疗污水治理》被全国政协采用。运用市政协门户网站、工作APP等平台，做好政协新闻宣传工作，向社会传播好声音、汇聚正能量。市政协机关被《人民政协报》《江淮时报》等全国、省级纸媒刊登124篇次，《亳州晚报》刊登110篇。全年发表作品420多篇，其中省政协网站采用271篇，连续两年位居全省地级市政协第一名。

疫情防控宣传工作。疫情期间，通过开创“亳州政协委员显担当，助力打赢疫情防控阻击战”“政协委员献爱心，共克时艰赢战疫”“勇做疫情宣传员，画笔为枪共同抗疫”三个专题，刊发135条信息在人民政协网、《江淮时报》、中安在线、安徽政协网、亳州微信公众号等媒体，多个渠道宣传动态，并在网站履职平台设立建言献策、反映社情民意专栏，便于委员们参政议政。

【文化文史工作】2020年，市政协文化文史和学习委员会启动《亳州政协20年(2000—2020)》编纂工作，编著出版《亳文化概要》，并在四届四次会议期间面向委员发放，并与全国部分友好地市政协、省政协和县区政协及市直相关部门进行广泛交流。牵头承办市政协委员读书活动。建言加强全市非物质文化遗产保护传承利用、茨淮新河纪念馆建设，助力晰扬掌获批国家级非物质文化遗产。

（李先锋）

重要会议

【政协亳州市委员会四届四次会议】政协亳州市委员会四届四次会议于2020年5月12日至14日召开。会议审议批准了汤涌主席代表政协第四届亳州市委员会常务委员会所作的工作报告和宋峰副主席代表政协第四届亳州市委员会常务委员会所作的提案工作情况的报告。委员们列席了亳州市第四届人民代表大会第四次会议，听取并讨论杜延安市长所作的政府工作报告，听取并讨论市中级人民法院工作报告、市人民检察院工作报告，讨论其他有关报告，对上述报告表示赞同并提出意见建议。审议通过会议决议。增补靳家海为政协第四届亳州市委员会秘书长，增补王先兵、余萌青、张东洋、张廷林4人为政协第四届亳州市委员会常务委员。

【常委会议】市政协四届十九次常委会议于2020年1月2日召开。审议通过关于召开政协第四届亳州市委员会第四次会议的决定，政协第四届亳州市委员会第四次会议议程(草案)，政协第四届亳州市委员会第四次会议日程；协商通过有关人事事项；审议通过市政协四届四次会议常委会工作报告和关于四届三次会议以来提案工作情况的报告、关于授权主席会议审议市政协四届十九次常委会议未尽事宜的决定；市政协常委述职；通报2019

年度优秀提案、优秀调研成果、优秀社情民意信息；审议通过《政协亳州市委员会提案工作条例》。

市政协四届二十次常委会议暨“扎实推进企业服务年活动，打造四最营商环境”情况通报会于2020年4月2日召开。会议通报全市“扎实推进企业服务年活动，打造四最营商环境”情况；咨询交流；协商通过有关人事事项；举办委员讲堂专题讲座。

市政协四届二十一次常委会议于2020年5月8日召开。审议通过关于召开市政协四届四次会议的决定；协商通过有关人事事项；举办委员讲堂专家讲座。

市政协四届二十二次常委会议于2020年5月14日召开。听取分组讨论情况的汇报；审议通过政协第四届亳州市委员会第四次会议决议（草案）、政协第四届亳州市委员会提案委员会关于四届四次会议提案审查情况的报告（草案）；协商通过政协第四届亳州市委员会补选秘书长、常务委员候选人名单；审议通过政协第四届亳州市委员会第四次会议选举办法、政协第四届亳州市委员会第四次会议总监票人、监票人名单。

市政协四届二十三次常委会议暨“扎实推进服务企业年活动，打造四最营商环境”专题协商会于2020年6月30日召开。传达全国政协十三届三次会议精神（书面）；播放《亳州市“扎实推进服务企业年活动，打造四最营商环境”问卷调查分析报告》PPT；市政协调研组宣读调研报告；协商发言；中共亳州市委书记汪一光讲话；举办委员讲堂专家讲座；审议通过《“扎实推进服务企业年活动，打造‘四最’营商环境”建议案》。

市政协四届二十四次常委会暨“加快融入长三角一体化发展”情况通报会于2020年9月25日召开。会议通报全市“加快融入长三角一体化发展”情况；咨询交流；传达学习习近平总书记视察安徽重要讲话精神；传达学习全国地方政协工作经验交流会精神；协商通过有关人事事项；举办委员讲堂专家讲座。

市政协四届二十五次常委会暨“加快融入长三角一体化发展”专题议政性协商会于2020年12月16日召开。市政协调研组宣读调研报告；委员发言；市政府主要负责人讲话。传达学习贯彻中共十九届五中全会精神；书面传达学习省委十届十二次全会精神；书面听取市中级人民法院通报2020年工作情况、市人民检察院通报2020年工作情况；举办委员讲堂专家讲座。

市政协办公室工作

【概况】2020年，市政协办公室起草并报请市委批转市政协2020年工作要点。组织保障市政协全委会议、常委会议、主席会议、党组中心组理论学习扩大会议、市政协主席读书班等会议活动召开。和市委办、市政办共同召开提案交办会。做好市委、市政府主要领导和市政协主席、副主席领衔协商督办重点提案的协调服务工作。完成市政协组织开展的打造“四最”营商环境、加快融入长三角一体化发展、放大高铁效应等重点课题，省政协到亳开展的“维护宗教界合法权益”“加强幼教队伍建设”等重点课题，以及做好全国政协主席汪洋与马露委员网络议政远程视频连线、省政协月度协商亳州分会场开设服务保障工作。加强委员培训工作和管理工作，聘请全国政协叶小文、国家非遗评审专家崔乐泉等知名专家学者到亳州授课。严格执行《政协亳州市委员会委员履职量化考核办法》，明确具办科室，实施“活动签到、月度统计、年终汇总、年度反馈”制度，继续推进市政协常委工作述职制度。

制定年度对口协商、界别协商、提案办理协商等活动计划，协调有关单位和部门，开展45次协商活动。启动《亳州政协20年》编辑出版工作。推进市政协宣传工作，新闻稿件被《人民政协报》《江淮时报》等全国和省级纸媒采用124篇、《亳州晚报》采用110篇、《安徽政协网》采用263篇，在全省16个地市中位次第一。做好对外交往工作，接待省级政协考察15起，95人次；外地市政协考察17起，102人次。利用亳州之友联谊会、亳州市政协书画院平台作用，召开“亳州之友联谊会济南经贸文化洽谈会”，成功与古井集团联合举办抗疫书画笔会和义卖活动，与“亳州想着的人”和“想着亳州的人”加强联谊，到合肥、上海和广州等地开展招商引资工作，共招引3个投资项目。其中，安徽壹铭中药科技有限公司项目投资8000万元，已落户亳州市高新区，另外两个项目已签订协议。

【承办重点协商计划】2020年，市政协办公室围绕6个重点民主协商议题，及时协调有关部门筹备协商事项，组织有关单位和人员参加协商会议，整理意见建议上报协商成果。市政协各参加单位、广大委员、县区政协和有关专家学者，共形成调研视察报告347篇，报送建议(案)、信息专报、重要提案摘报和社情民意信息37件(期)，其中32篇履职成果得到市党政领导68人次批示，300多项意见建议被吸纳办理。向全国政协、省政协提交协商发言材料13篇，其中1篇入选省政协全会口头发言，4篇入选全国政协、省政协相关专题协商会口头发言。

（李先锋）

政协亳州委员会委员人数一览表

表4 单位：人

届次	委员总数	中国共产党委员		少数民族委员	
			占委员总数（%）		占委员总数（%）
一届一次	228	92	40.4	20	8.8
一届二次	228	92	40.4	20	8.8
一届三次	267	105	39.3	25	9.4
一届四次	267	105	39.3	25	9.4
一届五次	267	109	40.8	23	8.6
一届六次	255	100	39.2	20	7.8
一届七次	251	101	40.2	20	8.0
二届一次	280	107	38.2	21	7.5
二届二次	280	107	38.2	21	7.5
二届三次	324	120	37.0	23	7.1
二届四次	324	120	37.0	23	7.1
二届五次	343	125	36.4	24	7.0
二届六次	343	125	36.4	24	7.0
三届一次	321	125	38.9	20	6.2
三届二次	321	125	38.9	21	6.5
三届三次	342	136	39.8	24	7.0
三届四次	344	138	40.1	24	7.0
三届五次	342	136	39.8	23	6.7
三届六次	336	133	39.6	25	7.4
四届一次	379	151	39.8	22	5.8
四届二次	382	152	39.8	23	6.0
四届三次	385	153	39.7	22	5.7
四届四次	382	153	40.1	19	5.0

纪检 监察

2020 年 7 月 20 日，谯城区纪委监委第一纪检监察工作协作区干部走访企业，跟进监督落实“六保”　　（胡威　摄）

概　述

【概况】2000年9月，中共亳州市纪律检查委员会、亳州市监察局成立。2013年1月，在市监察局加挂“市预防腐败局”牌子。2018年1月，成立市监察委员会。市纪律检查委员会、市监察委员会合署办公，履行纪检、监察两项职责，实行一套工作机构、两个机关名称。2019年3月，中共亳州市纪律检查委员会、亳州市监察委员会机关职能配置、内设机构调整，内设机构17个和机关党委。2007年12月成立市纪委监察局电化教育中心，2018年1月更名为市纪委监委党风廉政教育中心。

2004年1月，市纪委（市监察局）在市直行政单位中分口派出5个纪检监察组。2017年6月，设综合派驻纪检组7个，单独派驻纪检组3个，实现市纪委派驻机构全覆盖。2019年3月，落实国家监察体制改革要求，设立市纪委监委派驻纪检监察组11个，派出机构3个。

2017年5月，市委成立巡察工作领导小组，下设市委巡察工作领导小组办公室，设在市纪律检查委员会机关；根据巡察任务市委设立2个巡察组。2019年10月，设立市委第三巡察组、第四巡察组。

2020年，亳州市严格执行省委力戒形式主义官僚主义若干规定和整治形式主义官僚主义正、负面清单，持续为基层减负，全市共查处形式主义官僚主义问题44起，处理95人，给予党纪政务处分33人。督促落实中央八项规定精神，持续整治工作日午间饮酒、公车私用等问题，查处违反中央八项规定精神问题260起，处理388人，给予党纪政务处分163人，通报曝光典型问题108起137人。发出制止餐饮浪费、厉行勤俭节约的通知，发现餐饮浪费问题115个，运用第一种形态批评教育帮助15人。

深化“三个以案”警示教育，开展“回头看”，结合“四对照四检视”，全市县处级以上党组（党委）和个人检视问题1959个，督促及时整改到位。以警示教育助力脱贫攻坚做法获《安徽日报》报道。制定《关于做好党内政治监督谈话“后半篇文章”的实施办法》，市县两级共开展党内政治监督谈话294人，强化对一把手监督。

开展百名纪检监察干部“进基层、抓监督、解难题、暖民心”工作，被《人民日报》《中国纪检监察报》和省委《安徽信息》等媒体专题报道。提档升级“谈纪说法”大讲堂，设置“温故”“知新”“解惑”环节，分专题讲解。创办“村村通”广播《清风播报》栏目，加强农村基层党员、干部党风廉政教育。全市政治生态持续向好。

同年，亳州市乡镇纪检监察工作协作区工作得到中央政治局常委、中央纪律检查委员会书记赵乐际，安徽省委书记李锦斌和安徽省委常委、省纪委书记、省监委主任刘惠分别批示。推进协作区标准化规范化建设入选“中国改革（2020）典型案例”。亳州市纪委监委获“安徽省抗击新冠肺炎疫情先进集体”称号。

【履行“两个维护”重大政治责任】2020年，亳州市制定统筹疫情防控和经济社会发展监督检查指导意见，开展“四不两直”督查，成立39个督查组，发现问题339个，印发通报5期，督促完成整改任务。

加强对脱贫工作绩效、脱贫政策连续性稳定性，以及脱贫摘帽后“四个不摘”情况的监督检

2020年，市纪检监察干部走访、宣传信访条例　（胡威　摄）

查，共查处扶贫领域问题275件，处理449人，给予党纪政务处分101人，持续开展扶贫领域“懒政怠政、不作为慢作为”专项整治，“监督排盲点、护航攻坚战”做法被《安徽日报》头版报道。一体推进中央脱贫攻坚专项巡视及“回头看”、国家成效考核反馈问题整改，省纪委交办的119件信访件全部办结。

保障“六稳”“六保”任务落实，监督检查发现问题464个，处理106人，其中给予党纪政务处分10人。助力农村乱占耕地建房问题整治、冒名顶替上大学问题整治，开展房地产领域历史遗留“难办证”问题专项治理监督检查。

【整治群众身边腐败和不正之风】2020年，亳州市以监督促进基层治理，查处群众身边腐败和不正之风1521起，处理2250人，给予党纪政务处分664人。推进扫黑除恶“打伞破网”，挂牌督办重大黑恶案件5件，立案查处涉黑涉恶腐败及“保护伞”案件238件238人，给予党纪政务处分220人，移送检察机关处理24人。

开展百名纪检监察干部“进基层、抓监督、解难题、暖民心”工作，化解疑难复杂信访件82件，在2019年反映基层党员干部纪检监察信访量下降40.4%的基础上，2020年同比下降14.5%。出台《关于进一步加强对农村基层“小微权力”监督制约的实施意见》，按照“定事、定权、定责、定监督”的思路，制定事项清单13项、权力清单27项、责任清单145项、监督清单110项，督促相关职能部门履职尽责。

【纪检监察体制改革】2020年，亳州市出台《关于进一步深化乡镇（街道）纪检监察体制改革的实施意见》，构建“市纪委监委+县区纪委监委+乡镇纪检监察工作协作区+乡镇纪检监察机构+村级纪检委员”纵向监督网络，推动监督下沉、监督落地。推深做实协作区建设，协作区督促、支持乡镇纪委处置问题线索3178件，立案813件，给予党纪政务处分792人，移送司法机关处理7人，对受处分人员开展暖心回访1556人次，为74名干部澄清，“小小”协作区释放“大能量”。乡镇（街道）派出监察办公室全部挂牌运行。发挥全市1344个村（居）1527名村级纪检委员监督“前哨”作用，镇纪委每月初召开一次村级纪检委员调度会，强化培训，加强与村务监督委员会的协作互动。编发“村村通”广播《清风播报》410期，受众约320万人次。

制定《深化市纪委监委派驻机构改革实施意见》，在市、县直单位全部设立机关纪委或纪检委员，派驻机构每月召开一次驻在单位机关纪委书记、纪检委员调度会。举办2期市、县直单位纪委书记纪检委员培训班。发挥派驻机构审查调查协作组作用，全市派驻机构共处置问题线索785件，立案73件，给予党纪政务处分77人。

【运用四种形态推进纪法贯通】2020年，亳州市深化落实全面从严治党主体责任谈话制度，既紧盯“关键少数”，又管住“绝大多数”，督促开展谈话6.8万人次，层层压实责任。综合运用约谈提醒、谈话函询、列席民主生活会等方式，做深做实做细日常监督。严把党风廉政意见回复关，对3280名拟提拔任用人选提出把关意见，对91名干部人选提出暂缓或不宜使用意见。坚持严管厚爱结合、激励约束并重，运用监督执纪“四种形态”批评教育帮助和处理6931人次，其中第一、二、三、四种形态分别占比77.9%、16.3%、2.7%、3.1%，第一、第二种形态占比94.2%。严格落实《中国共产党问责条例》和《党委（党组）落实全面从严治党主体责任规定》，督促各类问责主体齐抓共管，全市纪检监察机关共实施问责175起，对23个党组织、256人进行责任追究，其中给予党纪政务处分25人。制定失实检举控告澄清工作实施办法，激励担当作为，推动履职尽责。

【反腐败工作】2020年，亳州市在全省率先制定《关于构建一体推进不敢腐、不能腐、不想腐体制机制的实施意见》，组建专题调研组到县区调研，形成调研报告，调研成果被《华东之窗》采用。

亳州市纪检监察机关共处置问题线索6178件，立案1418件，结案1519件，给予党纪政务处分1437人，移送检察机关处理35人。其中，亳州市人防办原主任谷某某严重违纪违法被开除党籍，移送检察机关；亳州市人防办二级调研员胡某某严重违纪违法被开除党籍、开除公职，一审判处有期徒刑2年；亳州市涡阳县义门镇党委书记赵某某因严重违纪违法被开除党籍、开除公职，移送检察机关。

发挥市委反腐败协调小组会议作用。开展安全隐患排查，守牢安全底线。把查办违纪违法案件与堵塞制度漏洞、强化监督监管结合起来，发出纪检监察建议书99份，督促做到举一反三、建章立制。发挥市反腐倡廉警示教育基地、全面从严治党成果展示馆作用，分行业、分领域、分层次开展警示教育。开展“一月一课一片一实践”活动，拍摄19部警示教育片，组织全市广大党员集中观看，增强不想腐的自觉。

【纪检监察队伍建设】2020年，亳州市践行“严廉实快精”五字作风，聚焦“六个一流”工作目标，把不忘初心、牢记使命作为必修课、常修课，加强纪委常委会建设，纪委常委带头上党课。加强“谈纪说法”大讲堂制度化规范化建设，市县两级共举办“谈纪说法”大讲堂68期，95人授课，9274人次参加学习。探索推行纪检监察干部监督工作协作管理模式，在全市21个协作区和6个派驻机构各配备1名纪检监察干部监督员。亳州市在省纪委干部监督培训班上作经验介绍。全市共受理纪检监察干部问题线索93件，处置85件，给予党纪处分6人，持续防治“灯下黑”。

（白宜勉）

重要会议

【中国共产党亳州市第四届纪律检查委员会第五次全体会议】2020年3月20日，中国共产党亳州市第四届纪律检查委员会第五次全体会议举行。出席这次全会的市纪委委员36人，列席108人。

全会以习近平新时代中国特色社会主义思想为指导，贯彻党的十九大和十九届二中、三中、四中全会精神，落实十九届中央纪委四次全会和省纪委十届五次全会精神，回顾总结2019年纪检监察工作，研究部署2020年任务，审议通过市委常委、市纪委书记、市监委主任吕剑代表市纪委常委会所作的《奋力推动新时代纪检监察工作高质量发展 为决胜全面建成小康社会决战脱贫攻坚提供坚强保障》工作报告。

市委书记汪一光出席全会并讲话，肯定2019年亳州市全面从严治党取得的新成效，分析全市管党治党面临的总体形势，提出下一步纪检监察工作的总体要求和重点任务。

【亳州市委反腐败协调小组会议】2020年6月8日，亳州市委反腐败协调小组会议召开，会议传达省委书记李锦斌批示和省委常委、省纪委书记、省监委主任刘惠在省委反腐败协调小组会议上的讲话精神。市中院、市检察院、市公安局、市审计局等单位就2019年反腐败协调工作履职情况作交流发言。市委常委、市纪委书记、市监委主任吕剑参加会议并讲话。

【亳州市纪检监察上半年工作调度推进会】2020年7月10日，亳州市纪检监察上半年工作调度推进会召开。会上，各县区纪委监委、市纪委监委第二纪检监察室等单位交流发言。市委常委、市纪委书记、市监委主任吕剑出席会议并讲话，总结上半年工作，查找不足，谋划下半年任务。

会议要求，亳州市纪检监察机关要在加强政治建设、推深做实协作区建设、科学精准稳慎有效监督、破除形式主义官僚主义、一体推进“三不”、整治群众身边腐败和作风问题、深化政治巡察、深化“三个以案”警示教育等方面持续用力，努力实现更大作为，着力打造纪检监察铁军，奋力开创全市纪检监察工作新局面。

【亳州市乡镇纪检监察工作协作区上半年度务虚会】2020年7月24日，亳州市乡镇纪检监察工作协作区上半年度务虚会在蒙城县第三纪检监察工作协作区举行。与会人员进行现场观摩和交流发言，参加纪检监察工作业务知识检测。

会议强调，要着力提升乡镇纪检监察工作协作区干部化解矛盾、服务群众能力，把协作区各项工作落地、落实、落细。着力抓好乡镇纪检监察工作队伍建设，发挥好村级纪检委员作用，压实压紧工作责任，强化纪巡联动，提高工作质效，全力护航“六稳”“六保”和决战决胜脱贫攻坚、扫黑除恶专项斗争等重要工作。

【亳州市纪检监察重点工作调度会】2020年9月1日，亳州市纪检监察重点工作调度会召开，会议学习贯彻习近平总书记考察安徽重要讲话指示精神，调度“六稳”“六保”监督、“小微权力”制约和监督、党内政治监督谈话指出问题整改等重点工作情况，研究部署全市纪检监察机关贯彻落实工作。市委常委、市纪委书记、市监委主任吕剑参加会议并讲话。

会议指出，全市纪检监察机关要把学习宣传贯彻习近平总书记重要讲话指示精神作为当前和今后一个时期的重大政治任务，要切实把学习成果转化为推动全市纪检监察工作高质量发展的具体举措。

会议强调，要构建"乡镇纪检监察工作协作区 + 乡镇纪委 + 村级纪检委员 + 市县直机关纪委"联动监督网络；结合运用《全市各级领导班子和领导干部政治建设监督检查参考指标》，抓深抓实党内政治监督谈话"后半篇文章"；要增强协作理念，探索推行纪检监察干部协作管理模式；要探索完善一体推进不敢腐、不能腐、不想腐体制机制。

（白宜勉）

巡察工作

【概况】中共亳州市委巡察工作领导小组办公室（简称"市委巡察办"）于 2017 年 6 月在市纪委原巡查办的基础上成立，市委巡察办设在市纪律委员检查委员会，为市委工作机关，正处级。主要职责是传达贯彻党中央、中央巡视工作领导小组，省委、省委巡视工作领导小组以及市委、市委巡察工作领导小组的决策和部署，向省委巡视工作领导小组办公室和市委、市委巡察工作领导小组报告工作情况；统筹协调、指导督导、服务保障巡察工作；承担巡察政策研究、制度建设等工作；对市委、市委巡察工作领导小组决定的事项进行督办；配合有关部门对巡察工作人员进行培训、考核、监督和管理；指导县区党委开展巡察工作；办理省委巡视办、市委和市委巡察工作领导小组交办的其他事项。

2020 年，亳州市委巡察工作领导小组坚持以习近平新时代中国特色社会主义思想为指导，深入学习贯彻党的十九大和十九届二中、三中、四中、五中全会精神，增强"四个意识"，坚定"四个自信"，做到"两个维护"，聚焦监督重点，统筹谋划，探索创新，全面推动新时代巡察工作高质量发展。

扛起主体责任。市委履行巡察工作主体责任，先后召开 4 次市委常委会会议、2 次市委书记专题会、2 次市委巡察工作领导小组会传达学习巡视巡察最新要求，听取巡察汇报，推动成果运用。市委主要负责人以上率下，亲自谋划部署 2 轮常规巡察及城市低保领域专项巡察工作，探索"双听取"模式，在市委书记专题会议上听取巡察情况报告，同时了解整改落实成效，研究解决整改中重点难点问题，提出处理意见和具体整改要求，传导"书记抓、抓书记"的责任压力。

把准政治方向。按照"实化、细化、量化、具体化，可比较、可检验、可考核"的要求，修订完善《全市各级领导班子和领导干部政治建设监督检查参考指标》（以下简称《参考指标》），依据 88 个有关文件，设定 22 个分类指标，细化 140 个检查要点，明确 237 个重点任务，梳理 224 个常见问题，系统集成党的政治建设的目标要求和重点内容，引导巡察干部准确把握政治巡察的内涵和方向，提高政治监督能力。召开全市各级领导班子和领导干部政治建设监督检查参考指标培训工作会议，要求各级党组织运用《参考指标》，作为加强政治建设的参考依据，做到"未巡先改"。省委《安徽信息》专篇介绍亳州市做法。

构建巡纪联动机制。发挥"巡纪联动"监督合力，推动市县巡察与乡镇纪检监察工作协作区（以下简称协作区）深度融合，把协作区建设成为基层"不走的巡察组"，健全"巡察 + 协作区"监督机制，将"三个聚焦"作为监督重点，做到巡前互通"一门清"、巡中互动"一盘棋"、巡后互补"一本账"，推动重心下移、力量下沉，实现巡察与纪检监察同频共振、同向发力。

11 月 5 日至 6 日，中央第二巡视指导督导组组长张本平到亳州调研，对亳州市巡察工作给予肯定，认为工作有创新、有效果、有经验，特别是在制定政治建设监督检查参考指标及"巡察协作区"建设、巡察整改等方面取得明显成效。

【巡察高质量全覆盖】常规巡察。2020 年，市委组织开展 2 轮常规巡察，涉及市委政法委、市人大常委会机关、市政协机关、市生态环境局等 20 家党组织。经省委授权，成立巡视高职高专第三组，完成对亳州职业技术学院的巡视。市委授权县区对 7 家学校及 1 个经济开发区开展巡察。四届市委累计完成10轮巡察，共巡察195家党组织，覆盖率100%。

低保领域专项巡察。采取民政普查先行、巡察监督衔接跟进方式，对县区党委政府开展城市低保专项巡察，推动城市低保政策落地落实。巡察期间立行立改问题81个，效果显著。全市共新增城市低保532户834人，动态管理退出229户323人。市民政局制定出台《亳州市最低生活保障对象综合认定办法》，对共同生活家庭人口、收入、财产和支出状况等四项认定低保对象的主要指标作出具体规定，对多项认定规则进行调整和完善，建立长效机制。

巡察"回头看"。聚焦脱贫攻坚、扫黑除恶等重点工作，对市民政局、市公安局谯城分局开展巡察"回头看"，对问题整改情况逐项跟踪督导，形成"再震慑"。对47个建档立卡贫困村进行巡察"回头看"，进一步提升脱贫攻坚巡察整改工作质效。村（社区）延伸巡察覆盖率100%。

"点穴巡察"。发挥"小队伍、短平快、游动哨"的灵活优势，成立3个巡察组，对12家市直单位落实《参考指标》情况开展"点穴巡察"，做到精准聚焦指向，精准发力突破，精准运用成果。

【巡察问题整改】2020年，亳州市健全巡察问题整改反馈机制。实行"1+2"反馈制度，"1"即每轮巡察后召开一次市直单位党组织主要负责人参加的巡察反馈意见集中交办会，对被巡察党组织的整改工作提出要求；对于发现的共性问题，全市各级党组织共同整改。"2"即"双反馈"机制，既向被巡察党组织和主要负责人反馈，又向党委、政府分管领导通报，督促履行"一岗双责"，推动问题整改。

压实整改责任。实行"年报告"制度，对1～8轮巡察反馈问题整改情况开展专项监督检查，约谈3家单位党组织负责人，对44个问题进行再交办。通过召开巡察反馈会、整改任务交办会、公布巡察整改情况等方式，接受群众监督，传导整改压力。1～8轮巡察反馈的3392个问题，完成整改3370个，整改率99.35%。围绕中央脱贫攻坚专项巡视"回头看"及成效考核反馈问题整改落实情况、"不忘初心、牢记使命"主题教育检视问题整改情况，对11家扶贫开发领导小组成员单位开展专项监督检查，发现问题15个，全部完成整改。

建章立制。注重发现共性问题，深化标本兼治，督促市纪委监委、市委办公室、市委组织部、市委宣传部等部门将整改过程中行之有效的做法及时上升为可操作、能执行的制度，形成解决问题的长效机制。针对巡察发现的领导干部参加双重组织生活不正常、"三会一课"活动开展不规范问题，市委将每月10日确定为"党员活动日"，创新开展"一月一课一片一实践"活动，党建标准化水平明显提高。

【巡察队伍建设】2020年，亳州市组建巡察骨干队伍。按照"分块推荐、分类培训、分组管理"模式，划分纪检监察、组织、财政、审计、信访、工程及招投标等模块，建立分部门推荐巡察干部机制，由主管部门推荐相关业务骨干、优秀年轻干部等纳入巡察人才库，参加巡察；巡察办、巡察组结合巡察干部参加巡察表现情况，选取党性观念强、业务能力强的优秀干部组建市县巡察骨干库，形成相对稳定的巡察队伍。全市巡察骨干库人员共328名。骨干库成员每年固定参加不少于1轮巡察，形成相对稳定的授权设组，推动巡察工作有序高效。

组办融合。巡察期间，以巡察组工作为重点，巡察办全力支持配合。巡察间歇期间，以巡察办工作为主线，统一安排组办开展一些日常工作，如，重点围绕《参考指标》、队伍建设、巡察整改、督查督办等方面牵头开展专题研究。按照专兼结合、严管强训、评估使用三步走的工作思路，做到人员配备、人员使用、日常管理一体化，推进巡察队伍结构化组建、专业化培养、动态化管理。

作风建设。坚持"巡察到哪里，对巡察干部的监督就延伸到哪里"。巡察期间，会同市纪委监委干部监督室开展同步监督，对巡察干部的在岗在位情况、工作开展情况及纪律执行情况进行监督检查，发现问题及时通报纠正。通过查阅资料，走访调研、个别谈话、综合分析等方式，开展巡察作风纪律"后评估"。从工作方案、问题底稿、分析研判等方面梳理出7类常见问题，督促巡察干部对照排查，举一反三，力戒形式主义官僚主义，切实转变作风。

（潘　成）

民主党派

2020 年 7 月 3 日，农工党亳州市医卫总支到涡阳县西阳镇开展扶贫义诊　　（朱琳　供图）

中国国民党革命委员会亳州市委员会

【概况】中国国民党革命委员会（简称“民革”），是由原中国国民党民主派和其他爱国民主人士创建的政党。2006年9月4日，民革亳州市筹委会成立。2010年11月10日，民革亳州市第一届市委会成立。2016年11月30日，民革亳州市第二届市委会成立，主委马昭华。截至2020年底，全市共有民革党员133名，当年新发展党员10人。

2020年，民革亳州市委会组织开展“不忘合作初心，继续携手前进”主题教育活动。开展“观故居，走多党合作之路”活动，组织党员到江苏省苏州市柳亚子故居、南浔通讯处旧址、苏州革命博物馆等地开展民革优良传统教育和红色教育。

开展组织建设年活动。加强和改进基层组织建设工作，指导各支部对标对表，开展创建活动，实现支部的全面达标，同时争创示范支部。加强基层组织建设。成立市委会支部换届工作领导小组，指导各支部换届工作。提升基层组织活力、凝聚力和战斗力。成立民革亳州市高新区支部，完成第一、第二支部换届工作。做好其他基层支部的换届准备工作。

与苏州民革、阜阳民革开展学习交流活动。

在民革中央、民革安徽省委会、市政协等网站刊发稿件，宣传亳州民革。“亳州民革”公众微信平台推送信息59条。

同年，民革亳州市委会被民革安徽省委会评为新冠肺炎疫情防控工作先进集体，马瑞侠、蒋家彬、王坤、刘静文获评新冠肺炎疫情防控工作先进个人。民革亳州市委会被民革安徽省委会评为《团结报》征订工作先进单位。

【参政议政】2020年，民革亳州市委会参加中共亳州市委、市政府组织召开的政党协商会、情况通报会，就多项重要问题进行协商建言。参加市政协组织的界别协商会、专题协商会，就加快建设承接长三角产业转移聚集区、推动农业产业化发展、加强民办普惠幼儿园的扶持和管理、加大非遗资料挖掘整理力度、盘活城市闲置土地提高土地利用率等课题开展调研，形成调研成果。向民革安徽省委会提交的《关于支持亳州全力打造“世界中医药之都”的几点建议》被省政协列为专题协商会书面发言材料。蒋家彬代表民革市委会在市政协四届四次会议开幕式上作题为《补短板　强弱项　促进基础教育优质均衡发展》的发言，该发言被市政协列为2020年度重点提案。《关于加强农村公路维护管理的建议》被市政协列为2020年度重点提案。

【民主监督】2020年，民革亳州市委会到所对口的亳州高新区，共开展脱贫攻坚民主监督工作25次，走访88个自然村，走访贫困户125户，核查市长热线44条，参与党员145人次，下发督查情况通报25期，提出书面意见建议37条。针对提出的问题，亳州高新区及时回应和办理、整改，整改率100%。

【社会服务】2020年，民革亳州市委会及时发布疫情防控相关法律法规和防疫知识。发挥民革党员中的医务工作者、企业家及其他领域党员的作用，积极投身疫情防控工作。组织党员捐款捐物，支持疫情防控工作。

结对谯城区古井镇北曹行政村脱贫攻坚工作。开展走访调研9次；到北曹村北曹小学开展捐赠活动，为学生捐赠3700个爱心口罩，为北曹村委会成员捐赠12个防疫爱心包；成立工作专班开展贫困户逐户走访排查；开展《民法典》宣讲活动。2次到利辛县胡集镇胡东社区开展帮扶工作。

到谯城区古城镇开展“三下乡”志愿服务活动，慰问部分贫困家庭。发动党员购买扶贫产品。开展《民法典》宣讲活动5次，受教育300余人。组织多次关爱农村未成年人、贫困户义诊等公益活动。

（田　露）

中国民主建国会亳州市委员会

【概况】2002年6月18日，中国民主建国会亳州市支部成立；2007年7月25日，中国民主建国会亳州市总支部委员会成立。2008年8月1日，中国民主建国会亳州市(筹备)委员会成立。2011年6月29日,中国民主建国会亳州市委员会(简称“民建亳州市委会”)成立。主要职能是参政议政、民主监督、参加中国共产党领导的政治协商。

2020年,民建亳州市委会有会员115人,其中经济界人士占75.6%。会员中,有省人大代表1名、市人大代表7名,省政协委员1名、市政协委员24名。

民建亳州市委会上报民建安徽省委、市政协、市委统战部及有关新闻媒体各类稿件58篇。加强组织建设,将市经开区支部更名为市高新区支部,选送20名会员参加市委统战部举办的党外代表人士专题培训,新发展6名会员,并组织新会员到民建中央爱国主义教育基地施复亮故居接受传统教育。

同年,民建亳州市委会被民建安徽省委评为新闻宣传先进单位三等奖;谯城总支部和市高新区支部获评全省民建工作先进基层组织;民建亳州市企业家联谊会被民建安徽省委评为抗击新冠疫情工作先进集体。王震坤被民建中央评为全国优秀会员。于王娟被民建安徽省委评为全省优秀会员,何颖川被民建安徽省委评为2020年度参政议政工作先进个人,杨宗轶获评全省民建脱贫攻坚民主监督工作先进个人,杨轶博被民建安徽省委评为全省优秀会务工作者及全省新闻宣传工作先进个人,陈子海、李宣衡被民建安徽省委评为抗击新冠疫情先进个人。

【参政议政】2020年,民建亳州市委会就经济社会发展的热点课题组织或参与调研69人次。在2020年市“两会”上,会内各级人大代表、政协委员共提交人大议案3件,建议6件,政协提案59件(民建集体提案15件、联名提案2件),社情民意信息36条。在市政协各类专题协商会、对口协商会、界别协商会上提交口头及书面发言材料32篇。《推进中药材种子种苗繁育体系建设的建议》《重新审视高铁时代下的亳州文化旅游产业》2篇调研报告获市政协2020年度优秀调研成果奖。牛瑞林、董艳慧、何颖川、李阳等撰写的《做好外出务工人员大省防疫工作的五点建议》等6篇社情民意,分别被民建安徽省委、省政协、省委统战部采用。

【民主监督】2020年,民建亳州市委会重点围绕“市长热线”反映问题开展对口利辛县的脱贫攻坚民主监督工作。采取“四不两直”工作法,随机进村入户走访,全年遍访利辛县23个乡镇及1个经开区所属的361个村(居)委会,走访建档立卡贫困户609户,核验“市长热线”涉及扶贫领域问题线索580件,发现问题及提出建议77条,均得到及时解决。

【社会服务】2020年,民建亳州市委会号召全市广大会员投身抗击疫情的斗争中,同心助力打赢疫情防控阻击战。12名民建会员参与一线疫情防控工作;累计捐款捐物价值202.32万元;开展对会员企业复工复产走访调研,促进会员企业健康发展。

【安徽省(民建)企业家联谊会五届五次理事(会员)大会】2020年12月30日,安徽省(民建)企业家联谊会五届五次理事(会员)大会在亳州市召开。

省政协副主席、民建省委主委李修松出席会议并讲话,市委副书记孔涛致欢迎辞。民建安徽省委副主委李长忠主持会议。来自全省民建会员中的企业家以及上海市、浙江省、江西省等地民建企联会的企业家共150余人参会。孔涛致欢迎词。会议听取并审议安徽省(民建)企业家联谊会2020年度工作报告(财务报告)和2021年工作计划。表彰2020年省民建企联会工作先进集体、先进个人及抗击新冠肺炎疫情工作先进集体、先进个人。会议要求民建企业家抓住长三角一体化发展国家战略机遇,以全球化视野开展民营经济跨区域产业合作示范,做高质量发展的参与者、实践者和建设者。

会议决定2021年省民建企联会五届六次理事(会员)大会由阜阳市承办,并举行交接旗仪式。

(杨轶博)

中国民主促进会亳州市委员会

【概 况】2000年12月5日,民进安徽省直属亳州支部成立,共有8名成员,马露任支部主委。

2006年9月6日，中国民主促进会亳州市筹备委员会成立，马露任筹委会主委。2011年6月28日，中国民主促进会亳州市委员会（简称“民进亳州市委会”）成立大会召开，民进亳州市委会成立，马露任主委。2016年12月，民进亳州市委会第二次代表大会召开，马露任主委。

2020年，民进亳州市委会有会员95人，其中教育出版界人士占58.9%。会员中，市人大代表4名，其中市人大常委2名；全国政协委员1名，市政协委员14名，其中市政协常委2名。

民进亳州市委会组织会员开展学习宣讲活动3次；利用“皖北片会”等交流平台，加强和周边地市民进组织的联系交流。组织20人到安庆太湖赵朴初故居开展民进会史教育。围绕党派重大活动和会员事迹，开展宣传报道，在省级以上媒体发稿48篇。

召开代表人士座谈会，开展代表人士及骨干会员摸底工作，完善涵盖代表人士信息“一市一册”。推荐市委会和基层组织领导班子成员参加各级各类教育培训。推动主界别和高素质人才发展，发展会员5人。

同年，民进亳州市委会获评“民进全国履职能力建设先进集体”和“脱贫攻坚民主监督”全国先进集体，医卫综合支部获评“民进安徽省抗击新冠肺炎疫情先进集体”，会员白士峰、王磊获评民进安徽省抗击新冠肺炎疫情先进个人。

【参政议政】2020年，民进亳州市委会向各级政协提交集体提案26件，个人提案、建议58件；向各级政协协商会议提交发言材料40篇；向民进中央、民进安徽省委会、省政协、市政协、市委统战部等报送社情民意信息63件。其中《关爱农村留守老人儿童》《发挥文化建设在实施乡村振兴中的作用》2件建议被列为全国政协协商会议口头发言；《进一步加强民族团结进步宣传应从三方面发力》社情民意信息被民进中央采用，《切实加强餐饮业食品卫生检查检测监督力度》社情民意被省政协采用，多件社情民意信息被民进安徽省委会采用；《补齐公厕建设短板　助力文明城市创建》《建议有关部门排查清理施工围挡遗留的地丁》2件集体提案获市委、市政府主要领导批示，《关于加强我市中小学合唱教学的建议》集体提案被列为市政协主席领衔督办重点提案；《建立靶向机制　精准承接长三角产业转移》发言材料被列为市政协大会发言，5篇发言材料被列为市政协协商会议口头发言，19篇发言材料被列材料汇编。

【民主监督】2020年，民进亳州市委会到谯城区开展脱贫攻坚民主监督工作34次，到96个自然村入户走访建档立卡贫困户415户，反馈问题40条，提出建议40条，核查涉贫领域信访件208件。

【社会服务】2020年，民进亳州市委会组织引导各基层组织联合开展“新冠肺炎”抗疫、防疫活动，在抗疫过程中捐款捐物总价值5万余元，参加疫情防控60余人次。各支部联合开展“春联万家”“急救演练进校园”“免费体检、义诊”等活动，为困难群众提供医疗健康服务270余人次，普及急救知识400余人次，普及“健身五禽戏”1200余人次。

（孙　浩）

中国农工民主党亳州市委员会

【概况】中国农工民主党（简称“农工党”）的前身是1930年8月国民党左派领导人邓演达等在上海创建的中国国民党临时行动委员会，1947年2月改名为中国农工民主党。2012年7月24日，中国农工民主党亳州市委员会（简称“农工党亳州市委会”）成立，曾于2012年、2016年召开两届党员大会，龚艳玲任两届主委。2020年，农工党亳州市委会有医卫总支部委员会、市直总支部委员会、联合总支部委员会，以及3个总支下设的6个支部，发展党员7人，全市共有农工党员95人。

2020年，农工党亳州市委会围绕农工党建党90周年，选送党员摄影作品参加农工党安徽省委摄影比赛，其中刘军的作品《光》获三等奖。召开庆祝中国农工民主党成立90周年座谈会。成立亳州首个“农工党党员之家”。印发《亳州市委员会基层组织工作手册》，开展基层组织创优。多名农工党员投身疫情防控一线，捐款捐物共计100余万元。筹集200套防护服和隔离服捐赠市人民医院。

同年,农工党亳州市委会被农工党中央评为“纪念中国农工民主党成立90周年先进集体”;被农工党安徽省委评为“2019年度脱贫攻坚工作先进集体”和“不忘合作初心,继续携手前进”主题教育活动先进组织。党员魏广友、吴柯、张玉慧、杨顺利、田景中、陈多学被农工党安徽省委评为抗击新冠肺炎疫情先进个人。

【参政议政】2020年,在市人大四届四次会议上,田兵、从民、王虹等3名人大代表提出4篇议案、建议,其中《关于亳州市文明促进条例立法的议案》被列为议案并制定《亳州市文明行为促进条例》,经安徽省第十三届人民代表大会常务委员会第二十一次会议批准,于2021年1月1日起正式施行。在市政协四届四次会议上,共报送集体提案11件、社情民意6件,其中,《关于充分发挥政府性融资担保机构作用帮助企业融资的建议》被作为市政协2020年重点提案由市政协主席汤涌督办,《关于完善我市重大疫情防控应对长效机制的建议》被作为市政协2020年重点提案由市政协副主席龚艳玲督办。党员中的市政协委员共提出23件提案、6件社情民意。在市政协召开的6次专题协商会议上,以农工党名义及党员中的政协委员共报送23篇意见建议,其中,《持续优化营商环境 做大做实实体经济》《发挥高铁动能 助推乡村振兴》《加快融入长三角一体化 推动高新区高质量发展》等3篇被选为大会口头发言。在省政协“推进中医药传承创新发展”专题协商会上,农工党亳州市委会报送农工党安徽省委5篇材料,为农工党安徽省委参加协商会议提供基础材料。

【民主监督】2020年,农工党亳州市委会开展对涡阳县的脱贫攻坚民主监督。共开展民主监督22次,走访贫困户和一般农户303户,核查市长热线信访件384件,提出意见建议46条。开展“单位包村、个人包户”,定期到涡北社区走访。组织党员到利辛县胡集镇孙林社区住村走访5天,对照“二十看二十问”仔细摸排问题,确保问题排查无遗漏。

【社会服务】2020年,市直总支一支部主委、亳州市心理学会会长王继锋发挥自身优势,调动心理学会资源,在疫情期间开展线上防疫心理援助工作,“学习强国”“中安在线”、农工党中央网站等多家媒体平台对其事迹进行报道。市直总支二支部开展《民法典》宣讲进企业活动。联合总支组织党员参加“美丽中国,我是行动者——2020年亳州环保世纪行暨六五环境日主题活动”;组织开展“宪法宣传日”法律宣传活动;医卫总支组织多名专家到涡阳县西阳镇开展扶贫义诊活动等。

(朱 琳)

九三学社亳州市委员会

【概况】2002年4月9日,九三学社亳州市支社委员会成立。2006年8月18日,九三学社亳州市筹备委员会成立。2010年11月1日,九三学社亳州市第一届委员会成立。2016年11月25日,九三学社亳州市第二届委员会成立。2020年,九三学社亳州市委员会有5个支社委员会、2个工作委员会,社员总数110人,主委张国芳。社员中各级政协委员29名,其中,市政协常委6名,谯城区政协常委2名。社员中各级人大代表7名,其中,市人大常委1名,谯城区人大常委1名。

2020年,九三学社亳州市委员会组织市委会成员及支社委员到淮海战役烈士纪念馆、台儿庄战役纪念馆、淮北抗日民主根据地纪念馆等地了解革命历史。以九三学社中央机关正规化建设交叉检查为契机,以查促改、以改促建,推动党派机关建设工作上水平。组织17名社员参加省委统战部、九三学社安徽省委员会、市委组织部、市委统战部等部门组织的相关培训。发展李广华、陈迪明、王钰3人为九三学社社员。举办九三讲堂,社员邢三元和社员张国芳分别作《法律与生活》《人生感悟》等主题讲座。

同年,九三学社亳州市委员会被九三学社安徽省委表彰为“2017—2019年度先进市级组织”“2018—2019年度新闻宣传工作先进集体”“2019年度社会服务工作先迸集体”。社员刘云飞、臧艳丽被九三学社安徽省委员会表彰为“2017—2019年度先进个人”。社员方林飞被九三学社中央组织部表彰为“2019年度九三学社组织工作先进个人”，被九三学社中央委员会表彰为“2016—2020年社会服务先进个人”。社员刘国英被中共中央、国务院表彰为“2020年全国劳动模范”。

【参政议政】2020年，九三学社亳州市委员会围绕推进现代化五大发展美好安徽、美好亳州建设献计出力。在省十三届人大三次会议上，人大代表韩青、沈晓燕、刘国英提出3件建议。在省政协十二届三次会议上，委员张国芳提出2件提案。在市人大四届四次会议上，刘云飞等4名人大代表提出2件议案、2件建议。在市政协四届四次会议上，以党派名义和社员中的市政协委员共提出39件提案。市政协对社市委提出的《关于加强高标准农田建设的建议》重点提案进行督办。

组织骨干社员到谯城区、蒙城县开展“营商环境治理”“城市三轮车治理”“道家文化开发利用”“高标准农田建设”“加强主城区交通秩序综合整治”“文明城市创建”“融入长三角区域发展”等主题调研15次。

向社省委、市政协、市委统战部报送社情民意信息稿件27篇、调研报告14篇，报送有关宣传报道材料86篇。在市政协“放大高铁效应，加快经济发展”专题协商会上，社员方林飞代表社市委作“关于亳州市高铁城区段绿化美化的建议”口头发言，社员卢长征作“接轨高铁时代，全面优化城区交通体系”口头发言。在市政协“扎实推进服务企业年活动，打造四最营商环境”专题议政性常委会上，社员臧艳丽作“解决企业遗留问题应精准施策”口头发言，社员方林飞代表社市委作“提高‘四送一服’实效，提振企业发展信心”口头发言。

【民主监督】2020年，九三学社亳州市委员会用68天到蒙城县255个自然村，走访337户贫困户，核查市长热线信访件296件，发现问题62个，提出工作建议62条。社市委就2019年民主监督脱贫攻坚和污染防治工作情况反馈蒙城县委、县政府。组织业务骨干参加全市农村居民基本情况调查业务培训。配合市委统战部做好九三学社安徽省委到亳州开展脱贫攻坚民主监督专题调研工作。九三学社工作组到利辛县胡集镇陈营社区开展脱贫攻坚，逐户走访摸排问题并做好反馈工作，及时跟踪督促整改。

出资3万余元向蒙城县岳坊镇翟湖村135名贫困户每户赠送一个医疗箱、一个自动血压计和一些日常护理药品；组织九三医务工作者现场为30余名贫困户提供义诊服务。

【社会服务】2020年，九三学社亳州市委员会开展“百名专家乡村学堂讲科普”活动，邀请亳州学院的4位专家到“三县一区”8所学校开展讲座，为1800余名学生讲授科普知识。组织律师到高校、工会、交通集团、亳州高新区开展公益普法活动，为1500名听众送去5场专题普法课。开展帮贫济困活动。社员中的书画家参与书画义卖，义卖所得善款全部用于慈善事业，累计捐款捐物价值70万元。开展6场法律援助活动。

助力新冠疫情防控。动员全体社员积极参加疫情防控。15名社员奋战在疫情防控一线，组织社员捐款捐书画作品价值超过56万元，疫情前期社员怀凯免费向一线医务人员提供药膳1600余份，整个疫情期间共提供药膳快餐近万份。

（戴　璐）

群众团体

2020 年 7 月 25 日，亳州市青年志愿者协会组织捐款捐物支援皖南抗洪　　（梁溢洋　摄）

亳州市总工会

【概况】2000年11月，亳州市总工会筹备组成立，宋广华任组长；2001年12月，亳州市总工会成立，至2017年召开四次代表大会。宋广华任第一、二届工会主席；骆方平、方晓利分别任第三、四届工会主席。工会主要职能是维护职工合法权益和民主权利；动员组织职工参加建设和改革，完成经济和社会发展任务；代表和组织职工参与国家和社会事务管理，参与企业、事业和机关民主管理；教育引导职工听党话跟党走。

2020年，亳州市总工会下辖涡阳县总工会、蒙城县总工会、利辛县总工会、谯城区总工会4个县级总工会和市高新技术开发区总工会、亳州（芜湖）产业园区总工会2个开发区总工会，全市有基层工会6430个，工会会员580029人。

以党建带工建，弘扬劳模精神、劳动精神、工匠精神，完成“42101”重点工作任务。“4”即工会工作规范提质年、城市困难职工解困脱困决战决胜年、基层工会组织建设巩固拓展年、智慧工会平台推广应用年“四个年”活动；“2”即产业工人素质提升工程、工会干部本领锤炼工程“两项工程”；“10”即向全市职工承诺“十件实事”；“1”即跟着劳模去扶贫。

弘扬劳模精神、劳动精神、工匠精神。完成全国劳动模范和先进工作者评选推荐工作，李子杰、刘国英获评全国劳动模范，刘双燕获评全国先进工作者；在城市展览馆开设劳模馆，506名国家、省、市劳模先进人物事迹轮换展出，参观者6万余人；创建亳州市职工文明实践中心，设立6个劳模（职工）创新成果展台，展出创新成果46项，参观人数2万余人；在《亳州晚报》开展“每周一星”劳模事迹宣传，全市宣传43期。

开展抗疫一线职工、医务人员防护慰问工作，设立疫情防控工作专项资金，全市各级工会累计投入资金232.31万元；对表现突出的20名抗疫一线职工授予市“五一劳动奖章”；制定工会服务职工群众助力企业复工复产十项措施，开展关爱困难职工“五个一”行动，全额返还小微企业工会经费；组织网上就业创业援助月活动，发布700家招聘企业2133个岗位需求信息，举办劳模企业、劳动关系和谐企业专项招聘会和各类直播22场；开展抗疫消费扶贫行动，帮助贫困地区销售农副产品2000多万元。

打造样板五星级工会，落实“六有”“六好”标准，推广“五个一”工作法，全市首批认定15家五星级基层工会；推动工会工作与互联网深度融合，开设网上办理业务11项，把能够在网上办理的工会业务全部搬到网上办理，实现工会网上办事常态化、网上招聘活动常态化、网上“亳工学堂”常态化、网上练兵比武常态化、网上普惠服务常态化。

同年，在全省设区市、直管县（市）总工会2020年度综合评价中，亳州市总工会获评优秀，居全省第四位。市总工会党支部被市委组织部评为“五星基层党组织”“五星远程教育站点”，被纳入全市党建工作领航计划“数据库”。

刘双燕、刘国英、李子杰获评全国劳动模范；娄元民、李行军、萧相、舒生虎、高有方获安徽省疫情防控“五一劳动奖章”；朱学军、侯怀奇、闫勇、江月勇、马勤、滕云峰、许昌勇获评安徽省劳动竞赛先进个人。亳州交通投资控股集团有限公司、安徽江淮安驰汽车有限公司、中国工商银行亳州分行获评全国安康杯竞赛优胜单位；安徽正宇面粉有限公司、亳州药都农村商业银行、安徽古井集团有限责任公司、亳州市扶贫开发局获评安徽省劳动竞赛先进集体。

【城市困难职工解困脱困】2020年，亳州市将困难职工解困脱困纳入全市民生工程。市总工会组织开展“千名工会干部进千家”帮扶解困送温暖活动、关爱困难职工“五个一”行动和“十看十问”大走访活动，对每一名困难职工实行工会干部“二对一”结对帮扶，做到县区总工会干部全员参与、建档在册困难职工全面覆盖、帮扶救助全程管理，累计发放帮扶资金1246.5万元。全市困难职工解困脱困工作通过省总工会组织的第三方评估验收，获优秀单位，在全市实施民生工程评比中获先进单位。

【“四个年”活动】2020年，亳州市总工会开展“工会规范提质年”活动，推进工会领导体制科学规范，召开党组（主席办公）会议30次；完善密切联系群众机制，建立完善《工会领导干部调查研究制度》和《市总工会机关“双联系”实施办法》等规章制度30余项，完成重点调研课题7项；开展“城市困难职工解困脱困决战决胜年”活动，对困难职工摸底调查，精准识别，精准施策；开展“智慧工会云平台普及应用年”活动，推动工会业务上网、服务在网，办理办结网上服务事项3179件；开展“基层工会组织建设巩固拓展年”活动，推动非公企业和社会组织建会、农民工和“八大群体”入会工作，新增基层工会组织846家，发展工会会员57740人。

【“两项工程”】2020年，亳州市总工会组织实施“产业工人素质提升工程”，各级工会举办一类劳动竞赛16项，职工职业技能竞赛100余场；开展劳模、工匠评选表彰活动和全国、省、市劳模（职工）创新工作室评审推荐活动，发挥劳模示范引领作用，培养企业高技能人才，推动科技进步。组织实施“工会干部本领锤炼工程”，抓好工会干部教育培训和实践锻炼，组织各级工会干部培训1300余人次。

【“十件实事”】2020年，亳州市总工会组织开展万名职工技能大提升行动，组织职工岗位练兵59133人次，组织职工技能培训54523人次，提升职工技术等级8000余人；建设职工网上“亳工学堂”，播放教案视频及学习文档433个，职工浏览量18万人次；组织430名抗疫一线职工参加疗养。为6447名八大群体工会会员赠送职工意外伤害保险，投入资金32.24万元；开展千名城市困难职工解困脱困工作，1781户困难职工实现解困脱困；开展千名农民工会员免费体检活动，为1012名农民工进行免费体检；组织千名单身职工婚恋交友活动，1000余名职工参加“皖工鹊桥”婚恋交友活动，18对单身青年职工现场“牵手”成功；组织10万名职工参加文体活动，开展活动1000余场，参加职工10万余人；建好用好职工书屋，新建10个市级职工书屋、20个职工阅读站和30个职工书吧和流动书箱；开展职工读书沙龙、线上线下读书主题活动510余场。

【“跟着劳模去扶贫”】2020年，亳州市总工会组织“跟着劳模去扶贫”活动47场，72名全国、省、市劳模和先进工作者、20家先进集体参与，其中技能扶贫9场、就业扶贫7场、产业扶贫6场、健康扶贫10场、教育扶贫7场、消费扶贫8场，结对帮扶233对，整理上报“跟着劳模去扶贫”典型案例64个。

（张光宇）

中国共产主义青年团亳州市委员会

【概况】中国共产主义青年团亳州市委员会（简称“团市委”）成立于2000年，是市委和市政府联系青年的桥梁和纽带，是中国共产党的助手和后备军。截至2020年年底，亳州市有团支部6187个、团员170026人。

2020年，团市委推进中长期青年发展规划实施，实现县、区青年工作联席会议机制全覆盖。“12355”青少年服务热线实现24小时接听，咨询电话71个，跟踪个案13例，在全省12355工作交流活动中作典型发言。开展“一专一站两联”建设，设置创业就业和志愿者服务工作、机关事业单位和企业工作、学校和少先队工作3个专门委员会，让团市委委员、候补委员履行职责，参与团的工作，发挥参谋作用。打通各县域团代表联络站建设，建立团的委员会成员联系团代表、团代表联系团员青年的“两联”工作机制。

参与疫情防控。组建青年突击队80余支，开展志愿服务、物资募集、科普宣传等。动员市青年联合会委员、市青年企业家协会会员捐款73300元，捐物价值131500元。划拨17万元团费，支持基层团组织抗疫工作。指导市青年企业家协会、市青年联合会推动古井集团向抗疫工作捐款2000万元。组织开展义务销售一次性卫生口罩志愿服务活动，累计销售298500只。

助力脱贫攻坚。开展希望工程“圆梦大学行动”和“成长助力计划”，全市共募集资金532.1万元，资助贫困家庭学生1793名。组织开展“团团优选　助力青创”系列直播活动7场次，邀请市青年企业家协会会员、市青年联合会委员等做客直播间，吸引超10万人次观看、好评，场均销售额2万元。开展青年扶贫团干宣传、“脱贫攻坚‘团’能量 我为家乡作代言”短视频推介等。

全年微信发布信息1109条，浏览量68.83万次，抖音发布作品232个，浏览量183.23万次，微博发布信息247个，浏览量72.25万次，共计发布各类信息作品1588个，浏览量324.31万次。

向全市青少年发出《让青春之花在健康文明生活中绽放——关于养成健康文明生活习惯的倡议》。动员各级团组织结合实际引导全市青少年养成健康文明生活习惯，开展爱国卫生月志愿服务活动、徒步迎五四活动、“绿书签”健康阅读活动、青年读书分享会、健康生活习惯宣传等各类活动50余场次。

同年，团市委获评2019年度全省共青团工作综合评估“好”等次。团中央《共青团新闻联播》第41期专门对“奉献新时代 青春志愿行”青年志愿服务集中展示周活动进行报道。12月15日《中国青年报》头版头条以《安徽：用特别的爱为重点青少年护航》为题，报道亳州市青少年保护工作。

【青少年思想引领】2020年，团市委聘请65人担任亳州市“青年讲师团”讲师，开展青年微宣讲193场。组织开展“绽放战疫青春·坚定制度自信”微团课大赛，参赛作品25个。举办“传承五四精神·坚定制度自信”青年读书线上分享会7场，60余万人好评。举办第三届亳州市红领巾“创未来”作品征集展示活动，征集少先队员作品100余件。举办“传承五四精神·坚定制度自信”主题团日活动，开展纪念五四运动101周年暨建团98周年主题作品活动，收集参赛作品686件。举办“迎接少代会，争做好队员”主题队会，邀请援鄂医务人员现场宣讲。在全市广大少年儿童中开展“学习习总书记六一寄语精神 争做新时代好队员”活动，开展“纪念少先队建队71周年系列活动”。组织全市团员青年参与“青年大学习”网上主题团课，建立日督促、周通报制度，青年大学习参与率居全省前五位，累计学习351.1万人次。

【服务青年创业就业】2020年，团市委组织开展“青年企业家带动青年创业活动”，征集创业帮带项目93个，落实帮带项目51个，其中市级11个、县区40个。申请皖北地区青年创业贷款财政贴息资金110万元，居全省前列。青年创客空间被认定为“省级农民工返乡创业示范园”“安徽青年创业园”，累计孵化企业315家，在孵企业113家，年孵化项目总产值超10亿元，运营“亳品集”电商平台，解决青年创业销售难题。联合市创业办，整合团市委贷款贴息、青年创客空间免租政策、就业岗位、创业补贴、创业服务等资源，开展“亳州老乡，七大礼包送给您”活动，服务创业青年1500余人。举办亳州青年创客空间、亳州市青年企业家协会“政企面对面”交流年会、线上创业主题培训、创办和改善你的企业线上讲座、路演大赛等创业培训12期次，培训360人。在中科大举办亳州市企业青年精英骨干研修班，50名青年企业家参与培训。

助推青年就业。针对返岗复工，分层次分类别梳理岗位90266个进行发布，精选本地企业分类岗位19041个统一制版，在各行政村发布，同时公布二维码、服务热线。启动“百企千岗”服务大学生就业活动，线下通过各大中专院校进行对接，线上联合亳州123招聘网，在网上开设大学生求职绿色通道、24小时就业咨询热线，建立专属对接微信群140个，服务大学生就业，对接就业3143人。会同建安文化广场开辟大学生创业就业实践专区，大学生可在专区内销售文创类、高新科技类、非遗类手工饰品，工艺品，第一批40个摊位投入使用。

【志愿服务】2020年，团市委组织线上线下同步开展高考减压活动，4000余人参与。组织300余名青年志愿者，设立4个志愿服务站，开展2020年度高考志愿服务活动。开展“情暖童心微爱圆梦”“七彩假期”“关爱防疫医护人员子女”“青春自护·暑期中小学生防溺水宣传”“青少年模拟法庭”“大学生禁毒知识竞赛”等系列活动30余场次，覆盖青少年1.5万余人。组织开展“天蓝地净·亳州青少年在行动”生态文明志愿服务活动，累计动员青年志愿者协会12家、青年志愿者1500余人次参与，开展“小手拉大手· 环保我先行”“护卫母亲河·天蓝绿水行”“环保反馈小助手”“擦亮城市”“助力环境保护、生态文明”等30余场活动。

【从严治团】2020年，团市委抓好全市团干部队伍和作风建设，开展分级分类培训，严格团员发展，改进团员教育管理。通过学校领域强支部、新兴领域建组织、传统领域促规范、城乡社区抓阵地，不断提升全市基层团组织建设整体质量。深化共青团改革。以党建带团建，在全省率先推动县级以下团组织主要负责人按党章要求常态化列席同级党组织有关会议，实现县区全覆盖。树牢“全团抓学校”理念，落实全团带队职责，对高校和各县区中小学调研，督促高校落实学联学生会改革方案，指导各级少先队组织落实相关制度性安排，强化少先队组织建设。实施非公有制经济组织团建攻坚行动，全市共录入社会领域团组织4355个，非公企业团组织467个，数量和增幅均位居全省前列。

【“政企面对面”交流年会】2020年1月17日，亳州青年创客空间、亳州市青年企业家协会“政企面对面”交流年会活动在亳州青年创客空间二楼路演大厅举办。活动由亳州青年创客空间、亳州市青年企业家协会主办。邀请市创业办、市人社局、市数据资源管理局、市商务局、市经信局、市科技局等市直部门参加，亳州青年创客空间入驻、“入孵”“云孵化”企业，亳州市青年企业家协会会员等共计90余人参加。会议围绕亳州市就业、创业问题展开交流，实现企业和政府零距离沟通，切实为企业解决问题。

【“亳品集”电商平台运营】2020年3月，亳州青年创客空间创建的“亳品集”电商平台运营。平台旨在提升农村电商创业就业能力，将传统农副产品资源和“互联网+农产品+精准扶贫”的方案融合，助力农产品销售。

平台以扶贫产品和农副产品为主要销售产品，通过流通产品数据资源调配实现流程、效率优化，实现产品链低价供应。自运营后，累计上架857种产品，销售额93458.49元。

（曹　嵩）

亳州市妇女联合会

【概况】2001年12月，亳州市妇女联合会（简称“市妇联”）成立。基本职能是代表和维护妇女权益，促进男女平等。截至2020年底，全市设有市级妇联1个，县级妇联4个，乡镇（街道）妇联87个，村（社区）妇联1313个。村（社区）100%建立“妇女之家”。各级党政机关、事业单位和各民主党派中建立妇委会151个。并建立各类女性联谊组织；“两新”组织（新经济组织、新社会组织）、“四新”领域（新领域、新业态、新阶层、新群体）及其他妇女相对集中地建立基层妇联组织132个；女职工委员会等团体会328个；城乡“妇女之家”近1336个。全市现有专职妇联干部439人；乡镇（街道）以上妇联配备挂兼职副主席、挂兼职干部206名；村（社区）妇联专职主席、副主席1605名，兼职副主席1110名；市、县、乡、村四级妇联执委11811名。

2020年，市妇联组织学习宣传贯彻党的十九届五中全会精神，举办巾帼宣讲培训班，开展宣讲78场。

联合有关单位开展抗击疫情募捐、招募防控志愿者、参与女企业家口罩加工、向坚守岗位的公安、环卫、交通及乡镇村居干部职工捐赠防疫物质、开通心理援助热线、监护缺失儿童救助保护热线、义务献血、宣传引导市民佩戴口罩、向市民供应销售口罩等工作。为124名抗疫一线医护人员赠送价值800元的关爱礼包；为24名驰援湖北医护人员制作纪念画册、提供价值1000元的家庭保洁服务；发起捐赠活动，为医护家庭赠送279个“医护家庭关爱包”；向女医护人员送去“三八”节日鲜花200束和399个电动牙刷等。组织开展“援鄂医务人员事迹报告会”。微信推送“药都巾帼持续投入防疫阻击战”系列21条、巾帼人物先进事迹27条。市妇联撰写的《面对疫情，我们应该做些什么？》《亳州市妇联开通心理辅导热线》两篇文章被中国妇女网、《中国妇女报》刊登。

组织人员到江苏射阳妇联、上海家政企业，学习家政服务业工作开展情况；组织市女企协会员到浙江义乌，对接妇联、女企协，学习考察会员企业生产经营情况，帮助两地企业建立合作关系。

同年，市妇联推荐驻村扶贫

干部刘双艳获评2019年度全国“三八红旗手”。市妇联兼职副主席曹洁获评“中国好人”。

【“巾帼心向党”行动】2020年，市妇联推进“巾帼大宣讲”，各级开展宣讲1069场。在微信公众号刊载“巾帼传习”90期、“三八红旗手”“最美家庭”事迹134期。谯城区“一月一主题”宣讲、涡阳县“小康路上妇女儿童一个不能掉队”“发挥巾帼力量，助推‘邻长制’工作”宣讲。推评先进典型。授予504人“最美抗疫女性”、383人“最美抗疫女性纪念奖”、14位援鄂女医护工作者市“三八红旗手”称号。授予47人市“三八红旗手”称号、8个单位市“三八红旗集体”称号。配合做好刘双艳人民网《脱贫攻坚路上的巾帼力量》专题访谈录制工作。举办“木兰讲堂”好军嫂好警嫂庆“八一”专题宣讲报告会。谯城区开展“荣誉送基层致敬巾帼劳动者”系列活动。组织开展慰问防汛救灾一线消防指战员、新年新诗会、亳州首届木兰文化论坛、对酒当歌古井行、国防基地爱国主义教育、宣讲男女平等基本国策、慰问退役军人、敬老爱老、抵制餐饮浪费及消防安全宣传等活动。

【“巾帼建新功”行动】2020年，市妇联组织开展“家政技能牵手贫困妇女”活动。自办（联办）家政技能培训57期，公益家政讲座（培训）8期，培训家政技能人员2582人。在微信公众号开播“居家防疫·网上学技”暨家政公益大讲堂6期。蒙城县开设“巧手传非遗”微信培训剪纸技能36期、“家有妙招”67期。

联合市邮储银行、建设银行推出“巾帼贷”“惠懂你”等融资产品和服务，召开银企对接会、业务推进会10场，发放贷款8029万元，受益实体119户。申报全国巾帼脱贫示范基地1个，省级“徽姑娘”脱贫示范基地2个，利用省市县区妇女专项资金扶持项目45个，开展农业实用技术和就业技能培训115场，带动就业1275人。组织为女企协会员线上带货活动，在市直妇女组织群、所属社会组织群内推送农场产品助销。支持女企协举办“企业复产达产我们在行动”恳谈答谢会。

【“巾帼树新风”行动】2020年，市妇联组织开展寻找“最美家庭”活动。各级推出最美家庭好婆婆好媳妇4095户次（人），特别推出100户市级“最美扶贫家庭”。相互协作创评“美丽庭院”。联合农业部门创评“美丽庭院”5839户次，助力美丽乡村建设。推进家风建设。谯城区开展“爱的抱抱·感恩母亲”家风家教宣教和“庆双节民族团结一家亲”系列家教活动。涡阳县组织“爱度七夕·涡阳企事业机关单身职工联谊会”；宣传移风易俗，为10对青年举办集体婚礼。蒙城县开展“美丽庭院”展示活动，蚌埠市妇联就创建美丽庭院工作到蒙城交流学习。利辛县举办“中国农民丰收节”妇女广场舞展示大赛。

【“巾帼促和谐”“巾帼暖人心”行动】2020年，市妇联推进婚姻家庭矛盾纠纷人民调解工作。出台加强婚姻家庭纠纷人民调解工作的意见。召开市维权联席会议，启动为期3个月的婚家纠纷排查化解专项行动，排查问题家庭260户，化解235户。启动青少年儿童心理健康指导服务，依托亳州第五人民医院开通24小时心理危机干预热线，动员34人参与心理学理论学习。

加大普法宣传力度。推动“线上+线下”妇女维权法治宣传教育：开展线上普法45期（民法典宣传23期），线下围绕婚家关系调适、亲子教育、心理健康、法律等举办“木兰讲堂”巡讲529场次。谯城区开展《安徽省家庭教育促进条例》宣传进社区活动。

发挥“两纲”工作机制作用。召开市妇儿工委全体成员会议，协商反家暴工作，部署妇女儿童发展新一轮规划的编制工作。推动市人大常委会开展反家庭暴力法实施情况调研。向法院、公安局发送反家暴工作提示函。实施儿童之家公共服务、儿童之家·相伴成长等项目。推动性别平等教育进校园项目在市县区24个中小学试点开展。

救助困难妇女儿童。实施“两癌”免费筛查项目，137名农村妇女获137万元救助。将市级困难妇女儿童救助项目资金提高至60万元，帮扶家庭500户。启动第九年“春蕾计划10元捐”活动，资助601名女生女童。发起“99公益日”募捐活动，获善款115782.32元。落实“把爱带回家”双百万结对寒假特别行动，募集过冬棉衣、学习用品，看望慰问100余名留守儿童。开展事实无人抚养儿童状况调研。完成第四期全国妇女社会地位调查工作。做好脱贫攻坚“双包”工作。启动单身青年婚恋服务中心建设。

【基层妇联组织“破难行动”】2020年，市妇联组织举办市、县(区)妇联干部培训班。实现所有乡镇、村妇联主席培训全覆盖。在“两新”组织中新建妇女组织22个。蒙城县新建“三八红旗手(集体)”工作室3个，举办示范妇女之家负责人培训班。谯城区各乡镇建立“妇女之家”微信群，试点在村级建立“姐妹群”，引导妇女参与基层社会治理。探索执委作用发挥的有效方法。蒙城县开展“小康路上她担当”活动，请执委参与谋划、认领并实施4类10项项目，开展活动2000余次。谯城区启动“温暖·她”妇女儿童项目创投征集活动，基层执委参与。“童心同行”“温情守护·播撒爱的阳光”“暖阳在身边·芬芳共成长”“我爱我家·培育家庭教育新观念”“护佑祖国未来·儿童安全关爱”5个入选项目全部完成，开展活动28场。

(张兰兰)

亳州市科学技术协会

【概况】亳州市科学技术协会(简称“市科协”)于2000年10月成立。主要职能是组织开展学术交流、科普宣传、科学考察和群众性的科学实验活动。截至2020年底，亳州市科协共有市级学会17个、县区科协4个、乡镇科协88个、农村专业技术协会46个、园区科协4个、企业科协10个。

2020年，市科协新批准成立1个市级学会、3个企业科协、4个农技协，在3个省级园区建立科协组织，指导利辛县科协和2家市级学会完成换届工作。开展提升基层科协组织力“3+1”全覆盖工作，发挥医院院长、学校校长、农技站站长在联系服务基层一线科技工作者的作用。

实施“党建强会”计划，推动所属17个学会通过法定程序将党建入章。围绕“五个一”，组织开展“全国科技工作者日”活动。举荐和表彰优秀科技工作者，开展亳州市科协系统新冠肺炎疫情防控工作先进集体和先进个人、亳州市优秀科技志愿服务队、优秀科技志愿者和最美科技工作者评选活动，共表彰先进集体31个，先进个人58名；涡阳县人民医院医生庄捷获评“2020年安徽省最美科技工作者”，利辛县农业综合执法大队潘刚获“淮海科技英才奖”。组织科技工作者代表到安徽双轮酒业徽酒学院开展调研座谈。在市科协微信公众号、电视科普栏目《科普大讲堂》设立专栏，集中宣传报道优秀科技工作者和优秀科技团体。

同年，市科协在“2020年亳州市暨谯城区‘全国科普日’云启动”活动获中国科协通报表扬；全民科学素质考评工作位居全省第五名，受到市政府通报表扬；获评安徽省2020年全国科普日活动优秀组织单位、安徽省青少年科技创新大赛基层赛事优秀组织单位、安徽省科协系统新冠肺炎疫情防控工作先进单位和安徽省中学生气象科普知识竞赛优秀组织单位。

【新冠肺炎疫情防控应急科普宣传】2020年，市科协在各级科协系统网站、科普e站、微信群、QQ群等线上平台，科普画廊、横幅标语、游走字幕等线下渠道，宣传新冠肺炎相关科普知识。在电视科普栏目《科普大讲堂》，播放科学防护知识，宣传报道科技工作者奋勇投身疫情防控一线的动人事迹，录制科普专题100余期；在“亳州市科协”微信公众号推送全国、全省及全市疫情防控情况等相关信息640余条，及时回应公众关切、澄清防疫谣言。开展防控疫情科普知识有奖竞答活动，45万余人次参与。公众号关注人数1.3万人。市药膳养生协会研发推出“医护药膳套餐”，向一线医护人员及患者配送6000余份；市民间中医协会熬制防疫中药，免费向防疫一线人员及市民发放2万余袋。市科协被省科协评为疫情防控工作先进单位。

【科普活动】2020年，市科协打造“百名专家乡村学堂讲科普”“科普惠民乡村行”“科普大篷车进校园”等品牌科普活动，共举办各类科普活动120余场次，参与公众超7万人次。新建科普e站13个，评选命名市级科普教育基地13个，择优推选4个获评省级科普教育基地。其中，指导市菊花产业协会在“亳药花海大世界”范围内投资6800万元，建设占地20余公顷、植物品种5000余种的植物科普园。涡阳县建成展区3285平方米、展品146件的科技馆，于10月1日正式开放。蒙城县投资50万元，在城关街道望月社区、庄周街道红光社区分别新建社区科普馆2个。举办亳州市全国科普日主场线上活动。与全民科学素质纲要成员单位共同开展科普阅读联合行动、卫生健康科普联合行动等十大系列线上科普联合行动。共45万人次点亮科普日，29万人次参与公民科学素质有奖竞答，16万人次在线游览科普教育基地。该活动受到中国科协通报表扬，涡阳县获评全国科普日活动优秀组织单位和全国农民科学素质网络知识竞赛优秀组织单位。

【学术交流】2020年，市科协指导县区科协、市级学会、企业科协举办40余场学术交流、技能培训活动。市药膳养生协会举办的“全国药膳之都”养生饮食文化暨药膳产品开发研讨会、市中医药研究会举办的“2020年中医药学术交流会”、古井科协举办的“2020中国白酒健康研究院年会”等学术活动，邀请一批国内专家学者到亳州讲座，受益科技工作者近1000人。市航模协会、市人工智能学会举办的科技辅导员培训班，参训人员近700人。

围绕省科协“学会服务站试点”计划，开展调研走访，收集整理2项产业发展需求，7项产业链技术需求，推动成立“省畜牧兽医学会谯城区科协服务站”，该服务站是全省首批十个试点服务站之一。举办学会服务站专家对接会，针对亳州市牛羊产业发展亟待解决的问题，围绕牛羊品种的选育和杂交改良、农作物秸秆等饲草饲料开发利用、牛羊动物疫病防控和监测以及推进产业融合等方面，与省牛羊产业技术体系和省畜牧兽医学会专家开展合作，搭建服务地方产业转型升级和助力企业技术进步的平台。利辛县在搭建高端智力服务平台方面实现新突破，2020年新组建专家工作站2家，签约合作科研项目5个，投入研发资金181万元。

【青少年科技创新大赛】2020年，市科协联合4部门举办第十届亳州市青少年科技创新暨发明创造大赛，共收到参赛作品1731项（幅）。市科协牵头成立大赛评委会，11名专家评委分类对参赛作品进行打分，评出科幻画作品一等奖55幅，二等奖107幅，三等奖300幅；青少年科技成果作品一等奖78项，二等奖158项，三等奖210项；科技实践活动作品一等奖10项，二等奖16项，三等奖22项；科技辅导员作品一等奖10项，二等奖37项，三等奖36项。大赛授予亳州市第一中学等30家单位为亳州市大赛优秀组织单位。遴选优秀作品参加省赛，获一等奖2个，二等奖16个，三等奖21个，获奖总数位居全省前列，市科协获评全省青少年科技创新大赛优秀组织单位。

联合市教育局举办第二届亳州市青少年航空航天模型大赛，全市中小学校53支代表队，1200余名中小学生参加比赛，共产生一等奖248人次，二等奖420人次，三等奖858人次，大赛授予35个学校为优秀组织单位。

组织亳州一中10名学生参加中国科协举办的吉林大学线上科学营活动。参加2020年安徽省青少年科学影像节活动，获一等奖2项，二等奖5项，三等奖11项。亳州市第三十一中学、亳州学院附属学校被中国科协青少年科技中心表彰为全国青少年人工智能活动特色学校。

（蒋子月）

亳州市工商业联合会（总商会）

【概况】亳州市工商业联合会（市总商会）（简称“市工商联”）于2001年5月28日成立。主要职能是加强和改进非公有制经济人士思想政治工作；参与政治协商，发挥民主监督作用，参政议政；协助政府管理和服务非公有制经济。

2020年，市工商联有主席（会长）1人，副主席13人，其中企业家副主席11名；市总商会副会长19人，其中企业家副会长17名；执委137名，常委51名。市工商联联系和指导的行业商会和协会有22个，团体会员13个。

加强非公党建。成立市工商联所属商会党委，召开党委会议研究年度工作和工作职责，建立党委委员联系所属商会党支部工作制度。在12个成立党支部的商会中建立统战联络员制度。

对12家直属商会党支部书记、22家直属商会秘书处人员进行培训。加强“四好”(政治引领好、队伍建设好、服务发展好、自律规范好)商会建设。市汽车后市场商会、市中药材协会被认定为全国“四好”、全省“四好”。加强直属商会换届工作指导。召开直属商会换届工作交流座谈会,完成市汽车后市场商会、市花草茶行业商会换届工作。

为民营经济发展建言献策。到商会、会员企业开展调查研究,倾听企业诉求和意见。向市政协提交提案、社情民意共7件,在市政协四届四次会议上大会发言1次;在市政协专题协商会上作专题发言4次,并完成专题专访材料3篇,牵头组织市政协工商联届别委员开展民营企业发展和商会工作调研活动1次。1篇调研报告、1件提案被省工商联评为优秀调研报告一等奖、优秀提案奖;2篇调研报告、1件提案被市政协评为优秀调研成果、优秀社情民意信息。巩固民企调查点“省市县企”四级联动组织推进机制,推动工作落实,全市106个调查点完成年度调查问卷填报工作,利辛县、谯城区工商联被省工商联表彰为“全省工商联系统民营企业调查点示范单位”。

组织40家会员企业进行《民营企业运行状况调查》《民营企业复工复产稳产情况调查》《全国民营企业抗疫政策落实情况调查》等问卷的填报工作。

同年,利辛县工商联被中华全国工商业联合会评为2019年度民营企业调查点工作示范单位。市工商联获评2019年度全省工商联系统调查点工作先进单位。4家市工商联所属行业商会负责人获评全省先进个人。

【招商引资】2020年,市工商联加强与沪苏浙工商联及异地商会联系与交流,参与省工商联组织的长三角商会促进民营经济一体化发展活动。“走出去”推介。通过天津市亳州商会、杭州市亳州商会、合肥市亳州商会、义乌市亳州商会、廊坊市亳州商会等异地亳州商会举办招商推介会5场,拜访当地知名企业80多家。“请进来”考察,邀请义乌、宁波、芜湖、海南等7个异地亳州商会、2个工商联组织和中国国机集团、浙江万众达旅游投资有限公司等23家企业到亳州考察15批次127人次。推动项目落地,确认招商项目8个,其中独立选址工业项目1个。

【市工商联四届四次执委会议】2020年7月3日,市工商联召开四届四次执委会议。会议由市工商联副主席郑勇主持,四届执委100余人参加会议。会议听取并审议通过市工商联主席曹振萍所作的工作报告;传达学习全国、市“两会”精神、省工商联十一届三次执委会议精神等;会议增选曹建为市工商联副主席。

【“服务企业年”活动】2020年,市工商联与统战部、经信局共同探索推进“1+2+N”(“1”指统战部门,“2”指党校、高校,“N”指市直相关部门业务科室)民营经济人士培训体系。在市委党校举办民营经济代表人士培训班,在浙江大学举办市民营经济高质量发展培训班。会同市人社局开展民营企业招聘活动,参与“三方四家”(“三方”指政府代表、工人代表、企业代表,“四家”指市人社局、市工会、市工商联、市企业家联合会)共同构建和谐劳动关系;会同市司法局为会员企业开展法律体检;与市检察院共同探索建立服务民营经济工作联系机制。

促进金融服务企业。与药都农商行联合举办银企对接会;与建行亳州分行合作,签订合作框架协议、“亳商智慧服务云平台”战略协议,疏通银企对接渠道,对接企业105家,向30家企业发放贷款2.5344亿元。

常态化开展“四送一服”活动。建立市工商联机关联系直属商会工作机制,走访企业60家。通过省“四送一服”双千工程平台、“政企直通车·规下工商业”微信服务平台帮助企业反映问题214个。

【助力新冠肺炎疫情防控】2020年,市工商联成立疫情监测防控工作领导小组,组织开展“爱心送暖、共抗疫情”活动。730余家工商联所属商会、异地亳州商会、民营企业、个人和在外亳州籍非公有制经济人士捐款680.2408万元,捐赠各类物资价值1622.0792万元。走访11家执常委企业,宣讲政策,送去额温枪;帮助农民工返岗就业,全市工商联系统从省内外5260家企业征集用工信息411151条。市汽车后市场商会和亳州市利辛县富亚纱网有限公司、安徽爱家食品有限公司分别被全国工商联通报表彰为抗击疫情先进商会组织、先进民营企业；市工商联、谯城区工商联和安徽美誉中药饮片有限公司、安徽春雨汽车集团、安徽远景汽车（集团）有限责任公司、三巽集团、安徽德隆投资集团有限公司、涡阳县盛鸿科技有限公司、安徽伯希和户外装备用品有限公司、安徽亿人安股份有限公司、安徽省刀锋网络科技有限公司9家民营企业分别被省工商联表彰为抗击新冠肺炎疫情先进单位、先进民营企业。

【“百企帮百村”精准扶贫】2020年，市工商联将“百企帮百村”精准扶贫工作纳入2020年市工商联岗位目标责任制，形成市、县工商联和有关单位共抓“百企帮百村”精准扶贫工作机制。采购5吨面粉、1.6吨大葱、1.1吨粉丝、1.2吨莲藕运往湖北孝感。组织会员企业开展扶贫献爱心行动，为13个贫困村65户贫困户送去价值1.5万元的物资。97家企业购买农产品，价值334.09万元。投入产业扶贫资金576.6万元，公益扶贫104.92万元，就业扶贫468.12万元。开展援疆扶贫。组织万花草、和济堂、中小企业服务中心、德昌药业、远景汽车集团亳州特润公司等7家企业公益捐赠8万元。动员商会、会员企业参与扶贫日项目认领活动，共计320家企业、单位和个人认捐资金692.15万元。涡阳县工商联、蒙城县工商联、安徽精益诚食品有限公司、谯城区年丰合作社、亳州市艾可舒医疗科技有限公司、亳州温氏畜牧有限公司等获安徽省“千企帮千村”精准扶贫行动先进集体和先进民营企业。市工商联采取“四精工作法”开展单位包村“八看八问”被省《工商导报》《工商联信息》刊发。

【商会人民调解委员会】2020年8月，市工商联以购买服务的方式，委托赵长利律师事务所开展商会人民调解工作。在市中级人民法院、谯城区人民法院、赵长利律师事务所设立调解工作站。截至12月底，法律咨询达637人次，受理案件215件，调解成功案件187件，调解成功率在90%以上。获评“2020年商会人民调解工作优秀市级工商联”。

两次赴洛阳市工商联、洛阳市老城区工商联协调洛阳市公安局老城分局，解除对斯力泰集团下属“天马国药”和“天马生物”两家公司银行基本账户的2700多万元冻结资金；6次协调谯城区人民法院解除对瑞旺纺织有限公司查封，暂缓执行公司财产，帮助企业渡过难关。

【异地亳州商会建设】2020年，亳州市新成立成都、南阳、济南3个异地亳州商会，异地亳州商会总计23个。市工商联联合市财政局下发《亳州异地商会和异地亳州商会补助经费管理办法》和综合评价体系，开展异地亳州商会工作情况评价，3次向市政府常务会议汇报评价结果，向18个异地亳州商会分3个档次拨付补助经费119万元。

（冯　刚）

亳州市文学艺术界联合会

【概况】亳州市文学艺术界联合会（简称“市文联”）于2000年6月成立。是市委领导下的专业性人民群众团体，是全市各文艺家协会的联合组织。下设亳州书画院，为全额拨款事业单位。截至2020年年底，全市有蒙城文联、谯城文联、利辛文联、涡阳文联、古井文联、作家协会、书法家协会、摄影家协会、美术家协会、音乐舞蹈家协会、戏剧曲艺家协会、收藏家协会、民间文艺家协会、电影电视艺术家协会等21个团体会员；各文艺家协会、学会共有会员5460人，其中国家级会员122人、省级会员1420人。

2020年，市文联组织各文艺家协会学习宣传贯彻习近平新时代中国特色社会主义思想。举办党的十九届五中全会精神读书班，组织学习习近平总书记系列重要讲话精神、省第七次文代会精神。发挥“学习强国”APP、安徽干部教育在线、微信公众号、微信群、微博、亳州文艺网等新媒体优势，开展学习教育。市文联年度重点调研课题《我市扶持现实题材文学创作的做法及解决相关问题的思考》入选市委政研室《全市重点调研课题成果选编》。

分别于1月16日、7月30日，召开市文联四届十二次、十三次主席团扩大会议，回顾总结、谋划交流工作。全市13名代表（张弘、张凤海、孙志保、杨小凡、李兴田、任明、潘克军、刘传师、任斌、王军、孟东晓、王小路、车敏）出席安徽省文学艺术界联合会第七次代表大会。省曲协副主席、蒙城县文化馆馆长王蒙林以省曲协代表身份参加会议。张弘、杨小凡、车敏3人当选省文联第七届委员会委员。成立魏武社区文学艺术界联合会。同年，亳州市文联荣获2020年度全省文联系统先进集体，亳州市书法家协会被中国书法家协会评为2020年开展“同心同书·祖国新春好——书法家送万福进万家”志愿服务公益活动先进集体。

【市文联四届四次全委会】2020年9月15日，市文联四届四次全委会在市文化馆六楼报告厅召开，市文联党组书记、主席张弘主持会议。全委会审议通过张弘受主席团委托向全委会所作的书面工作报告，通过委员更替增补事项，会议增补胡战斗、李健、锁敬宇、明艳风为市文联四届委员会委员。

【2017—2019年度文艺获奖作品等级评定】2020年，亳州市开展2017—2019年文艺获奖作品等级评定工作，梆剧《印记》、歌曲《使命担当》获精品奖，散文集《未知的乡愁》等74件作品分获单项一、二、三等奖，对获奖作品颁发证书和奖金。

【以“艺”抗疫】2020年新冠肺炎疫情防控期间，市文联发出《致全市文艺工作者的倡议书》《关于积极组织创作防控疫情文艺作品的通知》，开展亳州市“全面小康、抗击疫情”主题文学征文活动，组织全市文艺工作者创作抗疫主题文艺作品4000余件，在“文艺亳州”微信公众号开辟专栏，编发8期，展示优秀作品100余件。亳州市作协微信公众号选登优秀文学作品90期，评出优秀文学作品89篇。

安徽大鼓《白衣战士要出征》、烙画《逆行者——勇士的烙印》、剪纸《众志成城　战胜疫情》、书法《三军勇士江城赴　九域名医不等闲》、美术《向火神山进发》等20多件作品被省文联微信公众号推出，中国文明网、“学习强国”安徽学习平台、安徽省文联微信公众号、“亳州发布”等媒体报道亳州市文艺界助力抗击新冠肺炎疫情情况。

2020年亳州市文艺活动一览表

表5

序号	活动名称	举办单位	备注
1	西泠公益行西泠十家走进亳州市书法篆刻作品展暨书法作品赠送仪式	市文联	7月23日在市文化馆一楼展厅，西泠名家秦陶、倪郡阳、陈威光、昌少军、岐岖、江继甚、董建、孙向群、费加龙、邵晨等出席活动
2	亳州市首届双拥摄影展暨颁奖仪式	市委宣传部、市退役军人事务局、市文联、市文旅体局	8月18日在市文化馆举行，共展出摄影作品73幅
	“相约富阳　共抒小康”宿迁、亳州、富阳书法交流展	宿迁市文联、亳州市文联、富阳市文联	9月1日在杭州富春江畔富春山馆（公望美术馆）开幕。杭州市、宿迁市、亳州市三地文联书协领导以及当地书法家、书法爱好者300多人出席
3	安徽省小说创作研讨会	省作家协会、省作家协会小说专委会	10月29日至30日，在亳州市希尔顿欢朋酒店会议室召开。省作协小说专委会成员等20余人出席会议。会议围绕“全面建成小康社会，庆祝中国共产党成立100周年”主题创作展开研讨
4	征集新时代文明实践文艺作品脚本评选	市文明办、市文联、市文化旅游体育局	李兴田、王桂影创作的评书《圆梦》获特等奖，李心清创作的情景剧《不眠的灯光》，程安国、武齐创作的歌曲《红彤彤的中国红彤彤的家》均获一等奖，另19件作品分别获二、三等奖和优秀奖
5	安徽省首届书法学术研讨会	省书协、市文联	12月12日在亳州宾馆开幕。省书协主席团成员、省书协学术委员会委员出席会议。入选论文23名作者到会
6	安徽省优秀戏曲展演暨亳州市戏曲大赛	亳州市文联、中共利辛县委宣传部	12月20日在利辛县举行

续表 5

序号	活动名称	举办单位	备注
7	亳州市书法作品常州展	常州市文联、亳州市文联	12 月 20 日开幕式在常州书法展览中心举办，亳州市书法家 110 幅书法作品参展
8	第四届安徽书法大展	安徽省文联、省书协	12 月 8 日—14 日，在亳州市文化馆举行，共展出省书协主席团成员作品、优秀作品和部分参展作品 80 余件
9	亳州市“西淝河杯”小说征文大赛	亳州市作家协会、利辛县文学艺术界联合会主办，利辛县作家协会承办	评出获奖作品 40 篇。其中：中篇小说、短篇小说、微篇小说一等奖各 1 篇，二等奖各 2 篇，三等奖各 3 篇；中篇小说优秀奖 7 篇（第 6 位并列 2 篇），短篇小说优秀奖 9 篇（第 6 位并列 4 篇），微篇小说优秀奖 6 篇
10	“梦追晋唐”—— 李哲书法作品展	亳州市政协书画院、安徽省书协楷书委员会、安徽省青年书法家协会、市文化旅游体育局、市文联	12 月 30 日，在亳州市文化馆开展

【文艺采风创作】2020 年 4 月 22 日，亳州市文联组织带领有关协会负责人和部分文艺工作者共 20 余人的采风团，走进利辛县巩店镇的部分脱贫村实地考察，正式启动全市文艺界“决胜全面小康、决战扶贫攻坚”主题采风创作活动。广大文艺家围绕全面建成小康社会主题，在文学、美术、书法、摄影、剪纸、戏曲等领域创作了一批优秀作品，在 10—11 月在《文艺亳州》微信公众号集中展示近 100 件。

【文艺成果】2020 年，市作协在省级以上文学刊物发表作品 700 余篇（首）。主要成果见下表。

2020 年亳州市文艺成果一览表

表 6

时间	成果
4 月 19 日	孙志保的长篇小说《第一特支》、杨小凡的中篇小说《在希望的田野上》入选 2020 年安徽省文联中长篇小说精品创作工程
4 月 22 日	第四届安徽省书法大展中，李哲、陈安源、张俊侠等人创作的 3 件作品获优秀奖，另有 13 件作品入选
5 月 28 日	青年画家车敏的美术创作项目《生如夏花——追记基层青年纪检干部李夏》（中国画）入选中国文联 2020 年青年文艺创作扶持计划资助项目
6 月 6 日	在第七届安徽美术大展版画作品展中，8 件作品入展，2 件作品获优秀奖提名
7 月	《王炳华杜娟剪纸精品集》由安徽美术出版社出版发行
7 月 24 日	马骥、郑伟清、张云凤等创作的 3 件作品入选第三届“邮驿路 运河情”全国美术作品展（中国画）
7 月 30 日	王大帅的创作中国画《大瑶里铜鼓声》在第十届“民族百花奖”——中国各民族美术作品展（中国画、油画、版画）获银奖
8 月 12 日	第五届“八荒通神”——哈尔滨美术双年展（中国画）评选揭晓，亳州市王大帅创作的《新兵训练日》、张云凤创作的《抢修路上》入选
9 月	亳州市作家王宏理创作的《“说谎”的小刺猬》获 2020 中国·瑞安“小邹鲁杯”寓言综合大赛一等奖
10 月 16 日	郭修文创作的唱词《两碗豆腐脑》，李兴田、王桂影创作的评书《三下冰河》，徐丽创作的曲艺唱词《一块田》，陈学超创作的小戏《瓜熟蒂落》，李心清创作的小戏《麦收时节》5 件作品入选中共安徽省委宣传部、安徽省文联、安徽省曲艺家协会举办的安徽省百部小型优秀原创戏剧剧本、曲艺作品征集
10 月 27 日	在“2020 年中国戏曲百戏（昆山）盛典”展演中，淮北梆子戏《谢瑶环》获优秀剧目奖，付宏伟获优秀表演奖
11 月 15 日	安徽省文化和旅游厅 2020 年度戏剧创作孵化计划入选剧目——淮北梆子戏《雨燕衔春》在亳州药都银行大剧院上演

续表 6

时间	成果
11 月 29 日	在第七届安徽省美术大展中，全市有 26 件作品入展（国画 15 件、油画 4 件、版画 7 件），其中 5 件作品获优秀奖
12 月 14 日	在全省“决胜小康 奋斗有我”主题创作民间文艺作品征集中，郭兴义创作的农民画《家乡巨变》获优秀作品，王炳华的《养好扶贫羊，生活奔小康》、闵霞的《扶贫路上我争先》等 8 件剪纸作品入围
12 月 27 日	全市有 8 件作品入展安徽省第 15 届书法新人新作展
12 月 31 日	在安徽第十届工艺美术精品博览会暨徽工奖评选中，王炳华、杜娟剪纸作品《虎头鞋花》、闵霞剪纸作品《合巹生子》分获金奖，路通的艺术陶瓷作品《窥视》获银奖
12 月	在安徽省第 15 届书法新人新作展中，全市有 7 件作品入展

【文艺队伍建设】2020 年，市文联以建设安徽一流“文艺亳军”为目标，加强文艺人才队伍建设。全市新增国家级会员 13 人（中国剧协 6 人、中国美协 4 人、中国作协 1 人、中国书协 1 人、中国民协 1 人），年度入会人数创历史新高。

邀请西泠名家昌少军为全市文艺骨干培训班授课，邀请邵晨开展篆刻知识公益讲座，邀请省美协杨国新、丁力对美术骨干进行指导。

刘传师出席中国剧协第九次全国代表大会。朱芦斌、靳晓丽在“奋斗的青春最美丽”——安徽省青年戏剧演员优秀作品展演中获优秀演员奖。王炳华获评安徽省文联系统“最美‘深扎’文艺工作者”称号。闵霞、路通获评第六届安徽省工艺美术大师。71 人获评“安徽省乡村文化带头人”。

【基层文艺组织建设】2020 年，市文联推进社会团体法人登记工作，亳州市作协、市音舞协、市书协、市美协、市戏曲协 5 家协会完成登记工作。

成立谯城区薛阁街道魏武社区文联，此为安徽省首家社区文联。成立亳州市电影电视艺术家协会，李健当选为亳州市电影电视艺术家协会主席。成立亳州印社，张雷当选为亳州印社社长。亳州市美术家协会成立油画艺委会。

【文艺阵地建设暨“互联网 + 文艺”】2020 年，市文联组织出版《亳州文艺》6 期，计 100 万字，质量稳步提升，政治性、思想性、艺术性、时代感和地域感明显增强。

推进“互联网 + 文艺”建设步伐，“文艺亳州”微信公众号发布重要理论文章、工作信息、文艺活动报道 124 条，关注人数 3830 余人。“亳州文联”微博发布信息 222 条。市摄协微信公众号“亳州摄影家协会”编发质量走在各协会前列。

【文艺志愿服务】2020 年，市文联推动文艺志愿者网上注册登记工作。

元旦、春节期间，组织艺术家到利辛县城关镇、纪王场乡，谯城区芦庙镇开展“我们的中国梦——送文艺进万家”志愿服务活动，为群众书写春联和福字 2000 多条（个），现场为群众拍摄、打印福字背景照片 30 余幅，送去《扎根涡河沃土》现实题材文学创作作品集 200 册、《亳州文艺》杂志 100 本。

1 月 16 日，市戏剧家协会文艺志愿服务小分队与安徽省戏剧家协会副主席、中国戏剧“梅花奖”获得者、徽剧表演艺术家王丹红，安徽省徽京剧院徽剧表演艺术家、中国戏剧“梅花奖”获得者汪玉殊等到谯城区光荣院为退役军人表演节目。

疫情期间，组织市书协、市美协会员创作 100 多幅书画作品赠送给援鄂医疗队员和亳州市新冠肺炎定点医院——亳州骨科医院。

7 月 14 日，市文联组织戏曲演出小分队到谯城区薛阁街道魏武社区开展志愿惠民演出。

12 月 10 日，市文联开展文艺志愿服务活动，组织剪纸艺术家王炳华、闵霞等到利辛县王人镇第三小学传授剪纸技艺。

12 月 7—10 日，安徽省“携手共圆小康梦”文艺惠民系列活动走进亳州，由省和亳州市文艺工作者组成的志愿服务小分队到谯城区古井镇后老家村，以及涡阳县、利辛县、蒙城县的乡村,开展送书画、送戏曲等惠民活动。

市篆刻学会、亳州印社义务培训篆刻爱好者200余人次。

(李兴田)

亳州市残疾人联合会

【概况】亳州市残疾人联合会(简称"市残联")于2001年成立,主要职能是贯彻执行国家和省、市关于残疾人事业的方针、政策,维护残疾人合法权益,为残疾人服务。2020年,亳州市有县区残疾人联合会4个,乡镇(街道)残疾人联合会89个。有持证残疾人199532人,占总人口的3%。

全市有扶持残疾人创业就业基地3家,扶持残疾人个人创业就业935人,补贴资金339.75万元;实施阳光大棚补贴57个,补贴资金42.8万元;贫困残疾大学生资助58名,资助金额9.35万元;对304名残疾人实施社保补贴,补贴资金69.85万元。

开展残疾人证办理送上门活动。各县区残联在残疾人鉴定结果中出具告知书一式三份,当事人一份、乡镇一份、残联一份。全市共鉴定2.7万余人,符合条件的已办理残疾人证23311本。协调落实残疾人补助金的发放和扶贫项目的落实。

办理"12345"市长热线、政风行风热线中残疾人办证、救助、就业、教育等咨询件150余件,政风行风热线上线直播4次;对1893余户贫困残疾人家庭实施残疾人家庭无障碍改造;借助"全国助残日"、国家宪法日等节日开展法治宣传,集中开展《宪法》《民法典》《残疾人保障法》《安徽省残疾人保障条例》等法律法规的学习和宣传活动。

新冠肺炎疫情防控期间,通过微信公众号、网站等发布《倡议书——致广大残疾人朋友》。印发《亳州市定点康复机构2020年春季开学开训前后疫情防控工作预案》。开展以"春风送真情,就业暖民心,就在安徽,皖美创业"为主题的就业援助月活动。开展残疾人就业机构的复工复产和康复机构的疫情防控调研工作。

联合市卫生健康等相关部门开展第四次全国残疾预防日宣传教育活动、"全国第21次爱耳日"宣传教育活动。联合专门协会开展国际残疾人日、第十次全国扶残人日活动。开展以"助残脱贫,决胜小康"为主题的第30次全国助残日系列活动。联合宣传部门举办以"脱贫奔康""助力抗疫""自强不息"为主题的"中国人寿杯"亳州市残疾人读书达人演讲比赛,选送的选手在"中国人寿杯"安徽省第七届残疾人读书达人演讲比赛中获三等奖。

【残疾人康复工程】2020年,亳州市残疾人联合会实施残疾人康复工程。贫困精神残疾人药费补贴工作,省残联下达救助任务数7040人,实际完成14640人,超任务数7600人,发放资金1464万元,基本做到持证精神残疾人药费补助全覆盖。贫困残疾儿童抢救性康复工作,全市四类残疾儿童康复省指标任务数924人,实际完成1646人,超额完成722人。儿童辅助器具类任务132例,实际完成361例,超额完成229例。残疾儿童人工耳蜗、助听器适配等项目采取补贴式发放,方便和惠及残疾人。联合亳州市中医院举办残疾儿童(脑瘫)康复项目家长培训班。

【信息数据动态更新】2020年,亳州市残疾人联合会开展全市残疾人基本服务状况和需求信息数据动态更新工作,完成212125名持证的残疾人的数据核实、注销、走访、需求调查、录入数据和上报,为中国残联制定惠及残疾人的有关政策提供科学依据。

【残疾人劳动就业服务】2020年,亳州市残疾人联合会开展残疾人劳动就业培训服务,共培训3896人,省下达任务数2214人,超额完成培训1682人。为80名建档立卡就业年龄段的视力残疾人举办盲人按摩培训。开展2020年度家庭经济困难残疾大学生资助工作,完成58名家庭经济困难残疾大学生资助。

(王国栋)

法　治

2020 年 10 月 27 日，亳州中院设立执行服务中心，为群众提供“一站式”服务　（蒋加磊　摄）

政法委及综治

【概况】2001年6月，亳州市委政法委成立，是市委主管全市政法工作的工作部门。有内设机构3个。2016年7月，亳州市委政法委设内设机构4个，市防范和处理邪教问题领导小组办公室挂靠市委政法委，正处级规格。2019年3月，亳州市机构改革，市委政法委内设机构有执法监督科、综治督导科、反邪教协调科和维稳指导科等5个。

2020年，亳州市政法系统开展“执法司法规范年”活动。出台《建立健全乡镇（街道）政法委员工作机制的指导意见（试行）》，建立乡镇政法委员监督管理制度，把政法津贴30%部分与工作实绩、作风建设等内容挂钩，奖优罚劣，调动乡镇政法委员积极性。推进县区公检法干部交流轮岗，累计交流轮岗基层政法干部385人。建立政治轮训制度，对政法机关中层以上干部和乡镇（街道）政法委员开展政治轮训2次。继续推进扫黑除恶、平安建设工作。落实党委政法委派员列席政法单位党委（党组）民主生活会制度。建立约谈、通报、挂牌督办机制，对全市群众安全感满意度测评落后的乡镇（街道）进行约谈等，全力服务保障经济社会发展。全市人民群众安全感和对政法机关满意度分别为98.19%和95.96%。

【扫黑除恶】2020年，亳州市坚持“五级书记一起抓”，各级党委常委会、政府常务会将扫黑除恶专项斗争纳入重要议事日程。完善以政法委书记、公检法三长包保县区，“小三长”日常调度、突出问题特派督导专员三项制度为基础的监督指导机制，市委政法委、公安局、法院、检察院主要负责人牵头包保县区，开展专项督导调研，推动问题整改。开展“六清”工作回头看，加强督导调度，打好扫黑除恶收官战。人民群众对扫黑除恶成效满意度98%。亳州市“六清”综合成效居全省第一位。

【社会治理】2020年，亳州市制定《亳州市推进市域社会治理现代化试点工作2020—2022年工作方案》。构建“综治中心+”基层治理体系，以综治中心为依托，健全矛盾调处机制，常态化、规范化开展疑难复杂案件公开听证、集体评议。加快公共法律服务体系建设，建成市、县、乡、村四级法律服务中心（站、工作室），各县区均建成“律师超市”。落实“一村一辅警”，及时掌握处置社情、警情、舆情。落实“一村一法律顾问”，实现公共法律服务及时到位。落实“一村一大喇叭”持续滚动宣传，营造平安建设“人人知晓、人人支持、人人参与”的社会氛围。各县区结合本地实际探索，涡阳县推进综治中心集约化、实体化运营，得到省信访局的肯定；利辛县推行“135信访工作法”，实现信访形势根本性好转；谯城区把调解站建在中药材交易中心，主动靠前服务药商药企。蒙城县、涡阳县分别获评全国、全省法治政府建设示范县。市司法局获评全国公共法律服务工作先进集体。

【平安亳州建设】2020年，亳州市成立市委书记任组长、市长任副组长的平安建设领导小组，制定工作方案、制度。加强专业化综治力量，市、县（区）两级综治中心分别明确5～7人的编制，建立实体化运行机制。开展突出违法犯罪大整治、社会治安大防控、“进千村入万户”大走访、矛盾纠纷大排查大化解、执法司法行为大规范、政法单位服务水平大提升、平安建设大宣传等七大攻坚行动。全市动员政法干警、基层干部2万余人次，走访群众50余万户。各乡镇（街道）开展每日夜间巡逻防控。会同市妇联开展婚姻家庭矛盾纠纷排查化解工作，及时调处化解纠纷；会同卫健委开展严重精神障碍患者摸排筛查和服务管理专项行动，消除肇事肇祸隐患。开展矛盾纠纷化解拉网式排查，完善人民调解、警民联调、诉调对接等工作机制，最大限度把矛盾纠纷解决在基层、消除在萌芽状态。市中院“一站式”多元解纷和诉讼服务体系建设得分居全国中院第一位。

（蒋　灿）

公　安

【概况】亳州市公安局于2000年成立，是主管全市公安工作的市政府工作部门。有谯城分局、高新技术产业开发区分局、交警支队、特警支队、刑警支队、经侦支队、治安支队、国保支队、指挥中心、网安支队、技侦支队、出入境管理支队、看守所、拘留所、森林警察支队等内设机构。

2020年，市公安局开展“执法提升年”活动，全市公安执法工作满意度同比上升1.92个百分点；人民网网友留言反映执法问题下降50%；信访渠道接群众投诉执法问题下降52.65%。

牵头组建疫情防控大数据工作专班，筛查疫区到亳人员、复工复产数据3900余万条，核查境外入境涉亳人员3913人，推送高风险人员10630人。围绕流行病学调查、社会管控两项重点任务，开展实战演练。排查涉政风险点11个，制定防控措施56条，依法查处网上散布政治谣言和有害信息人员26人，排查化解社会矛盾纠纷26575起。

推进“枫桥式公安派出所”创建，蒙城乐土派出所被命名为省级“枫桥式公安派出所”。融入“邻长制”基层组织体系，深化城乡社区警务，推进“一村一警”工作。推动公安检查站、街面移动警务、校园安全网以及“前哨”系统建设，构建立体化、信息化社会治安防控体系。全市1258个行政村，776个行政村有驻村辅警，其中谯城区驻村辅警241名（241个行政村）、利辛县驻村辅警361名（361个行政村）、涡阳县驻村辅警46名（368个行政村）、蒙城县驻村辅警115名（275个行政村）、高新区驻村辅警13名（13个行政村）。

全市社会治安呈现“六升六降”的良好态势，即：刑事案件破案数同比上升46.72%，“两抢一盗”破案数上升52.68%，八类案件破案数上升28.10%，侵财类案件破案数上升120.84%，电信网络诈骗案件破案数上升985%，命案积案破案数上升133.33%；“两抢一盗”立案数同比下降9.51%，治安案件受理数下降6.53%，全市道路事故起数下降10.85%，死亡人数下降0.55%，受伤人数下降16.29%，直接财产损失下降11.08%。

同年，亳州市公安局“数字治疫”新模式被省公安厅和公安部科信局推广，市公安局科信科获评全国公安系统抗击新冠肺炎疫情先进集体。

【扫黑除恶】2020年，全市公安机关打掉涉黑组织13个、涉恶犯罪集团32个、涉恶团伙67个；破获刑事案件1075起，抓获团伙成员1093人；查封、扣押、冻结涉案资产3.2亿元。推进社会治安和信息网络两个领域专项整治，打击处理“黄赌毒”违法人员1950人、同比上升85%，上升幅度居全省第一位；破获涉网黑恶案件66起，抓获犯罪嫌疑人49人。年度市公安机关整体成效位于全省第三名、C类地区第一名。其中，涉黑涉恶线索查结率和打击涉网黑恶犯罪抓获人员数均位居全省第一名。公安机关“六清”成效位居全省前列。

【社会治安防控体系建设】2020年，全市公安机关坚持整体规划与实践探索相结合、系统推进与重点突破相协调、基础建设与机制改革相融合，全面强化社会治安防控“六张网”建设。投入23亿元建设6.8万路视频监控，“探头站岗”覆盖全市8374平方千米17423个自然村庄；市级“前哨”系统建设全面铺开，一期覆盖49个中小学重点部位；规划建设省际公路公安检查站7个，启动建设1个。以指挥中心可视化指挥调度为龙头，以视频数据平台、公安大数据情报平台、“江淮

2020年1月10日，亳州市公安局开展“110宣传日”活动　（刘勤利　摄）

义警”微信公众平台等科技手段为支撑，构建城区“三级巡防互补、网上网下联动、应急兼顾、打防管控并举”的“大巡防”格局，其中一级武装巡防、二级社会面巡防坚持实战化勤务模式，做到“有警接警、无警巡逻、动中备勤、增强震慑”；三级社区巡防重点抓“人、物、场所”治安基础要素管理、矛盾纠纷排查化解、基础防范等工作。全年共调解矛盾纠纷27731起，群众安全感提升0.52个百分点。

【助力环境保护】2020年，全市公安机关开展涉车涉油等环境污染专项治理。依托“科技+人力”，定点执勤、视频巡查和路面查纠相结合，出动警力35745人次，设置19处环城固定岗点严管柴油货车和超标排放车辆闯禁区行为，查处违规车辆闯禁区9470起。抽调市公安局机关警力4788人次在19个校园周边疏导交通，守护安全。打击非法经营成品油专项行动，查处非法加油站点41个，非法流动加油车49辆，行政处罚91人，刑事拘留13人。落实烟花爆竹禁放措施，依法行政拘留80人。

开展长江禁渔工作。摸排非法捕捞重点人员、涉渔重点场所，移交市农业农村局渔政执法部门非法捕捞行政案件5起，侦办非法捕捞水产品刑事案件2起，采取刑事强制措施2人。

全面实行烟花爆竹禁放工作。全市公安、应急管理、城管执法、环保等部门派出执法力量5000余人次，及时劝阻61名群众燃放烟花爆竹，依法查处非法销售、运输、储存烟花爆竹案件48起，行政拘留48人，查处违规燃放行为32起，行政处罚32人。节假日期间，各禁放区内燃放行为得以控制。

【交通安全管理】2020年，全市公安机关组织开展高速公路、国省道、汛期、危化品运输车辆通行道路交通安全隐患专项排查整治，开展常态化交通安全隐患排查整治。共排查道路交通安全隐患1783处，完成督办整治1652处，整治率92.7%。联合应急管理、交通运输、教育等部门对“两客一危一货”及校车企业落实企业主体责任开展经常性督导检查，共检查客运企业6家，危化品运输企业3家，货运企业38家，校车运输企业10家，中小学及幼儿园256所。加强农村道路交通安全工作，全市有路长134人，建成警保合作劝导站72个，农村交通安全劝导员人数2228人，市、县、乡、村四级路长制初步建成，举办交通安全宣传教育344场次，开展安全劝导43.6万余人次。

【公安便民服务】2020年，全市公安机关创新推出“放管服”改革新做法，进一步优化便民利企新举措。

坚持“线上办”，提升政务服务水平。推进公安政务服务事项“网上办、掌上办”，实现除法律法规规定的特殊环节外，个人政务服务事项100%“全程网办”。

坚持“就近办”，优化综合办事窗口。持续新增窗口办事数量。将户政、出入境、交管等业务授权派出所窗口单位，打造公安综合服务站，实现“一窗口对外、多业务集成、一站式办理”。持续扩大窗口业务范围。将县级医疗机构驻入派出所“一站式”综合服务大厅，群众驾驶证到期后，只需到就近派出所即可完成体检业务。截至年底，就近办理“期满换证”业务2865笔。

坚持“优质办”，擦亮热点服务品牌。聚焦群众和企业办事堵点难点，将公安政务服务高频事项列入重点攻坚目标，打造线上线下无缝衔接的政务服务平台。深化新办企业免费刻章邮寄服务，为全市20584家新开办企业免费刻制印章102920枚，为企业节省成本约2700万元。拓展电子证照场景应用服务，推动电子身份证、电子驾驶证、电子行驶证在“长三角”地区互认互通，公安类电子证照下载量10万余件。推进“7×24小时不见面”服务，打造7×24小时不打烊的自助查询、智能咨询、自助申办、扫码缴费的全链条一体化综合自助服务新模式，解决群众办事8小时之外服务管理问题。

（杨振华）

检　察

【概况】亳州市人民检察院于2000年成立。全市共有市县两级检察院5个，其中，市级院1个、区级院（谯城）1个、县级院3个。2020年，亳州市检察机关受理各类案件10868件，同比上升6.8%；办结案件7236件，上升

5.3%。其中，办结刑事检察案件5451件、民事检察案件882件、行政检察案件221件、公益诉讼检察案件682件。

服务保障疫情防控期间民营经济发展。办理涉疫情刑事案件9件、公益诉讼案件14件。其中，市检察院在24小时内，依法快捕一名销售假口罩犯罪嫌疑人，利辛县检察院立案监督的销售假熔喷布案，帮助受害厂家追回28万元货款。

严惩危害国家安全和公共安全犯罪。批捕故意杀人、绑架等侵犯公民人身权利案394人，起诉633人；批捕“两抢一盗”等侵犯公民财产安全案473人，起诉650人；批捕破坏金融管理秩序案35人，起诉77人。监督“套路贷”等民事虚假诉讼案35件，向有关单位移送涉案线索5件5人。结合办案发现税收管理漏洞，及时发出检察建议，联合开展专项行动，停供发票19户，移交稽查7户，建议移交公安机关立案3户。

办理涉及困难群众司法救助案件16件，救助贫困户17人，发放救助金37.3万余元。把保障弱势群体权益与精准扶贫相结合，支持起诉追索劳动报酬、人身损害赔偿、赡养费案76件，法院已采纳36件。结合群众安全感、满意度“双提升”工作，进村入户开展宣传活动200余次。

批捕破坏环境资源保护类犯罪案件24人，起诉51人；办理生态环境和资源保护领域公益诉讼诉前程序案件109件，提起公益诉讼11件。开展“守护绿色江淮美好家园”专项检察监督活动，发送检察建议99件，助力打好蓝天、碧水、净土保卫战。联合构建“检察长+河长”治河新模式，为“水清、岸绿、河畅、景美”提供保障。

推进“温暖控申”品牌建设。收到群众来信 699件，7日内回复率100%，3个月内办理过程或者办理结果答复率100%。办理司法救助案件66件76人，发放救助金131.7万余元。化解高检院督办信访积案4件。办理阻碍辩护人、诉讼代理人依法行使职权案3件。

加强人大代表、政协委员联络工作，走访市人大代表、政协委员70余人。向市人大专题报告公益诉讼工作，向市政协专题报告公益诉讼单项工作和年度综合工作，邀请市人大常委会委员视察非法伐木补植复绿基地。邀请263位市县人大代表、政协委员等参加案件听证、公开审查等活动，公开审查各类案件57件。

围绕“美丽乡村检察行”“服务‘六稳’‘六保’护航民企发展”“民有所呼、我有所应”“同舟共济、检护明天”等主题，召开新闻发布会3场，举行检察开放日活动20场次。依法及时发布案件程序性信息5171件，重要案件信息126件，公开法律文书3328份，办结律师阅卷、变更强制措施等申请事项1068件。

同年，市检察院扫黑除恶、未成年人检察、社区矫正检察等5项工作在省级以上会议作经验介绍，37个集体、118名个人获市级以上表彰，9件案件被高检院、省检察院评为典型案例、精品案例，谯城区社区矫正检察工作获评全省基层院建设工作品牌，4个县（区）检察院均获评“全国检察宣传先进单位”。马潇、王婷婷获评“全省十佳公诉人”，陈政理、张珂获评“全省优秀公诉人”，马刚获评“全省案管检察业务标兵”。

【刑事检察】2020年，亳州市检察机关监督公安机关立案72件，撤案81件，纠正漏捕35人，纠正漏诉59人，提出刑事抗诉50件。办理社区矫正环节监督脱管漏管案86件，监督收监执行11人，办理财产刑执行监督案件114件。谯城区检察院创新开展社区矫正检察工作经验，获评“长三角区域社会治理现代化法治保障创新实例”。侦查司法工作人员职务犯罪案件3件3人，陆某某徇私枉法案被省检察院评为典型案例。与市监察委、市中院、市公安局联合印发《办理职务犯罪案件工作衔接办法》，强化监检衔接和配合制约，办理监察机关移送职务犯罪案件32人，已提起公诉28人，依法提前介入重大复杂案件6件，合力惩治腐败现象，守护全市政治清明。

【民事检察】2020年，亳州市检察机关开展审判程序监督工作，提出检察建议110件，法院采纳108件。开展执行活动监督工作，促进人民法院依法规范执行、保障当事人合法权益，提出检察建议244件，法院采纳率100%。开展民事生效裁判监督工作，提出再审检察建议53件，提出抗诉29件，提请省检察院抗诉3件。依法维护法院正确裁决，不支持当事人监督申请77件。加大民事虚假诉讼案件监督力度，监督纠正虚假诉讼案件58件。监督纠正的4起利用虚假诉讼为小产权房办理房产证案，被《安徽日报》报道。监督纠正的“董氏兄弟”虚假诉讼案，当事人从带情绪信访到送锦旗致谢，社会效果很好。

【行政检察】2020年，亳州市检察机关坚持化解行政争议，推进行政检察工作。共办理行政诉讼监督案件221件，有效化解行政争议29件。其中办理行政诉讼生效裁判监督案件21件，办理行政审判活动违法监督案件17件。开展行政非诉执行专项监督活动，监督法院依法审查办理强制执行案件，督促行政机关依法申请强制执行，针对非诉执行活动违法提出检察建议151件，法院采纳135件。

【公益诉讼检察】2020年，亳州市检察机关办理民事公益诉讼88件、行政公益诉讼594件，提起公益诉讼31件。稳妥办理人民群众反映强烈、社会关注度高的安全生产、公民个人信息保护等“等”外领域案件215件。综合分析烈士纪念设施保护领域案件，于“八一”前夕发出检察建议，“一揽子”保护英烈纪念设施27处，获市委领导批示肯定，被《检察日报》报道。

【扫黑除恶】2020年，亳州市检察机关打赢扫黑除恶专项斗争“收官战”。自专项斗争始，坚持“是黑恶犯罪一个不放过，不是黑恶犯罪一个不凑数”底线，共批捕涉黑案件14件66人，涉恶案件160件413人；审查起诉涉黑案件17件144人，涉恶案件98件517人。提前介入黑恶案件43件，改变公安机关定性24件。涡阳县检察院办理的沙如意等17人涉黑案，因“充分发挥诉前引导作用，准确认定黑社会性质犯罪”入选省检察院典型案例。发挥检察建议促进建章立制管根本的作用，发出社会治理类检察建议37件，均落实。利辛县检察院发送的民族宗教管理领域检察建议，被省检察院评为“优秀检察建议”。

【助推民营经济健康发展】2020年，亳州市检察机关服务保障“六稳”“六保”，办理各类涉民企案件105件。严厉打击扰乱市场经营秩序行为，批捕32人，起诉17人；办理民营企业家涉嫌犯罪案件，依法不批捕5件7人，不起诉12人，不诉率高于普通刑事犯罪28个百分点。谯城区检察院依法不起诉的王某某重大责任事故案，被省检察院评为“全省检察机关服务民企典型案例”。开展涉民企“挂案”专项清理工作，清理长期“挂案”11件。市检察院监督撤销的某民企涉嫌虚开增值税专用发票案，终结该案“久挂”状态，有效维护了企业权益，被《安徽日报》报道。针对中医药民营企业发展中的六大方面84个问题，调研企业200余家，研究成果在《安徽法学》发表。

【认罪认罚从宽制度落实】2020年，亳州市检察机关推进认罪认罚从宽制度广泛适用，最大限度减少、转化社会对立面，促进社会和谐稳定。适用认罪认罚从宽制度办结案件2966件3425人，占总件数和总人数的86.9%和82.2%，同比分别上升54.2%和51.7%。对2114名犯罪嫌疑人提出量刑建议，法院采纳1951人，占提出量刑建议人数的92.3%，上升21.9%。谯城区检察院办理的武振飞等15人涉黑案，在最高检《关于人民检察院适用认罪认罚从宽制度情况的报告》中，被列为典型案例。

【青少年权益维护】2020年，亳州市检察机关共办理审查逮捕案件192件247人，审查起诉案件212件278人，对223名未成年人适用认罪认罚从宽制度。对涉罪未成年人不批准逮捕23件35人，不起诉25件36人，附条件不起诉3件6人，开展跟踪帮教27人，开展亲职教育19次。113名检察干警兼任“法治副校长”，开展法治进校园283场，受众达7万余人。开展校园安全专项检查47次，发现隐患16处，发出检察建议6份，完成整改落实。谯城区检察院获评全国“法治进校园”巡讲活动表现突出单位。蒙城县、谯城区未成年人检察工作被《中国青年报》头版头条刊发。利辛县检察院“两步走”扩大法治课覆盖面工作法被《法治日报》报道，办理的冉某某强奸、故意杀人案获评全省未成年人检察十大精品案例。

【食品药品安全维护】2020年，

亳州市检察机关办理食品药品安全领域审查逮捕案件13件21人，审查起诉案件16件32人，监督公安机关立案10件10人，监督撤案1件1人，监督遗漏同案犯1件1人，监督遗漏罪行4件4人，公益诉讼案件43件。依据办案中发现的问题发出检察建议，推动开展食品安全专项检查行动，合力维护"餐桌上的安全"。

（陈新永）

法 院

【概况】2000年12月28日，亳州市中级人民法院（简称"市中院"）成立。2020年，全市共有两级法院5家：市中院、涡阳县人民法院、蒙城县人民法院、利辛县人民法院和谯城区人民法院。全市基层法院共设27个基层人民法庭。

2020年，全市法院受理案件78745件，结案78056件，同比分别增长8.42%、10.92%；市中院受理案件6663件，结案6622件，同比分别增长10.64%、11.05%。全市法院结案率位居全省法院第二位，执行结案率位居全省法院第一位。市中院结案率位居全省中院第二位，"一站式"多元解纷和诉讼服务体系建设质效得分居全国中院第一位。扫黑除恶、执行攻坚、多元解纷、党的建设等工作经验做法在全省、全国交流推广，受到省高院、市委主要领导批示肯定。

同年，全市法院共有37个集体、124名个人获市级以上表彰，8篇案例论文在全国、全省评选中获奖，市中院干警撰写的《陆某、邹某某等人组织卖淫、协助组织卖淫案——参与投资但不参与具体卖淫活动管理或者控制的投资者行为性质认定及处罚标准》获评全省法院案例一等奖。

【案件审判】2020年，全市选派300余名法院干警投身防疫一线。出台《关于充分发挥审判职能依法保障新冠肺炎疫情防控和经济社会发展的意见》，开启执法办案"云模式"，实现执法办案不停歇、公平正义不止步。全年网上立案4353件、网上开庭107次、电子送达1.7万次、"12368"热线答询1.4万次。落实国家纾困惠企政策，准确适用不可抗力规则，妥善化解因疫情引发的合同违约、企业债务等纠纷1381件，促成当事人以展期、续贷或分期付款等方式调解和解4.82亿元。坚持善意、文明、公正司法理念，严格依法采取查扣冻措施，保障企业正常生产经营。谯城区法院上线"六稳六保执行和解监管平台"，促进涉企执行案件和解结案，促成和解金额7728.76万元。组建服务企业志愿队，编写企业应对新冠疫情法律风险告知书，到园区走访调研，帮助企业化解法律风险500余项。

依法惩治各类犯罪，全市法院审结刑事案件3719件，判处罪犯3653人。依法严惩严重暴力犯罪，审结故意杀人、绑架、抢劫等案件57件。参加禁毒斗争，审结毒品犯罪案件40件60人；会同市公安局、市人民检察院出台《依法严厉打击非法买卖麻黄草等违法犯罪活动的意见》，从源头斩断毒品犯罪链条。依法严惩群众反映强烈的犯罪，审结"公租房"诈骗、"解冻民族资产"诈骗、电信网络诈骗等新型诈骗案件127件。保护"舌尖上的安全"，审结生产、销售有毒有害食品等案件10件，对案值2亿余元的特大生猪注水注药案主犯韩某某一审判处无期徒刑。严惩腐败犯罪，审结职务犯罪案件34件，依法对24名原科、处级干部予以惩处。

妥善审理民商纠纷。全市法院受理民商事案件49435件，审结48939件。服务保障三大攻坚战，依法审理拖欠农民工工资、医疗及社会保障等案件1153件，审理融资担保、金融机构贷款等案件1694件，审理民间借贷案件8466件；探索多样化生态修复方式，依法审理环境民事公益诉讼及生态损害赔偿案件6件，判决清理违法堆放固废、生活垃圾98.46吨，赔偿损失1127.5万元。强化产权司法保护，坚持各种所有制经济权利平等、机会平等、规则平等，审结涉企合同等纠纷9955件，标的额101.54亿元。加强对中小股东的司法保护，审结股权转让、公司担保等公司类纠纷案件368件。健全知识产权"三合一"审理机制，审结知识产权案件538件，助力"亳药""亳酒"品牌化发展。加强破产审判工作，建立破产处置府院联动机制，依法审理企业清算、破产等案件26件，执转破案件宣破率

100%，出清“僵尸企业”2家，助力6家企业恢复生机。

加强行政审判工作。发挥司法裁判引导功能，依法支持“放管服”改革，促进法治政府建设，审结行政案件749件，一审判决撤销、变更行政行为或确认违法等方式154件，驳回行政相对人起诉和诉讼请求239件。着力加强行政争议实质性化解，一审和解撤诉案件120件，和解撤诉率23.39%。加强与政府及有关部门协调，妥善化解涉环境整治行政纠纷104件。

【扫黑除恶专项斗争】2020年，亳州市抓好扫黑除恶“审判季”各项工作，确保案件清结、黑财清底。自2018年开展专项斗争始，全市法院审结涉黑恶案件133件853人，审结率100%；涉黑恶案件财产刑执行到位5772.44万元，追缴、没收违法财产执行到位2226.84万元，执行到位率均居全省法院前列。“双清”工作做法在全省法院会议上作经验交流。完善“侦诉立审执”5个环节相衔接的财产查扣处置机制，建立黑恶财产实物上交财政机制，彻底铲除黑恶势力经济基础。涡阳县法院执行的沙如意等17人涉黑案，一次性将价值2000余万元的涉案不动产移交国资委，推动该案30日内执行完毕。该案入选省扫黑办典型案例。利辛县法院执行的程晋良等15人涉黑案，将涉案价值1200余万元的3所幼儿园整体移交托管经营，推动“黑恶资产”变“教育资源”。推动扫黑除恶常效长治，制定《关于涉黑涉恶案件办理流程指引》，形成黑恶案件办理“十步法”。经验做法被省扫黑办推广。

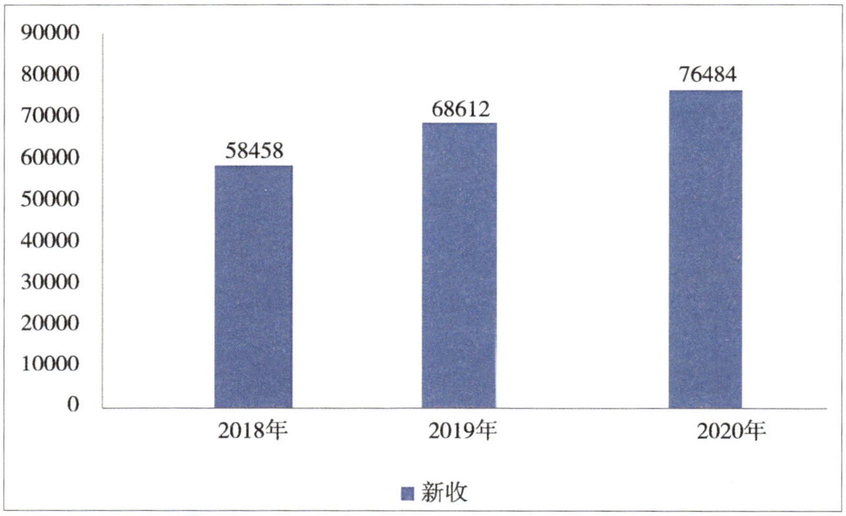

2018—2020年亳州法院案件数量走势图

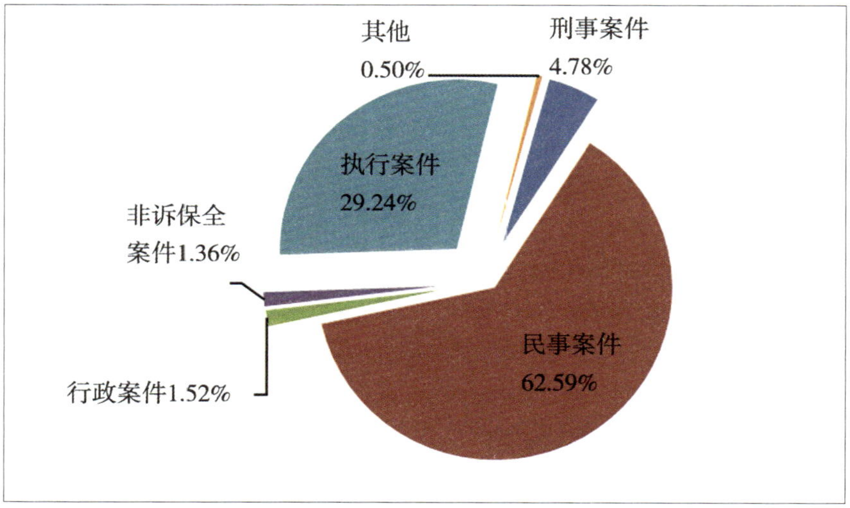

2020年亳州法院新收各类案件构成图

【解决“执行难”】2020年，全市法院受理执行案件22884件，结案22782件，结案标的额64.39亿元，“3+1”核心指标稳居全省前三位。打击规避执行、逃避执行、抗拒执行行为，拘传拘留2737人次、罚款148.9万元、以拒执罪追究刑事责任44人。聚焦拖欠民营企业和中小企业债务、涉金融债权等案件，接续开展专项行动，执结案件742件，到位金额4.22亿元。科技创新破解找人难、查物难、变现难，运用网络查询、冻结等“无接触”执行方式，让执行突破时空限制；灵活运用网络询价、VR直播“云看房”、法拍贷等方式，提高财产处置变现效率，网拍成交6.38亿元，位居全省法院前列。设立执行服务中心，解决“执行法官在外跑，群众上门人难找”难题。在全省率先上线执行公开短信平台，自动向申请执行人和被执行人发送信息2.6万条，促成2247名被执行人主动履行。出台强制措施适用、财产处置等5个工作指引。加强综合治理、源头治理，推动全面依法治市委员会出台《关于加强综合治理从源头切实解决执行难问题的实施意见》。

【司法为民】2020年，全市法院依法妥善审理教育、就业、医疗、养老、消费、住房等民生案件，切实保障人民权益。审理物业纠纷案件817件，明确业主和物业公司的权责，让“交不交”“交多少”于法有据，于情合理。审理“高空坠砖伤童案”“楼道乱停车辆失火致死案”等案件，亮明“谁有错谁担责”的司法态度，为小区公共空间行为划出安全底线。健全家事调解、家事调查等制度，依法妥善审理家事纠纷6620件。保障未成年人、老年人权益，依法审理抚养、监护、赡养案件626件，审结全市首例“保姆虐老案”。审理涉军案件6件，维护国防利益和军人军属合法权益。推动信访化解多元共治，化解信访案件658件。

【“一站式”多元解纷和诉讼服务体系建设】2020年，全市法院推进线上一网通办，贯通“一微一网一平台”，音视频调解7159件。市中院“网上调解跨国纠纷”案例，获评全国法院“一站式”建设主题故事会优秀奖。线下一站解纷。在27个人民法庭设立多元解纷中心，将“无讼社区（村）”建设、“万人成讼率”纳入平安建设考核，建立“法官说法、邻长说事”解纷机制，推动基层纠纷化解在萌芽。全市民事万人成讼率全省最低。对接行业协会及管理部门，搭建一站式调解平台20个，提供类型化、专业化调解服务。利辛县法院成立全省首家金融业多元调解委员会，推动金融纠纷高效化解；谯城区法院在中药材交易中心设立调解服务站，促进涉药纠纷规范。推动诉调一体衔接。打造“员额法官＋法官助理＋书记员＋调解员”的调裁一体化团队，推动矛盾纠纷精准分流、快速确认，委派调解28701件，司法确认案件8116件，速裁案件19114件，司法确认数、司法确认率均居全省法院第一位。

【司法公开】2020年，全市法院上网法律文书8.29万篇，直播庭审1.3万场，举行扫黑除恶、服务保障“六稳”“六保”等专题新闻发布会12场次。发挥“诉讼服务中心、法院文化教育中心、示范庭审”法治教育阵地作用，邀请1万余名各界人士走进法院、走近法官。蒙城县法院拍摄的微电影《裁决》获评全国法院百优微电影。

【重大案件审理】孙某等14人涉黑案。2004年起，为垄断蒙城至宁波的客运市场，孙某纠集多人成立客管组（所谓“稽查队”），通过实施拦截、围堵客运车辆、殴打驾驶员、持械打砸载客大巴、追逐撞击载客车辆等暴力、威胁、恐吓、滋扰手段，强行合并竞争车辆、打压过境运营车辆以及运送乘客的私家车辆，驱除蒙城至宁波线路的其他运营者，形成以孙某为组织者、领导者，骨干成员基本固定、成员层次较为分明、组织结构较为稳定的黑社会犯罪组织。该组织通过实施行贿、寻衅滋事、以危险方法危害公共安全、伪造公司企业印章等有组织的犯罪行为，垄断蒙城至宁波方向汽车客运市场，严重破坏经济、社会生活秩序。2020年7月，利辛县法院以组织、领导黑社会性质组织罪等5项罪名，数罪并罚，判处孙某有期徒刑20年，剥夺政治权利5年，并处没收个人全部财产；分别判处其他13名被告人9年6个月至2年6个月不等的有期徒刑，并处数额不等的罚金。一审宣判后，孙某等11名被告人提出上诉。市中院认为，原判认定14名被告人的犯罪事实清楚，证据确实、充分，定罪准确，审判程序合法，除对个别被告人罚金刑予以改判外，其余均予以维持。

刘某全、韩某某、刘某男生产、销售有毒、有害食品案。该案生产、销售有毒有害食品货值2.15亿元。韩某某于2016年11月至2018年7月，承包恒盛公司生猪屠宰线，雇佣刘某全等人给生猪注射含有肾上腺素和阿托品的药水后注水，以提升生猪出肉率和猪肉成色，注水猪肉价值1.91亿元；刘某全雇佣刘某男等人于2017年3月至2018年5月，为承包恒盛公司生猪屠宰线韩某某等人屠宰的生猪注射含有肾上腺素和阿托品的药水后注水；于2017年4月至

2018年2月，在颍上县鑫鑫肉联厂为他人屠宰的生猪注射含有肾上腺素和阿托品的药水后注水，合计注水猪肉价值2.15亿元。刘某男在恒盛公司给韩某某等人屠宰的生猪注射含有肾上腺素和阿托品的药水后注水，注水猪肉价值1093万元。法院审理后对韩某某以生产、销售有毒、有害食品罪，判处无期徒刑，剥夺政治权利终身，并处没收个人全部财产。对刘某全以生产有毒、有害食品罪，判处有期徒刑15年，并处罚金人民币500万元。对刘某男以生产有毒、有害食品罪，判处有期徒刑6年9个月，并处罚金人民币20万元。

白衣律院系列租赁纠纷案。白衣律院是经谯城区政府民族宗教事务局批准设立的佛教寺院，地处闹市区。2000年，寺院将其围墙外沿街若干间门面房，出租给9户人家，另将1块闲置土地出租给他人经营汽车修配，承租人在土地上建设了厂房。2019年初，由于该寺庙周边存在环境、消防等诸多隐患，主管部门要求寺庙限期整改。同年4月寺院向承租人下发告知书，表示将停止出租房屋，但各承租户拒不搬离。寺院遂诉至谯城区法院，请求确认承租房屋合同无效，判令各承租户腾空房屋恢复原状，返还原告，并赔偿侵害行为造成的损失。一审法院确认房屋租赁合同无效，判令承租户将涉案房屋腾空后交还寺院，并支付房屋占用费。一审判决后，部分承租人上诉。为妥善化解矛盾，市中院联动金牌调解员、民族宗教事务委员会等部门共同协调，最终所有租户均与寺院达成调解协议，该案得以化解。

（张广军）

司法行政

【概况】亳州市司法局于2000年成立。2019年1月，撤销亳州市法制办公室，与原市司法局重组亳州市司法局(简称“市司法局”)，作为市政府工作部门。设置10个职能科室，1个高新区分局。下设市法律援助中心、亳州公证处2个事业单位，代管事业单位亳州仲裁委秘书处。主要职能是统筹全面依法治市，履行行政立法、行政执法、刑事执行、公共法律服务职能，为全市经济社会高质量发展提供法治保障。

2020年，蒙城县获评全国首批法治政府建设示范县，涡阳县获评全省法治政府建设示范县。市司法局、市法律援助中心获评全国公共法律服务工作先进集体、全国法律援助工作先进集体，葛菲、徐云分别获评全国公共法律服务先进个人、法律援助先进个人。罗时华、徐云、孙继获安徽司法行政2020年度榜样人物评选提名奖。在2020年度全省政法机关群众满意度测评中，市司法局居全省司法行政系统第四名。唐红雨、马清文获评“全国模范人民调解员”，钟金山、纪杰获评“全国人民调解工作先进个人”，利辛县矛盾纠纷调处中心获评全国人民调解先进集体。市司法局促进法治科被司法部评为全国司法行政系统特赦实施工作先进集体。

【依法治市】2020年，市委全面依法治市委2020年工作要点及任务分工方案印发，包括4个方面77项具体任务。向省委依法治省办上报法治旬报32期、备案重大法治决定和方案3件。出台《中共亳州市委全面依法治市委员会关于加强综合治理从源头切实解决“执行难”问题的实施意见》《中共亳州市委全面依法治市委员会关于关于加强法治乡村建设的实施意见》等文件。在全市范围内开展全面依法治市理论文章和调研报告征集活动。《社会矛盾纠纷多元预防调处化解研究》一文被省委依法治省办评为一等奖。举办全市领导干部法治建设能力培训班。

【法治政府建设】2020年，市司法局配合市人大常委会制定《亳州市文明行为促进条例》。牵头回复省司法厅关于地方性法规和政府规章征求意见14件，开展优化营商环境、民法典涉及的行政规范性文件清理工作。公布机构改革涉及的市政府规范性文件清理结果，废止规范性文件6件，修改规范性文件7件。推动党政主要负责人履行推进法治建设第一责任人职责，印发落实责任清单4个方面77项具体任务，明确每项任务的牵头责任单位和协同责任单位。市政府主要负责人主持召开市推进依法行政工作领导小组会议。印发《亳州市人民政府2020年依法行政重点工作安排》。市政府常务会议传达贯彻全省司法行政工作会议精神并三次听取法治政府建设重点工作完成情况。市委依法治市办出台全面依法治市重点工作“三项清单”和督办制度，组织开展法治政府建设全覆盖式实地督察，开展党政主要负责人履行推进法治建设第一责任人职责及法治政府建设自查。抓好“双随机”抽查，全市共抽查23家律师事务所、4家公证机构、5家司法鉴定机构。随机抽取218卷与优化营商环境相关的案卷，开展涉民生和重点执法领域案件的卷宗进行评查。全面推行行政执法“三项制度”（行政执法公示制度、执法全过程记录制度、重大执法决定法治审核制度）。全面推广证明事项告知承诺制，公布亳州市市直单位证明事项告知承诺制目录，确定市直16家单位126项政务服务事项164项证明材料可以采取承诺制。从党政机关、社会团体和企业中聘请80名特邀行政执法监督员。

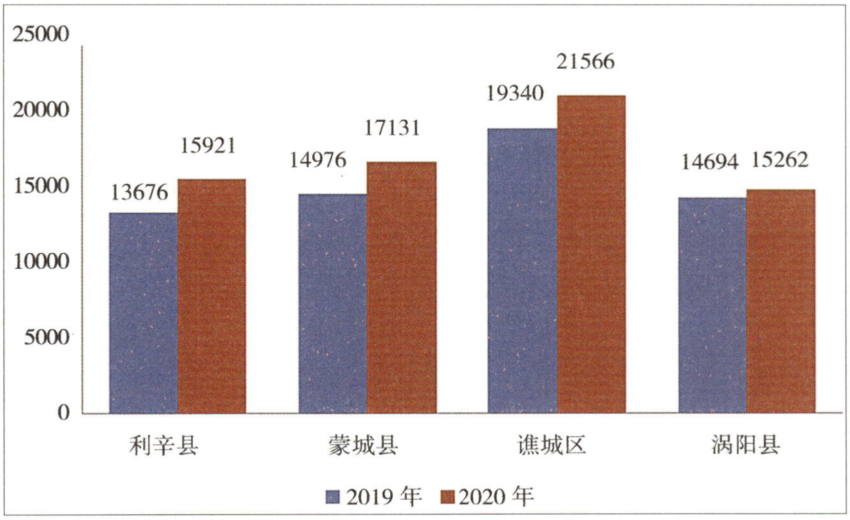

2019—2020 年亳州市基层法院新收案件数量对比图

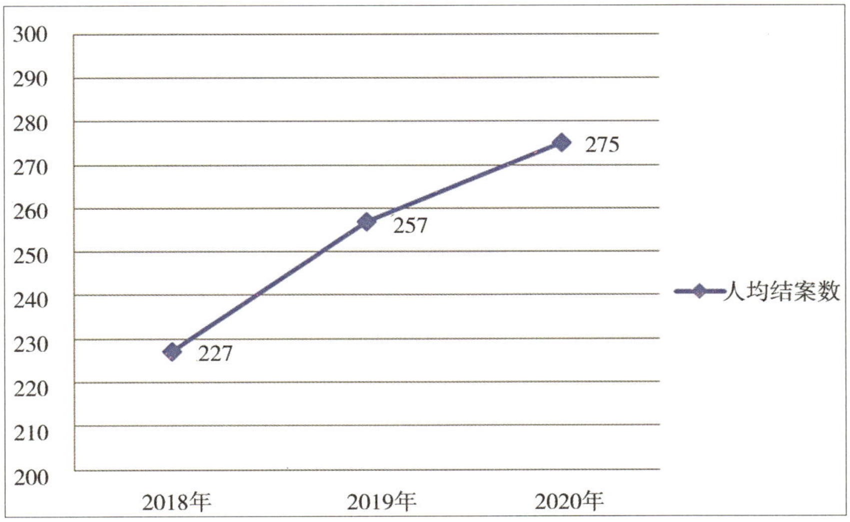

2018—2020 年亳州法院员额法官人均结案数变化图

【重大事项审查】2020年，《亳州市人民政府办公室关于贯彻落实〈安徽省人民政府办公厅关于全面推行行政规范性文件合法性审核机制的实施意见〉的通知》印发，公布制定主体目录清单，明确规范性文件合法性审核的范围、主体、程序、职责和责任，执行重大行政决策程序。市司法局共审查市委、市政府规范性文件75件、重大决策事项32件，共107件，提出400余条审查意见。对市级“三项清单”进行审查，其中权责清单8000余项，公共服务清单1200余项，中介服务清单170余项动态调整进行审查。审查关于开展“证照分离”改革全覆盖涉企经营许可事项全面梳理工作。

【行政复议应诉】2020年，市司法局出台《亳州市司法局办理行政复议案件工作制度》，规范复议案件办理。2020年度全部案件录入全国复议工作平台。市本级办理行政复议案件216件，办结198件（不含合并审理），无超期结案情形，其中直接纠错23件，纠错率11.61%，申请人撤回复议申请，终止29件，化解率14.65%。各县区办理行政复议案件209件，办结199件，无超期结案情形。其中直接纠错40件，纠错率19.73%；申请人撤回复议申请，终止45件，化解率22.45%。市行政案件开庭461件，负责人出庭270件，出庭率58.57%。其中市中院开庭144件，出庭98件，出庭率68.06%；县区法院开庭317件，出庭172件，出庭率54.26%。

【行政执法监督】2020年，市司法局组织开展“行政执法规范年”活动，全面推动行政执法“三项制度”落地，安排“三项制度”实地督察1次和自查2次。审核行政执法证件6117个，合格5913个，不合格14个，注销190个。从机关、社会团体和企业中聘请80名特邀行政执法监督员，履行监督职责。全市共组织8期2236名行政执法人员开展通用法律知识教育培训和测试。组织1209人参加全省行政执法资格认证通用法律知识考试，通过722人。

【普法依法治理】2020年，亳州市开展全市“七五”普法规划实施情况评估验收，完成省“七五”普法终期实地检查验收工作。各县区、各单位结合主要普法节点，开展普法宣传50余场次。运用“法治大讲堂”开展专题宣讲20余场次。组织人员编制《亳州市疫情防控法律知识50问》《亳州市企业复工法律、法规、政策问题汇编》。开办“律师说法”专题栏目，解答疫情防控中相关问题。通过各类普法微信、微博、网站发布疫情防控普法宣传信息800余篇，疫情防控“以案释法”案例80余篇，累计浏览量80余万人次。动员各单位参与全国普法办疫情防控知识竞答活动。围绕宪法进企业、进农村、进机关、进校园、进社区、进军营、进网络，部署12项主题活动。举办2020年国家宪法日主题活动暨第三届全市中小学生“学宪法讲宪法”诵读比赛网络直播，5万余人次在线观看。组织全市1300余所中小学校，90余万名中小学生开展“晨读宪法”活动。市、县区40余家单位组织近千名国家工作人员，举办宪法宣誓活动。组织全市司法行政工作人员，参加全省司法行政系统“学习贯彻习近平新时代中国特色社会主义思想及宪法法律知识”网上考试。组织开展全市领导干部宪法法律知识测试，各县区、市直各单位科级以上领导干部参加测试，参考率近100%。建立法律顾问与“法律明白人”“法律带头人”联系点制度和培训制度。成立民法典宣讲团，开展宣讲活动。组织开展全市民法典知识竞赛。

【法律援助】2020年，市司法局与市财政局联合出台《亳州市城乡困难群体法律援助民生工程实施方案》，明确市、县区法律援助工作目标任务和同级财政配套资金，细化市县区工作行事历。出台《亳州市城乡困难群体法律援助民生工程绩效评价指标》。全市各法律援助机构共办理各类法律援助案件8450件，其中办理刑事案件5049件，占全市案件受理总数的59.75%；社会律师承办案件7512件，占案件受理总数的88.9%；诉讼案件占比98.82%；案件结案6929件，结案率82%。全市各法律援助机构共接待咨询8202人次。办理农民工维权案件1272件，为农民工讨薪1946.3万元。开展“法援惠民生 助力农民工”专项维权活动和“法援惠民生 关爱残疾人”活动。全市各法律援助机构组织宣传活动13场次，现场解答咨询360人次，现场受理农民工案件63件，为农民工讨薪143万元。委托第三方对县区2020年法律援助民生工程工作进行绩效考核。

【人民调解和司法所建设】2020年，亳州市坚持和发展新时代“枫桥经验”，继续开展“千村百镇人民调解大讲堂”等活动，宣讲5244场，受教育群众173万余人次。开展疫情期间矛盾纠纷集中排查化解专项行动。推进特色调解组织建设，成立学校安全事故纠纷人民调解委员会和老兵调解工作室；新成立个人调解室1个，个人调解室总计19个。全市各县区均成立人民调解中心，有人民调解委员会1493家，行业性专业性调解委员会67家，调解员总人数14989名，专职调解员1189名。谯城区新增78名专职调解员。共办理人民调解案件55900件（书面卷7031件），调解成功率99%。

启动司法所建设提档升级工作，建立司法所提档升级三年行动计划对口联系点制度和双月报制度。全市88个乡镇（街道）司法所全部为副科级建制、县区司法局派出机构。新任命副科级司法所长9个，已配备67名副科级所长，配备率76.14%。全市基层司法所共有455人。新建司法所2个，改（扩）建司法所3个。有全国模范司法所3个，全国先进司法所1个，全国模范司法所长4人；省级示范司法所10个，市级示范司法所17个。

【社区矫正与安置帮教】2020年，亳州市从事社区矫正工作司法行政编制人员166人，县区司法局招聘社区矫正辅助人员 164 人。市、县、区、乡(镇)全部设立社区矫正委员会。推进《社区矫正法》学习、宣传,组织人员参加司法行政大讲堂(社区矫正法)专题培训 789 人,在线学习 260 人,参与学法竞答 383 人;市县区司法局举办矫正法培训 6 场 1073 人;征订《社区矫正法释义》570 册,《社区矫正法》3290 册,制作《宣传手册》5 万余册,在法治公园广场设立展板 3 组。通过"206"系统依法衔接调查评估 1204 件。累计接收社区矫正对象 2.33 万余人,解除社区矫正 2.1 万余人,再犯罪率低于全国平均值。2020 年度新接收 1960 人,期满解除 2412 人,在册 2235 人(管制 2 人、缓刑 2093 人、假释 97 人、暂予监外执行 43 人),调查评估 1465 件,居住变更 63 人,警告 50 人次,刷证报到率 99.8%,手机定位率 97.8%。开展防范化解重要风险和扫黑除恶线索专项斗争,排查出涉黑 1 人、涉恶 1 人、严重精神患者 2 人等,实施重点对象常态化监管全覆盖。开展集中教育 8827 人次,落实个别谈话教育 2508 人次,进行心理辅导 882 人次,组织社区服务 8120 人次。社区矫正对象自发向疫区捐款 75.79 万元,捐物价值 56.34 万元,涌现出抗疫志愿者 128 人、医务人员 2 人。开展生活贫困、就业困难、身体残疾或有严重疾病得不到及时求助等情况的社区矫正对象帮扶,帮助落实低保 3 人,社会保险 25 人次、临时性救助 3 人次,指导就业或就学 161 人次。开展社区矫正对象日常监管、收监等刑事执行集中检查和清理工作。全市新建改扩建远程视频探视(会见)终端设备 30 套,开展远程帮教申请 1815 人次,会见 1069 人次。

到市看守所、拘留所开展黄丝带帮教"四送活动"(送政策、送法律、送亲情、送岗位)。举办 5 场服刑人员就业推介会,开展 4 场专家巡回演讲。全市刑满释放人员衔接 2815 人,其中重点帮教对象 561 人,建立协查通报机制,对流动人员落实"双列管"制度,双列管人员 174 人。重点帮教对象衔接率 100%,一般对象衔接率 100%。推进依托企业建立的安置基地建设,安置率 100%,帮教率 100%。

【司法鉴定】2020 年,亳州市有 5 个司法鉴定机构、71 名司法鉴定人员,涵盖法医类、物证类鉴定。主要开展司法鉴定行业警示教育整顿活动、司法鉴定行业警示教育活动和血液中乙醇含量司法鉴定飞行检查活动。办理司法鉴定案件 4277 件,采信率 100%。

【电商式法律服务】2020 年,全市 5 家法律援助机构、4 家公证处、5 家司法鉴定机构、40 家律师事务所、69 家基层法律服务所、122 家专业行业性调解委员会进驻"12348"安徽法网。截至年底,开通店铺 245 个,发布产品 1131 个,开通率 100%,产品发布数量和案例库数量居全省前列,实现电商式法律服务"指尖办""随时办"。

(高　坤)

·公证事务·

【概况】2020 年,亳州市有 1 个市级公证处,涡阳、蒙城、利辛 3 个县公证处,均为自收自支事业单位。主要职能是办理各类公证事务和相关法律事务。全市有 4 个公证处,有 15 名公证员、21 名公证员助理。

2020 年,全市公证机构开展公证卷宗质量评查和行业警示教育活动,推进公证机构体制改革,规范分配制度、内部管理等。全面落实公证领域"放管服",实行一次告知制,落实公证"最多跑一次"、公证事项材料实行清单列举改革,共办理公证 23596 件。

【涡阳县保全网页公证案】2020 年 4 月 17 日,侯某到涡阳县公证处反映,由其研发的关于"皖速槐"良种审定的资料,曾用邮件的方式发送给某林科所所长,之后发现该所长未把其姓名署在其研发文章中。侯某申请对其研发资料进行保全。

涡阳县公证处受理此项公证,并指派某公证员办理。该公证员与申请人及公证人员在涡阳县公证处,由该处公证人员使用电脑进入侯某邮箱,实时打印侯某发送给某林科所所长的资料并制作现场工作记录一份,涡阳县公证处及时出具公证书,保护了当事人的合法权益。

(高　坤)

·律师事务·

【概况】2020 年,亳州市有 40 家律师事务所,434 名专职律师、135 名公职律师、7 名法援律师、4 名兼职律师。共办理案件 19846 件。

投资 29 万元建成律师预约

会见服务平台系统，亳州律师登录手机 App 预约会见，累计接受预约 1692 件，成功会见 722 件。组织律师参与信访和陪同市领导“一对一”接访。组织律师参与防疫抗疫，促进企业复工复产，开展法治体检活动，对涉黑案件律师代理实行备案制。

2020 年，国家统一法律职业资格考试客观题阶段全市 2 个批次共 910 人参加考试；首次在亳州市设置主观题考点，全市 1 个批次 397 人参加考试。

【政府法律顾问和村居法律顾问制度建设】2020 年，亳州市全面推行政府法律顾问和村居法律顾问制度，有政府法律顾问 210 家，村居法律顾问 1300 余家。亳州市律师担任政府法律顾问 78 家、事业单位法律顾问 33 家。继续实施律师担任党政机关法律顾问工作考核制度，把考核结果纳入律师年度考核。组织各地律师、基层法律服务工作者、公证员、人民调解员等法律服务资源与所辖村居签订法律顾问合同，约定法律顾问到村居履行职责义务，所需顾问费由同级政府财政解决。“一村居一法律顾问”制度的建立，全面打通了法律惠民的“最后一公里”。

【“律师超市”建设】2020 年，亳州市司法局在全市推广涡阳县司法局“律师超市”的经验做法，各地把律师照片、手机、擅长业务领域等信息在接访大厅部署展板，方便群众咨询。涡阳县司法局在原有的基础上将“律师超市”开成连锁店，设立“律师超市”连锁店 4 家，设立“法律顾问超市”24 家和“人民调解员超市”24 家。打造便捷高效的公共法律服务平台。全市共 200 余名律师参与律师超市服务，接受法律咨询近万次，办理法律援助案件 4000 余件，调解案件近百件。

（高　坤）

·仲　裁·

【概况】2001 年 5 月 22 日，亳州仲裁委员会成立。具体办理仲裁案件受理、仲裁文书送达、档案管理等经常性事务，收取和管理仲裁费用，办理仲裁委员会交办的其他事项，以保证公正、及时地仲裁经济纠纷，保护当事人的合法权益，促进社会主义市场经济健康发展。2001 年 8 月 29 日，成立亳州市仲裁委员会秘书处，是亳州仲裁委员会的办事机构，副处级建制，公益一类事业单位。

2020 年，亳州仲裁委员会共受理仲裁案件 404 件，争议标的 117973 万元，上缴市财政仲裁费 793.28 万元，共审结仲裁案件 375 件（含 2019 年案件）。其中，办理某上市公司委托贷款案件争议标的 9 亿余元，上缴市财政仲裁费 350 万元，案件从受理到审理结案不到 3 个月，防止了国有资产流失；办结涉某房地产公司集体仲裁案件，涉及购房户 260 余户。

【第二届亳州仲裁委员会换届工作会议】2020 年 6 月 2 日，经省政府同意，第二届亳州仲裁委员会换届工作会议召开，产生新一届领导班子：应国君任主任，孙光华、张培阳任副主任，委员 9 人。会议通过修订的《亳州仲裁委员会仲裁暂行规则》《亳州仲裁委员会仲裁员办案报酬给付暂行规定》，确认公开选聘 189 名仲裁员资格，为下一步仲裁工作发展奠定了制度基础和人才保障。

（高　坤）

军　事

2020 年 10 月 19 日，15 位参加过抗美援朝的老兵参观亳州市国防教育基地　（张延林　摄）

驻　军

【概况】2000年11月2日，亳州军分区正式成立，受安徽省军区和亳州市委、市政府双重领导。2016年1月，省军区系统转隶划归军委国防动员部领导管理。2017年6月，亳州军分区根据中央军委规模和力量编成改革工作会议精神完成全面改革与调整。亳州军分区机关设战备建设处、动员处、政治工作处、保障处，领导管理4个县（区）人武部。主要担负国防动员、兵役征集、国防设施保护、国防教育、双拥工作、军民融合协调等职能。

2020年，亳州军分区坚决贯彻党中央、中央军委和习主席决策指示，扭住完善国防动员体系战略目标，聚焦应对制衡强敌根本指向，统筹推进疫情防控和年度工作，完成各项任务。

始终把政治建军摆在首位，强化思想引领。坚持理论聚魂。坚持把学习贯彻习近平新时代中国特色社会主义思想和习近平强军思想作为首要政治任务，及时跟进习主席最新讲话精神特别是习主席在省军区机关的重要讲话和党的十九届五中全会精神学习，深入抓好军委党的建设会议、基层建设会议、全军思想政治教育工作会议精神学习，高标准落实四个季度党委中心组理论学习，巩固深化“不忘初心、牢记使命”和“传承红色基因、担当强军重任”主题教育，官兵自觉增强“四个意识”，坚定“四个自信”。

贯彻习主席新年开训动员令“五个突出”要求，严格落实议战议训、日常战备、疫情期间战备值班等制度；严密组织两级国防动员行动指挥演练；深化民兵调整改革，常态开展岗位练兵、军事职业教育等强能活动，参加省军区群众性练兵比武考核，综合成绩第四名。学习贯彻军委基层建设会议精神，围绕三个“过硬基层”，强化《纲要》学训，纳入党委理论学习中心组学习、两项主题教育、年度工作部署，培养按纲抓建明白人；制定出台《加强新时代军分区基层建设措施》，坚持用“周交班、月办公”统工作、统力量、统财力，解决“五多”问题，减少基层忙乱；落实常委挂钩帮带制度，帮助人武部在破解矛盾问题中提升自主抓建能力。两级“五型机关”建设有力，12人次受到省军区通报表彰。动员处被省军区表彰为“机关服务基层先进处”“全面建设先进人武部”。

贯彻军委党的建设会议精神，瞄准建过硬班子、带一流部队目标，加强班子民主集中制经常性学习，修订《加强新时代军分区党委班子自身建设措施》，党委工作运行规范，班子作用发挥明显；常态开展党的纪律教育和“两个负面清单”警示教育，严密组织两级纪检监察队伍集训，确保压力传导到末端，保持风清气正良好态势；坚持经常性安全教育训练制度落实，作风整顿、检查整改、隐患排查扎实有效；把疫情当敌情，把战“疫”当打仗，疫情防控阻击有力，部队安全稳定。

2020年9月16日，欢送入伍新兵　（刘洋　摄）

履行党委统一领导、政府组织实施、军分区牵头推进、国动委和武委会各成员单位统筹推进的工作职责，落实好双重领导、双向兼职、现场办公、过军事日、议军会、武委会暨国动委例会等基本制度，把党管武装列入市委年度重点工作部署和县、区书记党建述职内容；市委专题召开议军会议，组织县、区委书记述职和党政领导过军事日，管武建武氛围更加浓厚，形成各司其职、各尽其责，军地合力、齐抓共管的工作格局。

完成征兵工作，大学生占征兵任务数的77.3%，亳州学院居全省本科院校征兵工作绩效考评第一名。

【亳州军分区党委三届六次全体（扩大）会议】2020年1月18日，军分区召开党委三届六次全体（扩大）会议，市委书记、军分区党委第一书记汪一光参加会议并讲话。会议传达军委、军委国防动员部、东部战区和省军区党委全体（扩大）会议精神，总结2019年度工作，部署2020年度任务。

会议指出，2019年，军分区党委团结带领官兵和广大民兵预备役人员，坚持举旗铸魂固根本、聚焦主业强能力、正风肃纪树形象、从严治军保稳定，年度各项工作稳步推进。军分区部队把驻地当故乡，参与脱贫攻坚、文明创建、双拥共建等活动，为地方经济社会发展做出贡献。会议要求，要扭住“听党指挥”铸牢军魂，始终保持部队建设正确方向；要聚焦“能打胜仗”练兵备战，全面提升部队应急应战能力；要立足“全面从严”持续用力，不断强化军分区部队党的建设；要着眼“不忘初心”助力建设，奋力开创军政军民团结新局面。

【市委议军会议】2020年10月27日，市委召开议军会议。

会议指出，全市军地各级贯彻落实习近平强军思想，坚持听党指挥，聚力备战打仗，依法从严治军，弘扬党管武装优良传统，克服新冠疫情不利影响，推动党管武装各项工作取得新成效。

会议要求，要学习贯彻总书记重要讲话指示精神，着力强化理论武装，严格落实党管武装根本制度，进一步把牢党管武装工作政治方向；要以党的强军目标为牵引，着力抓好练兵备战，全面提升动员能力，做好“双拥”工作和退役军人服务管理，进一步提升国防动员和后备力量建设水平；要学习习近平总书记在纪念中国人民志愿军抗美援朝出国作战70周年大会上的重要讲话精神，宣传阐释伟大抗美援朝精神的历史意义和时代价值，持续深化国防教育；要强化责任担当，进一步提升党管武装工作实效，切实形成军地齐抓共管的联动工作格局。

【双拥共建】2020年，亳州军分区坚持把做好双拥工作作为促进军民融合发展的重要政治任务。会同地方党委政府，走访慰问驻军部队、军烈属，慰问立功受奖官兵。在《亳州晚报》开设“亳州儿女建功军营荣誉榜”，宣传在部队立功受奖的亳州籍官兵先进事迹，按标准落实奖励措施，进一步强化军人的荣誉感自豪感，营造良好的社会舆论导向。发挥桥梁纽带作用，协调地方做好转业退役官兵和随军家属安置、军人子女入学、优待优抚等工作。参与助学兴教和“绿书签”活动，向市特教学校残障儿童捐赠价值1万元的食品生活用品，向第三十二中学捐赠价值1万元的图书。推进亳州市获评“全国双拥模范城”。

【全民国防教育】2020年，亳州军分区组织开展全民国防教育，两级主官亲自为地方中心组学习等宣讲习近平强军思想、国

2020年10月27日，在市国防动员训练基地召开中共亳州市委议军会议
（刘洋　摄）

2020 年 11 月 10 日，亳州市大型国防教育综合基地被评为“安徽国防科技工业军工文化教育基地”

（刘天　摄）

防教育授课 10 场次，军地联合出台《加强和改进新时代全市大中小学学生国防教育工作的实施意见》。完善市、县（区）两级国防教育组织领导机构。突出党政领导机关和学校这个重点，持续推进习近平强军思想宣讲，全年军分区、人武部两级主官为地方党政机关作国防形势报告 23 场。开展第 20 个全民国防教育日活动，营造宣传氛围。结合征兵宣传开展“国防教育进校园”活动，向大中小学生宣传普及国防法规，讲解国防知识。发挥“互联网 + 宣传教育”功能，整合当地“两微一端”网络平台资源，官方信息同步发送，工作动态实时更新，宣传活动网络直播，丰富征兵宣传形式，为征兵工作营造良好的社会氛围。配合地方推进大型国防教育综合基地建设。

（刘　洋　刘晓亭）

武警部队

【概况】中国人民武装警察部队亳州支队（简称“武警亳州支队”）于 2000 年成立。主要职能是承担亳州市、涡阳县、蒙城县、利辛县 4 个看守所的外围武装警戒任务和驻地处突、抢险救援等临时任务。2020 年，武警亳州支队下辖 1 个教导队、6 个中队。

2020 年，武警亳州支队深入学习贯彻习近平中国特色社会主义思想和习近平强军思想，全面落实上级党委决策部署，紧抓政治引领、狠抓练兵备战、大抓基层基础、严抓部队管理、常抓正风肃纪，部队建设呈现稳步提升、向上向好的发展态势。

坚持用习近平新时代中国特色社会主义思想和习近平强军思想武装官兵，推进主题教育，落实“三课”制度，挖掘驻地传统文化和红色资源，编印《感悟亳文化》读本，打造“一队一品”特色文化，举办诗歌朗诵会、事迹报告会，弘扬抗疫、抗洪精神，评选表彰“十佳标兵”，做好暖心工程，官兵理想信念坚定，干事创业动力充足。士官刘海兵获评“全国优秀共青团员”和“武警部队百名优秀士官”称号，保障处副处长于朋飞和政治工作处干事朱诚家属分别获评总队“十佳参谋”和“十佳军嫂”称号。

持续强化团队、大局、荣辱意识，贯注创新、群众、法治精神，提升统筹、帮带、实践能力，一线指挥部作用发挥明显。开展政治领域官僚主义专项清除纠治，官兵反映良好，满意度100%。

【练兵备战】2020年，武警亳州支队持续掀起新条令、新大纲、新纲要学、研、训热潮，建立干部能力素质21项指标，探索6条培养措施，积极开展常委帮带、岗位练兵、业务带训，官兵能力素质不断增强。注重后备力量建设，盯紧“十个学会一个优秀”目标，落实主官帮带和专项考评机制，抓好新毕业学员培养帮带。聚力练兵备战，扎实开展“百日大练兵”、勤训轮换、特战分队驻训、教练员集训，成功承办总队四季度“魔鬼周”极限训练。先后夺得教练员比武团体第三名、特战“巅峰”比武团体第六名、纲要培训考核和“四会”政治教员比武团体第五名，10名官兵在各类比武考核中成绩优异，受到总队通报表彰，1名干部越级提升。

【抗洪抢险】2020年入夏后，长江淮河流域普降暴雨，安徽省境内遭受严重的洪涝灾害，人民群众生命财产安全受到严重威胁。武警亳州支队闻汛而行，听令而动，先后转战六安、铜陵两市，积极投入抗洪抢险战斗，充分发挥主力军和突击队作用，为夺取抗洪抢险胜利做出应有贡献。先后共转移群众1120人，搬运沙袋18800袋，沙石910立方米，加固堤坝435米，清整道路1800米，医疗巡诊120人，环境消杀6800平方米。

（孙云鹏）

2020年10月27日，军事训练　（刘洋　摄）

人民防空

【概况】2001年7月10日，市人民防空办公室成立。系市国防动员委员会的常设办事机构，是主管人民防空工作的市人民政府工作部门。2009年2月，市人民防空办公室、市地震局进行机构整合，在市人民防空办公室加挂市地震局牌子，负责全市防震减灾行政管理工作，地震监测站整建制划入市人民防空办公室管理。2009年11月，市人民防空办公室（地震局）由议事协调机构调整为市政府工作部门。2019年，市人民防空办公室（市地震局）机构编制进行调整，设综合科（政策法规科）、工程管理和行政审批科（震害防御科）两个内设机构，震灾应急救援相关职责和市抗震救灾指挥部职责划入市应急管理局。

2020年，市人防办组织召开亳州市人民防空指挥部会议，调整指挥部成员。组织开展大训练、大比武、大练兵活动；联合六安市人防办组织无人机编队飞行、无人机模拟轰炸、无人机驱离等演练科目，完成安徽省人民防空综合演习训练和演练任务。组织开展专业人员业务培训。推行“人防+地下车库”“人防+地下超市”等“人防+N”模式，统一人防工程标识标牌。“八一”前夕，主要负责人带队到亳州军分区慰问在亳部队官兵，到古城镇张潭村慰问退伍老兵。利用抗战胜利日、“9·18”纪念日和中秋、国庆双节，动员社会力量，到三县一区慰问抗战老兵。

推进人防设计审批纳入施工图联审、联合验收等工作。完成人防建设“十四五”规划《草案》编制。人防基本指挥所项目通过竣工验收，市人防疏散基地项目建设完成。

“亳州市人民防空办公室”微信公众号上线，发送信息84篇。与亳州晚报社签订合作协议开展人防宣传。蒙城县人防科普宣传场所建成启用。市人防办负责人在市委党校开展人防科普知识讲座2次。

同年，在省对市政府目标考核中，市人防办考核位次由第11位提升至第三位，获市政府通报表彰。组织参加皖北片人防专业队伍拉动点验，成绩位居前列，组织参加全省人防指挥通信技能比武，获亚军。

2020年，亳州市蓝天救援队参与救灾　（陆军　供图）

【人防基础建设】2020年，市人防办完成《人民防空基本方案》《人民防空行动方案》和《人民防空保障方案》修编；开展战备训练和值班培训，规范“两库两室”建设，严格落实战备值班制度。印发《亳州市人民防空办公室关于做好2020年度群众防空组织整组工作的通知》，加强全市群众防空组织建设。增建4台防空警报器。召开全市警报器管理员培训会，加强警报器维护管理。组织“9·18”防空警报统一试鸣活动，加强人民防空疏散演练。人防基本指挥所、人防疏散基地，实现与省、县区人防地面指挥中心信息的互联互通和公安“天网”的接通，全市人防信息化建设的功能性、全面性和实用性居全省前列。

【应急支援】2020年新冠肺炎疫情防控期间，亳州市人防系统分批次采购捐赠应急包、帐篷、口罩、消毒液等价值近2万元防疫物资，出动人防防疫防化专业队伍2支59人，出动人防志愿者服务队伍3支60余人，购买消杀设备赴亳州市火车站等公共区域进行病毒消杀150余人次，组织3名专业队员赴武汉黄陂区参与防疫物资调度运输。指导1家在亳生产防护设备企业和1家人防监理企业全面复工复产。洪涝灾害期间，亳州市人防办派出两支人防志愿者专业队，奔赴庐江县参与抗洪抢险。

（陆　军）

经济管理

亳州中药材专业市场鸟瞰图　　（市药业发展局）

发　展

【概况】2000年，亳州市发展计划委员会成立。2006年，更名为亳州市发展和改革委员会。2015年，亳州市物价局并入亳州市发展和改革委员会，更名为亳州市发展和改革委员会(亳州市物价局)。2019年，加挂亳州市粮食和物资储备局牌子。主要任务是坚持和加强党对发展改革、粮食和物资储备工作的集中统一领导。

2020年，亳州市地区生产总值（GDP）实现1806亿元，同比增长4.1%，居全省第四位；第三产业增加值918.2亿元，增长3.7%；战略性新兴产业产值增长21.4%，居全省第五位，占规模工业增加值比重达27.8%。加强重点用能单位能耗监管，单位GDP能耗完成省下达目标任务。规模以上其他营利性服务业营业收入同比增长28.8%。三次产业比例由2019年的13.6∶35.6∶50.8调整为14.2∶35.0∶50.8，服务业对GDP的贡献率42.9%。中国物流亳州综合物流园获批省级物流示范园区，亳州北关历史街区获批省级服务业集聚示范区，神农谷中药电商物流城7号地块项目和亳州农贸城冷链农副产品交易区项目分别获批省级服务业发展引导资金1270万元、500万元，徽酒集团股份有限公司获批制造业主辅分离奖励资金50万元，安徽正宇面粉有限公司、蒙城县金冠面粉有限责任公司等5家企业累计获批国家粮食进口关税配额8088吨。全市开发区转型升级步伐加快，主要经济指标持续稳定增长。6个开发区实现经营（销售）收入1987.83亿元，增长17.17%；规模工业增加值增长10.67%；税收122.2亿元，增长15.04%；固定资产投资698.75亿元，增长4.41%。

【项目建设】2020年，亳州市申报项目190个，总投资563.1亿元，申请新增中央投资231.9亿元，申报项目个数、总投资、申请投资分居全省第七位、第八位、第七位。获批中央预算内投资项目70个，项目总投资30.36亿元，其中第一、第二批保障性安居工程配套基础设施、补短板领域政府引导支持民间投资、县城排水设施建设、暴雨洪涝灾害应急救灾补助等中央预算内投资27个项目45481万元，重大规划和项目前期工作经费省统筹资金100万元。累计下达中央预算内投资8.34亿元，其中2020年度下达中央预算内投资6.13亿元，开工项目70个，开工率100%。全年累计完成投资17.44亿元，其中中央预算内投资4.17亿元；完工项目38个，完工率55.07%。

在省对市2019年度重点项目建设考核中，亳州市位居全省第二位。901个市重点项目投资完成率102%，超额完成年度目标任务。583个省重点项目投资完成率超过100%；计划开工项目新开工199个，开工率84.3%；竣工项目103个，竣工率128.8%。涡阳县信和光能硼硅玻璃制品生产、蒙城县繁枫真空产业园、利辛县明峰纺织年产10000万米纺织品织造、谯城区济人药业医药产业园等84个亿元以上产业项目建成投产或主体完工。古井贡酒酿酒生产智能化技术改造、涡阳县绿色装配式建筑产业园钢结构（重钢）生产、蒙城县万达广场、利辛县万达广场、谯城区福派园（亳州）食品产业园、亳州高新区绿地城际空间站、亳芜现代产业园区浪潮云计算产业园等42个超10亿元重大产业项目加快建设。

亳州机场可行性研究报告获批。蒙城县、利辛县通用机场纳入《安徽省通用机场布局规划（2019—2035年）》。阜阳—蒙城—淮北城际铁路、亳蒙高速谯城区涡阳段开工建设，推进亳州—蒙城（蚌埠）城际铁路、“三洋铁路”前期工作，深化亳州—许昌城际铁路前期研究。

2020年市本级计划实施政府投资重点项目43个，总投资138.2亿元，年度计划投资52.4亿元，年度完成投资55.1亿元，占年度计划105.2%；亳州市三十三中（含第七小学）、广电中心、学前教育中心、宋汤河六期、老旧小区改造、居民小区提升等17个项目完工，道东片区2#3#地路网、丁庄安置小区、第二人民医院、儿童医院、职业技术学院二期、第三十四中学（含第十小学）、合欢路、杜仲路下穿京九铁路工程、百花园等项目加快建设。

【固定资产投资】2020年，亳州市固定资产投资同比下降3.3%，降幅较一季度、上半年和前三季度收窄5.3个、1个和7.6个百分点；民间投资同比下降3%，降幅较一季度、上半年和前三季度收窄16.5个、13.6个和10.4个百分点，民间投资占全部固定资产投资比重为66.4%。开展2020年地方政府专项债券项目申报，成功发行四批次84.57亿元；摸排上报省农发行政策性贷款项目60个，贷款需求181亿元；向金融机构提供补短板项目融资需求303.7亿元。制定《亳州市新开工重点项目管理办法》，加大项目入库奖励力度。加快项目审批“清零”。除按规定进入公示程序外，原则上在手办理项目一周内全部办复“清零”；实行“容缺受理+承诺”，按相关规定先行办理。全年全市审核项目2066个，总投资2872.3亿元，分别增长22%、0.3%。

【社会信用体系建设】2020年，亳州市出台《亳州市建筑市场信用管理办法》《亳州市医疗保障信用管理暂行办法》等文件，扩展信用体系建设覆盖面。加大信用信息归集力度，归集水、电、气、社保、纳税等特定领域信用信息，向省信用平台推送信用信息数据3962.5万条，其中信用目录数据3735.1万条、“双公示”数据227.4万条。借助“互联网+”和大数据技术，推广药都农商行“金农易贷”等“信易贷”产品应用，创新推出“金农企e贷”和“信用修复贷”，发挥征信赋能作用。推进党建引领信用村建设，全市16家金融机构共发布“党建引领信E贷”产品25个，累计向蒙城两个试点乡镇发放信用贷款1.7亿元。开展企业行政处罚失信信息信用修复专项行动，全市在“信用中国”网站公示的4741条企业行政处罚失信信息和在“信用安徽”网站公示的1039条企业行政处罚失信信息全部完成信用修复。坚持全方位、多维度的信用宣传理念，针对道德模范，从旅游、公共交通、医疗住房、劳动就业、子女就学等方面给予礼遇政策。利用“6·14”信用记录关爱日，开展“信用宣传进企业”“诚信教育进校园”“信用宣传进社区”等宣传活动，签订信用承诺书企业1.6万家(含个体工商户)，举办信用修复培训20余场，群众守信意识进一步增强。

【保供稳价】2020年，亳州居民消费价格比上年同期上涨2.5%，低于全省平均水平0.2个百分点。亳州市开展保供稳价工作，保障猪肉替代品、蔬菜等食品供应，逐渐恢复全市生猪产能，防止食品价格再次出现较大波动。疫情防控期间，在市区选取6个超市以低于市场价15%的价格向市民供应15种平价菜，确保让老百姓吃上放心菜、平价菜。共开展80天(1月22日至4月10日)，补贴金额462318元。完成1300吨冻猪肉收储任务。启动9次价格补贴联动机制，发放价格临时补贴1.13亿元，惠及保障范围内群众259.44万人次。组织对夏粮、玉米、生猪、砂石市场行情等开展调研，形成《市场行情调研报告》。利用亳州智慧物价系统，每天采集发布生鲜食品批发和零售价格，超市商品“价比三家”价格、174个市人民医院医疗服务和大型设备检查费用、近百个药店9214个品种的医保药品价格、1568个品种及规格的中药材价格信息以及市区新售商品房备案价格、65种建材主材价格。网站访问量超26万次。在“亳州物价”微信平台定期发布“价比三家”“市场动态”等各类民生价格信息54期123条。

【“三重一创”】2020年，亳州市组织召开省市科技创新宣讲对接会，宣讲省、市“三重一创”支持政策。亳州市九洲方圆疫情防控药品清肺排毒汤院内制剂(复方颗粒制剂)生产项目获批列入省新冠肺炎防治技术产品创新及产业化专项；九洲方圆中药配方颗粒工程研究中心、沪谯药业医疗机构制剂工程研究中心新申报获批省级工程研究中心，华佗国药省中药数字化制造与信息集成技术工程研究中心通过省级验收；安徽伯希和户外装备用品有限公司获省“三重一创”高企2类事项，安徽泓森高科林业股份有限公司、安徽瑞思威尔科技有限公司获省“三重一创”高企1类事项；中药材大数据共享云服务平台、天齐富“十大皖药”产业示范基地一次性奖补、军达生物获欧盟GMP认证等事项获省现代医疗和医药产业政策支持。全市共获省“三重一创”相关政策支持资金3358.9万元，其中现代中药产业集聚发展基地获省奖补资金3000万元；市级“三重一创”政策兑现资金484.05万元，支持事项7个。

【支持企业发展】2020年，《亳州市应对新型冠状病毒肺炎疫情支持企业发展的若干措施》出台，全市降低企业用水、用电、用气成本3111.4万元，针对还款困难企业，落实贷款展期和无还本续贷6140笔61.3亿元。与长三角26个市签订员工返岗复工健康互认协议，农民工外出返岗就业130余万人。启动社会救助和保障标准与物价上涨挂钩联动机制，发放价格临时补贴1.1亿元。232家企业入围疫情防控重点保障全国性和地方性名单。

设立市复工复产办公室，建立日调度工作机制。3月底347个省重点项目、999家限上企业全部复工；4月底6个开发区的369家规模工业企业全部复产。成立市推进经济社会发展办公室，强化经济运行跟踪监测、分析研判，地区生产总值增速一季度下降2.4%，上半年实现转正，增长1.2%，前三季度增长2.1%，全年增长4.1%，呈持续回升复苏态势。居民消费价格上涨2.5%，物价水平总体稳定。

组织企业申报国家和省疫情防控重点保障企业名单，全市入围全国性疫情防控重点保障企业名单119家、地方性疫情防控重点保障企业名单113家、递补纳入地方疫情防控重点保障企业名单32家。组织符合条件企业申报安徽省疫情防控重点保障物资生产企业名单，建立疫情防控重点保障物资生产企业台账，全市108家企业入围安徽省疫情防控重点保障物资生产企业名单。

【服务业发展】2020年，亳州市连续4个季度召开服务业发展联席会议，对受疫情影响较大的批发零售、住宿餐饮等营利性服务业重点调度。全市服务业增加值增速由负转正。加大服务业集聚区培育力度，推动服务业集中集聚发展。组织符合条件企业申报省级服务业集聚区，获批省级服务业集聚区（含示范园区）5家：亳州市北关历史街区获批省级服务业集聚示范区，中国物流亳州综合物流园获批省级示范物流园区，亳州市互联网+创业园（筑梦社区）、蒙城县电子商务产业园、亳州中药材商品交易中心获批省级服务业集聚区。争取国家和省服务业领域政策支持，缓解中小企业资金压力，组织符合条件企业申报国家和省级服务业领域政策资金。神农谷中药电商物流城7号地块项目和亳州农贸城冷链农副产品交易区项目分别获批省级服务业发展引导资金1270万元、500万元，徽酒集团股份有限公司获批制造业主辅分离奖励资金50万元，安徽正宇面粉有限公司、蒙城县金冠面粉有限责任公司等5家企业累计获批国家粮食进口关税配额8088吨。发挥市级资金引领示范作用，兑现新增规上和省重点企业奖励资金。开展市级服务业、节能环保领域资金项目申报工作，中联中药材冷链物流园项目、亳州中药材仓储物流基地项目和涡阳煤改气（燃烧锅炉、热风炉）项目累计获得市级（含县级配套）奖励资金110万元；加大对新增规上和省重点服务业企业奖励力度，新增规模以上服务业企业26家、奖励资金260万元，新增省重点服务业企业42家，奖励资金210万元。

【清洁能源产业发展】2020年，亳州市严格落实能源消费总量和强度“双控”制度，推进工业、交通、建筑、商贸流通、农业农村和公共机构节能，加强重点用能单位能耗管理。统筹推进太阳能、风能、生物质能等新能源产业发展。全市累计并网新能源产业发电装机163.7万千瓦，其中，光伏发电102.9万千瓦，秸秆焚烧发电12万千瓦，生活垃圾焚烧发电3.7万千瓦，沼气发电0.1万千瓦，风力发电45万千瓦。在建新能源项目装机33万千瓦，其中，风电30万千瓦，生活垃圾焚烧发电3万千瓦。新增获批核准平价风电项目5个，装机规模30万千瓦，新增核准农林生物质发电1个，装机规模3万千瓦。利辛县生活垃圾焚烧发电项目建成投运，亳州洁能生活垃圾焚烧发电二期项目主体工程完工，涡阳县生活垃圾焚烧发电加快建设。推进开发区集中供热，6个省级开发区完成集中供热规划编制，实现省级开发区集中供热全覆盖。完成《亳州市中心城区新能源（电动）汽车充电设施布点规划（2020—2030年）（修编）》《亳州市中心城区供热工程专项规划（2019—2030年）（修编）》。

【长三角一体化发展】2020年，亳州市印发《亳州市实施长江三角洲区域一体化发展规划纲要行动方案2020年工作要点》。《世界中医药之都(安徽亳州)建设发展规划(2020—2030年)》获省政府批准实施。印发“世界中医药之都(安徽亳州)建设发展规划2020年工作任务分解表”，现代中医药产业规模达1450亿元，现代中医药产业集聚发展基地产值增长14.2%，992个中药配方颗粒品种进入省医保目录，22个品种成功转入亳州市生产，113个品种签订仿制药一致性评价合作协议。承接产业转移集聚区建设获国家、省专项政策支持，新增规模工业企业91家。全市新签约亿元以上长三角地区工业项目54个，总投资203亿元，在新签约亿元以上工业项目中分别占19.8%、23.3%；新落地亿元以上长三角地区工业项目23个，总投资57.4亿元，在新落地亿元以上工业项目中分别占17.3%、15.9%。长三角绿色农产品生产加工供应基地加快建设，印发《亳州市加快建设长三角绿色农产品生产加工供应基地实施方案》。市(县、区)食品产业园业务收入115亿元，肉羊养殖和屠宰加工“双百万”工程稳步推进，全市供应长三角地区农产品240.9万吨、销售额202.2亿元。亳州市分别与奉贤区、衢州市、连云港市，谯城区与温州龙港区建立合作共建关系，全市6个省级开发区与沪苏浙11个园区签订战略合作协议，实现与长三角所有城市公安类电子证照互认互通、医保“一卡通用”、236个事项“一网通办”。

【特色小镇建设】 谯城区十河芍花养生特色小镇规划面积3.03平方千米，计划总投资42.3亿元，完成投资3.28亿元，其中2020年完成投资0.48亿元。2020年十河芍花养生特色小镇民国风情街项目改造基本完成。十河镇大周村通过复查继续保留全国文明村镇称号，在安徽省第二批25个特色小镇影响力指数2020年度榜单中，位居全省第16名。

古井白酒小镇规划面积3.48平方千米，计划总投资31.42亿元。截至2020年完成投资15.97亿元，其中2020年完成投资3.48亿元。小镇核心区及其周边有白酒企业107家，白酒产业实现产值200亿元，白酒业及上下游产业吸纳就业人员3.4万人。小镇成功举办2020年度开酿大典等活动。在安徽省第二批25个特色小镇影响力指数2020年度榜单中位居全省第六名。

涡阳县义门中药养生小镇规划面积3.3平方千米，打造中药种植、研发及康养文化旅游基地，构建中药“产业+文化+康养+旅游”四大功能于一体的创新服务平台及城乡整合发展示范区，2019年3月，入选安徽省公布第二批25个省级特色小镇。总投资25亿元，截至2020年底，完成投资9亿元。2020年3月，义门古镇景区列入安徽省AAAA级景区创建名单。

蒙城县立仓农旅小镇获批省第三批特色小镇，总规划面积约3.49平方千米，其中建设面积为1.09平方千米。园区休闲文化活动项目有垂钓大赛、烧烤、啤酒帐篷音乐节、农耕文化教育主题研学一日游、皮划艇表演、水上大冲关、赛马场马术表演、浑水摸鱼活动、竹筏漂流、射击比赛、小火车观光、亲子游、十二生肖乐园等体验活动。2020年，举办了新春民俗节、亳州市中国农民丰收节暨国庆休闲文化旅游节。活动期间，日进园人数5000人左右，最高1万余人。全年接待游客约20余万人次，运营收入164.72万元。

亳州市经开区中药电商小镇获批省第四批特色小镇，利辛县绿色果蔬小镇提名省级特色小镇实验名单。

【《亳州市国民经济和社会发展第十四个五年规划和2035年远景目标纲要(征求意见稿)》编制完成】 2020年3月，亳州市成立“十四五”规划编制工作领导小组，建立由第三方机构与市发展改革委联合组成的规划编制组，正式启动《亳州市国民经济和社会发展第十四个五年规划和2035年远景目标纲要》(简称《纲要》)编制工作。之后，经调研、编制基本框架、拟制初稿、向社会发布公告征求民众建议、修改完善等程序，12月25日，市委四届十二次全会审议通过《纲要(征求意见稿)》。

《纲要(征求意见稿)》共14篇、60章，分为三个部分。第一部分(第一篇)，全面总结“十三五”发展成就，明确提出“十四五”时期经济社会发展指导思想、发展目标，并对2035年远景目标进行展望。第二部分(第二篇至第十三篇)，即重点任务，包括创新发展、开放发展、全面深化改革、扩大内需、现代产业体系、乡村振兴、基础设施建设、协调发展、绿色发展、共享发展、平安亳州建设和民主法治建设12个方面。第三部分（第十四篇），重点从坚持和加强党的全面领导、完善规划实施机制、推动重大工程项目实施三个方面强化措施，确保规划顺利实施。

（武 庆）

全市2020年完成投资前20位项目一览表

表7

项目名称	位次	项目名称	位次
华能安徽蒙城风力发电有限责任公司	1	安徽易腾服装科技有限公司	11
安徽省亳州煤业有限公司	2	涡阳县鸿路建材有限公司	12
安徽金沙河面业有限责任公司	3	蒙城县开发区兴蒙投资有限公司	13
亳州市协合太阳能发电有限公司	4	安徽劲佳包装有限公司	14
安徽省引江济淮工程有限公司	5	安徽古井贡酒股份有限公司	15
蒙城县城市发展投资控股集团有限公司	6	蒙城牧原农牧有限公司	16
中煤新集能源股份有限公司板集煤矿	7	亳州市谯城区交通建设投资有限责任公司	17
亳州城建发展控股集团有限公司	8	涡阳县和润新能源科技有限公司	18
蒙城县兴农发展投资有限公司	9	亳州市药王谷物流有限公司	19
长白山制药（亳州）产业园有限公司	10	涡阳国淮新能源有限公司	20

改 革

【概况】2020年，亳州市推进58项改革任务，重点领域改革取得新突破，形成村级集体经济“联合体·组合投资·优先股”模式、邻长制改革、公检法重要岗位交流轮岗全覆盖、政治建设监督检查指标体系建设等一批原创性改革成果，全面深化改革考核连续3年获得满分，邻长制改革入选2020年全省十大改革案例，治理体系和治理能力现代化加快推进。

【经济和行政体制改革】2020年，亳州市聚力建设世界中医药之都。成功举办药博会，支持药品研发及生产经营，制定仿制药一致性评价奖励办法，992个中药配方颗粒品种进入省医保目录，22个药品品种转入亳州市生产。现代中医药产业规模突破1450亿元，集聚发展基地产值增长11.4%。推进长三角一体化发展。加快推进皖北承接产业转移集聚区建设，与上海市奉贤区、江苏省连云港市、浙江省衢州市建立合作共建关系，与13个沪苏浙园区签订战略合作协议。双百万工厂化产业化肉羊养殖、食品加工和冷链物流等项目建设加快推进。蒙城县成为上海市外蔬菜主供应基地，8家企业获批全省长三角绿色农产品生产加工供应基地示范创建单位。公安类电子证照在长三角区域互认互通，与长三角城市医保“一卡通用”。优化营商环境。深化“服务企业年”活动，164项证明材料实行告知承诺制，一般工业项目审批时限压减至27个工作日以内，新增市场主体6.2万户，增长38.6%。深化“互联网+政务服务”。市、县两级9769个可网上办理事项实现全程网办，升级改造7×24小时政务自助区，705个市本级公共服务事项1日办结，“最多上一次”事项占比98.2%。实施扩大内需战略。组织开展“火热药都·惠民消费”等系列活动，累计带动消费超2亿元。建安文化广场获评省十佳夜间文旅消费集聚区。发展直播带货、无接触交易服务等消费新业态新模式，网上零售额83.3亿元，增长53.3%，总量、增速分别居全省第四位、第二位。深化金融系统改革。申报并成功发行地方政府专项债券84.6亿元。各项贷款余额2395.4亿元，总量居全省第七位，同比增加19.3%，增速居全省第六位。新增各类挂牌企业112家，实现直接融资

130.2亿元，金农易贷、金农企e贷等线上信贷产品在全省推广。深化农业供给侧结构性改革。粮食生产实现“十七连丰”，农业总产值190.4亿元，增长2.3%、居全省第二位，全市商品粮总量248万吨。“三品一标”品牌认证总数达632个、占全省10%。花草茶项目获全国快递服务现代农业金牌项目，线上销售额20亿元。推动乡村振兴。编制多规合一的村庄规划，深入推进农村环境“三大革命”“三大行动”和美丽乡村建设。创新以县为单位发展村级集体经济“联合体·组合投资·优先股”模式，县区成立共富公司、村成立振兴公司，全市村级集体经济经营收益6.4亿元，村均收入52.5万元。坚持抓好土地增减挂钩工作，获建设用地指标1600公顷。

【民主法治领域改革】2020年，亳州市发挥人大及其常委会在立法工作中的主导作用，审议通过《文明行为促进条例》。围绕五大发展行动计划、三大攻坚战、长三角一体化发展等中心工作，听取审议专项工作报告10项，作出决议决定3项。任免国家机关工作人员49人次。发挥人民政协专门协商机构作用。出台《关于新时代加强和改进人民政协工作的实施意见》。开展新时代加强和改进人民政协工作情况督查，推动中央、省委及市委政协工作会议精神落实。推进政协党的建设，实现党的组织对党员委员、党的工作对政协委员全覆盖。开展协商议政和民主监督活动。推进委员进社区活动，开展基层民主恳谈试点，在24个乡镇(街道)52个村(社区)先后举办基层民主恳谈会62次。支持民主党派持续开展脱贫攻坚、污染防治民主监督。召开民营企业座谈会，推动构建亲清政商关系。同心合力共抗疫情，全市统一战线累计捐款捐物2707万元。开展民族团结进步创建“三下乡”示范活动。谯城区牛集镇蒋楼民族村获全国第三批“特色民族村寨”称号。发挥群团组织桥梁纽带作用。实施非公经济组织团建攻坚行动，全市非公企业团组织数量居全省第一；推出“巾帼贷”业务和线上带货活动，帮扶企业家复工复产，渡过难关。市工商联抗击疫情服务企业复工复产获省工商联通报表扬。推进基层文联组织建设，谯城区魏武社区成立全省首家社区文联。

【文化体制改革】2020年，亳州市落实新时代公民道德建设、爱国主义教育两个《纲要》，深化“我和我的祖国”群众性主题教育。“中国好人”上榜人数连续4年居全省第一位，涌现出刘双燕、张孝飞等一批先进典型，“中国好人榜”网上发布活动在亳州市举办。推进制止餐饮浪费、倡树文明新风行动。加强群众性精神文明创建，蝉联省级文明城市称号。提升网上线下宣传实效。在蒙城县开展网络综合治理改革试点，成立市网络安全应急指挥中心，加强网上涉亳舆情监测。4个县(区)级平台、86个乡(镇)级平台、36739只农村广播全部建成投入使用，“村村通”广播自然村通响率95.3%。丰富文化载体建设。建成村级综合文化服务中心1306个，覆盖率97%。市广电中心投入使用。三县融媒体中心通过省级验收。谯城药王村和涡阳辉山村获评全国乡村旅游重点村。建成社会足球场78块。

【社会治理体制改革】2020年，亳州市推进“邻长制”改革，建立“乡镇(街道)—村(社区)—片—组—邻”邻长制基层组织体系，选配片长9224名、组长2.7万名、邻长10.8万名，打通社会治理体系延伸到户“最后一米”。推进城市建设管理，城市功能和品质持续提升。市中心城区117个城建项目完成投资41.2亿元。5G网络覆盖市中心城区和三县县城。6个省级开发区全部实现集中供热。推进市中心城区雨污分流改造和易涝点整治，城市内涝问题得到根本改观。推进“城市大脑”建设。完成“城市大脑”数据、业务、技术、物联感知4个平台搭建，数字化城管数据普查与采集范围扩展至162平方千米，一体化城市综合运营管理中心完成建设。推进市域社会治理现代化。列入省级第一期(2020—2022年)、全国第二期(2023—2025年)试点，落实综治中心实体化运行，融入“邻长制”基层组织体系，深化城乡社区警务，推进“一村一警”工作。开展安全隐患挂牌整改。深化“铸安行动”，组织开展“1+2+22”安全生产专项整治三年行动，开展危险化学品安全生产大排查，举办高层建筑消防救援应急演练，建立四级网格结构，实现隐患排查信息化管理。共排查安全隐患80978处，已整改79962处。

【社会事业改革】2020年，亳州市持续深化乡镇敬老院改革，全市137家公办敬老院与乡镇卫生院融合发展。推进教育优质均衡发展，组建城乡义务教育联盟19个，新建成投用公办幼儿园46所、公办中小学33所。继续完善午餐供应、课后延时服务。亳州学院中医药学院即将开工，亳州职业技术学院获准建设省级高水平应用型技能型大学。深化中小学教师“县管校聘”管理改革，完成交流轮岗校(园)长99人，交流教师2353人，符合条件学校实现交流全覆盖。深化医疗保障制度改革。建立多元复合式医保支付方式，实现全市医保数据“同人、同城、同库、同网”，付费执行率在70%以上。事前、事中、事后一体化“医保智慧监管模式”，入选全国医疗保障经办精细化管理服务典型案例。推进医药卫生体制综合改革。组建8个紧密型县域医共体，市人民医院“卒中中心”“胸痛中心”通过国家验收，急性胸痛患者的综合救治、脑卒中多学科联合规范诊疗等方面达到全国先进水平。每千人口医疗机构床位数5.49张，完成市“十三五”规划目标。促进就业创业。组建市外出务工人员返岗就业工作指挥部，主动与长三角26个城市签订员工返岗复工健康互认协议，农民工外出返岗就业130万人。“外出务工人员管理系统”被人社部评为“优秀就业服务成果”一等奖。打造“亳工招聘”网上工会品牌，就业1.2万余人。开展“亳州老乡，请您回家”和助力青年学子创业活动，直接带动就业近4万人次。

【生态文明体制改革】2020年，亳州市加强乡镇生态环保机构建设及效用发挥。全市共设立89个乡镇生态环境保护工作站，在岗712人，实现县区全覆盖，共排查生态环境问题14416个，解决问题14277个，发挥了基层环保铁军作用。加快畜禽养殖废弃物处理和资源化利用。全市畜禽养殖废弃物资源化利用率在85%以上，规模养殖场治污装备配套率在95%以上，在全国畜禽粪污资源化利用交流会上作经验交流。加快建设全国林长制改革示范区。围绕护绿、增绿、管绿、用绿、活绿，已建设15个林长制改革示范点，完成植树413.33公顷，完成森林长廊建设126千米。深化厕所革命。完成改厕3.51万户，对2017年始财政安排的农户改厕进行逐村逐户排查，整改问题厕所30187户。落实市中心城区网格化包保责任。组织2000余名各级党员干部到社区参与大气污染防治，PM2.5完成年度任务。

【党的建设制度改革】2020年，亳州市持续推进基层党组织标准化规范化建设。“一村一策”整顿软弱涣散村党组织63个，全面实施“红色物业”工程，非公企业和社会组织新组建党组织152个，城市领域基层党建工作“领航”计划2个案例入选省级示范库，在全省城市基层党建工作推进会上作交流发言。深化“一月一课一片一实践”改革成果。登台授课党员累计21万余人次，制作警示教育片52部，活动开展率在95%以上，全市各级在职党员领导干部参加双重组织生活实现常态化。深化公检法重要岗位交流轮岗。推进县区公检法领导班子成员及内设机构、派出机构、下属单位正副职交流轮岗，符合条件的393人全部交流到位。做好村“两委”班子培养。坚持严管和厚爱结合、激励和约束并重，制定《激励村“两委”干部干事创业八项举措》等。

【纪检监察体制改革】2020年，亳州市深化政治建设监督检查指标体系建设。继续探索完善《全市各级领导班子和领导干部政治建设监督检查参考指标》，细化140个检查要点，归纳224个常见问题，推动未巡先改和巡察工作规范化。持续推动乡镇纪检监察工作协作区制度化规范化。探索加强对农村基层“小微权力”的监督制约。在全市1344个村(居)选举配备1527名村级纪检委员。梳理“三资”管理、城乡医疗救助等13类事项，细化危房改造、扶贫资金使用等27项权力清单，明确镇村及职能部门等主体145项责任清单，根据责任清单制定110项监督清单。深化基层减负行动。执行省委持续解决形式主义突出问题为基层减负若干措施和正负面清单。严格落实“基层减负年”各项要求，市级发文和开会数量，在上年大幅下降的基础上又分别下降26.6%、64.4%。

（张　健）

审　计

【概况】亳州市审计局于2000年11月成立，主管全市审计工作。负责对市级财政收支和法律法规规定属于审计监督范围的财政收支的真实、合法和效益进行审计监督，对公共资金、国有资产、国有资源和领导干部履行经济责任情况实行审计全覆盖，对领导干部实行自然资源资产离任审计，对国家有关重大政策措施贯彻落实情况进行跟踪审计等。

2020年，亳州市审计局本级（以下简称“市本级”）共完成审计项目56个，审计查出主要问题金额32.76亿元，其中，违规金额1.51亿元，损失浪费金额0.07亿元，管理不规范金额31.18亿元。审计移送处理事项46件，上报审计信息被省政府采用2条，被省厅采用14条，超额完成4条。

【重大政策跟踪审计】2020年，市本级共完成重大政策跟踪审计4个。审计共发现问题16个，已完成审计整改15个，提出审计建议被采纳16条，有力推动了重大政策落地落实。

【财政审计】2020年，市本级完成2019年度市本级财政预算执行和其他财政财务收支审计发现问题39个，涉及问题金额30246.2万元。截至2020年底，审计报告反映的问题完成整改31个。亳州市第四届人民代表大会常务委员会第三十七次会议上通过财政审计整改报告。

【经济责任审计】2020年，市本级完成领导干部和国有企业领导人员经济责任审计，审计项目112项，其中市本级实施22项，查处主要问题金额2.82亿元，移送处理问题线索4起。通过审计，规范公共权力运行。

【重大项目跟踪审计】2020年，亳州市推进投资审计转型，开展重大项目跟踪审计。出台相关文件，全面退出价款结算审计。对高新区医院、学校等12项重大工程实施跟踪审计，出具跟踪审计报告77期，累计规范拨付资金24.86亿元，节约政府资金3.85亿元，提出合理化建议350条。

【“三大攻坚战”相关审计】2020年，市本级开展“三大攻坚战”相关审计，着力推动经济高质量发展。组织开展扶贫审计和健康扶贫专项审计调查，审计发现问题23个，管理不规范资金883.11万元，提出审计建议7条，2名党员干部受到党内警告处分，5名人员给予诫勉处理。

（代鹏山　许运好）

统　计

【概况】亳州市统计局成立于2000年，是主管统计和国民经济核算工作的市政府工作部门。国家统计局亳州调查队于2007年成立，是市政府统计调查机构、统计执法机构，依法独立行使统计调查、统计监督的职权，独立向国家统计局和国家统计局安徽调查总队上报调查结果，并对上报的调查数据质量负责。

2020年，亳州市统计局编发《亳州市2019年国民经济和社会发展统计公报》《2019年〈亳州市儿童发展纲要〉统计监测报告》《2019年〈亳州市妇女发展纲要（2011—2020年）〉统计监测报告》，编印《亳州统计年鉴（2020）》《统计月报》《数字亳州2019》读本及折页等。

组织开展第七次全国人口普查。成立人口普查机构，抽调人员2.4万人。印发《亳州市第七次全国人口普查领导小组成员单位职责分工和工作方式》，明确32个部门的职责分工。召开业务培训，建立“日通报、周督查周推进”制度。实行全流程、全方位质量管控制度，确保普查数据全面真实。

推进“统计服务千企”行动，开展统计法规进企业、统计实务进企业、统计调研进企业等活动。举办各类培训50场次7000余人次。

完善基层统计制度，制定《乡镇经济信息服务站工作职责》等制度，开展基层工作专项调研12次。加强部门统计工作，制定《亳州市统计局部门统计规范化建设考评办法》，将相关部门资料报送情况纳入市机关效能考核。

完成县区领导班子综合考核第三方评价、创建国家园林城市群众满意度调查、全市政法工作安全感满意度等电话调查工作，共获得有效样本1.5万个。新冠疫情防控期间，完成1688家规上单位线上问卷调研工作。

组织参加国家统计局执法证资格考试8人，通过4人。开展统计执法“双随机”抽查2次共53家单位，其中立案2家，给予行政处罚2家。对全市自2019年始所有文件和有关做法进行清理，共清理出违反统计法精神和国家统计政令的文件18件，其中废止3件，修改15件。

国家统计局亳州调查队完成国家统计局布置的各项统计调查任务，按照上级国家调查队布置或经批准后完成有关地方统计调查任务。撰写经济信息253条、政务信息223条、调查分析报告66篇，印发74期《亳州调查》，向市“两办”报送信息共计250条。

【2019年亳州市经济运行情况新闻发布】2020年2月21日，市统计局发布《2019年亳州市经济运行情况新闻发布稿》，通报2019年全市经济运行情况。2019年，全市生产总值1749亿元，按可比价增长9.4%，其中，第一产业增加值238.2亿元，增长4%；第二产业增加值621.8亿元，增长10.5%；第三产业增加值889亿元，增长10.2%。一、二、三次产业比例为13.6 ∶ 35.6 ∶ 50.8。在23项主要经济指标中，亳州市多数指标增速进入全省第一方阵，其中20项指标增速居全省前8位，12项指标增速居全省前三位，3项指标增速居全省第一位。发布会被人民网“安徽频道”、亳州《新闻联播》、“药都时空”“我家亳州”“掌上亳州”“亳州统计”微博、“亳州发布”等媒体报道。

（段辰旭　邢良海）

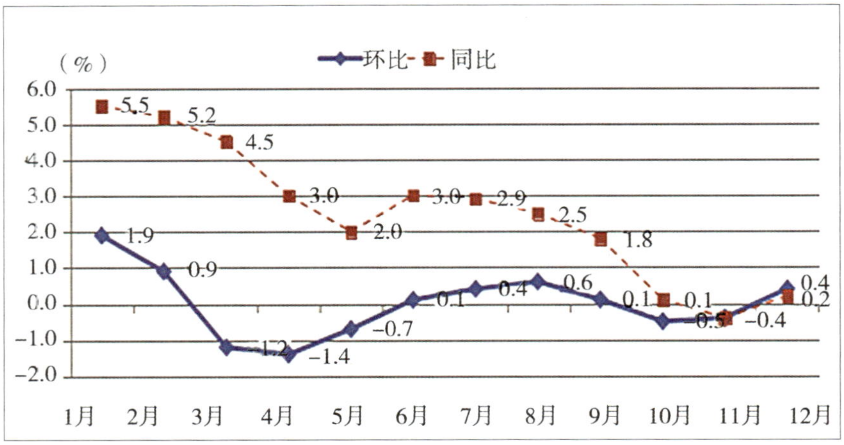

2020年亳州市居民消费价格涨跌幅图

【居民收支调查】2020年，国家统计局亳州调查队开展城乡住户调查工作，通过“每月一个质量周，每季一次大检查”的方式，开展数据质量检查，共检查调查户285户。实施三级考核制度，开展县区、辅调员和调查户考核工作，逐级夯实双基工作质量。开展业务培训，召开市、县队（局）现场交流及培训等会议3次，各县区召开住户业务培训在6次以上。推进全市电子记账，全市65个调查点，电子记账户达520户，占总计账户的80%。

本年度，亳州市常住居民人均可支配收入22274元，同比增长7.3%，分别位居全省第14位和第三位。城镇常住居民人均可支配收入34159元，增长5.4%，分别位居全省第15位和第10位。农村常住居民人均可支配收入15293元，增长8.5%，分别位居全省第12位和第5位。

【居民消费价格调查】2020年，是居民消费价格调查的基期年，国家统计局亳州调查队根据国家统计局居民消费价格调查制度，按照“三定一直”（定点、定时、定人，直接采价）的原则，新旧基期2套规格品同时进行调查，保证数据的衔接。

本年度，亳州市居民消费价格总指数较上年增长2.5%，其中，食品烟酒价格上涨7.4%，其他用品和服务价格上涨2.7%，医疗保健价格上涨2.7%，教育文化和娱乐价格上涨0.6%，生活用品及服务价格上涨0.1%；交通和通信价格下降1.2%，居住价格下降0.8%，衣着价格下降0.1%。商品零售价格总指数增长1.8%。

【工业生产价格调查】2020年，国家统计局亳州调查队结合亳州市统计局的规上企业名录库对关停并转和基础工作薄弱、配合度不高的调查企业予以调换，协助总队增补其他地区缺失规

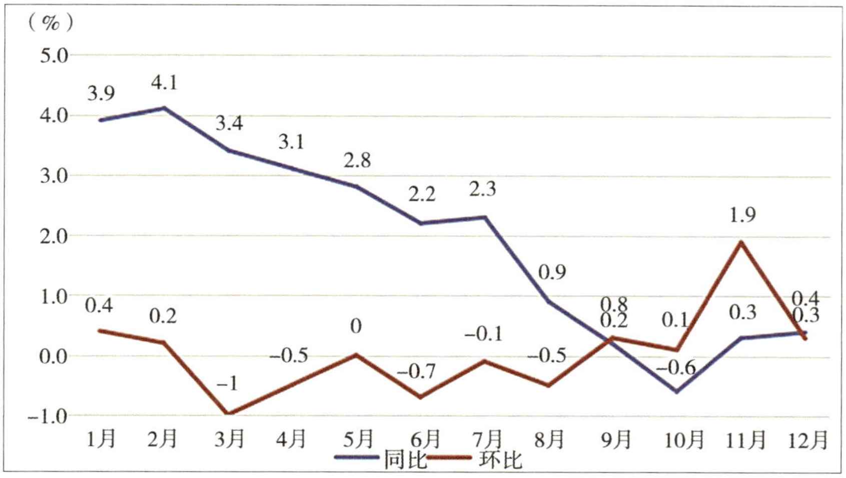

2020年度亳州市工业生产者购进价格涨跌幅图

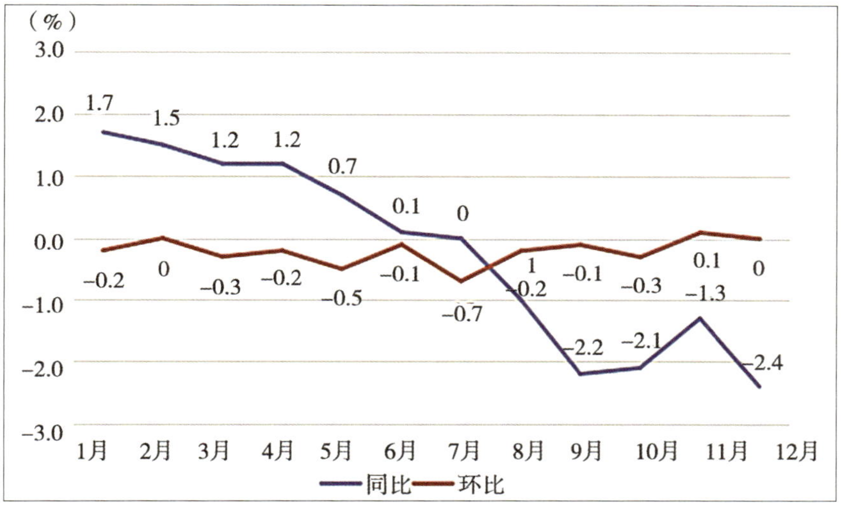

2020年度亳州市工业生产者出厂价格涨跌幅图

格品的企业。在每月报表完成后，对支柱性行业和敏感性规格品的价格监控，特别是医药制造业、农副食品加工业和酒、饮料和精制茶制造业和生猪的价格走势。结合数据质量大检查，对企业走访和检查，督促企业完成相关报表，并建立台账。共走访企业52家次。对联网直报数据采取即报即审和直审直验，每月完成对全部企业数据验收，上报率、直验率、验收率均达100%。

本年度，亳州市工业生产者出厂价格同比下降2.4%，1—12月平均下降0.2%。工业生产者购进价格上涨0.4%，1—12月平均上涨1.9%。

【脱贫攻坚普查】2020年2月6日，亳州市成立脱贫攻坚普查领导小组，办公室设在国家统计局亳州调查队。亳州市各县区相关部门通力协作，市县普查办联合作业，通过制定普查方案、组织普查培训、清查摸底、现场登记准备、现场登记、审核验收数据、现场督导、配合事后质量抽查等，完成国家级贫困县利辛县23个乡镇(街道)357个村(居委会)75939户贫困户及省级贫困县谯城区、蒙城县、涡阳县共65个乡镇928个行政村98286户贫困户的普查工作，为反映脱贫攻坚成效、总结脱贫攻坚成果提供真实准确的统计信息。

(邢良海)

公共资源交易监督管理

【概况】亳州市公共资源交易监督管理局的前身是亳州市政务服务中心。2013年1月，在市政务服务中心基础上成立市公共资源招投标监督管理局，加挂市政务服务中心牌子，在局内设机构办公室加挂政务公开科牌子，同时成立市公共资源招投标交易中心。2015年4月，将政府服务科职责划入市政府办公室，撤销在市公管局办公室加挂的政务公开科牌子。2016年6月，市公共资源招投标监督管理局、市公共资源招投标交易中心分别更名为市公共资源交易监督管理局和市公共资源交易中心。2019年3月，将相关单位承担的招投标监督管理职责、公共资源交易监督管理职责等整合，组建市公共资源交易监督管理局(简称“市公管局”)，作为市政府工作部门。

2020年，市公管局完成公共资源交易项目2753个，预算金额445.24亿元，成交金额453.61亿元，节约资金23.84亿元，增值

32.21 亿元。其中，建设工程项目 807 个，预算金额 141.42 亿元，中标金额 121.14 亿元，节约 20.28 亿元；政府采购项目 1341 个，预算金额 27.49 亿元，中标金额 23.93 亿元，节约 3.56 亿元；产权交易项目 314 个，起始金额 12.27 亿元，成交金额 12.39 亿元，增值 1200 万元；土地交易项目 288 宗，起始金额 209.14 亿元，成交金额 241.23 亿元，增值 32.09 亿元；PPP 项目 3 个，成交金额 54.92 亿元。完成网上商城采购 36343 笔，成交金额 6.79 亿元。

会同有关部门起草《亳州市进一步培育和壮大建筑业企业的若干措施》，推进全市建筑业企业发展。完成建设工程项目 1255 个，成交金额 183.2 亿元，省内建筑业企业成交项目 955 个，成交金额 111.99 亿元，省内建筑业企业成交项目数占比 76.1%，成交金额占比 61.13%，药都电子商城中省内施工企业中标率 91.3%。

投入资金 157.7 万元，建成“不见面”开标系统并投入使用。共有 71 个项目通过该系统完成开标，投标人“线上”开标体验良好。

投入资金 97.3 万元建成产权交易系统。实现项目受理、资料审核、保证金缴纳、资格审核、网络竞价、签订合同、合同归档等全流程业务网上办理。功能延伸到乡镇，基层工作人员在线即可完成项目办理，竞买人“足不出户”实现交易。谯城区魏岗镇谭楼村土地承包经营权拍卖交易公告于 12 月 31 日通过该系统对外发布。

推动公共资源交易领域相对行政处罚权改革，以解决全市公共资源交易领域长期存在的多头执法问题。共涉及房建市政、交通、水利及土地交易四大类行政处罚权。省司法厅于 12 月 17 日批复同意。

同年，市公管局被中国公共资源交易跨区域合作联盟、《公共采购》杂志社评为“2020 全国公共资源交易助力复工复产先进单位”“2020 年全国公共资源交易优秀监管机构”。

【工程建设项目招投标领域串通投标等突出问题专项整治】2020 年，市公管局与住建、交通、水利、城管执法等主管部门制定《亳州市公共资源交易领域串通投标等问题联防联控工作机制》，破获串通投标案件 4 起。自专项斗争工作开展始，全市公共资源交易领域共排查线索 46 条，累计判刑 5 人，罚金 1477 万元，对 97 家投标企业不予退还投标保证金 2497.1 万余元，联合市城市管理局等主管部门对投标企业及负责人行政罚款 800 余万元，打击工程建设招投标领域违法违规行为。制定《亳州市公共资源交易市场竞争主体不良行为认定和管理办法》，对存在串通投标的 2 家公司作行政处罚的同时记不良行为记录，并将结果运用到公共资源交易市场。开展工程建设项目履约现场突出问题集中整治，检查工程项目 58 个，督促整改问题 124 个。针对央企在亳在建工程项目履约现场存在的转包或违法分包问题邀请专家开展两次专项暗访，检查在建工程项目 10 个，其他项目 4 个，督促整改问题 72 个。针对监理市场存在的监理人员同时任职多个项目等问题，开展监理市场专项督查，由行业主管部门对 6 家监理公司的 16 名监理人员因违规作信用扣分处理。共开展标后监管督查活动 9 次，督查项目 30 个，发现问题 73 个，对 11 名项目关键岗位人员记不良行为记录。对古井集团智能化技改项目施工方履约不力等问题开展联合专项整治。对中标价 2000 万元以上建设工程项目组织联合约谈 6 次，压实各方责任。组织专班研究分析工程项目从签订合同到竣工验收全过程监管，形成优化标后监管工作任务清单等 18 项工作举措，创新制定优化标后监管工作的 8 项机制，促进标后监管工作标准化、制度化、规范化。修改完善招标文件履约承诺书。提高招标文件合同模板中更换

2020 年，市公管局获全国公共资源交易助力复工复产先进单位
（陈冰　供图）

关键岗位人员违约金标准，提高企业违约成本。

【评审专家库管理】2020年，市公管局开展省综合评标评审专家库专家征集及初审工作，新入库专家111人，全市专家库达913人。省发展改革委在市、县公管部门配置专家库监管终端，在市、县公共资源交易中心配置专家库抽取终端，全省公共资源交易活动需要专家进行评标评审的，均须从该库抽取。专家抽取活动在3人共同协助下于开标前24小时内进行，按规定抽取相对应类别专家组成评标委员会，落实专家抽取保密规定，确保抽取随机、结果保密。

组织开展评标评审专家培训。举办专家续聘考试，考试合格305人，通过率96%。加强专家考评管理，落实“一标一评”相关要求，对评审专家履职尽责情况进行客观公正评价，共对42名专家作出扣分处理。完善《亳州市公共资源交易中心评委须知》，委托亳州广播电视台录制音频，嵌入公共资源交易系统，在评标活动开始前进行播放提醒。

【公共资源交易营商环境优化】2020年，亳州市在全市范围内取消招标文件发售费用，为投标人节约投标成本1500余万元。启动市场主体库全省互认，实现市场主体信息“一次注册，全省共享”，CA数字证书“一地办理，全省通用”，方便投标人在全省范围内参与交易活动。

征集电子保函综合服务平台服务机构3家，实现电子保函替代投标保证金和履约保证金。全年投标保证金和履约保证金支持银行保函数占比分别为15.99%、99.5%。完善交易文件范本64个，其中政府采购类12个，产权交易类5个，工程建设类47个，打造模块化、标准化的招标条款。推进全流程电子化交易，全年依法必须招标项目502个，全程电子化交易率95.22%。制定《亳州市工程建设项目招标文件负面清单》《亳州市政府采购文件负面清单》，梳理出各方主体共计74项禁止性条款，其中工程建设项目26条，政府采购项目48条。对交易文件审核把关，清理取消各类限制民营企业、中小微企业参与公共资源交易的规定。

（陈　冰）

市场监督管理

【概况】2019年，亳州市市场监督管理局(简称“市市场监管局”)成立，由原工商、质监、食药监部门合并而成。市市场监管局作为市政府工作部门，加挂市知识产权局牌子。主要职责是负责市场综合监督管理，保护知识产权。负责市场主体统一登记注册，组织和指导市场监管综合执法工作。负责反垄断相关工作，监督管理市场秩序。负责宏观质量管理，负责产品质量安全、特种设备安全、食品安全监督管理。统一管理计量、标准化工作，检验检测工作，认可工作等。负责药品、医疗器械和化妆品的安全监督管理、标准管理、质量管理、上市后风险管理、监督检查等。

2020年，市市场监管局有内设科室27个，有市市场监督管理局登记注册局（行政审批办公室)、市市场监督管理局“12315”投诉举报处置指挥中心、市市场监督管理局网络交易监督管理局3个直属行政机构，有市知识产权管理服务中心、行政执法督查支队、消费者权益保护委员会秘书处、产品质量监督检验所、计量检查测试所、食品药品检验中心6个下属事业单位。

2020年，市市场监管局推进“智能审批”，助力企业登记便利化。在企业联办服务平台的基础上，上线亳州市“智能审批”系统，启动7×24小时“不打烊”政务服务，推行串并结合、容缺受理，8个事项1个工作日办结，实现营业执照“秒批秒办”。新增私营企业3.02万户，同比增幅32.35%；新增个体工商户5.18万户，增幅4.2%。全市市场主体总量52.95万户，居全省第三位。

【企业信用监管】2020年，市市场监管局推进“双随机、一公开”监管。全市建立检查事项大类990项，检查事项清单细类1927项；动态调整检查对象库1746714户，执法人员库5842人。完成双随机抽查任务782个，已查并公示企业8353户，接收联合抽查任务232个，建立信用等级任务256个。

探索企业信用风险分类监

管。依托省事中事后综合监管平台，在开展企业信用分类监管中，将信息归集、信用分类、“双随机、一公开”抽查及失信联合惩戒融为一体。对全市147328家企业进行信用分类，评定正常企业130607家、警示企业11287家、失信企业1364家、严重失信4070家，按照守信、警示、失信、严重失信4种信用类别，实施差异化监管。

开展企业信用修复。实施包容审慎监管，对资料齐全、符合法定条件的企业，受理后即时移出经营异常名录；对企业申请撤销行政处罚公示、移出“黑名单”的，及时受理并将相关材料报送省局；对符合法定条件，标记为“经营异常状态”的个体工商户及时恢复其正常记载状态。全年共受理移出经营异常企业4912家，报送省局撤销行政处罚公示信息企业73家，移出严重违法失信企业54家。

【规范市场秩序】2020年，市市场监管局开展广告监管，共监测网上广告340条次，监测网站219家，监测市属媒体各类广告46400条次，查处虚假违法广告案件136件，罚款86.7万元。

开展网络交易监管。检查督促全市电子商务平台经营者履行法定义务，规范网络市场秩序。全年共计检查各类平台24家，包括商品销售及服务平台、综合信息类、APP公众号及“淘宝、天猫、美团、饿了么、京东、1688平台、苏宁易购、壹号店”的分支机构或代理机构。经检查，纠正电子商务平台存在的把关不严，不落实基本义务、平台治理义务和协助监管义务等突出问题。全市共办理网络交易案件32件，案值4.24万元，罚没款11.2万元。动产抵押194件，金额20.3亿元。合同违法案件立案3件，结案2件，罚款4万元。检查平台内经营者478户，责令改正7户，立案调查2件。

【反垄断和反不正当竞争执法】2020年，市市场监管局共清理存量文件124件，审查增量政策措施116件。开展公用企业垄断行为专项执法检查，摸排上报线索3条，协助省局调查处理1件。立案查处10起不正当竞争案件，涉案金额1940多万元。办理的1例案件被省局评为“十佳典型案件”，并被国家市场监管总局通报表扬。开展打击传销“皖剑——2020”行动，创建无传销社区140个，创建无传销网络平台1个。

【打击非法捕捞渔获物违法行为专项行动】2020年，市市场监管局联合农业农村局、公安局等部门发布蒙城县茨河省级水产种质资源保护区全面禁捕公告，确保完成保护区全面禁捕退捕工作。检查水产品加工企业、水产品销售企业及个体经营户、水产品交易市场、餐饮单位等共18799个次，整改餐单26份，张贴发放宣传资料5309份，监测电商平台（网站）2686个次。查处违法案件3件，罚没款7000元。

【打击侵权假冒工作】2020年，市市场监管局组织查处侵犯知识产权和制售假冒伪劣商品的违法行为，采取日常巡查和专项检查相结合的方式，加强监督管理，深挖案件线索。加强对县区市场监管部门的办案指导和督查督办，对重大案件的进展情况适时跟踪掌握，提高案件质量。开展“2020年知识产权执法铁拳行动”，开展执法行动627次，办理商标侵权案件338件，涉案金额75.61万元，罚没金额169.53万元。其他商标案件2件，涉案金额4800元，罚没款金额6000元。重点商品商标案件326件，涉案金额78.92万元，罚没金额139.35万元。其中抗疫防护用品案件13件，罚没金额7.4万元，食品案件130件，罚没金额64.39万元，化妆品案件9件，罚没金额2.2万元。

【知识产权保护】2020年，亳州市建立和完善知识产权保护机制，立案处理专利侵权纠纷案件2件、商标侵权案件165件。建立专利维权援助机制，对专利权人维权诉讼费按20%的比例给予补助。印发《亳州市推进知识产权高质量发展扶持政策》，提高对知识产权创造、保护、运用的奖补力度，落实2019年度知识产权奖补资金873.6万元。全年全市新增商标申请29011件，居全省排名第三位；新增商标注册15896件，居全省排名第三位；有效注册商标量58386件，居全省排名第五位。全市拥有省商标品牌示范企业38个，增幅22.6%。组织培育2家企业申报驰名商标，11家企业申报安徽省商标品牌示范企业

(申报成功7家)。拥有驰名商标11个。全年全市共申请发明专利2182件,授权发明专利882件。全市拥有有效发明专利2299件,每万人口发明专利为4.4件,同比增长41.9%。加快知识产权转化和运用,举办全市知识产权质押贷款政银企对接推进会议,打通政银企知识产权质押融资沟通渠道。全市共有16家企业办理22件知识产权质押登记,总质押金额为3.058亿元。发明专利授权量628个,增幅73%。组织12家企业开展知识产权贯标工作,10家企业通过认证,4家企业获省专利优秀奖,2家企业通过省知识产权优势培育验收。

(三晓宏)

2020年亳州市"中国驰名商标"一览表

表8

序号	获评时间	商标名称	核定商品	注册人
1	1999年	古井贡	白酒	安徽古井贡酒股份有限公司
2	2008年	高炉家	白酒	安徽高炉酒厂
3	2011年	古井	白酒	安徽古井贡酒股份有限公司
4	2013年	药信	中药成药	安徽济人药业有限公司
5	2014年	芍花	中药成药	亳州市芍花堂药业有限公司
6	2015年	金坛子	白酒	安徽金口酒业有限公司
7	2015年	富亚	纱门纱窗	利辛县富亚纱网有限公司
8	2016年9月	广印堂	中药饮片	安徽广印堂中药股份有限公司
9	2018年2月	力源	白酒	华佗国药(安徽)保健酒业有限公司
10	2018年2月	恒盛	肉食品加工	安徽恒盛实业有限责任公司
11	2019年1月	曹操贡	白酒	亳州市板桥酒业有限责任公司
12	2019年1月	浩翔	猪育种	安徽浩翔农牧有限公司
13	2019年12月	店小二	白酒	安徽井中集团店小二酿酒有限公司

·食品安全监管·

【概况】2020年,市市场监管局组织开展农产品质量安全专项整治"利剑"行动。检查生产经营主体11236家次,立案查处24家。全市1354家食品生产企业风险分级检查覆盖率100%。完成20家食品生产企业追溯体系建设任务,出台《亳州市食品小作坊整治提升行动实施方案(2020—2022年)》,立项市级地方标准"粉皮小作坊生产加工规范",全市558家食品小作坊登记建档率100%,全年培育示范小作坊25家。全市82家食用农产品集中交易市场建档率100%,587户食用农产品经营者建档率100%。全市12411家餐饮服务单位风险分级检查覆盖率100%。创建小餐饮食品安全示范街20条,创建小餐饮食品安全示范店2648家。检查学校食堂及周边餐饮服务单位

5204 家次，责令整改 189 家、立案查处 16 家。

【夏季食品安全专项整治】2020 年，市市场监管局组织开展夏季食品安全专项整治行动。检查食品生产经营者 9703 家次，责令整改 975 家，取缔 8 家，立案查处 69 家。开展打击市场销售长江流域非法捕捞渔获物专项行动，检查水产品加工企业、销售企业及个体经营户和水产品交易市场、餐饮服务单位等 18271 家次，整改餐单 26 份，张贴发放宣传资料 5125 份，监测电商平台（网站）2654 个次。

【食品生产环节专项整治】2020 年，市市场监管局根据年度专项整治计划，每月组织开展白酒、代用茶、粉丝粉条、小麦粉、大桶水、肉制品、食品添加剂的专项检查。共检查企业 600 家，责令整改 192 家，注销 8 家，立案查处 26 家。完成对 7 家保健食品生产企业飞行检查，共检查 26 家次，发现问题 16 个，整改完成。

【春秋季校园食品安全风险隐患排查】2020 年，市市场监管局联合市教育局、市卫生健康委等部门共同开展春秋季校园食品安全风险隐患排查。共出动执法车辆 784 车次，执法人员 3817 人次；监督检查学校食堂 3810 家次，校园周边餐饮单位 1394 家次；下达限期责令整改通知书 189 份，立案处罚 16 件，罚没金额 11.8 万元，培训从业人员 2200 名，发放宣传资料 9400 份。学校食堂名厨亮灶覆盖率 100%。

【网络餐饮服务食品安全专项整治】2020 年，市市场监管局打击网络订餐第三方平台和入网餐饮服务单位违法违规行为。下达责令改正通知书 100 份，下线违规经营入网餐饮单位 109 家，取缔无证经营入网餐饮单位 68 家，立案查处入网餐饮单位违法行为 8 件。共筛查网络订餐第三方平台问题 100 个，接举报投诉 89 起，整改解决问题 298 个。

【冷链食品监管】2020 年 8 月 3 日始，市市场监管局组织对进口冷链食品、中高风险疫情地区冷链食品和市外已检出新冠病毒核酸阳性的同批次冷链食品开展排查，对冷链食品、包装、环境和从业人员采集样本，开展核酸检测。共采集 18687 份样本，检测结果均为阴性，其中，肉类 3646 份、水产品类 1138 份、其他食品 279 份、食品外包装 5774 份、环境 3874 份、从业人员 3976 人。

全市在“安徽省冷链食品追溯平台”注册企业 533 家，其中进口商 1 家、生产加工单位 62 家、第三方冷链物流企业 4 家、第三方冷库 14 家、批发和零售 248 家、餐饮单位 204 家。蒙城县设立进口冷链食品集中监管仓。开展进口冷链食品风险排查，全市共排查涉及冷链食品企业 1442 家 3579 人（其中涉及进口冷链食品企业 218 家 858 人）。

【食品抽检】2020 年，亳州市食品抽检完成比例 5.41 批次 / 千人，高于省考核目标 1.31 批次 / 千人；食用农产品抽检完成量 11854 批次，居全省第一位。共检出不合格 / 问题样本 591 批次，居全省第一位；检出不合格食用农产品 383 批次，居全省第一位；自行组织的省级转移监督抽检问题发现率 3.63%，居全省第一位；食用农产品问题发现率 3.04%，居全省前三。省市场监管局交办的专项抽检问题发现率 45%，位居全省前三。亳州市执行省转移等任务抽样规范性排名居全省第六位。

（王晓宏）

·药品安全监管·

【概况】2020 年 9 月 30 日，亳州市药品安全委员会成立，推进药品安全工作。申报十大皖药基地建设，亳州市京皖中药饮片厂获丹皮基地授牌，安徽井泉中药股份有限公司获亳白芍基地授牌，北京同仁堂（亳州）饮片有限责任公司获亳白芍基地授牌，安徽广印堂中药股份有限公司获菊花基地授牌，亳州市沪谯药业有限公司获丹皮基地授牌，谯城区天齐富种植专业合作社获亳白芍基地授牌。全市办理药品案件 112 卷，化妆品案件 30 卷，医疗器械案件 45 卷，合计 187 卷。较大以上案件 5 卷，占 2.67%。安徽济善堂中药科技有限公司案，货值 8.64 万元，罚款 10 万元。

【药品药材综合整治】2020 年 2

月1日始，亳州市开展药品药材生产经营综合整治。印发《亳州市药品药材生产经营综合整治工作方案》，成立以市政府主要负责人为组长的综合整治工作领导小组。实行市领导包保责任制。市政府主要负责人、分管负责人召开综合整治工作会议5次，到药品生产经营企业等地实地督查调研指导15次。

【药品零售企业执业药师“挂证”行为整治】2020年，亳州市开展药品零售企业执业药师“挂证”行为整治。监督检查药品批发企业及药品零售连锁总部共35家，责令改正5家；检查零售药房2515家次，立案23家，责令改正253家；检查医疗机构324家。完成药品零售企业飞行检查41家。

【医疗器械专项整治】2020年，亳州市开展无菌和植入性等医疗器械监督检查、打击免费体验式非法经营医疗器械行为“回头看”专项检查、医疗器械“清网”行动检查、“药品安全春风行动”检查工作，收到企业自查报告615份。各级医疗器械监管单位针对企业自查情况进行现场检查。开展“双随机、一公开”飞行检查。建立全市医械检查员库，对50名检查员进行专题培训。印发《2020年亳州市医疗器械“双随机、一公开”飞行检查工作方案》。全市共出动检查执法人员2534人次，检查医疗器械生产企业15家次，限期整改6家；检查医疗器械经营企业使用单位985家次，限期整改23家，处理13家，警告5家，立案查处8家；查处网络上无证销售医疗器械案2家。注销“医疗器械经营许可证”5家、“第二类医疗器械经营备案凭证”8家、“第一类医疗器械备案凭证”1家。

（王晓宏）

【安徽省药品监督管理局第二分局成立】2020年7月，该局挂牌成立。主要职责是承担亳州市辖区域药品（含疫苗）、医疗器械和化妆品生产环节的检查和处罚，以及药品批发、零售连锁总部、互联网销售第三方平台的日常检查和处罚等任务。完成省药品监督管理局交办的其他工作。

该局成立后，按照市委、市政府和省药监局部署，对全市药品生产经营企业开展综合整治。

完成药品生产企业监督检查全覆盖。共检查药品生产企业224家次，发现缺陷项目968项，其中严重缺陷12项、主要缺陷140项、一般缺陷816项，发告诫信企业24家，约谈企业24家，暂停生产企业13家，抽检品种101个、313批。

（汝燕涛）

·特种设备安全监管·

【概况】2020年，亳州市共出动执法人员5936人次，检查特种设备使用单位2592家次，检查特种设备6340台次，发现安全隐患403处，完成整改；下达特种设备安全监察指令书132份。启用“安徽省特种设备安全大数据信息化监管系统”，实现特种设备安装告知、检验申请等业务全程网办。完成全市气瓶安全质量追溯管理平台建设，各液化石油气充装站系统全部接入市级平台。电梯应急救援平台建设项目纳入亳州市“城市大脑”项目集中建设和管理。

【特种设备专项整治三年行动】2020年，亳州市制定《亳州市特种设备安全专项整治三年行动实施方案》，对全市大型游乐设施、建设工程用起重机械、移动式压力容器和快开门式压力容器专项隐患排查，共计排查相关设备使用单位54家、设备243台，发现安全隐患10处，均按照要求完成整改。检查移动式压力容器充装单位4家，督促建立完善充装质量追溯系统。自11月始，在全市开展液化石油气安全专项整治“回头看”。推进“铸安”行动常态化实效化，落实风险管控“六项机制”，每个县区针对每一类特种设备确定一家试点单位，指导使用“六项机制”相关工作指南。修订《亳州市市场监督管理局特种设备事故应急预案》并报市安办备案。

（王晓宏）

·产品质量安全监管·

【概况】2020年，市市场监管局加强事中事后监管工作，重新对工业产品获证企业81家实施分类监管，其中AA类企业6家、A类企业30家、B类企业45家，对工业产品获证企业81家进行全覆盖检查。开展成品油专项整治，立案查处11起，全部结案。罚没款108万元；涉嫌刑事犯罪移交公安部门3起，无证非法经营汽油以及经营闭口闪点≤60℃的移送应急管理局19起，依法取缔加油站（点）4家。现场核查率、监督抽检率、依法处置率、站（点）建档率均为100%。开展生产和流通环节产品监督抽查，围绕水泥、预拌商品混凝土等建材产品、纺织服装、丝网纱门、小家电等消费品以及口罩等防疫物资开展产品质量监督抽查。

【防疫物资产业出口管理】2020年，市市场监管局组织对全市口罩、防护服生产单位摸底排查。全市共摸排口罩生产企业110家，防护服生产企业4家，防护手套生产企业1家。

（王晓宏）

·质量工作·

【概况】2020年，亳州市推进安徽质量强县创建工作，对蒙城县创建质量强县创建工作进行预验收。出台《亳州市人民政府关于推进质量治理体系和治理能力现代化的实施意见》，对质量发展和质量创新进行奖补激励，提高各级政府质量奖奖励标准，新增安徽省制造业（服务业）高端品牌奖励和缺陷产品召回扶持政策。

开展质量提升行动。组织开展第四届亳州市政府质量奖评选工作，全市23家组织递交申报材料，3家企业获市政府质量奖，5家企业获市政府质量奖提名奖。古井集团总经理周庆武获省政府质量奖个人奖。14家企业申报安徽省制造业高端品牌，7家企业入围。发布公告8起，召回缺陷消费品27370件，超额完成缺陷产品召回工作任务。印发全市“质量月”活动方案，联合市经信局等8家市直部门以及各县区同步开展系列主题宣传活动。全面落实首席质量官制度，开展质量基础设施“一站式”服务。

【标准化建设】2020年，亳州市对全市2019年度创建的70个标准化项目给予奖励800万元。支持企业将管理、技术创新成果转化为国际标准、国家标准、行业标准、团体标准和地方标准。全市已完成的有国家标准1项：《纺织品织物起毛球性能的测定第四部分：随机翻滚法》GB/T 4802.4-2020；地方标准3项：《康养旅游景区质量等级划分》DB 34/T 3581-2020、《池塘水产养殖尾水处理技术规程》DB 34/T 3657-2020、《公筷公勺服务规范》DB 34/T 3577-2020；团体标准2项：《中药饮片生产企业防疫管理规范》T/AHN 001-2020、《代用茶生产企业防疫管理规范》T/AHN 046-2020。全市在建标准化试点示范项目8个，市数据资源局创建的第七批省级政务服务标准化试点单位通过专家组验收评估。

【计量工作】2020年，市市场监管局组织开展“5·20”世界计量日宣传活动，到13家企业开展“进企业”计量宣传服务，发放宣传手册，对52家眼镜配制场所、5家集贸市场、21家加油站等进行专项监督检查，共检定计量器具500余台。开展市级定量包装商品“双随机、一公开”抽查，共抽查定量包装商品48批次，抽查企业20家，抽查合格率100%。

【认证认可与检验检测】2020年，亳州市共获强制性产品认证证书103个，质量管理体系认证证书795个，服务认证证书28个，自愿性工业产品认证证书147个，食用农产品认证证书371个。获证检验机构55家，其中机动车检验机构18家，环境类检验机构7家，食品类检验机构10家，司法鉴定类检验机构8家，建材类检验机构6家，其他类检验机构6家。

【白酒企业质量规范提升】2020年，《亳州市市场监督管理局促进白酒生产企业高质量发展的实施方案》印发，促进白酒生产企业规范提升。古井贡酒股份有限公司获全国质量标杆、安徽省政府质量奖，为全省唯一获奖食品企业。古井贡酒股份有限公司、双轮酒业有限公司、亳州市酒厂有限公司3家企业获亳州市政府质量奖。古井贡酒、高炉家酒获批国家地理标志产品保护。“古井贡”“古井”“高炉家”“金坛子”“力源”“曹操贡”“店小二”7个白酒商标获中国驰名商标。2020年，国家级抽检共抽检全市白酒产品143批次，其中合格141批次，不合格2批次，合格率98.6%。

（王晓宏）

中药产业

中国亳州中药材专业市场　　（市药业发展局　供图）

亳州市现代中药产业发展

【概况】2019年，亳州市将市药业发展局的行政职能，市卫生和计划生育委员会等部门的中药发展相关职责整合，组建市药业发展促进局，作为市政府工作部门。贯彻执行党中央关于药业发展工作的方针政策和决策部署，落实省委、市委的工作要求，在履行职责过程中坚持和加强党对药业发展工作的集中统一领导。内设产业规划推进科、药业项目管理科、科教科、药博会组织科等5个科室。

2020年，亳州市坚持"以药立市、以药强市"，贯彻落实《中共中央、国务院关于促进中医药传承创新发展的意见》和省委、省政府《关于促进中医药传承创新发展具体举措》精神，以《世界中医药之都（安徽亳州）建设发展规划（2020—2030年）》为指导，围绕中药产业链重点环节，推动中药传承创新发展，全市现代中医药产业规模继续扩大，达1450亿元。

中药材种植面积保持稳定。中药材种植面积80866.67公顷，产值约37.9亿元。其中中药材标准化种植面积25466.67公顷，占全市中药材种植面积的31.5%。

医药工业产值持续增长。全市共有药品生产许可企业203家，中医药制造业产值352.18亿元，增速10.3%，其中，产值10亿以上企业3家、5亿～10亿元企业9家、1亿～5亿企业99家。

中药贸易交易活跃。线上线下中药材交易额约1060亿元。其中，线下市场约787.4亿元，中药材专业市场年销售额突破430亿元，全国最大中药材专业市场地位稳固。

【中药材组培繁育中心建成运营】2019年9月，亳州市人民政府与中国医学科学院药用植物研究所（简称"药植所"）签订战略合作协议，推动建立和完善亳州现代中药种植发展体系，实施"做优中药农业重点工程"相关任务。2019年12月，亳州兴禾农业发展有限公司与药植所开展合作，2020年9月，药用植物组培繁育中心建成运营。

组培繁育中心建筑面积1344平方米，配有纯水系统、自动洗瓶机、培养基自动配置系统、高压蒸汽灭菌柜、光照培养箱、变频全温摇床、显微成像系统等仪器设备，一次可周转生产组培苗4万余瓶，具备良好的科研和中试生产能力。配套建设温室约800平方米，推进集药用植物种质资源圃、优良种子种苗繁育、标准化种植示范、高校科研与教学实训等功能于一体的中药农业引领示范基地建设。中心下设组培技术研发、生产管理、质量检测、运营管理、成果转化与推广等部门。以药植所、安徽省农业科学院、安徽农业大学、安徽中医药大学、亳州学院、亳州职业技术学院等合作科研院所为技术依托，开展半夏、丹参、黄精、石斛、白芨、百合等中药材组培生产示范，开展亳白芍、多花黄精等中药材组培研究，谋划年宵花卉生产项目。重点围绕种苗脱毒快繁、提纯复壮、品种改良和种子种苗质量评价研究等核心业务，开展种苗脱毒繁育技术攻关研究、新品种研发和种苗质量检测服务，推进成果转化和示范。对相关企业人员和当地农民提供技术咨询和培训服务，为同行业企业开发研制提供技术保障和平台支持。

【亳州城建汉广中药材初加工产业园一期建成投产】2020年，亳州城建汉广中药材初加工产业园由城建集团与汉广集团合作建设，本着"道地药材，绿色加工"的理念，打造集中药材初加工、检测、流通、金融及交易于一体的综合性交易服务平台。

该项目总投资约5.3亿元，总占地面积约17.6公顷，总建筑面积约17万平方米。项目一期建成，共有9栋单体，建筑面积约3.8万平方米。9月，4条生产线投入使用。园区以白芍等品种为切入点，通过规模化、自动化解决中药材初加工散乱无序与环境污染问题。通过园区污水处理、仓储物流等设施为中药材初加工企业提供场所，吸引药商和药农进入园区加工、交易，逐步形成集聚效应，为远期打造大宗中药材交易服务平台奠定基础。

【第三方检验检测机构引进】根据2020版《中国药典》规定，植物类中药材、中药饮片新增33项农残检测。亳州市支持企业通过提高自检能力和委托第三方检测落实药典要求，引进亳州含量无忧中药材检测有限公司、安徽省公众检验研究院有限公司、河南中标检测服务有限公司等第三方检测机构，提升全市中药材检验检测能力。

【中药材质量可追溯体系建设】2020年，《亳州市中药饮片生产环节信息化追溯体系建设推进工作方案（试行）》出台，方案遵循“统一规划、统一设计、统一开发、统一使用、统一管理”原则，以“一物一码、一码同追”为目标，编织全流程、全覆盖、全环节中药饮片追溯链条，实现中医药产品来源可知、去向可追、质量可控、责任可究，构建政府监管、行业自治、企业自律、社会监督的共治格局，保障人民群众用药安全。分步骤实施中药饮片信息化追溯体系建设。系统开发完成，已部署追溯系统的试点应用企业25家。

【药品品种引进和研发】2020年，亳州市继续推进药品引进和研发。2020年新增6个药品注册到亳州。共有113个药品与亳州市载体单位签订仿制药一致性评价合作协议。全市共有5个药品单品种销售额过亿元。其中，疏风解毒胶囊、葛酮通络胶囊为亳州培育本土品牌，复方苁蓉益智胶囊、脑安滴丸、脑安胶囊为引进药品。

【中药配方颗粒试点研究】2020年，亳州市第一批5家配方颗粒试点企业共有1523个品种完成备案，济人药业、协和成制药、九洲方圆制药、华佗国药4家省中药配方颗粒试点企业分别备案中药配方颗粒510、402、410、201种。992个中药配方颗粒品种纳入省医保目录，进入试点医院销售。安徽济人药业有限公司生产的高质量中药配方颗粒首次以药品的身份进入欧盟市场上市销售。

【中药材贸易】2020年，亳州中药材商品交易中心开展中药材贸易新模式，推进全国“N+50”（在全国布局N个交易中心，在主要药材产区建设50个产地站点）交割仓布局，在20余个主要药材产区开展交割交易服务，建成全省唯一的中药材大宗交易平台。平台全年经历234个交易日，交易品种25个，成交总量30.15万批，成交总额7.33亿元。发挥中药材技术性贸易措施研究评议基地作用，由亳州海关跟踪发布欧盟及美国、日本等境外中药材风险预警信息及技术法规，指导企业规避风险，梳理推送境外利用中医药抗疫、中药材需求等信息。强化国际贸易政策培训，畅通出口渠道，提高亳州市中药产品市场占有率和国际认可度。现代中医药产业实现外贸进出口3亿美元，增长11.1%。

（李胜雨）

【亳州市中医药研究会】亳州市中医药研究会（简称“市中医药研究会”）于2019年1月13日经市民政局批准成立，由亳州市从事中医药事业的工作人员、热心支持和关心中医药事业发展的人士组成，业务主管单位是市科协。主要职能是开展中医药信息理论和技术的研究交流，推广中医药信息新成果和新技术。李广华任会长。截至2020年，有会员723人。

2020年，市中医药研究会邀请国内中医药领域专家教授到亳州为会员授课。7月12日，举办夏季学术交流会培训班，邀请安徽中医药大学博士生导师方朝晖教授进行学术讲座，参会人员200余人；6月7日，举办大型学术交流培训会，邀请安徽中医药大学、安徽省名老中医张杰教授主讲糖尿病防治及中医健康知识和技能，参会人员216人。

开展社会公益活动29次。组织会内名老中医到社区、乡镇、旅游景点等地举行为民服务大型义诊活动服务群众5018人次，免费发放黑膏药1082贴。药博会期间在全市选拔76名民间名老中医，在药博会主会场（二楼）开展大型义诊活动，服务群1211人次。在五马桃花节、大周芍花节期间做大型义诊活动4次，计服务群众1725次，下基层，到机关、学校为群众义诊2082次。春节期间，到五马镇中陈村、芍花村、魏岗镇刘各村、涡阳县陈大镇卫生院开展送温暖活动，总计送约价值2万元的钱物。

（王永涛）

2020年国际（亳州）中医药博览会暨第36届全国（亳州）中药材交易会

【概况】2020年9月8—12日，亳州市采取“线上线下结合，以线上为主”的方式，举办2020年国际（亳州）中医药博览会暨第36届全国（亳州）中药材交易会

（简称“药博会”）。药博会由中国中药协会、珍宝岛药业股份有限公司、中国北京同仁堂（集团）有限责任公司、安徽古井集团有限责任公司、亳州中药材专业市场管理公司主办，亳州中药材商品交易中心有限公司承办，以“中医药，让人类更健康”为主题，围绕“传承、发展、守正、创新”，安排三大板块9项活动。

【经贸活动】2020年，药博会共安排经贸活动3项，分别是2020年国际（亳州）中医药展、酒类产品展、制药机械展，建设世界中医药之都暨中国（亳州）投资环境说明会和世界制造业大会江淮线上经济论坛亳州分会场。药博会共设亳州中药材商品交易中心展区、亳州中药材专业市场展区和线上展区。两线下展区共布设国际标展817个，参展企业375个，其中特展20个。线上会展分设中医药展、制药机械展、酒类产品展和保健品花茶展4个板块，上线企业220家。

建设世界中医药之都暨中国（亳州）投资环境说明会围绕亳州“世界中医药之都”建设的产业发展需求，邀请现代中医药领域企业143家，包括行业百强、上市公司、知名企业负责人和业界专家200余人参会。会上共签约67个合作项目，总投资432.6亿元，其中工业项目57个，签约金额289亿元，总投资5亿元以上的重大项目有24个，项目涵盖现代中医药、生物医药、医疗器械、电子电气、机械制造等多个行业。

世界制造业大会江淮线上经济论坛亳州分会场期间，亳州市签约28个项目，总投资225亿元，包含央企、民企、外企、台企、侨企。药博会期间，经贸活动总签约项目95个，总签约金额657.6亿元。

【文化活动】2020年，药博会共安排文化活动4项，分别是华佗诞辰1893周年祭祀活动、2020年国际（亳州）中医药博览会暨第36届全国（亳州）中药材交易会开幕式、2020年安徽省中医药宣传周暨中医药文化推进行动启动仪式、2020年全国健身气功五禽戏网络视频大赛暨第十二届华佗五禽戏养生健身节开幕式。本届药博会保留了华佗诞辰1893周年祭祀活动和开幕式环节，增加2020年安徽省中医药宣传周暨中医药文化推进行动启动仪式，以线上为主举办2020年全国健身气功五禽戏网络视频大赛暨第十二届华佗五禽戏养生健身节开幕式。

安徽省中医药宣传周暨中医药文化推进行动启动仪式是由安徽省中医药管理局主办的大型中医药文化科普宣传活动。活动集名中医义诊、养生保健体验、健康咨询、中医药科普知识展示、药膳推广展示、药企名药展示、中医药文艺演出、中医药书画作品展示等内容于一体，让广大市民走近中医药，了解中医药，认同中医药。活动期间邀请安徽省中医院、省中医药大学二、三附属医院王亿平、查安生等6名江淮名医及17名省名中医参与义诊，亳州市中医院、亳州市华佗中医院及亳州辖区中医院共60名市内名中医参加义诊活动。

全国健身气功五禽戏网络视频大赛暨第十二届华佗五禽戏养生健身节开幕式采取线上线下相结合的模式开展，通过互联网搭建线上比赛平台，利用大数据、云计算统筹线上与线下，拓宽“体育＋互联网＋居家”办赛模式，方便全国各地健身爱好者参与竞赛，宣传、推广普及五禽

药商选购中药材　　（刘勤利　摄）

戏传统养生功法，倡导文明健康生活方式。活动期间共有来自全国29个省、市、自治区的425支代表队2347人通过网络参赛，促进五禽戏的宣传和推广。

【学术活动】2020年，药博会共安排学术活动2项，分别是中国中药协会中药材市场专委会年会暨产业发展学术报告会和长三角一体化中医药发展高峰论坛。活动数量相比往年有所压缩，药博会学术活动的设置更加契合国家战略部署，更加契合亳州产业发展实际。

三角一体化中医药发展高峰论坛是贯彻落实长三角一体化国家战略设置的活动。论坛以“守正创新 合作共赢—打造长三角中医药发展高地”为主题，通过论坛的举办，进一步推进长三角中医药一体化，促进长三角中医药的深度合作，加强中医院中医特色优势建设经验的交流，探讨医院创新发展的理念和方法，提高中医院管理和服务水平。论坛得到上海市中医药管理局、江苏省中医药管理局、浙江省中医药管理局、安徽省中医药管理局的指导支持。全国知名中医药院长、知名药业企业和相关专业师生160余人参加论坛。

中国中药协会中药材市场专委会年会暨产业发展学术报告会是为了加强促进传统市场产业交流，促进市场升级组织召开的学术活动。会议期间，全国中药材市场创新发展联盟在亳州中药材专业市场正式揭牌成立。该联盟由安徽亳州中药材专业市场、广东普宁中药材专业市场、四川成都荷花池中药材专业市场、广西玉林中药材专业市场、湖南廉桥中药材专业市场、广东广州清平中药材专业市场、江西樟树中药材专业市场、河南禹州中药材专业市场、云南昆明菊花园中药材专业市场、湖北蕲春中药材专业市场等联合发起创立，以全国17家中药材专业市场的运营管理机构为主体。会议的举办稳固了亳州在全国中药材专业市场行业的龙头地位，为中药材专业市场在新形势下的现状、定位和创新发展提供一个交流合作的平台。会议邀请中国医药工业研究总院科研管理部主任蔡正艳和深圳（上海）高特佳投资管理有限公司执行合伙人王曙光等专家分别围绕“中医药科研研发与成果转化”和“新医改形式下中药产业发展”作主题报告。

（李胜雨）

中国（亳州）中药材专业市场

【概况】中国（亳州）中药材专业市场〔康美（亳州）华佗国际中药城〕是经国家四部委审批开办的17家中药材专业市场之一，于2013年11月24日开业。市场占地1000亩，营业面积120万平方米，交易大厅经营摊位3000余个，样品号3000余个，精品商铺500余间，外围固定门店1600余间，从业药商2万余人，日上市中药材品种2800多种，日客流量6万余人次。2020年，市场总成交额达430亿元，占全国同类市场交易总额的近45%。该市场是中医药行业全国唯一CCTV中国经济观测点，曾获评全国商品交易市场系统文明诚信经营示范市场、著名品牌示范市场、转型升级示范市场、中国商品市场百强，国家AAA级旅游景区、安徽省中医药健康旅游基地、安徽省研学旅行基地、安徽省旅游商品特色街区、安徽省级服务业集聚示范园区等荣誉。

【市场运营】康美（亳州）华佗国际中药城商业有限公司是康美药业股份有限公司（股票代码：600518）的全资子公司，是中国（亳州）中药材专业市场运营管理主体，该市场按由交易大厅、信息发布中心、一二三期单元式商铺、金融银行配套服务、酒店会展综合体、香料城、仓储物流、研发中心等市场业态组成。

该市场共分为展示、交易、电商、仓储、物流、酒店、会展、金融等八大功能区，采用“两轴两心”的布局：第一核心为中药材交易中心，单元式商铺为支撑，从零售、批发到期货交易，从采购、加工、仓储到大型现代物流中心，形成完整的一体化中药材商业产业链，第二核心以国际会展、五星级酒店、研发中心为延续的配套服务区。

日上市中药材近2800种，几乎囊括所有的植物、动物、矿物类中药材品种，年销量占全国同类市场交易总额的近45%，业界俚语称“买不到的能买到，卖不掉的能卖掉”。

建立亳州中药材价格指数，成为全国中药材市场价格的风向标。尝试搭建大型现代 B2B、B2C、O2O 大宗中药材商品交易平台，建立“互联网 +”线上线下相结合的商业新模式，提高市场管理、询价、服务、信息流转效率，中药材交易更便捷。

拥有中国中药材专业市场领域首个获得国家颁发的 CMA 检验检测机构资质认定证书的检验检测中心，该中心占地 800 平方米，下设精密仪器室、理化分析室、液相室、气相室、原子吸收室等多个科室。每科室均配置高科技检验检测设备。可开展真伪、显微、薄层、重金属、量测定、农药残留、pH 值等多种检验检测服务，并可以出具权威检测结果及数据报告。

建有 100 余亩的仓储物流市场和航空物流快运综合服务中心，拥有 200 余条联托运线路，直达国内 200 余个大中小型城市，商合杭高铁行包专列，紧邻涡河航道，形成公路、铁路、航空立体化的交通运输网络，日货物吞吐量达 3000 余吨。

建有亳州唯一的会展酒店综合体，可同时容纳超 1200 个国际标准展位，康莱酒店拥有客房 237 间，国际会议厅、商务中心、咖啡吧等，连续 10 年协助承办国际（亳州）中医药博览会暨全国（亳州）中药材交易会，每年承接不同规模的展会 30 余个，以展促会，发挥重点展会对产业和市场的引领作用。

【市场管理】该市场以公司党委、工会、药商理事会（药商协会）为依托，以党员示范引导监督药商诚信守法经营。同时，药商理事会为药商与市场管理方和政府之间连接的纽带和沟通的桥梁，成为市场的“好助手”，药商的“好帮手”。

实行分区分类“五统一”的标准化、规范化管理模式，即统一包装、统一仓储、统一标牌、统一质检、统一核算。完善实名备案工作，在掌握经营者的身份证、主营品种等信息的基础上，在国内率先实现摊位仓储信息的备案和公示；强化商品标签管理，对市场内 8000 余个摊位 3 万余品规的中药材商品标签统一更换，在全国 17 个中药材专业市场率先标注产地到地市级并公示价格；重新调整经营业态布局，以三七、天麻、贝母、全虫、香料、茯苓、草药、白术等药材为试点，实施统一区域，集中管理。

围绕“康美无假货、件件请放心”的质量承诺，加强质检的巡查、抽检力度，严把药材质量关，建成中药材专业市场领域首个通过国家 CMA 认证的检验检测中心，严格落实经营“十不准”“十个一律”及“十户联保”制度。清理取缔店外经营和占道经营行为；评选“诚信经营之星”，将诚信与银行授信挂钩，让与商户签订《质量安全承诺书》；制定等级分类标准，进货查验购销记录；建立监督举报奖励制度。全面完成市场的质量管理体系再造，形成体系文件和全新工作制度，确保亳州中药材专业市场管理和质量把控工作的全国领先地位。

（李宁宁）

中国亳州中药材专业市场（李宁宁 摄）

亳州中药材商品交易中心

【概况】亳州中药材商品交易中心有限公司成立于 2014 年 12 月，是安徽省人民政府批准设立，A 股上市药企珍宝岛药业投建运营的全球大宗中药材现货交易平台。

亳州中药材商品交易中心位于亳州市高新区魏武大道与亳芍路交叉口。2019 年，该中心开业，截至 2020 年年底营业额达 15 亿元，上缴税收达 1.35 亿元。

【市场运营】该中心开创“平台+实体”智慧药市运营的先河，交易中心运用“中药材+互联网+仓储物流+质检溯源+金融服务+信息服务”商业模式，创新打造“一中心（实体交易中心）、两平台（电子商务平台、电子交易平台）、三大仓（神农仓、饮片仓、大健康养生商品花茶仓）、四配套（仓储物流平台、质检溯源平台、金融服务平台、信息服务平台）”平台业务体系，形成以“N+50”产地加工、电商平台、电子交易平台、现货市场、药材经营、饮片经营为主体的中药材产业生态圈集群企业。

其中，交易大厅隶属于国家加工贸易产业园区，占地220亩，总建筑面积12万平方米，内设文博旅游区、电商示范互动区、产地大货直销区—神农仓、中药饮片展示区—饮片仓、特色品种专营区—日化仓，近8万平方米的中药材交易园区与交易大厅遥相呼应，内设单品专营街区、多品种现货交易区、草药地产药材交易区，近万商铺智慧互联，为数千家药企、数万药商提供标样展示、互动体验的全天候交易场所。

交易中心以合作共赢、平台共享的发展理念，立足中药材全产业链，深入全国中药材主产区，布局覆盖全国95%中药产区的“N+50”中药材产业资源体系，以“统一质检、统一仓储、统一包装、统一购销、统一结算、统一管理”的“六统一”运营模式，构建线上与线下相结合的全新交易体系、仓储物流体系、质量检测体系、金融服务体系、中药材大数据信息服务及全产业链溯源体系，意在通过从源头的规范种植、产地趁鲜加工、仓储物流到药材的质量检验、信息发布、线上交易，全过程提供各类服务，确保中药产品的品质，旨在构建互联网环境下中药材现代市场流通体系，从而推动中药产业转型升级。

神农仓：全国产地药材集中展销平台。神农仓内设展销区、洽谈区、配送区、服务区，其中一层为道地药材专区，涵盖东北、华北、西北、华中、华东、西南、华南七大专区，二层为大货单品种、冷背奇药材、进口药材、矿石类品种、花茶等专区及市场商户自营区。神农仓经营品种500个以上，品规1000余个，采用“六统一”的运营模式，全方位提供质检、供货、仓储、物流、金融等一站式的优质服务。神农采：第三方中药材电商平台作为专业中药材第三方线上交易平台，神农采通过信息、撮合、招采、溯源、物流、金融6大服务体系，开启产业互联网新时代。神农仓通过神农采开设专区，创新采用线上挂网、线下展示、远程视频实时看货的交易模式，实现线上线下一体化智慧交易。

N+50全国布局：七大分区，产地互联亳州中药材商品交易中心以“N+50”全国布局，聚焦产业上下游。截至2020年底，交易中心全国产地办已成立七大分区，即东北、华北、华东、华中、西南、西北、华南大区，规划建立50个产地办事处和500个全国信息站点，助力中药材交易模式转型升级。

（张雅君）

2020年亳州市分县区中药材种植及产值情况一览表

表9

县区	中药材面积（公顷）	中药材总产值	药材标准化种植面积
谯城区	55366.67	25.6	18333.33
涡阳县	9873.33	4.85	2346.67
蒙城县	8466.67	4.12	2333.33
利辛县	7140	3.31	2460
亳州市	80846.67	37.88	25473.33

亳州市2020年中药材分品种种植情况表

表10

品种	面积（公顷）	品种	面积（公顷）
白　芍	22666.67	防　风	206.67
牡　丹	13800	桔　梗	1800
白　术	6466.67	玄　参	1466.67
决明子	5666.67	板蓝根	1400
菊　花	4733.33	薄　荷	1266.67
丹　参	3800	金银花	1133.33
杜　仲	233.33	栝楼（天花粉）	800
白　芷	233.33	蒲公英	733.33
知　母	226.67	黄蜀葵	666.67

亳州市名中医选介

张杰

张杰，男，1946年9月生，籍贯亳州市涡阳县，中共党员，安徽中医药大学教授，主任医师，硕士生导师，南京中医药大学师承博士生导师。全国第三批／第五批全国老中医药专家学术经验继承工作指导老师，国家中医药管理局名老中医药专家传承工作指导老师，安徽省国医名师。安徽中医药大学第一附属医院中医痹病学建设项目学术带头人，安徽省中医学会常务理事，中国中西医结合学会养生康复专业委员会理事，世界健康促进联合会副会长，世界中医联合会老年医学专业委员会理事，安徽省中医药学会仲景学说研究会副主委，安徽省中医药学会肝胆专业委员会副主任。安徽省创新中医学研究院院长。从医以来，发表论文30余篇，编写专著9部，完成省级科研3项。1986年，他主持研制“海马回春酒”，并参加中国首届食品博览会评选并获金奖，获安徽省第二届发明二等奖等。

张杰对中医内科疑难杂症的诊疗经验丰富，他独创“虚”“毒”“淤”理论，“肝脾建中”理论，“脾阳为本”理论等指导临床。主张以“化瘀解毒，散结通络，攻补并用”为基本理念，辨治多类肿瘤病等。擅长使用经方治疗各种杂病。尤其以治疗消化系统疾病，妇科疾病及肿瘤病著称。他认为，中医不能停留在望闻问切等传统技能上，要积极学习现代技术，使之服务于中医诊疗。

杨从鑫

杨从鑫，男，1939年生，中共党员，中医内科主任医师。省第三批名老中医工作室学术经验传承指导老师，全国第六批名老中医专家学术经验继承工作指导老师。积极投身中西医结合的伟大事业，系亳州市最先从事中西结合的中医专家之一。在临床实践中每个阶段都形成了不同的专长和技术风格。退休后，更多从事脾胃疾病和心脑血管，老年疾病研究，擅长诊治脾胃、心血管疾病。秉承“非天资聪慧者，不可为医，德不近佛者，不可为医”的治学理念，积极传授学术经验，选择优秀的中青年中医专家作为学术继承人。曾获“亳州市首届名老中医”“专业技术拔尖人才”称号，享受市政府津贴。

尹安坤

尹安坤，男，1966年生，1990年毕业于安徽中医学院，现任亳州市中医院党委副书记、副院长、中医眼科主任医师。先后担任眼科主任、五官科主任、医务科长、院长助理。2016年晋升主任医师三级。第二届亳州市政协委员，第三届亳州市党代表；担任亳州市医学会理事、亳州市中医药学会理事。从事中医眼科临床30余年，擅长中西医结合治疗干眼症、眼底病等眼科疑难病症及儿童斜视弱视康复等。发表学术论文10余篇。曾主持开展“彭年光明行动”，连续多年开展“百万贫困白内障患者复明工程”等项目。成立眼科病区并成功创建亳州市青年文明号、亳州市中医重点专科、安徽省中医重点专科。先后获得“亳州市首届十佳医生”“亳州市残疾人工作先进个人”“亳州市名中医”“谯城区首届优秀人才”“安徽省中医学术技术跨世纪人才培养对象”“安徽省首届江淮名医”“安徽省名中医”“安徽省中医学术技术传承指导老师”等荣誉称号，享受亳州市政府津贴。

怀南

怀南，男，1964年生，1988年毕业于安徽中医学院毕业，主任中医师。全国颈肩腰腿痛协会理事，安徽省骨伤科常务委员，亳州市骨科协会副主任委员，现任亳州市华佗中医院骨伤科主任医师，先后被评为亳州市名中医、安徽省名中医，享受市政府特殊津贴。发表论文多篇，在亳州市率先开展了“股骨颈骨折经皮内固定”技术、“尺桡骨骨折夹板石膏双重外固定”技术，有效地解决了尺桡骨骨折在固定中的不稳定性。运用颈椎病、腰椎间盘突出症关节松动技术治疗颈椎病、腰椎间盘突出症，有效快速解决病人的痛苦，开展了腰椎间盘、腰椎管狭窄、腰椎滑脱、髋关节置换、膝关节置换手术，改良了推拿手法治疗该病的不足；运用关节松动手法能够有效快速治疗颈椎病、腰椎间盘突出症，有效快速解决患者的疼痛，在临床上取得了较好的疗效和广大患者的好评。研究的外用膏药获得安徽省科技成果，亳州市科技成果三等奖，是治疗膝关节骨性关节炎非常有效的方法，避免了手术带来的痛苦。

苗同贺

苗同贺，男，1966年9月生，55岁，大学本科学历，主任医师，现任蒙城县中医院推拿康复科主任、治未病科主任。先后担任安徽省针灸学会第五届理事会常务理事、安徽省康复医学会功能康复专业委员会第一届委员会常务委员、安徽省中医药学会治未病专业委员会常务委员等。从事针灸推拿工作三十多年，先后在《中医药临床杂志》等多种期刊发表专业学术论文十余篇。主治脑梗塞、脑出血引起的肢体活动功能障碍、认识功能障碍、言语功能障碍、吞咽功能障碍等，针药结合治疗颈椎病、肩周炎、腰椎间盘突出症、坐骨神经痛、腰肌劳损、网球肘、膝关节炎、面神经炎、失眠、小儿肌性斜颈；擅用“醒脑开窍”方法治疗脑梗塞及脑出血后遗症；结合现代康复治疗各类关节功能障碍；针药结合及独创正骨推拿手法治疗各类颈肩腰腿痛；擅用小针刀配合穴位注射治疗各类顽固性疼痛；对小儿腹泻、便秘、斜颈、疼积、遗尿等颇有研究。先后获得安徽省名中医、亳州市名中医、安徽省“十二五”中医临床学术和技术带头人、亳州市首届学术和技术带头人、亳州市第一届“首席专家”等荣誉称号，享受市政府特殊津贴。

王化猛

王化猛，男，1963年生，现为涡阳县人民医院中医肝病科主任医师（正高三级）、二级心理咨询师、健康管理中心主任、医院副院长。曾在安徽中医药大学第一附院跟师学习，为国医名师徐经世弟子、徐氏医学第四代传人。国家中医药管理局授予2018年全国基层名老中医药专家传承工作室建设项目指导老师；获得2015年度中国影响力图书奖1项；中华中医学学会科普专家1项；安徽省第八届自然科学优秀论文奖三等奖1项，并获安徽省科学技术研究成果证书；亳州市科学技术奖二等奖2项；亳州市书香亳州“阅读之星”1项；亳州市政协智库专家1项；亳州市政协优秀提案奖1项；亳州市文艺精品奖1项。

曾获全国基层优秀名中医、安徽省名中医、首届江淮名医、安徽省卫生系统有突出贡献的中青年专家、亳州市优秀人才称号。获安徽省人民政府科学技术奖三等奖2项，亳州市科学技术奖三等奖5项。

张守光

张守光，男，1966年生，1988年毕业于安徽中医学院中医系推拿专业，主任中医师，安徽省全科医学会康复医学分会副主任委员，安徽省医师学会针推结合专业委员会副主任委员，安徽省中医学会推拿专业委员会常务委员，安徽省中西医结合学会康复及养生学专业委员会常务委员，安徽省医学会物理及康复医学专业委员会委员，亳州市医学会康复医学委员会主任委员，亳州市康复医学质控专业委员会主任。安徽省名中医，亳州市名中医，亳州职业技术学院兼职教授，亳州市政协委员。

曾在华西医院，湘雅附二院，安徽医科大学康复医学科进修，擅长中西医结合治疗颈肩腰腿痛，对偏瘫和截瘫的中西医结合治疗也有较深的研究，是亳州市推拿学及现代康复医学的奠基人。近年来在国内各类医学核心期刊发表论文 10 余篇，主编论著两部，主持省市科研课题 5 个。

李献华

李献华，男，1969 年生，籍贯亳州市谯城区，中共党员。毕业于北京中医药大学。亳州市华佗中医院副院长、副主任中医师。中国中医药研究促进会基层中医药提升工作委员会副会长，中华中医药学会治未病分会、中国中医药研究促进会中医生殖学分会暨男科医学研究院、中国民族中医药学会内分泌分会、中国中西医结合内分泌专业委员会常委，中国民间中医药研究开发协会常务理事兼副秘书长。安徽省中医药学会治未病专业委员会副主任委员，安徽省名中医学术经验继承指导老师，安徽省中医药传统知识产权保护项目（应孕丸）持有人。亳州市中医药学会秘书长、法人代表，亳州寇氏妇科流派代表性传承人、李氏妇科第五代传承人、国家非物质文化遗产“华佗五禽戏”第 59 代传承人。

先后师从首都国医名师、全国名老中医药学术经验传承指导老师高益民教授、林兰教授，全国名老中医药学术经验传承指导老师杨从鑫主任医师。擅长妇科、男科、不孕不育症、肾病及内科杂症以及亚健康人群的养生调理。获批安徽省名中医工作室建设，参与建设国家名老中医药经验传承工作室。参与完成省级科研项目“补肾固金膏治疗慢性阻塞性肺心病的临床研究”、市级项目“中药口服加足浴治疗糖尿病下肢周围神经病变研究”。其中，省级科研项目“益智方在肾精不足兼血瘀型轻中度血管性痴呆患者中的临床应用”获安徽省中医药科学技术三等奖、亳州市科学技术二等奖。主持出版《杨从鑫名老中医学术及临床经验集》5 部，出版《传统中医生殖医学与不孕不育》专著 1 部。发表专业论文 20 余篇。2020 年获批主持《李献华名老中医经验方——瓜参汤的创新研究运用》、参与《华佗五禽戏在强直性脊柱炎患者康复锻炼中的应用研究》、参与《华佗养生思想及其历史渊源研究》。先后获“亳州市第一届优秀人才”“亳州市名中医”“安徽省名中医”等称号，享受市政府特殊津贴。

刘亮

刘亮，男，1971 年生，中共党员。1995 年毕业于安徽中医学院，学士学位，主任中医师，现任院长助理。从事骨伤科工作二十多年，坚持参加骨伤科的诊疗工作，上门诊、业务查房等，能熟练运用中医“正骨八法”整复四肢闭合性骨折，能独立主刀完成骨科三、四类手术，发表学术论文十余篇。先后在《中医临床杂志》《淮海医药》《精准临床医学》《世界最新医学》等多种期刊发表论文 10 多篇。先后获“亳州市名中医”“亳州市第五批市级专业技术拔尖人才”“安徽省第三届江淮名医”称号。2020 年 9 月，被聘任为中医药临床杂志社第四届社委会常务委员。

张超伟

张超伟，男，1963 年生，亳州市政协常委、亳州学院中医药文化研究所所长，中国近代著名中医堂号“保和堂”第 9 代传人，家族世代行医，已历 300 余年。张超伟自幼就秉文习医，师承著名中医新安医学传人吴锦洪、中西医结合开拓者朱希亨、孟河学派传人袁祖华、施今墨亲传弟子罗舒庭、胶东名医柳少逸、当代神农传人王德群诸先生，至今行医 43 年，临床诊治近 22 万例。他主张医者不分中西，止论古今，临床中，坚持以“中医全面辩证为体，西医之针对治疗为用”，不分轩轾，互补短长，取《内经》为骨，《伤寒》为筋，《千金》为肉，《神农本草经》、华佗学术和金元明清诸家为体，中西互参为用，解决临床常见病，多发病和疑难病。出版有《亳药拾趣》《中药典籍》《华佗医学的守正和创新》《华佗治“癌”心法实证录》等书籍、整理有《热病临证四字诀》《华佗脊穴治疗癌症疼痛》《治温病疫毒，疏利三焦 13 法》《临床辨证点滴》《麻沸散治疗精神分裂症》等医学论述。

（侯学振　供稿）

农　　业

2020 年 4 月 13 日，无人机实施小麦病虫害防治　　　　（张延林　摄）

概　述

【概况】2001年6月，成立亳州市农业委员会（简称“市农委”）。7月，亳州市农机局成立，是市农委管理的副处级事业单位。2003年2月，市农业技术推广中心、市畜牧水产技术推广中心（挂市动物防疫监督站牌子）成立，均为市农委管理的正科级全额拨款事业单位；市农机监理站成立，是市农机局管理的正科级全额拨款事业单位。2004年2月，市农业经济经营管理站成立，是市农委管理的正科级全额拨款事业单位。2005年3月，市农委设立科教信息科，将畜牧科和水产科合并成立畜牧水产科；5月，市农副产品管理办公室改为市农委管理的副处级事业单位。2007年7月，市畜牧兽医局（加挂市动物卫生监督所牌子）成立，为市农委管理的副处级全额预算事业单位，在原畜牧水产技术推广中心基础上成立市动物疫病预防与控制中心（加挂市畜牧兽医技术推广中心、市水产技术推广中心牌子），为市农委管理的正科级全额预算事业单位；8月，撤销市农委畜牧水产科，在市畜牧兽医局挂市饲料工作办公室、市水产局、市渔政渔港监督管理局牌子。2008年，市农机局、市农业经济经营管理站、市畜牧兽医局列入参照公务员法管理。2009年5月，市农副产品管理办公室（市“菜篮子”工程办公室）列入参照公务员法管理。2010年3月，设立市农委（市粮食局），为市政府工作部门。2015年1月，将市粮食局整为市政府工作部门。2019年2月，组建亳州市农业农村局（简称“市农业农村局”），作为市政府工作部门，不再保留亳州市农业委员会，市委农村工作领导小组办公室设在市农业农村局。主管全市农业农村经济工作，承担着农业农村经济发展的职能。

2020年，全市第一产业增加值256亿元，增长3%，增速居全省第二位；全市农村常住居民人均可支配收入15293元，增长8.5%，增速高出全省0.7个百分点，居全省第五位；全市规上农产品加工产值全省占比11%，增长5.7%，均居全省第二位。亳州市成为全省唯一粮食种植面积和产量双达标的市，全市粮食种植面积87.28万公顷，居全省第三位，总产量50.52亿千克，居全省第二位，其中优质专用小麦面积和订单面积均居全省第一位。“国禾麦19”获2020年度全国强筋小麦制品面包评比冠军，填补了全省超强筋小麦品种空白。畜禽废弃物资源化利用工作获农业农村部畜牧兽医局认可，邀请亳州市农业农村局作为全国唯一的市级代表，在全国畜禽粪污资源化利用交流会上作典型发言，并对亳州市农业农村局予以通报表扬。

【“国禾麦19”获2020年度全国强筋小麦制品面包评比冠军】2020年，亳州市种子企业安徽谷神种业有限公司选育的超强筋小麦品种“国禾麦19”在农业农村部品质鉴定中，成为全国达到GB/T17892强筋小麦标准一等水平的20个品种之一。在2020年中国小麦产业发展暨质量发布年会112个小麦品种216份样品现场鉴评中，夺得强筋小麦制品面包评比冠军，成为主要指标标优于澳洲白麦平均值的6个国产品种之一。2021年1月，该品种通过安徽省主要农作物品种审定，审定品种名称“谷神麦19”。

【畜禽废弃物资源化利用】2020年，亳州市探索实践“农牧结合、种养循环”肥水管网进田新模式。整合畜牧、农发、农技等多部门资源优势，发挥“1+1+1>3”的效应，在全市全区域实行畜禽肥水还田，摸索出“整合资源、就近还田、量化指标、加强监测”的种养结合有效方式，实现畜禽粪污资源化利用与化肥减量、农作物增产增效、土壤肥力提升有机结合。全市有73家规模养殖场实施肥水管网还田，覆盖土地9733.33公顷，涉及种植主体75家。

【农业供给侧结构调整】2020年，亳州市持续推进优质专用粮食生产。全市有49个粮食绿色高质高效示范点（示范片、示范村、示范家庭农场）和2.79万公顷优质专用订单小麦生产基地，辐射推动粮食生产稳步可持续发展。粮食总产量50.52亿千克，比上年增加0.55亿千克，增长1.1%。

发展优质蔬果产业。全市瓜菜播种总面积8.8万公顷，蔬菜总产量35.2亿千克；水果栽植面积0.64万公顷，水果总产量1.31亿千克。蔬果种植面积和总产量位居全省前列。在全省2018—2019年度“菜篮子”市长负责制考核中，亳州市位居优秀等次。

全面提升中药材标准化种植水平。全市中药材种植面积8.09万公顷，比上年增加600公顷；全市标准化种植面积2.55万公顷，新增1466.66公顷。谯城区天齐富种植专业合作社建设的“十大皖药”（亳白芍）产业示范基地被省有关部门授牌。亳州市申报的“亳天花粉”农产品地理标志保护获农业农村部批准。亳州市被天猫优品授予“花草茶正宗原产地”牌匾。

稳定畜牧业生产。开展非洲猪瘟防控，加大恢复生猪生产力度。全市生猪存栏、出栏绝对值均居全省第三位，牛羊、肉禽、蛋禽等市场行情企稳向好，畜禽及产品价格稳定，养殖场（户）养殖利润增加。全市4个省级标准化示范场（涡阳县农大牧业有限公司、谯城区坤涛农牧家庭农场、安徽春辉畜牧养殖有限公司、亳州市卫军养殖有限责任公司）、32个市级标准化示范场，各类畜禽规模养殖比重为85.2%。全市生猪存栏172.0万头，同比增长19.8%；出栏256万头，下降3.8%。家禽存栏1426万只，增长26%，其中：蛋鸡存栏456.5万只；出栏4941万只，增长9%。肉牛存栏6万头，增长15.3%；出栏5.6万头，增长7.5%。奶牛存栏0.5万头，下降55.1%。肉羊存栏84万只，增长7%；出栏231.8万只，增长9.3%。肉蛋奶类总产43.4万吨，增长3.8%，其中肉类总产33.4万吨、蛋类总产9.2万吨、奶类总产0.8万吨。规模养殖比重85%。

推进农业标准化工作。全市新增农产品“三品一标”124个，全市“三品一标”认证总数达674个；地理标志登记保护农产品5个：亳菊、亳丹皮、亳天花粉、涡阳苔干、蒙城簖笆黄花梨；苏赵梨、亳桑皮等申报农产品地理标志登记保护；建成省级蔬菜标准园4个：利辛县天逸家庭农场、蒙城县九里农耕科技发展有限公司、亳州市谯城区梅山种植专业合作社、涡阳县楠睿农作物种植农民专业合作社，全市市级以上蔬菜标准园达81个。

【地理标志保护工程】2020年，亳州市组织申报国家地理标志农产品保护工程项目，通过省评定，亳州市地理标志农产品“亳丹皮”成功入选，是全省6个国家地理标志农产品保护工程项目之一。

加强“亳丹皮”良种繁育，与安徽省农科院国家中药材产业技术体系科学团队合作开展“亳丹皮”良种繁育基础性工作。

推进“亳丹皮”标准化种植示范，建设66.67公顷的“亳丹皮”标准化种植核心区，配套建设围墙网、排涝沟、供电、机井、灌溉设施、农机农具以及物联网、农情测报等基础设施。

组建“亳丹皮”种植联合体，鼓励中药材种植合作社、种植大户通过农业产业化联合体方式，互联互通，利益共享。

制定全产业技术规范和标准，完成“亳丹皮”良种繁育技术规程、种植管理技术规程、收获与加工标准、商品等级分级标准、仓储技术等标准的编制。

建成全程追溯系统，严格亳丹皮产品质量追溯，在种植环节使用有机肥、生物农药，进行土壤环境检测，从源头上控制产品质量安全。

建设智慧农业监测物联网系统，在标准化种植示范基地配备无线监控网络、温湿度探测仪、农情墒情监测仪器等物联网设施。在生产加工、仓储环节建设有线监控网络、数据读取等软硬件系统。通过信息资源整合建设，实现“亳丹皮”种植、生产加工、仓储流程各环节全程追溯，并实现与省农产品质量安全追溯平台对接。全市“亳丹皮”在地种植面积6666.67公顷，规模化标准化种植面积5333.33公顷，年产值5亿多元。

【亳州市获“花草茶正宗原产地”称号】2020年9月11日，在亳州花草茶正宗原产地直播活动中，天猫小二现场授予亳州市“花草茶正宗原产地”牌匾。

亳州市内有着众多花草茶种植基地，花茶网店数量约5万家，花茶年订单达5000万单。

【长三角绿色农产品生产加工供应基地建设】2020年，亳州市推进长三角绿色农产品生产加工供应基地建设，全市7家首批省级绿色农产品生产加工供应基地通过省评估认定。组织全市9家企业申报2021年省级绿色农产品生产加工供应基地示范创建。全市销往沪苏浙地区粮油、果蔬、肉类、水产品总量240.9万吨，销售额202.2亿元。

【农村人居环境整治】2020年，亳州市2019年度56个省级中心村全部建成并通过省级验收，2020年度省级中心村84个全面开工完成序时进度。全市完成改厕3.51万户。蒙城县被表彰为“2019年度全国村庄清洁行动先进县”“第三批省级农村生活垃圾分类和资源化利用示范县”；涡阳县获省政府农村人居环境整治工作激励表彰、“2020年全省农村改厕长效管护机制建设示范县”称号。推进农村垃圾分类处理，农村生活垃圾无害化处理率95.85%，设置有毒有害垃圾集中收集点950个，处理有毒有害垃圾90万千克。农村保洁队伍和保洁机制建立。

【农业基础设施建设】2020年，亳州市2.67万公顷高标准农田建设（其中高效节水灌溉面积6266.67公顷）主体工程全面完成，整体工作进度位于全省前列。实现畜禽粪污资源化利用与化肥减量、农作物增产增效、土壤肥力提升有机结合，全市有73家规模养殖场实施肥水管网还田，覆盖土地9733.33公顷，涉及种植主体75家。提升土壤肥力工作得到省农发局和农田建设司肯定，谯城区加强项目管理经验，在全省高标准农田建设现场会作典型交流发言。全市农业机械总动力813.14万千瓦，农作物耕种收综合机械化水平93.13%，均居全省第一位；在2019年整建制成功创建主要农作物生产全程机械化示范市的基础上，继续深入实施主要农作物生产全程机械化推进行动。2020年全省“三秋”农机化生产暨农机化项目推进会在亳州市举办。

【新型农业经营主体培育】2020年，亳州市新增省级示范社20家、省级示范农场22家；土地流转面积31.27万公顷，较上年增加1.2万公顷。全市拥有农民合作社国家示范社32家、省级示范社115家、市级示范社562家，省级示范家庭农场143家、市级示范农场381家。全市农民合作社总数达21577家，占全省的21%；家庭农场达10560家，占全省的7%。

【农产品质量安全监管】2020年，亳州市农产品质量安全水平稳步提高，在省级农产品质量安全例行监测中，亳州市蔬菜、畜禽、水产品监测合格率分别是100%、98.3%、100%。依托乡镇农产品质量安全监管站，全市共速测蔬菜、畜禽、水产品样品182905个，合格率99.99%。全市全年共出动执法人员6781人次，检查生产经营场所3799个，立案查处案件195件，案件查办量较去年增加140件，挽回经济损失343万元，罚款84万元，没收违法产品价值27万元。全市农业农村部门共移交涉嫌刑事犯罪线索7个，移送公安机关案件5件，已立案3件。

【特色种养业扶贫】2020年，亳州市推行园区带动、龙头企业带动、农民合作社带动、经营大户带动和贫困户自身调整优化种养产业结构的特色种养业扶贫“四带一自”模式，推动特色种养产业扶贫发展。全市支持285个有条件的贫困村发展一项特色种养业，其中64个贫困村形成“一村一品”专业村；支持贫困村建设农业特色产业扶贫园区287个，覆盖285个贫困村；支持龙头企业、农民合作社、能人大户（家庭农场）等新型农业经营主体带

2020年2月10日，农民在田间灌溉小麦（张延林 摄）

动贫困户27252户;引导和支持56436户具备条件的贫困户开展自种自养,发展农业特色产业;落实到村到户项目112125个,覆盖285个贫困村72500户,村均1.035个,户均1.54个。

【农村综合改革】2020年,亳州市完成农村集体产权制度改革试点任务。全市核实农村集体资产总额954091.8万元,核实现金1451.8万元、银行账户余额57156.7万元、集体土地77.36万公顷,其中农用地64.51万公顷;全市1291个村(社区)完成农村集体产权制度改革,界定集体经济组成成员583.4万人,改革时点量化资产总额7.56亿元,完成改革试点任务。

"三变"改革。实施"三变"改革的村1158个,占总村(社区)数的87.4%,参与"三变"改革的户数19.6万户,村集体收益4410.3万元,农户收益6370.5万元,超额完成年度目标任务。

农业综合行政执法改革。全面完成市、县(区)农业综合执法机构的组建,落实执法人员156人、执法车辆16辆,涡阳县农业综合执法大队被命名为第一批"全国农业综合行政执法示范窗口";利辛县农业农村局被命名为第二批"全国农业综合行政执法示范单位"。

金融改革。涡阳县农村土地承包经营权抵押贷款试点工作位居全省前列,截至2020年底,累计为2.7万户农户投放经营权抵押贷款22.5亿元。

【生态农业建设】2020年,亳州市探索畜禽废弃物资源化利用有效途径,开展畜禽粪水就近就地还田试点,摸索出"整合资源、就近还田、量化指标、加强监测"的种养结合有效方式,实现畜禽粪污资源化利用与化肥减量、农作物增产增效、土壤肥力提升有机结合。

2020年秸秆综合利用率93%,秸秆综合利用工作持续走在全省前列。

化肥和农药使用量连续6年实现负增长。推广新技术、新型肥料、新型药械,推广测土配方施肥面积97.87万公顷,测土配方施肥技术覆盖率90.1%,化肥使用量27.9429万吨(折纯),比上年减少1.53%。主要农作物病虫害统防统治面积1802.2万亩次,覆盖率57.6%,农药使用量比上年减少2.32%,比基期减少15.04%。

蒙城县茨河鳜鱼青虾省级水产种质资源保护区实行全面禁捕,涉及的禁捕退捕渔民共6户12人已全部建档立卡,完成社保参保和转产就业安置工作。

(苏泓光)

种植业

【概况】2020年,亳州市贯彻落实"中央一号"文件精神,开展农业技术推广工作,推进农业现代化发展,提升农业综合生产能力、促进农业持续增效和农民持续增收。

【优质专用粮食生产】2020年,亳州市贯彻落实国家和省关于"调、转、促"和供给侧结构性改革战略部署,发展绿色生产、优质专用粮食生产,打造一批实行标准化生产、规模化经营、专业化服务的优质专用小麦种植基地。建立优质专用订单小麦生产基地27.91万公顷。

【中药材标准化提升工程】2020年,亳州市实施中药材绿色增效行动,打造涡河中药材种植优势产业带,推进中药产业持续健康发展。中药材种植面积8.09万公顷,标准化种植面积2.55万公顷,中药材标准化种植水平逐年提升。

【粮食绿色增产攻关示范创建】2020年,亳州市建设49个粮食绿色高质高效示范点(示范片、示范村、示范家庭农场),在各绿色增产示范点全部落实"五有"(有明显的示范标志、有完整的技术方案、有行政和技术负责人、有配套扶持措施、有示范观摩活动计划)和"五统一"(统一技术规程、统一供种、统一机播、统一配方施肥、统一防治病虫草害)措施,推广"三推"(推广高产高效多抗新品种、推广规模化标准化机械化的栽培技术、推进耕地质量建设)和"三节"(节肥、节药、节水)技术,全面普及平衡施肥技术,使用低毒、高效、低残留农药以及各类新型植保机械,采取黏虫板、杀虫灯、性诱剂等绿色防控技术。利用财政或项目资金购置黏虫板、杀虫灯和性诱剂等绿色防控农资,实现小麦、玉米绿色增产创建示范片(村、家庭农场)统防统治和绿色防控全覆盖,辐射带动全市主要农作物病虫害统防统治面积1082.2万亩次、农作物病虫绿色防控49.23万公顷，有效减少农药使用量，促进粮食绿色增产增效。

【耕地保护与质量提升暨化肥减量增效试点项目】2020年，亳州市持续实施中央财政耕地保护与质量提升项目暨化肥减量增效试点项目，涡阳县为化肥减量增效示范县，谯城、蒙城和利辛县为土肥工作基础县。落实耕地质量保护与提升技术面积累计87.4万公顷，其中秸秆还田技术应用面积57.8万公顷，耕地深翻面积9.6万公顷，有机肥使用面积19.6万公顷，大豆轮作面积0.3公顷。耕地质量稳步提升。

全市共采集土壤样品860个，化验5390项；开展各类试验31项；发布小麦、玉米主要农作物配方40个；建立化肥减量增效示范片26个，示范区面积1.07万公顷；推广机械化施肥57.5万公顷；推广缓释肥、水溶肥料、生物肥等高效新型肥料11690万千克（实物量），应用面积18.4万公顷。统计部门数据显示，全市化肥使用量27942.9万千克（折纯，下同），比上年减少433.8万千克，减幅1.53%。肥料利用率试验结果显示小麦、玉米氮素化肥利用率40.47%。建设耕地质量长期定位监测点90个，完成监测点土壤样品化验，形成亳州市2020年度耕地质量监测报告和2019年、2020年耕地质量等级变化评价报告，全市59.95万公顷耕地质量平均等级为3.74，比2019年提升0.21个等级，耕地环境质量总体良好，没有发现因耕地质量引起的农产品质量安全问题。全市建设墒情固定监测点45个，年例行监测43次，并发布墒情监测报告43期。

【农业生态环保】2020年，亳州市坚持保护优先、绿色发展之路，以“源头减量、无害处理、资源利用”3个环节为重点，推广清洁生产技术，控制农业面源污染源头；集成推广畜禽粪污、秸秆、地膜资源化利用先进实用技术，防治农业废弃物污染，完成年度目标任务。

稳步推进农业投入品减量。农业生产化肥、农药使用总量稳定保持负增长水平。农业生产化肥、农药使用量分别为27942.9万千克（折纯量）和668.4万千克（商品量），分别比上年减少1.53%和2.32%。初步建设农膜残留监测点20个，完善废弃农膜回收体系，全市废弃农膜回收率85.7%。推进畜禽养殖污染综合治理，畜禽养殖废弃物资源化利用率达95.9%。

持续开展耕地土壤——农产品协同监测工作。各县、区整合资金，完成168个土壤样品和233个农产品样品重金属监测工作，共检测2370项次，检测结果全部合格。

开展受污染耕地安全利用工作。针对243.53公顷安全利用类耕地进行入户调查，该区域内农作物种植面积225.69公顷，苗木花卉7.8公顷，建设用地9.38公顷，养殖（蚂蚱）面积10亩。对农作物落实“优化施肥、叶面调控、深翻耕”等安全利用技术13280亩次，其中，优化施肥5760亩次，叶面调控7200亩次，深翻耕27.33公顷。全市落实安全利用类措施、实现安全利用的超筛选值耕地面积B类为225.69公顷，C类为17.84公顷，有效系数E=95%，根据《安徽省2020年市级受污染耕地安全利用率核算办法》，2020年，亳州市受染耕地安全利用率达95%，完成省级下达的年度目标任务。

耕地土壤环境质量类别划分。全面开展耕地土壤环境质量类别划分工作。市和涡阳、利辛两县按照省级文件要求，按时完成耕地土壤环境质量类别划分工作，划分成果上报省农业农村厅。划分结果为全市59.95万公顷耕地全部为优先保护类耕地，土壤环境质量清洁。

（吴　雪）

畜牧业

【概况】2020年，面对非洲猪瘟疫情的持续影响，新冠肺炎疫情的叠加冲击，全市畜牧兽医水产部门落实生猪稳产保供相关措施、加快推进畜禽废弃物资源化利用、严格执行“非洲猪瘟”防控Ⅰ级应急预案。全市没有发生重大动物疫情和畜水产品质量安全事故，保障了市场供给，较好地完成各项阶段性工作任务。

【畜牧生产】2020年，亳州市生猪存栏172万头，同比增长19.8%；出栏256万头，同比下降3.8%。家禽存栏1426万只，同比增长26%，其中蛋鸡存栏456.5万只；出栏4941万只，同比增长9%。肉牛存栏6.0万头，同比增长15.3%；出栏5.6万头，同比增长7.5%。奶牛存栏0.5万头，同比下降55.1%。肉羊存栏84万只，同比增长7%；出栏231.8万只，同比增长9.3%。肉蛋奶类总产43.4万吨，同比增长3.8%，其中：肉类总产33.4万吨，蛋类总产9.2万吨，奶类总产0.8万吨。

【规模养殖】2020年，亳州市开展畜禽养殖场标准化创建活动，全市创建4个省级标准化示范场（涡阳县农大牧业有限公司、亳州市谯城区坤涛农牧家庭农场、安徽春辉畜牧养殖有限公司、亳州市卫军养殖有限责任公司）、32个市级标准化示范场，各类畜禽规模养殖比重达85%。

【动物防疫】2020年，亳州市贯彻落实省、市重大动物疫病防控工作会议精神，落实"非洲猪瘟"防控Ⅰ级响应措施，及时、周密地安排部署辖区内重大动物疫病防控工作。及时开展春秋两季春秋季动物防疫，应免畜禽免疫密度、家畜二维码耳标直挂率、免疫证明发放率、免疫建档率达100%。开展督查和疫情监测，及时掌握疫情动态，指导养殖场（户）做好防疫和消毒灭源，落实"非洲猪瘟"监测排查、禁止泔水喂猪、"点对点"调运等各项防控措施，建立"非洲猪瘟"防控责任制，全年亳州市重大动物疫病"零"发生。

【畜禽养殖污染治理】2020年，亳州市以规模养殖场标准化创建和畜禽养殖废弃物资源化利用整县推进项目为抓手，推广"猪—沼—粮""猪—沼—菜""猪—沼—果"的种养结合的循环模式，将粮食、蔬菜、水果等种植大户与畜牧养殖大户紧密结合，实现种养优势互补和良性生态循环；探索开展"肥水管网还田"模式，亳州市畜禽养殖废弃物资源化利用水平提升，全市共有畜禽规模养殖场2895家，畜禽废弃物资源化综合利用率96.9%，规模养殖场粪污处理设施装备配套率达100%。

（宿同宇）

水产业

【概况】2020年，亳州市渔业工作以市场为导向，以增加渔民收入为核心，以提高水产品质量和综合效益为目标，逐步理顺渔业管理体制，依靠科技进步积极发展名、特、优水产品，调整优化渔业结构，逐步推进渔业科技创新和体制创新，建立渔业执法体系，实现全市渔业经济持续、健康发展。全市水产品总产量5300.4万千克，同比增长0.1%；淡水鱼苗4.27亿尾，增长0.83%；水产养殖面积1.27万公顷，增长0.98%。

【渔业生产】2020年，亳州市围绕渔业绿色健康养殖模式攻关行动，共引进繁育推广以优质鲫鱼、泥鳅、秋浦花鳜等为主导品种的名优水产良种，重点推广池塘循环流水养殖技术、池塘健康养殖技术、河蟹生态养殖技术、水产养殖病害防治技术等水产先进适用技术。切实抓好新型渔民技能培训，培训以专业合作社、渔场、养殖大户为主，主要培训：池塘80∶20养殖、池塘生态无公害养殖、鱼用颗粒饵料的应用、鱼病防治等，真正把实用技术送到渔民手中。

【稻渔综合种养】2020年，亳州市继续推进稻渔综合种养。自2017年始，亳州市利用5条河流（茨淮新河、芡河、阜蒙新河、涡河、北淝河）的水资源优势，加大产业结构调整的力度，整合项目资金1.56亿元，"打好生态牌、做活水文章"为发展思路，秉承"一地两用双轮驱动调结构、虾稻共作循环农业促发展"的理念，提升水利，用足水力，做强水产，大力发展虾稻共作产业，实现产业兴旺与脱贫攻坚同步发展的良性发展格局。截至2020年底，全市稻渔综合种养面积达6066.66公顷，注册4个"虾稻米"品牌（庄子释稻、老周牌、芡河湿地、穗穗有道），虾稻产业年产值5亿余元，直接为农民增收2.8亿元，带动贫困户就业1200余人。

【渔政监督】2020年，亳州市全面实施禁渔制度，加大对渔业违规违法案件的处理力度，市、县渔业主管部门于2020年3月1日至8月31日对涡河、武家河、芡河、北淝河、小洪河、西淝河、茨淮新河等河道水面实施禁渔。以"中国渔政亮剑2020"系列专项执法行动为主，严厉打击违规违法行为，共查处违规违法案件

14起，处罚14人，罚款2.9万元，侦办非法捕捞刑事案件2起，采取刑事强制措施2人(其中，移送检察机关审查起诉1人，判处缓刑1人)，震慑渔事违法行为，保护渔业资源和渔业生态环境。

（秦文学）

农业产业化

【概况】2020年，亳州市组织实施农业产业化转型发展行动计划和农产品加工业"五个一批"工程，培育龙头企业，加快食品产业园建设，农业产业化较快发展。全市规模以上农产品加工产值位居全省第二位，增速5.7%，位居全省第二位。市级以上农业产业化龙头企业组织570家，其中国家级龙头企业5家、省级龙头企业60家。省级龙头企业甲级队12家，省级农业产业化示范联合体43家。全市涉农产品驰名商标达12个，农产品地理标志产品(商标)达12件。

【"一村一品"】2020年，亳州市围绕优质粮食、中药材、蔬果、畜牧养殖等主导产业优势，促进"一村一品"向专业化、规模化、标准化和产业化发展，为美丽乡村建设提供经济基础和产业支撑。新增国家级"一村一品"专业示范村1个、省级"一村一品"专业示范村1个。全市有国家级"一村一品"专业示范村7个，省级40个，市级347个。

【休闲农业】2020年，亳州市依托田园风光、乡土文化等资源，利用美丽乡村、现代农业示范区等载体，推进农业与林业、康养等产业深度融合。三县一区均获省级休闲农业示范县称号，谯城区伊丽果园获省级休闲农业示范点称号。谯城区大周村获评"中国美丽乡村"。全市有"休闲农业与乡村旅游示范点"国家级1个、省级9个，省级"休闲农业与乡村旅游示范县"4个。谯城区芍花景观获评"中国美丽田园"。

全市已创建省级休闲农业与乡村旅游示范县4个（利辛县、谯城区、蒙城县、涡阳县)、国家级休闲农业与乡村旅游示范点1个（利辛印象江南)、省级示范点9个（利辛县淝畔绿洲度假园、利辛县淝水湾生态园、利辛县未病村、涡阳县桃花岛生态休闲农庄、涡阳县放鑫源生态园、蒙城那年乡下农业示范区、蒙城县润果生态园、谯城区伊丽果园生态园、润耕天下生态农场)。谯城区芍花景观被农业部评为"中国美丽田园"。

【农产品市场开拓】2020年，亳州市组织龙头企业参加"2020中国安徽名优农产品暨农业产业化交易会(合肥)""第十八届中国国际农产品交易会""中国安徽名优农产品暨农业产业化交易会(上海)""上海中国食品国际博览会"等交易会，开拓农产品市场，200余家龙头企业、合作社900个品种参展。

（田　军）

农副产品管理

【概况】2020年9月7日，市委编委批复将原亳州市农副产品管理办公室更名为亳州市绿色优质农产品发展中心。主要负责"菜篮子"工程建设、蔬菜水果产业发展、长三角绿色优质农产品生产加工供应基地建设、"三品一标"农产品培育、参与农产品质量安全监管等工作。

2020年，亳州市瓜菜播种总面积8.8万公顷，蔬菜总产量35.2亿千克；水果栽植面积6400公顷，水果总产量1.31亿千克。农产品质量安全水平提高，在省级农产品质量安全例行监测中，亳州市蔬菜、畜禽、水产品监测合格率分别是100%、98.3%、100%。依托乡镇农产品质量安全监管站，全市共速测蔬菜、畜禽、水产品样品182905个，合格率99.99%。推进农业标准化工作，亳州市新增农产品"三品一标"124个，全市"三品一标"认证总数达674个，地理标志登记保护农产品5个，苏赵梨、亳桑皮等申报农产品地理标志登记保护；建成省级蔬菜标准园4个，全市市级以上蔬菜标准园达81个。推进长三角绿色农产品生产加工供应基地建设，7家首批省级绿色农产品生产加工供应基地通过省评估认定，组织9家企业申报2021年省级绿色农产品生产加工供应基地示范创建。全市销往沪苏浙地区粮油、果蔬、肉类、水产品总量240.94万吨，销售额202.174亿元。

2020年，亳州市蔬果种植面积和总产量位居全省前列。获全省2018—2019年度“菜篮子”市长负责制考核优秀等次。

【长三角绿色农产品生产加工供应基地建设】2020年，亳州市绿色优质农产品发展中心成立，推进长三角绿色农产品生产加工供应基地建设。出台《亳州市加快建设长三角绿色农产品生产加工供应基地实施方案》，围绕本地农产品优势资源，优先发展设施蔬菜、优质专用粮食、中药材和肉羊产业。全市初级农产品和农产品加工品产值658.57亿元，同比增长5.24%，其中销往沪苏浙地区202.17亿元，销往沪苏浙地区粮油、果蔬、肉类、水产品总量240.94万吨，其中粮油199.8万吨、果蔬24.61万吨、肉类16.31万吨、水产品2200吨，均较上年有所增长。

蒙城县作为全省首个上海市外蔬菜主供应基地、全省20个绿色高质高效行动项目实施县之一，在2020年长三角绿色农产品生产加工供应联盟联席会议上作典型发言，与45家主体签订供沪蔬菜种植合同，协议面积3.8万亩。谯城区（中药材）为全省首批“一县一业（特）”全产业链示范创建单位。谯城区中药材产业园成为全国最大的中药材规范化种植示范基地和中药材进出口检测示范基地。谯城区中药饮片加工产值170.8亿元。“亳丹皮”地理标志农产品纳入2020年全省6个国家地理标志保护工程之一。亳州市在全省绿色农产品生产加工供应基地建设推进会上作典型经验介绍。全市7家企业通过省级长三角绿色农产品生产加工供应基地认定评估。推荐9家单位创建申报2021年省级示范基地，并经省厅公示。在上海市设立亳州绿色农产品（上海）运营中心，举办绿色优质农产品展示展销活动，推动全市30余个农产品入驻上海超市、社区。组织46家龙头企业参加2020安徽名优农产品暨农业产业化上海交易会，在上海举办亳州市农业招商推介会。以肉羊产业为基础，打造“双百万”工程，建设全国最大的肉羊养殖基地。

围绕推进绿色蔬菜产业发展，补齐产业短板，推进长三角蔬菜物流基地和冷链物流设施建设，共建长三角三小时鲜活农产品物流圈，蒙城县投资12.9亿元建设冷链仓储物流体系，延伸产业链，提高农产品附加值。

市级安排财政资金1300万元支持长三角绿色农产品生产基地建设。蒙城县（蔬菜）作为全省20个绿色高质高效行动项目实施县之一，获国家支持资金238万元；涡阳县投入2850万元建设日光温室蔬菜基地，市财政支持1200万元；谯城区利用扶贫发展资金1950万元在蔬菜优势产区开展钢架日光温室建设。利辛县出台奖扶政策，对蔬菜产业等发展予以资金支持。

【蔬果产业】2020年，全市蔬果生产形势基本稳定，累计播种9.44万公顷，产量365.1万吨，新增设施蔬果种植2680公顷。

蔬果质量安全可靠。在省级农产品质量安全例行监测中，抽检亳州市蔬果样品181个，监测合格率100%；全市蔬果产品质量安全监测365批次，其中市农检中心检测样品240批次，合格率100%；委托潍坊市海润检测有限公司检测蔬菜125批次，合格率99.2%。乡镇监管站快速检测蔬菜样品125269批次，合格率99.99%。

推进蔬果标准化生产。完成4个省级蔬菜标准园创建，全市蔬菜标准园总数81个，其中国家级标准园16个、省级35个、市级30个。新增蔬果“三品一标”84个，蔬果类“三品一标”总数达491个，占全市“三品一标”认证总数的65.5%。亳州市参与起草2020年中国绿色食品发展中心发布的《黄淮海及环渤海湾地区绿色食品日光温室豇豆生产操作规程》（LB/T 075-2020）。

【农产品质量安全】2020年，亳州市实施农产品质量安全监测，开展农产品质量安全专项整治，试行食用农产品合格证制度，全市辖区内未发生重大农产品质量安全事件。

农产品质量安全监测。风险监测：在省级农产品质量安全例行监测中，全市蔬菜、畜禽、水产品监测合格率分别为100%、98.2%、100%。定量检测：按照农业农村部门食用农产品定量检测要达1.025批次每千人的要求，全市定量检测目标任务5394批次。市级完成定量检测425批次，其中蔬果125批次、畜禽200批次（含鸡蛋专项监测100批次）、水产品100批次；县级共开展定量检测6343批次，其中谯城区任务1569批次，完成1873批次；涡阳县任务1352批次，完成1800批次；蒙城县任务1190批次，完成1300批次；利辛县任务1283批次，完成1370批次。

推进食用农产品合格证制度实施。全市实施合格证制度的生产经营主体达588家，开具合格证219509张，附带合格证上市的农产品68167.65吨。食用农产品合格证开具数量居全省首位。

全市农产品质量安全专项整治“利剑”行动。共出动农业行政执法人员24537人次，检查生产经营主体11236家次，查办农产品质量安全案件24起，办结24起。媒体宣传65次，印发宣传资料17.2万份，指导培训94场次7524人次。

追溯民生工程建设任务超额完成。农产品质量安全追溯民生工程目标任务是奖补67个“三品一标”农产品实施追溯、推动67家以上农产品生产经营主体入驻省追溯管理信息平台。亳州市实施奖补151个“三品一标”认证产品（含以往未建设追溯的“认证”主体），完成率225.37%。完成规模以上农产品生产经营主体入驻省追溯管理信息平台368家，实施奖补109家195个产品，完成率291.04%。在全省考核中居第一位。

推进农业标准化工作。全市农民专业合作社、家庭农场等制定绿色农产品操作规程66项，并指导绿色食品申报主体规范生产。开展绿色食品内检员培训120人次，扩大内检员队伍。规范认证审核，对全市49家绿色食品申报主体实施现场检查，对申报资料进行合规审核。苏赵梨申请农产品地理标志登记保护，并通过省级专家品质评鉴。组织安徽精益诚食品有限公司、安徽爱家食品有限公司2家企业参加第21届全国绿色食品博览会。

【“菜篮子”工程建设】2020年，亳州市推进“菜篮子”市长负责制贯彻落实，对县区及市直各相关单位“菜篮子”工程建设工作进行考核，推动“菜篮子”生产能力建设、市场流通能力、质量安全监管能力和调控保障能力建设，保障市民“菜篮子”产品安全消费。获全省2018—2019年度“菜篮子”市长负责制考核优秀等次。

疫情期间，加强蔬菜、畜禽等农产品生产供应和调度，推动农业企业复工复产。开展技术指导，加强在地菜田间水肥管理和病虫害防控。做好产销对接，建立农超对接微信群，发布产品供求信息。开辟线上销售，在“我家亳州”APP开展“抗疫情保民生，零利润果蔬进小区”活动和“菜篮子”爱心蔬菜工程。畅通绿色通道，办理通行证，共发放绿色通行证1723张。开展直供厨房，将亳州市优质农产品生产基地产出的菜篮子产品直供古井中央厨房，保障全市大型企业复工的员工生活副食品供应。推动产品外销，把亳州市优质农产品运销到沪苏浙地区的大润发、欧尚等大超市卖场以及各种餐饮企业连锁店，年销售额突破亿元。全市目前每月供应上海鸡蛋455吨、猪肉200余吨，为长三角市场提供优质农产品。

（王　森）

农业机械化

【概况】2020年，亳州市农业机械总动力813.14万千瓦，居全省第一位。其中拥有大中型拖拉机39151台（252.65万千瓦）；小型拖拉机134046台（153.49万千瓦）；小麦联合收割机30269台（208.99万千瓦）玉米联合收割机10319台（73.59万千瓦）；秸秆粉碎还田机17795台；秸秆捡拾打捆机2895台。农作物耕种收综合机械化水平93.13%，居全省第一位。小麦、大豆生产实现全程机械化，玉米耕种收综合机收水平99.67%。全市各类农机作业服务组织2140个，农机户总数47.97万个，农机从业人员57.13万人，农业机械化经营服务总收入60.80亿元。

开展安全检查127次，检查农业机械 2922台，排查隐患160个，完成整改。全市发生一般农机事故4起，直接经济损失11.2万元，无较大及以上农机事故发生，农机安全生产形势平稳。

推进主要农作物生产全程机械化。《安徽信息工作交流》专题刊发《亳州市全面推进农业机械化、着力保障粮食生产促进农民增收》。省政府办公厅《政务信息》“信息参考”栏目刊发《亳州市建议：应进一步推广使用植保无人机助力现代农业发展》。全省“三秋”农机化生产暨农机化项目推进会在谯城区举办。

【农机管理】2020 年，亳州市新注册登记农业机械 6490 台，其中拖拉机 3776 台、联合收割机 2714 台。年度检验农业机械 56984 台，其中拖拉机 27612 台、联合收割机 29372 台。新办农机驾驶证 904 人，其中拖拉机驾驶证 693 人，联合收割机驾驶证 211 人。拖拉机的上牌率、检验率、持证率平均分别为 91.2%、91.4%、93.4%，联合收割机的上牌率、检验率、持证率平均分别为 91.3%、91.5%、93.6%。

【农机服务】2020 年，亳州市“三夏”（夏种、夏收、夏管）期间，机收小麦 47.2 万公顷，全市 5 月 27 日开始机收，一周左右全部完成收割任务。秸秆粉碎还田 25.2 万公顷，秸秆打捆 12.26 万公顷，机播玉米 31.46 万公顷，机播大豆 7.21 万公顷。投入各类农机具 14.09 万余台，其中，投入联合收割机 2.92 万台，秸秆综合利用机具 1.72 万台，玉米精量播种机 2.76 万台。“三秋”（秋收、秋耕、秋种）期间，机收玉米 30.68 万公顷，机收大豆 7.2 万公顷，机播小麦 46.86 万公顷，深松深翻作业面积 9.53 万公顷。投入各类农机具 12.91 万余台，其中联合收割机 2.48 万台，大中拖拉机 2.6 万台，播种机 2.26 万台。

【农机购置补贴】2020 年，亳州市对在补贴目录内的农机产品全部实行敞开补贴。其中，对畜禽养殖、畜禽废弃物处置机械，凡在目录内产品优先补贴。对植保无人机全面推广，应补尽补。落实中央财政购置补贴资金 8650 万元。补贴各类机具 8109 台，其中，拖拉机 788 台，小麦机 862 台，玉米机 97 台，其他机械 6362 台。

【农机作业托管】2020 年，《亳州市 2020 年农机作业托管服务工作实施方案》《2020 年亳州市农机作业托管服务工作暗访督导方案》出台，促进午秋两季农机作业托管服务工作。全市共签订农机作业托管协议面积 4.72 万公顷，与农户（或村民组）签订农机作业托管合同 30 余万份。其中，午季参与农机专业合作社 1167 家，落实托管机械 107121 台（套），建立农机作业托管网格 11254 个，机收率 99.97%。秋季参与农机专业合作社 1228 家，落实托管机械 117799 台（套），建立农机作业托管网格 10780 个，机收率 99.1%。完成全市午秋两季农机作业托管服务工作任务，进度明显快于往年。此项工作被《皖农交流》专题刊发。

【“变型拖拉机”专项整治】2020 年，《亳州市变型拖拉机专项整治工作方案》出台，成立市“变拖”专项整治领导小组，市、县区农机部门与公安交管部门协调配合，建立健全信息互通、联席会议、动态联合执法检查等机制，发挥公安农机联合执法中队的作用，依法加大对存量“变拖”和外省籍“变拖”违法违章行为的查处力度，查处“变拖”无牌无证、伪造牌证、逾期未检、拼装改装、酒后驾驶等违法违章行为。对逾期两年以上未检验的“变拖”进行牌证公告作废，对登记达 12 年的“变拖”实行强制报废措施。公安农机联合执法检查“变拖”655 台次，纠正处理违法违章行为 41 台次，收缴违章罚款 7.2 万元。全市存量变拖 938 台，年检 424 台，在“安徽省农机监理信息网”公告作废变型拖拉机 7627 台。通过专项整治，消除道路交通安全隐患，有效防范农机道路事故的发生。

（刘 岩）

水 利

【概况】亳州市水务局成立于 2000 年 6 月，2019 年 3 月机构改革更名为亳州市水利局。市水利局贯彻执行党中央关于水利工作的方针政策和决策部署，落实省委、市委的工作要求，在履行职责过程中坚持和加强党对水利工作的集中统一领导。

2020 年 6 月中旬至 8 月上旬，亳州市出现强降雨过程。省水利厅派出专家组进驻亳州，多次到抢险排涝现场指导工作。强降雨期间，市水利局提前开启大寺闸、涡阳闸、蒙城闸降低涡河水位，腾出库容，接纳上游河南省来水和沿涡支流涝水，为涡河两岸田间积水及时排出创造条件；配合城市管理局关闭小洋桥闸，放平钢坝闸和橡胶坝，将大西庄闸、王寨闸、建安路闸和亳芜大道闸闸门提出水面，通过宋汤河、龙凤新河、凤尾沟、张河和亳城河将城区积水及时排出，最大限度地减轻内涝危害。

组织开展打击非法采砂专项行动3次，全市共出动执法人员2456人次，出动执法车辆511台次，出动执法船93艘次，查处非法采砂行为6起，查扣非法采砂船16条，拆解“三无”采砂船11条，确保河势稳定和防洪安全。

【水利重点工程建设】2020年，亳州市推进水利工程建设。谯城区油河上段、涡阳县北淝河上段、蒙城县茨河治理工程建成并完成竣工验收。西淝河等沿淮洼地治理工程及淮干一般堤防除险加固工程完工验收，竣工审计完成，具备竣工验收条件，已向省水利厅和淮委提交验收申请。亳州调蓄水库土方消纳及水土保持工程完成，并完成单位工程暨合同工程验收。

【引江济淮亳州段工程建设】2020年，亳州市累计完成永久性征地285.43公顷，临时征地438.65公顷，拆迁房屋面积1.83万平方米，迁建企业5家，完成征迁投资44784.2万元。第一阶段实施的朱集站、龙德加压站、西淝河朱集站—龙德站段河道22.5千米、输水管道31.44千米、调蓄水库600万立方米土方等应急供水工程主体工程完工，于2020年6月30日正式通水。第二阶段实施的西淝河入淮河口—西淝河北站段工程设计土方开挖72万立方米，完成82%；设计钢筋制作安装2165吨，完成32%；设计混凝土29983立方米，完成38%；河道疏浚270万立方米，完成30%。龙德站至省界段工程土方开挖290万立方米，完成91%；钢筋制作安装4450吨，完成46%；混凝土8万立方米，完成50%；预制块护坡14.5万平方米，完成33%。工程进度超年度计划。

【民生水利建设】2020年，亳州市继续实施农村饮水安全巩固提升工程，对标准偏低、规模偏小的已建供水工程进行改造、配套、升级、联网，开展水源保护、水质保障、信息化建设等。全市共计完成投资1.87亿元，实施56处农村饮水工程，解决22.97万人饮水型氟超标改水问题，改善供水受益人口61.35万人。

投资1.28亿元，完成20处氟改水工程，解决60个村22.97万人饮水型氟超标改水问题。巩固提升工程完成投资5870万元，完成36处工程，改善供水受益人口61.35万人。

【河道治理】2020年，亳州市全面推广使用“河长通”App开展巡河，利用“随手拍”对发现的“四乱”问题进行上报、交办，全年各级河长开展巡河检查总计9.5万余人次。查处非法采砂行为7起、查扣非法采砂船18条，拆解“三无”采砂船11条，罚款16.99万元。摸排涉黑涉恶涉乱线索41条，刑事立案6起。探索建立“河长+检察长”工作机制，建立生态检察官机制、河道警长机制，印发总河长令，开展河长述职等，合力守护河道生态环境，助力河长制工作。选择茨淮新河阚疃枢纽至马胡南涵段作为亳州市省级示范河道建设段，打造亳州市河长制样板，通过省级验收。

获省级地表水生态补偿资金1750万元，对已整治的320个入河排污口进行“回头看”，对排污口进行监管，确保整治成果。持续实施城镇污水处理提质增效三年行动，城市污水处理能力由12.5万吨/日提升到22万吨/日，完成污水管网改造35.5千米。市中心城区12处黑臭水体完成整治并通过省级核验，县区24处黑臭水体基本完成整治；全面排查核实215条农村黑臭水体，每县区选择2个乡镇开展治理试点工作。开展农村人居环境整治，清理村内沟塘1.58万处，清理畜禽养殖粪污等农业生产废弃物9.4万吨。完成265艘100～400总吨船舶生活污水防污染改造任务，完成船舶油污水、生活污水岸上接收设施建设任务。

【城区水系治理】2020年，亳州市继续推进城区水系治理。宋汤河六期综合治理工程完工，工程全面进入正常维养管护期。推进“一涵三闸”工程建设，蔷薇路橡胶坝水下工程完成，十九里液压坝底板砼浇筑完成，养生大道涵全面开工建设。制定河道物业管理考核办法，定期对龙凤公园、凤尾公园、团结沟河面及岸上保洁工作实施考核，不断提升物业管理水平。

（王胜杰）

工　业

古井贡酒灌装生产线　　（文轩　摄）

概　述

【概况】 2020年，亳州市新增规模以上工业企业91家，规模以上工业增加值同比增长5.9%，居全省第八位。酒、饮料和精制茶制造业累计增加值增速5.8%，医药制造业累计增加值增速9.7%，农副食品加工业累计增加值增速2%，主要行业保持较快增长势头。全市工业经济平稳运行。

制定《亳州市人民政府关于印发亳州市支持新兴工业强市建设若干政策的通知》，落实“个转企、小升规、规挂牌”政策，将新入规企业奖补标准由5万元提至10万元。推进年度企业上市挂牌培训对接，组织50余家企业参加业务培训和券企对接，新增省区域性股权交易中心挂牌企业117家。

助推传统产业转型升级，加快白酒、现代中药、农副食品加工等主导产业改造提升。推广应用工业机器人22台，累计推广应用工业机器人298台；2020年度制造强省项目共奖补全市数字化车间6个，奖补金额360万元。全市共有省级智能工厂4家、数字化车间15个。全年认定省级企业技术中心12家，市级企业技术中心22家，新增国家级中小企业公共服务示范平台1家。

促进民营经济发展，统筹设立总规模达50亿元的民营经济产业发展引导基金；整合设立总规模达10亿元的市民营经济中小企业发展专项资金，其中支持新兴工业强市资金项目459个，扶持资金6147万元。全市民营企业新增贷款272.91亿元，增长26.18%，占企业贷款的29.28%，已兑现市级企业上市挂牌奖励资金260万元。实有各类市场主体52.35万户，同比增幅23.6%，其中企业14.52万户，增幅25.41%。组织开展企业家培训7期1300余人次。

建立专精特新中小企业培育库，全市拥有省级“专精特新”中小企业118家，其中省级“专精特新”冠军企业5家，国家级“专精特新”小巨人企业3家，国家级“单打冠军”企业1家。对省、市认定的专精特新中小企业，市财政分别给予20万元、10万元一次性奖补。专精特新中小企业作为优质中小企业向金融机构推介，年度向6家银行推荐3批次共112家专精特新企业，帮助融资1.9亿元。在产学研合作、管理咨询、市场开拓等方面加强服务。举办政银企对接会7场，对接企业183户，授信8.6亿元。

认定省级新产品32个，获批安徽工业精品6个；认定市级企业技术中心22家，省级工业设计中心5家；培育申报国家工业遗产1家；获批省制造业创新中心2家。

推进“放管服”改革，企业开办时间压减至3个工作日以内。开展“四送一服”“服务企业年”活动，全市经信系统走访工业企业3134家，摸排收集问题1059个，企业满意度在95%以上。办结省四送一服平台、政企直通车平台交办问题84个。

有效应对疫情挑战。为做好常态化疫情防控，采购两天需求量的防疫物资分发给各工作组，协议储备五天需求量的防疫物资，委托供货企业代储25天的防疫物资。全市入围全国重点保障企业名单119家，已有17家享受优惠贷款，贷款总额3.2亿元；入围地方性名单企业113家，已有15家享受优惠贷款，贷款总额2.4亿元。开展大规模减税、减费、减息、减租、减支行动，及时兑现应对疫情支持企业发展的优惠政策。累计为企业实现融资130.2亿元。

防范化解重大风险。全市累计降低企业成本、减轻企业负担42.7亿元。建立健全全市清欠工作机制，累计排查欠款11383.92万元，全部清偿完毕，清偿率100%。没有发生新增拖欠。开展市级项目申报，支持新兴工业强市资金项目458个，扶持资金6146.52万元，获批制造强省、民营经济发展等项目资金7100余万元。督办重大隐患挂牌企业共17家，其中16家企业完成整改工作，8家已销号，8家已申请销号，1家正在整改。全市经信系统共排查1427处隐患，全部整改完成。

认定国家级绿色工厂1家，获国家绿色产品4个，获批省级绿色工厂2家。督促整改砖瓦窑厂环境问题223件。

【新兴工业强市建设】2020年，亳州市政府印发《亳州市人民政府关于印发亳州市支持新兴工业强市建设若干政策的通知》，内容分9个部分，共23条。在总体延续2017年原有文件框架和内容的基础上，重点从鼓励企业做大做强、推动产业转型升级、加强企业教育培训和细化约束限制措施等方面进行修订完善，增强政策措施的精准度和针对性。通过门户网站、微信公众号、会议和走访调研等形式做好政策宣传贯彻。组织全市投资、工业业务培训班，解读政策。经过企业申报、区申报、市级审核、征求相关部门意见、市政府常务会议研究、公示和涉企系统比对等程序，下达支持新兴工业强市建设专项资金计划，共安排项目458个，支持资金6146.52万元。

【“绿色工厂”认定】2020年9月，省经济和信息化厅公布全省2020年绿色工厂名单，亳州市安徽双轮酒业有限责任公司、安徽京威纺织服饰有限公司2家企业获批安徽省“绿色工厂”。10月，工业和信息化部办公厅公布第五批绿色制造名单，亳州市华佗国药股份有限公司获批国家级“绿色工厂”，安徽和邦纺织科技有限公司的无缝环保墙布、安徽瑞虎肥业有限公司的复合肥料、安徽翰联色纺股份有限公司的50%羊毛混纺纱和粘胶纤维色纺纱4个产品获批国家级“绿色产品”。全市累计有国家级“绿色工厂”5家，国家“绿色产品”5个，安徽省“绿色工厂”11家。

近年来，亳州市按照用地集约化、原料无害化、生产洁净化、废物资源化、能源低碳化标准，加大绿色制造企业培育力度，推进绿色制造体系建设。省级绿色工厂每年评价一次，实行动态管理，满三年复审一次。省经济和信息化厅从省级“绿色工厂”中择优推荐申报国家级“绿色工厂”，对获“绿色工厂”“绿色产品”称号的企业，依据安徽省支持制造强省建设和亳州市支持新兴工业强市建设有关政策给予相关资金支持。

【国家级中小企业公共服务示范平台建设】2020年12月8日，工业和信息化部发布2020年度国家中小企业公共服务示范平台名单，亳州市中小企业服务中心获评“国家中小企业公共服务示范平台”。

该中心成立于2009年8月，面向全市中小企业常年提供信息咨询、融资信用担保、两化融合咨询贯标、人力资源教育培训、电子商务、项目咨询建设、法律援助维权等全方位、多层次综合服务，同时为省经信厅“1+16+X”平台服务系统中的16家地级市综合服务平台之一。2014年7月被省经信厅认定为“省级中小企业公共服务示范平台”，2019年被民政部门评定为“中国AAAA级社会组织”。2020年，该中心带动其他服务机构面向全市中小企业开展各类服务活动245次，服务企业2276家次7782人次。

（陈玉强　申晶晶）

·安徽古井集团有限责任公司·

【概况】安徽古井集团有限责任公司（简称“古井集团”）前身为起源于明代正德十年（1515）的公兴槽坊，1959年转制为省营亳县古井酒厂，1992年2月成立安徽古井实业集团，1995年1月阜阳行署批准成立安徽古井集团，1996年古井贡股票上市。

古井集团以白酒为主业，商旅业、类金融业等为辅业。其中，商旅业以安徽瑞景商旅集团为主体，拥有2家五星级酒店（合肥古井假日酒店、亳州宾馆）、1家四星级酒店（上海古井假日酒店），下属的古井酒店管理公司于2016年获批在“新三板”挂牌上市，拥有“城市之家”“君莱”“古井”3个酒店品牌；类金融业以安徽汇信金融投资（集团）有限责任公司为主体，包括典当公司、小额贷款公司、融资租赁公司等，重点发展产业链金融。另有盛隆商贸公司、龙瑞玻璃公司、瑞思威尔科技公司、润安信科检测公司等，负责经营管理北京安徽大厦。

2020年，古井集团拥有正式员工11000余人，实现营业收入110.90亿元，利润总额24.32亿元，上缴税收34.90亿元，同比增长0.73%。古井集团连续3年实现百亿营收。古井贡品牌价值以1971.36亿元稳居安徽白酒行业第一位，保持中国白酒行业第四位。

同年，古井集团获“第六届全国文明单位”“全国五四红旗团委”“全国厂务公开民主管理示范单位”“全国白酒行业质量领先企业”“全国质量诚信先进企业”“农业产业化省级重点龙头企业”“第二届黄淮流域白酒核心产区标志产品”“地域标志产品”“长三角名优食品”等称号。古井贡酒·年份原浆智能园项目正式开工。古井贡酒酿酒技艺入选国家级非物质文化遗产名录。古井集团位居2020中国制造业企业500强第470名、安徽省百强企业第47名。古井贡酒连续4年获"金牛最具投资价值奖"。古井集团员工刘国英当选全国劳动模范。

【古井贡酒品牌价值打造】2020年，最高人民法院裁定，"年份原浆"商标归属古井。古井贡酒·年份原浆携手黄鹤楼酒入选CCTV国家品牌计划。在全球权威品牌价值评估机构"品牌金融"（Brand Finance）发布的"2020全球烈酒品牌价值50强"榜单中，古井贡酒位列第九名，连续3年入选此榜单前10名。

发力品牌建设，重点打造春晚IP。连续5年特约播出中央广播电视总台春节晚会，与安徽卫视、江苏卫视、河南卫视、湖北卫视开展战略合作。古井贡酒成为2020世界制造业大会徽商云论坛、2020年迪拜世博会（中国馆）、2020中国品牌节等高端峰会指定用酒。"全球读'亳'"再升级，冲击吉尼斯世界纪录，全年53万余人次参与体验。聚焦机场、高铁站等交通媒体，全年高铁列车冠名293组，高速户外累计投放1000余块。

"为胜利干杯"活动推广持续升级。开展"致敬安徽援鄂抗疫医疗队"慰问、"第七届医护群体专场集体婚礼"，获中央广播电视总台、《中国青年报》等30余家主流媒体宣传报道，线上直播观看超100万人次。线上发起"屏聚2020""防疫知识竞赛""云约酒局"等主题活动，超500万人次参与互动。线上举办第三届桃花春曲节活动，吸引超300万人线上围观。举办古井贡酒秋季开酿大典、"名酒进名企"等活动。

【古井集团复工防疫工作获中央广播电视总台《新闻联播》点赞】2020年2月20日，中央广播电视总台《新闻联播》播出《共战疫情　企业在行动》新闻报道，古井集团作为助力抗击疫情的企业样板之一获点赞。

企业内部防控方面，创新开展"三级网格化管理"（基层管理者责任制、分管管理者责任制、高级管理者责任制）、加强防控"三保障"（立体式排查、物资保障、精简在岗人员注释）、全面落实"三件套"（测温、消毒、戴口罩）、注意防控"四类人"（食堂工作人员、安保人员、后勤人员和管理人员）、一日一督导，做好安全复工。对外助力战疫方面，1月30日第一时间捐款2000万元，共捐款捐物超过6000万元，武汉黄鹤楼酒业累计完成各类防疫慰问929场，及时调整出投放卫视媒体的广告排期做防疫宣传，履行社会责任，践行国企担当。

助力上下游供应链，共克时艰。及时向各地经销商配送中药、消毒液、口罩等防疫物品，对内部产业链提供金融纾困政策，通过自身复工带动包装材料等供应商加速复工。

古井复工防疫工作另获安徽卫视《第一时间》《每日新闻报》、安徽广播电视台公共频道《新闻第一线》、亳州电视台《药都时空》等栏目点赞。

【古井集团获评"全国文明单位"】2020年11月20日，在全国精神文明建设表彰大会上，古井集团被中央文明委授予"全国文明单位"称号。

近年来，古井集团积极践行社会主义核心价值观，秉承"做真人，酿美酒，善其身，济天下"的企业价值观，各项经济效益连续攀升。

坚持党建引领，不断强化思想道德建设，建立文明创建常态化机制。以"贡献美酒，乐享生活"为使命，营造风清气正的企业生态，培育"贡献文化"，打造诚实守信的企业文化，推进质量管理和诚信体系建设。

注重法治建设，履行社会责任，加强员工思政教育，开展关爱职工等活动。坚持倡导绿色理念，加强生态文明建设。助力扶贫攻坚、热心社会公益。在中央广播电视总台推介家乡亳州、开展"全球读'亳'"等活动。

2020年，古井集团培训认证"古井宣讲师"和"企业文化师"，41名古井员工被认证为首批"古井宣讲师"，43位古井贡酒经销商、供应商及核心消费者代表被认证为古井首批"企业文化师"。

成立古井集团新时代文明实践中心暨古井贡献文化传播基地，是省内企业首家。

△贡献文化："贡献"文化起源于1800余年前的曹操献酒。古井企业文化建设以"中华第一贡"为旗帜，以"贡"字为核心，以"忠诚、贡献、共享"为特征。经过"古井自古有名，贡酒应贡人民"的现代转承，最终形成以使命——"贡献美酒，乐享生活"、愿景——"做中国最受欢迎、最受尊重的白酒企业"、价值观——"做真人，酿美酒，善其身，济天

下”为主要内容的古井贡献文化。

【古香型白酒“年份原浆·年三十”新品推出】2020 年 12 月 9 日，在第三届黄淮流域白酒核心产区高质量发展峰会上，古井集团正式公布其高端白酒新品——“年份原浆·年三十”。

该新品为古香型白酒，也叫烤麦香型，有别于浓香、清香、酱香，但含有三者的综合成分、健康因子和香味物质。它集中国古老酿酒方法之众长，结合古井所独有的“古井、古曲、古醅、古窖、古法”五大核心条件，最终形成“古香幽雅、芳香馥郁、甘醇圆润、谐调丰满、绵净悠长”的酒体风格。在酿造工艺上，古香型白酒也有别于传统酿造工艺，采用“五古四曲三醅”、泥石二窖、U 形堆积、三级升香的酿造工艺。

【亳州高楼古窑址考察论证】该窑址位于谯城区古井镇王辛庄行政村高楼自然村，于 2019 年 12 月由安徽省文物考古研究所亳州考古队进行田野调查时发现。2020 年 9 月 29 日，中国科技大学科技史与科技考古系教授、博士生导师龚德才，河南省文物考古研究所原副所长张志清，安徽省文物考古研究所考古三室主任张辉等文物专家一行到实地考察，后在古井集团总部召开专家论证会。经过研究论证，初步推断该窑址年代为明代，建议对原址进行保护。

专家们通过论证认为：该窑址体量较大，在亳州地区尚属首次发现。根据古窑形制及出土文物标本推断，其相对年代为明代。从该窑的形制、体量及窑床上发现的陶瓷文物标本进行综合分析，推测该窑的功能既可烧制陶器，也可烧制砖瓦、瓷器，按类分批次烧制。该窑与附近的全国重点文物保护单位——古井贡酒酿造遗址中的明代窖池处于同一时代、同一区域，有着较多的研究和展示利用空间，具有重要文物价值。

（吴　伟　杨　燕）

其他工业企业简介（2020 年工业总产值超 10 亿元）

【中煤新集利辛发电有限公司】中煤新集利辛发电有限公司（简称“板集电厂”）于 2008 年 12 月成立。一期项目 2 台 100 万千瓦发电机组于 2016 年 10 月建成投产，竣工决算 52.4 亿元，机组发电标煤耗 262.5 克 / 千瓦时。是国内首座科技领先、指标先进、绿色环保的百万千瓦级煤电一体化标杆项目。曾获省部级以上奖 121 项，一期工程被国家发改委、国家能源局确定为全国第一批煤电联营重点示范推进项目，并获国家优质工程金奖。

2020 年，板集电厂装机规模为 2 台 100 万千瓦超临界燃煤发电机组，由中煤新集能源股份有限公司控股，安徽省皖能股份有限公司参股，有员工 222 人。实现营收 30.21 亿元，发电 99.45 亿千瓦时，上缴税收 2.91 亿元。

自项目建设始连续安全生产 2600 余天，1 号机、2 号机分别实现 1556 天、1272 天长周期“无非停”，持续保持“零涉险、零事故、零伤害、零污染”等安全生产目标。

（陈玉强）

【涡阳县盛鸿科技有限公司】该公司是安徽鸿路钢结构（集团）股份有限公司的全资子公司，是鸿路集团打造的最大的钢结构装配式建筑研发制造基地。基地一期单体面积 40 万平方米厂房，2017 年投产运营，刷新国内单体装配式钢结构生产基地面积的记录。

公司承接有河北天山之门、浙江石化、广东石化、华锐光电、威马汽车、银环汽车、北京休闲中心等省市重点项目，有 2022 年冬奥会、雄安高铁、济南超级计算中心等国家重点项目。

加快创新驱动和转型升级，在装配式建筑、智能立体停车库设备、钢结构制造等领域拥有近 300 项专利。“一体化装配式高层钢结构住宅成套技术”“高端智能车库存取技术”“装配式低层住宅集成技术”三大技术体系，处于国内领先地位。具备房屋建筑施工总承包一级资质、钢结构专项安装一级、钢结构制造特级资质，商务部对外承包工程经营资格证。曾获国家住宅产业化基地、国家认定企业技术中心、中国驰名商标、国家高新技术企业、钢结构制造企业检测综合特级、安徽省行业技术中心、安徽省建筑产业化基地、安徽省两化融合企业等荣誉。

该基地一期、二期、三期项目全部达产，建筑面积达 111 万平方米，产能在 100 万吨以上。四期项目共 27 万平方米，部分车间投产，五期项目开工建设，六期项目供地24.33公顷。2020年，该基地被命名为安徽省绿色建筑特色产业集群（基地）。

2020年，公司实现营业收入39.7亿元，增速31.7%；税收4421.2万元，增速57.6%；利润总额1亿元，增速116.8%。

（李莹莹）

【五得利集团亳州面粉有限公司】该公司位于谯城经济开发区庄周路东侧紫苑路南侧，是五得利集团第13家全资子公司，占地8.4公顷，总投资7亿元，其中固定资产4.1亿元。一、二、三期工程分别于2014年3月、2015年4月、2017年12月投产，有国际先进水平的自动化控制系统生产线6条，日处理小麦4200吨。

公司生产的面粉有超精粉、六星馒头王、六星切面王等系列产品，出粉率高，灰粉低，在国内处于领先地位。产品畅销安徽省、江苏省、河南省、湖北省、江西省、福建省、浙江省、上海市、广东省等10余个省市。生产原料主要是亳州当地小麦，采取优质优价，引导农户种植优良品种。平均价格较市场高2～3分，平均每年可增加农民收入6300万元。公司先后获评安徽省农业产业重点龙头企业（甲级队）、安徽省A级粮食经营活动守法诚信企业，安徽省小麦粉加工20强企业，中国好粮油示范企业。

2020年，公司销售产品120万吨，产值28.6亿元。

（王艳敏）

【安徽江淮安驰汽车有限公司】该公司位于蒙城县经济开发区，成立于2010年9月，是江汽集团首批在皖北投建的企业。注册资本6亿元，占地面积32.13公顷，建筑面积13.35万平方米，固定资产总投资11.02亿元。

具备冲、焊、涂、总四大工艺装备，拥有一条自动化冲压线，3条智能化焊装线，配备焊接机器人67台，涂装采用水性B1B2免中涂工艺，实现绿色、环保、节能，总装采用轿车化生产工艺布置，智能化物流配送，在线扭力监控系统，保障车辆装配品质，是江淮汽车瑞风MPV全系列专业化基地。主要生产瑞风M3、M4、M5和L6平台系列产品。具备单班日产160～180台，年产5万台生产能力。

2020年，该公司与蒙城经济开发区签订《中高端MPV投资协议》，将瑞风M4和瑞风L6生产线整体搬迁至蒙城生产，助推江淮安驰公司成为江淮汽车全系列专业化瑞风MPV基地。

公司吸引了佳仕龙机械制造有限公司、安徽讴神机械制造有限公司、安徽鑫元实业股份有限公司、合肥联华机械零部件有限责任公司、金润物流有限公司等核心配套供应商、物流商等10余家零部件及物流厂商到蒙城投资，带动了汽车改装、销售、维修、零配件供应、二手车交易、物流、职业技术学校培训等产业链的发展，形成以整车生产制造为龙头、零部件制造为核心的汽车产业链集群，直接和间接带动当地就业约2000人。

同年，实现销售26226台，同比增加5.63%，销售收入15.12亿元，增长8.58%。上缴税费1.6亿元，实现工业增加值4.8亿元，直接和间接带动相关收入1.6亿元。

（孙莉莉）

【利辛强英食品有限公司】该公司位于利辛县经济开发区，是安徽强英鸭业集团有限公司全资子公司。公司专业从事樱桃谷鸭规模养殖、屠宰加工、饲料生产。占地15.67公顷，于2016年建成投产。

拥有现代化肉鸭分割生产线4条，配套冷库库容1万吨，污水处理能力6000立方米/日，日屠宰24万只肉鸭。与之配套的利辛饲料有限公司于2017年初投产，年产能60万吨。年收购消化当地玉米近40万吨，保证了当地4万公顷玉米收益。公司采取“公司+家庭农场（农户）+银行+政府”产业联合体发展经营模式，实行统一提供鸭苗、统一配送饲料、统一提供兽药、统一技术服务、统一保护价收购的管理方式进行运作。实行产销分离管理模式，公司直接对基地发展与产品订单加工负责。产品订单、市场开发、客户维护由集团肉食销售中心统一负责，拥有销售团队80余人。有“强英”“精英”“领英”“雄英”四大品牌。产品种类从肉鸭白条、半片、精细分割延伸至30余个品种200余种规格，销售网络渠道遍及全国30余省份180多个城市。是“双汇”“金锣”“周黑鸭”“绝味”“久久鸭”“精武鸭”“煌上煌”等国内知名肉类熟制加工企业战略供应商。

截至2020年底，公司有员工2400余人，发展养殖大棚600余个，带动1000余人从事养殖业。食品、饲料公司年营业收入18.9亿元。

（陈玉强）

【安徽协和成药业饮片有限公司】该公司位于谯城区药都路，是一家集中药材种植、中药饮片加工、中成药制造、产品研发、进出口贸易于一体的现代化中药企业。公司占地15.33公顷，注册资金6660万元，总资产10亿余元。拥有安徽省本草国药饮片有限公司、亳州市中药材进出口检测中心、安徽协和成制药有限公司、安徽协和成典当有限公司、安徽协和成国医堂门诊有限公司5家全资子公司。2005年2月投产。

公司主要产品有中药饮片，中成药制剂、中药提取物、保健食品等。产品畅销全国各地，并远销韩国、美国、英国、匈牙利等20余个国家。中药饮片年产2万吨；中成药年产颗粒剂1000万袋、硬胶囊剂3亿粒、片剂3亿片。

公司是首批“安徽省中药配方颗粒试点研究单位”，建有“博士后科研工作站”“王广基院士工作站”“中药饮片制造新技术安徽省重点实验室”。曾获中国海关高级认证企业、国家创新型试点企业、农业产业化国家龙头企业、中华民族医药百强品牌企业、国家火炬计划重点高新技术企业、中医药国际化推进十强领军企业、全国中药材饮片出口十强企业、全国中药饮片诚信品牌等称号。公司建设820公顷规范化中药材GAP种植基地，2007年通过GAP认证，被安徽省商务厅、财政厅、农委、省出入境检验检疫局授予“安徽优秀农产品出口示范基地”称号。

2020年，公司有职工近1000人，实现销售收入10亿元，其中进出口额约3000万美元。

（王艳敏）

【安徽省亳州煤业有限公司】该公司于2010年1月15日设立，由淮北矿业和安徽省煤田地质局共同出资组建，以亳州境内煤炭及共伴生资源的开采、洗选、加工与销售为一体，所属分公司袁店二井煤矿和信湖煤矿。注册资本1000万元，股权结构为淮北矿业(集团)占60%，安徽省煤田地质局占40%，淮北矿业(集团)为控股股东。

之后，经历几次增资和股权结构变更，至2020年，亳州煤业实收资本12.44亿元，其中淮矿股份持股67.85%，安徽省煤田地质局第三勘探队持股32.15%。资产总额83亿元，同比增长14.92亿元，年增长21.7%，主要是信湖基建工程；所有者权益46亿元，同比增长1.31亿元。年可采储量320万吨。

截至2020年底，公司职工2613人，总资产83.28亿元。产值12亿元，同比增长16.5%；营业收入12亿元，增长15.4%；利润总额1.24亿元，增长659.1%。

（陈玉强）

【安徽正宇面粉有限公司】该公司位于涡阳县。成立于2005年10月25日，注册资本5000万元，占地面积17.07公顷，主要经营范围：面粉、挂面、其他粮食加工品生产、销售；小麦收购、仓储，农副产品购销。

公司拥有2条面粉生产线、3条挂面生产线和1条面叶生产线，年产专用粉50万吨，年加工挂面15万吨，年加工面叶3万吨，原粮仓容22万吨，总资产4.6亿元。曾获“农业产业化国家重点龙头企业”“全国小麦粉加工50强企业”“2020中国农业企业500强”“全国放心粮油示范加工企业”“全国主食加工业示范企业”“国家级守合同重信用企业”“国家知识产权优势企业”“全国最美绿色食品企业”“农业产业化省级重点龙头企业”“安徽省第一批长三角绿色农产品生产加工供应基地”“安徽省粮食产业化行业排头兵”等多项省市荣誉。

主导产品“豫隆”“正宇”“津道圆”“天下一皖”牌面粉、挂面、面叶、刀削面等系列产品，先后获“放心面”“安徽名牌产品”“安徽省著名商标”“安徽省卓越绩效奖”“绿色食品”“安徽十佳粮油”“安徽好粮油”“中国好粮油”“中国(安徽)名优农产品暨农业产业化交易会参展产品金奖”“长三角名优食品”和第十七届、第十八届中国国际粮油产品及设备技术展示交易会“金奖”等，通过ISO9001质量管理体系、FSSC食品安全体系认证、ISO22000食品安全管理体系认证、ISO14001环境管理体系认证、ISO45001职业健康安全管理等体系认证和涡阳县首家通过GB/T23001两化融合管理体系评定企业。产品畅销全国各地，深受广大消费者的喜爱。

与合肥工业大学、安徽农业大学、河南工业大学、武汉轻工大学长期合作，形成产品研发体系。公司获12项发明专利、21项实用新型、33项外观设计国家专利、10项软件著作权、2个安徽名牌产品、3个省著名商标、6个省级新产品，制定有企业标准7个，牵头制订团体标准2项，参与制订地方标准1项，正在参与制订国家标准3项，研发出“7+1营养面”、面包、饺子、烩面等6种专用粉和8种风味营养挂面。

截至2020年末，公司资产总额4.6亿元，负债总额1.46亿元，所有者权益3.17亿元，职工526人，实现营业收入14.43亿元，利润总额3237万元。

（张文占）

【安徽盛海堂中药饮片有限公司】 该公司成立于2005年，注册资金5000万元，是集中药材种植、加工、研发及销售为一体的中药科技企业。

主要产品有中药材、中药饮片、花茶精制饮片、直接口服饮片、中药提取物。与安徽中医大学、安徽工业大学、杭州师范学院、亳州学院等高校及科研院所建立产学研相结合的合作关系。建立企业技术中心，获国家发明专利6项，实用新型专利18项。先后主导参与制定5项地方标准，并获安徽省质量技术监督局的批准。曾获评“全国产品质量、服务质量消费者（用户）满意示范单位”；曾获安徽省高新技术企业、安徽省企业技术中心、安徽中医学院中药研究与开发基地、安徽省质量奖、工业上台阶奖、省级龙头企业、安徽省专精特新企业、守合同、重信用单位、安徽省商标示范企业等荣誉。

2020年，公司实现销售收入5.3亿元，纳税1126.37万元。

（李金鹏）

【亳州联滔电子有限公司】 该公司位于谯城经济开发区仙茅路8号，是立讯旗下一家子公司，于2010年1月投产，注册资本13000万元。

公司主要产品为电脑内外部电子连接线、大屏幕高清电视数据线、RF无线天线、耳机、手机数据线、汽车线束等。终端客户有Dell/Lenovo/Sony/华为等国内外知名品牌客户群。在精密制造方面已有突破性技术优势，可以快速适应电子产品“小型化、微型化”等技术产业发展趋势。公司通过ISO9001/ISO14001/OHSAS18001、F-mark、UL等体系认证，满足不同客户所需。公司拥有研发团队，建有高频测试实验室、环境测试实验室、物理测试实验室、综合实验室等为一体的检测实验资源。

2020年，公司有职工2515人，总资产72812万元，年产连接线2.4亿条。

（李金鹏）

【亳州市永刚饮片厂有限公司】 该公司位于谯城经济开发区长江路，成立于1984年，是一家专业从事中药饮片研发、生产、销售于一体的企业。注册资本1亿元。公司生产经营1072种中药饮片，年生产能力达15000吨。

公司与安徽中医药大学、浙江中医药大学、亳州市职业技术学院等国内多所高校和科研院所建立“产学研”合作关系。建立“省级企业技术中心”，参加省市级的科研项目建设，包括安徽省科技重大专项亳州地产大宗药材及饮片商品规格等级研究，省科技厅一般转移支付项目知母中药饮片产地加工与炮制生产一体化关键技术规范研究，组建亳州地产中药材趁鲜加工创新团队。曾获“安徽省高新技术企业”“安徽省创新型试点企业”“安徽省专精特新中小企业”“安徽省农业产业化龙头企业”“安徽省民族企业”“安徽省企业技术中心”及第十一届“安徽省诚信企业”“安徽省中医药大学教育发展基金会会员单位”“十二五民族食品定点生产企业”“第四批全国民族团结进步创建活动示范单位”“中华民族医药百强品牌企业”等称号。

2020年，公司有员工956人，主营业务收入7.32亿元，总资产6.76亿元，纳税2152万元。

（李金鹏）

2020 年亳州市营业收入排名前 50 位工业企业一览表

表 11

名单	位次	名单	位次
安徽古井贡酒股份有限公司	1	蒙城县金冠面粉有限责任公司	26
涡阳县盛鸿科技有限公司	2	亳州海螺水泥有限责任公司	27
中煤新集利辛发电有限公司	3	安徽省泽华国药饮片有限公司	28
五得利集团亳州面粉有限公司	4	亳州市沪谯药业有限公司	29
涡阳县鸿路建材有限公司	5	利辛强英饲料有限公司	30
安徽江淮安驰汽车有限公司	6	亳州市天济药业有限公司	31
安徽正宇面粉有限公司	7	北京同仁堂（亳州）饮片有限责任公司	32
安徽省亳州煤业有限公司	8	富威电子科技（亳州）有限公司	33
蒙城强英食品有限公司	9	安徽誉隆亚东药业有限公司	34
亳州联滔电子有限公司	10	蒙城万佛商砼有限公司	35
亳州司尔特生态肥业有限公司	11	安徽省东升食品有限公司	36
利辛强英食品有限公司	12	亳州市佰世信中药饮片有限公司	37
安徽盛海堂中药饮片有限公司	13	安徽普仁中药饮片有限公司	38
蒙城牧原农牧有限公司	14	安徽方敏医药科技有限公司	39
安徽协和成药业饮片有限公司	15	太安堂（亳州）中药饮片有限公司	40
亳州市永刚饮片厂有限公司	16	安徽亳州喜宝鞋服有限公司	41
华佗国药股份有限公司	17	安徽济人药业有限公司	42
安徽省中联新型材料有限公司	18	安徽鑫泰药业有限公司	43
安徽广印堂中药股份有限公司	19	安徽喜乐佳生物科技有限公司	44
安徽天祥药业有限公司	20	亳州市善安堂中药饮片有限公司	45
安徽家和中药科技股份有限公司	21	亳州新奥燃气有限公司	46
安徽济善堂中药科技有限公司	22	芍花堂国药股份有限公司	47
涡阳县雪莲面粉有限责任公司	23	亳州市众成混凝土有限责任公司	48
安徽桐花堂中药饮片科技有限公司	24	亳州华宇中药饮片有限公司	49
安徽德运粮油有限公司	25	安徽同辉香料有限公司	50

2020 年亳州市利税总额排名前 50 位工业企业一览表

表 12

名单	位次	名单	位次
安徽古井贡酒股份有限公司	1	安徽誉隆亚东药业有限公司	14
中煤新集利辛发电有限公司	2	安徽普仁中药饮片有限公司	15
安徽江淮安驰汽车有限公司	3	亳州市永刚饮片厂有限公司	16
蒙城牧原农牧有限公司	4	安徽协和成药业饮片有限公司	17
五得利集团亳州面粉有限公司	5	襄大农牧（蒙城）有限公司	18
涡阳县鸿路建材有限公司	6	太安堂（亳州）中药饮片有限公司	19
亳州联滔电子有限公司	7	亳州市沪谯药业有限公司	20
安徽省亳州煤业有限公司	8	安徽龙瑞玻璃有限公司	21
安徽济人药业有限公司	9	华佗国药股份有限公司	22
信义新能源（亳州）有限公司	10	安徽九方制药有限公司	23
涡阳县盛鸿科技有限公司	11	蒙城万佛商砼有限公司	24
安徽天祥药业有限公司	12	安徽省中联新型材料有限公司	25
涡阳县富民光伏发电有限责任公司	13	亳州新奥燃气有限公司	26

续表 12

名单	位次	名单	位次
安徽正宇面粉有限公司	27	涡阳县雪莲面粉有限责任公司	39
安徽黑娃食品科技有限公司	28	安徽德运粮油有限公司	40
安徽济善堂中药科技有限公司	29	光大绿色环保生物能源（涡阳）有限公司	41
亳州海螺水泥有限责任公司	30	亳州市圣海中药饮片有限公司	42
亳州国祯生物质热电有限公司	31	安徽爱家食品有限公司	43
安徽惠丰国药有限公司	32	利辛县亚升墙体材料有限公司	44
亳州司尔特生态肥业有限公司	33	芍花堂国药股份有限公司	45
蒙城县海特燃气有限公司	34	利辛县万佛混凝土有限公司	46
安徽德昌药业股份有限公司	35	天马（安徽）国药科技股份有限公司	47
安徽人民中药饮片有限公司	36	安徽华馨香料有限公司	48
安徽亳州喜宝鞋服有限公司	37	安徽盛海堂中药饮片有限公司	49
涡阳县乐行水务集团有限公司	38	安徽方敏医药科技有限公司	50

2020 年亳州市从业人员数排名前 50 位工业企业一览表

表 13

名单	位次	名单	位次
安徽古井贡酒股份有限公司	1	亳州派瑞特包装制品有限责任公司	26
安徽省亳州煤业有限公司	2	亳州讯安电子科技有限公司	27
涡阳县鸿路建材有限公司	3	亳州市裕同印刷包装有限公司	28
涡阳县盛鸿科技有限公司	4	安徽盛海堂中药饮片有限公司	29
亳州联滔电子有限公司	5	安徽井中集团总公司	30
利辛强英食品有限公司	6	安徽九洲方圆制药有限公司	31
蒙城强英食品有限公司	7	安徽中嘉环保建材科技有限公司	32
安徽亳州喜宝鞋服有限公司	8	亳州杉尚纺织科技有限公司	33
蒙城县鸿运建材有限公司	9	亳州司尔特生态肥业有限公司	34
亳州市永刚饮片厂有限公司	10	安徽省亳州鼎基鞋材有限公司	35
蒙城牧原农牧有限公司	11	安徽上元新型家居材料有限公司	36
安徽江淮安驰汽车有限公司	12	蒙城通孚礼品有限公司	37
安徽协和成药业饮片有限公司	13	安徽正宇面粉有限公司	38
安徽金不换白酒集团	14	安徽新莱都服装集团有限公司	39
北京同仁堂（亳州）饮片有限责任公司	15	安徽福士特服饰有限公司	40
亳州市沪谯药业有限公司	16	安徽劲佳包装有限公司	41
安徽广印堂中药股份有限公司	17	安徽天祥药业有限公司	42
安徽济人药业有限公司	18	杉杉时尚产业园亳州有限公司	43
安徽华扬服饰有限公司	19	安徽惠丰国药有限公司	44
安徽亚珠金刚石股份有限公司	20	五得利集团亳州面粉有限公司	45
亳州讯展电子科技有限公司	21	安徽德昌药业股份有限公司	46
安徽恒盛实业有限责任公司	22	亳州市静全服饰有限公司	47
安徽龙瑞玻璃有限公司	23	太安堂（亳州）中药饮片有限公司	48
安徽普仁中药饮片有限公司	24	安徽药知源中药饮片有限公司	49
华佗国药股份有限公司	25	安徽东方帝维生物制品股份有限公司	50

商　　贸

亳州中药材交易中心神农仓　　　　　　　　　　　　　　　　　　　　　　　（李梦晴　供图）

商务工作

【概况】2000年9月亳州市对外贸易经济合作局成立，2005年1月更名为亳州市商务局，2017年7月更名为亳州市商务和粮食局，2019年3月更名为亳州市商务局（简称"市商务局"）。有政策法规科、商贸流通科、对外贸易科、外资外经科、口岸管理科等内设科室5个，中国国际贸易促进委员会亳州市支会（中国国际商会亳州商会）下属单位1个。市商务局贯彻落实党中央关于商务工作的方针政策和决策部署及省委、市委工作要求，在履行职责过程中坚持和加强党对商务工作的集中统一领导。

2020年，亳州市商务经济主要指标保持在合理区间，整体发展良好。全市实现社会消费品零售总额991.7亿元，同比增长2.6%，增幅居全省第八位；外贸进出口总额10.6亿美元，同比增长1.7%；利用外商直接投资实现4.3亿美元；农产品网络零售额实现44.9亿元，同比增长33.9%，总量和增速均居全省第二位。

【商贸流通】2020年，亳州市新增限额以上单位265家，总计1008家，实现限额以上社会消费品零售额201.9亿元，同比增长2.3%。修编《亳州市城市商业网点规划（2015—2030）》，完善中心城区菜市场建设规划，印发《亳州市中心城区菜市场建设三年行动计划工作方案》《亳州市中心城区2020年农贸市场建设改造专项行动实施方案》，优化提升农贸市场和社区菜店建设水平。建成菜市场10个，新设或改造小区菜店42个。3家企业获评国家四钻级酒家，9家企业被认定为"安徽老字号"，亳州建安文化广场被认定为"安徽特色商业街"。制定5个中药材供应链创新与应用试点工作方案，启动推进9个中药材供应链项目，开展中药材供应链创新与应用试点业务培训，制定中药材智能供应链综合服务平台建设实施方案，完成该平台的招标工作，智能供应链平台建设中，全国供应链创新与应用试点城市建设任务完成。

【农村电商】2020年，亳州市开展农村电商提质增效工作，全市网络零售额实现102.9亿元，同比增长27.6%，总量居全省第四位，增速居全省第二位。新培育农村电商经营主体416家，全市电商企业总计3500多家，电商店铺计4万余家，开展"消费扶贫月"系列活动，通过市级审核认定的扶贫产品836个，191家供应商入驻中国社会扶贫网平台，通过国家平台发布扶贫产品773个，铺设消费扶贫智能专柜713台，开设消费扶贫地方馆17个、企业馆35个，消费扶贫专区128个，完成扶贫产品销售11.48亿元。调整优化全市农村电商网点至740个，新建乡镇运输服务站19个，新增行政村快递服务网点47个，全市职业院校设置电子商务相关专业点5个。有省级电商示范镇9个、省级电商示范村32个。蒙城县获评国家级电子商务进农村综合示范县，亳州市被阿里天猫优品平台授予"花草茶正宗原产地"。

【行业监管】2020年，市商务局制定《2020年度商务领域安全生产工作要点》《2020年商务领域安全生产和消防安全检查计划》。落实疫情防控和复产复工安全生产工作，开展"安全生产月""安全生产走基层"和商务领域基础设施大排查大整改等专项行动。共排查油库、加油站点、商场等商贸领域基础设施400余家。对油气回收设施运行进行日常监管，对全市226座加油站开展全面检查，确保设施运行正常，每季度对全市加油站油气回收治理情况督查"全覆盖"。对全市226座加油站检查4次。

【对外贸易】2020年，亳州市新增进出口实绩企业63家，实现进出口额1.8亿美元，占进出口总额的16.4%；超千万美元企业44家，实现进出口额7.9亿美元，占进出口总额的71.8%。组织57家企业参加第130届华交会、第127届和128届广交会、上海健康产品展、2020年世界制造业大会、第三届中国国际进口博览会等展洽会和经贸活动。建立中美贸易摩擦受影响重点企业跟踪帮扶机制，加强形势研判和精准指导，对美进出口稳定。

【"引进来"和"走出去"】2020年，亳州市组织参加2020年世界制造业大会江淮线上经济论坛亳州分会场活动，现场签约项目28个，总投资225亿元。引导优质企业"走出去"开展投资，参与境外新兴市场建设，参与国际产能合作，融入“一带一路”建设。在“一带一路”沿线国家设立2家营销机构，总数计9家。

【口岸工作】2020年，市商务局推进亳州海关新办公场所建设。技术业务楼竣工，综合楼进入审批阶段。探索设立综保区，促进设立保税仓库，谋划设立多形式物流园区，学习观摩先进地区口岸建设经验，配合海关开展优化营商环境及评价工作、降费提效，促进民营经济发展，成立组织，打击走私，对来自厄瓜多尔冻虾进行排查。

（程　沛）

亳州市“安徽老字号”企业一览表

表14

序号	企业名称	注册商标	经营地址	认定年份
1	安徽古井贡酒股份有限公司	古井贡、古井	亳州市谯城区古井镇	2014
2	安徽双轮酒业有限责任公司	高炉	亳州市涡阳县高炉镇	2014
3	亳州市酒厂有限公司	金不换	亳州市谯城区古泉路2号	2014
4	谯城区瑞昌恒果子店	恒瑞昌	亳州市谯城区白布大街87号	2014
5	亳州正丰医药有限责任公司	承庆堂	亳州高新技术产业开发区	2015
6	安徽一闻香清真食品有限公司	一闻香	工业园区长江路10号	2015
7	亳州市铜关粉皮有限公司	铜关牌	亳芜园区汤王大道2777号	2015
8	安徽张士奎食品有限公司	高工坛闷蒜	亳州市涡阳县	2017
9	亳州市酒厂有限公司	魏王	亳州市谯城区古泉路2号	2017
10	亳州市法普瑞食品有限公司	公元	亳州市谯城区十八里镇羊张路1号	2017
11	安徽王颖餐饮服务有限公司	王颖饭店	亳州市涡阳县西环路东侧	2019
12	安徽省义门苔干有限公司	义门	亳州市涡阳县义门镇工业区	2019
13	利辛县宝贵食品有限公司	阚疃百年王大块	亳州市利辛县阚疃镇民一农贸东街	2019
14	利辛展沟蒋家萍烧饼有限公司	展沟烧饼	亳州市利辛县展沟镇展沟村花园街	2019
15	安徽庄子道酒业有限公司	庄子	亳州市蒙城县淝河路109号	2019
16	安徽板桥酒业有限责任公司	曹操贡	亳州市谯城经开区华佗大道1号	2019
17	华佗国药股份有限公司	华佗	亳州市谯城区利辛路23号	2019
18	亳州市阿福食品科技开发有限责任公司	阿福	亳州市谯城区亳魏路	2019
19	亳州市二合居餐饮管理有限公司	二合居	亳州市谯城区人民路638号	2019

贸易投资促进

【概况】2020年，市商务局采取“线上＋线下”的方式，组织参加烟台康养博览会、涉外法律风险防范线上培训等相关活动。申请加入安徽省贸促会成立中小企业服务专业委员会作为会员单位，并推荐中小企业服务专业委员会常务委员会成员候选人1人。帮助市涉外企业维护其合法权益，沟通安徽省贸促会办理受疫情影响企业不可抗力事实性证明。新增1名签证员，帮助企业打印优惠原产地证，新增注册企业4家，原产地证书签发量突破80份。

【全省外贸政策宣讲及业务培训班在亳州市举办】为培育壮大外贸经营主体，2020年8月31日至9月2日，省商务厅、省进出口商会在亳州市举办2020年省级外贸政策宣讲及业务培训。共组织70余家新获权或已获权但尚未开展进出口贸易的外贸企业、80多人参加培训。市商务局副局长宋凯参加开班仪式并致辞。

培训内容包括省商务厅解读2020年省级外贸促进政策，亳州市税务局介绍出口退税操作实务，省外管局介绍外汇管理政策，亳州海关讲解通关便利化举措，中信保安徽分公司介绍出口信保业务流程及案例，邮储银行安徽省分行宣讲邮储银行小微金融服务产品等。

（程　沛）

2020年亳州市销售额排名前20位批发零售企业一览表

表15

名单	位次	名单	位次
亳州古井销售有限公司	1	中国石油天然气股份有限公司安徽亳州销售分公司	11
安徽省烟草公司亳州市公司	2	亳州通润建材有限责任公司	12
中国石化销售股份有限公司安徽亳州石油分公司	3	亳州新华书店有限公司	13
亳州海中贸易有限责任公司	4	华润亳州中药有限公司	14
安徽珍宝岛医药药材贸易有限公司	5	亳州隆利丰再生资源有限公司	15
蒙城县东方汽车销售服务有限公司	6	安徽孟氏医药有限公司	16
安徽中瑞粮油有限公司	7	亳州龙利再生资源回收有限公司	17
安徽海鑫药业有限公司	8	亳州海王银河医药有限公司	18
解放商用汽车蒙城销售服务中心	9	亳州金色华联超市有限责任公司	19
利辛县粮油食品商厦	10	亳州之星汽车有限公司	20

（市统计局）

2020年亳州市营业额排名前20位住宿餐饮企业一览表

表16

名单	位次	名单	位次
亳州市富丽华君悦酒店有限公司	1	亳州古井慧升楼餐饮有限责任公司	11
蒙城县漆园酒店管理有限公司	2	亳州市妈祖海鲜岛餐饮有限公司	12
蒙城庄子国际大酒店有限公司	3	蒙城民和市民大食堂有限公司	13
安徽好吃點餐饮有限责任公司	4	亳州市都市之光休闲娱乐广场有限公司	14
亳州市富丽华假日酒店有限公司	5	亳州市君亭酒店管理有限公司	15
亳州宾馆有限责任公司	6	涡阳县佽玲饮食服务有限责任公司	16
亳州徽州百家宴餐饮有限公司	7	亳州市金不换大酒店有限责任公司	17
安徽金桂山庄度假村有限公司	8	蒙城县锦泰餐饮服务有限公司	18
蒙城县漆园国际大酒店有限公司	9	淝河湾餐饮管理有限公司	19
利辛县天昱酒店管理有限公司	10	蒙城县至尊国际酒店管理有限公司	20

（市统计局）

供销合作

【概况】亳州市供销合作社联合社(简称“市供销联社”)于2001年6月成立。2017年,市供销联社设立理事会和监事会。2020年,全市有涡阳县、蒙城县、利辛县和谯城区4个县级供销社。全系统职工14996人,其中在岗职工总数13100人,离退休人数2670人。全系统实现销售总额、利润总额、资产总额、所有者权益同比分别增长25.7%、10.5%、4%、6.5%,经济运行稳中有进。

累计建设基层社109家,比上年增长9%。其中村级供销社58家,增长29%;已领办创办专业合作社707个,增长4.2%。

同年,涡阳县硕朗供销合作社有限公司等6个基层社获评2019年度总社级基层社标杆社,蒙城县利德供销合作社有限公司等5个村级基层社获评2019年度省社级示范村级基层社,谯城区西苑水果种植专业合作社等4个农民专业合作社获评2019年度总社级农民专业合作社示范社,涡阳县顶康种植专业合作社等2个农民专业合作社获评2019年度省社级农民专业合作社示范社,谯城区供销合作社、利辛县供销合作社获评2019年度全国百强县级社。

【农业社会化服务】2020年,市供销联社采取政社、村社共建等方式,支持建设功能覆盖全程、设施配置齐备、服务方式集成、信息化水平较高的新型为农服务中心,累计建设为农服务中心19家,比上年增长12%。

拓展农业生产托管服务,推广土地托管、代耕代种、统防统治等托管服务方式,对规模较大的基层社探索开展“土地股份合作社+托管服务”。截至年底,全市供销社系统农业社会化服务面积为374.9万亩次。

指导基层社、农民专业合作社、农家店经营网点等拓展经营服务范围,建立农村综合服务社,开展日用消费品销售、物流快递服务、网上代购、生活缴费等农村生活服务。截至年底,累计建设农村综合服务社540家,比上年增长3.4%。

加强农产品流通网络建设,推进产销对接。投入资金101万元支持农产品流通网络建设。

【农产品销售服务】2020年,全市供销社系统在商贸企业设立消费扶贫专区(柜)7个,设立供销社网络扶贫电商专区1个;组织利辛县3家农产品企业参加第十三届安徽国际茶产业博览会和总社举办的“2020消费扶贫·贫困地区农副产品产销对接会”,组织4家企业参加“2020长三角供销合作社名优农产品展销会”;指导利辛县供销社组织本地区6家企业42个农副产品入驻供销e家“扶贫832”平台。

(马守华)

烟草专卖

【概况】亳州市烟草专卖局(安徽省烟草公司亳州市公司)〔简称“亳州市烟草专卖局(公司)”〕是安徽省烟草专卖局、中国烟草总公司安徽省公司〔简称“安徽省烟草专卖局(公司)”〕在亳州市设置的烟草行政管理机构和国有独资商业企业,实行“统一领导、垂直管理、专卖专营”的管理体制,行政上担负烟草专卖市场管理职能,业务上以卷烟经营为主。现有谯城、涡阳、蒙城、利辛4个县级烟草专卖局,1个物流中心,12个部门,1个稽查支队。

2020年,该公司落实专卖管理“转型升级”工作要求,挂牌成立13个新型管理所(站),精简45个市管岗位,成立4个行动组,增设15个稽查岗、5个专职数据分析岗,增强稽查力量。构筑市场管理、客户服务、物流配送“三位一体”集约式市场管服责任单元,专卖管理转型升级取得阶段性成果。

组织开展“云网2020”专项行动,稽查实绩居全省第一位。保持打假打私高压态势,查获涉烟案件2137起,判刑人数创历年新高。联合亳州市委宣传部、网信办、教育局、市场监管局等部门,完善烟草市场“互联网+监管”联席会议机制,开展电子烟市场等专项检查。以“T+1”工作法落实“5+5”要求,开创政务服务新模式,实现达标率、行政

2020年11月，专卖人员向客户宣传规范经营 （韩家东 摄）

许可网办率100%。完善制度流程，加强内部监管，开展真烟非法流通治理等专项行动，建立专卖、内管、营销、物流四岗信息协同处理机制，规范经营零违规。办理“国标”网络案件4起、“省标”网络案件4起。

同年，市烟草专卖局（公司）机关、涡阳县局、利辛县局获评第十二届“省级文明单位”。市烟草专卖局（公司）被省总工会授予“劳动竞赛先进单位”。

【卷烟营销】2020年，市局(公司)紧盯市场需求，持续优化品牌布局。推进“小皖”烟培育，半年销售1700多箱，销量占全国三分之一。组织大型品鉴活动4场，“又见黄山”百人百场系列活动300余场。召开全市雪茄烟销售座谈会，做好雪茄烟销售，开展“红粉‘茄’人”“走进药商酒企”等跨界营销活动231场次。建设雪茄吧、雪茄烟陈列区64个，订制雪茄“亳州记忆”上市。升级终端体系，全市首家直营店“花戏楼店”开门营业。建成星级终端2659户。推进“两项试点”工作，职业化客户体系和客户诚信体系建设取得初步成效，物流配送完成任务，关键指标符合预期。推进精益物流建设，异型烟分拣峰值达4500条/小时。研发“烟姿调整器”，缩短故障时耗40分钟。全市首家“工匠创新工作室”在物流中心挂牌成立。

（宋佳音）

粮食管理

【概况】2020年，亳州市推进粮食购销企业和加工企业落实疫情防控措施和复工复产。截至3月底，全市16家粮食加工企业全部恢复生产能力。为解决企业开工原料不足问题，挂拍20多万吨粮食，确保原粮供应。疫情期间解决粮食相关企业低息贷款1亿元。

加强粮食应急能力建设，重新核定全市粮食应急供应网点，报批3家市级应急保供协作机制重点加工企业。全市有粮食应急供应企业12家，应急供应网点159家，应急加工企业16家，配送中心7家。分解下达各县区成品粮油储备计划，以保证全市达到常住人口7天的供应量标准。组织开展粮食安全应急演练。

【粮食收购】2020年，亳州市提前做好仓容摸底，及早采取措施，加快已成交粮食出库、在建仓库项目、仓房维修改造进度，保证现有空仓容能够有效投入使用。加大拍卖销售力度。安排75万吨出库计划，加快腾仓并库，确保夏粮收购的有效库容。合理布设收储库点。开展现场督查，公布举报电话。全市全社会收购小麦141万吨(其中最低收购价38.8万吨)。未出现农民“卖粮难”现象。

【粮食储备】2020年，亳州市完成1万吨省级储备粮轮换任务。完成物资储备计划，印发《亳州市市级救灾物资计划调用管理办法》，完成市级救灾物资储备招投标和入库工作，落实总价为150万元的应急物资储备和总价为30万元的抗旱救灾物资储备。完成总额达500万元的防疫医疗应急物资储备的招投标和部分入库工作。

（武 庆）

旅　游

2020 年 9 月 5 日，明道宫开业现场　　（刘天　摄）

概　述

【概况】2020年，亳州市共接待国内旅游人数1880.62万人次，恢复至上年同期的60.09%，比全省高2.68个百分点，居全省第三位；实现国内旅游花费139.27亿元，恢复至上年同期的56.44%，比全省高5.52个百分点，居全省第二位。

【全市国内旅游】亳州市接待国内游客中一日游游客为945.00万人次，占国内旅游人数比重50.25%；过夜游游客为935.62万人次，占国内旅游人数的49.75%。受疫情影响，旅游安全成为游客出行考虑的重要因素，伴随交通的逐步便利，短途周边游更受青睐。

休闲度假成为游客首选。随着大众化旅游的兴起，旅游模式发生转变。调查资料显示，2020年全市以休闲／度假为目的的游客占比为49.77%，其次是观光／游览占比为47.70%，探亲访友占比为35.39%，文化休闲游、短途周边游广受游客欢迎。

亲友结伴出行热度较高。2020年出游组织方式上，个人或亲友结伴、自驾车出游分别占64.05%和28.02%。常态化疫情防控背景下，出游安全成为大家关注的首要问题，私家车的普及进一步增加了游客出游的便捷性，个人或亲友结伴出游、自驾车出游成为最受青睐的出行方式。

2020年亳州市国内旅游人数和旅游花费一览表

表17

项目	国内旅游人数（万人次）	恢复至上年同期（%）	国内旅游花费（亿元）	恢复至上年同期（%）
亳州市	1880.62	60.09	139.27	56.44

2020年亳州市接待国内游客结构规模一览表

表18

项目	国内旅游人数（万人次）	占比（%）
亳州市	1880.62	100.00
其中：一日游游客	945.00	50.25
过夜游游客	935.62	49.75

2020年亳州市游客出行目的状况一览表

表19

出游目的	占比（%）
休闲／度假	49.77
观光／游览	47.70
探亲访友	35.39
商务	9.51
文化／体育／科技交流	6.71
健康／疗养	2.12
宗教／朝拜	0.39
会议	2.60
其他	6.40

2020年亳州市游客出行方式状况一览表

表20

出行方式	占比（%）
个人或亲友结伴	64.05
自驾车	28.02
单位组织	4.38
旅行社组织	1.39
其他	2.16

2020年亳州市各县区国内旅游人数状况一览表

表21

县区	国内旅游人数（万人次）	恢复至上年同期（%）
全　市	1880.62	60.09
谯城区	857.15	61.08
涡阳县	355.32	58.96
蒙城县	366.78	59.63
利辛县	301.37	59.25

【县区国内旅游】县区国内旅游人数，分县区看，谯城区 2020 年国内旅游人数为 857.15 万人次，恢复至上年同期的 61.08%；涡阳县 2020 年国内旅游人数为 355.32 万人次，恢复至上年同期的 58.96%；蒙城县 2020 年国内旅游人数为 366.78 万人次，恢复至上年同期的 59.63%；利辛县 2020 年国内旅游人数为 301.37 万人次，恢复至上年同期的 59.25%。

县区国内旅游花费。分县区看，谯城区 2020 年国内旅游花费为 66.81 亿元，恢复至上年同期的 57.66%；涡阳县 2020 年国内旅游花费为 25.70 亿元，恢复至上年同期的 55.11%；蒙城县 2020 年国内旅游花费为 25.86 亿元，恢复至上年同期的 55.07%；利辛县 2020 年国内旅游花费为 20.90 亿元，恢复至上年同期的 56.02%。

·主要旅游企业经营·

【概况】2020 年，亳州市纳入统计（可比口径）的 17 家旅游景区（点）共接待人数 470.1 万人次、恢复至上年同期的 37.57%，实现门票收入 3445.24 万元，恢复至上年同期的 55.69%。

分县区看，谯城区接待人数 342.78 万人次，恢复至上年同期的 41.07%，门票收入 3091.34 万元，恢复至上年同期的 56.03%；利辛县景区接待人数 80.82 万人次，恢复至上年同期的 55.61%，门票收入 225.9 万元，恢复至上年同期的 71.08%；蒙城县景区接待人数 25.5 万人次，恢复至上年同期的 14.93%，景区为开放式，无

2020 年亳州市各县区国内旅游花费状况一览表

表 22

县区	国内旅游花费（亿元）	恢复至上年同期（%）
全　市	139.27	56.44
谯城区	66.81	57.66
涡阳县	25.70	55.11
蒙城县	25.86	55.07
利辛县	20.90	56.02

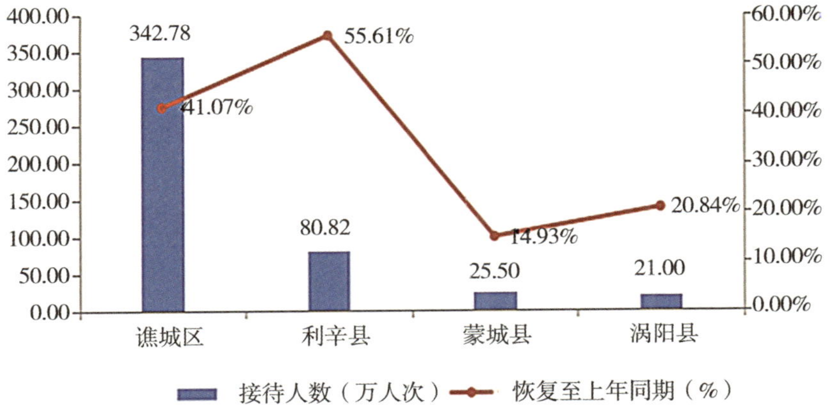

各县区景区接待人员及恢复情况图

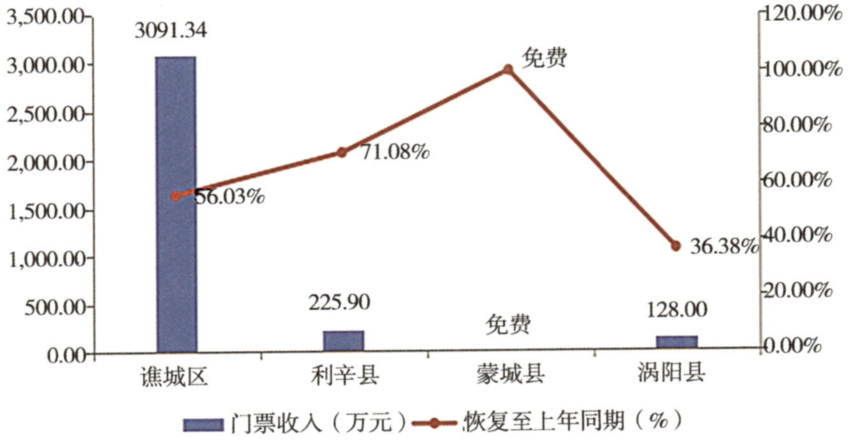

各县区景区门票收入及恢复情况图

门票收入；涡阳县景区接待人数 21.00 万人次，恢复至上年同期的 20.84%，门票收入 128.00 万元，恢复至上年同期的 36.38%。

分景区级别看，国家 AAAA 级景区接待人数 99.19 万人次，恢复至上年同期的 21.10%，门票收入 1564.81 万元，同比增长 2.89%。由于曹操地下运兵道景区和花戏楼景区两家景区取消了 2019 年的优惠票价政策，景区门票收入较上年有所增长；国家 AAA 级景区接待人

数 369.58 万人次，恢复至上年同期的 50.87%，门票收入 1880.43 万元，恢复至上年同期的 39.66%；国家 AA 级景区接待人数 1.33 万人次，恢复至上年同期的 2.43%，景区为开放式，无门票收入。

从重点景区看，中国亳州中药材交易中心接待人数 263.50 万人次，恢复至上年同期的 64.65%，门票收入 1521 万元，恢复至上年同期的 36.37%；涡阳天静宫景区接待人数 21 万人次，恢复至上年同期的 20.84%，门票收入 128 万元、恢复至上年同期的 36.38%，淝畔绿洲颐养庄园接待人数 23.68 万人次，恢复至上年同期的 29.40%，景区为开放式，无门票收入；曹操地下运兵道景区接待人数 27.99 万人次，恢复至上年同期的 29.83%、门票收入 731.93 万元，同比增长 51.79%；亳州市花戏楼景区接待人数 23.70 万人次，恢复至上年同期的 25.14%，门票收入 652.11 万元，同比增长 41.61%。

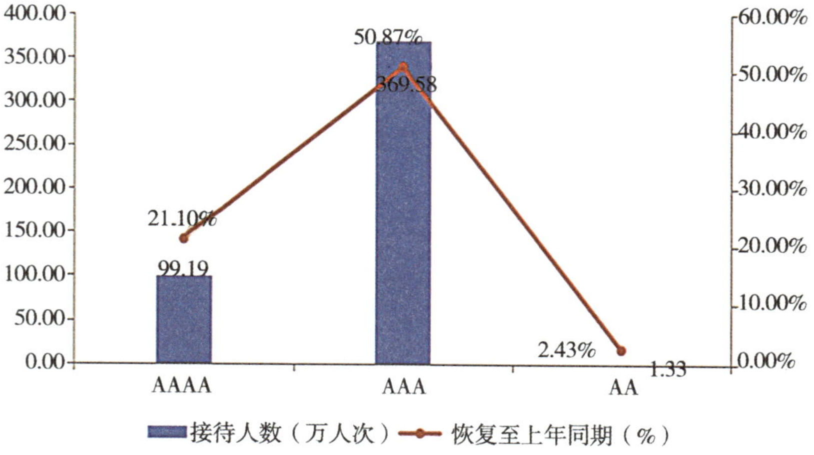

各级别景区接待人数及恢复情况图

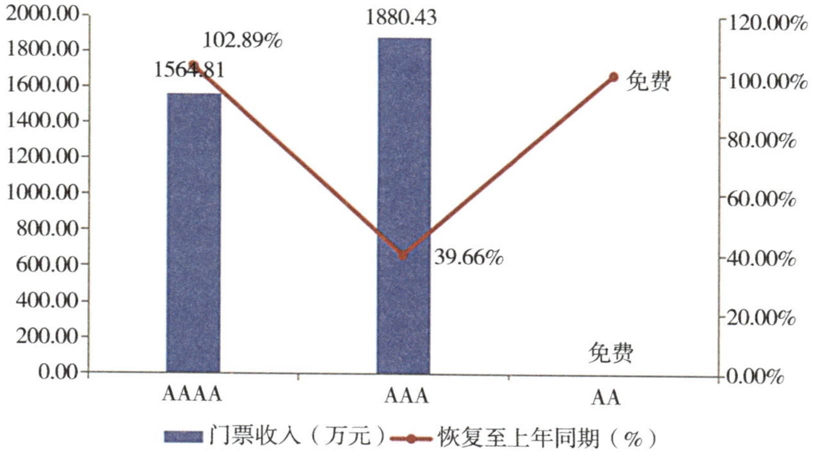

各级别景区门票收入及恢复情况图

【旅行社组织国内旅游情况】2020 年全市纳入统计（可比口径）的 19 家旅行社组织国内旅游人数 22954 人次，恢复至上年同期的 24.85%，组织国内旅游人天数 60580 人天，恢复至上年同期的 24.57%。

【星级宾馆 / 饭店接待游客情况】2020 年全市纳入统计（可比口径）的星级宾馆 / 饭店 9 家，住宿接待人数 184048 人次，恢复至上年同期的 75.23%。其中，谯城区宾馆住宿接待人数为 99520 人次，恢复至上年同期的 73.65%；涡阳县星级宾馆住宿接待 37474 人次，恢复至上年同

2020 年亳州市各县区旅行社经营指标一览表

表 23

县区	组织国内旅游人数			组织国内旅游人天数			单位个数
	2020 年（人次）	2019 年（人次）	恢复情况（%）	2020 年（人天）	2019 年（人天）	恢复情况（%）	
全　市	22954	92378	24.85%	60580	246544	24.57%	19
谯城区	16907	73512	23.00%	42386	185682	22.83%	9
利辛县	4835	11677	41.41%	12347	35467	34.81%	1
蒙城县	322	2406	13.38%	1113	8020	13.88%	4
涡阳县	890	4783	18.61%	4734	17375	27.25%	5

2020 年亳州市星级宾馆 / 饭店接待人数及收入状况一览表

表 24

指标	2020 年	恢复情况（%）
住宿接待人数（人次）	184048	75.23
营业收入（万元）	13431.41	84.07
其中：客房收入（万元）	5042.34	76.93
餐饮收入（万元）	8060.33	91.25

期的 79.19%；蒙城县星级宾馆住宿接待 27589 人次，恢复至上年同期的 77.05%；利辛县星级宾馆住宿接待 19465 人次，恢复至上年同期的 73.80%。

2020 纳入统计（可比口径）的 9 家星级宾馆 / 饭店实现营业收入 13431.41 万元，恢复至上年同期的 84.07%，其中客房收入为 5042.34 万元，恢复至上年同期的 76.93%，占营业收入比重的 37.54%。餐饮收入为 8060.33 万元，恢复至上年同期的 91.25%，占营业收入比重的 60.01%。

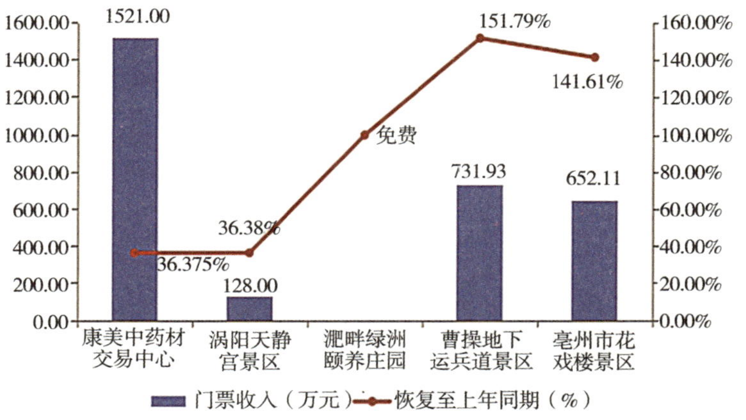

重点景区门票收入及增幅图

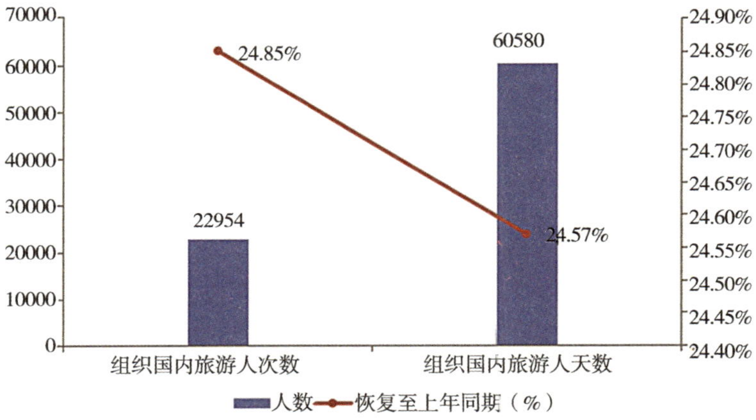

2020 年旅行社组织国内旅游人数及恢复情况图

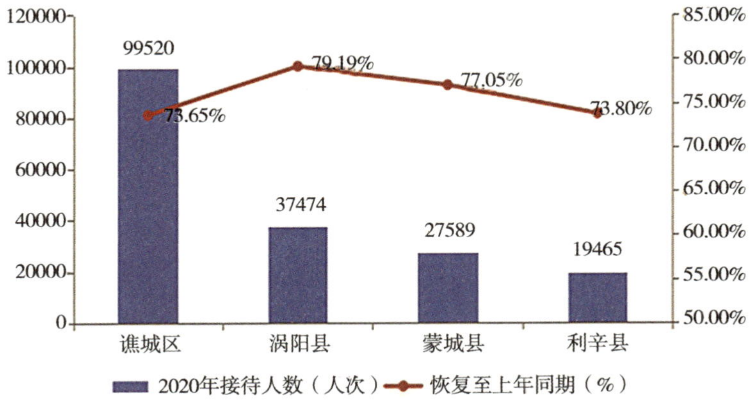

各县区星级宾馆接待人数及恢复情况图

· 游客体验分析 ·

【概况】 通过大数据采集技术，获取 OTA 平台（携程）游客对亳州市景区、宾馆的评价，评论时间段为 2020 年 1 月至 12 月，共采集数据 5079 条，并通过大数据分析技术进行分析，游客对亳州市旅游市场整体感受较好。

【游客对旅游市场总体评价】 对收集的 5079 条评分进行数据分析，得出游客对于亳州市景区、宾馆的评分情况。评分等级分 1 分、2 分、3 分、4 分、5 分 5 个等级。

游客对亳州市景区和宾馆总体评分平均为 4.69 分。其中游客评价为“5 分”占比为 79.58%，

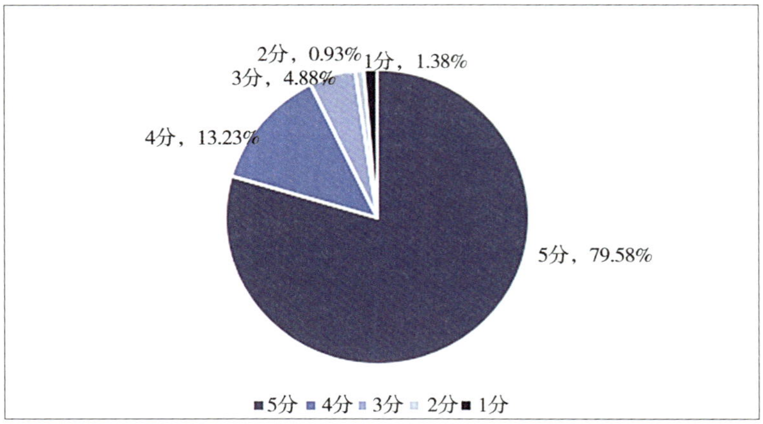

2020年旅游市场游客评分占比图

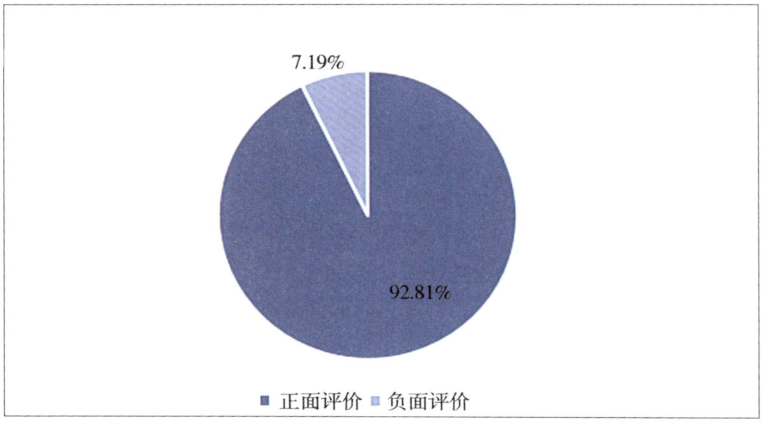

2020年旅游市场游客评价情感分析图

2020年旅游市场游客评价词云图

说明游客对整体旅游过程较为满意。游客评价为“4分”占比为13.23%，游客评价为“3分”占比为4.88%，游客评价为“2分”占比为0.93%，游客评价为“1分”占比为1.38%。

游客对旅游市场评价多为正面。对收集的5079条游客评价进行文本分析，得出游客对景区和宾馆的正负面评价。

在游客的评价中，正面评价（4分、5分）占比为92.81%，说明在亳州游玩的游客，整体上较为满意。负面评价（1分、2分、3分）占比为7.19%。其中，花戏楼景区游客负面评价主要集中在景区面积小、活动较少、工作人员服务态度较差、门票性价比不高等方面；宾馆负面评价主要集中在装修较为老旧、房间设施部分不能使用、卫生条件较差、隔音效果不好、前台服务人员态度差等问题。

【游客对旅游市场关注点较集中】通过BDP在线处理软件，以游客评价中出现频次较高的词语形成词云图。

在亳州游玩的游客，对旅游市场满意度评价从不同方面给出相关建议，涉及旅游市场的现状和游客需求。在词云图中出现次数最多的词语是“酒店”“房间”以及“早餐”，可以看出在亳州游玩的游客，关注点集中在酒店以及相关服务方面。同时如“服务”“干净”“性价比”等关键词，体现出游客更加关注游玩过程中的获得感和舒适度。

·旅游市场运行特点·

【文旅融合】2020年，亳州市多措并举，积极整合各方资源，推进文旅产品深度融合发展。文化惠民刺激市场复苏发展。通过发放消费券、门票减免、产品优惠等多种方式刺激游客消费；五禽戏、广场舞、新疆舞、旗袍秀等10余种“非遗”文化以舞蹈及健身的形式走向大众，受到大批游客的喜爱和好评。多业态融合发展“夜经济”。培育网红夜游集市，制作发布亳州夜游地图，开展“非遗”进夜市等活动，将夜游经济发展为新亮点。各景区景点结合非遗、美食、演艺、灯光秀等业态，打造广受游客欢迎的夜间消费新体验。2020年，亳州市建安文化广场、南湖公园灯光水舞秀、耳房音乐餐厅3个项目分别被省文化和旅游厅评为省夜间文旅消费十佳夜游街区（夜间文旅消费集聚区）、十佳夜娱活动、十佳深夜食堂，皖北地区数量第一。

【假日旅游】2020年，亳州市假日旅游市场平稳运行，各景区依托特色旅游资源，围绕端午、中秋、国庆等重要节假日节点，为民众提供各类节庆活动，有效刺激旅游市场的恢复发展。

营销推介展现亳州风采。通过线上线下相结合的方式，开展多场主题鲜明、内容丰富的营销推介活动。以“世界药都 养生亳州”为主题的旅游资源推介吸引了广大康养旅游爱好者；积极参与“美好安徽 迎客长三角”系列推介活动，面向长三角市场展现亳州独特魅力，假日期间吸引了大量游客前来游览、体验。旅游产品丰富多样。围绕端午假日，亳州城区景区推出系列端午民俗活动，营造出浓厚的节日气氛。国庆期间，围绕“庆丰收，迎小康”主题，推出农耕研学、生态体验、特色美食等乡村游产品，邀请市民游客参与农事体验，品味农耕文化。涡阳县将红色资源和乡村旅游相结合，举办第二届“红色辉山第二届晒秋节”，皖北平原景观与秋季丰收民俗完美融合，形成了“红色辉山，金色晒秋”的独特景观。

【健康旅游】亳州市紧紧围绕“世界药都、养生亳州”城市定位，依托中医药、健康养生和旅游资源优势，形成具有地方特色的旅游品牌形象。

探索健康旅游融合发展新模式。全市创新推出多种活动推动中医药健康旅游发展。举办“抖来亳州旅游”短视频大赛，利用网友的镜头，多角度、全方位宣传亳州旅游资源。成功举办2020年“中国国际健康旅游高峰论坛”，探讨疫情影响下的健康旅游市场发展新机遇、新理念、新模式。“旅游+养生”，丰富旅游产品供给。聚焦康养体验、特色医疗、中医保健、医养结合、五禽戏健身、休闲购物等市场热点，深度挖掘健康旅游的市场潜力，并推出系列康养旅游路线，丰富健康旅游产品供给。

【旅游市场活跃度】在保证文旅市场安全有序的基础上，亳州市灵活谨慎开展旅游活动。由于旅游活动的开展对游客出游的吸引力影响较大，进一步影响旅游市场的发展，依据旅游活动的不同类型进行划分、测算，编制旅游活跃度指数，用来反映旅游市场的活跃程度。全省活动监测口径相同，具有参照性。

2020年安徽省旅游市场活跃度指数为14.40，亳州市旅游市场活跃度指数为13.10，排名位居全省第10位。从具体月份来看，2020年1月、9月、12月全市旅游市场活跃度指数高于全省平均水平。

（张星辰）

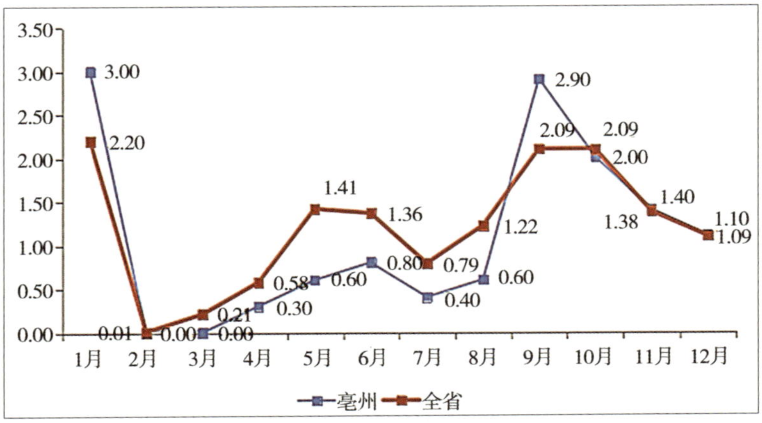

2020年各月旅游市场活跃度指数图

旅游资源开发管理

【概况】2020年，亳州市编制《亳州市十四五文化旅游业发展规划》《亳州市引江济淮生态廊道旅游发展概念性规划》，以全域旅游和乡村振兴战略为引领，不断提高亳州市历史文化生态旅游品牌影响力和竞争力。承办中国国际健康旅游高峰论坛，引起国内外业界广泛关注。参加文旅部组织的乡村文化和旅游能人支持项目，涡阳县张守清入选“国家乡村文化和旅游能人”。

【旅游景区质量提升行动】2020年，亳州市推进景区、度假区景观品质提升和旅游创建，全面打造核心景区产品。华佗百草园一期工程、大型国防教育综合基地、明道宫美食综合体等一批重点旅游项目建设运营，持续提升亳药花海休闲观光大世界、林拥城药都林海、汤王温泉旅游度假区、谯城区十河芍花养生小镇、涡阳义门古镇、蒙城芡河农业示范园、西淝河度假区等一批旅游项目。林拥城、展览馆获评国家AAAA级旅游景区，义门古镇景区和汤王温泉旅游度假区通过国家AAAA级旅游景区景观质量评定和省级旅游度假区基础价值评定，涡阳辉山红色景区、蒙城“那年乡下”景区、利辛“印象江南”生态园3家单位完成AAAA景区景观质量创建评定。涡阳县文化艺术中心、利辛西淝河湿地文化园、华佗国药药博园、皖北恐龙化石谷、百药科技园林、亳州植物科普园6家景区获评国家AAA级旅游景区。开展国家A级旅游景区景观质量提升专项行动，对不符合景区评定标准、管理混乱的，予以严肃处理。

【新兴业态发展】2020年，亳州市加大国家中医药健康旅游示范区创建力度。推动中医药健康旅游示范基地项目建设。完善华佗故里中医药健康旅游基地、五禽戏健康旅游基地等中医药健康旅游示范基地业态布局，加快汤王温泉、林拥城、华佗百草园、神农谷智慧药市、华佗国药药博园等健康旅游项目提升，亳州市获评中国最佳康养休闲旅游城市。2020年中国国际中医药健康旅游高峰论坛在亳州举办，向世界发出亳州声音。

参与安徽文旅系列品牌评选活动。全市5家单位获评安徽省百佳乡村旅游（扶贫）示范村，6家单位获评安徽省百佳农家乐，亳州古井酒文化研学旅游基地和义门古镇分别获评安徽省十大研学旅游示范基地、安徽省十大旅游古村镇。谯城区观堂镇晨光村、古井镇药王村等5家单位获评安徽省百家乡村旅游（扶贫）示范村；齐庄生态农庄等6家农家乐获评2019年度安徽省百佳农家乐；谯城区“润耕天下”民宿等5家民宿获评2019年度安徽省百家精品民宿。

开展全域旅游“四级联建”工程。亳州市药王村和辉山村获评第二批全国乡村旅游重点村。谯城区大周村、蒙城县炮台沟村等6家单位获评安徽省首批特色旅游名村；“印象江南”生态园、“润耕天下”民宿等12家获评安徽省首批省级休闲旅游示范点。药王村田园综合体建成文化大礼堂、药王村客栈、刘庄民俗村，成为亳州乡村旅游打卡地。

举办“亳文化”研学旅游推广系列活动，蒙城“那年乡下”景区研学旅游基地、“火星时代”研学旅游基地、亳文化研学旅游基地等7家单位获评亳州市首批研学旅游基地，亳州市获评中国研学旅行最佳目的地。

提升红色旅游发展成效。辉山红色景区、涡阳文化艺术中心、皖北红色纪念园、涡阳新四军四师纪念馆等红色旅游精品景区不断提质升级，涡阳红色辉山景区讲解员牛燚奕获评全国红色旅游“五好讲解员”。

【特色旅游商品开发】2020年，亳州市加大亳州文旅商品开发，创意设计提升一批文创、中医药、酒、非遗等旅游商品。复归·文房六礼、亳文化锡包壶获2020中国特色旅游商品大赛银奖。“曹操在亳州”益智玩具套装获2020中国旅游商品大赛银奖。在景区、星级酒店、文体场馆等场地建成5个“亳州有礼”文旅智慧商店。整合亳州市旅游商品，推动文创、中医药、酒、非遗等旅游商品进景区、星级酒店、休闲旅游度假区、游客服务中心，开展旅游消费扶贫活动。

【精品旅游线路策划】2020年，亳州市持续推出“道源问道”中华传统文化研学之旅、“中华药都 养生体验之旅”“田园如诗中药花海休闲之旅”“皖北水乡西淝河茨淮新河自驾之旅”等精品旅游线路。华佗故里中医药文化感悟之旅、世界药都中医药康养之旅获评全国十大中医药健康旅游精品线路。开展“畅游万亩花海，品味好水利辛”大型房车自驾游活动，来自全国各地的大批房车自驾者到亳州观光。推动发展休闲旅游、水上旅游、康养旅游、自驾旅游线路，拓展亳州旅游发展渠道。

【核心旅游企业打造】2020年，亳州市支持文旅集团继续巩固核心龙头地位，发展旅游业务，提升管理水平。支持成立涡阳县涡河文旅集团和利辛县文旅公司，实现三县一区国有文旅公司全覆盖。

出台优惠措施，全国（含港澳台地区）所有医务工作者，凭有效证件（医师证、护士证或与医务工作相关的其他资格证件），可免费游览亳州市A级旅游景区，进入文体场馆，享受优待服务。所有援鄂的医务工作者5年内免费游览亳州市旅游景区。

启动“致敬抗疫一线医务工作者亳州休养游”，组织500余名亳州市参加抗疫的医务工作者及家属到亳州城市展览馆、林拥城、润耕天下家庭农场、涡河水上游船和汤王温泉等景点景区参观游览，尽享康养之旅。

在疫情防控形势初步呈现持续向好、生产生活秩序加快恢复的态势下，发放1500万元文旅消费券，包括旅游景点券、休闲娱乐场馆券、特色餐饮券、特产购物券和出行消费券，恢复市场活力。

【旅游服务设施提升工程】2020年，亳州市持续推进旅游“厕所革命”，不断规范旅游厕所管理，做好旅游厕所革命“新三年行动计划”收尾工作，新建成旅游厕所51座，全市共建成旅游厕所439座。加大旅游厕所管养力度，开展旅游“厕所革命”回头看专项行动，出台管养政策，开展暗访督查，全面落实百度地图定位上线和旅游厕所所长制度，提升品质效能。

【乡村旅游扶贫提质工程】2020年，亳州市组织开展乡村旅游扶贫业务技能培训15次。完成全市15个旅游扶贫重点村“八个一”工程建设，对15个游客服务中心、旅游停车场、旅游公厕、旅游点、农家乐（民宿）、标识标牌，导游词进行提升，培训一批导游（讲解）员，为贫困村发展旅游创造基础条件。组织举办芍花养生文化旅游节、桃花节、梨花节、桑葚采摘节、荷花龙虾节等乡村旅游节庆活动，带动贫困户增收。

开展A级旅游村庄创建工作。蒙城岳坊镇代尧村、利辛永兴镇诸王社区获评AAA级旅游村庄。

开发谯城区晨光村桑葚基地和观北生态园、涡阳霉香湾、蒙城立仓荷花龙虾基地、利辛印象江南等旅游扶贫示范项目，在谯城区位李村、孙庄村等村庄利用农村闲置用房改造成旅游民宿，支持谯城区晨光村、药王村、大周村、利辛县曹店村等地发展旅游经济，起到示范带动效应。

开展旅游扶贫工作“两个回头看”。对2015年之后旅游带动脱贫人口、编制乡村旅游扶贫规划、“八个一”建设、旅游扶贫项目、“百企百村”实施推进情况开展“回头看”；对历年乡村旅游扶贫财政投入情况和乡村旅游人才培训情况进行“回头看”。

【中医药健康旅游发展】2020年，亳州市编制修订《亳州市中医药健康旅游发展规划》，明确创建宜商、宜游、宜居，在全国具有示范带动效应、世界知名的中医药健康旅游示范区的发展思路和“一核一带八区”的中医药健康旅游产业总体布局。

基地项目建设。改造提升亳州古城、地下运兵道、古井中华酒谷、中国亳州中药材交易中心等传统项目。利用十八里、十河镇中药材种植基础，打造集花海观光、休闲娱乐、文化体验、养生度假为一体的中医药健康旅游龙头项目——亳药花海休闲观光大世界，建成游客服务中心、花海书舍、润耕天下农场、世外桃源、花海马拉松赛道等子项目，核心项目百花园完成一期工程建设对外开放，亳药花海成为全国最大的中医药花海景观。林拥城景区、汤王温泉旅游度假区、市展览馆、中国亳州中药材交易中心、神农谷智慧药市、华佗国医馆、药王村田园综合体、义门古镇等康养旅游景区，主城区健康旅游业态成型。

推出“世界药都　养生体验之旅”“探秘三国　中医药文化之旅”“田园如诗　中药花海休闲之旅”等经典中医药健康旅游线路。华佗故里中医药文化感悟之旅、世界药都中医药康养之旅获评全国十大中医药健康旅游精品线路。将华佗五禽戏、二夹弦等非遗项目开发为体验性旅游项目，开展亳州五禽戏传习体验活动。打造“华祖焖鸭”“曹操鱼头”等亳州十大药膳并在全市300余家餐饮企业推广。开发药酒、药茶、中药饮片、中药汤料、中药花卉等特色中医药健康旅游商品。建成运营华佗国医馆，邀请知名中医开展特色诊疗。

（潘承尧）

2020年亳州文化旅游年活动

【概况】2020年7月，《2020亳州文化旅游年活动总体方案》印发。

2020亳州文化旅游年活动不再设立文化旅游年活动组委会。2017—2019文化旅游年活动以市领导为文化旅游年活动组委会负责人、以分管副秘书长为办公室主任的协调各成员单位的工作机制取消，改为以市文化旅游体育局为牵头单位，组织开展本年度的文化旅游年活动。

偏重于宣传推介。2020亳州文化旅游年19项活动项目整体偏重于宣传推介。“春游江淮安徽文旅抖音直播亳州分会场活动”和“皖北人游亳州——皖北旅游营销联盟市场联动推广活动”，及“下一站 亳州见——亳州高铁旅游营销推广活动”等，侧重于宣传推介，个别品牌项目未列入年度活动中。

受疫情影响较重。新冠肺炎疫情大大缩小了文化旅游年活动效果。“红红火火过大年系列活动”因受疫情高发期影响没有列入方案中。疫情初步缓解后，即将开展“为‘荷’而来 体验乡情——2020亳州市谯城区第二届荷花节”活动时，北京新发地新冠肺炎疫情突袭而至，又使线下系列活动改为线上活动，使得刚刚启动的文化旅游年活动几乎再次“冷冻”。

【活动项目】2020年亳州文化旅游年活动，原计划举办19项。因受疫情的影响，取消2020亳州马拉松大赛、2020年环江淮万人骑行大赛、2020年长三角地区中职校园电子竞技邀请赛、涡阳首届秋苔丰收节4项活动，举办15项。

2020年上半年6项活动，分别是：

“古井贡酒 年份原浆——第三届云上桃花春曲节”，主办单位：古井集团。

“最美花海 云端相约——2020年亳州云裳芍花系列活动”，主办单位：市文化旅游体育局。

“春游江淮安徽文旅抖音直播亳州分会场活动”，主办单位：市文化旅游体育局。

“皖北人游亳州——2020年皖北旅游营销联盟市场联动推广活动”，主办单位：市文化旅游体育局。

“为‘荷’而来体验乡情——2020年亳州市谯城区第二届荷花节”，主办单位：谯城区人民政府。

“非遗五禽 养生亳州——第十二届华佗五禽戏养生健身节”，主办单位：市文化旅游体育局。

2020年下半年7项活动，分别是：

“乘风破浪 畅游新城——漳河水上观光体验游活动”，主办单位：文旅集团。

“2020年亳州首届摇滚电子音乐节（华佗百草园草坪音乐节）”，主办单位：文旅集团。

“庄子故里 逍遥蒙城——2020年庄子文化周系列活动”，主办单位：蒙城县人民政府。

“皖北水乡 淮上江南——2020年利辛县西淝河帐篷音乐节；好水利辛 美丽同行——2020西淝河茨淮新河乡村徒步游活动”，主办单位：利辛县人民政府。

“2020年亳州市研学游系列活动”，主办单位：文旅集团。

“2020年‘华佗杯’亳州市第二届传统武术比赛暨谯城区第八届传统武术比赛”，主办单位：市文化旅游体育局。

2020年全年活动2项，分别是：

“下一站 亳州见——亳州高铁旅游营销推广活动”，主办单位：市文化旅游体育局。

“农耕体验 民俗探寻——乡村民俗风情体验之旅”，主办单位：市文化旅游体育局。

其中“亳州高铁旅游营销推介活动”原打算在西安市举办系列活动，之后，拟放到长三角地区实施，活动在准备中。

“乡村民俗风情体验之旅活动”，融入其他活动中，如桃花春曲节的酒乡之旅；芍花节、荷花节的赏花之旅；利辛县的西淝河茨淮新河的乡村健身之旅活动等。

【活动方式创新】2020年，亳州文化旅游年活动的方式是“线上为主，线上线下相结合”。在“桃花春曲节活动”中，以“云文旅+跨界+直播带货”活动方式，打破时空界限，向观众云呈现古井美酒文化密码，生动直观地面向全国展示古井桃花春曲技艺和美酒文化传承。

“最美万亩花海·云端邀您相约”活动以视频直播的方式将亳州芍花之美推介到全世界。“春游江淮请您来·安徽文旅抖音直播活动”，以云旅游的方式，助力旅游行业复苏发展，让更多的亳州特色产品走进大众视野，为电商助农注入新动力，同时也为开展“农耕体验　民俗探寻——乡村民俗风情体验之旅”活动，开辟新的宣传推介途径。

（李　新）

亳州文化旅游控股集团有限公司

【概况】亳州文化旅游控股集团有限公司前身是亳州城建发展股份有限公司。经数次增资和股权变动，建安集团为公司唯一股东，公司注册资本及实收增资至20亿元人民币。2017年8月，公司名称变更为“亳州文化旅游控股集团有限公司”（简称“文旅集团”）。

2020年，文旅集团有正式员工402人，下属全资、参股、控股公司36家，总资产规模约192亿元，净资产约105亿元。实现经营性收入约1亿元，在亳税费约228万元。文旅集团旗下各景区共计接待游客约710万人次。

完成融资授信额度32.38亿元，落实资金发放10.79亿元。其中，5亿元非公开定向债务融资工具（PPN）项目获批，标志着文旅集团在中国银行间交易商协会首次亮相。

同年，亳州市展览馆、林拥城景区获评国家AAAA级旅游景区。林拥城景区获评省级体育生态公园。火星时代研学游基地获评“2020—2024年度安徽省科普教育基地”“2020年中小学生研学实践教育基（营）地”。耳房餐厅获评“安徽省十佳深夜食堂”。亳州市大型国防教育基地获评“安徽国防科技工业军工文化教育基地”。亳州锐艺文化传媒获第三届长三角国际文化产业博览会优秀展示奖。文旅集团获评安徽省劳动保障诚信示范单位。

【项目建设】2020年，文旅集团实施重点项目10个，总投资约11亿元，建成项目5个，累计完成投资4.7亿元。

华佗百草园项目位于市古井大道西、广联沟两侧，占地134.67公顷，是集特色花卉种植、观光游览、体验互动、苗圃与科普展示于一体的休闲旅游项目。4月25日完成首期建设，5月1日正式对外开放运营。项目总投资约4.5亿元。

亳州市大型国防教育综合基地项目位于市古井大道与酒城大道交叉口西侧，占地约80公顷，主要建设内容为军事装备展示区、军事题材游客服务中心及配套服务设施、军事主题展馆、军事主题体验游乐项目。4月30日完成首期建设，5月1日正式对外开放运营。项目总投资约2亿元。

北部游客集散服务中心项目位于市药王大道与北一环交叉口东南角，项目占地约4.13万平方米，总建筑面积约3万平方米，主要建设内容为上居雅图酒店，火星时代研学游基地，游客接待中心等。11月30日完成1号楼室内装修工程建设，12月15日完成2号楼室内装修工程建设。项目总投资约2亿元。

熟皮坑改造项目位于市和平路与花戏楼街交叉口东北角，占地约1.87万平方米，总建筑面积约1.07万平方米，主要建设内容为游客接待中心、仿古商业街、地上及地下停车场等。9月9日完成一期工程建设并落地使用，12月完成二期工程地下主体结构封顶工作。项目总投资约1.2亿元。

亳州城南水库山体绿化项目位于药都林海景区南侧水库北侧，占地约42万平方米，主要建设内容为金桂种植、园路及观景平台建设、配套水电管网等。12月31日完成工程建设。项目总投资约3500万元。

林拥城水上乐园项目位于林拥城药都林海景区蜗牛庄园东侧，占地约4公顷，主要建设内容为水上游乐设施、大喇叭滑道、造浪池等游乐设备和服务设施。12月31日完成水上游乐设施主体安装及游客中心主体工程建设。项目总投资约3500万元。

亳州市城区公交车站台建设项目位于谯城区，主要建设内容为新建、改建183处公交站台，配套广告发布、信息提示等。5月21日完成工程建设并陆续投入使用。项目总投资约3000万元。

林拥城大熊猫（萌宠）生态科普馆项目位于药都林海景区综合游客服务中心东侧、马术训练基地西侧，占地约5.6万平方米，主要建设内容为大熊猫馆、萌宠展示区、园林景观及配套服务设施。12月31日完成管网配套工程及熊猫馆主体工程建设。

项目总投资约1500万元。

明道宫美食综合体项目位于北关历史街区打铜巷，占地约2800平方米，主要建设内容包含原有建筑的改造加固，临时钢结构的新建，小吃档口装修，亭台、门楼的制作安装，水电暖及消防等内容。5月31日完成建设，9月5日正式对外开放运营。项目总投资约1200万元，

花戏楼景区糖业会馆与粮坊会馆提升项目位于花戏楼景区东侧，占地3153.3平方米，主要建设内容为将糖业会馆打造为集住宿、手工研制、网红打卡为一体的休闲体验区域，粮坊会馆提升为集老酒馆、老茶馆、非遗表演为一体的休闲娱乐区域等。12月6日完成提升建设。项目总投资约600万元。

【宣传营销】2020年，文旅集团策划开展传统节庆及主题活动16项，开展“一个景区一台戏”迎宾活动，增加景区小型互动演出和丞相巡道、五禽戏教学等养生体验，提升游客参与度。在上海、菏泽、池州、滁州等地召开亳州旅游专场推介会及重点市场同行到亳州踩线活动，配合省厅“美好安徽迎客天下”活动推介亳州旅游。全年签约城市105个。启动集团媒体矩阵建设，开通集团官方微博、企鹅号、抖音号、百家号、头条号等宣传渠道，华佗百草园开园抖音话题参与人次逾200万次。“畅游亳州”微信公众号、集团微博微信和官网发稿1030余条，阅读量251万人次。旅游项目建设及活动被中央、省、市媒体关注报道100余次。

【企业改革】2020年，文旅集团贯彻落实中央《国企改革三年行动方案（2020—2022年）》，启动转型升级改革。集团本部原13个部门精简为7个；原39家子公司重组为9个；打造1个专门经营发展平台和融资平台；理顺集团与子公司职级对应关系，原8级管理层调整为6级；统一薪酬标准，设置宽带薪酬，加大绩效占比；优化考核机制，强化实绩导向，季度考核和年度考核相结合，建立奖惩资金池，奖优罚劣。

（张龙元）

景区选介

【花戏楼】国家AAAA级旅游景区，全国重点文物保护单位。原名山陕会馆、大关帝庙，位于亳州北关历史文化街区花戏楼街北段。清顺治十三年（1656）由山西、陕西两省的药材商人在亳州集资所兴建。乾隆年间增添许多彩绘和雕刻。是以大关帝庙为主体建筑，由张飞庙、岳飞庙、朱公书院、火神庙和粮坊会馆等组成的古建筑群。建筑面积3163平方米，分戏楼、钟楼、鼓楼、座楼和关帝庙大殿等几个部分。花戏楼是山西建筑和徽派建筑结合的典范，也是晋商文化和徽商文化结合的典范，以砖雕、木雕、铁旗杆“三绝”闻名于世，被誉为“中原宝藏”。

花戏楼“三绝”：大关帝庙山门前耸立铁旗杆一对，每根重6吨，高16余米，直插云霄，是为花戏楼一绝。旗杆分5节，每节分铸八卦蟠龙，顶端铸丹凤1只，造型生动，旗杆上有三层方斗风铃24只，迎风叮当作响，清脆悦耳。花戏楼的木雕是第二绝，共雕有三国戏文18出，人物数百个，神态各异，龙争虎斗，呼之欲出。花戏楼的第三绝在山门。花戏楼的山门是一座仿木结构的三层牌坊式建筑，上面镶嵌着闻名天下的立体水磨砖雕，玲珑剔透，琳琅满目。花戏楼的砖雕，属徽派微雕艺术，在不足5厘米厚的水磨青砖面上，共雕人物115人，禽鸟33只，走兽67只，楼台殿阁多处，花草树木无数，内容涉及中国的宗教、历史、政治、军事、风俗民情等诸多方面。1988年1月，被国务院公布为全国重点文物保护单位。2010年获评国家AAAA级旅游景区。

【曹操运兵道】国家AAAA级旅游景区，全国重点文物保护单位。由谯望楼、建安文学馆和地下运兵道三部分组成。地下运兵道以大禹首为中心，向四面延伸，分别通达城外。整个地道经纬交织，纵横交错、布局奥妙，规模宏大，已发现长度近8000米，被誉为“地下长城”。

古地道距地表深度一般在2～3米之间，最深处超过7米。结构有土木结构、砖土结构、砖木结构、砖结构4种形式。有单形道、平行双道、上下两层道、立体交叉道等几种形式。道内高一般在1.6～2.1米之间，宽0.6～0.9米，道内转弯处均为“T”形道口连接，平行双道相距约2～3.5米，中间砌有方形传话孔。设有猫耳洞、掩体、障碍券、障碍墙、绊腿板、

陷阱等军事设施，还有通气孔、灯龛等附属设施。

近年来在古地道的发掘维修过程中出土有汉、唐、宋各代文物，有铁刀、铁剑、弹丸、衔枚、铜镜、铁钉、瓷器、围棋子、钱币等，对研究我国古代军事建筑、军事战术以及曹操军事思想有重要价值。

2001 年 6 月 25 日被国务院公布为全国重点文物保护单位。2016 年获评国家 AAAA 级旅游景区。

【南京巷钱庄】国家 AAAA 级旅游景区，全国重点文物保护单位。位于亳州北关老街南京巷 19 号。是以货币为经营对象的民间金融机构旧址，建于清道光年间（1821—1850），是目前国内保存最完好的古钱庄建筑。为面阔 3 间的三进四合院，存有门厅、正厅、后厅、柜房、账房、掌柜房、灶房等建筑 30 余间，建筑风格中西合璧，布局严谨，保存完整。景区内采取实物、蜡像等手法，再现了当时钱庄经营的场景，同时陈列有中国历代钱币展览，从原始的贝币直至中华人民共和国法定货币人民币，还有世界流通硬币，共展出文物约 3588 件。1998 年 5 月，被安徽省人民政府公布为全省文物保护单位。2013 年 3 月，被国务院公布为全国重点文物保护单位。2016 年 2 月，获评国家 AAAA 级旅游景区。

【曹氏宗族墓群】全国重点文物保护单位。位于亳州魏武大道两侧，主要包括董园汉墓群、曹四孤堆、刘园孤堆、薛家孤堆、观音山孤堆、张园汉墓、马园汉墓、袁牌坊汉墓群、元宝坑汉墓群等。始建于东汉末年。占地约 10 平方千米。曹氏宗祖墓群的形制基本相同，为砖石结构的多室墓，一般均具有前室、中室、后室以及数量不等的耳室或偏室组成，其中最具代表性的是石结构的曹腾墓和砖结构的曹嵩墓。由文献记载可知，亳州城南有曹腾、曹褒、曹嵩、曹灿、曹胤等人的墓群。近年考古发掘证实，亳州城南除有曹腾等人墓以外，还有曹鼎、曹鸾、曹勋、曹水、曹宪等人的墓。曹氏宗族墓群，墓门多为石结构，饰有画像刻石，墓室墙壁，券顶绘有彩色壁画。出土有玉刚卯、玉猪、银缕玉衣、玉枕、象牙石等珍贵文物。出土的 800 余块带文字墓砖，有隶、篆、草、真、行等书体。记载内容有曹氏宗组成员或地方官吏姓名等，对研究我国古代书体演变等具有重要价值。2001 年 6 月 5 日，被国务院公布为全国重点文物保护单位。

【尉迟寺遗址】全国重点文物保护单位。位于亳州市蒙城县许疃镇毕集村。遗址现存面积 10 万平方米左右。东西长约 370 米，南北宽约 250 米，现存崮堆面积约 5 万平方米为遗址中心部位，其中埋藏着壕沟环绕的主要居住区。1988 年安徽省文物考古所对该遗址进行调查，确认为新石器时代遗址。从地层情况和碳 14 测定的年代看，尉迟寺遗址的年代大约距今 4600～4800 年。尉迟寺遗址是皖北地区规模最大的一处原始聚落遗址，其发现对大汶口文化的全面研究是一项巨大的突破。1998 年，被安徽省公布为省级文物保护单位。2001 年 6 月 25 日，被国务院公布馆藏文物 2687 余件。其中以新石器时代陶器、石器，汉代青瓷器、玉器，隋代白瓷器、陶俑，唐代三彩器，宋元瓷器等为突出。亳州博物馆陈列的主题为“穿越五千年——亳州文化寻源”，按照历史发展的脉络，展示亳州博大精深的文化魅力和多姿多彩的文物形态。展厅由序厅、涡河文明、商汤都亳、道源圣地、汉魏风骨、天下望州、亳商市井、近代和当代亳州 8 个部分组成，共展出文物 810 余件套。2013 年获评国家 AAAA 级旅游景区，被国务院公布为全国重点文物保护单位。

【万佛塔】 全国重点文物保护单位。又名插花塔。位于蒙城县宝塔中路 49 号北约 50 米的万佛塔公园内，因塔身内外嵌砌琉璃小佛近万尊而得名。占地面积约 2500 平方米，周长 250 米，呈长方形，是一处保存完整的宋代古塔。万佛塔为八角十三层楼阁式砖塔，高 42.6 米。塔的四正面辟门，其余四面砌作假窗，外檐第二、第三层用砖砌作塔檐平座。自四层以下只出小平台，无平座。此塔自第四层以上有变化，下面几层穿心式楼梯，上面则改成盘旋式楼梯，第七层以上门窗位置不规则。万佛塔体型不很大，但造型秀丽，结构富于变化，保存亦较完整。1961 年被省政府公布为省级文物保护单位，被载入《中国名胜词典》。2006 年 5 月，被国务院公布为第六批全国重点文物保护单位。

【古井酒文化博览园】 国家AAAA级旅游景区。位于谯城区古井镇,为仿明清宫廷建筑,园区内有景点40余处,包括古井酒文化博物馆、地下万吨酒库、醉酒屋、古井园、酒神广场等,其中两口千年古井及明清窖池群、明清酿酒作坊遗址于2013年3月被国务院公布为第七批全国重点文物保护单位。古井酒文化博物馆作为安徽十大行业馆之一,连同古井酒厂、魏井、宋井,被国家旅游局命名为“工业旅游示范点”。

【薛阁塔】又名文峰塔,位于亳州市薛阁路中段路南。清乾隆三十七年(1772)亳州知州郑交泰,为兴文风始建,初为五层。嘉庆十七年(1812)州绅何天衢投资续建两层,成为七级玲珑宝塔。因塔建在明代吏部考功司郎中薛惠的家庙薛家阁附近,故当地人称此塔为薛阁塔。塔为砖结构,楼阁式建筑造型,直椎八角形,共7层,高34.15米,底层周长23.36米,塔座为8块大清石奠基。每层外转角为砖砌仿木方柱,柱上是砖枋,枋上为塔檐,枋下饰砖刻斗拱、禽鸟、花卉图案。塔内为“壁内折上式”,从第二层至第六层内壁上各有一面南小龛,为供神之处。塔顶八角飞檐、翘角垂脊、风铃叮当,筒瓦屋顶,玲珑剔透。塔尖为铁铸莲花座,座上铸葫芦式塔刹,直插云霄。2019年10月,被国务院公布为第八批全国重点文物保护单位。

【天静宫】国家AAAA级旅游景区、省级文物保护单位。又称太清宫,位于涡阳县城北郑店村。太清宫始建于东汉延熹八年(165),始称老子庙。因桓帝梦见老子降于殿廷,乃颁旨在老子故里建庙立祠,祀奉老子,并命陈相边韶撰《老子铭》碑。李唐王朝,以老子为始祖,尊此庙为祖庙。唐武德三年(620)、贞观六年(632)、乾封元年(666)、光宅元年(684),曾相继于此营建宫阙殿宇。天宝二年(743)钦封此宫为太清宫。唐末毁于兵火,几成废墟。北宋大中祥符七年(1014)至天禧二年(1018)间奉敕重建,规模比唐时还大。元世祖之后,道教再度兴盛,此宫得以复建,并根据道教教义易名为天静宫。明崇祯年间(1628—1644)和清康熙八年(1669)均进行过装修。历史上的太清宫占地200公顷,食业数千人。今太清宫是20世纪90年代由海外华人捐资在原址上重建的,其主要建筑按宋代规制建设,有老君殿、三清殿、灵官殿、天师殿、重阳殿、吕祖殿、老祖殿、元辰殿、财神殿、慈航殿、道士舍、迎仙桥、钟楼、鼓楼、两庑、长廊、山门及门前广场等。各殿神像及宗教设施齐备。1998年,被安徽省人民政府公布为省级文物保护单位。

【庄子祠】国家AAAA级旅游景区。位于蒙城县漆园办事处,道教庙宇。始建于北宋,宋元丰元年(1078),知县王竟创建于涡河北岸漆园城,后被黄河水淹没。明万历九年(1581),蒙城知县吴一鸾于今址重建。有逍遥堂、梦蝶楼、卷篷各3间,道舍3间,鱼池桥1座。左为梦蝶楼,右为观鱼台。逍遥堂居中,堂中塑庄周像,每年春秋祭祀。明崇祯五年(1632),知县李时芳重修逍遥堂,增建五笑亭,辟池为庄子濠上观鱼园,并撰《新修庄子祠记》,刻碑立于祠内。门前立丈余高的石碑,镌刻“庄周故里”4个大字。现存庄子祠是蒙城县政府在宋代庄子祠旧址上新建的,总占地面积3.47公顷,总建筑面积1086平方米,全祠由祠堂建筑群与万树园两部分组成。主要建筑有大三门、影壁、山门、逍遥堂、古衡门,濮池、五笑亭、观台、观鱼桥、梦蝶楼、南华经阁、东西碑廊、道舍、客舍等。

【亳州市博物馆】国家AAAA级旅游景区,爱国主义教育基地。位于亳州市谯城区芍花路209号,馆名由1963年时任中国科学院院长的郭沫若先生题写。亳州市博物馆为仿汉城堡式建筑,在原三国揽胜宫的基础上改建而成,占地2.5万平方米,总占地面积1.8万平方米,建筑面积5200平方米,文物库房面积1200平方米,室内陈列面积2800平方米,馆藏文物2687余件。其中以新石器时代陶器、石器,汉代青瓷器、玉器,隋代白瓷器、陶俑,唐代三彩器,宋元瓷器等为突出。亳州博物馆陈列的主题为“穿越五千年——亳州文化寻源”,按照历史发展的脉络,展示亳州博大精深的文化魅力和多姿多彩的文物形态。展厅由序厅、涡河文明、商汤都亳、道源圣地、汉魏风骨、天下望州、亳商市井、近代和当代亳州8个部分组成,共展出文物810余件套。2013年获评国家AAAA级旅游景区。

亳州博物馆集声、光、电等现代传媒技术为一体，采用文字、图片、实物、动画、沙盘等多种表现手法，再现亳州千年文明的历史画卷，成为展示亳州历史文化名城的标志性建筑。

【亳州城市展览馆】国家AAAA级旅游景区。位于亳州经济开发区市政公园南岸，占地面积3.33公顷，建筑面积3.1万平方米，布展面积20700平方米。展馆共分为城市规划、文化旅游、药业、酒业、农业、亳州中医药博物馆、亳州名人馆等多个展区，设置有序厅、总规模型厅、城市规划互动体验厅等多个体验区域。解读城市变迁、科技化呈现城市形象，叙说城市历史、讲述城市成就、描绘城市蓝图，是城市文化展示、知识传播、公众参与、规划成果交流和城市生活体验平台。

【华佗纪念馆】国家AAA级旅游景区，全省文物保护单位。又名华祖庵、华佗庙，位于亳州市永安街中段路北，东邻三神庙和神农衣冠冢，南邻曹操的斗武营，是祭祀神医华佗的庙堂。因庙的历代主持皆为女僧，故称“华佗庵”。1961年郭沫若到亳州，亲题“华佗纪念馆”馆名。1981年，被安徽省人民政府公布为全省文物保护单位。

华佗辞世后，家人流散，故居被水冲坏。唐初尚文，谯人便在他的故居前建华佗庙，而后又多次修建。现存华佗纪念馆与华佗故居连为一体，占地1.3万平方米，有山门、耳房、大殿、东西殿、禅房、元化草堂、存珍斋、益寿轩、课徒馆、自怡亭、五禽戏台、药圃、洗芝池、碑廊等建筑。大殿上方悬有清嘉庆二年（1797）安徽巡抚朱圭题写的“燮理通微”的匾额。殿内金柱上有朱圭题写的楹联：“五戏转灵枢道本皇轩仙位业，四轮消劫运功参地释佛菩提。”店内供奉着雕塑大师钱绍武为华佗雕塑的铜像。碑廊上镶着古今名人为华佗题写的诗文。整个纪念馆，古朴典雅，环境优美，凝聚了中医药文化的精髓。

【白鹭洲国家级水利风景区】国家AAA级旅游景区，国家级水利风景区。位于利辛县阚疃镇。由茨淮新河、利阚新河、白洋沟、月牙河和利阚新河公路桥、永幸河公路桥等水利工程设施以及几条水系围合而成的3个岛屿共同组成。岛屿上水杉参天挺立，四季松柏常青，环岛有护坡、沙滩，四周水面宽阔，水质优良，清澈见底。景区总占地面积120公顷，其中陆地面积80公顷，水面40公顷。2009年8月，被水利部正式批准为国家级水利风景区；12月获评国家AAA级旅游景区。

【道德中宫】省级文物保护单位。又名“老祖殿”或“老子行宫”，位于谯城区老祖殿街东首，坐北朝南，山门正对问礼巷（相传是当年孔子问礼之地），是祭祀春秋时期伟大的思想家、哲学家、道家学派的创始人老子的庙祠。为历代祭祀老子的宫观。道德中宫始建于汉代，据《亳州志》记载：汉桓帝、唐高宗、唐玄宗、宋真宗等都曾前来拜谒过老子庙祠。后因战乱、洪水等圮废。现存道德中宫是明万历年间（1573—1620）重修的，整个建筑坐北朝南，存有山门、拜殿、大殿、东殿、西殿等古建筑20余间，占地面积约2000平方米。布局对称，金碧辉煌。山门镶嵌“道德中宫”4个砖雕大字，步入山门，悬挂在拜殿门上的是“道法自然”巨型匾额。明间屏风，绘道教“太极图”。穿过拜殿为道德中宫的大殿，大殿3间，高大宏伟，正门上悬“上德若谷”巨型匾额，是祭祀老子的地方。殿内塑有3米多高的老子塑像。东殿3间题“紫气东来”匾额，敬奉鲁班，西殿门悬“返璞归真”匾额，敬奉财神。1989年5月，被安徽省人民政府公布为全省文物保护单位。1991年重新镌刻的《道德经》石碑镶嵌在院内西墙上。

【新四军第四师司令部旧址】省级文物保护单位。位于涡阳县新兴镇，占地3000平方米，是安徽省爱国主义教育基地。1939年9月初，彭雪枫带领新四军游击支队到新兴集，开创以新兴集为中心的豫皖苏抗日根据地。1940年2月，游击支队改番号为新四军六支队，6月又与黄克诚领导的八路军二纵队合编为八路军第四纵队。1941年新四军重建军部后改番号为新四军第四师，同年彭雪枫率新四军四师转移到津浦路东。四师在新兴集期间，司令部直属机关有政治部、锄奸部、民运部、参谋部、军法处、副官处、供给处、拂晓剧团、拂晓报社等10多个部门。四师司令部旧址为砖木结构的四合院，分东西两个院子，有房34间，包括刘少奇、彭雪枫旧居，彭雪枫德政碑，陈列有各种图片和革命文物等。现已辟为新四军第四师纪念馆，军委原副主席张震为纪念馆题写馆名。1981年，被省政府公布为省级文物保护单位。

【亳州北关历史街区】又称北关老街。位于谯城区北关，面积约90.67公顷，在明清时期是集商贸、居住、金融于一体的商业街区。北关老街依涡河而建，街道多顺河而行。历史上有“72条街，36条巷”之称。清光绪年间（1875—1908），亳州有大小街道146条，其中北关商业区街道57条，大多以行业命名，一街一市，如花子街、白布大街、牛市、驴市等。汇聚全国10多个省和地区的33家商业会馆，其中湖广会馆、河南会馆、山陕会馆（花戏楼）、江宁会馆等规模最大，功能也较齐全。到清末民初，有大小钱庄33家，各类商店、栈、号、行、庄近千家，被称为“小南京”。现在的亳州老街主要指北门口以北、涡河以南的老街区，保存古街近20条，街貌依旧，建筑典雅，是研究明清中原商贸文化不可多得的实物资料。

【林拥城·药都林海景区】国家AAAA级旅游景区，安徽省“省级林业示范基地”。位于亳州市南外环、西外环、北外环道路外侧，为“林在城中、城在林中、林城辉映”之意。景区呈环状，拥抱全市，全长约50千米，占地面积约1333.33公顷，总投资11.7亿元。林拥城景区构成主要为“一带两区”，即一条环抱全市的林拥城林带、西外环现代林业示范区和南外环生态旅游观光区。由亳州文旅集团旗下亳州市新农村建设开发有限公司投资运营。

林拥城南外环生态旅游观光区位于南外环（亳芜大道）南侧，占地面积约446.67公顷，总投资约5.8亿元，其中生态造林费用约2.8亿元，旅游观光设施建设约3亿元。景区内建有游客服务中心、音乐书吧、欧风园、枫林广场、杨树林生态休闲区等多个旅游景观项目，马术培训基地、烧烤基地（音乐广场）、森林迷堡、房车营地等配套游乐项目。主题游乐园——蜗牛庄园、特色文化主题园——国锦园、中华诗词园和雕塑公园等项目。

【汤王温泉旅游度假区】国家AAA级旅游景区。位于亳州市区西北角涡河与洪河交汇处的三角地带。是亳州市第一个利用锶温泉独特的理疗价值，并结合亳州中医药养生文化特色，打造的休闲养生旅游项目。度假区将优质锶泉水与丰富的地产药材相结合打造十三处中药药浴泡池；根据神医华佗创编的五禽戏，巧用五行研发药浴经典名方，打造华佗五行池，对应表里调节阴阳五行，强健五脏肺腑功能。内部设有药膳主题餐厅、映月楼河畔餐厅、特色涡河船宴、明道宫老亳州美食综合体、花戏楼小吃街等餐饮服务项目。已通过省级旅游度假区基础价值评定，入选中国度假休闲旅游发展示范案例。

占地面积约6.4公顷，总投资约1.6亿元。温泉泉水取自于地下2300米，出水温度达60℃，日出水量1600立方米。温泉为氟、偏硅酸理疗热矿水，其中锶含量16～24毫克/升，是国内罕见的高矿化度、富含益于人体保健化学组分的锶医疗热矿水。

温泉内设有66个特色温泉池在内的85个项目，另配有中医养生馆、木屋汤院，水上乐园等养生休闲娱乐项目。配套有1200个更衣柜、可容纳300多人的休息大厅和自助餐、SPA、鱼疗、健身等项目，日最大接待量2000人。

（张星辰）

汤王温泉 （陈海红　摄）

财政 税务 金融

2020年2月17日，亳州市推广“非接触式”办税，成立“远程线上办税‘战疫’平台”，实现疫情期间涉税服务“零延迟”
（陆冰　摄）

财　政

【概况】2000年10月，亳州市财政局筹备组成立。2001年6月29日，设立亳州市财政局，是市政府主管财政收支、财政政策和国有资本金基础工作的工作部门。2005年1月4日，设立亳州市国有资产监督管理委员会，与市财政局一个机构两块牌子。2010年3月4日，设立市财政局（市政府国有资产监督管理委员会）。2019年3月25日，该局预算执行情况和其他财政收支情况的监督检查职责及承担的国有企业监事会相关职责，划入市审计局；农业综合开发项目管理职责，划入市农业农村局。2019年12月6日，市财政局加挂市政府国有资产监督管理委员会牌子。

2020年，亳州市财政收入完成217.9亿元，较上年同期增收3.7亿元，增长1.7%，高于全省平均增幅2.1个百分点，增幅居全省第八位。其中：地方收入完成126.4亿元，同比增收0.3亿元，增长0.2%；中央收入完成90.2亿元，增收3.2亿元，增长3.7%；国有资本经营预算收入完成1.3亿元，增收0.2亿元，增长15.4%。全市税收收入完成176.3亿元，同比下降1.7%，占财政收入比重80.9%，其中地方税收收入86.3亿元，下降7%；中央税收收入90亿元，增长4%。

【财政数据分析】2020年，亳州市财政总体运行平稳，较上年同期略有上升。分部门看，税务部门完成181.4亿元，同比下降1.9%；财政部门完成36.2亿元，增长23.5%；海关完成0.3亿元。

分级次看，涡阳县完成27.8亿元，同比增长1.3%；蒙城县完成36.4亿元，增长3.3%；利辛县完成26亿元，增长4.9%；谯城区完成43.5亿元，下降3.1%；亳芜产业园完成3.7亿元，增长15.3%；高新区完成22.3亿元，增长9.7%；市本级完成58.3亿元，下降0.2%。

分重点企业看，古井酒厂（含销售公司）入库税收31.1亿元，同比增收2.2亿元，增长7.5%；高炉酒厂（含销售公司）入库税收0.8亿元，减收0.1亿元，下降7.1%；许疃煤矿入库税收1.8亿元，减收0.3亿元，下降14.5%；涡阳煤矿（含涡北煤矿、袁店二矿）入库税收1.9亿元，减收0.2亿元，下降8.5%。

分产业结构看，全市三大产业实现税收179.8亿元（含省级分成3.4亿元），其中第二产业实现税收69.4亿元，同比增收8.2亿元，增长13.4%，带动税收收入增长4.4个百分点；第三产业实现税收110.1亿元，减收13.8亿元，下降11.1%，拉低税收收入增长7.4个百分点。

2020年亳州市主要行业税收收入完成情况一览表

表25　　单位：亿元

行业	总量			增量		
	完成额	占比（%）	增幅（%）	增加额	拉动税收收入增长（%）	增量排名
税收收入	179.8	100	-3	-5.5	-3	
第二产业	69.4	38.6	13.4	8.2	4.4	
制造业中的酒制造	25	13.9	27.2	5.3	2.9	1
制造业中的医药制造业	6.6	3.7	17.2	1	0.5	2
建筑业	14.3	7.9	2.5	0.3	0.2	3
采矿业中的煤炭开采和洗选业	3.7	2.1	-12.6	-0.5	-0.3	6
第三产业	110.1	61.2	-11.1	-13.8	-7.4	
金融业	15.2	8.5	1.8	0.3	0.1	4
交通运输、仓储和邮政业	5.4	3	-4.9	-0.3	-0.2	5
批发和零售业	28.9	16	-5.7	-1.7	-0.9	7
房地产业	44.5	24.7	-14.2	-7.3	-4	8
主要行业小计	143.4	79.8	-2	-3	-1.6	

说明：税收收入含省级分成

（宋德良）

分重点行业看，全市税收总量贡献较多的8个重点行业依次是：房地产业、批发和零售业、酒制造业、金融业、建筑业、医药制造业、交通运输仓储和邮政业、煤炭开采和洗选业，共实现税收143.4亿元，占全市税收收入的79.8%，同比减收3亿元，下降2%。

分税种看，全市15个税种8增7降，其中：消费税、个人所得税、企业所得税、车辆购置税、房产税、车船税、城镇土地使用税、印花税等8个税种增收9.4亿元，带动税收收入增长5.2个百分点；增值税、耕地占用税、土地增值税、契税、城市维护建设税、资源税、环境保护税7个税种减收12.4亿元，拉低税收收入增长6.9个百分点。

消费税完成20.7亿元，同比增收5.9亿元，增长40.2%，带动税收收入增长3.3个百分点。主要是酒制造业增收5.2亿元，批发和零售业增收0.7亿元。

个人所得税完成4.6亿元，同比增收1.2亿元，增长33.8%，带动税收收入增长0.6个百分点。主要是金融业增收0.6亿元，批发和零售业增收0.5亿元，医药制造业增收0.1亿元。另外，公共管理、社会保障和社会组织减收0.1亿元。

企业所得税完成29.4亿元，同比增收0.9亿元，增长3.2%，带动税收收入增长0.5个百分点。主要是酒制造业增收1亿元，房地产业增收0.9亿元，租赁和商务服务业增收0.6亿元，科学研究和技术服务业增收0.4亿元，电力、热力、燃气及水的生产和供应业增收0.3亿元，医药制造业增收0.2亿元，废弃资源综合利用业增收0.1亿元。另外，金融业减收1.2亿元，批发和零售业减收0.8亿元，信息传输、软件和信息技术服务业减收0.3亿元，交通运输、仓储和邮政业减收0.3亿元，汽车制造业减收0.1亿元。

车辆购置税完成10亿元，同比增收0.6亿元，增长6%，带动税收收入增长0.3个百分点。主要是交通运输、仓储和邮政业增收0.8亿元。个人购车引起的其他行业减收0.3亿元。

房产税完成2.2亿元，同比增收0.3亿元，增长15.1%，带动税收收入增长0.2个百分点。主要是金融业增收0.1亿元，房地产业增收0.1亿元，租赁和商务服务业增收0.1亿元。

车船税完成1.6亿元，同比增收0.2亿元，增长18.3%，带动税收收入增长0.1个百分点。主要是金融业增收0.2亿元。

城镇土地使用税完成5亿元，同比增收0.2亿元，增长4.7%，带动税收收入增长0.1个百分点。主要是房地产业增收0.2亿元，租赁和商务服务业增收0.1亿元。另外，建筑业减收0.2亿元。

印花税完成1.4亿元，同比增收178万元，增长1.3%。

增值税完成72.5亿元，同比减收6.9亿元，下降8.7%，拉低税收收入增长3.8个百分点。主要是房地产业减收5.4亿元，批发和零售业减收1.9亿元，租赁和商务服务业减收1.1亿元，酒制造业减收0.9亿元，交通运输、仓储和邮政业减收0.8亿元，煤炭开采和洗选业减收0.4亿元，居民服务、修理和其他服务业减收0.3亿元。另外，电力、热力、燃气及水的生产和供应业增收1.1亿元，废弃资源综合利用业增收0.9亿元，医药制造业增收0.6亿元，金融业增收0.5亿元。

耕地占用税完成2.2元，同比减收2.6亿元，下降54.6%，拉低税收收入增长1.5个百分点。主要是公共管理、社会保障和社会组织减收2.6亿元。

土地增值税完成7.1亿元，同比减收2亿元，下降22.3%，拉低税收收入增长1.1个百分点。主要是房地产业减收2.5亿元。另外，租赁和商务服务业增收0.5亿元。

契税完成13.6亿元，同比减收0.4亿元，下降3.1%，拉低税收收入增长0.2个百分点。主要是房地产业减收0.7亿元，公共管理、社会保障和社会组织减收0.7亿元，水利、环境和公共设施管理业减收0.1亿元。另外，建筑业增收0.6亿元，租赁和商务服务业增收0.4亿元。

城市维护建设税完成5.4亿元，同比减收0.2亿元，下降3.8%，拉低税收收入增长0.1个百分点。主要是批发和零售、交通运输仓储和邮政、房地产业等行业减收。

资源税完成0.6亿元，同比减收0.2亿元，下降25.9%，拉低税收收入增长0.1个百分点。主要是煤炭开采和洗选业减收。

环境保护税完成251万元，同比减收38万元，下降13.1%。

2020年，全市财政支出完成390.9亿元，较上年同期增支17.5亿元，为预算的96.9%，增长4.7%。分级次看，涡阳县完成70.3亿元，为预算的99%，同比下降6.5%；蒙城县完成71.4亿元，为预算的98.8%，同比增长0.8%；利辛县完成67.5亿元，为预算的94.9%，同比下降6.3%；谯城区完成76.6亿元，为预算的97.3%，同比下降4.9%；亳芜产业园完成2.3亿元，为预算的78.3%，同比下降20.1%；高新区完成8.4亿元，为预算的80.3%，同比下降13.5%；市本级完成94.3亿元，为预算的97.5%，同比增长52.4%。

农林水支出完成54.7亿元，同比增支16.4亿元，增长42.8%。主要是农业增支12.2亿元，农业综合改革增支2.8亿元，扶贫增支1.7亿元。另外，林业和草原减支0.3亿元，农村综合开发减支0.2亿元。

社会保障和就业支出完成63亿元，同比增支10亿元，增长18.9%。主要是最低生活保障增支4.8亿元，退役安置增支1.4亿元，退役军人管理事务增支1.3亿元，民政管理事务增支1.3亿元，行政事业单位离退休增支1.1亿元，就业补助增支0.9亿元，特困人员救助供养增支0.6亿元，财政对基本养老保险基金的补助增支0.4亿元，临时救助增支0.3亿元。另外，其他社会保障和就业支出减支1亿元，其他生活救助减支0.5亿元，抚恤减支0.2亿元。

卫生健康支出完成56.9亿元，同比增支5.6亿元，增长11%。主要是公共卫生增支2.8亿元，医疗救助增支1.3亿元，财政对基本医疗保险基金的补助增支0.8亿元，行政事业单位医疗增支0.8亿元，其他卫生健康增支0.5亿元。另外，基层医疗卫生机构减支0.3亿元，公立医院减支0.1亿元。

教育支出完成80.3亿元，同比增支3.7亿元，增长4.9%。主要是普通教育支出增支4.5亿元，教育管理事务增支0.2亿元。另外，职业教育减支0.6亿元，教育费附加安排的支出减支0.2亿元，特殊教育减支0.1亿元。

交通运输支出完成13.8亿元，同比增支3.3亿元，增长31.4%。主要是公路水路运输增支2.7亿元，其他交通运输增支0.8亿元。另外，成品油价格改革对交通运输的补贴减支0.4亿元。

公共安全支出完成14.5亿元，同比增支2.1亿元，增长16.5%。主要是公安增支2.1亿元，法院增支0.3亿元。另外，检察减支0.3亿元。

商业服务业等支出完成2.4亿元，同比增支1.4亿元，增长139.7%。主要是其他商业服务业等支出增支1.1亿元，商业流通事务增支0.3亿元。

资源勘探信息支出完成2.5亿元，同比增支0.8亿元，增长51.1%。主要是其他资源勘探信息等支出增支0.5亿元，支持中小企业发展和管理支出增支0.2亿元，工业和信息产业监管增支0.2亿元。另外，资源勘探开发减支0.1亿元。

粮油物资储备支出完成0.7亿元，同比增支0.4亿元，增长116.1%。主要是粮油事务增支0.5亿元。另外，粮油储备减支0.1亿元。

灾害防治及应急管理支出、债务付息及发行费用支出、金融支出、自然资源海洋气象支出、文化旅游与传媒分别增支完成1.3亿元、6.8亿元、0.4亿元、2亿元、2.9亿元，同比分别增支0.3亿元、0.3亿元、0.2亿元、0.1亿元、0.1亿元，分别增长37.6%、4.9%、82.7%、8.3%、3.1%。

节能环保支出完成7.8亿元，同比减支10.1亿元，下降56.5%。主要是自然生态保护减支7.1亿元，污染防治减支3.7亿元，能源节约利用减支0.4亿元，其他节能环保支出减支0.1亿元。另外，环境保护管理事务增支1.2亿元。

城乡社区支出完成23.6亿元，同比减支8.7亿元，下降26.9%。主要是城乡社区公共设施减支5.5亿元，城乡社区管理事务减支1.8亿元，其他城乡社区减支1亿元，城乡社区环境卫生减支0.4亿元。

一般公共服务支出完成37.2亿元，同比减支6.6亿元，下降15%。主要是政府办公厅（室）及相关机构事务减支10亿元，财政事务减支0.1亿元。另外，其他一般公共服务支出增支1.8亿元，统计信息事务增支0.7亿元，组织事务增支0.6亿元，市场监督管理事务增支0.2亿元，发展与改革事务增支0.1亿元。

住房保障支出完成14.4亿元，同比减支1.2亿元，下降

7.5%。主要是保障性安居工程减支2.9亿元。另外,住房改革增支1.8亿元。

其他支出、科学技术支出、国防等支出分别完成177万元、5.5亿元、0.3亿元,同比分别减支0.4亿元、0.3亿元、607万元,分别下降95.4%、4.7%、18.9%。

同年,市财政局获中国财政科学研究院颁发的2020年度财政科研宣传工作“一等奖”;获省第四次全国经济普查领导小组授予的安徽省第四次全国经济普查先进集体;获省财政厅评定的2019年乡镇财政资金管理和惠农补贴资金管理发放工作绩效评价结果排名第二、2019年涉企系统应用第一方阵、2019年政府性债务管理评分结果“优秀市”,2019年社会保险基金预决算编制、执行和监督管理三等奖,2020年全省PPP综合信息平台开工项目投资额第三名;获中国财政杂志社发行处和安徽省财政科学研究所联合评定的2020年度财政宣传工作一等奖;2018年度财政总决算工作、2019年度全国会计专业技术资格无纸化考试组织工作、惠农补贴“一卡通”存折更换工作被省财政厅通报表扬;在省财政厅召开的会议上就2020年亳州市会计专业技术资格无纸化考试工作作先进典型发言。

【财政收入管理】2020年,亳州市强化收入预期管理,坚持依法依规组织收入,落实落细减税降费政策。盘活存量资产资源,依法加强非税收入征管。全市财政收入完成217.9亿元,较上年同期增收3.7亿元,增长1.7%,其中一般公共预算收入完成126.4亿元,增长0.2%,增幅居全省第八位,提前两年超额完成“十三五”收入目标。盘活存量资金,优化利用存量资产,市级盘活存量资金4.6亿元,全部统筹用于民生等重点领域。全年上级转移支付各类资金262.2亿元,其中直达资金46.4亿元(抗疫特别国债资金13.2亿元、特别转移支付资金17.2亿元),缓解新冠肺炎疫情给市县造成的减收增支压力,支持县区兜牢“三保”底线。

【财政支出管理】2020年,亳州市印发《关于贯彻落实政府过紧日子要求进一步严格财政支出管理的通知》,从严执行经费开支标准,市直预算部门原则上按不低于一般性支出预算10%比例压减,“三公”经费预算按不低于5%比例压减,及时收回年内无法支出的项目资金。市本级压减一般性支出和非急需非刚性支出6.8亿元,统筹保障疫情防控经费、“三大攻坚战”、基本民生、重点项目建设等支出。坚持优先保障基本民生,建立县级保工资监测预警机制,加强国库资金调度,保障县区“三保”资金。加强直达资金监控,加快直达资金支出进度。强化预算执行考核,严格执行支出考核通报制度,将市本级重点项目和新增债券项目纳入考核情况通报范围,每月通报部门支出进度,推动加快财政支出。

【财政支持“三大攻坚战”】2020年,亳州市在脱贫攻坚方面,各级安排专项扶贫资金19.99亿元,其中市级5.64亿元、县级5.84亿元。市、县两级较上年增列专项扶贫资金8810万元。全市共清理收回的可统筹财政存量资金2057万元(市级405万元),1669万元用于脱贫攻坚,占可统筹财政存量资金81%。全市整合涉农资金17.8亿元用于脱贫攻坚,比2019年增加1.2亿元。污染防治方面,落实农村环境整治、大气污染防治、水污染防治等资金1.17亿元;落实市级财政安排城区道路保洁资金1.6亿元、秸秆禁烧和综合利用奖补资金1亿元。风险防范方面,严格在省财政厅下达限额内举借政府债务,经省财政厅批准的债务限额报同级人大常委会批准后,纳入全口径预算管理。省财政厅下达全市新增债券额度87.72亿元,全部发行完毕,并将资金拨付至项目单位。全市政府债务风险可控。财政部安徽监管局对亳州市隐性债务专项检查结果显示,亳州市无任何形式的新增隐性债务。

【财政保障新冠肺炎防控和复工复产】2020年,亳州市安排疫情防控资金3.75亿元,支出2.67亿元。拨付资金2435万元,用于一线疫情防控人员补助和慰问。落实复工复产复商政策,全市累计新增减税降费17.1亿元,减免972户中小微企业房租2592万元,帮助52家疫情防控重点保障企业申报专项再贷款中央财政贴息资金650.9万元,为5654人发放创业担保贷款8.4亿元,投入2000万元支持“火热药都、惠民消费”活动。

【财政重点改革】2020年，亳州市推进预算管理改革，全面完成财政预算和“三公”经费预算等信息公开，开展2019年度“三公”经费支出自查及重点核验。推进资源税改革，联合税务部门，开展资源税法授权事项调研测算。推进预算绩效管理，推动部门重点项目绩效目标公开，对18个部门的22个项目绩效目标进行全面公开。推进财政事权和支出责任划分改革，出台教育、科技领域财政事权和支出责任划分改革实施方案，明确市、县区财政按照规定承担相应支出责任。推进农村综合改革，做好农村公益事业财政奖补、扶持村级集体经济发展等农村综合改革重点工作。把谯城区作为惠农补贴“一卡通”更换社保卡试点，谯城区更换使用社保卡325918张，更换率84.88%，其他县区稳步推进。完成亳州市财政电子票据管理改革。推进政府购买服务改革，修订《亳州市本级政府购买服务指导目录》（2020年修订版）。

【财政服务经济社会发展】2020年，亳州市32项目民生工程计划投入资金210亿元，全年拨付资金210.8亿元，资金拨付率100.3%，全部完成年度任务。

加强教育经费保障，市财政安排中心城区公办中小学校及幼儿园项目建设资金7.93亿元，支持谯城区及市高新区幼儿园、中小学项目建设。落实政府重点建设项目资金6.23亿元、污水处理费3194万元、雨污分流改造资金6015.8万元、路灯日常养护维修及电费4594万元、市政园林道路小修维护机制4723.57万元。拨付市级棚户区改造资金4.76亿元。市级配套奖补资金2755.96万元用于老旧小区改造。拨付资金40823万元，用于省道309亳州段一级公路建设；拨付汤王大道涡河隧道工程建设资金6755万元。安排农村道路畅通工程市级补助资金6411万元，支持农村交通基础设施建设。建立完善专项资金管理办法。落实惠农政策，通过财政惠农补贴打卡发放系统发放惠农补贴资金35.39亿元，惠及农户118.9万户。

【国资国企监管】2020年，亳州市完善国资监管制度，出台《亳州市市属企业资产损失、财务核销工作规则》等文件，规范市属企业资产损失、财务核销和商务接待、内部控制。推进数字监管，运用市属企业工资管理信息系统，将除古井集团外的市属企业职工工资发放纳入监管。运用市属企业投资管理信息系统，强化市属企业投资管理。推进国有企业退休人员社会化管理工作，驻亳中央企业和市、省属企业、县（区）属企业完成移交退休人员分别为1252人、474人、8501人，移交率100%。完成2020年度国有企业退休人员社会化管理省对市绩效目标考核工作、2020年度国有企业退休人员社会化管理中央财政补助资金申报及预算执行情况的自评工作。推进“三供一业”分离移交，完成驻亳央企、市属企业剥离供水1613户、剥离供电1036户、剥离供气570户，完成物业管理分离移交2764户。开展市属企业2019年度经营业绩考核，完善考核体系。

（宋德良）

税务

【概况】国家税务总局亳州市税务局于2018年7月成立，负责辖区内各项税收、社会保险费和有关非税收入征收管理，下辖谯城区、涡阳县、蒙城县、利辛县、亳州经济开发区5个县（区）税务局。市局机关内设19个科室、4个派出机构、3个事业单位。全市税务系统共有干部职工1996人。共管理纳税人84963户，其中单位纳税人42369户、个体户42594户。

2020年，全市税务系统共组织各项税费收入250.70亿元，同比减收5.38亿元，下降2.1%。其中税收收入179.75亿元，减收5.50亿元，下降3.0%；非税收入6.29亿元，减收0.06亿元，下降1.0%；社会保险费收入60.83亿元，增收1.23亿元，增长3.1%；其他收入（工会经费和职业年金）3.81亿元，减收1.05亿元，下降21.6%。全市税收规模（179.75亿元）居全省地市第十位、皖北六市第三位；税收增速（-3.0%）居全省地市第14位，居皖北六市第4位。全市办理出口退（免）税4.01亿元，同比增加0.59亿元，增长17.3%。

利用税收大数据，完成21篇

2020 年 4 月 8 日，亳州税务干部走访宣传，助力企业复工复产

（鲁玉杰 摄）

税收分析材料，为市委市政府科学决策提供依据。通过增值税发票系统供应链查询平台，精准对接企业产供销诉求，助力企业复工复产，帮助 7 户企业匹配上下游企业 71 户，全市 5 户企业与湖北 11 户企业实现采购金额 1971.14 万元，达成初步采购意向 1 户，金额 300 万元。

同年，市税务局机关获评“2019 年全省税务系统绩效考评优秀单位”，获 2020 年度全省税务系统绩效考评第一名。市税务局、蒙城县税务局、亳州经济开发区税务局获评第六届“全国文明单位”，市税务局、谯城区税务局、涡阳县税务局、蒙城县税务局、利辛县税务局和亳州经济开发区税务局均获评第十二届“安徽省文明单位”。

【减税降费】2020 年，亳州市落实党中央、国务院出台的支持疫情防控税费优惠政策，实行“线上包保”责任制，采取线上服务方式，确保纳税人应享尽享政策红利。全市累计新增减税降费 18.96 亿元。68 户企业延期申报，128 户企业延期缴纳税款，缓缴税额 4.71 亿元。办理减免税费 38.2 亿元，出口退(免)税 4 亿元，企业所得税多缴税款退税 1.3 亿元，增值税留抵退税 7.6 亿元。

【征管改革】2020 年，亳州市完成个人所得税三步改革，个人所得税综合所得首次汇算申报落地，全市 10.36 万人次进行个人所得税综合所得年度汇算，成功退税 3828 万元。推进增值税专用发票电子化试点。完成财产行为税综合申报。宣传推进资源税法实施。办理社保费退(抵)费 2946 万元。

【依法治税】2020 年，亳州市税务部门全面落实行政执法“三项制度”(行政执法公示制度、执法全过程记录制度、重大执法决定法制审核制度)，开展税务行政执法信息录入维护，规范文书、音像归档标准。梳理权责清单，实行税收执法权责清单公示动态管理。加强重大案件审理，受理案件 75 起，审结 55 起。开展营商环境涉及的规范性文件清理。开展纺织业、木业税收专项整治及复核，查实 14 户企业。开展“打虚打骗”专项行动，查处案件 59 户，认定对外虚开和接受虚开增值税发票 5380 份，金额 49881 万元。

【税收营商环境】2020 年，亳州市开展“便民办税春风行动”，推出 4 大类 24 项 70 条便民服务举措。全面对接政务服务网，实现“一网通办”，99% 以上业务“最多跑一次”，70% 以上业务“全程网上办”。推动“互联网 + 税务”服务创新，开创微信缴纳城乡居民医疗保险费。在一、二类出口企业出口退税无纸化申报全覆盖的基础上，扩大范围至符合条件的三类企业，出口退税办理时间压缩至 3 个工作日。力促税银企对接，2114 户企业通过“税融通”获贷 37.68 亿元。在全省税务系统 2020 年纳税人满意度调查中，市税务局位居全省第二。

实现 90% 以上主要涉税服务事项网上办理，公布 360 项“非接触”式办税事项清单，引导纳税人、缴费人网上办理，提升发票“非接触式”领用比例。通过“12366”纳税服务热线、微信公众号等，优化在线服务。

【税收征管体系建设】2020 年，亳州市税务系统完善“规模 + 行业”的分级分类管理体系，明确

2020年5月21日，亳州市税务局召开“减税费优服务 助复产促发展”专题新闻发布会

（姬翔 摄）

一般事项和特定事项的管理类别和层级，明确调整事项的业务推送和资料对接流程。建立征管基础日常指标监控长效机制，编纂监控指引，结合税务总局、省税务局推送的风险指标及日常管理发现的疑点数据，固化20个日常监控指标，实现“由下而上”的日常三级监控方式，与省税务局“自上而下”的监控相互呼应。

（杨宇航）

金　融

·地方金融监管·

【概况】亳州市地方金融监督管理局于2019年成立，是市政府组成部门，加挂市人民政府金融工作办公室牌子。主要职责是围绕服务实体经济、防控金融风险、深化金融改革三大任务，改革创新落实，推进解决企业融资难、融资贵问题，加大陈案化解工作力度，完善金融机构管理机制，做好稳金融工作。

2020年，全市有17家银行业金融机构、37家保险业金融机构、9家证券业金融机构，经审批的地方金融机构36家。其中，12家小贷公司、9家融资担保公司、12家典当公司、2家融资租赁公司，1所亳州中药材商品交易中心。

【信贷投放】2020年，全市银行业金融机构各项存款余额2564.62亿元，较年初增加276.47亿元，同比增长8.82%，增幅居全省第14位；各项贷款余额2395.36亿元，较年初增加405.39亿元，同比增长19.27%，增幅居全省第六位；存贷比93.4%，全省排名第三位，新增存贷比146.63%，全省排名第五位。截至2020年末，全市融资担保业务在保余额138亿元，其中，新型政银担业务在保余额100亿元，新型政银担业务新增额64亿元。2020年，全市小额贷款公司累计发放贷款29亿元，贷款余额20亿元；典当行业务累计1406笔，发放当金总额10.4亿元，典当余额3.3亿元；融资租赁业务总额37亿元，业务余额16亿元。全市新增“新三板”挂牌企业1家，省区域性股权交易中心挂牌企业126家，实现直接融资193.37亿元，7支基金投资亳州13家企业，金额2.44亿元。

【金融支持“六稳六保”】 2020年，亳州市金融支持企业复工复产行动方案出台，设立金融支持企业复工复产服务热线，在“我要贷款”平台开辟“防疫期间绿色通道”，印发《创新金融支持稳企业保就业助力乡村振兴的意见》，全市金融机构累计向相关重点行业投放贷款471亿元，其中，对疫情防控相关企业累计投放贷款58亿元，累计办理无还本续贷879笔，金额24亿元，展期及延期还本付息贷款2010笔，金额113亿元。聚焦经济恢复增长和企业资金痛点，按照“应贷尽贷”“应延尽延”的要求，推进信用贷款支持和贷款延期支持两项货币政策工具直达实体，累计投入零利率资金4.9亿元，居全省第二位，撬动发放普惠小微信用贷款2.6万户21.1亿元；投入奖励性资金3355万元，居全省第四位，支持为5404户市场主体33.6亿元贷款办理延期。疫情期间，金融机构对抗疫一线的医护人员推出天使贷；向辖区内春耕生产、恢复生产的农户推出金农·致富贷等产品；支持市担保公司联合药都银行、农业银行等金融机构推出“农信担”“小微担”系列产品，2020 年，“农信担”完成授信 586 户 1.7 亿元；“小微担”完成授信 2844 户 19.9 亿元。截至 2020 年年底，全市续贷过桥扶持企业户数 1065 户，周转贷款金额 43 亿元，周转 21.6 次；“税融通”贷款余额 25.3 亿元，同比增长 75%，全年累计发放贷款 37.7 亿元，为全市 2114 家中小微企业缓解融资难题，累放额和服务企业家数均居全省第三位。

亳州市企业融资服务做法入选 2020 中国营商环境特色评选 50 强榜单，并获营商环境进步奖。

【金融风险管理】2020 年，亳州市地方金融监督管理局运用大数据开展监测预警、组织金融机构加强资金异动监测、结合综治管理加强社会化网格管理监测、加强网络舆情监测。开展集中大排查、大协作、大清理活动，全市共排查各类企业 8000 余家，排查出风险线索 65 条，分类进行处置。对全市融资担保公司、小额贷款公司、典当行、融资租赁公司、投资公司等类金融机构进行现场检查，对检查发现的问题，全部责令整改。

（刘　宇）

【建安投资控股集团有限公司】2020 年，该公司实际管理二级子公司 4 家，控股、参股公司 28 家。业务范围涉及股权投资、债权投资、医药健康产业投资、安保服务、金融服务外包等多个领域。截至 2020 年三季度，集团资产规模达 1263.29 亿元，净资产 453.62 亿元。建安集团立足资本市场，以资本运作和医药健康产业投资为主业，秉承“以金融支持实体经济，以资本助力产业升级”宗旨，立足亳州合肥两地，优化产业布局，辐射安徽，布点沪深，走向全国，围绕核心主业，打造专注于中医药大健康领域的产业投资集团。

域外投资布局。债权投资稳定业务规模，重点探索基金投资、固收类信托等高效业态，严控新增风险，清理存量风险；推进股权投资布局，以“母基金 + 直投”形式，重点聚焦医药、先进制造和 TMT 领域，通过 IPO、并购等形式退出实现收益。

域内经营资源整合。整合小贷、典当、担保等金融投资业务资源，重组成立安晨医药发展，把过去依靠低成本的资金向低端行业、落后产能开展的信贷业务，转化为以股权投资方式聚焦亳州医药健康行业的优质企业、先进产能，培养财务、营销等人才实施管理输出，依托外部资源引入客户市场、销售渠道、技术改造等增值服务，共享企业成长价值，助力医药健康产业发展；安保服务巩固传统业态，开发域外业务，为全市金融单位、学校等提供武装守押、金融外包等一体化服务，吸纳就业岗位 2000 多个，域外业务遍布全省 10 余个地市。

融资工作。新增直接融资到位资金 94 亿元；新增直接融资审批金额 84 亿元。

债券发行。1 月 15 日完成 2020 年第一期 10 亿元 CP 发行，发行利率 3.36%；2 月 19 日完成 2020 年第一期 19 亿元 PPN 发行，发行利率 4.20%；4 月 10 日完成 2020 年第一期 10 亿元创投企业债的发行，利率 4.14%；4 月 21 日完成 2020 年第一期 15 亿元超短期融资券的发行，发行利率 2.35%；5 月 20 日完成 2020 年第一期 10 亿元中期票据的发行，发行利率 3.57%；10 月 20 日完成 2020 年第二期 10 亿元中期票据的发行，发行利率 4.05%；12 月 9 日完成 2020 年第三期 10 亿元短期融资券的发行，发行利率 4.26%。以上融资项目发行利率均达到同级别同期限债券发行的较低水平。

债券审批。2 月 18 日取得 24 亿元创投企业债券注册通知书，4 月 8 日取得 20 亿元中期票据注册通知书，4 月 15 日取得 20 亿元定向债务融资工具注册通知书，7 月 1 日取得 20 亿元短期融资券注册通知书。

对 12 家困难企业 6045 万元贷款进行展期，对省内 2 家医院新增资金投放 6700 万元。

支持被投企业。安诚资本通过设立安元创新基金、创晟基金、富海博晖基金，直接支持县区内优质企业发展，引导企业规范经营，增强企业发展实力。金地担保针对专项再贷款设计“抗疫贷”融资担保品种，支持疫情防控重点保障企业融资需求。

推进稳岗就业。安徽安保科技服务有限公司下属子公司亳州保安服务股份有限公司成立保安培训学校，年培训 500 余人，促进就业。

（周新宇）

【亳州市融资担保有限责任公司】该公司成立于2002年,注册资本6.4亿元;2019年12月,重组定位为政策性担保机构,由市政府直接管理。市担保公司不以营利为目的,按照"扶小微、广覆盖、低费率、可持续"的原则,最大限度地支持小微企业和"三农"主体融资,服务亳州经济发展。该公司股东分别为建安投资控股集团有限公司(占比74.17%)、亳州芜湖投资开发有限责任公司(占比13.32%)、安徽省融资再担保有限公司(占比9.42%)、安徽古井集团有限责任公司(占比3.09%)。是全省十佳融资担保机构之一,安徽担保行业协会理事单位,信用评级AA。

截至2020年底,亳州担保净资产7.4亿元,同比增长15.8%;融资担保业务规模39.6亿元,增长11.8%,其中新型政银担业务占比78.6%,提高26.5个百分点;在保户数3065户,增长418.6%;融资担保放大倍数6.4倍,增长4.6%。平均担保费率0.98%,降低10.9%。

结构调整。将政策性担保资源定向服务小微企业、"三农"主体,主动退出商业化融资担保6.4亿元、非融资性担保2.1亿元,探索办理小微和"三农"的政策性融资担保业务38.2亿元。截至年末,政策性融资担保业务余额31.1亿元,同比增加68.9%,其中单户500万元以下业务金额占比45.6%,提高27个百分点;商业化融资担保业务余额8.5亿元,降低50.1%。

开发纯信用批量化线上担保产品"小微担""农信担"。采用线上操作,见贷即保,一次授信、随借随还的模式,首次实现担保费后置收取,担保费率低至0.8%/年,协调合作银行降低贷款利率至6%/年以下。截至年末,"农信担"完成授信586户1.7亿元,首贷率88%;"小微担"完成授信2844户19.9亿元,首贷率80%。两产品管理办法在全市推广,"支小支农"工作被亳州电视台、《亳州晚报》、《安徽日报》专题报道,"农信担"模式刊载于省农业农村厅内参《皖农交流》,供全省参考借鉴。

配强风险管理团队,由原来的7人增至13人,引入坐班律师担任现场法律顾问;开展股权质押、集中度较高的前十大客户等专项风险排查;与法院建立工作联系机制,对诉讼业务分类管理,重点案件一日一调度,推进诉讼进程;明确业务代偿后3个工作日内发起诉讼,及时掌握追偿主动权。全年,亳州担保化解风险业务1.9亿元。

(孙英杰)

·银行保险业监管·

【概况】2020年,亳州市有中国银行保险监督管理委员会亳州监管分局(简称"亳州银保监分局")管辖的银行机构17家,其中,农业发展银行1家,大型银行6家,城市商业银行1家,农村商业银行4家,村镇银行4家,农商行异地分支机构1家。市级保险机构37家,其中财产险18家,人身险19家。保险专业中介机构39家。全市银行保险业整体呈现稳健运行态势,银行业资产规模和保险业原保费收入增长平稳,整体风险可控。

印发支持企业复工复产文件11份,联合有关部门召开新闻发布会,连续7期刊发报道亳州银行保险机构支持企业复工复产相关举措。制定支持企业发展责任清单,推进政策落实。满足金融需求,推动减费让利。发放复工复产贷款669.42亿元,对疫情防控相关企业累计投放贷款58.19亿元,累计向相关重点行业投放贷款401.28亿元。全市累计办理展期及延期还本付息贷款金额111.28亿元,办理无还本续贷金额21.48亿元。组织银行机构适当下调贷款利率,新发放小微企业贷款平均贷款利率6.53%,较年初下降1.2个百分点,让利达8.8亿元。

【风险防控】2020年,亳州银保监分局推进市场乱象整治,明确机构自查、监管评估和监管检查阶段性任务,深挖彻查经营管理中存在的问题和风险隐患。紧盯重点领域风险防范。严防信用风险反弹,对受疫情影响较大的9类产业提前摸排6个月内到期的贷款,实行"一企一策"制定还款方案。开展农商行同业业务、理财业务风险排查,指导药都农商行严格依规制定存量理财整改计划。组织开展房地产业务专项检查,严禁信贷资金流入房市。全市银行业不良贷款率1.13%,信贷质量位于全省第四位。

【金融服务】2020年,亳州市贷款余额2376.34亿元,增幅19.93%,位于全省第五位。全年保费收入87.51亿元,同比增长2.15%,

赔付支出27.55亿元。贯彻“六稳”“六保”工作，全市普惠型小微企业贷款余额634.49亿元，较年初增加113.25亿元，增速21.73%；贷款户数26.65万户，较年初增加2.9万户，实现“两增两控”目标。全市精准扶贫贷款余额238.50亿元，其中，扶贫小额信贷余额6.37亿元，支持贫困户2.04万户，推动实施“深贫保”产业扶贫综合保险项目。

【金融改革】推动金融改革创新，引导机构回归本源主业。贯彻落实《关于推动银行业和保险业高质量发展的指导意见》，制定农商行2020年坚守定位工作达标计划，辖内农商行6项核心监测指标、村镇银行7项核心监测指标全部达标。深化公司治理改革。开展公司治理评估，抓好股东股权乱象整治，梳理形成问题及责任清单，针对农商行、城商行、车险及农险等领域分门别类明确具体要求及举措。加强金融服务创新。引进国联人寿保险公司在亳设立分支机构，新增银行、保险网点15个。“金农易贷”贷款平台实现上线全流程自助办理，创新打造“金农信e链”线上产品，用信395户，余额7.26亿元。新开发复工复产保险，承保6102笔，保险金额13.33亿元。

（余晓郁）

·银 行·

【中国人民银行亳州市中心支行】1949年4月，中国人民银行在亳县设办事处。1949年12月，设立中国人民银行亳县支行。1986年10月，设立中国人民银行亳州支行。2001年7月，设立中国人民银行亳州市中心支行（简称“人行亳州市中支”），辖涡阳、蒙城、利辛3个县支行。

2020年，全市金融运行平稳。社会融资规模增量创历史新高，达559.75亿元，比上年同期增加70.98亿元，占全省增量的6.05%。年末，全市金融机构人民币各项存款余额2501.71亿元，同比增长9.33%，增速居全省第11位，低于全省平均水平0.82个百分点；全年新增213.56亿元，多增38.32亿元。全市金融机构人民币各项贷款余额2380.35亿元，增长19.62%，增速居全省第五位，高于全省平均水平3.29个百分点；全年新增390.39亿元，多增67.1亿元。

支持疫情防控和复工复产。疫情防控初期，发放存量再贷款10.3亿元，支持小微、“三农”市场主体3500余家。疫情防控关键时期，线上直连防疫重点保障企业，全市31家企业获得疫情防控专项再贷款特惠资金5.6亿元，贴息后利率仅1.26%。疫情防控形势好转后，投入复工复产专用再贷款10.9亿元，增强实体信心，惠及企业468家，平均获贷利率4.4%。

支持稳企业保就业。指导银行机构亮目标，亮承诺，按月对重点指标量化调度。联合财政、经信等部门印发《创新金融支持稳企业保就业助力乡村振兴的意见》《协同推进金融支持稳企业保就业重点任务》，形成政策合力。组织银行机构落实主办责任制，对推送的名单企业实现走访对接全覆盖，帮助397家企业获得贷款资金47.6亿元。针对小微企业、个体工商户等市场主体资金短缺困境，发放普惠性再贷款，提供普惠再贷款资金42.1亿元，支持市场主体2.4万户，平均获贷利率仅为5.4%。运用普惠小微信用贷款支持计划，向法人银行机构投入“零利率”资金4.33亿元，居全省第二位，撬动发放信用贷款2.5万户19.8亿元。运用普惠小微贷款延期支持工具，直接给予法人银行机构专项奖励资金2554万元，居全省第四位，撬动为4821户市场主体办理贷款延期25.5亿元。在各项政策带动下，全市银行机构采取信用贷款、续贷等方式为11.7万户企业提供资金381.6亿元，助力纾困解难。据统计，2020年，全市累计发放普惠小微贷款37万户，金额700亿元，平均利率较上年降低0.7个百分点，超额完成国务院确定的目标任务。

强化风险管控。组织开展金融风险督导调研、银行资产质量真实性专项核查，加大中国人民银行评级结果运用力度，及时化解苗头性风险，引导金融机构审慎、稳健经营。推进存款保险制度实施，启用存款保险标识，开展存款保险知识宣传活动。强化房地产金融审慎管理，合理控制房地产贷款比重。推动稳妥分类处置扶贫小额信贷“户贷企用”问题，全部有序清零。针对辖内某农商行出现的消费者集中投诉和信贷人员涉案事件，第一时间部署应对，多次现场督导了解情况，压实各方面责任，确保得到稳妥处置。组织法人银行机构完善流动性、舆情等方面应急预案，组织做好演练，健全金融风险应急处置机制。

金融改革创新。推出“就业增信贷”产品模式，构建就业增加与信用增进正向激励机制，对主业突出、就业稳定的企业给予增信支持，累计投放28亿元，惠及企业4900家。推动创新“小微担”模式，构建银行调查与担保调查互认机制，为无抵押、无担保、无贷款的小微企业提供首担及首贷支持，累计投放388户1.8亿元，其中首贷客户占比79.8%。拓展“金融扶贫增信增收”信贷模式，构建“信贷+产业”增收带贫机制，全年累计发放6亿元。

推广农村承包土地经营权抵押贷款业务，在全省率先实现县域全覆盖，累计向6458户农业经营主体发放贷款6.9亿元，居全省前列。

完善绿色金融工作协调机制，将绿色信贷投放纳入金融机构支持地方经济发展评价。做好地方法人金融机构绿色信贷业绩评价，加大对法人金融机构绿色信贷政策辅导，引导金融机构践行社会责任，建立完善绿色金融考核等管理制度，加快绿色金融产品和服务方式创新。协调市发改委、生态环境局等单位，建立亳州市绿色项目库，共收录项目43个，总投资227亿元，组织金融机构做好项目对接和融资支持。年末，全市金融机构绿色贷款余额56.40亿元，新增14.45亿元。

基础金融服务。及时拨付疫情防控各类专项资金889笔4.23亿元。为定点接诊医院等26家重点单位开通现金服务绿色通道，确保金融服务不断档。加大电信网络新型违法犯罪打击力度，完成175户“断卡”涉案账户线索核查，对241户账户采取暂停非柜面业务等控制措施，协助冻结涉案账户1284个，资金0.74亿元，为受害群众挽回损失800余万元。深化“放管服”改革，企业开户当日即可办结，外汇业务行政许可实现网上办理。配合做好减税降费、个人所得税汇算清缴等工作，办理个人所得税汇算清缴退税及代扣代缴手续费退库业务49503笔4317万元，优化征信服务，促成中小企业通过应收账款融资服务平台融资53亿元，增长2.5倍。

推进党建引领信用建设，构建市、县、乡、村四级联动机制，推动金融机构与信用村结对共建。构建平台支撑体系、信用评价体系、考核评价体系、政策支持体系。推动信用变信贷，支持农业发展。截至年末，党建引领信用村平台采集农户信用信息75317户，乡风文明信息71497户，新型农业经营主体483户；完成农户信用评级65690户，其中信用户53937户；累计向2498户A级以上信用户发放信用贷款1.8亿元。改进基层乡村治理，2个试点乡镇群众矛盾纠纷同比减少75%，信访案件减少36%。

探索金融纠纷多元化解模式。在人民银行利辛县支行设立金融纠纷多元化解中心。共接受调解案件125件，其中调解成功67件，成功率53.6%。

（孙　肃）

【中国农业发展银行亳州市分行】该行于2007年12月20日成立，是由1997年成立的原中国农业发展银行亳州市支行升格成立，是国家农业政策性银行。其主要任务是以国家信用为基础，以市场为依托，支持“三农”事业发展，发挥国家战略支撑作用。农业发展银行亳州市分行实行扁平化管理，下辖涡阳、蒙城、利辛3个县支行。

2020年，农业发展银行亳州市分行累计投放贷款63.35亿元。年末各项贷款余额334.97亿元，占全市贷款余额总量的14.07%，较年初增长15.09亿元，增幅4.7%。继续保持零不良贷款。

支持疫情防控。共对接疫情防控企业12家，审批防疫应急贷款3.3亿元，累计投放2.6亿元，利率平均水平3.3%，最低仅为2.2%，保障疫情期间企业融资需求。

推进复工复产。累计上报重点项目建设需求20个，总投资257亿元，申请贷款173亿元。获批亳州市第二人民医院、曹操文化园、涡阳县阳港产业园、蒙城县县域城乡一体化供水工程、蒙城县芡河现代农业示范园、利辛县知行学校、利辛县2019年及2020年土地增减挂等重点项目8个，贷款金额57.99亿元，实现贷款投放17.4亿元。

服务脱贫攻坚。全年营销扶贫项目14个，贷款金额86亿元；累计向涡阳县城乡客运一体化项目、利辛县城市基础设施项目、利辛县金鸡扶贫工程项目、蒙城县虾稻联作项目、涡河蒙城枢纽建设工程项目等投放精准扶贫贷款30.23亿元；新增服务及带动建档立卡贫困人口170518人（含已脱贫享受政策166190人）。

助力长三角一体化发展。支持对接涡阳县阳港产业园、蒙城县时尚智造双创产业园等一批园区建设。支持牧原生猪养殖、正宇面粉加工等龙头企业农产品供应；对接一批冷链物流、码头货运项目建设，帮助当地绿色农产品打通向外输出通道。支持曹操文化园项目建设。支持一批中医药加工产业园区建设及优质中药企业发展；引导上海优质医疗资源进入亳州，向亳州市第二人民医院项目审批贷款7.8亿元。全年营销重点项目10个，申请贷款金额32.95亿元。

保护粮食安全。累计审批各类粮食收购贷款25.96亿元，累计投放12.38亿元；通过银企直连系统、网银系统为企业提供7×12小时资金结算服务，保证企业收购资金充足、售粮农户实现“粮出手、钱到手”，保护农民种粮积极性、维护市场价格稳定、保护国家粮食安全。

降低融资成本。为企业减免五大类46项服务收费，累计为企业节省押品评估、押品登记、报表审计等费用约30万元；减免网银服务费、工本费等6万余元。对精准扶贫贷款和小微企业贷款执行“首年优惠利率”政策，首年最低下浮50BP利率优惠，为企业减少贷款利息支出约920万元。对符合条件的10家企业发放信用贷款，累计金额2亿元，解决企业担保难题。通过办理展期、延期付息业务等方式，服务实体经济可持续发展。

（孙　坤）

【中国工商银行股份有限公司亳州分行】2020年，该行下辖6个一级支行、19个营业网点，自助银行42个，智能银行网点19个，在全辖区布置79台自助ATM设备，在职人员401人。

各项业务平稳发展。各项贷款增加48.96亿元，增幅41.35%。其中个人贷款增量36.94亿元，增幅49.29%；公司贷款增量16.89亿元，增幅49.19%。为受疫情影响和灾后恢复重建的复工复产领域提供融资支持26.89亿元。本外币全部存款增加28.19亿元，增幅14.87%。其中：储蓄存款增加15.05亿元，对公存款增加12.27亿元。实现中收9129万元，较同期增加742万元。全行实现净利润、拨备前利润分别为2.77亿元和4.77亿元。贯彻资产质量管控各项工作要求，促进全行信贷业务的健康可持续发展。全口径不良余额6695万元，不良率0.40%，较年初下降0.13个百分点。其中个人贷款不良余额较年初减少660.84万元，不良率较年初下降0.22个百分点；银行卡不良余额较年初减少843.66万元，不良率较年初下降2.30个百分点。实现累计清收处置金额8752.71万元，其中现金清收1289.65万元、转化4545.73万元、证券化2431.18万元、核销486.16万元。账销案存资产实现转出销账2户3759万元。

同年，中国工商银行亳州分行综合绩效考核居全省工行系统前三位，蝉联第六届“安徽省文明单位”，被省行评为“疫情信贷支持先进单位”。

（张玉华）

【中国农业银行亳州分行】2020年，该行有营业网点44个，其中城区网点23个，农村网点21个。

截至12月末，全行各项存款余额288.82亿元，较年初增加37.74亿元，存量、增量均居四大行首位，增幅15%；各项贷款余额218.01亿元，较年初增加52.88亿元，增量居四大行首位，增幅32%；不良贷款余额8996万元，不良率0.41%，不良率继续保持较低水平。2020年度综合绩效考核居全省第二位，跨入全省农行系统第一方阵。

疫情期间，农业银行亳州分行开展“暖心行动”，第一时间对接亳州市红十字会，协助上线缴费二维码，打通群众抗击疫情的捐款渠道。线上线下渠道向客户宣传做好疫情防控，引导客户通过掌上银行等电子渠道办理业务，建立信贷审查审批绿色通道，对涉及疫情防控的信贷业务，特事特办、快事快办，即来即审、优先办理。组织爱心捐款活动，捐款人次559人，金额8万元，向抗疫一线的医院、军分区、困难群众等捐赠价值11万元的防疫物资。为蒙城县、涡阳县发放2亿元抗洪救灾贷款，支持防汛工程建设、物资采购等；助力公安系统上线高效便民的城县智慧警务系统，解决涉案资金管理难题。与亳州市人民医院、亳州市中医院、亳州市妇幼保健院、亳州学院等银医、银校合作，累计投入近2500万元，助推亳州市医疗机构信息化建设、基础设施建设，优化群众就医流程、提高医院医疗诊治能力。为地方大学教育、职业教育、高中教育提供全套智慧校园建设方案，为地方教育发展提供资金和服务保障。承接政府债券出库资金11.16亿元，配合地方政府促进稳投资、扩内需、稳就业。

普惠金融。支持安徽亳药千草国药股份有限公司、安徽精益诚食品有限公司、安徽誉隆亚东药业有限公司、亳州市京皖中药饮片厂、安徽德运粮油有限公司等409户小微企业，发放贷款10.91亿元；为中国人民银行亳州市中心支行专项再贷款清单内的3户企业累计发放贷款2500万元；为全市疫情防控支持企业复工复产清单内的35户企业发放贷款4亿元。通过无还本续贷、贷款展期等举措，为30户企业办理展期1610万元，为12户企业办理无还本续贷7030万元，增强对中小微企业供给，金融服务中小微企业发展。投放的民营企业贷款平均执行利率4.01%，较年初下降53个BP。通过减免企业评估手续费、抵押登记手续费、降低贷款利率等方式主动为企业减费让利近2200万元。截至12月底，普惠贷款余额（银保监口径）11.97亿元，较年初增加4.66亿元，增幅为63.82%，各项贷款平均增速32.02%，普惠贷款增速高于各项贷款增速；普惠金融户数3885户，年初有贷户数1920户，普惠贷款有贷户保持增长；普惠不良贷款余额860.23万元，较年初不良贷款余额下降127.14万元，普惠平均利率4.22%，保持较低水平，完成“两增两控”目标。

服务脱贫攻坚。在利辛县望疃镇新设网点1个。全行精准扶贫贷款余额15.79亿元，较年初增加10亿元，计划完成率416%，带动服务贫困人口约1.05万人。线下帮助销售扶贫103.18万元，线上帮助销售扶贫98.5万元，直接消费扶贫25.95万元。

服务实体经济。投放华能安徽蒙城风电、利辛皖能、涡阳国淮生物质发电、上海电气蒙城生物质发电、亳州学院四期、亳州宜居老旧小区改造、华佗广场二期等9个重点项目贷款，累放金额11亿元。助稳外贸，联合农行东京分行为辖内某企业客户创新办理5000万元跨境融资贷款；创新为辖内某企业客户办理3亿元国内证+自营+代理福费廷业务，创新办理B股分红派息1.97亿元港币业务；发行建安集团6亿元超短融债券；与古井签订全面战略合作协议，创新发行古井贡酒联名卡。

党建引领信易贷。将党建引领信用村建设贷款投放试点乡镇扩大到谯城区颜集镇、涡阳县西阳镇、利辛县永兴镇。累计向450余户信用户发放党建引领信易贷4600万元。利用“乡村振兴贷”“丰收贷”等惠农e贷产品支持春耕备耕、粮食收储、农业经营。全行惠农e贷农户贷款余额9.58亿元，较年初净增3.1亿元。累计发放“药商贷”4300余户，金额3.4亿元。与担保公司探讨“农信担”合作模式，为大额贷款增加路径，降低农户贷款风险；与农委、担保公司合作，实现“订单农业”贷款首笔投放200万元。

（钱 行）

【中国银行股份有限公司亳州分行】该行前身为县级亳州支行，隶属于阜阳分行，2002年5月升格为分行，下辖利辛、蒙城、涡阳3个县支行。2020年，全辖有员工362人，营业网点18个。

2020年，该行人民币各项存款余额180.16亿元，较年初下降6.70亿元。其中公司存款余额73.87亿元，较年初下降13.58亿元；个人存款余额106.28亿元，较年初新增6.88亿元。

人民币各项贷款余额199.56亿元，较年初新增39.14亿元。其中公司贷款余额50.80亿元，较年初新增7.55亿元；个人贷款余额148.75亿元，较年初新增31.59亿元。

实现营业收入7亿元，系统内增幅排名第三位。实现净利息收入6亿元，排名第五位。实现拨备前利润5.7亿元，排名第三位。成本收入比16.89%，排名第一位。

激活电子医保凭证22364张，激活总量居全省第六位，任务完成率排名全省第五位。

服务实体经济。发放扶贫贷款4570万元；支持企业复工复产，推出企E贷、税源贷等线上产品，为小微企业和个体工商户解决融资难题。对接人总行疫情防控重点保障企业，成为亳州地区首家完成人总行清单贷款全覆盖的金融机构。

普惠金融。银保监口径普惠金融贷款 20.94 亿元，较年初新增 4.92 亿元。

支持民营经济增长。民营企业贷款余额 15.58 亿元，较年初新增 3.38 亿元。

跨境金融服务。进出口业务量合计 1.95 亿美元，国际贸易结算市场份额为 36.10%，银行系统内全市排名第一位；跨境人民币业务量合计 3.33 亿元，市场份额为 34.57%，银行系统内全市排名第一位。结售汇总量为 1.07 亿美元，结售汇市场份额为 35.67%。

（杨博文）

【中国建设银行股份有限公司亳州市分行】2020 年，该行超额完成 8 月、11 月错月考核任务及年度岗位责任目标，余额存贷比 105.58%，新增存贷比 100.77%，位居四行第一位。

实现小微企业贷款累计投放 33.31 亿元，同比增幅 53.5%。投放抗疫特色贷款“云义贷”233 笔、贷款金额 2.18 亿元。累计发放人行专项优惠贷款 15 户 1.41 亿元，在当地 7 家发放优惠贷款的银行机构中余额和占比均位居第一位。

与市政府、三县一区政府等 12 家机构签订战略合作协议，支持服务全市涵盖基础设施建设、特色产业、文旅产业、公共医疗等重点项目 60 余个，累计投放贷款 130 亿元。

服务亳州企业“走出去”力度加大，推进单一窗口绑定客户、跨境撮合平台注册、金融市场互联平台客户签约，超额完成全年计划，2 项指标完成率居全省第一位。完成辖区康美支行和希夷路支行对公外汇网点申办，优化提升网点综合服务水平。成功为安徽古井贡酒集团有限公司办理 5000 万元国际商业转贷款。

数字化经营核心团队形成，创新步伐加快，实现无形资产质押贷款破零，数字普惠、公积金快贷、“薪金云贷”等 5 项创新需求进入总行开发环节，创新动力居系统前列。

同年，系统内等级行考核居全省前列，实现个人全量客户、有效客户 17 项经营指标系统第一位，各项贷款余额、对公贷款新增等 9 项主要指标居四行第一位。

创新服务。推进“住房租赁圆梦万家”战略。上线全省首家网上选房系统，坚持“为有房人理房，帮无房人安家”。

普惠金融。小微企业类普惠金融贷款增速超出各项贷款增速 3.1 个百分点，普惠金融贷款余额近 40 亿元。创新“智慧快贷”项目；与亳州市妇联、数据资源局、工商联、团市委、民建亳州市企业家联谊会签订合作协议，搭建合作平台，拓宽服务渠道。实现普惠金融业务下沉网点，形成“一站式”办理流程。

上线亳州市首家直连上线企业银行预约开户服务平台“工商 E 线通”，推进“智慧政务”实现 10 项查询类、24 项政融支付缴费项目上线。

在全市广布乡村振兴综合服务点 1388 个，累计投放党建引领信用农户快贷突破千万元，位居全省第一位，创新扶贫工作举措。投入资金超过 20 万元。助力电商扶贫，帮助亳州市艾可舒医疗公司入驻建行善融商城。

（薛　敏）

【交通银行股份有限公司亳州分行】2020 年，该行共有营业部、康美支行 2 家营业网点，光明西路、古井剧院、三曹路 3 家离行自助区，在编员工 50 人。

截至年末，该行各项贷款余额较年初增幅 18.85%，投放项目贷款近 18 亿元，住房按揭贷款余额较年初增长 13.25 亿元，普惠贷款较年初增长 1.48 亿元。累计实现考核口径经营利润同比增幅 38.88%，经济利润同比增幅 46.62%。资产质量保持稳定。不良贷款余额、不良贷款率实现双降，不良率始终控制在 0.01% 之内。

投放民营企业贷款余额增幅 20.80%，发放涉农企业贷款较年初增长 16.76 亿元，实现无还本续贷、延本延息业务、应急贷款等业务突破。

（李　伟）

【徽商银行亳州分行】2020 年，该行在涡阳县增设一家普惠网点——涡阳经开区徽农支行，全市共有 12 家支行网点。

截至 12 月末，分行表内资产总额 192.05 亿元，较年初增长 39.96 亿元，增幅 26.27%；各项存款余额 144.29 亿元，较年初增长 10.64 亿元，增幅 7.96%，其中对公存款较年初增长 4.13

亿元，储蓄存款较年初增长6.51亿元；各项贷款余额 189.79亿元，较年初增长39.69亿元，增幅26.44%，其中对公贷款较年初增长34.16亿元，个人贷款较年初增长5.31亿元。12月末余额存贷比131.53%，较年初上升19.22%，本年新增存贷比373.03%。12月末累计实现账面利润6.56亿元，同比增加1.20亿元，同比增幅22.39%。

服务小微企业。发放疫情防控专项再贷款1.19亿元，涉及疫情防控企业15户；发放复工复产贷款69.24亿元，其中人行专项复工复产贷款3.09亿元；对符合无还本续贷条件的困难企业应贷尽贷，累计发放无还本续贷贷款金额3.11亿元，累计发放无还本续贷61笔，共计支持企业43户；通过综合运用阶段性的调整利息规则、延长还款期限等方式，为符合条件的企业"应延尽延"，累计审核实施临时性延期偿还的贷款本金3.61亿元，累计支持企业123户，涉及延期贷款146笔。充分发挥人民银行专项再贷款、复工复产政策优势的同时，实施差异化的利率定价政策，普惠小微企业贷款利率为5.86%，较上年全年平均利率水平下降0.66个百分点。

支持实体经济发展。截至2020年年底，该行民生金融业务量新增39.67亿元；民营企业贷款余额62.87亿元，较年初新增8.34亿元；民营企业户数达64户。涉农贷款余额71.25亿元，较年初增加27.12亿元，增幅61.46%。

【中国邮政储蓄银行股份有限公司亳州市分行】2020年，该行个人储蓄存款新增11.53亿元，增幅15.96%，公司存款日均净增1.37亿元。信用卡新增客户3.2万户，新增手机银行4.65万户，新增快捷支付绑卡7.15户，代理保险销量1.65亿元，同业理财年日均保有量16.89亿元。全年实现零售贷款净增18.68亿元，规模突破120亿元大关。

推进"两小"服务。围绕农村市场，发展小额信贷业务，创新服务模式，将零售业务"批量"服务推向深入，破解农村小额贷款成本高、用款急、信息不对称难题。本年"三农"贷款净增近4亿元，涉农贷款结余达89亿元，较年初增加超8亿元，增幅超10%，其中普惠农户贷款年增2亿元，居全省第二位，完成率111%；"三农"涉农贷款年增近3.5亿元。不断提升小企业金融服务水平。组织普惠金融"共享、共建、共赢"服务活动，为协会会员企业提供定制化金融服务。开展"大走访"，制订走访周计划，行领导担任"首席客户经理"，建立走访台账，对资金需求单位实时跟踪，确保走访效果落地。市县共走访各类客户超300次，小企业贷款余额近6亿元，净增近1.5亿元，完成率超150%，居全省前列。

金融服务小微企业。小微企业贷款结余超30亿元，余额净增超5亿元。"三农"普惠小微贷款年增4.35亿元，完成率140%，居全省第一位。缓解企业经营困难，开展延期还本付息超2亿元，其中发放无还本续贷8000多万元。发放复工复产贷款超64亿元，其中服务业贷款发放2.5万户，金额超40亿元；制造业贷款发放超1000户，金额超7亿元。复工复产贷款中信用贷款发放超1.1万户，金额超28亿元，占比45%。

助力三大攻坚战。全年投放金融精准扶贫贷款3.36亿元，结余2.19亿元，其中个人精准带动贷款投放1.27亿元，结余4927.56万元，涉及贫困户110多户，参与精准带动扶贫的企业和专业大户112户；购买消费扶贫产品以及发放消费扶贫券共15.6万元。助力打好防范化解重大风险攻坚战，加大清收核销力度，开展不良清收专项活动，完成清收计划的121%。助力打好污染防治攻坚战，发展绿色信贷，绿色信贷结余4亿元。

同年，邮储银行亳州市分行获评2020年度人民银行综合评价最高档次A档、安徽省银行业金融机构取消企业银行账户许可工作突出集体、第十二届安徽省文明单位、安徽省劳动保障诚信示范单位。

（岳胜楠）

【亳州药都农村商业银行股份有限公司】截至2020年年末，该行资产总额、负债总额、贷款余额、存款余额分别从509.34亿元、466.23亿元、325.84亿元、374.99亿元增长到528.03亿元、482.06亿元、388.25亿元、406.61亿元，年增长率分别为3.67%、3.40%、19.15%、8.43%。全省农商银行系统规模排名从第三位上升至第二位，全市商业银行存贷款余额排名始终保持第一位。不良贷款率1.52%,远低于全国银行业平均水平;全年实现各项收入32.27亿元,较上年同期增幅达19.03%,利润总额5.37亿元;拨备覆盖率200.21%,资本充足率13.94%,资本净利率9.07%,资产净利率0.78%,各项主要指标均保持在合理区间。

金融创新。2020年,该行"房产余值贷""商标权质押""创业担保贷"等产品推陈出新,"智能催收平台""智能营销系统""线上抵押登记系统"等项目落地应用,线上产品"金农易贷""信贷工厂""信用卡快申""金农信e链"等产品影响力持续提升。上线"金农企e贷"企业纯信用线上贷款产品,为中小微企业、商贸企业、个体工商户,特别是种养殖大户、专业合作社、家庭农场等信贷服务缺位的新型经营主体,提供无抵押担保、无接触、随用随贷的500万元以内的信贷支持。优化"金农易贷",让在亳创业就业的外地人员及亳州户籍迁出人员均可线上申请贷款。

截至年末,"金农易贷"共完成授信21万户323.78亿元,服务谯城区40%的居民户;2016年7月起,累计发放1222.47亿元,用信余额189.65亿元。党建引领系列产品共计授信2482户6.21亿元;"信贷工厂"共上线18个信贷产品,合计授信2.54万户166.79亿元;"金农信e链"共合作核心企业44家,仓储公司6家,共计授信634户25.93亿元;"信用卡快申"累计发卡6.22万张,授信15.27亿元。

普惠金融。帮扶谯城区双沟镇王各村及106户贫困户218人实现脱贫。投放防疫抗疫专项贷款205.95亿元,发放复工复产贷款141.17亿元,运用支农支小再贷款专用额度发放25.02亿元,累计办理无还本续贷3.26亿元,办理贷款展期2.60亿元,落实普惠小微信用贷款支持计划。减费让利,利率定价整体下调10%以上。截至年末,药都农商行累计签约手机银行74.65万户、个人网银9.71万个、企业网银2.21万个、金农信e付商户5.2万户,电子银行业务始终位居省农金系统第一位。在谯城区辖内的22个乡镇、办事处,258个行政村、3个居委会建成助农取款点118个、离行式自助网点114个、线下服务网点52个,累计布放ATM354台,电子银行交易替代率97.75%,践行普惠金融。全年向区团委"希望工程圆梦大学"捐款30万元,向省爱国拥军促进会"爱心送进光荣门"项目捐款50万元,被授予"爱心单位"称号。

完成"皖事通"平台"党建引领信用村产品"栏目与手机银行的无缝对接,成为安徽省唯一搭建全流程、线上化党建引领系列产品的金融机构,党建引领品牌成功构建。截至年末,党建引领系列产品共计授信2482户6.21亿元。

同年,药都农商行获评"全国第六届文明单位""2019年度安徽省劳动竞赛先进集体""安徽省五一劳动奖状""全国农村金融十佳绩效管理机构"。

(张　利)

·保　险·

【国元农业保险股份有限公司亳州中心支公司】该公司于2009年4月成立,系省属国有控股企业,按照省政府"尽可能减少农民因灾损失、尽可能减少农民负担"要求,立足亳州,服务"三农",是全市保险业中唯一具备市—县—镇(乡)—村"四位一体"的农业保险专业服务机构(含镇、村"三农"保险服务站、点)。

2020年,该公司实现总保费收入3.8亿元,保费规模在公司系统内全省名列第三位。保费同比增长率39.88%,系统内全省排名第二位。政策性种植业保险稳中有升,承保午、秋两季作物面积86万公顷。

种植业大宗农作物(小麦、玉米、大豆)保险覆盖面居全省第一位,养殖业保险(能繁母猪)参保率100%,特色农业保险险种数量位于全省地市前列,林业保险(公益林)实现全市全覆盖,承保面100%。为全市种植业提供保险保障金额42.94亿元,大宗农作物保险覆盖面在97%以上,超过安徽省政府提出的力争达95%的目标,群众知晓度提高,参保热情高。

疫情防控期间,向全市2万余名医护人员捐赠120亿元专项保险保障,为6户企业提供复工复产保险。

创新出台保险扶贫、融资扶贫、产业扶贫、党建引领等扶贫举措。创建"扶贫猪""扶贫羊"养殖托管新模式,解决贫困户少技术、不会养、不能养的问题,受到安徽省政法委、安徽省农委、亳州市政府农险办的表扬。全国首创“532”贷款保证保险，为新型农业经营主体增信融资提供风险保障。加大中药材特色保险推广力度，在传统“白术种植保险”“白芷种植保险”“牡丹种植保险”等单一中药材品种种植保险产品的基础上，创新开发“中草药种植综合保险产品”，拓宽农户的选择面（单一品种可投，综合品种也可投）。该创新产品填补了全市无中药材综合保险产品的空白，为农户提供2.52亿元的风险保障。

利用《走进农家》《行风热线》《亳州晚报》等地方媒体，对农业保险进行宣传，做客《行风热线》4期。开展“‘3·15’消费者权益保护周”“防灾减灾宣传周”“‘7·8’全国保险公众宣传日”“扫黑除恶专项斗争宣传”“防范打击非法集资宣传月”“2020年金融消费者教育与金融知识普及”等宣传活动。

支持雨季防灾减灾。7月中旬，亳州市普降大到暴雨，秋季作物因内涝受损。该公司在全市开展查勘定损理赔工作，全市秋季作物累计赔付近7000万元，确保受灾农户及时得到保险保障。

创建“扶贫猪”“扶贫羊”养殖托管新模式。即由国元农保亳州中心支公司出资购买二元后备能繁母猪分配给贫困户，养殖时由当地委员会推荐具有较为丰富养殖经验的养殖场，经国元保险考察认可后，进行集中养殖托管。养殖场每年从养殖收益中为贫困户（重点是无劳动能力）分红，每户每年分红1000元。为化解“扶贫猪”养殖风险，国元保险还为每头能繁母猪全部投上农业保险，其中，贫困户承担保险费由国元保险出资或减免。“扶贫猪”在养殖期间若出现死亡，将按每头1000元标准给予赔偿，从而确保养殖场再生产能力。受益户近200户，养殖托管猪和羊总计260头。

全国首创“532”贷款模式（若贷款本息出现损失，国元保险公司承担50%，地方政府承担30%，银行承担20%），有效缓解新型农业经营主体“融资难、融资贵”问题。“532”贷款保证保险突破了企业向银行贷款需要抵押、担保的传统模式，企业或个人向国元保险公司投保贷款保证保险，银行依据国元保险出具的保单（企业或个人无需向银行再提供担保和质押）发放贷款，在借款人未按照合同约定履行还款义务时，由国元保险公司、地方政府、地方农商银行分别按协议约定比例承担贷款本息损失。支持了全市900多户家庭农场、专业合作社等新型农业经营主体和种养大户的发展，累计为全市1020家中小企业（新型农业经营主体占95%以上）解决贷款近5亿元。

（宋　词）

【**中国人民财产保险股份有限公司亳州市分公司**】2020年，该公司实现保费收入13.09亿元，同比增长5.30%，保费规模位居全省系统四强。上缴税收总额9137万元，其中代扣代缴5548万元；全险种赔付率67.11%，高于行业7.85个百分点。业务规模、纳税额和赔付总额均居亳州产险行业首位。

支持复工复产。为建筑施工企业减免保证金7586余万元，帮助企业释放沉淀资金，松绑减负。服务民生工程，承办涡阳、蒙城、利辛城乡居民大病保险项目，蒙城医疗救助补充保险项目，为全市410余万居民提供各类政策性健康保险保障。开办个人贷款保证保险业务，累计贷款金额3520万元，丰富个人创业融资平台。

“扶贫+保险”新模式。连续第三年续签利辛县“深贫保”项目，新增涡阳和蒙城县扶贫保险项目，实现扶贫保险亳州县域全覆盖，为13.5万贫困户提供保险保障，全年支付赔款1663.27万元，受益贫困户1.57万户次。在7月、8月暴雨灾害理赔中，用最短时间完成理算赔付，帮助受灾贫困户把损失降到最低。收到蒙城县扶贫开发局、涡阳县扶贫开发领导小组和利辛县扶贫开发领导小组的感谢信和嘉奖令。

同年，人保财险亳州市分公司获评“2019年反洗钱评级A级单位”“2019年度保险业支持地方经济发展先进单位”，连续第三年获人保财险系统地市公司50强。

（李　浩）

【**中国人寿保险股份有限公司亳州分公司**】2020年，该公司推出系列惠民政策。增加“空中客服”服务通道；调整续期缴费宽限期间，对于保险合同原续期交费宽限期间为60日，在1月24日至疫情结束期间处于交费期的，续期交费宽限期调整为疫情结束之日起30日。客户在延长宽限期出险的，给予正常理赔处理。免除疫情期间的保单复效利息，对于在1月24日至疫情结束期间失效的保单，在此期间申请复效时，免除保单复效利息。

再次推出“购买公司的指定产品，满足相关条件，股份保单借款利率按照基准利率分90%执行，即借款年化利率4.95%”政策。

提供4540个就业岗位，员工人均月均收入3509.33元。为124233位老年人提供风险保障260889.3万元。赔付 746 人次，赔付金额232.064027万元。

为19.906万贫困人口提供风险保额903103.6万元，已赔付2299人次，赔付金额777.942183万元。在复工复产中，为企业提供员工福利保障，10人以上企业达190家，为18619人提供279285万元的风险保障。已理赔970人次，赔付金额407.9238万元。

疫情期间，共办理线上理赔案件12535件，赔付金额7340.67万元，为客户线上办理满期金领取156件，满期金额588.62万元。

（张　敏）

【中国人寿财产保险股份有限公司亳州市中心支公司】该公司成立于2009年5月，系中国人寿财产保险股份有限公司三级机构，全市三县一区共设立4家支公司，县区覆盖率100%，经营范围包括财产损失保险、责任保险、信用保险和保证保险、短期健康保险、意外伤害保险以及农业保险等经银保监会批准的其他业务。

2020年，该公司实现保费收入3.69亿元，承保客户8万余人，承担风险保额1568亿元，给付各类赔款1.58亿元，上缴利税3340.28万元。

服务疫情防控。为部分有需求的小微企业主动免费延长产品保险期限3个月，为受疫情影响中断或停止行驶的36辆机动车办理停复驶业务。推进小微企业复工复产政策性保险，创新推出“助微保”企业财产险（补助型），16家企业保额每家12万元，保费每单2000元（中国人寿财险亳州市中心支公司贴补1000元）。向抗疫一线单位、工作人员和医护人员捐赠保险，包括6个条线、23家单位捐赠保额18.425亿元，惠及3685人。开展公益捐款和物资捐赠，捐款1万余元，捐赠口罩5000余个、酒精40千克。捐赠“亳惠保”补充医疗保险产品28份，防止脱贫户因病致贫，因病返贫。

通过农民工工资履约保证保险为农民工提供风险保障1.86亿元；发展“医责险”“安责险”等。引进卫星遥感技术和铁塔地面遥感技术、天气风险管理系统，帮助农户规避天气风险，保护粮食能源安全。

与南京智慧医疗、上海诺惠、水滴及亳州信产等单位联合在全市率先推出“亳惠保”产品，每人每年58元，共计为9266人提供健康保障。

同年，该公司下辖谯城区支公司、涡阳县支公司获评2020年度总公司“先锋奖”县区机构100强。

（高闪闪）

【太平财产保险有限公司亳州中心支公司】该公司隶属于世界财富500强中国太平保险集团，是太平财产保险有限公司下辖在亳州市的三级机构，辖内共设3家四级机构，机构覆盖三县一区。

2020年，太平财险亳州中心支公司提供财产损失保险、责任保险、法定责任保险、信用保险和保证保险，其他财产损失保险、短期健康险、意外伤害保险和农险近200款产品，为重要行业及广大中小企业和个人客户提供风险保障。

全年实现保费收入7068万元，其中车险6593万元，财产险88万元，意外健康险387万元。累计赔付3647万元，纳税635.84万元。

疫情防控期间，建立“两通道一机制”，即快速审批、快速理赔绿色通道、特殊时期应急机制，全方位加强产品和理赔服务，优化简化承保、续保和理赔服务流程。加大线上服务力度，推广使用“太平通APP”，24小时在线服务，便捷客户服务体验。

推广产品E家安康（新型冠状病毒导致的保险责任作出取消免赔额、等待期）、畅无忧（呼吸系统重大疾病保险金10万元，新型冠状病毒疾病身故全残保险金20万元，呼吸系统重大疾病保险金1万元，新型冠状病毒确诊津贴2万元），累计为438人提供6.61亿元风险保障。

推广小微企业复工复产政策性保险，政府补贴，保障复工，累计为20家小微企业提供240万元风险保障。

承保“蒙城县特困供养人员医疗护理保险”项目，提供风险保障1亿元。

（鲁文涛）

【中国平安财产保险股份有限公司亳州中心支公司】该公司于1998年5月6日成立，是中国平安财产保险股份有限公司下辖的三级机构，辖内共设3家四级机构及1家五级机构，机构覆盖三县一区。

2020年，实现保费收入84329.19万元，保费收入增长率5.71%。全年实现纳税额7093万元，其中车船税4191万元。

推出“平安乐业福—复业保”，产品重点保障小微企业营业期间，因火灾、爆炸、传染病确诊案例导致的企业场所关停损失，守护员工健康。共为1438家小微客户提供复业保障。

为46家企业提供复工复产保障，保障金额计552万元，助力小微企业。政府补贴50%，企业承担50%保费。企业财产损失赔付限额1万元，营业损失赔付累计限额10万元，消毒防污费用赔付限额1万元。

在企业安全生产责任险、雇主责任险等险种方案中附加传染病救助保险。对感染新型冠状病毒肺炎需紧急救治的客户，取消就诊医院限制范围，取消自付药品及诊疗项目限制，取消等待期限制，豁免免赔额。

对疫情期间投保企财、雇主、安责类保险的中小企业，允许分期付款；对防疫抗疫压力较大的地区，将财产险保险费用缴纳期限延期至7月底前。对因疫情而停工的建筑业，免费延长工程类保险合同期限3个月。

助力汽车经销商恢复经营。搭建线上帮买平台。与各主机厂、全国经销商联动合作开展线上新车帮卖活动，“好车主”APP、“马上买车”小程序品牌专区，助力汽车销售。截至年底，成功搭建23家车辆销售企业，利用线上客户资源进行引流。

搭建线上预约修车通道，解决车主的维修需求，对医护人员开通专属通道，提供上门接、送车服务。

创新理赔服务。“零单证”理赔。针对非人伤、损失较小的车险事故，客户可通过“平安好车主”APP报案、线上定损、零单证赔付，同时线上对接交警快处快赔平台，优化理赔流程，创新理赔服务，赔款实时到账。共有5600余名客户享受到此项服务。

客户线上化理赔。客户通过“平安好车主”APP进行全流程在线理赔。新冠肺炎疫情防控期间，共计服务客户2600个，理赔款2500万元。

客户线上化投保及线上服务。客户通过平安好车主平台，可实现线上办理保险业务。共计承保36274名客户，线上化占比36%。客户可通过“平安好车主”APP平台，进行线上违章查询、违章处理、驾照查分、车价评估、道路救援、年检代办等服务。截至年底，车主使用线上功能服务89968次。

（陈绘绘）

【中国太平洋人寿保险股份有限公司亳州中心支公司】该公司成立于2006年，是中国太平洋人寿保险股份有限公司下属的一家以寿险、健康保险为主营业务，销售保险合约、提供风险保障的中心支公司，下辖市区本部、涡阳支公司、蒙城支公司、利辛支公司，公司拥有55名员工和1723名营销员。

2020年，该公司实现保费收入39406.91万元，保费规模在亳州市场占比9.60%，市场排名第三位。上缴税金（含代扣代缴）164.43万元，理赔给付（含死伤给付）5065.6万元。

推广线上平台，有“神行太保”“太慧赔”“太平洋保险APP”“太平洋寿险”官微及“科技个险”五大应用平台。运用“太慧赔”指导客户自助快速理赔，重疾赔付最快时效2小时。

在售险种200余个，覆盖人寿保险、年金保险、健康保险、意外伤害保险等多个领域。

完善“95500”全国客户服务电话体验和高端客户增值服务；将智能移动终端、3G无线网络、第三方实时支付、保险智能引擎、微信平台等结合，业内推出“神行太保”智能移动保险生态系统，推动销售和服务模式转型升级。打造随时随地全方位、线上线下立体化的良好客户界面，实现客户端、销售端、理赔端多领域覆盖。梳理优化理赔流程，提高理赔获赔率。全年理赔服务平均申请到支付1.2天。

（程　颖）

交通 邮政 通信

亳州东外环涡河大桥 （刘兵剑 屈建龙）

交　通

·概　述·

【概况】2001年7月，亳州市交通局成立，2010年4月更名为亳州市交通运输局。主要承担综合运输体系的规划协调，会同有关部门编制综合运输体系规划，指导交通运输枢纽规划和管理，组织实施交通运输行业技术标准和规范，拟订公路、水路行业规划、政策、标准并监督实施等职能。2020年，市交通运输局有6个内设科室、6个二级机构〔市公路管理服务中心、市地方海事(港航)管理服务中心、市道路运输管理服务中心、市县乡公路管理服务中心、市交通基本建设工程质量管理服务中心和市出租车管理服务中心(市网约车管理服务中心)〕。

2020年，市交通运输局完成省下达的930.7千米农村公路扩面延伸工程、36座危桥改造项目、535千米公路生命安全防护工程和290.3千米的县乡公路大中修养护任务。委托交通运输部通信信息中心利用卫星遥感技术对全市11208个规划保留的自然村通硬化路情况全面核查，结果显示自然村通达率100%，实现“应通尽通”。

完成交通建设投资35.1亿元，其中农村公路建设完成10.83亿元，国省干线建设完成22.85亿元，汤王隧道完成2600万元，涡河航道完成5704.8万元。蒙城县综合客运枢纽站及城乡公交换乘点完成1.4亿元。

全市有4个县级农村物流中心、79个乡镇农村物流服务站、1141个村级农村物流服务点，三级物流体系基本实现全覆盖。摸排交通扶贫领域“四风”和腐败问题线索，开展“四好农村路”等专项整治，发现问题3个，全部完成整改。

疫情防控期间，在高速出入口、普通公路(含农村公路)、火车站、汽车站、高铁站设置43个防控点，联合公安交警、卫生健康等部门对过往车辆人员逐车逐人检测，共检查车辆71万辆，发现并处置体温异常人员153人，及时移送防疫部门。前期按照省市防疫指挥部安排，落实疫情期间客运停运防控措施，全面暂停所有省际、市际班线客运和省际、市际包车客运。亳州市降为低风险地区后，逐步放开客运市场，按照“测温、消毒、戴口罩”要求，落实场站防控措施。开通农民工返岗包车申请绿色通道，24小时受理包车审批，快审快批，建立全市农民工返岗包车运力联系网络，开通包车业务咨询联系电话，主动联系农民工外出群体。组织发送农民工外出返岗包车2200辆次，运送8万余人次。

同年，亳州市公路管理局直属分局获评“全国交通运输系统先进集体”。涡阳县获评“四好农村路”全省示范县。

【交通综合行政执法改革】2020年1月，亳州市出台《交通运输综合行政执法改革实施方案》，实施交通综合执法改革。实行区级执法，市级不设执法机构，将三县一区公路、海事机构全部整建制下划，与县区运政、交通质监执法机构整合，成立县区及市高新区综合行政执法大队，人员实行“老人老办法，新人新办法”管理。12月5日，相关涉改人员移交至三县一区。2021年1月22日，高新区执法人员完成移交。至此全市所有相关机构完成挂牌，相关干部全部任命到岗，执法人员及公益机构人员完成组建，各县区交通执法机构正常开展工作，改革完成。

全市共下划机构23个，其中正科级机构16个，副科级机构7个。下划人员787人，其中在编624人、大集体4人、不在编159人。移交科级干部51人。其中正科级14人、副科级37人，科级干部档案全部移交各县区委组织部。各县区交通运输局所属人员共划转交通执法机构504人，其中谯城区128人、涡阳县128人、蒙城县95人、利辛县153人，全部人员到岗到位。

企业管理对象划转。移交高新区道路运输、水路运输企业202家，相关行业管理业务事项16项和移交谯城区道路运输、水路运输企业205家，行业管理相关业务事项16项。自移交之日起，高新区和谯城区分别按照行政区划，对移交企业及新成立企业的行业管理履行监督检查职责。

各县区执法大队统一设置为正科级，是全省唯一全部设置正科级的地市。下划机构及县区交通所属的执法机构和公益机构全部由自收自支事业单位变更为公益一类、财政全额拨款事业单位，市级下划机构总数不减少，科级领导职数不减少，编制数量不减少，干部职工政治待遇经济待遇不减少，确保交通利益和职工利益最大化。在改革过程中解决许多历史遗留问题。实现市级瘦身、执法力量下沉的综合执法改革目标。

【交通项目建设】2020年，亳州市列入省厅考核的普通国省干线公路建设项目共11个，其中续建项目10个、新开工项目1个，总里程204.508千米，年度计划总投资16.24亿元，累计完成工程投资约23亿元，占年度计划投资的144%。涡河航道整治工程01标(蒙城新闸—入淮口)累计完成疏浚量220万立方米，完成全部疏浚任务。工程02标(大寺闸—蒙城新闸)累计完成约187.42万立方米，占合同总方量的75.8%；汤王隧道项目累计完成工程投资约2.8亿元，占合同总价的68.6%。亳蒙高速于6月13日召开路线方案审查会并确定路线方案，先行实施一期工程，12月5日一期工程开工。

【交通行业治理】2020年，亳州市交通运输局组织开展交通隐患排查治理。共排查整改安全生产隐患1040个，整改完成市安委会挂牌督办重大隐患11个、道交联挂牌督办隐患6个；加强水上检查，共检查渡口60道次，渡船60艘次，检查港口11家次，检查水运企业30家次，出动执法车40台次，海巡艇31艘次，安全巡航8次。加强安全宣传教育管理，组织企业主要负责人和安全管理人员考试19期，考试通过895人。组织“两客一危”企业、公路、海事等单位开展应急演练10场次，参与人员1000余人。

督查检查。开展质量安全综合督查5期，交通重点项目工业产品质量抽查1期，安全生产专项检查18次，关键节点和中间交工监督检查169项次，累计抽查实体质量1.2万余处，共下发综合督查通报3份，质量安全监督检查告知单及反馈意见51份，安全隐患整改通知书27份，出具交工核验意见3份，竣工质量鉴定报告54份。

推进依法行政“三项制度”，实施信用监管，推进“放管服”改革，创优营商环境。依法作出行政处罚2156件，开展信誉考核评价企业776家，信用修复1493条企业行政处罚失信信息；走访调研企业、重点项目179人次，帮助企业解决问题53个；受理服务事项申请17060件，办结17060件，及时办结率100%；办理市长热线、网民留言6591件，办结率100%，满意度98%；落实降费减税政策，免征货物港务费49.8万元，免收船舶检验费330万元。

【交通环境保护】汽修行业监管。2020年，督查汽修企业171家次，存在问题38家，完成整改并通过复核验收。配合环保部门检查高新区6家4S店，开展营运车辆达标车型核查2005辆，综合性能检验报告3512辆。开展市直234家货运企业柴油货车摸底排查，报废国三营运柴油货车461辆。

国道路面保洁实现水冲洗。实行网格化管理，把管养的国省干线公路分成29个路段，明确路段长；年投入人工2万余人次，各种机械设备5000余台班，投入资金1000万元，路面扬尘得以有效治理。

水上污染治理。全市1241艘400总吨以上船舶全部完成安装改造，100总吨至400总吨船舶265艘，因转港、拆解报废等原因注销减少16艘，剩余249艘全部安装生活污水防污染设施。全市船舶污染物接收设施建成91个，按标准全面覆盖现有码头。原有4个生产性码头全部完成岸电设施改造，新建码头同步建设岸电设施。

(杨华卿)

·公　路·

【概况】2020年，亳州市公路管理服务中心推进普通国省干线公路建设，加强公路养护、管理。全市普通国省干线公路建设项目共11个，总里程204.5千米，年度完成投资17.5亿元。

公路养护。争取上级养护资金补助12409万元。完成公路安全生命防护工程项目4个，涉及公路里程全长约350千米，投资约1701万元；完成路面修复与预防养护项目8个，修复里程55.67千米，投资约7000万元；完成桥梁修复养护和公路桥梁安全防护及桥梁预防养护项目8个，投资2544万元；完成小修养护投资约600万元。

公路治超。在重要路段、节点建成运行33套、106个车道的非现场动态监测系统，利用科技手段推进治超工作。开展路警联合治超，打击冲闯卡、短途驳载、绕行执法站点等违法超限行为。共称重检测车辆106.5万辆，查处超限车辆1255辆（其中车货总重75吨以上或超限率100%以上车辆83辆），卸载各类货物25660吨，各站对称重检测后超限的车辆移交给交警驾驶证扣分累计5015分。

执法检查。共出动执法车辆5923辆次，出动执法人员18085人次，查处客运车辆85辆、货运车辆22辆次、黑车111辆。

路政管理。共拆除非交通标志862块，清理摊点332处，堆积物438处，共计9440平方米；治理非法经营砂石料厂19处，骑路逢集171处，制止违章建房130平方米；办理跨省超限运输许可241件，省内超限运输许可12件。

文明示范公路创建。继续开展省道307文明示范公路创建。修复歪斜、破损标102块，修复爆闪灯15个，清除路肩种植农作物42处约800平方米；与养护联合修复S307线损毁的护栏17处；与交警部门联合治理穿集镇路段占道经营、乱停乱放42处。

【汤王大道涡河隧道建设】2020年，亳州市公路管理服务中心继续推进汤王大道涡河隧道建设。汤王大道涡河隧道起于汤王大道与和平路交口处，下穿涡河、郑店子湿地公园和洪河，终点位于汤王大道与古泉路交口处，路线全长约1345米。其中，隧道长1241米，顺接段长104米，双向六车道设计时速为60千米/小时。

汤王隧道于2017年4月份开工建设，自开工始，受文物发掘、征地拆迁、环保管控、城市防汛、疫情等影响，工程整体进度较为缓慢。2020年4月，新冠肺炎疫情过后，市政府确定了2020年主体工程全部完工的目标，6月始，为确保城市安全防汛，工程再次暂停施工，9月上旬陆续复工。截至2020年底，一期50节箱体全部完成，一、二期围堰完成转换，开始进行二期剩余10节箱体浇筑前截水帷幕、围护桩的施工；北岸辅道管网、路基工程完成，南岸辅道管网工程正在施工，50节箱体洞内配套工程同步进行施工。累计完成工程产值约2.8亿元，占合同价4.08亿元的68.6%。

（张孝林）

·铁　路·

【概况】截至2020年底，亳州市境内开通运营3条铁路，分别为普速京九铁路、青阜铁路，商合杭高铁，铁路通车里程216千米，比“十二五”末增长31%，高于全省3个百分点。实施完成青阜铁路电气化改造工程，全市境内铁路电气化率达100%。实现新开工铁路项目1个，即阜蒙淮城际铁路。谋划铁路项目4个，分别为亳州至蚌埠、亳州至许昌、蒙城至淮南城际铁路和普速三洋铁路。

商合杭高铁合肥以北段于2019年12月1日开通运营。开工建设阜蒙淮城际铁路。2020年12月30日，先行工程蒙城施工点开工。亳州至蒙城至蚌埠、亳州至许昌、蒙城至淮南城际铁路和三洋铁路列入《安徽省人民政府关于印发安徽省国民经济和社会发展第十四个五年规划和2035年远景目标纲要》（皖政〔2021〕16号）。

（张景林）

【普通铁路】中国铁路上海局集团有限公司阜阳北站亳州站（简称“亳州站”）位于亳州市芍花路，始建于1991年，二等站，京九线。距京九铁路北京西站751千米，距京九铁路深圳站1621千米，距禹亳铁路许昌站190千米，距亳宿铁路龙山集站60千米。

在客运业务方面，亳州站主要办理旅客乘降和行李、包裹的托运；在货运业务方面，亳州站主要办理整车、零担货物发到，其中，危险货物仅办理农药和化肥的发到工作。

2009年5月，对亳州站进行改建和扩建。改扩建后的亳州站占地总面积达34799平方米，站房风格类似于仿汉类型，总面积为9574平方米。候车室分为上下两层，总面积是4327平方米，可容纳3000人，最高聚集人数为4500人。新站内建造2座无柱雨棚，旅客列车停靠站台3个，增设2条货车到发线、1座进站天桥，新建8米宽出站地道和两个高站台，可杜绝进出站旅客的对流和拥挤。售票大厅面积253平方米，比原来增加83平方米，售票窗口由4个增至12个。售票厅里开设有残疾人购票专窗。亳州火车站还在市区开设2个售票代理点，方便春运等时间购票，缓解买票排队时间长等难题。

根据国家铁路集团有限公

司的统一部署，自2020年6月20日始，亳州站实施电子客票。截至2020年底，实现安全生产4139天。

2020年，京九线经过亳州站共有48列列车在亳州火车站办理客运业务。亳州火车站发送旅客138.22万人，完成运输收入11514.81万元。

（田运玖）

【高速铁路】亳州南站站房建筑面积14999平方米，建筑高度21.3米，主体两层。一层设有售票处、服务台、检票口。候车室中部设置的180°靠墙式“12306”服务中心，主要设置有售取票、重点旅客服务、遗失物品查找、接送站、急救药箱、便民箱、综合信息问询、投诉建议受理等功能。二层设有餐饮、贵宾候车室、军人及重点旅客候车室、母婴候车室等，满足不同群体旅客的候乘需求。

2020年，亳州南站共计发送旅客1910775人次，到达旅客1898021人次，日均客发5235人，到达5200人。“五一”小长假期间，共发送旅客19987人，高峰时日5日最高发送旅客4041人；“十一”黄金周期间，共发送旅客61824人，到达旅客56571人；高峰时日最高发送旅客7241人，最高到达旅客7677人。

图定列车38对，始发列车15列（上海方向3列、杭州方向3列、温州方向2列、合肥方向4列、安庆方向2列、黄山方向1列），由亳州南站出发可直达北京、上海、安庆、黄山、杭州、温州、郑州、西安、兰州、厦门、福州等200余个城市。

亳州南站开通运营后，亳州与合肥、郑州形成1.5小时交通圈，与南京、芜湖形成2.5小时交通圈，与上海、杭州形成4小时交通圈，时空距离的大幅缩短为长三角药企到亳州投资奠定基础，吸引众多周边城市民众到亳州旅游，共接待旅行团体60余个游客6300余人。

（彭传伟）

【铁路建设管理】2020年3月20日，亳州市加强对铁路和涉铁工程建设工作的领导，成立市铁路建设工作领导小组。领导小组下设办公室（简称“铁路办”），设在市发展改革委。

铁路办推动制定2020年度铁路建设和融入长三角一体发展工作计划。推进商合杭高铁后续工作。市政府拨付商合杭高铁“三电”迁改资金4925万元，办理2期验工计价，合计464万元；协同谯城区、亳州高新区、拆迁联合指挥部办理征地拆迁概算清理。

推进阜蒙淮城际铁路亳州段项目于12月30日举行开工仪式；报请市政府解决该项目资本金出资问题，建安集团为该项目出资人代表，蒙城县、利辛县分别负责辖区内出资，市财政局、建安集团负责融资。推进亳蚌城际铁路项目列入省中长期及“十四五”铁路网规划。研究三洋铁路亳州段方案，针对三洋铁路亳州段走向和禹亳公司进行对接，提出经亳州至涡阳接轨青阜铁路（淮北市濉溪县青龙山—阜阳）、青芦铁路方案。

谋划许亳城际铁路项目。召开安徽省铁路网发展规划研究亳州座谈会，将许昌—亳州城际铁路列入规划研究，该项目于2020年10月列入《淮河生态经济带省际重点合作事项》。委托上铁院提出初步方案研究，与河南沿线市县进行对接，争取列入河南省有关规划。

与涡阳县对接谋划涡阳多式联运物流区铁路专用线项目。完成合欢路、杜仲路、光明路、古泉路4条市政道路下穿京九铁路工程对商合杭高铁运行的安全评估。截至2020年底，合欢路、杜仲路下穿京九铁路工程完成总工程量的30%；光明路、古泉路下穿京九铁路工程进行工前审计，光明路附近房屋进行安全评估。协助亳州腾云置业有限公司报上海局审查亳州域见文旅住宅楼基坑降水设计方案。对接开通亳州至北京方向高速列车事宜。2021年1月20日调图后开通亳州经郑州至北京方向直达高速列车。

（张景林）

·航 运·

【概况】2020年，亳州市有水运企业20家，港口企业7家，营运船舶1494艘，207万载重吨，船员5100余名。市海事局实施渡口分类监管，组织开展渡口安全检查，发现问题及时跟踪督办。加强节假日期间渡运巡（检）查频次，防止超载等违章行为发生。加强涉水工程水上安全监管和通航维护，督促企业按要求落实各项安全措施，保障船舶通航安全。及时发布预警信息，杜绝恶劣天气期间运输生产的违法违规行为。加强对旅游码头日常安全监管、重点时段全天候监管。组织做好汛期水上安全工作，优化渡口布局，撤销渡口2道。落实疫情防控措施。全年水上交通安全态势持续平稳。

【港口码头建设】2020年，涡阳县陈大货运码头2个泊位、涡阳县城东货运码头2个泊位、蒙城双涧码头3个泊位建成并投入使用，谯城港区大寺码头7个泊位完成前期工作。涡阳港区陈大货运码头项目建设2个500吨级泊位，占用岸线180米，设计年吞吐量100万吨，项目总投资7500万元。涡阳港区城东货运码头项目位于青阜铁路下游约750米处涡河右岸，新建2个500吨级泊位，占用岸线150米，项目总投资4792万元。蒙城县双涧码头项目，从双涧大桥以下508米位置开始向下依次建设3个500吨级（兼顾1000吨级）泊位及相应的配套设施，占用岸线175米。设计年吞吐量180万吨，工程占地面积约31930平方米，总投资约6100万元。

【涡河航道整治工程】2020年，总投资近50亿元，分三期建设的涡河航道整治工程01标（蒙城新闸—入淮口）累计完成208.87万立方米，工程02标（大寺闸—蒙城新闸）累计完成疏浚159.36万立方米。亳州港投公司完成资金支付10720万元，其中工程建设资金支付3090万元。

涡阳义门交通桥完成计量产值4900万元。

涡阳船闸勘察设计及前期工作招标完成，中标单位安徽省交通勘察设计院有限公司完成方案研究。涡河桥梁防撞施工招标完成招标文件编制。涡河航道（省界至大寺闸段）整治工程和大寺船闸工程完成预可研报告。

【行业管理】2020年，市海事局完成《亳州市“十四五”水运发展规划》招标；完成亳州港总体规划谯城大寺作业区、蒙城双涧作业区调整报批。组织外出船检4期，检验营运船舶1494艘。办理网上行政审批近2000件；开展海事行政处罚300余件，处罚50余万元。

提前完成船舶生活污水防污染改造任务。100～400总吨船舶改造任务为265艘，因转港、拆解报废等原因注销减少16艘，剩余249艘全部安装生活污水防污染设施。港口污染物接收设施建设任务全面完成。全市原有的4座生产性货运码头，均按照要求进行环保整改。新建成并投入使用的涡阳城东货运码头、涡阳陈大货运码头均按照要求落实各项环保措施。船舶和港口污染物接收设施运行正常。全市船舶污染物接收设施建成91个，按标准全面覆盖现有码头。船舶港口岸电设施建成并投入使用。原有的4个生产性码头全部完成岸电设施改造，新建的码头同步建设岸电设施。开展“打击无证经营码头回头看”工作，严防无证码头反弹。

（孙立生）

·亳州交通投资控股集团有限公司·

【概况】2017年8月，亳州市以亳州交投公司为主体，合并安车集团、公交公司等市属企业，组建亳州交通投资控股集团有限公司（简称“交控集团”）。主要承担市政府委托的交通基础设施、城市公共交通、地方高速公路、地方机场、地方城际铁路、停车场的融资、开发、运营和管理等。

2020年，交控集团产业重组，对集团下属子公司进行板块化业务整合，形成公共交通板块、环保科技板块、汽车产业板块、公路建设板块、建筑开发板块、商业运营板块、铁路板块及水务板块的新格局。下属全资、控股、参股子公司29家。完成通正、通业、交投广告等10家公司注销材料准备和工商注销事宜；完成资产公司、铁投、交赢、通享等8家公司股权划转和增资工商变更登记事宜。

集团资产总额97.33亿元，负债总额45.11亿元，资产负债率46.35%。实现报表收入22.88亿元，净利润1.99亿元，国有资产保值增值率107.54%，经营形势持续向好。累计取得授信23.72亿元，实际放款13.95亿元。其中，非公开发行公司债券取得授信批复，竞争性子公司实现经营性收入9.04亿元。上缴税费2616.55万元，其中经营性税费2295.49万元。

亳蒙高速公路谯城（立德）至涡阳（标里）段（简称“亳蒙高速项目”）开工。优化调整5条公交线路。临漳公园和城北驾校公交首末站完成建设。亳州市获评“安徽省优先发展公共交通示范城市”。

完成亳州港多式联运物流园项目总体规划和控制性详细规划编制招标，项目选址及初步实施方案编制并报市政府主要领导审批，完成总体规划初稿编制。完成亳州货车停车场综合体项目两处货车停车场选址，取得项目立项批复和可研批复，完成停车场专项债资料申报，成功发行9200万元停车场专项债，开展货车停车场建设方案调整和征迁。完成李门楼还原小区（二期）保障房项目主体结构工程量的80%。省道309超限超载检测站项目于12月开工建设。亳州再生资源交易市场投入运营。崇文路加油站项目完成建设并通过验收。上善环保公司中标建安隧道运营管理项目以及市城区护栏清洗和维护服务项目。上善环保公司承担市中心城区及城乡接合部保洁全覆盖，抑制扬尘污染，完成$PM_{2.5}$全年度48微克/立方米预期控制目标。交控集团下属安源检测公司承担重柴车辆尾气检测，亳州禁区柴油车改造共检测1200余辆，柴油车专项治理共检测1400余辆。

疫情防控期间，制定关于公交运营、省道309收费等工作操作规范；省道309收费站严控进出人员；上善环保公司在市区配备废弃口罩专用回收垃圾桶300个，每日对环卫工具至少3次消毒。集团下属亳州公交集团坚持公交运营不中断，安车公务用车平台组建“应急保障突击队”，保障抗疫成员单位用车需求。3名驾驶员援沪参与入境赴皖人员运送，受到省政府驻上海办事处表扬。利用“一网一微”平台，推出信息2000条，制作专题片视频21个，被各级媒体采用信息195条，其中“安天汽贸党员突击队疫情防控”信息被“学习强国”平台采用，“5路木兰线红旗飘飘迎国庆”信息被新华网、人民网、“学习强国”平台采用。

本年度，交控集团获2018—2019年度全国“安康杯”竞赛优胜单位，集团下属公车调度中心获“全国青年安全生产示范岗”，公交5路女子车队被省总工会授予“安徽省五一巾帼标兵岗”，亳州公交集团获评安徽省和谐劳动关系示范企业。

【亳蒙高速公路项目开工】2020年，市交控集团推进亳蒙高速公路项目建设于12月5日开工，项目由交控集团下属子公司通达利公司承建。该项目是省“稳投资提前到2020年开工”项目中唯一开工的项目。

亳蒙高速公路项目起点位于谯城区立德镇，设枢纽互通接济广高速，经规划中的亳州机场和涡阳县、蒙城县，终点位于宁洛高速。全长104千米，总投资约135亿元，全线设计速度120千米/小时。该项目是亳州市高速公路网的重要组成部分，也是皖北地区重要的交通干线。项目建成后，亳州至蒙城车程不到1小时，将完善区域高速公路网络，与周边高速公路共同构成一条新的快速通道，对进一步提升亳州市及沿线的区位优势，发展外向型经济具有重大意义。

【公交服务优化】2020年，亳州公交集团优化调整公交线路23条；14处公交场站投入使用，城北驾校、临漳公园公交首末站2处公交场站在建，推进公交基地停保场、望州路公交首末站、木兰小区公交首末站3处场站项目。新建49座标准化电子站牌以及66处太阳能低功耗电子站牌，乘客可实时了解车辆到候车点的距离，可实现线路查询、IC卡自助充值等功能。开通企业、学校、社区定制线路44条。公交车保有量从创建初期的400台增长至714台；运营线路从25条增加至38条；首末站从2个增长至15个；公交站点500米覆盖由56.65%提升至100%，建设电子站台116座。2020年12月，亳州市获评安徽省第二批“优先发展公共交通示范城市”。

【亳州再生资源交易市场运营】2020年10月，亳州再生资源交易市场运营。

该项目位于谯城经开区古井大道以东，和平路以南，藿香路以北。总投资约7500万元，占地2.67公顷，建筑面积32398平方米。项目于2018年12月开工建设，2020年8月完工。主要包括4栋标准化库房、1栋配套用房（含地下室）。截至年底，有7家废品收购公司入驻市场。主要经营纸、钢铁、塑料瓶等可回收物资的收购。根据经营者的需要，集团下属通茂公司把厂房分割成不同面积进行平价出租，有效解决市区废品回收站环境问题，规范全市再生资源回收利用。

（安琪儿　杨威风）

邮 政

【概况】亳州市邮政管理局于2012年10月挂牌成立，主要职能是贯彻执行国家邮政法律法规、方针政策和邮政服务标准；研究拟订全市邮政发展规划；监督管理全市邮政市场以及邮政普遍服务和机要通信等特殊服务；负责行业安全生产监管、统计；保障邮政通信与信息安全等。

2020年，亳州市邮政、快递企业（含总部直营分支机构）55家，从业人员近6000人；邮政营业场所139处，其中普遍服务场所102处，村邮乐购站点1275个；快递企业分支机构151家，快递末端服务网点112个；行政村快递网点覆盖率67.56%。完成邮政业务总量43.43亿元，同比增长64.99%（全省第一位）；完成邮政业务收入18.44亿元（全省第五位），增长33.36%（全省第一位）。其中，快递业务量完成1.53亿件（全省第三位），增长83%（全省第一位）；快递业务收入完成11.83亿元（全省第三位），增长47.31%（全省第一位）；快递与包裹业务量合计完成1.96亿件（全省第四位）。

同年，中国邮政集团公司亳州市分公司被人社部、国家邮政局授予“全国邮政行业先进集体”称号，亳州市圆通速递公司被应急管理部、共青团中央评为“全国青年安全生产示范岗”，“快递+花草茶”获评“全国快递服务现代农业金牌项目”。

【邮政监管】2020年，亳州市邮政管理局实施“双随机、一公开”监管，重点开展跨区域超范围经营快递业务打击行动，实施行政处罚24起，罚款51.3万元。开展快递业务许可延续换领实地核查，12家快递企业许可完成延续换领。开展快递“空包”“刷单”等违规问题专项整治，抓好末端服务违规收费治理。强化用户申诉处理与行政执法的工作衔接，加强申诉工作，为消费者挽回经济损失近20万元。完成重大活动和重要节点寄递渠道安全保障工作，全年无安全事故发生。

【邮政服务】2020年，亳州市推进建制村直接通邮工程。全市1344处建制村，依托邮快合作、快电合作、快快合作模式，全市建制村快递服务通达880个行政村，覆盖率65.5%，实现邮政、圆通、中通、申通、韵达、百世、天天等主要品牌快递服务通达至建制村。开展高考录取通知书、军队寄递服务，保障中央巡视专用邮箱邮件寄递服务。24名亳州援鄂抗疫医护人员获赠《众志成城抗击疫情》定制邮折。举办《华佗》特种邮票全国原址发布仪式。

【邮政从业人员权益保障】2020年，亳州市邮政管理局贯彻落实习近平总书记关心关爱快递小哥的重要指示精神；推进非公党组织和群团组织建设，成立行业党委、行业工会、行业团工委；开展“快递从业青年服务月”活动，500余名“快递小哥”获赠意外伤害互助保险，25名快递员免费参加省总工会组织的疗养；完成快递从业人员职业技能培训496人次；开展全市邮政快递业职业技能比赛。推进快递职称评审，4人获评中级职称。

【亳州“快递+花草茶”获评“全国快递服务现代农业金牌项目”】2020年，亳州“快递+花草茶”获评“全国快递服务现代农业金牌项目”。

亳州市有花茶生产企业600余家，花茶品种200余个。亳州贡菊冰茶、茉莉花茶、玫瑰花茶为主要花茶类型，年产量超10万吨，远销国内外。近年来，市邮政管理局推进“快递+”发展模式，延伸快递服务内容，逐步形成“仓储+配送+包装+销售”模式，为企业提供一体化服务。2020年，从亳州发往全国各地的花草茶快递7500万件。

12月31日，国家邮政局公布“2020年快递服务现代农业金牌项目”名单，亳州市“快递+花草茶”获评“全国快递服务现代农业金牌项目”，名列第二。

（刘虎诚）

·中国邮政集团有限公司亳州市分公司·

【概况】2000年7月25日，地级亳州市邮政局成立，负责辖区内邮政网的规划、建设、运行管理与经营服务；经数次更名，2020年，更名为“中国邮政集团有限公司亳州市分公司”（简称“中国邮政亳州分公司”）。以普遍服务、寄递业务、金融业务、农村电商等为主业，实行多元化经营。

2020年，中国邮政亳州分公司下辖3个县分公司和1个营业局，员工1300余人。投入2700多万元用于网点翻建扩建、场地改造等。建成3个县级运营中心、28个镇级运营中心和1324个村邮乐购站点，打通工业品下乡、农产品进城的双向通道。全市130个普服网点全部正常开门营业，所有普服网点开全4项基本业务（函件、包裹、汇兑、印刷品）。农村乡镇局所覆盖率、建制村通邮率、县城及以上城区党政机关《人民日报》《安徽日报》当日见报率均达100%。

疫情防控期间，全市邮政员工为市民封装、配送口罩307.85万只。推进复工复产，采购口罩等防疫防护物资价值100余万元，为一线员工发放临时性补助100多万元。被“学习强国”平台等媒体报道。

强化合规检查队伍、市预警团队、派驻综合柜员3支队伍履职，防控风险。未发生资金案件及重大风险事件。

本年度，中国邮政亳州分公司获评全国邮政行业先进集体、第十二届安徽省文明单位；亳州市寄递事业部政务中心营业部获评“安徽省工人先锋号”；十八里邮政支局获评“全国模范职工小家”。

【绿色邮政建设】2020年，中国邮政亳州分公司制定《2020年绿色邮政建设行动实施细则》，按时完成三年规划节点计划和邮政行业生态保护体系目标。营业窗口交寄邮件电子面单使用率99.42%；45毫米及以下胶带推广率100%；电商包裹不再使用二次包装达70%以上；省内可循环邮袋应用比例超过90%；在全省率先设置包装废弃物回收装置的营业网点100%，在中国邮政集团公司召开的“2020年全国绿色邮政建设推进暨培训电视电话会”上，该项工作受到国家邮政局和中国邮政集团公司点名表扬。

（李贞贞）

通　信

【电信】中国电信股份有限公司亳州分公司（市电信公司）成立于2000年8月，隶属于中国电信安徽公司，下辖涡阳、蒙城、利辛3个县级分公司。

2020年，市电信公司推进光网和移动网络建设，新增光端口15.6万个，新增光端口完成率居全省第一位；5G网络开通宏站454处，室分40处，实现5G网络市区主城区、三县核心区域室外连续覆盖，重点场景热点区域深度覆盖。在全省率先打造城市快电驿站，助力解决城市快递“最后一百米”难题，提升群众取件便捷性和安全性，整合各类资源提升信息化服务能力，助力政府管理效能提升。

同年，市电信公司获评安徽省第十一届文明单位、安徽省安全文化示范单位。

（段伟甲）

【移动】中国移动通信集团安徽有限公司亳州分公司（简称“市移动公司”）成立于2000年11月23日，隶属于中国移动安徽公司，是亳州区域网络规模、客户规模最大的通信运营企业，下辖涡阳、蒙城、利辛3个县级分公司和1个市区营销中心。市移动公司为客户提供移动通信、家庭宽带、互联网及数据专线、大数据、云计算、物联网等综合信息服务。2020年，该公司实现通信服务收入15.4亿元，净利润4.05亿，累计缴纳税收4558万元。

加快5G基础设施建设，开展4G/5G网络协同优化，实施黑点攻坚、弱覆盖攻坚、集团单位优化攻坚，增强网络覆盖，提升网络质量。建设5G基站累计789个，率先在全市三县一区主城区实现5G信号全覆盖；扩容4G基站158处；宽带覆盖新增35万户，总覆盖率95%。

落实“党建和创”“质量达标和格行动”，开展“岗区队”建设，促进网格运营；实施“书记项目”，推动信息化项目发展；创建“云上药都数字先锋”党委主品牌和10个支部品牌，解决基层工作难题。坚持量质并重，加快5G用户与套餐同步发展，实现客户规模与价值双提升。推广以1000M宽带为主的“智慧家庭”体系，为用户提供智能家居应用、5G+VR沉浸式数字体验、4K超高清互联网电视，提供7×24小时专属服务。运用人工智能、云存储、5G等技术，部署立体化智能摄像头，推进“平安乡村”建设，助力乡村社会治安综合治理。

推进集中投诉处理运营工作，不知情定制投诉同比2019年下降88%。打击治理电信新型网络诈骗，维护客户权益。疫情期间，保障医院、防疫单位、政府机构等重要单位通信畅通，重点做好大数据支撑，针对特定人员减免话费，做好防疫物资供应，落实疫情防控“三个保障”（通信保障、服务保障、防控保障）工作要求。

本年度，市移动公司通过“全国文明单位”复审。网络部李永光获“2020年中国移动无线运维技能竞赛”团体赛二等奖和个人赛优秀奖。利辛县展沟网格获评“中国移动通信集团2020年度优秀网格”，王雪梅获评“中国移动通信集团2020年度优秀网格长”。

（李晓波）

【联通】中国联合网络通信有限公司亳州市分公司（简称“市联通公司”）于2001年4月6日成立，主要职能是提供网络通信服务。

2020年，市联通公司主营收入份额13.54%，较上年下降0.43PP，主营收入同比增长2.61%。

推进移网5G化，为不同的客户目标群打造产品套餐。加快线上化转型，优化线下实体渠道，以5G、智家、权益等创造价值、打动客户。搭建智慧行业平台，推广“钉钉”等品牌产品。

新增L900基站63个，L1800基站142个，室分系统19处，竞合电信室分3处，对3所高校54台设备进行扩容；专线业务开通364条，提速40余条；扩容谯城区Bras地址池8个C，OLT上联扩容50余条，OLT新开10余个。

提升用户上网感知，整治宽带弱光。通过整改主干线路质量、基站标准化、接入网设备整合、去除三级分光组网、重点合作商技术帮扶等措施，光衰不达标准率降低至2%以下，网络质量提升。

（孙瑞雪）

【无线电管理】2002年，安徽省无线电管理委员会办公室亳州管理处（简称“市无线电管理处”）设立，是安徽省经济和信息化厅派出机构。主要职责是宣传贯彻执行国家和省无线电管理的方针、政策，管理亳州市辖区内无线电台站的建设布局、无线电监测、监督检查，协调处理市辖区内无线电管理有关事宜。下辖亳州无线电监测站。

2020年，市无线电管理处对所有行政审批事项均实现网上办理。共办理行政许可12件，其中频率使用指配1件，设台申请5件，业余无线电呼号指配2件，频率注销2件，呼号指配2件。2020年共核发电台执照7个。

协调对接5G建设相关单位，听取运营商意见建议，推进台站批量管理、台站数据资料入库、电台执照核发等问题。加强沟通协调市县广播电视台、气象局和安广网络公司等单位，摸清地球站数量，协调安装滤波器，完成28个卫星地球站的干扰协调保护工作，确保5G基站开通。排查通信干扰，接到亳州移动5G通信干扰投诉5起，查明原因，并责令相关单位限期整改，消除干扰。

结合“扫黄打非”、考试保障、重大活动和重要时期无线电安全保障等工作，结合常规监测和专项监测，做好无线电频谱监测工作。全年监测总时长12000余小时，编发无线电频谱监测统计报告12期。受理并成功排查市广播电视台、安广网络亳州分公司和亳州移动公司等通信运营商干扰8起，及时排查干扰源，对造成干扰的4家单位进行责令整改。

开展打击“黑广播”“伪基站”专项行动。开展4次监测巡查活动，共监测广播信号35个，电视信号32个，查获“黑广播”7起，及时移交公安部门处理。

在疫情防控和防汛期间，为铁路、民航、广播电视、公众通信等重要无线电业务提供保护性监测服务。妥善协调处置商丘军用飞机在亳州区域受干扰事件。完成世界制造业大会和全国、省、市“两会”等期间的无线电安全保障任务4次。开展中高考、公务员招录、各类资格认定等重要考试无线电安全保障，共完成保障46次。

加大发射设备监管宣传力度、执法力度，联合市场监督管理局开展无线电发射设备销售市场监督检查，对违规行为责令商户及时整改。对违规销售未取得型号核准的无线电发射设备，责令商家立即下架，并开具责令整改通知书，对法人进行约谈。共开展监督检查2次，开具整改通知书4份，约谈相关责任人2人。

更新市区双通道固定监测站1座，新增卫星干扰监测系统1套，监测网络覆盖全市；维修维护无线电技术设施15台次；无线电理论水平和实操业务能力提升，多次成功排查微小干扰源。

同年，市无线电管理处向省经信厅报送信息21条，国家无线电管理网采用信息5条，被《人民邮电报》采用2篇。组织参加全省无线电技术演练比赛，综合成绩名列第七位。

（张　耀）

城乡建设与管理

亳州市城市一角　　　　（刘勤利　摄）

城乡规划

【概况】2019年3月，亳州市机构改革，将原市城乡规划局的行政职能划入市自然资源和规划局。2020年，市自然资源和规划局完成国土空间规划所有12个专题研究成果，其中《亳州市资源环境承载能力和国土空间开发适宜性评价》通过专家评审论证。开展城市中心城区城镇开发边界试划工作，对试划初步成果进行修改完善。评估调整生态保护红线，将全市生态保护红线面积由原来的4850.87公顷调整为5040.48公顷。

落实城市发展新理念新政策，对控规通则进行修编，重点修改及增加停车配比、建筑高度控制、计容面积计算、建筑面宽等内容，修编项目初步成果完成，并通过专家评审。围绕规划技术服务管理，开展项目地块指标审查工作，规范和畅通规划先行先审的工作机制。全面启动经营性项目第三方复核，强化对第三方复核单位的管理，全面落实新批项目的第三方规划验线，建立严格的核验机制，确保依规建设，维护规划的严肃性和权威性。

推进公共服务设施和市政基础设施项目选址工作，开展民生工程项目规划设计方案审查、审批工作，满足民生所需。完成历史文化名城和非历史文化名城历史建筑普查工作。推进历史文化名城名镇保护规划审批，全市有21处历史建筑公布挂牌。

【多项“合一”减负增效机制建立】2020年，为确保企业项目在20个工作日内完成工程建设许可阶段审查，亳州市建立每周召开一次市自然资源和规划管理委员会全体成员会议制度。在“多审合一”“多证合一”方面，优化审批流程，实现多项工作的同审、合审及同步发证，全面推广建设项目用地预审与选址意见书、建设用地规划许可证、建设工程规划许可证电子签章、电子证照发放，实现数据代替企业“跑腿”。推进“多规合一”实用性村庄规划编制试点。出台《亳州市工程建设项目“多测合一”工作办法（试行）》，建立“多测合一”中介服务机构名录，减少测绘时间及测绘收费30%以上，实现测绘成果互联、互认、共享。

（周　项）

住房和城乡建设

【概况】2020年，亳州市住房和城乡建设局（简称“市住房城乡建设局”）围绕“大重点、大建管、大房产、大督办”任务推进工作。

落实新冠肺炎疫情防控要求，建立项目“五级包保”机制，帮助企业解决复工难题，最大限度减少疫情的影响，实现“工人零感染，项目全复工”。全省城市建设重点工作暨重点项目推进会议在亳州召开。

推进政府投资重点工程。承担市本级政府投资项目117个（房建项目35个、公共事业项目13个、园林绿化项目10个、道路桥梁项目59个），总投资约110.4亿元。加强对前期基建手续、项目招投标、施工监理合同、工程现场施工、农民工维稳管控、大气污染防治、疫情防控及复工复产等全过程管理，与其他部门建立协同机制。完成项目21个，完成投资额约41.2亿元。

全市棚户区改造新开工计划任务30197套，基本建成计划任务17195套。实际新开工30261套，基本建成18201套。此项工作位居全省前列。

开展建筑工地扬尘治理，加强培训，提升治理标准，开展优秀（A类）示范工地及混凝土搅拌站创建，实施差别化管理，借助科技手段，提高监管效率。

农村危房改造。完成3394户（含省厅下达1562户年度任务），完成174258户建档立卡贫困户住房安全系统录入工作。

老旧小区改造。完成改造61个老旧小区约300万平方米，惠及群众25695户。试点开展既有住宅加装电梯工作。全省城建调度会议对亳州市老旧小区改造工作给予通报表扬。

黑臭水体整治。推动完成市中心城区12条黑臭水体整治，并通过省级联合复查。启动实施市中心城区黑臭水体生态修复及后期管护工程PPP项目，提升水体自净能力，确保水体长治久清。

外墙保温脱落整治。制定排查整治工作方案和指导意见书，并通过省级专家评审。通过排查，全市共发现存在脱落问题项目102个、731个单体、1354处问题隐患。截至年底，完成清单制定。

消防设计审查验收。开展消防问题专项排查整治暨消防优质服务年活动，解决遗留问题，减轻企业负担。共摸排历史遗留问题141件，解决问题36件。

【推进全市建筑业发展】2020年，亳州市有施工总承包资质建筑业企业338家，专业承包资质企业152家，劳务分包企业162家。施工总承包一级资质企业7家，二级资质企业31家，三级资质企业300家。全年建筑业产值约143.5亿元，增长9%。全年培育施工总承包一级资质企业1家。全市完成绿色建筑面积560余万平方米，装配式建筑竣工面积约200万平方米；在建装配式建筑面积约130万平方米。新建绿色建筑占新建民用建筑开工面积100%；绿色建筑竣工面积占新建民用建筑面积比例67%，比上年提高约20个百分点；装配式建筑竣工面积占新建建筑面积比例17.56%，比上年提高7个百分点。

【工程建设项目审批制度改革】2020年，亳州市工程建设项目审批制度改革实现“三零、三全、两服务、两评价”。“三零”：“零纸质”，采用电子化资料，实现电子证照；“零见面”，提交资料和打印证照只需要在办公室即可完成；“零跑腿”，办理过程全程电子化，有问题直接电话咨询即可。“三全”：电子证照全覆盖，施工许可证等9项审批结果全部实现电子证照，为942家企业申办1964个电子证照；审批部门全覆盖，涉及16个审批部门全部入驻综合服务窗口，窗口有常驻人员38名。项目类型全覆盖，将所涉及工程建设项目细化为政府投资房屋建筑类等10类，通过审批系统办结单事项35420件，同比增长1.3倍；“两服务”：全程代办服务和“7×24小时”不打烊服务；“两评价”：市场主体对主管部门的审批服务进行好差评评价，对代办人员代办服务质量进行评价。省政府“四送一服”办对亳州市给予高度评价，将亳州市“办理建筑许可”指标作为全省标杆之一。

【工程建设领域专项整治】2020年，亳州市住房城乡建设局开展“建筑市场”“工程建设招投标”“房地产中介”“打击违规海砂”专项整治，每季度开展综合执法检查。成立督查小组，随机选取全市13个工程建设项目，开展专项督查调研。召开全市工程建设行业工作推进会、研判会，分析行业内突出问题，研究制定重点整治方案及行业管控长效机制。移送招投标领域线索3条，侦破串通投标案件3起，涉案人员7人，涉及公司8家，涉案金额800余万元。约谈12家企业相关负责人；信用惩戒方面，记个人或企业不良行为记录49次，通报批评92次；行政处罚方面，移送城市管理部门立案处罚109件。

【安全生产和工程质量监管】2020年，市住房城乡建设局加强安全生产教育培训，开展14次专项治理和综合执法检查，下发217份现场检查记录，35份执法建议书。各县区下发整改通知单602份，停工通知单171份，共排查安全隐患8811处，立案移交处罚45起，已罚款29.6万元；共查处违法分包3起，未批先建项目31个，处理建设单位32家、施工单位21家。开展工程质量监督、综合执法检查与管理。监督巡查及监督验收共计3500余人次，下发《质量抽查意见书》1060余份，下发监督问题整改文件135份。全年全市工程质量未发生较大及以上质量事故。

（葛　伟）

·亳州城建发展控股集团有限公司·

【概况】亳州城建发展控股集团有限公司（简称“城建集团”）于2017年9月2日挂牌正式成立，注册资本27.83亿元。主要承担市政府委托的城市基础设施和公共事业的建设、融资、运营和管理等职能。同时，坚持走市场化和投资多元化的道路，旗下子公司涉足房地产开发、工程施工和设计、装饰装修、物业管理、商业运营、工程咨询、城市管网经营等产业领域。

2020年，城建集团下属全资、控股子公司44家，其中，有一级子公司6个：亳州建投房地产开发有限公司、亳州建工有限公司、安徽开埠建筑有限公司、安徽惠润工程管理咨询有限公司、亳州兴禾农业发展有限公司、亳州公用事业发展有限公司。

完成经营性收入54.15亿元，上交经营性税费3.05亿元，完成融资资金35.58亿元。

产业投资。承接项目41个，签订合同额24.3亿元，完成建筑业产值近30亿元。基本建成城建汉广中药材初加工产业园，接单238.61吨，完成加工205.19吨。

推进复工复产。免收名下经营性用房租金3个月，减免租金约1000万元，受益企业235家（含个体工商户）。向市红十字会及高新区管委会捐赠价值约50万元的口罩及防护服等物资。

同年，城建集团获评“2020安徽服务业百强企业”。

【项目建设】2020年，亳州市医疗废物处置中心扩建项目、国药科技产业园项目、鬏尾厂临时菜市场、龙凤菜市场项目完成施工并投入使用；亳州创客空间二期创客中心（B区）装饰项目完成施工并移交；魏武广场停车楼完成商业楼及主体钢结构封顶；华佗广场项目深基坑支护体系和土方开挖施工完成；蔷薇路、人民路菜市场项目推进。亳州市涡河城区段综合治理项目、窑鸿沟综合整治工程及铁西公园等34个绿化项目建设，其中，曹操公园绿化提升项目和木耳路施工完成，孔庄水源地等9个游园基本建成，香附路游园等7个项目施工，铁西公园等10个项目进行方案及图纸设计；窑鸿沟及窑鸿支沟综合治理工程和涡河城区段综合治理工程推进。

【地产商业运营】2020年，城建集团参与土地竞拍23宗，竞得地块8宗，土地面积55.79公顷。建安文化广场项目“礨+村”品牌项目于6月26日开业，场内商户日均营业额30万元；缤纷城推出“缤纷大转盘”“缤纷星期六”等经营活动，日均客流1.1万人次，日均营业额17.2万元。

【药用植物组培繁育中心运营】2020年8月，城建集团与中国医学科学院药用植物研究所合作建设的药用植物组培繁育中心（简称“组培中心”）正式投入运营。该中心重点围绕种子种苗脱毒快繁、提纯复壮开展繁育技术攻关、新品种研发和质量检测，并进行成果转化。该中心设计面积1344平方米，总投资1000万元，配有光照培养箱、变频全温摇床、显微成像系统等仪器设备，一次可周转生产组培苗4万余瓶。完成半夏、黄精等9000瓶中药材组培生产。

（张启业）

城市管理

【概况】2003年6月19日，亳州市市容管理局成立，为正县级建制。2005年5月，更名为“市城市管理行政执法局”。2015年1月，亳州市城市管理行政执法局和市住房和城乡建设委员会合并。2017年6月15日，市城市管理行政执法局和市住房和城乡建设委员会分开，设立市城市管理行政执法局。2019年，亳州市机构改革，设立市城市管理局，保留市城市管理行政执法局的牌子，内设市容环卫科、城市节水管理科、数字城管指挥中心等6个科室，辖市城市管理局直属分局（4个行政执法大队）、亳芜执法大队、市城管督察支队、市公用事业管理服务中心、市园林建设管理服务中心5个直属机构，在编人员132人。

2020年，亳州市城市管理局围绕国家节水型城市创建、大气污染环境整治、扫黑除恶、文明城市创建、“无违建县（区）”创建、精准扶贫和国家园林城市创建等活动，开展市容管理和城市基础设施管养维护工作。

在市主城区规范设置便民摊点23处，开展19条示范道路和2个示范街区试点，查处店外经营、流动摊点9000处，清理喷涂、张贴违法小广告2.18万处，查处乱扯乱挂2290处，清理乱堆乱放4.66万处，规范非机动车乱停乱放7.6万辆。市主城区道路保洁现全部实行市场化，道路保洁面积2345万平方米，城区道路机械化清扫率在90%以上，县城在80%以上。

对市区17座桥梁进行监测，对存在安全隐患的23座桥梁进行维修加固，维修加固施工招标完成。启动城市桥梁安全运行监测平台建设。

采用市政小修机制投资约1957万元对市管城市道路基础设施进行维修养护，其中沥青路面维修332万元，混凝土路面维修282万元，人行道维修720万元，路牙石维修73万元，其他设施维修550万元。

实施涡阳路等24条道路两侧的弱电下地，完成希夷大道等19条道路弱电下地。实施200个居民小区空中管线整治，谯城区完成54个小区，高新区完成31个小区。

完成高新区7条道路慢车道人行道改造苗木移植项目和亳芜12条道路绿化工程。建成漆园路、嵇康路绿道1.4千米。改造建成紫苑路等7段林荫步道，投入绿化小修机制资金约370万元，建成9处街头游园和2处角园，新增公园绿地面积约3.68万平方米。更换树池篦子约4300平方米，安装沿河景观护栏约8900米，完成70段道路总长20余万米的绿化带开边沟工作。

创建“城管电子执法系统”，将行政执法全过程记录、法治审核、执法公开融入系统，实现“信息共享、互联互通，管罚分离、精准执法，数据分析、阳光操作”。在高新区5个执法队实现律师驻队。

扫黑除恶。移交涉黑涉恶线索67条，市扫黑除恶专项斗争领导小组认定有效线索34条，转办市城市管理局线索13条均办结。在全市工程建设领域专项整治工作中，立案查处招投标领域、工程建设领域和渣土运输领域违法违规案件456件，处罚2591万元。

开展“国家园林城市创建”工作，全市累计新增公园（游园）39个，建成绿道61.1千米，启动实施京九铁路沿线防护林建设，新增绿化面积约280万平方米。实施城市裸露地面绿化整治专项行动，累计治理城市裸露地面约10.08万平方米。完成创园资料整理申报，并通过省住建厅批审核。

同年，亳州市创建成为第十批“国家节水型城市”。

【生活垃圾无害化处理】2020年，亳州市生活垃圾填埋场和焚烧发电厂共处理生活垃圾约106.76万吨，主城区城市生活垃圾无害化处理率达100%，县城生活垃圾无害化处理率在98%以上。利辛县生活垃圾焚烧发电项目建成并投入使用，亳州市生活垃圾焚烧发电厂二期项目于12月10日点火烘炉，涡阳县生活垃圾焚烧发电项目于12月15日点火烘炉。亳州市餐厨废弃物处理项目进入试运营阶段。亳州市建筑垃圾处理项目开工建设。

【亳州市城南地表水厂投运】2020年，亳州市建成城南调蓄水库和地表水厂。城南调蓄水库占地面积200多公顷，总库容493万立方米，于6月30日开始蓄水，城南地表水厂于8月6日向市区供水。亳州市城南地表水厂工程依托“引江济淮、引淮济亳”工程，改地下水为地表水，从根本上改善了全市饮用水氟化物等超标问题。项目总投资约4.6亿元，设计日供水量20万吨。城南地表水厂自投产始，总供水量814.95万吨，日均供水量约5.6万吨，最大单日供水量10.3万吨。

【垃圾分类实施推广】2020年，亳州市推进垃圾分类工作，通过新闻媒体、互联网、宣传资料等进行宣传，开展生活垃圾分类知识培训，开发“生活垃圾分类”APP，申请“垃圾分类”微信公众号，利用新媒体推送垃圾分类政策解读、工作动态和宣传垃圾分类知识。谯城区选定花戏楼街道办事处，高新区选定第一社区服务中心为垃圾分类示范片区，实施市场化运行，试点小区生活垃圾分类设施设备配置完成安装调试。市生活垃圾焚烧发电厂二期项目建设和市餐厨废弃物处理项目，市生活垃圾焚烧发电二期项目于12月10日点火烘炉，市餐厨废弃物处理项目进入试运营阶段。

【城市服务保障】2020年，亳州市累计完成制水量4930.87万吨。城区75毫米以上供水管网1400千米，用水户25.0466万户。完成城区84家自备井用户供水设施改造，涉及49条路，共改造PE110管网15.341千米，DN300管网4.804千米。实施亳州市经开区和老城区供水设施改造工程、城区自来水管网改造工程、第三水厂配套供水设施改造工程（水表改造标段）和亳芜产业园区分区计量项目，提高供水管网设施覆盖面，降低管网漏损率。完成对城区市政消火栓和供水设施进行排查，共排查市政消火栓3878套，排查出有问题的消火栓934套，已整改434套。

全年处理污水7424万吨，产生污泥3.924万吨。污水处理产生的处置项目建成投入使用，日处理规模200吨，产生的污泥全部进行无害化处理。排查检测城区排水管网242千米，共计清淤602千米，完成主城区易涝点改造工程29处，错接混接改造工程34处，老旧管网改造工程18处。完成排水许可登记宣传368户，其中131户成功申领排水许可证。应对汛期7次较强降水，均平稳度汛。

开展燃气安全专项整治三年行动和燃气安全隐患排查整治。共组织开展明察暗访24次，排查整改一般隐患112处、重大隐患5处。年底聘请第三方专家对全市394家燃气场站（门点）进行“安全体检”，发现整改问题隐患1015处。组织各县区燃气管理部门排查整改问题隐患801处，关停不规范液化气经营门点9个，取缔液化气无证经营点18个，查扣液化气钢瓶2355只，立案处罚22起，罚款25.2万元，移送司法机关22人。全市燃气行业安全生产形势持续稳定好转。

购买第三方服务实施市管路灯运行养护，由亳州市益源电力有限公司中标。定期对路灯设施进行巡查，发现问题及时修复。城区主干道路灯亮灯率达99%，小街巷路灯亮灯率达98%。

【数字城管实现省市县互联互通】2020年，亳州市数字城管系统覆盖城区面积拓展至163平方千米，接入市区内视频监控9420处，全年共受理城市管理案件约45万件，派遣率100%，结案率97.56%。已实现省、市、县互联互通。全年向省智慧城管平台推送案件404167件，居全省16地市考核排名第二位。通过数字城管系统向三县派单9008件，处置反馈7824件，办结率99.64%。非现场环保检查组共发现环保问题3793件，已整改2336件。

【城市管网地理信息系统】2020年，亳州市对60平方千米的小区进行管线普查，测量管线长度2279.58千米，总计3393.1千米。对完成雨污分流改造工程的光明路、人民路等23条主干道路实施雨污管网补测工作。建成亳州市地下管网安全运行监测平台，进入常态化运行阶段，安装供水、排水、燃气、供热、路灯5大项14类，共1329个物联感知设备，实现亳州市地下管网安全运行状态的在线监控、准确采集和实时上传。

（王纪福）

·房地产管理·

【概况】2020年，亳州市房地产完成投资总额449.6572亿元，同比增长8.3%，增幅居全省第七位。房地产销售完成704万平方米，同比增长4.7%，增幅居全省第六。出台《亳州市房地产经纪行业信用考评暂行办法》《亳州市房地产经纪机构和经纪人员红黑名单暂行办法》《亳州市房地产市场部门联合执法巡查管理制度》等，健全机制，提升监管效能。完善房产价格备案机制，对超出备案价格的房产，一律实行“熔断”机制，不能进行网签。加大市场巡查执法力度，查明并移交明涛商务信息咨询服务公司、中丞时代天境、新发地项目的违法违规线索3个，责令碧桂园“春暖花开”等项目整改信息公示不规范等问题，净化市场环境，维护市场秩序，房地产市场运行良好。

【物业管理】2020年，全市物业企业成立基层党支部23个，“红色物业”管理服务模式在刘园新村、和谐家园、临漳家园、天润花园、恒大城等小区试点后推广实施。市住房发展中心根据各县区申报，对“红色物业”推进情况较好的14个物业企业进行表彰和奖励。提升物业行业人员素质，规范服务行为，组织物业消防人员培训、物业保安人员培训、“红色物业”培训等7次。对小区未投入使用的地下车库进行专项整治，经排查，市中心城区居民已入住、地下停车场未投入使用的小区车库32个，涉及车位37651个。截至年底，完成整改23个，涉及车位32316个，有效缓解小区机动车辆停放问题。对2019年50个整治提升居民小区进行验收，对主城区200个居民小区进行升级改造，同时对26个老旧小区进行对标同步改造，实现物业管理全覆盖。加强物业调研，形成《亳州市物业管理工作调研报告》《亳州市物业信访投诉调研报告》《亳州市推进“红色物业”工作情况报告》等调研报告，提出加强物业管理的意见和建议。

【房屋预售监管资金管理】2020年，市住房发展中心与44家房地产开发企业（涉及55个项目）签订三方监管协议，全部将签订协议的楼栋纳入监管系统。依据《亳州市商品房预售资金监管实施细则》规定审批预售资金使用金额及用途，针对企业申请使用的重点资金确保25%进入农民工工资专户，75%进入施工方账户。全年审核划拨监管资金207.87亿元，其中重点监管资金61.22亿元，一般资金146.65亿元。针对信誉良好的房产企业开辟资金使用审批快速通道，保障工程建设。联合人行、银保监局定期对各项目楼盘销售、贷款发放、资金进账进行比对分析，严格规范预售资金的进账、审批、使用，依法依规，严防房产领域资金风险。

【“互联网+房屋服务”】2020年，市住房发展中心进一步贯彻落实“让群众少跑腿，让数据多跑路”的理念，助力新冠疫情防控，联合建设银行建立全省首个在线选房系统。完善房屋产权交易信息采集与业务办理平台建设，做好“智慧房管”系统平台建设的准备。完成1114幢房屋的测绘工作，测绘面积共计855.35万平方米，完成商品房买卖合同备案23144件，存量房合同备案2134件，修改合同1880件，网上办理率100%，限时办结率100%，群众满意率在99%以上。

【拆迁工地扬尘防控】2020年，经开区征收项目1个，征收面积58万平方米。谯城区2个，拆迁面积18.5万平方米。三县上报各类房屋征收项目18个，征收面积84万平方米。总计征收项目21个，征收面积160.5130万平方米。各拆迁项目均对照《亳州市城市房屋拆除扬尘防治标准》，签订《房屋拆除扬尘防治协议》，确保扬尘防控措施落实。开展环保点位核验活动6个，完成整改销号。加强扬尘治理巡查督查，巡查发现问题后及时函告属地政府进行整改。主城区每周开展房屋拆除扬尘防治巡查工作2～3次，三县每月扬尘防控巡查1次，全年共下发整改告知函22份。

【白蚁公益性服务和公房管理】2020年，市住房发展中心贯彻落实《城市房屋白蚁管理规定》和白蚁施药技术操作流程和施药规范要求，施药面积289万平方米。做好全市文物古建筑蚁害的普查和调研工作，抽出专业技术人员普查文物古建筑面积约1.3万平方米，同时做好调查后的记录和影像资料的保存工作，发现蚁情、蚁害及时上报和有效的预防处理。配合谯城区住建局、社区对公租房居住情况进行调查，做好安全消防知识宣传，保证公租房安全正常使用。专人负责做好房屋检修维护、下水道疏通，消除房屋安全隐患，改善居住环境。完成直属公房房租收缴135万元，公租房房租8.6万元，确保公房保值增值。

（李春芳）

全市2020年投资额排名前20房地产开发企业一览表

表26

名单	位次	名单	位次
安徽拓邦房地产开发有限公司	1	亳州嘉泰置业有限公司	11
蒙城县新城建设投资有限公司	2	亳州绿建置业有限公司	12
绿地集团亳州置业有限公司	3	亳州市谯城区万达地产开发有限公司	13
亳州城房置业有限公司	4	亳州鼎安置业有限公司	14
涡阳县名源置业有限公司	5	蒙城县名邦置业有限公司	15
亳州城建发展控股集团有限公司	6	蒙城县名城置业有限公司	16
亳州市锦峰置业有限责任公司	7	亳州市谯城区鼎吉置业有限责任公司	17
亳州腾云置业有限公司	8	亳州恒皖置业有限公司	18
亳州市翰林置业有限公司	9	亳州碧盛房地产开发有限公司	19
蒙城县祥禾置业有限公司	10	安徽通庐置业有限责任公司	20

·安徽古井房地产集团有限责任公司·

【概况】2020年，安徽古井房地产集团有限责任公司(简称“古井房地产集团”)实现营业收入89811.27万元，利润总额4707.91万元，上缴税金6927.56万元。

同年，古井房地产集团获“2019—2020年度优秀品牌房企”“2020安徽房地产50强”称号。古井上善名郡项目获第九届（2019—2020年度）国家“广厦奖”，获评“2019年度建筑质量典范楼盘”；古井悦水苑项目获“安徽省建筑安全生产标准化示范工地（小区）”；古井城市广场项目获安徽省建设工程“黄山杯”奖。古井房地产团支部获评“全省五四红旗团支部”。

【项目建设】受年初疫情影响，2020年上半年，古井房地产集团各在建项目进度有所延迟，经加强调度，基本追回工期，在建项目工程进度顺利达到预算节点。严格执行国家环保政策，强化施工过程管控，实现全年质量和安全生产无事故。

悦湖城项目和金寨红郡项目提前交房。悦水苑项目完成进度目标。颐康园项目克服地质复杂等因素，顺利开工，达到预售节点；于11月首开。逍遥苑项目和悦蓉庄项目开工建设，项目营销中心于12月对外开放。

【对外合作】2020年，古井房地产集团与陕西建工集团第十一建设集团合作成立施工企业——安徽时雍建设工程有限公司，于8月24日成立。

金寨康铂酒店由古井房地产集团全额投资建设，加盟上海锦江酒店管理公司进行管理。酒店共设有209间精致法式客房，可以满足商务、旅行和家庭出游等需求。5月1日始运营，运营状况良好。

悦水苑酒店与法国雅高集团签订加盟诺富特品牌托管协议。古井·悦水苑项目的星级酒店由古井房地产集团全额投资建设，建筑规模约2.5万平方米，建成后将委托雅高酒店集团管理。诺富特是其旗下酒店品牌之一，属于中高端系列。年底，酒店内部装饰设计全面启动。

【古井上善名郡获“广厦奖”】2020年12月29日，中国房地产协会、住房和城乡建设部住宅产业化促进中心联合公布第九届（2019—2020年度）“广厦奖”第二批获奖项目名单。古井上善名郡名列其中。这是亳州市首次获国家级住房建设质量大奖——“广厦奖”的房地产项目。

古井·上善名郡项目由古井房地产集团旗下亳州古井置业发展有限责任公司开发建设。项目位于亳州市西一环以东、桃园路以北、利辛路以南、桐乡路以西，交通便利，周围配套设施齐全。上善名郡西区项目（名园）于2017年6月21日开工建设，占地89250平方米，总建筑面积约29.26万平方米，共计30个单体，于2019年12月竣工。

古井上善名郡建筑风格采用的是复古美学的汉魏风格，源自于古城亳州自汉魏以来传承至今的建筑装饰艺术机理，以坡屋、挑檐、线条和窗花来表达汉魏建筑之美。项目以“上善若水，品位名郡”来表达和传承产品所赋予的美好生活。该项目曾获评“安徽省建筑安全生产标准化示范小区”“建设工程施工质量标准化省级示范工程创建项目”。

【古井城市广场获“黄山杯”】“黄山杯”是全省建筑质量最高奖项。2020年12月14日，安徽省住房建设厅公布2020年安徽省建设工程“黄山杯”获奖项目名单，古井城市广场项目入选。

该项目是古井房地产集团投资建设的第一个城市综合体项目。位于亳州市主干道魏武大道和人民路交汇处，横贯亳城中心商圈，通达南部新区，四面临街，交通便利。整个项目占地面积9087平方米，总建筑面积58590平方米，其中，地上建筑面积42930平方米；住宅建筑面积23150平方米（184户）、商业建筑面积18940平方米（一到五层部分），840平方米配套用房。该项目主要由一栋高层组成，主楼28层，高度100米，是亳州市中心区地标性建筑，地处主城区商业核心位置，商业氛围浓厚，周边居民区集中，生活配套齐全。

（穆　琳）

国土资源管理

【概况】2001年7月，亳州市国土资源局成立。2015年9月，在市国土资源局挂市不动产登记局牌子，在内设机构地籍测绘管理科，挂不动产登记科牌子。2010年3月，调整市国土资源局主要职责，设6个内设机构。2019年3月，组建亳州市自然资源和规划局，保留市林业局牌子，设11个内设机构，下辖市国土资源储备发展中心（土地规划整理中心）、市不动产登记中心、市国土资源执法监察支队、亳州市林业技术推广中心、生态修复中心5个直属机构；设立亳州市自然资源和规划局谯城分局及城区分局2个派出机构，主要贯彻执行党中央关于自然资源、林业、草原和规划工作的方针政策和决策部署，落实省委、省自然资源厅党组、市委工作要求，在履行职责过程中坚持和加强党对自然资源、林业、草原和规划工作的集中统一领导。

2020年，亳州市加大建设用地报批力度，做到稳增长用地应保尽保。全市共组卷报批各类建设用地92个批次、面积1613公顷，其中市本级报批25个批次，面积467公顷。保障民生工程、城市基础设施和重大招商引资项目用地需求。

组织召开47次自然资源和规划委员会，编制土地收储和出让计划，确定经营性用地上市规模和节奏，逐月排出供地计划，坚持“净地”上市，建立土地收储、上市、资金回笼机制。共出让建设用地422宗，面积1631公顷，收取土地出让金243.37亿元。其中市本级63宗，面积319公顷，收取土地出让金63.76亿元。

完成季度卫片执法图斑核查和整改，完成国家自然资源督察南京局反馈的例行督察860个问题整改；开展农村乱占耕地建房问题清理整治，全市共摸排部、省下发图斑及自提图斑63673个，面积1746.27公顷，全部录入省汇交平台；做好全市自然资源和规划领域的信访工作，市局共收到群众来信24件，接待群众来访84批次300人次，办理省自然资源厅转办信访件32件、市信访局交办44件，全部在规定期限内办结并答复信访人。

加强对野生动物疫源疫病监测，组织森林公安局开展野外巡护2158人次，检查人工繁育单位537家，检查餐饮单位、农贸集市1495家，收缴野生动物死体7只。加强对野生动物疫源疫病监测和野生动植物行政许可事项审核，办理出口濒危野生植物审核18件，办理国家重点保护野生动物制品经营利用审核9件。

开展“行业清源”行动，全市自然资源系统核查办理各级交办线索105条，出具耕地破坏程度鉴定意见9份，办理“三书一函”14件。

矿山地质环境治理。制定《亳州市2020年度废弃矿山治理工作实施方案》，完成8处废弃矿山治理项目主体工程及县区自验，进行市级初验。

矿产资源管理。完成2019年度矿业权人勘查开采信息公示工作。根据全国矿业权人勘查开采信息公示系统，全市应公示18个，全部公示；启动《亳州市矿产资源总体规划（2021—2025年）》和《亳州市矿产资源国情调查》编制；推进矿产资源开发利用突出问题专项整治，完成省自然资源厅督办的7个非法采石案件。

建设用地增减挂钩。完成60个批次1640公顷增减挂钩项目上报组卷工作，共完成验收46个批次1342公顷。通过增减挂钩节余指标交易平台将利辛县123公顷挂钩结余指标交易给合肥市，交易额6.47亿元。

不动产登记。创新“互联网不动产”服务方式，市本级共颁发不动产权证书68860本，证明61416份。开展房地一体农村宅基地和集体建设用地使用权确权登记颁证，宅基地使用权确权登记发证完成93.37%，集体建设用地使用权登记发证完成90%以上，基本实现“应登尽登”。

【耕地保护】2020年，亳州市坚持最严格的耕地保护制度，进一步加强耕地数量、质量、生态“三位一体”保护，落实耕地保护面积59.6万公顷和永久基本农田保护面积51.3万公顷，改进耕地占补平衡管理方式，新增耕地2453公顷。实施旱地改造为水田项目217公顷并完成市级验收。完成土壤生物多样性调查取样检测和土壤条件指标补充调查，开展耕地质量分类数据库建设。结合“三调”初步成果数据，推进对永久基本农田划定不实、非法占用等问题的核实整改。

【全国第三次土地调查】2020年，亳州市各县、区按照国家、省第三次国土调查领导小组办公室有关通知精神，在“三调”初始库基础上，结合最新影像，对国家下发的重点变化图斑、复核意见图斑等进行全面外业调查举证，内业全面复核，结合统一时点更新，对69872个图斑进行全面自查自纠，三县一区“三调”数据库均上报国家级核查，并对国家级反馈的意见进行全部整改后再次上报国家级核查。

【地质灾害防治】2020年，亳州市印发《2020年度亳州市地质灾害防治方案》，构建地质灾害防治执行体系，完善县、乡（镇）、村、组四级地质灾害群测群防机制。组织技术人员开展汛前地质灾害隐患调查排查，完成调查报告，更新地质灾害隐患点数据库。加强地质灾害防治工作检查督查及隐患治理，实施应急搬迁避让1户3人，消除地质灾害隐患点1处，新设警示牌、危险警示牌7个，加固护网栅栏98平方米。建立联合预警预报制度；严格应急值守。利用“4·22”世界地球日、“5·12”防灾减灾日、“6·16”安全咨询日、“6·25”全国土地日等节点，加强地质灾害防治基本知识宣传。

（周　项）

林业资源管理

【概况】亳州市推进林长制改革示范区创建。编制《亳州市谯城区林长制改革示范区先行区实施方案》，以“林拥城”省级示范区先行区创新案例辐射全市。打造蒙城县北淝河国家湿地公园、利辛县西淝河国家湿地公园、涡阳县万亩薄壳山核桃3个市级示范区，各示范区建设保持生态建设与产业发展高度融合，推进产业结构优化升级。

完成人工造林3133.3公顷，其中长江防护林工程造林1453.3公顷；完成森林抚育4786.7公顷；新建完善提高农田林网4.64万公顷；完成森林长廊示范段建设54.1千米；成功创建省级森林城市1个（涡阳县）、森林城镇5个（涡阳县新兴镇，蒙城县立仓镇、楚村镇，利辛县王市镇、谯城区淝河镇）、森林村庄42个（见下表）。

亳州市2020年创建森林村庄一览表

表27

区县	村庄	区县	村庄	区县	村庄
谯城区	沙土镇张庄村	涡阳县	星园街道赵瓦房村	蒙城县	楚村镇七里村
	颜集镇赵庄村		丹城镇相老家村		楚村镇高油坊村
	颜集镇段老家村		曹市镇太清行政村		楚村镇楚店社区
	谯东镇大寺村		青疃镇周墓行政村		楚村镇常兴社区
	淝河镇李腰村		牌坊镇周桥行政村		楚村镇大刘村
	淝河镇四李村		天静宫街道郑店社区		楚村镇薛集村
利辛县	王市镇王营村		新兴镇大曹村		楚村镇赵店村
	王市镇刘元村		新兴镇新四村		楚村镇卢沟村
	汝集镇街南村		新兴镇大潘村		立仓镇邹圩村
	汝集镇汝园村		新兴镇兴南村		立仓镇薛庙村
	汝集镇朱集村		新兴镇王华村		立仓镇二郎村
	孙庙乡阳光村		新兴镇东华村		立仓镇郑庙村
	孙庙乡庙里村		新兴镇文明村		立仓镇芡南村
	西潘楼镇张楼村				

【野生动植物保护】2020年，亳州市在全省率先完成禁食野生动物处置任务，及时拨付补偿资金728万元。办理出口濒危野生植物审核57件，办理国家重点保护野生动物制品经营利用审核12件，办理国家重点保护野生动物人工繁育审核2件，立案查处各类非法猎捕、非法经营、非法运输野生动物案件12起。

【林业产业扶贫】2020年，亳州市完成林业产业扶贫面积7134.53公顷，涉及贫困户48186户，贫困人口115474人，打卡发放到贫困户资金10702万元。鼓励各县区绿化工程使用贫困户栽植苗木，促进贫困群众增收脱贫。（周　项）

水资源管理

【概况】2020年，亳州市用水总量10.27亿立方米，低于省水利厅下达的11.23亿立方米考核控制指标；全市万元GDP用水量64.6立方米/万元，较上年的

69.7 立方米 / 万元下降 7%。农田灌溉有效系数为 0.657，高于省下达的 0.639 目标任务。完成 10 个项目水资源论证报告审查工作，新发放 5 家取水许可证，全市征收水资源费共计 3309.35 万元，其中，市本级征收 1197.13 万元、县区征收 2112.22 万元。

（王胜杰）

【供水】2020 年，亳州市自来水公司完成综合水费收入 10115 万元，与上年同期相比增加 957 万元，增长率 10%。2020 年安装产值 12712 万元，增加 2267 万元，增长率 21.7%。2020 年安装发展自来水新用户 13000 户，与上年同期相比减少 12228 户，降低率 48.4%。抢修管道漏水 359 处（100 以上口径 168 处，100 以下口径 191 处），维修更换水表和设施 6587 处，排水排沙冲洗管道 369 次。受理市长热线 2310 件，数字城管 2470 件，行风热线 43 件，网上办事大厅办理 5689 件，热线电话共接听来电 118428 次，其中咨询 88158 件，管线报修 14910 件，停送水 15360 件。对城区 84 家自备井用户供水设施进行改造。改造工程共涉及 49 条路，共改造 PE110 管网 15341 米，DN300 管网 4804 米，总投资约 400 万元，全部完工。对城区市政消火栓和供水设施进行排查，涉及建成区范围内约 150 平方千米消火栓，共排查市政消火栓 3539 套。做好供水管网排水排沙工作。对群众反映的水质问题，采取定期和不定期相结合的办法，利用排沙口对供水管网进行排水冲洗，提高管网末梢供水质量。完成亳芜产业园区的供水分区计量全覆盖工作，建成并投入使用。开展节水型城市创建。开展节水器具普查、节水单元创建、计划用水、节水宣传、节水三同时等工作。

同年，亳州市成功申报成为国家节水型城市。

（孔莉珍）

【制水】2020 年，亳州市制水公司累计完成制水量 4930.87 万吨，与上年同期相比，增长 388.22 万吨，增长 8.55%。其中，一水厂完成 119.76 万吨，三水厂完成 1595.39 万吨，涡北水厂完成 1300.85 万吨，加压泵站完成 1099.92 万吨，城南地表水厂完成供水量 814.95 万吨。

同年，制水公司组织人员参加安徽省住房和城乡建设系统污水处理工、水环境检测员、水处理工“徽匠”职业技能大赛上和国祯公司组成代表队为亳州市赢得团体二等奖，公司职工吴国辉获水处理工优秀奖。李春影获评省“五一巾帼标兵”。

【城南地表水厂开始供水】2020 年 8 月 6 日，亳州市城南地表水厂开始供水。

该水厂位于魏武大道和亳芜大道交汇处，占地面积 11.2 公顷，单体建筑 22 座，总建筑面积 3.3 万平方米。工程建设衔接“引江济淮入亳”工程，是亳州市重要的民生工程之一。项目于 2017 年 12 月开工建设，主要包括厂区建设、取水泵站建设、配水管网建设、供电线路建设，总投资约 4.6 亿元，设计日供水量 20 万吨。采用预处理 + 常规处理 + 深度处理工艺。自试运行供水始，按照 2 万立方米 / 日试供水，经连续多天试运行，逐日加大供水量。截至年底，城区日均供水量约 14.5 万吨，峰值供水达 18 万吨 / 日，同比增加 3.5 万吨，增加 24%。截至 2020 年年底，日供水量约 9 万吨，约占全市城区整体供水总量的 60% ～ 65%，最大单日供水量 10.3 万吨，共完成制水总量 815 万吨，饮用水由过去抽取地下水逐步过渡为引取地表水，结束了全市饮用水水源单一的现状，解决了全市供水能力不足、水压偏低的问题。

（李明田）

电力资源管理

【概况】国网亳州供电公司成立于 2002 年 7 月，下辖涡阳、蒙城、利辛 3 个县级供电公司，51 个中心供电所，服务全市 239.5 万客户。截至 2020 年底，亳州电网有 500 千伏变电站 1 座，容量 200 万千伏安；220 千伏变电站 13 座，容量 435 万千伏安；110 千伏变电站 35 座，容量 331.35 万千伏安；35 千伏变电站 67 座，容量 170.96 万千伏安；220 千伏线路 41 条，长度 1368.254 千米；110 千伏线路 87 条，长度 1127.202 千米；35 千伏线路 145 条，长度 1423.565 千米；10 千伏线路 778 条，长度 19606.27 千米；10 千伏公共配变 22222 台，总容量 7107.323 兆伏安。

亳州电网最大负荷 230.3

万千瓦，增长率为14.92%。全市配变户均容量3.03千伏安/户，供电可靠率99.887%。全社会用电量81.79亿千瓦时，同比增长9.17%。

同年，国网亳州供电公司实现正式党员3人以上的机关部室支部全覆盖。在全省率先实现离退休人员社会化管理移交，完成257名党员组织关系转接。1人获评全国劳动模范，2人获评“中国好人”，1人获评国网抗疫功勋个人和国网优秀共产党员，1人获评省“五一劳动奖章”。

【电网建设】 2020年，国网亳州供电公司完成亳州地区“十四五”电网发展规划、市县国土空间电力专项规划，推进电力规划纳入国土空间一张图。配合省公司完成亳二500千伏输变电工程用地预审与规划选址，完成220千伏子胥等6项大中型电网工程可研编制，取得18项35千伏及以上电网工程核准批复。推进35千伏及以下配网投资全部纳入政府核准工作。

推进重点工程建设，完成电网基建投资8.31亿元，110千伏及以上线路开工190.9千米、投产364千米；变电容量开工46万千伏安，投产97万千伏安。投资1.67亿元完成贫困村电网改造。新建、续建项目27项，投产16项，基建工程按时开工率、投产率均为100%。加强工程质量过程管控，亳州乐土220千伏变电站获国网公司输变电优质工程银奖，1个台区改造工程获评国网“百佳工程”。利辛高堂110千伏线路耐候角钢塔在输电线路中应用的关键技术研究获评省公司科学技术进步二等奖。

全力推进复工复产，亳州耿皇220千伏输变电等5项工程在全省率先复工，蒙城小涧220千伏风电项目线路工程提前5个月投运。紧盯“大干90天，决战‘6·30’”作战目标，提前完成引江济淮35千伏双沟—龙德线路工程送电，为引江济淮（亳州段）正式通水提供电力保障。

【安全生产管理】2020年，国网亳州供电公司实推进安全生产，安全生产形势平稳。落实安全生产责任制，组织开展安全责任盲区排查，建立安全责任体系和安全目标叠加考核机制。完成34个外包队伍、772名外包人员技能认定和核查备案。开展安全管理人员任职能力考核评价，组建安全稽查柔性团队。建成市县一体化安全管控中心，推广远程视频稽查，三级及以上作业风险现场稽查实现全覆盖。推进安全生产三年专项整治活动，完成“一张网”“一个库”隐患排查。组织开展电网大规模停电等应急演练4次，首次承接皖北片区输电线路融冰实战演练。

【电力营销】2020年，国网亳州供电公司优化电力营商环境，推动实现电力外线工程并联审批、限时办结制，行政审批时间从20个工作日压缩至3个工作日。在市政务中心设置供电服务窗口，贯通阳光业扩平台和政务服务网，高、低压客户办理环节分别压减至3个、2个，实现“零证办电”，累计受理报装13.43万户，容量386.36万千伏安。推进“互联网+”，线上用户突破168万户，实现16项简单业务“一次都不跑”。

开展2020—2023年度地区新能源消纳专题分析，推动2022年亳州市新能源项目规划落地。完成“新能源云系统”搭建与维护，便捷服务新能源发电企业。推进建成23座新能源公交车站，完成市体育馆等4处电动汽车充电桩安装。并网清洁能源场站10个，装机容量51.43万千瓦，最大出力同比增长26.12%。服务光伏扶贫，及时规范拨付电费及补贴资金。

【电力科技与信息化】2020年，国网亳州供电公司推进“数字新基建”，完成110千伏亳州变多站融合数据中心站试点建设，为客户提供边缘计算、数据存储、云产品等服务。落实基础资源共享运营，与电信、移动等运营商签订34基杆塔附挂基站协议。完成智能档案库房建设搬迁。“检储配”基地通过国网公司验收。

增强创新能力，2项成果分别获安徽省专利优秀奖、安徽省科技进步三等奖。4项成果获省公司科学技术奖。首次承担省公司技术标准编制并颁布实施。1个双创项目在省内首批出孵，并进入成果转化阶段。管理创新、QC成果丰硕，获全国电力行业质量创新成果特等奖1项，国网公司优秀质量创新成果奖1项，安徽省十六届企业管理现代创新成果奖2项，安徽省质量管理一等成果3项、二等成果3项。

（孙龙涛）

教　育

2020年9月17日，亳州市组织小学生开展爱国主义教育活动　　　　（张延林　摄）

概述

【概况】2000年9月，地级亳州市成立后，成立亳州市教育局筹备组。2001年6月，成立亳州市教育局，设基础教育科、职业与成人教育科（民办教育管理科）、计划财务审计科（市教育经费核算中心）、市政府教育督导委员会办公室等7个内设机构。主管全市教育事业和语言文字工作。

2020年，亳州市共有各级各类学校2432所。其中，普通高等教育学校2所，成人高等教育学校1所，中等职业学校13所，普通高中29所，普通初中274所，小学1107所，特教学校4所，幼儿园1002所。共有在校生1208801人。其中，普通高等教育22743人，成人高等教育14819人，中职66361人，普通高中98000人，普通初中258125人，小学528874人，特教学校1467人，幼儿园218412人。共有教职工72494人。其中，专任教师64431人。

2020年，亳州市教育扶贫智慧资助工作得到教育部的认可，《人民日报》《中国教育报》和“人民网”等10余家主流媒体予以宣传报道。中小学党建工作被“共产党员网”“人民网”“学习强国”和《安徽日报》等媒体宣传报道。

【教育队伍建设】2020年，全市教育系统讲授“微型党课”33184人次，观看警示教育片67412人次，参加社会实践活动62120人次。加强研修培训。组织全市中小学党组织书记和党务工作者培训2期，中小学校校长和幼儿园园长培训2期，思想政治理论课教师培训2期，预防宗教向校园渗透培训3期，教师思想政治报告会3次。培训党务工作者和思政课教师3200人次。成立民办学校行业党委，召开民办学校党建座谈会，加强民办学校党建指导，确保实现“两个全覆盖”。

出台《关于加强新时代师德师风建设的实施意见》，开展师德师风专项督导。评选党员教师示范岗199个，“我身边的好老师”微视频优秀作品50件，“药都最美教师”10名，“药都最美教师”提名奖10个，“最美职教人”10名，“最美职教人”提名奖10个。建立校长后备人才库。建设19个名校长工作室，82个名师工作室。选派50名校长、100名副校长到长三角地区优质学校跟岗学习。培养名师队伍。评选“药都名师”50名，市级学科带头人141名，市级教坛新星381名。激发队伍活力。推进中小学教师“县管校聘”管理改革，交流轮岗教师2353人，校长99人。开展教师编制“周转池”试点，统筹使用教师编制，为中心城区公办学校招聘教师588名。激励担当作为。实施《亳州市优秀教育人才引进和奖励办法》，拨付优秀教育人才奖励及名师工作室建设资金380万元。发放乡村教师补贴1.32亿元。确保中小学教师平均工资不低于公务员平均工资。

【教育改革】2020年，亳州市完善义务教育招生机制。严格执行“划片、就近、免试”入学政策，实行网上报名招生、阳光招生，严控起始年级班额，杜绝小学45人以上、初中50人以上大班额。健全普通高中招生机制。严控招生计划和最低录取控制线，加强学籍管理，严禁违规招生。改革职业教育办学模式。在两所中职学校开展现代学徒制试点，在4所中职学校开展学分制试点，支持6所中职学校与省内10所高职院校联合办学。创新民办教育管理机制。依托民办教育发展促进会，建立民办教育工作现场会制度，培训1.3万名民办学校校（园）长、教师，分类整治无证幼儿园100所。完善督导考核机制。开展控辍保学、义务教育阶段学校教师工资待遇落实情况等专项督导。新聘任200名市级督学和18名特邀督导员。市、县区两级共聘任专兼职督学811名，设立72个督学责任区，实现中小学（幼儿园）责任区督学挂牌督导全覆盖。

【“五育”并举】2020年，亳州市推进德智美体劳“五育”并举。搭建活动平台。开展“传承中华美德少年”评选、爱国主义教育、亲子征文、校园读书创作等活动，举办校园文化艺术节和师生艺术展演，评选1000名新时代好少年。打造特色学校。评选美丽校园项目学校38所，书香校园项目学校34所，全国中小学校园足球特色学校18所，全国校园足球特色幼儿园4所，全国校园篮球特色学校5所，全国校园排球特色学校5所，全国象棋特色学校

4所，安徽省近视防控示范校5所。提升教研水平。加强教研队伍建设，完善分级教研网络，评选学科教研基地。开展国家统编教材优质课评选、教育教学论文评选等活动。立项市级教育科学规划课题189项。对18所普通高中学校全覆盖开展教学视导。设立金牌思政名师工作室，开展金牌思政教师巡回展示课活动，分学段评选全市思政课程资源示范学校。

【教育投入】2002年，亳州市建设乡村中小学智慧学校351所，全市达585所。实施137个教学点智慧学校建设项目，实现全市教学点智慧学校全覆盖。筹建市级智慧学校管理服务平台及学业评价系统。扩充公办教育资源。投入25.9亿元，新建、改扩建公办中小学33所、幼儿园46所，增加中小学学位4万个、幼儿学位11370个。其中，市中心城区投入17.1亿元，新建、改扩建公办中小学18所、幼儿园17所。课后延时服务。出台《关于做好中小学生课后服务工作实施意见》，市财政列支614万元资金用于市高新区学校课后延时服务。市中心城区25所公办幼儿园开设食堂为幼儿提供午餐。

【优化教育结构】2020年，亳州市促进学前教育普惠发展。出台《亳州市普惠性民办幼儿园认定和管理实施办法(试行)》，适度提高普惠性民办园收费标准，落实政府奖补政策。新认定普惠性民办幼儿园98所，治理城镇小区配套幼儿园55所。促进义务教育均衡发展。组建26个城乡义务教育联盟。加大控辍保学力度，确保不让一名6～15周岁建档立卡贫困家庭学生失学辍学。促进高中教育特色发展。落实《高中阶段教育普及攻坚计划(2017—2020年)》，完善《亳州市教育教学成果奖评办法》，健全普通高中教育教学质量提升研讨制度。8名学生被录取为飞行员。促进职业教育融合发展。实施职业教育质量提升工程，48个省级项目全部通过省级验收。加大校企合作力度，组织全市中职学校与72家企业开展合作。

【教育扶贫】2020年，亳州市发放资金2.18亿元资助贫困家庭学生20万人次。针对家庭特别贫困的建档立卡家庭学生进行个性化帮扶。开展建档立卡贫困人口教育有保障专项行动2次，实现“有学上”“上得起”“全就学”目标。

【教学疫情防控】2020年，全市教育系统统筹储备一次性医用口罩2411.3万个，消毒液36.3万升，测温枪26200个，安装大型测温门183个。为贫困家庭学生购买电视103台、手机390部，安装室外电视天线587个。为557户建档立卡贫困家庭免费安装网络电视，为34928名一线教师、30133名建档立卡学生赠送流量，实现线上教学全覆盖，完成春秋学期返校复学任务。维护校园安全。开展平安校园创建活动，常态化排查整改校园安全隐患，推动校园安全管理“七大员”联动机制和“互联网+明厨亮灶”建设。

(董金良)

学前教育

【概况】2020年，亳州市印发《亳州市普惠性民办幼儿园认定和管理的实施办法(试行)》，完善《亳州市中心城区中小学(幼儿园)专项规划修编(2019—2030)》。新认定普惠性民办园98所，全市共计467所。截至年底，学前三年毛入园率93.75%，比上年增加0.19个百分点；公办园在园幼儿占比50.13%，增加4.96个百分点；普惠性幼儿园覆盖率85.23%，增加6.1个百分点。

2020年，全市共有独立幼儿园1002所，较上年增加83所。1002所幼儿园中，公办园298所，较上年增加19所；民办园704所，其中普惠性民办园459所。共有在园幼儿218412人，较上年增加7013人。共有学前教育教职工15948人，其中专任教师11289人。幼儿园占地面积3012236平方米，校舍建筑面积1448484平方米，各类图书1459305册。

【学前教育管理】2020年，亳州市继续开展市级一类幼儿园评估认定工作，共103所幼儿园通过市级一类园评估认定；组织开展以“特殊的时光，不一样的陪伴”为主题的全市2020年学前教育宣传月活动；疫情期间利用多种形式引领家长和教师确保特殊时期幼儿居家接受适合身心发展规律的科学家庭保教；通过致各县区人民政府县区长一封信、下发《亳州市2020年城镇小区配套幼儿园治理工作方案》等形式，加快城镇小区配套幼儿园治理。截至8月底，完成55所城镇小区配套幼儿园治理，其中移交办成公办园51所，转为普惠性民办园4所。

（董金良）

义务教育

【概况】2020年，亳州市有各类小学1107所，较上年增加1所。有小学教学点209个，在校小学生528874人，较上年增加912人。共有小学教职工28709人，其中专任教师27842人。专任教师中本科及以上学历的15979人，专科学历的11863人；拥有中级职称的10522人，中高及以上职称的1965人。全市小学校园占地面积12643275平方米，校舍建筑面积3819671平方米，拥有各类图书9398364册，各类计算机64236台，固定资产总值501426万元。

全市有各类初中274所，有在校初中生258125人，较上年增加11000人。共有初中教职工17522人，其中专任教师15684人；专任教师中本科及以上学历的14263人，专科学历的1421人；拥有中级职称的5136人，中高及以上职称的2351人。全市初中学校校园占地面积8811464平方米，校舍建筑面积3391411平方米，拥有各类图书7541186册，各类计算机38456台，固定资产总值365975万元。

【义务教育管理】2020年，《亳州市教育局关于做好2020年普通中小学招生入学工作的通知》《亳州市教育局关于进一步规范2020年普通中小学招生入学工作的通知》和《关于进一步规范中小学生学籍管理工作的通知》制发，亳州市继续实施义务教育网上报名，划出招生工作“十条红线”，完善义务教育招生制度，执行“划片、就近、免试”入学政策，继续统一实行网上报名录取。义务教育阶段学校招生工作实行“五个坚持”，确保适龄儿童少年入学就读。继续做好随迁子女入学工作，保证符合条件的进城落户农民子女、返乡务工农民子女，与流入地儿童少年一样平等接受义务教育，实现“一样就读、一样升学、一样免费”。管控中小学起始年级招生和规模过大学校接收转校生，把好义务教育入学关；严格规范转学、休复学的流程操作。

推进控辍保学。多次召开教育脱贫攻坚会议，通过网络向学生家长发放《关于在新冠肺炎疫情防控期间做好控辍保学工作致家长的一封信》，预防义务教育阶段学生辍学；各义务教育阶段学校在春、秋季学期开学时开展学生返校复学情况全面排查，对建档立卡贫困家庭学生开展教育有保障专项行动，实行“双线排查、双线包保”工作机制，确保在校学生有人监管，确保未返校学生有迹可循，确保控辍保学工作落实到位。2020年年底，全市九年义务教育巩固率为95.38%，涡阳、利辛、谯城、蒙城分别为95.40%、95.45%、95.36%、95.32%。

疫情防控期间，科学安排延期开学期间学生的学习和生活，确保全市教育系统“停课不离岗、停课不停教、停课不停研、停课不停学”。下发《关于印发亳州市普通中小学新冠肺炎疫情防控期间线上教育教学实施方案的通知》《亳州市教育关于在新冠肺炎疫情防控期开展中小学在线学习工作的通知》和《关于进一步排查全市中小学生线上学习落实情况的通知》，全市共为贫困户购买电视机100台、手机186部，安装天线449个；共

2020年10月11日，老师与孩子们在农家书屋阅读　（刘勤利　摄）

为557个建档立卡学生家庭免费安装网络电视，为34928名一线教师、30133名建档立卡学生赠送流量，实现线上教学全覆盖。全市教师共完成220节省级视频课录制和2490节视频课下载播放任务，做到录播全程零失误。

推动全市城乡义务教育均衡发展，提高学生家长对学校的满意度，破解“择校热”。全市组建26个城乡义务教育联盟，涡阳、蒙城、利辛、谯城、高新区分别有8个、8个、5个、3个、2个，实现管理、师资、经费、考核、教研五统一，实现教育资源的合理配置与共享。加快学校内涵品质提升，发挥示范、辐射作用，评选出38所“美丽校园”和34所“书香校园”。强化体育锻炼，实施体育固本行动。挖潜并利用体育教育资源，发展特色体育项目，打造体育特色学校建设。亳州市第四小学等5所学校获评“全国校园篮球特色学校”，利辛第四小学等5所学校获评“全国校园排球球特色学校”，亳州一小等23所学校获评“全国校园足球特色学校”，亳州九中等4所学校获评“全国象棋特色学校”。举办全市中小学生校园五禽戏比赛，组织参加安徽省青少年“未来之星”阳光体育大会亳州分会赛，组织参加安徽省田径传统项目学校冠军赛，获单项第二名。组队参加安徽省体育联赛比赛，获安徽省中学生排球比赛男子组第六名。组织参加2020年第三十四届“黄山杯”乒乓球比赛，亳州市夏侯小学获女子乙组团体第六名，邵玥同学获女子单打第七名。坚持立德树人，注重德育实效。制发《关于印发加强新时代中小学爱国主义教育工作方案的通知》《关于加强农村留守儿童关爱工作的通知》《关于进一步加强中小学生心理健康教育工作的通知》《关于开展第十三届素质教育（中小学综合实践）开放周活动的通知》，坚持立德树人，加强校园文化建设。评选表扬优秀少先队辅导员60名、优秀德育工作者60名、优秀班主任60名、三好学生1405名、优秀学生干部354名、优秀少先队员947名、先进班集体299个、优秀少先队集体253个、“传承中华美德少年”（千名新时代好少年）1000名。开展班主任基本功大赛和德育骨干网络示范培训，推进戏曲等传统文化进校园，组织系列读书征文评选，推进德育工作系统化、课程化。增强青少年学生的爱国热情，强化学校德育工作，全面构建“德智体美劳”全面发展的育人模式。

（董金良）

特殊教育

【概况】2020年，亳州市有特教学校4所，有特殊教育学生4532人，其中特殊教育学校在校生1467人，普通中小学随班就读学生2301人，普通中小学送教上门学生764人。有特殊教育教职工197人，其中专任教师191人。专任教师中本科及以上学历的132人，专科学历的50人；拥有中级职称的53人，中高及以上职称的45人。特教校园占地面积84237平方米，校舍建筑面积49495平方米，拥有各类图书41695册。

【特殊教育服务管理】2020年，亳州市落实《“十三五”加快残疾人小康进程规划纲要》，继续实施《安徽省第二期特殊教育提升计划（2017—2020年）》，加强特殊教育学校优质教育服务管理。开办特殊教育职业高中班，对特殊群体学生进行职业技能训练，增强学生就业意识，提高适应社会能力。推动特殊教育向学前特殊群体儿童延伸，开展学前康复教育。改善特殊教育办学条件，推进亳州中药科技学校与市残联共建亳州市残疾人康复中心，改善康复服务环境和师资整合，添置海豚教室、蒙特梭利教室、感统教室、多感官教室、律动教室等康复设备，安装大型悬吊康复系统。举办特殊儿童康复训练家长培训活动，帮助家长掌握特殊儿童康复训练知识，提高家庭康复训练质量。亳州特教学校新校区建成使用，占地5公顷，建筑面积4.2万平方米，投资1.2亿元；新校区配套设施投资2310万元，其中，智能化校园建设项目800万元，办公设备项目360万元，配套设施多功能报告厅和风雨操场设备项目550万元，配套设施校史展厅和律动室设备项目230万元，语言康复训练设备项目73万元，职业实训设备81万元，送教上门设备30万元，食堂设备66万元，缝纫等设备120万元，达到国家颁布的特殊教育学校建设标准和设施配备要求，是目前皖北地区规模最大、硬件设施最完备、最先进的特教学校。

推进特殊教育资源教室建设，全市完成20间特殊教育资源教室建设规划。保障特殊群体受教育权益，开展重症残疾儿童送教上门5000余人次。加强特殊教育中央补助资金使用管理，分配198万元特殊教育中央补助经费，供三县特教学校购置特教资源教室教学设备。亳州特教学校加强特殊学生与社会的联系与融合，拓展融合教育的渠道，坚持带领学生走出去，主动与外界建立联系，组织特殊学生与普通学生一起开展共建活动。促进特教品牌建设，市特殊教育学校成功申报赵庆春（特殊教育）首席专家工作室。该工作室引领亳州市特殊教育学校以及蒙城、利辛、涡阳3所特殊教育学校的数名教师共同参与人民教育出版社出版的聋校义务教育阶段数学新教材数学部分章节的教材编写及教参编写工作，受到人民教育出版社肯定。

（董全良）

·亳州市特殊教育学校·

【概况】2020年，亳州市特殊教育学校在编教师63名，学生454名。开设班级32个，其中，培智部11个，聋生部6个，盲生部2个，职训部5个，语训部4个，送教班4个。

听障儿童语言康复教育。语训部有4个教学班，在训听障儿童42名。学校为每个听障儿童制订康复计划，采取全天训练、半日训练、亲子同训、一对一个训等形式进行康复训练。对于小龄听障儿童，鼓励家长参与，以亲子班康复模式为主。开展“听故事、学说话”绘本教学，帮助听障儿童在故事情境中发展语言能力。与普通幼儿园联谊，发展听障儿童的沟通交往能力。通过科学评估，鼓励康复好的孩子到普通幼儿园、小学随班就读，对康复效果不明显的，开设口语义教班，以口语为主、手语为辅模式，帮助学生理解学习。

职业教育。开办特殊教育职业高中班，开设计算机、服装制作与生产管理、工艺美术3个专业，增设茶艺、书法、西点、烹饪、按摩等课程，让学生学习到技能的同时，感受中华优秀传统文化的魅力，培养学生的观察能力、专注力等，塑造健康的人格。盲人推拿按摩专业毕业生就业率每年达100%，有效解决了皖北盲人就业问题。

送教上门。面对分散的送教学生群体，学校以市区为中心，按照东西南北4个方向所在乡镇的学生确定4个送教班级，由全体教师组成的16个送教小组对175名学生开展送教上门活动。校长张立峰任总指挥，并与学校其他3位校领导班子成员分别担任4个送教班级的组长。在工作日和周末各抽出一天的时间，对学生进行每周2～4学时的送教任务。

交流活动。联合亳州世纪花园幼儿园分园庆祝“国际残疾人日”；组织师生走进亳州工业学校、亳州市谯城区黉学育才小学参加公益会演。

师资建设。组织教师参与亳州市教科研成果评选、中小学电脑制作、市信息化大赛及市六项电教学术作评品等评选活动，完成52件作品上报并分获一、二、三等奖。组织教师开展市级课题申报，市级教育科学规划立项课题3件，教育信息技术课题立项2件，开展课题开题论证会，4个课题经市教科所课题研究专家评审通过，成功结题。

【赵庆春首席专家工作室】2020年，经市人才办批准，成立赵庆春首席专家工作室，为一线教师搭建平台。工作室负责人赵庆春引领全市特殊教育系统的骨干教师共同参与《聋校义务教育实验教科书（人教版）》数学部分章节的教材编写及教师教学用书编写工作，受到人教社的褒奖；多篇教学设计被《聋校义务教育实验教科书（数学）》（四年级上下册、五年级上下册）教师教学用书采用；指导4项课题经亳州市教科所课题研究专家评审通过，成功结题。组织开展《中国通用手语》的推广和培训工作；完成《聋校义务教育实验教科书（人教版）》六年级上下册、七年级下册及八年级上册的初稿审稿工作；开展中国传统节日文化相关手语故事比赛及录制活动；组织聋生完成亳州市旅游景点的手语介绍视频录制工作；辐射带动亳州市4所特殊教育学校教师的共同成长。

【爱德基金会手语推广项目】2020年，亳州市特殊教育学校爱德基金会手语推广项目小组持续开展国家通用手语的推广与宣传活动。组织83名聋生开展基于手语推广的弘扬传统节日文化之“喜庆春节”主题绘画比赛；教师《国家通用常用手语词汇表》手语培训活动以及聋生部家长手语培训活动；中国传统节日文化“除夕”“春节”“元宵节”“清明节”“端午节”“中秋节”手语讲座；华祖庵、曹操运兵道、花戏楼等旅游景点手语讲座；手语国歌比赛、手语视频比赛；拍摄“沟通与交往”手语情景对话《商场》《医院》《银行》系列片；组织举办以“自强脱贫，助残共享”为主题的“第29次全国助残日”文艺会演暨首届师生艺术展活动，展出上百件师生艺术作品；开展传统节日手语故事录制周活动；为聋人邢思赋担当手语翻译，帮助其与亳州市诗词学会研究《汤都流韵》一书出版的相关事宜搭建沟通桥梁；走进亳州黉学育才小学、亳州市文旅集团开展手语培训，精选亳州地名、景点介绍及部分常见词语进行培训教学。组织12名聋生参与完成华祖庵、曹操运兵道手语讲解视频的制作。

（赵庆春　孙雨瑞）

普通高中教育

【概况】2020年，亳州市有普通高中29所，较上年增加1所。有普通高中在校生98000人，较上年增加8187人。共有普通高中教职工6652人，其中专任教师6186人。专任教师中本科及以上学历的6186人；拥有中级职称的1920人，中高及以上的1802人。全市普通高中校园占地面积2479262平方米，校舍建筑面积1877533平方米，拥有各类图书2127407册，各类计算机13860台，固定资产总值302617万元。

【普通高中教育管理】2020年，亳州市统筹制定高中阶段学校招生计划，推进普通高中招生制度改革，完善学生综合素质评价，印发《亳州市教育局关于2020年高中阶段学校考试招生工作相关事项的通知》和《亳州市教育局关于做好2020年普通中小学招生入学工作的通知》等文件。继续实行网上填报志愿及网上阅卷。实施建档立卡贫困家庭学生和“亳州好人”子女高中招生降分录取政策，助力教育扶贫工程和落实礼遇“好人”。返乡参加中考录取的学生，享受集中报名点省示范高中定向生待遇。贯彻落实《亳州市消除普通高中大班额专项规划（2019—2023年）》，加大资金投入，扩充优质教育资源，投入使用利辛一中南校区、蒙城一中东校区、利辛启明东方中学3所普通高中。提升普通高中教育教学质量，召开全市普通高中高三年级二轮复习研讨会，举行专家报告和全市基础教育工作座谈暨分学科交流研讨等活动。推进普通高中课程改革，做好2020年秋季入学普通高中一年级学生新课程新教材实施相关工作，召开实施新课程新教材有关部署会。推进普通高中育人方式改革，探讨适应普通高中新课程改革和高考综合改革的发展理念，举办两次校长论坛，全面改进普通高中育人方式，推动普通高中多样化发展。

（董金良）

·亳州市第一中学·

【概况】1910年，福音学堂创办；1920年，学校扩建分南北两院；1938年，更名为怀恩学校；1941年，怀恩学校解散；1942年，更名为公立涡北中学校；1945年，改为私立涡北中学；1947年，怀恩复校，怀恩与涡北两校并存；1948年，更名为亳州中学；1952年，改为亳县中学；1959年，定为省属重点中学，更名为安徽省亳县第

2020年9月2日，学生在军训　（张延林　摄）

一中学；1977 年 12 月，复定为省重点中学；1986 年，更名为亳州市第一中学。是安徽省示范性普通高级中学。

2020 年，该校有 87 个班级，4400 名学生，417 名教师，正高级教师 4 人，特级教师 5 人，高级教师 163 人，一级教师 185 人，药都名师、市级学科带头人、骨干教师、教坛新星 118 人，国家级、省级骨干教师 12 人，获国家、省、市级表彰的 优秀教师 165 人。

2020 年高考，朱悦悦、刘国鸿分别获全市文、理科第一名。600 分以上 322 人，一本达线 1165 人。2 人被清华大学录取，2 人被北京大学录取，1 人被香港中文大学录取，6 人被中国科学技术大学录取，2 人被北京体育大学录取，1 人被武汉体育大学录取，1 人被录取为空军航空大学飞行员。被 C9 学校录取 28 人，被 985 学校录取 115 人，被 211 学校录取 320 人。

2020 年，学生 57 人获国家级二等奖以上奖项，97 人获省级二等奖以上奖项，132 人获市级二等奖以上奖项。学校获评全国文明校园、安徽省文明单位、安徽省首批青少年演讲与口才实训基地。

教师队伍优化。有正高级教师 4 人，高级教师 167 人，一级教师 188 人。苗林获评 2020 年药都最美教师，段银凤获省中小学青年教师竞赛一等奖，田桂君、赵利、李静静、胡文霞获省优质课二等奖，20 人获市优质课一等奖。发表专业论文 80 多篇，其中获省一等奖 2 篇，三等奖 2 篇，市一等奖 23 篇。课题立项市级 8 项、省级 1 项，课题结题市级 5 项、省级 1 项。

同年，该校获教育教学成果优秀团队奖、教育教学成果获省级示范高中（A）类一等奖。

【师资队伍建设】2020 年，该校建立健全宣传、教育、考核、奖惩、监督“五位一体”师德师风建设长效机制，制定活动方案，编制主题教育行事历和师德师风专题简报。召开专题会议，加强师德宣传与教育。保障教职工合法权益，厚植尊师重教文化。加大师德师风督查力度，签订规范办学承诺书、师德师风承诺书。建立学校、年级、备课组三级教学管理体系，坚持“课前研讨、课时督查、课后评议”，构建基础课堂、高效课堂、智慧课堂、培优课堂、强基课堂、实验课堂、心理课堂七大课堂。融入长三角教育一体化发展，派遣骨干教师到松江二中挂职，与上海向明中学、徐汇中学等名校确立合作关系，与上海松江二中签订合作协议，与松江二中、庄河高中联合开展“三地线上同课异构活动”，开辟名师论坛、专家讲座小课堂，派遣 60 余人参加省内外各类教学活动。开展校内公开课、基本功大赛 210 节，提高教学的针对性及课堂教学效果。举办听课活动 8010 节次。实行学生校长助理制，印发《教学抽查通报》20 期、《教学建议》30 条、《教室日志反馈意见》20 期。坚持科研兴教、科研兴校，办好校报《耕耘》、校刊《名师论坛》，抓好科研普及，建立科研“情报中心”，订阅科研杂志，参加省市级科研交流会，及时获取最新科研信息。实施青蓝工程、校内名师工程，发挥名师工作室和正高级教师、特级教师的“领头雁”作用。以大教研为突破口，构建学校、年级组、备课组、教师四层教研，高一、高二、高三三条教研线的“三线四层教研体系”。每周一次小教研、每月一次大教研、每学期每学科两次全校教研，让人人有教研舞台、人人是教研“主人”，激活教研活力，活跃教研气氛。

【校园文化建设】2020 年，亳州市第一中学以 110 年校庆活动为契机，回顾百年办学历程，传承红色基因，以“三馆”“四册”“八景”为关键点，开展系列文体活动、学术活动、宣教活动，百年白楼亳州一中校友活动中心、颜振卿书法艺术馆、亳州一中新档案馆落成。编辑整理《再铸辉煌 放飞梦想——亳州一中建校 110 周年纪念册》《十年回眸——亳州一中 2010—2020 纪事》《如兰斯馨——亳州一中建校 110 周年校友回忆录》《亳州十年》（赵文德著）。打造早园晨读、学堂授业、梓木朝霞、孔子问礼、上善若水、小径修竹、白楼清影、古槐新蕊校园文化八景。建设涵盖体育、技能、学术、手工、欣赏、文学等 19 个类别的学生社团，开展各类志愿者服务活动 20 余次，表彰师生拾金不昧之星、诚信之星 381 人次。开展“阳光体育锻炼一小时”活动，学生每天两次跑操、两次眼保健操。划定 59 个班级劳动片区，每周一节实践课，引导学生体验劳动过程，感受劳动价值，推动德智体美劳“五育”并举。

【平安校园建设】2020年，亳州市第一中学开展防控应急实战演练，推进线上教学工作，顺利举办高考、中考等多项大型考试。细化完善“人防、物防、技防、制度防”四级防御体系，每周开展一次校园安全隐患风险点排查，每月开展一次综合治理大检查。配足安防器材，聘请专业安保人员，实行校园24小时值班制，开展住宿生夜间应急疏散演练。发挥社会力量、家长力量，参与校园安全管理。邀请法治副校长开展安全和消防知识培训，参与校园安全隐患排查。邀请家长参与学校安全工作巡查，实行学生校长助理制，提交安全建议，督促学校做好安全工作。

【校园升级改造】2020年，亳州市第一中学持续推进校园升级改造。该项目自2018年始，总投资15000万元，完成招标项目20项，合计15002.93万元。完成投资约14500万元，已支付资金11267万元。投资1486万元，增设数字化实验室、多媒体实验室、高中数学创新探究实验室、高中创客实验室。学校“五园”（文明校园、和谐校园、绿色校园、平安校园、智慧校园）标准建设初步完成。

【学生心理健康教育】2020年，该校开通线上心理咨询辅导热线服务，为全市100余人提供心理咨询疏导服务，到亳州八中开展心理健康讲座，市公交公司到校心理辅导中心参观交流。开展高一、高二、高三年级返校复学第一课，举行家校共育讲座《剖析厌学机制，塑造高效学习状态》，录制《爱我安徽——建安文化影响古今》全省疫情期间线上课，利用专业工具SCL-90对高一、高二、高三年级全体学生进行心理健康教育普查，为2020届高三年级进行考前心理辅导或拓展活动总计30余场。市文明办和市教育局联合下文，依托该校心理辅导中心成立亳州市未成年人心理健康辅导中心，办公室设在该校综合楼，该校心理辅导中心负责人王继锋任办公室主任。

（高　剑）

中等职业教育

【概况】2020年，亳州市有中等职业学校13所，其中普通中专11所，成人中专1所，职业高中1所。全市中职在校生66361人，其中，普通中专37555人，成人中专27319人，职业高中1487人。全市共有中职学校教职工2328人，其中专任教师2204人。专任教师中本科及以上学历的2204人；拥有中级职称的682人，副高及以上职称的447人。全市中职学校校园占地面积1992748平方米，校舍建筑面积1245280平方米，拥有各类图书1890790册，各类计算机11989台，固定资产总值122894万元。

【中等职业教育管理】2020年，亳州市教育局制定全市职业与成人教育重点工作任务分解表，将目标任务完成情况作为县区教育局、市直中职学校年度目标管理绩效考核重要内容。开展中等职业学校办学水平评估，推动全市中等职业学校基础能力提升。组织教师参加全省中职学校技能大赛教学能力比赛，获一等奖4个、二等奖4个、三等奖9个，亳州幼儿师范学校被推荐组队参加全国职业院校教学能力比赛，获全国三等奖；亳州市在全省职业技能大赛中获一等奖8个、二等奖13个、三等奖45个，位居全省第六，创历史纪录；亳州市承办首届安徽省中华职业教育创新创业大赛。继续组织开展职教进校园活动，中职学校走进156所初中学校宣讲职教政策，受众4万余人。联合市委统战部等单位举办全市首届“最美职教人”评选活动，直播颁奖现场，在线观众15.8万人，《安徽青年报》给予整版报道，宣传在职教招生就业一线等工作中做出突出贡献的10名“最美职教人”和10名“最美职教人”提名奖获得者。统筹全市职教资源，拍摄职教专题宣传片。职教稿件在“学习强国”平台发稿5篇，中安教育和《安徽青年报》发稿近百篇；《安徽教育文汇》专稿报道亳州职教成果。成立职教教研员专班，注重职教教学改革研究与探索，以“三教”改革为抓手，以技能大赛和1+X证书制度试点为载体，推动职业学校人才培养模式改革，促进教学由重理论向重理实一体转变。组织8所中职学校与72家企业开展校企合作，在2所中职学校开展现代学徒制试点，在7所中职学校开展学分制试点。亳州幼儿师范学校、亳州中药科技学校、亳州工业学校安徽省蒙城建筑工业中等专业学校、安徽亳州新能源学校申请“1+X”证书制度试点单位，完成省下达的35228人中职招生任务，各县区均实现职普比大体相当的目标。

（董金良）

【亳州幼儿师范学校】该校始建于1951年，前身为亳县师范学校，1988年改为亳州幼儿师范学校。是皖北地区独立建制的唯一中等幼儿师范学校。2020年，该校有教职工236人，其中在职在编157人，高级讲师58人，“双师型”教师103人，研究生及在读研究生56人，市级名师20人，受国家、省、市级表彰的优秀教师56人。建有省级名师工作坊2个，市级名校长工作室1个，市级名师、名班主任工作室5个，市级金牌思政教师工作室1个。

该校占地面积约23.47公顷，建筑面积约11.2万平方米，总投资3.25亿元。设有学前教育、美术、音乐、舞蹈表演、航空服务、播音主持、城市轨道交通运营服务7个专业。有114个多媒体教室、25个学前教育专业实训室、8个数码钢琴房、10个舞蹈房、8个声乐教室、9个画室、6个计算机教室、5个电子阅览室、3个图书阅览室、2个名师工作坊等全部配备多媒体设备。电脑1100台，数码钢琴600架，钢琴431架，民族乐器配置齐全。有纸质图书22万册、电子图书20万册。有300个独立钢琴房，学前教育专业实训室25个。有直属幼儿园2所、附属幼儿园2所，校外实习实训基地85个。

设有五年制学前教育大专和三年制学前教育中专两个办学层次，包括学前教育、航空服务、音乐、美术、舞蹈、播音主持6个专业，有教学班93个，在校生4835人。

教育教学管理。疫情防控期间，推进线上教学如期开展。抓好在线教学的实施与管理，确保线上教育教学质量。2015级大专班643人参加教师资格证笔试，638人双科通过，过关率99.22%，再创新高。

2020年12月8日，亳州幼师的社团风采展（程晓清 摄）

养成教育。通过每天晚自习文明礼仪一刻钟视频教育、每周主题班会、有序排队走课、女生安全讲座、“八礼我践行”千人签名、“五jing（即‘静、净、敬、精、竞’）”教育活动月、文明礼仪知识竞赛等，在仪容仪表、文明礼仪、考勤纪律等方面对学生加强监督管理。

爱国主义教育。对入学新生实行军训，坚持每周一晨会，组织高年级学生开展户外拓展训练，组织师生收听收看中国人民志愿军抗美援朝出国作战70周年大会、中央广播电视总台综合频道特别节目“时代楷模”、习近平主席的新年贺词等。

丰富实践活动。开展班级环境创设比赛、宪法晨读、“讲文明话、做文明事、成文明人”“社团风采展”等活动；举行“校园安全”系列活动，加强学生反对“校园凌辱”、预防校园贷、禁毒教育。举办“周末大舞台”“校园好声音”等活动。举办以“抗击疫情、助力脱贫攻坚”为主题的师生书画手工作品展，200余件手工和书画作品参展。承办安徽省首届中华职业教育创新创业大赛颁奖典礼、承办亳州市首届最美职教人颁奖典礼；连续第五年组织青年志愿者服务2020年国际（亳州）中医药博览会暨第36届全国（亳州）中药材交易会。举办第五届服装文化艺术节。

在市级媒体发布新闻宣传信息193篇。被《中国教育报》以《亳州幼师坚持质量立校，提高学生综合素质——农村孩子亮翅飞翔》为题整版报道。《亳州幼师学子传承家风有担当践行校训志愿情》《亳州幼师以购代捐爱心助农温暖贫困户》两篇新闻以及短视频《陌上花开人已归——疫情防控期间的亳州幼师校园生活》被“学习强国”平台采用。教师张丹在全省教育新闻培训班作先进经验介绍。

同年，该校获评“全国青少年校园排球特色学校”；被省教育厅推荐申报全国教材建设先进集体；教师潘杰主编《幼儿教师实用英语口语·初级》通过省级初选，被推荐参评全国教材建设先进个人；学生会入选中华全国学生联合会第27次代表大会代表团体，是全省唯一受邀参加视频会议、接受访谈的学校。学校思政工作被安徽卫视采访报道。

（张 丹）

【亳州工业学校】该校是市级直属公办国家级重点普通中专学校。2020年，该校按专业种类划分为智能制造部、经贸部与升学部。共开设汽车制造与检修、新能源汽车、数控技术与应用、中餐烹饪、电子商务、会计、计算机网络、旅游管理与酒店管理、高铁民航等24个专业。

学校有教职工151人、兼职教师43人，“双师型”教师比例占61.3%，有“省优秀教师”1名、“省级岗位能手”1名、市级名校长工作室1个、市级名师带高徒工作室4个、“名师带高徒”首席专家1名、市级“金牌思政课十佳提名教师”1名、“市级优秀教育工作者”等12名。学校教师在省、市级“校企合作典型案例及征文”“科技创新大赛”“三优评选”“信息化教学大赛”“四有好老师教学论文大赛”中获得省级奖项21个、市级奖项共36个。完成1个市级课题申报、承担安徽省名师线上教学视频资源的部分录制工作。

招生录取1226人，连续4年突破1000人大关；2017级学生100%就业，实习就业薪资、环境以及社会满意率不断提高。完成社会培训人员2600余人次，职业技能鉴定1400余人次。

组织开展纪念五四运动系列活动，庆祝中华人民共和国成立71周年系列活动，纪念九一八事变、纪念“一二·九”运动等社团活动近100场。

组织学生参加全国新能源汽车技能大赛并获奖。组织学生参加全市校园文明风采大赛，1000多名学生50多个作品参与；向亳州市“文明风采”活动推荐作品10个，参与学生18人。2018级服装一班、九年级一班获亳州市先进班集体。

全年投入370万元用于信息化建设。有信息化教室80间，数字化技能教室45间，虚拟仿真教室8间。校园网结合80个班的电子白板满足教学数字化要求。视频监控系统有400多个点的摄像监控探头，覆盖全校园。

与安徽豪菱达电梯设备有限公司、合肥海尔电器有限公司、长城汽车股份有限公司、谯城区招商局、奇瑞汽车集团公司、安徽迪科数金科技有限公司、安徽文化旅游投资集团有限责任公司、亳州宾馆有限责任公司8家企业达成校企合作协议，涉及专业点数10余个。学生实习1600人次。

同年，亳州工业学校获评安徽省第二批校企合作示范基地。学生10人参加全国新能源汽车虚拟故障诊断与维修技能大赛，智能制造部2018级汽车一班蒋天慈、2019级汽车二班刘志辉、2019级汽车三班李光召获“特等奖”，2019级汽车三班冀笑雨、江振玉、李自豪、刘梓杰、王刚、张傲辉、张家豪获“一等奖”。

（罗 奔 武云伟）

【亳州中药科技学校】该校是一所医药卫生类公办普通中专学校，与安徽亳州技师学院实行一校两牌。学校创办于1960年，初创时为亳县城关初级中学，1982年更名为亳县四中，1986年改制为亳州市第二高级职业中学，1995年被认定为安徽省重点中等职业学校，2001年3月，被教育部认定为国家级重点职业中学。2007年6月，在原亳州市第二高级职业中学基础上建立亳州中药科技学校。2012年4月，成立安徽亳州技师学院，与亳州中药科技学校实行一校两牌。

该校是国家级重点中等职业学校、国家中等职业教育改革发展示范校、国家首批现代学徒制试点学校、国家残疾人就业培训基地、国家级高技能人才培训基地，曾获第四届“黄炎培优秀学校奖”，是国家首批“1+X”证书制度试点学校、全国职业院校实习管理50强、安徽省文明校园、教育部第三批国防教育特色学校、安徽省第二批校企合作示范

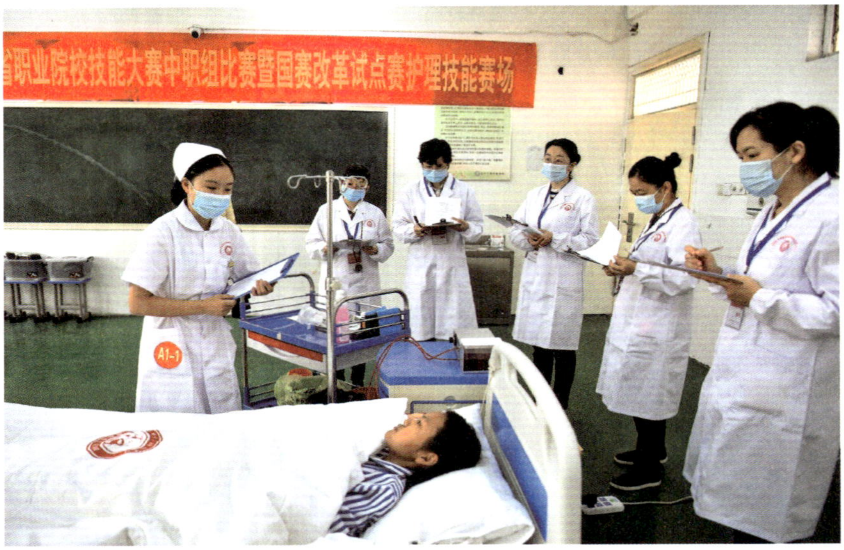

2020 年 10 月 10 日，在亳州中药科技学校，参赛选手在参加护理技能比赛
（刘勤利　摄）

学校。该校主要培养中等职业教育技术性应用人才，提高社会职业素质，为社会经济发展和社会进步服务。开展以中药类为主。适度发展护理类、机电类、计算机类及公共服务类等专业学历教育和相关职业培训。

2020 年，该校有教职工 411 人，其中专任教师 400 人，师生比达 1 ∶ 30；硕士及以上学历 61 人；大学本科及以上学历 330 人；专业教师 275 人；“双师型”教师 191 人。

开设中药、药品食品检验、护理、康复技术、客户信息服务等 23 个专业，形成中级工、高级工和预备技师以及普通中专、3+2 五年制大专等多层次办学体制。

全日制招生 4370 人（其中安徽亳州技师学院 2291 人，亳州中药科技学校 2079 人）。2020 届毕业生 2724 人，就业人数 2670 人，就业率 98.02%，本地就业人数 2238 人，本地就业率 82%。在校生 12443 人。

承办亳州市第二届家庭服务业职业技能竞赛、安徽省职业院校技能大赛中职组比赛暨国赛改革试点赛、首届安徽省中华职业教育创新创业大赛现场决赛。2020 年亳州市职业院校技能大赛（中职组）。

与 84 家企业长期合作，共建同程艺龙等“校中厂”3 家、华善堂中药饮片有限公司等“厂中校”5 家。与安徽沃行教育集团等 8 家企业开展专业共建，与安徽敬道药业等企业共建校外实训基地 28 家。

开展社会培训 42017 人次。其中，开展企业岗前培训、企业提升培训 31378 人，专项能力考核 8650 人次，高技能人才研修班 252 人次，农村贫困残疾人实用技术培训 452 人，月嫂培训 1247 人，市残联电商培训 38 人。开展“新型学徒制”企业学员培训。

6 月 17—19 日，该校“1+X”老年照护职业技能证书等级考试开考。通过“1+X”职业技能等级证书项目试点，学生可以取得“双证”（学历证书和职业技能证书）。试点工作写入亳州市 2020 年政府工作报告。

同年，亳州中药科技学校通过省级中等职业学校 A 类办学水平评估，获评教育部第三批国防教育特色学校、省级示范特色中等职业学校重点建设学校，获第二届“黄炎培杯”中华职业教育非遗创新大赛暨非遗职业教育成果展示会非遗作品一等奖和教学成果一等奖，当选为长三角护理贯通职业教育联盟副理事长单位、全国非遗职业教育集团副理事长单位。

党委书记、校长李刚当选为全省新时代教书育人楷模。教师教学能力比赛获省级一等奖 2 个、二等奖 1 个、三等奖 3 个，市级一等奖 8 个。王娜获全国职业院校技能大赛改革试点赛护理技能赛银奖。在省级比赛中获 7 枚金牌、4 枚银牌、6 枚铜牌。

（张晓银）

民办教育

【概况】2020 年，亳州市有民办学校 855 所，在校生 337476 人，教职工 24856 人（专任教师 18814 人）。其中，中等职业教育学校 2 所，在校生 9244 人，教职工 278 人（专任教师 265 人）；中小学校 149 所（高中 10 所、初中 65 所、小学 74 所），在校生 219327 人，教职工 12719 人（专任教师 10670 人）；幼儿园 704 所，在园幼儿 108925 人，教职工 11859 人（专任教师 7879 人）。

【民办教育管理】2020年，亳州市教育局加强民办学校日常监管，指导成立亳州市民办教育发展促进会，召开亳州市民办教育发展促进会成立大会暨2020年全市民办教育工作现场会，为民办学校开展行业自律与行业服务活动搭建相互交流学习的平台。投入运营“亳州民办教育”微信公众号，为民办教育人讲好民办教育好故事、发出民办教育好声音提供阵地保障。创新培训方式，举办全市义务教育阶段民办学校校长及教师培训班和民办幼儿园园长及教师暑期培训班。举办全市首届民办学校素质教育成果线上展示活动，受到社会广泛关注。持续开展清理整治非法办学机构专项行动，下发《亳州市人民政府教育督导委员会办公室关于继续开展清理整治非法办学机构专项行动的通知》，按照“规范一批、整改一批、取缔一批”要求，对在全省无证园系统上的100所无证幼儿园进行清理整治，取缔78所、新审批22所。落实《亳州市中心城区非营利性民办学校财政补助方案》，对在市中心城区城市规划区内竞买土地兴办的非营利性民办学校给予财政补助，市政府拨付黉学高级中学、风华实验中学、风华桐乡路小学和谯城区育才小学财政补助资金共计1353万元。开展民办学校年检工作，对全市经教育部门审批的748所民办学校组织开展2019年度检查。防范和化解民办教育领域风险，市教育局联合市发改委、市财政局印发《关于规范疫情防控期间教育收费管理工作的通知》，从严禁止乱收费、做好收费公示、做好家庭经济困难学生资助工作等方面进行要求。通过《关于民办学校收费等问题致民办学校学生家长的一封信》方式，集中公示经教育部门审批的各级各类民办学校相关和民办普惠性幼儿园名单，提高群众的知晓度，积极回应社会关切。持续开展校外培训机构疫情防控和专项整治工作，下发《亳州市教育局关于做好全市校外培训机构疫情防控工作的通知》《亳州市教育系统新冠肺炎疫情防控领导小组关于做好校外培训机构新冠肺炎疫情防控开学复课准备工作的通知》，联合工商、人社、公安等部门对违规开展线下培训的机构进行严肃查处。

（董金良）

高等教育

【概况】2020年，亳州市共有高等教育学校3所，其中，全日制普通高等教育学校2所（亳州学院、亳州职业技术学院），在校生22743人（本科生8420人），教职工1034人，其中专任教师959人；成人高等教育学校1所（亳州电大），在籍生14819人，教职工104人，其中专任教师76人。

（董金良）

·亳州学院·

【概况】亳州学院办学始于清宣统元年（1909年）的蒙城师资讲习所，1952年创办蒙城县初级师范学校，1956年7月更名为安徽省蒙城师范学校，2002年3月独立升格为亳州师范高等专科学校，2016年3月独立升格为亳州学院。亳州学院是安徽省人民政府举办的公办普通本科高校。主要致力于培养本科层次应用型、技术技能型人才，承担人才培养、科学研究、社会服务，传承创新地方文化的基本职能。截至2020年年底，下设有20个内设机构、13个党总支、11个教学院系。占地面积110.07公顷，建筑面积41.12万平方米。在校教职工574人，其中专任教师496人，高职称高学历人数195人。在籍学生13449人；在校学生11415人，其中本科生8436人，占73.9%。学院图书馆纸质藏书88万册，电子图书90万册，中文期刊订阅640种。

新冠肺炎疫情防控期间，春季学期利用网络平台和教学资源平台开展线上教学，在线教学教师438人，上课率100%，开设线上课程521门；秋季学期实现全面复学。学校坚持精准防控、人物共防，聚焦重点环节、重点场所、重点人群，落实学生“晨午晚检”，加强校园管理，未出现确诊和疑似病例，校园安全稳定。

【学科专业建设】2020年，亳州学院新增英语、电气工程与智能控制、药物分析、酒店管理、产品设计5个本科专业，共有本科专业27个，应用性专业占比85.19%；抢抓“双一流”发展机遇，目前，小学教育专业、学前教育专业、中药学专业为省级一流专业。

【师资队伍建设】2020年，亳州学院招聘18名专职辅导员，引进紧缺人才74人，高层次人才10人，199名教师完成入编；支持5人攻读博士研究生；评定193名“双能型”教师；组织447人实施继续教育基地在线学习、培训；年度新晋升4名教授，13名副教授；26人入选省高校高层次人才专家库、5人入选省健康科普专家库，10人入选市普通中等专业学校高级职称评委会专家库，2人推荐为亳州市第三届首席专家工作室负责人，1人获市政府特殊津贴。

【科学研究】2020年，亳州学院立项省级项目29项、市级项目79项、横向项目30余项；立项9项科研平台，分别为养生型配制酒亳州市重点实验室、亳州市中药材储存工程技术研究中心2个市级科研平台，3个校级重点实验室、4个校企共建的协同创新中心；与安徽亿人安股份有限公司共建科技攻关团队获批2020年市科技重大专项1项。国家级中药检验检测平台划归学院管理，提升了学院产学研用的水平和服务地方中医药主导产业的能力。

发表论文230余篇，二类及以上40篇。申报专利105项，发明专利授权15项。遴选校级科研团队8个，完成咨询报告10篇，著作11部。

亳州学院2020年度发明一览表

表28

序号	专利名称	专利权人	类别
1	一种快速集水式保鲜物流箱	亳州学院	发明专利
2	一种复合式多功能运输箱	亳州学院	发明专利
3	一种复合式多功能箱底结构	亳州学院	发明专利
4	一种地上物流运输管道的制作方法	亳州学院	发明专利
5	一种地下物流运输管道的制作方法	亳州学院	发明专利
6	一种地上物流运输管道	亳州学院	发明专利
7	一种用于冷藏货物的仓储结构及使用方法	亳州学院	发明专利
8	一种基于仓储垛堆方式的教学仪器	亳州学院	发明专利
9	一种应用于计算机显示器的运输防震保护装置	亳州学院	发明专利
10	一种应用程序加密方法及其终端	亳州学院	发明专利
11	一种食品检测用手持式试剂盒	燕傲蕾、郭　慧、张　宇、徐　娟	发明专利
12	一种免疫增强中药组合物及其制备方法	魏　磊	发明专利
13	一种浓香型白酒窖泥养护液、制备方法及养护方法	蒲顺昌	发明专利
14	一种3-甾酮-Δ1-脱氢酶突变体及其构建方法	魏　磊	发明专利
15	一种药渣处理电化学测试用电解池及其使用方法	亳州学院	发明专利

【招生就业】2020年，亳州学院录取新生3910人，报到3840人，报到率98.2%。搭建线上就业平台，410余家单位参与线上招聘，提供岗位1.3万个；举办21场校园招聘宣讲会，提供岗位238个。毕业生2795人，已就业2719人，就业率97.28%。

【人才培养质量】2020年，亳州学院立项省级教学质量工程项目82项，举办教学质量建设月活动、“线上线下混合式金课”建设暨智慧课堂教学培训，开展亳州学院第二届“金课堂”教学创新大赛暨第四届中青年教师授课比赛，推进课堂教学改革；推进体育艺术俱乐部改革，制定实施亳州学院劳动教育实施方案。组织学生参加各级各类学科技能竞赛，获全国性奖励4项、省级一等奖29项、省级其他奖项160余项。

【亳文化研究】2020年，亳州学院实施文化走出去战略，参与承办安徽省社科联第十五届学术年会和涡阳道家学术研讨会活动，参加多层级文化研讨会5次；做好服务地方工作，王改凌撰写的《关于我市发展乡村旅游的建议》被市政协立案实施，李景彪撰写的《推进亳州快速融入长三角文化旅游一体化的建议》被市政府采纳。围绕老庄与道家文化、曹操与曹魏文化、华佗与中医药养生文化、方言与民俗文化4个研究方向，组建中医药文化研究、老庄道学研究、曹魏与建安文化研究、华佗传统体育养生、方言民俗文化调查研究5个研究团队。全年立项市级以上各类项目47项，发表论文30篇，三类以上23篇，二类以上2篇。

【《亳州通史》编纂立项为校级重大专项项目】2020年11月30日，亳州学院将《亳州通史》编纂立项为校级重大专项项目，资助经费30万元，研究周期2年，拟定于2022年12月定稿出版。亳文化研究中心负责人蔡洪勇为项目业务负责人，阜阳师范大学教授、南京大学历史学博士吴海涛为学术负责人，张立驰、李景彪、王绍玉、魏小红、程立中、郭红超、范祥银、王娜参与编纂。2020年12月，已初步拟定框架，分设10章。全书将从先秦时期开始编纂，至解放战争时期结束，系统阐述亳州历史。

【《薛蕙〈西原全集〉校注编年》出版】2020年8月，由亳州学院中文与传媒系副教授李山岭编著的《薛蕙〈西原全集〉校注编年》由合肥工业大学出版社出版。《薛蕙校注编年》以薛邦瑞刻本为底本，以现存的四库本等其他诸本为主校本，并以明清诗文选本、别集、方志、诗文评、史籍等为参校，对薛蕙诗文集进行全面整理。《薛蕙校注编年》是明季以后对薛蕙诗文集进行的首次整理，增加注释、编年、汇评、辑补、资料汇编、版本流传考述等内容。全书囊括西原全集十卷、西原遗集、诗、书、附录和后记，共75万余字。该书的出版，为研究薛蕙行实、文学创作、思想等提供了宝贵的资料，同时丰富了亳文化研究内容。

【亳州学院作品获中国大学生计算机设计大赛全国一等奖】2020年12月，第13届中国大学生计算机设计大赛作品点评暨颁奖典礼在北京会议中心举行，亳州学院作品《“亳”览天下——文化香插设计》获一等奖，实现学校在该类赛事中全国一等奖“零”的突破；指导教师赵龙、王博文评为“一星级优秀指导教师”。作品旨在表达“涡河悠悠、一叶扁舟、远山静谧、炊烟袅袅”意蕴，作品设计充分借用山川沟壑形成“亳”字，以香插底座作为小舟剪影。插香方式一为斜向30度插法，燃香意境为炊烟；二为山后竖插盘香，燃香意境为“亳山明月夜”。产品的色彩风格样式有中国红剪纸、厚重黄铜风格、水墨丹青风格、原木质朴风格、厚重黑铜色5种风格。作品最终用彩铜工艺、底座采用铜模开模、山体采用冲压工艺，共分五层，可拆卸安装，方便携带和香灰清理。

【亳州学院通过学士学位授予权评估】2020年5月28日，安徽省学位委员会下发《关于批准2020年度新增学士学位授予单位及其授权专业的通知》，批准亳州学院增列为学士学位授予单位，批准亳州学院小学教育、学前教育、文化产业管理共3个本科专业为新增学士学位授权专业。7月初，文化产业管理专业160人、小学教育专业387人、学前教育专业304人，按时毕业并获授学士学位。

【亳州学院中医药学院立项】2020年8月17日，市政府第162次常务会议同意实施亳州学院中医药学院项目。项目选址在亳州高新区蔷薇路以南、迎春路以北、文采路以东、木兰大道以西，占地40.07公顷，总投资10.5亿元。初步拟定在校生规模5000人左右，成立中药学院、中医学院、护理康复学院、公共卫生管理系，设置中药学院、药学、中医学、针灸推拿学、医学检验技术、护理学等12个本科专业。截至年底，亳州学院中医药学院校区完成项目立项、规划选址、环境评价、专项债发行等工作。

（王晓军）

·亳州职业技术学院·

【概况】亳州职业技术学院前身为合肥工业大学亳州教学点（1987—2003年）、安徽教育学院亳州教学点（1989—2003年），1995年更名为亳州工业学校，2003年升格为高职院校，是公办全日制普通高校。办学层次以普通专科为主，兼有五年制大专，专升本和成人教育本、专科。下设29个内设机构、7个党总支、9个二级教学单位，共38个专业。有专兼职教师673人，正高级职称46人，副高级职称140人，“双师素质”教师245人。享受国务院津贴1人，省级学术和技术带头人、领军人才、教学名师、专业带头人、教坛新秀、技术能手19人，省级教学团队10个，市级突出贡献人才、首席专家、拔尖人才和优秀人才26人。有各类全日制在校生11648人。学院与安徽中医药大学联合培养中药学、护理专业专升本，专业建设扩至2个，居于全省同类院校前列。

该学院是安徽省高职院校A联盟成员单位、中华全国总工会“职工教育培训示范点”、安徽省中药天然药专业委员会主任委员单位、安徽省中医药现代化研究会中药分会会长单位、安徽省首批校企合作示范基地、安徽省就业先进单位、安徽省创业示范点、安徽省红十字先进模范校、安徽省高职扩招标杆校等。

2020年，学院占地37.33公顷，总建筑面积23.2万平方米，校内实验实训基地建筑面积4.2万平方米，是一所以医药类专业为龙头，电子、信息、管理、建筑类等专业为支撑的综合类职业院校。设有药学院、医学院、教育与管理学院、智能工程系、信息工程系、建筑工程系、继续教育学院、基础教学部和马克思主义学院9个二级教学单位，共38个专业。其中中央财支持建设专业4个，高等职业教育创新发展行动计划骨干专业5个，省级高水平高职专业、特色专业、综合改革试点专业17个。建有国家级职业技能鉴定站、安徽省中医药科学院亳州中医药研究所、市质量检验检测研究院，与亳州市内外73家企事业单位签订校企合作协议，共建3个国家级实训基地和17个省级实训实践基地。拥有亳州市中医院、蒙城县中医院等非直属附属医院。学校牵头成立的亳州市职业教育联盟获批安徽省A级和示范性职业教育联盟单位。

有专兼职教师673人，正高级职称46人，副高级职称140人，“双师素质”教师245人。享受国务院津贴1人，省级学术和技术带头人、领军人才、教学名师、专业带头人、教坛新秀、技术能手19人，省级教学团队10个，市级突出贡献人才、首席专家、拔尖人才和优秀人才26人，教师获省级教学能力大赛30项。

有各类全日制在校生11648人，在全国职业技能大赛中，获国家级奖项11项，省级奖项225项。5年来，共招录全日制学生18287人，年均超过3600人，毕业生10120人，就业率稳定在97%以上。学院与安徽中医药大学联合培养中药学、护理专业专升本，专业建设扩至2个，居于全省同类院校前列。

推进常态化疫情防控和教育教学，线上线下教学相结合。组织参加各类竞赛，获省级及以上技能大赛奖34项，其中，获中华职业教育创新创业大赛全国总决赛一等奖。

申报和调整专业3个。成功申报省级质量工程项目67项，省职业教育创新发展实验区建设项目11项，立项校级大内涵建设项目80项。推进11个专业“1+X”证书试点工作，完成350人次“1+X”证书考试考核。立项省级及以上科研项目27项，形成产业服务团队5个，获批市重点实验室、工程技术中心建设项目各1项，成果转化12项53万元。

招生录取各类学生5074人，创历史新高，实现人数最多、范围最广、报到率最高、质量最好的“四最”招生目标。毕业生就业率97.04%，超出全省就业目标值16个百分点，位居全省乃至全国的前列。大学生征兵工作受到省市表彰。

在校函授生规模扩至4909人，开展职业技能鉴定1329人次，岗位技能提升培训1040人，大学生创业培训240人，组织各类社会考试21759人次。拓展图书馆线上服务职能，开展“我的战疫”阅读等线上读书活动。开展集中走访帮扶活动，铺设扶贫智能专柜28个。推进农村留守儿童结对帮扶工作，获评全省关工委家庭教育工作先进集体。

推进校园基础建设。大学生孵化基地楼改造和附属幼儿园投入使用，建成朗读亭和华佗养生馆，继续教育培训中心、大学生活动中心以及二期道路建设开工建设。建成1个创新实训中心和4个智慧教室。教学诊改、数字化校园基础平台构建，学工、人事、科技等管理系统等进入调试或试运行阶段。

同年，该学院获评国家级节约型公共机构示范单位、安徽省文明单位、省级园林式单位。

【师资队伍建设】2020年，该学院公开招聘专业教师15名，引进高层次人才2名。评聘教授2人、副教授和高级实验师4人，讲师8人。获批省级高校优秀人才项目6项，获批市级“首席专家工作室”“第五批市政府特殊津贴”“最美职教人”等7人次，获省市人才补贴资金93万元。完善实施以教学贡献为核心的教师晋升奖励办法和评价机制，获省级教学能力大赛10项，其中一等奖2项，获奖率90.9%。

【对外合作与实训基地建设】2020年，该学院完成投资近1200万元，建设实验实训项目34项。持续推进校企融合的“产教融合型”企业2家，与市互联网产业发展中心、市城建集团签订共建协议。12月，省教育厅、省经济和信息化厅公布全省第二批示范性职业教育联盟立项建设单位，学院牵头的亳州市职业教育联盟获批省示范性职教联盟项目立项建设单位，获批安徽省示范性职业教育集团立项建设单位。在涡阳辉山烈士陵园、古井党建企业文化馆、市展览馆、济人药业等挂牌大学生校外社会实践教学基地。

【安徽省技能型高水平大学建设单位立项】根据《安徽省教育厅关于开展技能型高水平大学中期检查和增补申报工作的通知》等文件精神，学校对照《安徽省技能型高水平大学建设标准（试行）》、9项标志性成果达标情况对照一览表等准备支撑材料，经专家论证后，不断完善《亳州职业技术学院技能型高水平大学建设方案》，明确目标任务、建设进度和保障措施，确保项目建设落实。经省教育厅组织专家评审后，2020年3月23日，亳州职业技术学院成功立项为安徽省技能型高水平大学建设单位，实现“十三五”期间万人规模的技能型高水平大学总体目标。

【亳州职业技术学院市产品质量检验检测研究院成立】2020年10月10日，亳州职业技术学院市产品质量检验检测研究院成立，该学院院长周美启兼任研究院院长。研究院是在原市农村农业局下属市农产品质量安全检验检测中心基础上改制组建而成，为该学院内设机构，成为具有独立法人的检验检测机构，有院长1名、常务副院长1名、副院长1名、工作人员4名。研究院主要承担种植品、禽畜品、水产品的检测任务，并逐步向农投品、产地环境监测、食品、中药材和中药饮片检验检测以及检验检测技术研发与服务等领域拓展。划拨60万元专项经费，用于研究院支出。按进度完成资产使用移交和检测大楼功能区划分，检测大楼及仪器的维修与保养、人员培训等工作。

【亳州职业技术学院获创新创业大赛全国现场总决赛一等奖】2020年11月17日，该学院“传播华佗养生文化，打造中药护肤传奇——花吟姿·芍药花护肤品”项目获中华职业教育社第四届中华职业教育创新创业大赛全国现场总决赛高职组一等奖。为省高职组参加本次国赛的唯一项目。该项目将亳州的中药资源和华佗养生文化创意融合，通过校企科研合作，进行科技深加工，是一个集研发、生产、销售于一体的创新创业项目。拥有发明专利1项，实用新型专利2项，外观专利4项，软件著作权专利1项。全年销售收入3556.43万元，净利润1084.9万元。

（张　珺）

·安徽广播电视大学亳州分校·

【概况】安徽广播电视大学亳州分校（简称“亳州电大”）创办于1982年，2000年8月经省政府批准升格为地市级电大分校，副处级建制，行政上隶属亳州市委、市政府及市教育局领导和管理，教学上接受国家开放大学、安徽开放大学指导和管理；对涡阳、蒙城、利辛3个县级学院给予指导和管理，是一所多层次、多规格、多功能、多形式办学的综合性成人高等专科学校。

2020年，亳州电大有编制21个，教职工43人，聘用22人，其中，本科以上学历36人，硕士4人，高级职称5人，中级职称14人。学校占地3.4万平方米，建筑面积2.3万多平方米，有教学楼、培训楼、学生宿舍楼和食堂，办学功能齐全；有200人多功能会议室2个，100人多功能会议室2个，多媒体教室16个，计算机机房15个，联网计算机620余台。

有本科专业14个，专科专业17个，全年开放教育春秋两季共计招生4396人，其中本部1511人。在校生连续5年维持在1.5万人左右，其中校本部5000余人，在校生规模位居全省前列。

对校园网络进行升级改造，教师办公网络达1000Mb，500Mb无线覆盖校园。有容纳200人多功能会议室2个，容纳100人多功能会议室2个，多媒体教室16个，网络机房15个。推进国家开放大学云教室建设，推进直播教室平台建设与应用。新建微课录播教室1个。

开展各类非学历教育培训项目。开展创业培训7期，模拟实训2期，网络创业培训2期，共培训376人；开展“创业大讲堂”三期；养老护理员培训一期，培训120人。参与省电大非学历继续教育项目，全市参加“安徽专业技术人员继续教育在线”培训人数4332人。推进亳州社区教育与老年教育工作。筹建市社区教育研究指导中心，指导三县学院成立老年开放大学。推进老年教育与社区教育融合发展，逐步建立健全“市—县（区）—乡镇（街道）—村（居）委会”四级社区老年教育网络。

组织学生申报奖学金和优秀毕业生。44人获国家开放大学奖学金，2人获国家开放大学“希望的田野”奖学金，15人获安徽广播电视大学奖学金。落实学位申请工作，分校申请学位118人，其中春季50人，秋季68人。组织教师参加省电大网上“精彩一课”比赛，获优秀奖。围绕老年开放教育课题完成相关论文撰写并发表在学术期刊。推动开展市级课题《中小学教师职业倦怠现状及原因分析》。发布信息92篇，其中被省电大网站采用33篇。国开学习网4项质量因子考核排名位列全省前列。校本部5位教师加入省电大相关课程的网络教学团队。

同年，亳州电大获评安徽广播电视大学开放教育“招生工作先进集体”，连续10年被安徽广播电视大学评为“办学先进单位”；下辖三县学院均被安徽广播电视大学评为“办学先进单位”。2019年春季法学本科1名学生被安徽广播电视大学评为“新冠肺炎疫情防控学生先进个人”。

【亳州电大110名优秀学员获国开学士学位】 2020年，亳州电大举行2次国家开放大学学士学位证书发放仪式。经国家开放大学学位评定委员会审议，亳州电大春、秋两季共有110名毕业生获得国开学士学位证书，占全省电大学位获得人数的14%以上，稳居全省前列。

【亳州电大帮扶村“两委”学历提升行动】 2020年，亳州电大探索教育扶贫新思路，通过学历教育进一步提高村干部的综合素质，增强学习、领导和组织协调能力，以新的视野投身乡村建设工作，真正实现“扶贫先扶智”。对定点帮扶村谯城区观堂镇高杨村村“两委”开展学历提升行动。高杨村“两委”人员包括村支书在内均参加亳州电大专、本科学历学习。其中2019年13名、2020年1名，2020年秋季两委全部参加学习，学制2年。

（陈秀锦）

科　技

2020 年 5 月 8 日，亳州市实施人工增雨作业　　（岳邦云　供图）

概　述

【概况】亳州市科学技术局（简称“市科技局”）于2000年成立，职责是贯彻执行党中央关于科技创新工作的方针政策和决策部署，落实省委、市委的工作要求，在履行职责过程中坚持和加强党对科技创新工作的集中统一领导。2019年，亳州市机构改革，优化市科学技术局职责，将市人力资源和社会保障局的外国专家管理职责划入市科学技术局；市科学技术局的专利管理相关职责划入市市场监督管理局。

2020年，《亳州市科技创新“十四五”规划》出台，谋划亳州科技发展目标、任务和重点工作。出台《亳州市人民政府办公室关于引导全社会加大研发投入的实施意见》，激发企业、高校、科研院所等创新主体和社会力量加大研发投入的积极性，建立研发投入倒逼机制，把研发经费投入作为项目申报的前置条件，增强科技创新对经济高质量发展的支撑作用，形成以“科技创新十条”为核心的“1+N”科技政策体系，聚焦科技企业、研发机构、创新创业人才等创新要素，提升创新创业活力。

推进“四送一服”工作，举办科技创新政策宣讲培训会6场，培训3000余人。落实科技创新奖补政策助推企业发展，分两批对254个科技创新项目进行支持，兑现市科技创新政策奖补资金4345万元。深化科技体制改革，建成市级科技计划项目网上管理申报系统，提升项目科学化管理水平；推进科研诚信信息共享应用，强化科研诚信监管，将科研诚信理念融入科技计划的指南编制、项目申请、立项评审、过程管理、评估评价、结题验收等全过程。

【科技创新平台建设】2020年，亳州高新区争创国家级高新区，增强高新技术产业承载能力。强化主体培育，开展“三比一增”专项行动，增强企业创新能力，新认定78家高新技术企业，全市拥有高新技术企业达178家，同比增长48.33%，增速居全省第一位。高新技术产业增加值同比增速14.6%，高于规模以上工业增加值8.7个百分点，居全省第十位。构建多层次创新平台体系建设，安徽瑞思威尔科技有限公司获批省级新型研发机构，获批2家省级众创空间，新组建市级重点实验室5家，新备案市级科技企业孵化器、众创空间7家。与上海中医药大学、江南大学等4家离岸孵化中心合作，对接江浙沪“长三角”高校和科研院所优势科技资源。

【科技协同攻关】2020年，亳州市强化科技项目遴选申报，在国家层面，传统大豆酿造调味品机械化标准化工程技术集成研究与产业化示范项目获批科技部“科技助力经济2020”重点专项。在省级层面，获批9项安徽省重点研究与开发计划项目，获资助资金378万元；获批4项省科技重大专项项目，获资助资金300万元。在市级层面，立项15项市科技重大专项项目，支持资金732万元；立项42项市重点研发计划（自筹经费）项目，辐射带动科技项目自筹4409.7万元。围绕产业链部署创新链，围绕创新链布局产业链，构建以企业为主体、院校为支撑、市场为导向的产学研协同创新体系，企业与天津中医药大学、合肥工业大学、安徽中医药大学等20余所高校、科研院所建立战略合作关系。征集关键技术需求，摸排提炼企业技术需求129项，开展各类产学研对接活动18场。推进对外科技合作，支持济人药业与德国汉堡大学开展国际合作，开展研究符合欧盟标准的中药配方颗粒生产工艺和质量标准，117种中药配方颗粒通过德国检测认证与标准复核。

【科技成果转化】2020年，亳州市建立科技成果转化项目库，全市科技成果转化引导基金完成尽职调查，推动科技成果在亳落地转化。建设亳州市网上技术大市场，打造集展示、交易、共享、服务、交流“五位一体”的“政产学研金服用”科技成果转移转化平台，破解技术交易“推广难”“共享难”“转化难”的问题，形成“线上”与“线下”互联互动互补的成果转移转化服务体系，全市共登记技术合同519项，实现技术合同交易额23.13亿元，华佗国药股份有限公司参与完成的华佗牌救心丸工艺研究及质量标准提升项目获2019年度安徽省科学技术奖二等奖。举办科技创新要素对接会，参与省

"抓创新、抗疫情、促发展"科技成果展示发布暨项目转化交易会，共10项抗击疫情成果参加展示发布。推进创新创业，举办第九届中国创新创业大赛亳州赛区选拔赛，亳州邵氏华艾生物医疗电子科技有限公司获第九届中国创新创业大赛安徽赛区总决赛初创组二等奖。

【科技人才引进】2020年，亳州学院与中科院开展合作，引进中科院理化所科研团队，开展中药材初加工技术研究工作；推进亳州学院与中国药科大学开展合作，协助培养高端科技人才。天马(安徽)国药科技股份有限公司安徽省院士工作站新获得省科技厅备案批复，组织2家申报省级博士后科研工作站(博士后创新实践基地)，安徽上元家居材料股份有限公司新获批省级高层次科技人才团队。

(郭学斌)

2018—2020年高新技术企业一览表

表29

序号	企业名称	所属区域
1	安徽鑫泰药业有限公司	亳芜园区
2	天马(安徽)国药科技股份有限公司	亳芜园区
3	安徽华希电力科技有限公司	亳芜园区
4	安徽伊法拉电气有限公司	亳芜园区
5	亳州讯飞信息科技有限公司	亳芜园区
6	安徽伊法拉电力科技有限公司	亳芜园区
7	安徽万花草生物科技有限公司	亳芜园区
8	亳州市新健康科技有限公司	高新区
9	安徽世茂中药股份有限公司	高新区
10	安徽省金芙蓉中药饮片有限公司	高新区
11	安徽九方制药有限公司	高新区
12	亳州市张仲景中药饮片有限责任公司	高新区
13	安徽徽草堂药业饮片股份有限公司	高新区
14	亳州市隆泰药业有限公司	高新区
15	安徽谓博中药股份有限公司	高新区
16	安徽健诚中药饮片有限公司	高新区
17	安徽天祥药业有限公司	高新区
18	亳州蜀中药业有限公司	高新区
19	亳州市银桥中药饮片有限公司	高新区
20	亳州市药通信息咨询有限公司	高新区
21	安徽华鼎堂中药饮片科技有限公司	高新区
22	安徽冯了性中药材饮片有限公司	高新区
23	安徽佳凯药业股份有限公司	高新区
24	安徽汇中州中药饮片有限公司	高新区
25	亳州市华鑫中药饮片科技有限公司	高新区
26	安徽金国源中药股份有限公司	高新区
27	亳州市裕同印刷包装有限公司	高新区

续表 29

序号	企业名称	所属区域
28	安徽省邹师傅中药机械制造有限公司	高新区
29	安徽济顺中药饮片有限公司	高新区
30	安徽科宇信息技术有限公司	高新区
31	安徽精诚本草中药饮片有限公司	高新区
32	安徽东方新新生物技术有限公司	高新区
33	安徽汇仁堂中药饮片有限公司	高新区
34	安徽东方帝维生物制品股份有限公司	高新区
35	安徽亿人安股份有限公司	高新区
36	亳州康仕嘉食品有限公司	高新区
37	安徽天赢电气成套设备制造有限公司	利辛县
38	安徽省唯一纺织有限公司	利辛县
39	利辛县江淮扬天汽车有限公司	利辛县
40	安徽九州天极之光股份有限公司	利辛县
41	利辛县凯盛汽车有限公司	利辛县
42	安徽伯希和户外装备用品有限公司	利辛县
43	安徽恒盛实业有限责任公司	利辛县
44	安徽牧洋油脂有限公司	利辛县
45	安徽邵氏华艾生物医疗电子科技有限公司	利辛县
46	安徽浩翔农牧有限公司	利辛县
47	利辛县富亚纱网有限公司	利辛县
48	安徽骄阳软门有限责任公司	利辛县
49	安徽和邦纺织科技有限公司	利辛县
50	利辛县东华面粉有限责任公司	利辛县
51	安徽百盛源包装材料有限公司	利辛县
52	安徽翰联色纺股份有限公司	利辛县
53	安徽双盈纺织有限公司	利辛县
54	安徽兰奇丝网织造有限公司	利辛县
55	安徽舒香食品有限公司	利辛县
56	安徽万礼食品有限责任公司	利辛县
57	安徽养地生态科技有限公司	利辛县
58	安徽瑞虎肥业有限公司	利辛县
59	安徽阳光药业有限公司	利辛县
60	安徽京威纺织服饰有限公司	利辛县
61	安徽省徽源电杆有限公司	利辛县
62	利辛县亿隆筛网有限公司	利辛县
63	安徽省兰飞化纤织造有限公司	利辛县

续表29

序号	企业名称	所属区域
64	安徽丰源车业有限公司	利辛县
65	安徽海豚生物科技有限公司	利辛县
66	安徽华金味食品有限公司	利辛县
67	安徽巨创化纤科技有限公司	利辛县
68	蒙城县华飞缝纫设备制造有限公司	蒙城县
69	安徽腾飞特种电缆科技有限公司	蒙城县
70	安徽昆蒙新型建材有限公司	蒙城县
71	蒙城县育田机械有限公司	蒙城县
72	安徽上元绿能科技有限公司	蒙城县
73	安徽三宝钢结构股份有限公司	蒙城县
74	安徽中宝电梯科技有限公司	蒙城县
75	安徽讴神机械制造有限公司	蒙城县
76	蒙城县东正汽车有限公司	蒙城县
77	安徽堉帝智能科技有限公司	蒙城县
78	安徽蓝博供水设备有限公司	蒙城县
79	蒙城县虹升塑粉有限公司	蒙城县
80	蒙城县弘文信息科技有限公司	蒙城县
81	安徽亿达新能源科技有限公司	蒙城县
82	安徽兆鑫集团汽车有限公司	蒙城县
83	蒙城信和汽车有限公司	蒙城县
84	蒙城县洪图纺织有限公司	蒙城县
85	安徽林驰电子有限公司	蒙城县
86	安徽安旺门业股份有限公司	蒙城县
87	安徽金福瑞家具有限公司	蒙城县
88	蒙城县振兴永发农机有限公司	蒙城县
89	蒙城县富源有色金属材料有限公司	蒙城县
90	安徽上元新型家居材料有限公司	蒙城县
91	安徽民和杭萧钢构股份有限公司	蒙城县
92	安徽省蒙城县华威汽车改装有限公司	蒙城县
93	安徽蔚能环保科技有限公司	蒙城县
94	蒙城县神运环保新型材料有限公司	蒙城县
95	安徽富民生物有机肥有限公司	蒙城县
96	蒙城县欣瑞特建材有限公司	蒙城县
97	安徽中嘉环保建材科技有限公司	蒙城县
98	蒙城县鑫瑞新能源科技有限公司	蒙城县
99	蒙城县金元达制笔有限公司	蒙城县

续表 29

序号	企业名称	所属区域
100	安徽正大肥业有限公司	蒙城县
101	安徽省蒙城县金鹏建材装饰有限公司	蒙城县
102	安徽润宝食品有限公司	蒙城县
103	蒙城佳仕龙机械制造有限公司	蒙城县
104	蒙城县江淮毅昌汽车饰件有限公司	蒙城县
105	蒙城县盛焰秸秆有限公司	蒙城县
106	安徽戊庚中药饮片有限责任公司	谯城区
107	安徽新盛中药饮片有限公司	谯城区
108	安徽和济堂中药饮片有限公司	谯城区
109	安徽亚珠金刚石股份有限公司	谯城区
110	安徽省本草国药饮片有限公司	谯城区
111	安徽朱氏康豪中药饮片有限公司	谯城区
112	亳州联滔电子有限公司	谯城区
113	安徽七方中药饮片有限公司	谯城区
114	亳州市宏宇中药饮片有限公司	谯城区
115	安徽养生天下生物科技有限公司	谯城区
116	安徽协和成药业饮片有限公司	谯城区
117	安徽广印堂中药股份有限公司	谯城区
118	亳州市中正中药材饮片有限公司	谯城区
119	芍花堂国药股份有限公司	谯城区
120	亳州市京皖中药饮片厂	谯城区
121	安徽松山堂国药股份有限公司	谯城区
122	安徽盛海堂中药饮片有限公司	谯城区
123	亳州市贡药饮片厂	谯城区
124	华佗国药股份有限公司	谯城区
125	北京本草方源（亳州）药业科技有限公司	谯城区
126	安徽旭松中药饮片有限公司	谯城区
127	安徽格特朗科技有限公司	谯城区
128	亳州市乾元动物药业有限责任公司	谯城区
129	亳州市军达生物科技有限公司	谯城区
130	安徽省启凡信息科技有限公司	谯城区
131	安徽林鑫中药饮片有限公司	谯城区
132	安徽百岁堂中药饮片有限公司	谯城区
133	安徽德昌药业股份有限公司	谯城区
134	安徽方敏医药科技有限公司	谯城区
135	安徽豪门国药股份有限公司	谯城区

续表 29

序号	企业名称	所属区域
136	安徽济人药业有限公司	谯城区
137	安徽三义堂中药饮片有限公司	谯城区
138	安徽魏武中药饮片科技有限公司	谯城区
139	安徽正和堂中药饮片有限公司	谯城区
140	亳州市善安堂中药饮片有限公司	谯城区
141	安徽瑞思威尔科技有限公司	市直
142	安徽龙瑞玻璃有限公司	市直
143	安徽黑娃食品科技有限公司	涡阳县
144	安徽颐生堂中药饮片有限公司	涡阳县
145	涡阳财富康达制动元件有限公司	涡阳县
146	安徽泓森高科林业股份有限公司	涡阳县
147	涡阳县益群牧业有限公司	涡阳县
148	安徽正熹标王新能源有限公司	涡阳县
149	安徽省迪盛织造整理有限公司	涡阳县
150	安徽佳源油脂有限公司	涡阳县
151	安徽爱家食品有限公司	涡阳县
152	安徽道源堂中药饮片有限公司	涡阳县
153	涡阳县晟丰新型建材有限公司	涡阳县
154	新诚达时装（安徽）有限公司	涡阳县
155	安徽安盛农业科技发展有限公司	涡阳县
156	涡阳县利达塑料包装制品有限公司	涡阳县
157	安徽儒商生物科技有限公司	涡阳县
158	涡阳县康仕达机电有限公司	涡阳县
159	涡阳县华夏气体有限公司	涡阳县
160	涡阳凯达机械制造有限公司	涡阳县
161	涡阳县沪涡多孔矸石砖有限公司	涡阳县
162	涡阳县恒丰塑胶制品有限公司	涡阳县
163	安徽艾可豪生物科技有限公司	涡阳县
164	安徽英杰精工机械有限公司	涡阳县
165	安徽省伊贝雅纺织有限公司	涡阳县
166	安徽省天下彩源种苗科技有限公司	涡阳县
167	涡阳县安元汽车配件有限公司	涡阳县
168	安徽荣盛精密科技有限责任公司	涡阳县
169	亳州鼎源科技信息有限公司	涡阳县
170	安徽漫画树涂料有限公司	涡阳县
171	安徽三志制动器有限公司	涡阳县

续表29

序号	企业名称	所属区域
172	安徽德运粮油有限公司	涡阳县
173	安徽航毅金属制品加工有限责任公司	涡阳县
174	安徽绿园肥业有限公司	涡阳县
175	安徽如一食品有限公司	涡阳县
176	安徽舜发服装有限公司	涡阳县
177	安徽万安塑料制品有限公司	涡阳县
178	安徽远东重型机械有限公司	涡阳县

气　象

【概况】2001年12月18日，亳州市气象局（正处级）成立。有亳州市气象台（亳州市突发事件预警信息发布中心）、亳州市国家气象观测站（亳州市气象探测中心）、亳州市公共气象服务中心、亳州市气象灾害防御技术中心（亳州市人工影响天气办公室）、亳州市气象局财务核算中心（市气象局行政事务服务中心）5个直属事业单位。辖涡阳县气象局、蒙城县气象局、利辛县气象局、谯城区气象局4个县区气象局。主要职能是在本行政区域内组织对重大灾害性天气跨地区、跨部门的联合监测、预报工作，及时提出气象灾害防御措施，并对重大气象灾害作出评估，为本级人民政府组织防御气象灾害提供决策依据；管理本行政区域内公共气象服务工作；管理本行政区域内公众气象预报、灾害性天气警报以及农业气象预报、城市环境气象预报、火险气象等级预报等专业气象预报的发布。

2020年，亳州市年平均气温16.3℃，较常年显著偏高1.1℃，为有气象资料以来第二高，仅次于2019年的16.5℃。全市平均年降水量999.9毫米，较常年偏多1.5成。年日照时数1945.3小时，较常年偏少1成。综合全年气候要素、极端气候事件及其灾害影响，2020年属于“较差”的气候年景。

全市共有全国气象科普教育基地3个，安徽省科普教育基地4个。市气象局组织世界气象日、防灾减灾日、科普日等大型科普宣传活动9次，举办科普宣传讲座11次。联合市科协举办全市2020年中学生气象知识竞赛和气象科技实践教案观摩交流活动；联合市总工会、市人力资源和社会保障局联合举办第二届亳州市气象业职业行技能竞赛；联合应急、水利、自然资源、城市管理、交通等部门开展气象灾害隐患排查。推进突发事件预警发布系统与应急广播系统对接，涡阳、谯城完成应急广播分控平台建设。完善与水利部门信息共享、水文雨情信息统一发布和中小河流域风险预警联合发布工作机制。联合召开气象灾害红色预警信息全网发布协调会。

印发《亳州市防雷安全监管工作职责清单》，推动各部门依法履职。发布“亳州市防雷安全公告”，落实企事业单位防雷安全生产主体责任。开展执法检查16次，部门联合检查5次，共检查企业113家，给予一家企业“警告”行政处罚。完成行政许可审批50件。谯城经开区、涡阳经济开发区委托第三方开展区域气候可行性论证。

承担安徽省气象局科研项目3项，承担亳州市科技重大专项1项，组织立项2020年度亳州市气象局科研项目6项，其中3项结题验收。发表气象科技论文34篇，其中1篇获评优秀论文。加强人才引进和培养，引进安徽省气象科学研究所一名研究员到亳州进行为期6个月的工作支持和指导；新晋高级工程师1人、工程师1人；招聘2名硕士研究生，全市气象部门高级工程师占比23.6%，工程师占比50.9%。

同年，亳州市科普公园被认定为“第七批全国气象科普教育基地”，蒙城防灾减灾科普教育基地被安徽省科协认定为“2020—2024年度安徽省科普教育基地”。市、县气象局均被表彰为“第十二届安徽省文明单位”，涡阳县局被表彰为“第六届全国文明单位”。马魁侠获省气象局“2020年防汛救灾气象服务先锋手”称号。

【2020年度重大气候事件】汛期降水集中。出现六轮暴雨。汛期降水主要集中在6—7月，6—7月累计雨量557.9毫米，较常年同期显著偏多6成，其中6月降水量234.4毫米，较常年同期异常偏多近1倍。6月16—18日、27—29日，7月11—12日、17—18日、21—22日和30—31日出现六轮暴雨过程，其中7月30—31日降雨局地性强(主要集中在涡阳)，过程普遍雨量100～200毫米，雨量最大为涡阳县陈大镇297毫米。

2019/2020年冬季为最强暖冬。2019/2020年冬季（2019年12月至2020年2月）平均气温5.3℃，较常年同期异常偏高2.5℃，创有气象资料以来新高，达强暖冬等级〔《暖冬等级》(GB/T21983—2020)〕。

1月降水创历史纪录。1月全市降水量为92.9毫米，较常年同期异常偏多3倍以上，为有气象资料以来同期降水最多，其中1月5—7日出现大雨，累积雨量60～85毫米。

7月气温创历史新低。7月平均气温25.4℃，较常年异常偏低2.1℃，为有气象资料以来历史同期最低值，但由于6月和8月气温均偏高，整个夏季平均气温26.8℃，接近较常年(26.6℃)，未达到凉夏级别〔《凉夏等级》(GB/T38950—2020)〕。

霾日数显著下降。全市霾日数为7.8天，较2019年减少9.7天。自2016年以来霾日数呈逐渐减少趋势，其中2020年减少最明显，为近5年来最少。

年末出现强寒潮。12月28—30日，受强冷空气影响，全市出现强降温、大风及明显的雨雪天气。气温出现“断崖式”下降，从28日中午的14℃持续下降到30日早晨-10℃，降幅达24℃，其中48小时平均气温降幅超过13℃，最低气温降幅12℃～13℃，达强寒潮标准。期间28—29日伴有中到大雪和7～8级大风。

【气象综合探测自动化建设】2020年，亳州市地面气象观测自动化改革正式业务运行，天气现象视频智能仪等自动化设备建成。截至年底，全市建成101套多要素自动站、28套单雨量站、93套高速公路气象站、25套国省道交通气象站、14套自动土壤墒情监测站、10套大气电场仪、4套闪电定位系统、4个国家自动气象站、4套车载移动气象站、3套生态气象监测站、1个机场气象站、1部C波段双偏振天气雷达和1部风廓线雷达，气象监测站网平均站间距达5.5千米。全市气象探测设备运行稳定，自动站业务可用性100%，气象数据可用率99.99%，数据传输率99.91%。年内完成高速公路恶劣天气监测预警系统升级。

【气象预报预警质量】2020年，亳州市24小时晴雨预报质量93%，24小时暴雨(雪)预报质量38%。共发布寒潮、暴雨(雪)、强对流、雾霾等预警信号103期，平均预警时效4.8小时。制作各类服务材料385期，编发预报预警短信686条，发送微博1640条。

【预警信息实现一键式发布】2020年，亳州市气象局更新全市各级党政领导、行业主管部门、重点防御单位、防汛责任人等气象灾害预警责任人信息，将3.2万余责任人纳入预警服务平台。启用安徽省突发事件预警发布平台，实现与短信、邮件、微博、微信等预警信息发布手段自动对接，基本实现预警信息一键式发布。

【粮食安全气象服务】2020年，亳州市完成谯城区、蒙城县乡村振兴气象服务专项建设，研发亳白芍、大豆、桃树等特色农业气象服务指标，绘制农业产业结构现状分布图，开展镇村气象信息员培训。制定《农业气象周年服务方案》，联合农业部门开展针对性为农服务。调整农业气象专家联盟成员，完善农气会商、农情调查、服务产品制作机制。在小麦赤霉病防治、夏收夏种、秋收秋种等关键农时阶段，召开农业气象专家联盟会议，联合开展农气会商62次、农情调查18次、制作发布为农服务产品41期。

【交通安全气象服务】2020年，亳州市推进高速公路恶劣气象条件监测预警系统项目建设，印发《全市高速全程视频监控管理系统和恶劣气象条件监测预警系统优化完善实施方案》，落实项目建设经费252万元，将68471

路视频接入服务平台，实现道路交通恶劣天气实景监测。市气象局联合市交警支队举办高速公路气象信息服务与预警平台应用培训会。制定《亳州市道路交通安全气象服务业务实施细则》，加强大雾、低温雨雪冰冻等恶劣天气监测预警，共发布大雾预警177期。

【生态环境气象服务】2020年，亳州市加强环保、气象、$PM_{2.5}$专家小组三方空气质量预报会商，共开展会商1124次，其中加密会商124次，协助发布重污染天气预警9次。

加强人工影响天气能力建设，升级人工影响天气视频实时指挥系统。在亳州市国防动员教育训练基地建设人工影响天气弹药临时储备库。开展全市人工影响天气作业点安全等级评定，修订作业点安全射界图，完善地面射击平台标识，在全省率先完成火箭发控装备安全锁定装置改造。围绕大气污染防治和农业生产需求，常态化开展人工增雨作业，年内开展人工增雨95轮次，发射增雨火箭弹457枚。

（马魁侠）

防震减灾

【概况】2003年亳州市地震检测站成立，隶属于市科技局；2006年加挂市地震工作办公室的牌子；2007年更名为市地震局；2009年，市人民防空办公室、市地震局机构整合，在市人民防空办公室加挂市地震局牌子，负责全市防震减灾行政管理工作，地震监测站整建制划入市人民防空办公室管理。

2020年，亳州市成立震情监视跟踪工作领导小组，制定《亳州市2020年度震情监视跟踪工作方案》。推进群测群防网点动态管理，对全市56个观测点人员进行优化调整，更换不符合要求的群测群防网点。开展“三网一员”队伍人员业务培训，提高全市宏观观测点人员及防震减灾助理员业务能力。委托省地震局开发制作地震应急快速响应系统，进一步提升全市地震应急综合响应能力。

同年，亳州市创建成市级防震减灾科普示范学校10所、市级防震减灾科普教育基地2个。申报省级防震减灾科普示范学校7所、省级防震减灾科普教育基地2个。市地震局获全省地市级防震减灾工作综合考核优秀单位、全省防震减灾公共服务单项先进单位。利辛县地震局获全省县级防震减灾工作综合考核先进单位。

【震灾预防】2020年，市地震局宣传贯彻《安徽省建设工程地震安全性评价管理办法》。开展全市建设工程防震安全检查和“双随机、一公开”检查，推进第五代地震动参数区划图贯彻执行。开展三县一区建设工程抗震设防监管情况检查。推进完成亳州绿地城际空间站三期项目和中煤新集板集电厂二期项目地震安全性评价工作。组织开展地震应急第一响应人培训、防震减灾科普宣传队伍培训，组织开展农村建筑工匠抗震业务培训。推进市地震活断层探测和危险性评价项目，完成招标。

【科普宣传】2020年，市地震局组织在利辛县纪王场乡开展“三下乡”集中示范活动，发放地震科普知识书籍、手册等宣传资料和科普用品；参与2020年科技活动周宣传；开展“5·12”防灾减灾日系列宣传活动；组织全市防震减灾知识手机有奖测试；在建安文化广场开展科普宣传活动；三县一区地震部门均设立展台，宣传防震减灾科普知识。委托合肥金诺数码创作防震减灾科普宣传短片《震中自救》，利辛地震局制作《地震基本常识》《利辛县农村建房抗震知识指南》。

【防震防灾科普基地建设】2020年，亳州市建设防震防灾科普基地。基地共占地82.33公顷，可安置机关干部及科研人员1500人临时办公。疏散地域达132平方千米，涉及立德、大杨、古城3个镇，涵盖7个村、100多个自然村，区域人口5万人，可接收城市疏散群众2万人。基地内设立宣传区，建设防震防灾科普知识宣传长廊，普及防震防灾知识。

（王洪仁）

文　化

国家非物质文化遗产——华佗“五禽戏”　　（刘勤利　摄）

概　述

【概况】2000年6月，设立亳州市旅游局(正处级)，为市政府直属事业单位。2001年3月1日，原亳州市旅游局及所属导游员办公室、旅游质量监督管理所、亳州市国际旅行社和三国揽胜宫、木兰祠景点成建制上划市旅游局。2003年，亳州市旅游局被批准为市政府组成部门；亳州市旅游质量监督管理所由差额事业单位变为全额事业单位，2008年被批准为参照公务员管理单位。之后，三县一区分别设置县级旅游机构。2000年，亳州市文化广播电视局(新闻出版管理局)成立，系市政府主管全市文化、广播电视、新闻出版的工作部门，管理全市文化艺术、文博事业、广播电视宣传和新闻出版事业。内设6个科室；局属二级单位有亳州人民广播电台、亳州电视台、亳州有线网络传输中心、市文物管理处、市博物馆、市文化市场管理稽查大队、亳州广播电视报社7个。2009年11月，组建市文化旅游局。将市文化广播电视局的职责和市旅游局的职责整合划入市文化旅游局，不再保留市文化广播电视局(市新闻出版局)、市旅游局，市文化旅游局挂市广播电影电视局、市新闻出版局的牌子。2015年，撤销规范管理科，新设产业发展科，挂“非遗中心”牌子；将新闻出版科和广播电影电视科合并为新闻出版广电科，新设宣传市场科，将旅游发展科更名为旅游规划科，在政策法规科挂“行政审批科”牌子。2019年2月，亳州市文化旅游局与亳州市体育局组建为亳州市文化旅游体育局，负责管理全市文化、旅游和体育事业，有10个内设机构；直属单位4个：市文化市场综合执法大队、市博物馆(市文化馆)、市文物处、全民健身指导中心(五禽戏推广中心)。

2020年，亳州市持续推进文化事业发展。贯彻落实《亳州国家历史文化名城保护条例》，促进文物保护，有全国重点文物保护单位8处、安徽省文物保护单位44处，国家级“非遗”3项、省级“非遗”38项，居全省前列。构建现代公共文化服务体系，全市实现文化馆站覆盖城乡。开展文化惠民活动；推出一批文艺创作成果；推进文化产业发展，培育亳文化特色品牌，“千古一亳”系列文创产品获全国旅游商品大赛金奖，打破安徽省空白。规范全市文化市场，检查经营单位7150家次1.6万余人次，立案调查39家次，责令停业整顿4家次，罚款11.3万元，移送公安机关案件3起。

【文化设施建设】2020年，亳州市城市展览馆等一批公共文化场馆建成开放；县区“两馆一场”(文化馆、图书馆、剧场)全面覆盖，三县新建图书馆、文化馆均达部颁一级馆标准；乡镇综合文化站全部达标、村级综合文化服务中心提档升级，基本形成覆盖城乡、惠及全民、便捷高效的四级公共文化服务体系。推进“书香亳州”品牌建设，近年来市本级投入近5亿元，加快“三馆一院”(市博物馆、市图书馆、市文化馆、大剧院)布点建设和改造提升，建成12个社区文体中心、15个基层阅读点，“15分钟阅读圈”初步形成。推进数字文化建设。2020年，全市建成数字农家书屋1296个，占比100%；全市1299个村实现文化信息资源共享全覆盖；县级以上公共文化场馆全部接入“安徽文化云”平台，实现数字化运转；50%以上乡镇综合文化站和县级公共文化场馆纳入亳州旅游App视频

群众文艺展演　　（刘勤利　摄）

监控系统，实现网上实时监管。

【文化惠民活动】2020年，亳州市组织开展“来亳州品年味——红红火火过大年”系列群众文化活动100余场次，举办阻击新馆病毒篆刻作品专题展、“西泠印社书画十人行”作品展览10场次、“亳文化大讲堂”25期，乡村春晚212场，推出一批文艺精品，评出一批文艺带头人。全市投入资金2000余万元，通过政府购买服务方式，送电影下乡16672场、送戏下乡2626场；举办全国象棋男子甲级联赛，腾讯网在线直播300余万人次收看。市文化馆坚持全免费，打造“人人有艺”全民艺术普及品牌，开设书法、绘画、棋类等50余个门类343个班次，惠及群众近10万人次，人流量居全省第一位。

【文艺创作】2020年，亳州市推出《印记》《魏武挥鞭》《伯俞泣杖》等一批大型舞台剧，梆剧《打金枝》《穆桂英挂帅》等12个地方戏曲被中央广播电视总台《九州大戏台》栏目展播，梆剧《红芍花》获省“五个一工程”奖，梆剧《雨燕衔春》入选2020年度省级戏曲孵化计划。

立足亳州特色，创作《我在亳州你在哪里》《问礼巷》《又见花戏楼》等一批网红歌曲；打造药博会、文化旅游年开幕式等地方节目；“莲花之乡·美丽戴尧”乡村春晚与全国同步启动；推进《曹操》大型实景剧创作；连续举办两届“世界中医药之都”春晚，中国武警政治部文工团青年歌唱家、中国文化和自然遗产保护宣传推广大使王妮娜助演。

围绕新中国成立70周年主题，开展书法、绘画、剪纸、篆刻等艺术创作，举办各类展览7场次，参观人数2万人次。

微电影《芍药花开》《美丽的抉择》《爱的传递》分别获美丽乡村国际微电影艺术节最佳故事片奖、第三届横店儿童电影节最佳公益短片奖，《亳州文化旅游宣传片》《缘来是你》两部宣传视频分别获第三届全球旅游视频大赛最佳旅游视频奖、最美旅游视频奖。

【文化保护利用】北关历史街区改造工程。2020年，亳州市全面启动投资1.2亿元的北关历史街区立面改造工程。截至年底，完成20条街巷立面改造任务，各种业态不断丰富完善。

实施文物修缮。累计投入1.8亿元，实施道德中宫、江宁会馆、张虚谷故宅、城里清真古寺等文保单位修缮工程和花戏楼、陈抟庙、曹操地下运兵道、道德中宫和南京巷钱庄等景区扩建工程。

加强文物执法。开展谯城万达广场、三清大道（程井遗址段）、古井智能园等在建重点工程抢救性考古勘探发掘，强化基建工地现场执法巡查，加强建设项目施工前文物前置审批勘查，有效保护文物安全。

拓展非遗保护。开展非遗评定申报工作，市级“非遗”公布7批次144项，市级“非遗”项目传习基地公布2批次33家。2019年“亳州市五禽戏群众文化普及活动”获文化旅游部、财政部第三批国家级公共文化服务体系示范项目。创新开展博物馆“欢乐奇妙夜”、北关历史街区“非遗直播”等品牌活动，举办国际华佗五禽戏养生健身气功节，全市有习练点2200个，习练人数110余万人。华佗五禽戏被省文化和旅游厅正式推荐为国家级非物质文化遗产代表性项目优秀保护实践案例。

【文化产业】2020年，亳州市出台《亳州市文化旅游招商引资办法》《亳州市文化与旅游融合发展实施方案》等文件，设立50亿元文化旅游发展基金，公布4批65个文化产业示范基地。加大招商引资力度，谋划推出一批牵引性、导向性、支撑性强的重大项目。亳州市与华体集团合作建设市社区文体中心项目，为全国首个PPP模式文体项目，总建筑面积约6万平方米，总投资约2亿元，建成12个并投入运营。总投资2.4亿元、建筑面积2.1万平方米现代科技海洋馆基本建成。市本级投资近百亿元，完成亳药花海休闲观光大世界、亳奕馆、市文化馆、市图书馆、城市展览馆、林拥城、汤王温泉、国防教育基地、亳州北部游客集散中心等重点文旅项目建设。华佗百草园作为全市首个国家专项债支持的文旅项目，一期于“五一”正式开放，日接待游客量超万人，成为亳州“网红”景点。涡阳县全域旅游示范项目，利辛县西淝河、茨淮新河生态旅游项目，蒙城县恋蝶谷及芡河现代农业示范园项目，谯城区十河养生小镇项目加快推进。总投资8000余万元，建成76块社会足球场。药王村田园综合体获省田园综合体建设试点单位，文化旅游扶贫做法被《中国旅游报》专版刊发。十河芍花养生小镇、义门古镇入选省级特色小镇，辉山红色村落获评中国美丽乡村百佳村、中国十大乡村振兴示范村。

【文化宣传】2020年，亳州市参与“1+N”中央广播电视总台拼盘宣传，亳州市文旅形象宣传片亮相中央广播电视总台新闻频道和《人民日报》《中国旅游报》《中国文化报》等主流报刊19次头版，人民网、新华网、光明网、凤凰网等网媒刊发亳州文旅信息近千条。中央广播电视总台《新闻联播》《新闻直播间》《东方时空》8次连线直播报道亳州市文化旅游，《亳州文旅3分钟》全英文视频在纽约时代广场播出。利用微信、微博、抖音、旅游App、微电影等新媒体，组织拍摄的《红红火火过大年》《四季花海赏花》《亳州文化旅游年》《我在亳州你在哪里》《每天一招习练五禽戏》等宣传短视频受到好评。人民网舆情数据中心发布的全国地市级文旅部门传播力TOP50排行榜，亳州市居全国排名第24位。举办亳州中华传统文化之旅启动仪式，以亳州为主体的皖北文化之旅获评省十大自驾游精品线路。

【非物质文化遗产保护】2020年，亳州市有国家级非物质文化遗产代表性项目3项（华佗五禽戏、二夹弦、老子传说），有省级非物质文化遗产代表性项目38项，市级非物质文化遗产代表性项目144项。全市有国家级非遗传承人2人、省级31人、市级153人。亳州市的西凉掌（亳州晰扬掌）、淮北梆子戏、古井贡酒酿造技艺3项目入选第五批国家级非物质文化遗产代表性项目名录公示名单。

西凉掌（亳州晰扬掌）发源于亳州，是元朝时期回族阿訇根据穆斯林礼拜动作、《古兰经》文字的运笔走势，结合中国象棋的对弈棋局而演化的一门武术“晰扬掌”。20世纪80年代国家体委通过专家考证，认定晰扬掌发源于亳州。2007年，亳州成立晰扬掌保护协会，以颜勇为代表的传承人和晰扬掌爱好者组织参加国内外武术比赛，获多项大奖，并与德国、韩国、马来西亚、卡塔尔、科威特、日本、加蓬等国家进行交流。曾于2013年11月，被国家体育总局批准为首批中国体育非物质文化遗产保护与推广项目。

淮北梆子戏，又称“亳州梆剧”“安徽梆子”“土梆子”，是流行于淮北地区的地方戏曲剧种，也是安徽省具有较大影响的剧种之一，是亳州最受欢迎的一戏剧剧种，人们习称它为“高梆”。亳州梆剧唱腔结构为板腔体，伴奏乐器有打击乐、民间管弦乐。

古井贡酒酿造技艺。该技艺起源于曹操向汉献帝进献“九酝春酒”及其酿酒方法“九酝酒法”，该工艺最早记录于北魏贾思勰《齐民要术》，距今有1800余年的历史。曾于2008年12月被列入第二批省级非物质文化遗产。

2020年亳州市国家级、省级非物质文化遗产项目一览表

表30

序号	编号	项目名称	申报地区或单位	省级传承人	备注
一、民间文学（6项）					
1	Ⅰ-7	老子传说故事	亳州市涡阳县	胡　智（国家级传承人）	国家级第四批
2	Ⅰ-13	捻军歌谣	亳州市涡阳县	任　峰	省级第三批
3	Ⅰ-19	庄子传说	亳州市蒙城县		省级第四批
4	Ⅰ-20	蒙城歌谣	亳州市蒙城县		省级第四批
5	Ⅰ-26	柳下惠传说	亳州市利辛县	蒋家华	省级第五批
6	Ⅰ-23	陈抟传说	亳州市		省级第五批

续表 30

序号	编号	项目名称	申报地区或单位	省级传承人	备注
二、传统音乐（0 项）					
三、传统舞蹈（2 项）					
7	Ⅲ－12	棒鼓舞	亳州市涡阳县	刘振平	省级第二批
8	Ⅲ－46	赶黑驴	亳州市利辛县	马建礼	省级第五批
四、传统戏剧（3 项）					
9	Ⅳ－12	二夹弦	亳州市谯城区	付红伟（国家级传承人）	国家级第二批
10	Ⅳ－15	泗州戏（拉魂腔）	亳州市利辛县	葛仁先	省级第三批
11	Ⅳ－21	淮北梆子戏	亳州市谯城区	章宏伟	第五批国家级扩展
五、曲艺（4 项）					
12	Ⅴ－2	淮北大鼓	亳州市利辛县	宋玉伦、王学清	省级第二批
13	Ⅴ－3	清音戏	亳州市利辛县	谷秀芳	省级第二批
14	Ⅴ－2	淮北大鼓	亳州市蒙城县	林秀宽	省级第四批扩展
15	Ⅴ－13	扁担戏（利辛扁担戏）	亳州市利辛县		省级第五批扩展
六、传统体育、游艺与杂技（4 项）					
16	Ⅵ－1	华佗五禽戏	亳州市谯城区	周金钟、陈　静	国家级第一批
17	Ⅵ－3	晰扬掌	亳州市谯城区	颜　勇	第五批国家级
18	Ⅵ－12	陈抟老祖心意六合八法拳	亳州市谯城区	怀培元	省级第四批
19	Ⅵ－4	六洲棋（六国棋）	亳州市蒙城县		省级第五批扩展
七、传统美术（3 项）					
20	Ⅶ－4	亳州剪纸	亳州市谯城区	王炳华、戴　舫	省级第二批
21	Ⅶ－38	利辛面塑	亳州市利辛县	杨攀峰	省级第五批
22	Ⅶ－41	石弓石雕	亳州市涡阳县		省级第五批
八、传统技艺（11 项）					
23	Ⅷ－23	千年古井贡酒酿造工艺	亳州市谯城区	李天华、查枢屏	第五批国家级
24	Ⅷ－58	高炉家传统酿造技艺	亳州市涡阳县		省级第四批
25	Ⅷ－59	卢家笙制作技艺	亳州市蒙城县	卢俊生	省级第四批
26	Ⅷ－90	金不换酒酿造技艺	亳州市	支训民	省级第五批
27	Ⅷ－92	彩曲原酒酿造技艺	亳州市谯城区		省级第五批
28	Ⅷ－95	陈氏锡包壶制作技艺	亳州市蒙城县	陈宝玉	省级第五批
29	Ⅷ－109	涡阳苔干制作技艺	亳州市涡阳县	张福顺	省级第五批

续表 30

序号	编号	项目名称	申报地区或单位	省级传承人	备注
30	Ⅷ－120	阚疃大块板鸡制作技艺	亳州市利辛县		省级第五批
31	Ⅷ－123	蒙城油酥烧饼制作技艺	亳州市蒙城县		省级第五批
32	Ⅷ－124	王魁知麻花制作技艺	亳州市谯城区		省级第五批
33	Ⅷ－125	一闻香糕点制作技艺	亳州市		省级第五批
九、传统医药（1项）					
34	Ⅸ－13	华佗夹脊穴灸法	亳州市		省级第五批
十、民俗（4项）					
35	Ⅹ－12	九曲黄河阵	亳州市利辛县	侯福圣、蒋家华	省级第二批
36	Ⅹ－13	大班会	亳州市谯城区	李传友	省级第二批
37	Ⅹ－44	庄子祭祀大典	亳州市蒙城县		省级第五批
38	Ⅹ－56	马氏社火	亳州市利辛县	马西臣	省级第五批

（王志刚）

【文化市场综合执法】2020年，亳州市文化市场综合执法大队更名为亳州市文化市场综合执法支队。推进文化市场“扫黄打非”，开展“净网”“清源”等专项整治行动，共查处“扫黄打非”案件70余起，其中刑事案件5起，被全国“扫黄打非”工作小组办公室和公安部列为联合挂牌督办案件1起，刑事拘留7人，逮捕4人，查缴各类非法出版物1.9万余册。

开展暑期全市文化旅游体育市场综合整治行动、开展文化市场经营场所专项整治行动、暑期网吧市场专项整治行动。开展双随机一公开抽查42次，涉及市场门类8个，出动检查人员1534人次，检查经营单位556家次；办理网吧市场案件25起，警告25家次，责令停业整顿4家，罚款9.8万元。约谈网络游戏企业2家。

（张星辰）

文物保护

【概况】2020年，亳州市文物保护中心完成第八批国保、省保等单位保护范围和建控地带划定与核对；完成全市761处一般不可移动文物点的复查，制作全市不可移动文物电子地图，为市本级整体规划、城乡建设规划、各部门规划提供依据；摸底调研全市不可移动革命文物保护单位17处，划定保护范围、作出标志说明、建立记录档案、设置专门机构或者指定专人负责管理，向省文物局申报公布革命文物名录，编制《亳州市革命文物档案》。

在“国际博物馆日”“文化和自然遗产日”，开展文物普法宣传。开展志愿服务、文物知识讲座、文物普法进工地、进校园等文化惠民活动，利用电视、报刊、网络等媒体扩大宣传覆盖面。

配合市历史文化名城保护委员会完成历史文化名城评估调研，成立亳州市历史文化名城文化文物保护利用工作指挥部，完成北关街区内的一般文物点的挂牌。举办2020年亳州市文物保护利用暨文物安全培训班，提升文物安全管理水平。

【文物安全监管】2020年，市文保中心组织春季文物安全巡查。市本级重点检查唐庄遗址、牛集遗址、宋代古井、北曹寺、皖北烈士陵园等田野文物点，加强兼职文物保护员聘用管理。

汛期前夕，下发《关于加强汛期文物安全工作的通知》，制定《亳州市文物安全突发事件应急预案》，落实责任和预防措施。加大汛期文物安全巡查频次，重点检查文物建筑、博物馆库房、考古发掘工地、文物建筑维修工地等，指导风险排查，对巡查中发现的问题，及时促进整改。共排查、整改安全隐患 13 处。

落实安全责任。市文保中心与市文旅公司、古井集团、高新区社会事业局等单位签订《文物安全保护责任书》，对文旅公司管理使用的市区花戏楼、亳州古地道、南京巷钱庄等 11 处文保单位，古井集团管理使用的“古井贡酒”古井及窖池、古井贡酒 2 号窖池、古井贡酒老酒库、宋代古井 4 处文保单位和高新区社会事业局管理使用的省保单位十九里关帝庙等明确安全责任。开展安全巡查。

【文物保护项目建设】2020 年，市文保中心推进“三防”项目建设。《南京巷钱庄消防工程设计方案》通过国家文物局和安徽省文物局批复，国拨资金 223 万元由省财政厅下达亳州市文物保护中心，启动招标程序。花戏楼防雷项目设计方案，报请国家文物局批准，完成资金申报。花戏楼消防、安防工程，曹氏家族墓群及薛阁塔安防工程，蒙城万佛塔安防、防雷工程等项目立项获批。

实施文保单位修缮。完成国保单位花戏楼的东看楼修缮工程、省保单位一中白楼修缮工程、市保单位东观稼台的修缮。推进国保单位蒙城万佛塔、省保单位华祖庵本体修缮项目建设。推进三县文保单位修缮工程。维修汤王墓碑刻外罩破损。

落实《安徽省革命文物保护利用工程（2018—2020 年）实施方案》，上年申报的 8 项贫困革命老区红色文化保护项目，完成 7 项。实施皖北烈士陵园展陈提升与消防安防改造、板桥集战斗纪念馆展陈提升工程、红色文创设计大赛等项目。新四军第四师司令部旧址修缮项目竣工。

组织申报 2020 年度贫困革命老区红色文化保护项目 13 项。蒙城县申报新四军第四师师部旧址维修、罗会廉烈士墓周边环境整治等 2 项，涡阳县申报辉山烈士陵园修缮、新四军游击支队一大会议旧址修缮、联络站旧址维修提升等 5 项，谯城区申报皖北烈士陵园周边环境治理、烈士墓区维护等 6 项。

配合市重点工程项目建设，完成谯城万达广场、鼎吉万和府等工程项目文物考古。推进三清大道、古井贡酒酿酒生产智能园、经开区丁庄还原小区、亳海海鲜大市场、和平路九年义务制学校、柴家沟还原小区、亳州市第三十四中学校等工程项目文物勘探、发掘工作。开展亳蒙高速公路谯城（立德）至涡阳（标里）段文物调查，指导亳州—梅城 35 千伏输变电工程站址及路线路径文物保护，跟进市在建重点工程文物保护工作。做好出土文物的整理、研究、建档，完成第一批库房文物向市博物馆移交工作。

（余　艳）

新闻出版广播电视

【概况】2020 年，亳州市农家书屋更新图书 88961 册、采购报刊 3293 份，各县区重点围绕 5 种报纸、期刊进行更新，确保农家书屋“一屋一报一刊”。农村电影公益放映 16679 场。开展出版物发行、印刷企业、报刊、记者站、记者证、内部资料性出版物的年检，开展印刷企业、出版物发行单位等新闻出版统计年报工作，完成全市 131 家出版物发行单位，104 家印刷企业年检和资料上报工作。规范《安徽日报》等 3 家新闻单位驻亳州记者站的管理，完成记者站的年度核验工作，规范完成全市 7 家内部资料性出版物的年度核验工作。

加强对城市院线的消防安全工作、城市影院电影放映质量和票房的管理，加大对电影市场的行政执法检查。全市共有城市院线 14 家，获省级电影事业发展专项资金 91 万元，因疫情影响对影院补贴资金 41.5 万元。

全市应急广播体系建设全部完成。12 月中旬，全市应急广播与省级检测平台完成对接。开展全市农村广播宣传示范点申报评选，全市共评出应急广播示范乡镇 12 个，示范村 11 个。各县、区局和县、区宣传部联合出台应急广播运维管理办法。

【精品申报创优】2020 年，省新闻出版广电局组织开展 2019 年度安徽广播电视新闻奖、文艺奖和播音主持奖评选，共有 39 件作品获省级奖项（一等奖 10 件、二等奖 13 件、三等奖 16 件），“药都三农”获年度名牌栏目。组织开展广播电视节目技术作品评选，市广播电视新闻出版局获安徽省广播电视节目技术质量奖（金鹿奖）组织奖，全市获“金鹿奖”录制技术奖二等奖 1 件作品、三等奖8件作品，播出技术奖二等奖1件。获“金帆奖”录制技术奖二等奖3件、三等奖5件；播出技术奖二等奖1件。

【全民阅读推广】2020年，亳州市开展图书销售“惠民月”活动。向省局推荐“书香之家”“十佳书香社区”“十佳书香之乡（镇、街道）”“十佳阅读推广活动”“十佳阅读推广人”“十佳阅读推广机构（组织）”“十佳阅读推广空间”名单。2019年度推荐“书香之家”入选3个家庭，“十佳书香社区”“十佳书香之乡（镇、街道）”“十佳阅读推广活动”“十佳阅读推广机构（组织）”“十佳阅读推广空间”“十佳阅读推广媒体（平台）”分别入选1个。之意书社获2020全市实体书店示范店。

【农家书屋管理】2020年度，市广播电视新闻出版局指导各县区为1299个农家书屋更新图书88961册，采购报刊3293份，采购资金222万元。全市建成1296家数字农家书屋，与省数字农家书屋完成对接全部开通。组织开展2020年“我的书屋·我的梦”农村少年儿童阅读实践活动，征集读书征文优秀作品30篇、绘画作品1幅，硬笔书法作品1篇、手抄报7篇参加全省和全国评审。联合新华书店亳州分公司、谯城区广电新闻出版局以及团市委、市扫黄打非办开展“我的书屋·我的梦”第二课堂助成长暨捐赠活动，共计6场。

（杜东波　张姗姗）

·亳州广播电视台·

【概况】亳州广播电视台于2010年6月18日组建，为市政府直属事业单位。2020年，亳州广播电视台有新闻综合频道、农村频道两个电视频道和新闻综合广播、交通音乐广播两个广播频率。以《药都时空》《走进农家》等为代表的电视品牌栏目，每天播出自制节目245分钟；以《政风行风热线》等为代表的广播品牌栏目，每天播出自制节目560分钟。有各类专业技术人员127人，播音员主持人持证人数22人。

2020年，播发“在习近平新时代中国特色社会主义思想指引下——新时代·新气象·新篇章”“三大攻坚战”“推进供给侧结构性改革”“实施乡村振兴战略”“新春走基层”“走向我们的小康生活”等主题宣传稿件1517篇，推出重点策划报道16个、自主策划报道81个。“好人在身边”“榜样”“身边正能量”“红色九月”“讲述咱药都人自己的故事”等典型宣传481篇，推出典型人物报道75个。亳州视听网、“掌上亳州”APP推出融媒体短视频《脱贫攻坚在行动》《我家的故事》等系列报道，展示全市脱贫攻坚新成果，展现亳州发展新变化。

电视方面完成《安徽新闻联播》发稿455条，在中央广播电视总台发稿65条，其中《新闻联播》栏目发稿8条。广播方面在安徽广播电视台发稿356篇，其中在《全省新闻联播》栏目（广播）发稿149篇，在《中国之声》和央广网发稿16篇。

完成广播播控机房、电视播控机房搬迁，广电中心传输链路铺设，演播室建设以及广电中心广电工艺建设。完成无线地数29频道补点发射机、天馈系统安装。加装抗5G干扰滤波器，保障中央台、省台信号的转播正常。

整合政务资源，为企事业单位制作专题片和警示教育片近30部，收入近200万元。完成11月“中国好人榜”亳州发布活动、超300万总点击量的7场次“云赏芍花”系列直播活动、“皖北人游皖北”“抗疫英雄进校园”等系列活动42场次。采集、播出线上教学课程561小时，线上教学安全播出“零事故”。

同年，在2019年度安徽广播电视新闻奖和安徽新闻奖评选活动中，电视消息《涡阳：8000名“小候鸟”回家乡家门口享受高质量教育》、新闻专题《“衔泥燕”来“春”满园——一位驻村扶贫干部的心里话》分别获安徽电视新闻奖、安徽新闻奖（电视类）一等奖；融媒体产品《70年70秒一字一亳州》获2019年度安徽新闻奖二等奖；《姚玉刚和他的藏粮图》获省局第二季广播电视新闻作品推优作品。围绕2019年改革开放40周年重大历史事件策划摄制的纪录片《一张作战图》《庞工的朋友圈》，被省音像档案馆馆藏，并入选优秀作品，获3万元奖补资金。广播方面在2019年度安徽广播电视新闻、文艺、播音与主持和技术创优评审中，获7个一等奖、2个名牌栏目奖、6个二等奖和9个三等奖。亳州广播电视台广播节目中心被中央人民广播电台评为2019、

2020年度年度新闻报道优秀供稿奖；电视节目中心获评安徽省抗击新冠肺炎疫情先进集体。

【疫情防控宣传】2020年，新冠肺炎疫情防控期间，亳州广播电视总台电视、广播、新媒体联合发声，宣传疫情防控。各平台共计发稿1万余条，制作播出抗疫公益广告40余条。策划推出短视频《亳“疫”有时团圆可期》、MV《前线姑娘》、纪录片《亳“疫”之战》等融媒体产品40多个。抖音视频《亳州小伙发烧主动要求隔离！这波操作很赞！》点击量超1.2亿人次。部分融媒体作品被《人民日报》、新华社、中央广播电视总台等主流媒体转发，点击量10万+的稿件有56条。10集微广播剧《抗“疫”》获安徽省防疫专题广播电视重点选题(优秀节目)，是全省唯一原创微广播剧受表彰单位。针对农村防疫特点，应急广播“启动”全市3万多支“大喇叭”，打通疫情防控“最后一公里”。在“药都时空”微信公众号发布融媒体产品《亳州一“村干部”喊话，别再乱串门子了》，在对农村广播中反复播放，起到良好的疫情防控宣传效果。向上级媒体投稿，在中央广播电视总台《新闻联播》《新闻直播间》等栏目刊播全市疫情防控和复工复产稿件51条次。

【媒体融合】2020年，亳州广播电视台完成“掌上亳州”新闻客户端3.0版、亳州视听网改版升级，“亳视频”抖音号开通，新媒体平台总用户数130万户。成立“i+”“大芋头”“南湖扬帆”等3家融媒体工作室，创作《致敬奋斗的青春》系列短视频，被“学习强国”转发。“药都时空”微信公众号粉丝34万+，10万+的稿件19条，全省媒体类公众号传播力排名前四位；“亳视频”抖音和快手号，累计点击量1.5亿次。

【亳州广电中心项目投用】2020年12月14日，亳州广电中心正式投入运行。

亳州广电中心占地1.92公顷，总投资20055万元，建筑总面积28921平方米，包含主楼、附楼及配套设施，主要有融媒体新闻中心、广播节目中心、电视节目中心和台属综合保障部门等，集综合办公、节目制作、媒体融合、传输覆盖、技术保障和后勤服务于一体。附楼建筑面积8037平方米，拥有1000平方米综艺演播室、400平方米访谈演播室和260平方米全媒体演播室各1个，其中，全媒体演播室软硬件配置达国内先进水平。配置数字化采编、播控、演播、传输四大技术平台，通过融媒体“中央厨房”可对新闻的策、采、编、播、发、评进行全过程把控、全系统再造，实现“一次采集、多种生成、多元传播”，提供优质融媒体产品。

（陈工作）

·亳州晚报社·

【概况】《亳州晚报》系中共亳州市委机关报，创刊于1994年4月，全国统一刊号CN34-0073。其前身为《药都报》，2008年10月更名为《亳州晚报》，同时，亳州报社更名为亳州晚报社。2011年6月，亳州晚报社划转至安徽日报报业集团。主要职能是秉承“坚持党性，走近百姓”的办报宗旨，坚持“党报性质，晚报风格”的办报理念，围绕市委、市政府中心工作，反映全市改革发展实践，展示人民群众良好精神风貌，唱响主旋律，传播正能量。

《亳州晚报》全国公开发行，四开16版，单面彩色印刷，周五刊。实行自主印刷，报纸全年定价386元。

有“亳州晚报”公众微信、微博、“亳州发布”公众号、亳州新闻网、“亳州头条”客户端、“小黄橙”抖音号等新媒体。推进媒体融合，形成全媒体格局，是全国第二批数字出版转型示范单位。

安徽省委宣传部《新闻阅评》4次为《亳州晚报》重大主题报道栏目和稿件“点赞”。现场版“一线纪事——身边的初心使命”系列报道，受到2020年1月2日（2020年第1期）省委宣传部《新闻阅评》表扬；社会版《支部在“疫”线战斗、党员在“疫”线冲锋、党旗在“疫”线飘扬、党徽在“疫”线闪耀——奋战在抗疫一线的党员突击队》《蒙城“专家夫妻”相伴坚守抗疫一线》两篇稿件，受到2020年2月28日（2020年第16期）省委宣传部《新闻阅评》表扬；现场版《昔日砖窑今富“尧”虾肥藕甜村庄美》一文，受到2020年11月11日（2020年第84期）省委宣传部《新闻阅评》表扬。影像版的“亳州脱贫影像志”专栏受到2020年12月25日（2020年第92期）省委宣传部《新闻阅评》表扬。

《社会主义核心价值观·暖

新闻》栏目刊发75篇暖新闻稿件，弘扬正能量，唱响主旋律。中宣部对安徽各主要新闻媒体进行专项巡查，对该栏目进行点名表扬。

外宣工作。在《安徽日报》发稿单篇78篇，发稿总数创历史新高。在中央级媒体发稿方面，在《人民日报》发稿13篇，其中客户端3篇。在新华社发稿12篇，其中客户端4篇。另在《光明日报》《经济日报》等中央媒体发稿5篇。在“学习强国”平台发稿633篇。

同年，记者李鹏获评“安徽省抗疫先进个人”。《说曹操曹操到》《打通生态环境监管“最后一公里”》《移风易俗需要更多“韩先生”》等4件作品获安徽新闻奖二等奖，《农村敬老院内的“医养”天年》获安徽经济好新闻一等奖。《责任有人扛　站小威力大》获省人大江淮环保世纪行好新闻二等奖。

【重大主题策划】2020年，亳州晚报社推出20个重大主题策划。

在疫情防控中，亳州晚报社各新媒体平台，投入战疫宣传，推出“众志成城　抗击疫情”系列专题报道，“准、快、新、暖”地宣传引导，建立立体化矩阵化传播格局。采写刊发《全力扩控！一个村庄的“战疫”》《24小时把控，固守亳州门户！》《刚刚！我市首例治愈患者出院》《春天即将抵达！在亳州，我们相信！》《党旗在防控一线高高飘扬》《离病毒最近的人》等稿件，并以《新型冠状病毒感染的肺炎病例密切接触者居家隔离医学观察指引（试行）》等17个工作指引为主题，出版《新春战役手册》8个整版的专刊，展现全市防控的感人事迹及具体举措。刊发各类抗疫稿件150个整版，各新媒体平台发稿逾6400条，总阅读量8000万次。

《世界中医药之都（安徽亳州）建设发展规划（2020—2030年）》印发后，推出《对准问题“开药方”爬坡过坎“闯世界”》《龙头带动现代化“亳药”走向世界》《加码主阵地打造“世界中医药之都”》三系列报道，解读规划。

推出“抓‘六保’促‘六稳’育新机开新局”专栏，刊发《稳就业保就业书写幸福“必答题”》《金融“活水”滚滚来实体经济花盛开》《助力“六稳”“六保”　金融如何出手》《我市“四个强化”兜牢基层保运转底线》等12篇稿件，报道全市举措和成效。

围绕全面建成小康社会，推出“我叫‘小康’，我来了！”主题报道，采访名叫“小康”的不同年龄、不同职业的亳州人，走近他们的幸福生活，探寻他们实现小康生活的奋斗历程，一起分享“小康故事”，推出稿件11篇。

【践行“走转改”讲述“好故事”】2020年，亳州晚报社“践行‘走转改’讲述‘好故事’”，围绕脱贫、乡村振兴工作，推出《一线纪事——复苏就在身边》《决胜脱贫看今朝——我的扶贫周记》《走进亳州“最美乡村”》《抓“六稳”促“六保”——聚焦亳州“夜经济”》《抵制“舌尖上的浪费”》等栏目和系列报道。

疫情逐渐得到控制后，3月30日起，《亳州晚报》现场版推出《一线纪事——复苏就在身边》系列报道，关注市民身边的复产、复市、复业、复学等方面的积极变化，为抗疫情、稳经济、促发展提供参考，为推进经济社会运行秩序恢复营造氛围。

在“决胜脱贫看今朝——我的扶贫周记”系列报道中，《修志：“这里不脱贫，我决不离开”》《潘鹏飞：“与村民心手相牵，不胜不休”》《谭振：乡亲们的日子越过越好，真开心！》《王维朋：黎明村迎来了脱贫致富的“黎明”》等30余篇稿件，揭开脱贫攻坚背后的感人故事。在“决战决胜脱贫攻坚一线故事”中，《种“金银”收“金银”金银花开富村民》《贫困户的“脱贫面馆”生意火了》《身残志坚贫困户变身“脱贫榜样”》等近百篇稿件，反映脱贫成果和老百姓的幸福生活。

5月起，《亳州晚报》现场版推出《走进亳州“最美乡村”》系列报道，走进获得省级美丽乡村重点示范村，采写出《谯城区十河镇大周村：生态美景引客来　乡村旅游富村民》《谯城区古井镇王辛庄村高楼中心村：巧用“加减乘除”筑起“醉美高楼”》《一个宜居乡村是这样“炼成”的……》等一批稿件，展现全市“美丽乡村”创建成果。

7月15日起，《亳州晚报》现场版推出《抓“六稳”促“六保”——聚焦亳州“夜经济”》系列报道，为全市抓“六稳”促“六保”工作营造良好宣传氛围。

【媒体融合】2020年，亳州晚报社加大融媒体产品的策划、制作、推送力度，提升“两微一端”。

实现重大报道“一体策划、一次采集、多种生成、多元传播、全面覆盖”的传播效果。“亳州发布”微信公众号获评2019年度安徽“政务微信十佳”。

在疫情防控工作中，亳州晚报社单日发稿均在40篇左右，单日互动数均在1500次以上，单日累计阅读量均超过60万次。1月30日之后，“亳州头条”新闻客户端每天推出《抗击疫情，亳州在行动》，用图文直播的形式，及时报道全市上下防控疫情的动态消息，访问量约20万人次。H5作品——《在亳州，共抗疫情，我接力！》，引起广泛共鸣。改编歌曲《一人饮酒醉》，用歌曲的形式规劝市民“没事宅在家中、出门必戴口罩”，生动新颖；《面对疫情，这就是亳州的底气！》提振广大群众的信心；《亳州战疫十个瞬间，定格一座城市的力量》，选取10个关键词，配以图文，展示亳州上下齐心共抗疫情。《亳州疫情分布地图》及时更新，提供确诊病例分布情况。《谢谢你！每一个平凡的亳州人》选取一组亳州普通市民的战“疫”瞬间，给人温暖，给人鼓舞。

在脱贫攻坚战中，亳州晚报社全方位、多层次、高频率开展宣传发动。从宣传脱贫攻坚相关举措、成效的《易地搬迁“搬”出幸福生活》《“果苗”送给贫困户闲地变成“风景线”》《事关抗疫扶贫，亳州发布重要通知！》等稿件，到展现脱贫攻坚成效以及典型人物、经验的《〈焦点访谈〉聚焦亳州这位扶贫干部！来看视频》《决战脱贫攻坚！亳州确保“一个都不落下”》《新规！亳州低保户认定标准有变》音视频作品《@亳州人，请来这家餐馆捧捧场》……中国亳州网、“亳州头条”手机客户端、“亳州晚报”微信、微博以及“亳州发布”微信、微博的全媒体矩阵刊发脱贫攻坚相关稿件，营造浓厚的网络舆论氛围。

全媒体融合报道栏目“我为脱贫带货”，通过报纸、微信、微博、抖音等全媒体平台报道。《扶贫油桃熟了就等着你来摘》《“嘬”龙虾正当时，“吃”援脱贫攻坚！》《这里的梨子有多甜，要尝过才知道》《你可以甩开腮帮子了！亳州这里的小龙虾大量上市！》等全媒体报道，推介产品，助力消费，巩固脱贫成果。

（詹秀秀）

博物馆

【概况】2020年，亳州市博物馆推进场馆提升改造，完成安全技术防范系统升级和消防改造两个重点工程项目，完善近现代展厅布展形式设计与数字化建设；增加魔墙动画等多媒体互动项目，完成布展和数字化信息导入，面向游客全面开放；启动书画艺术展厅展陈设计及施工一体化项目招标及施工。

与省考古所对接，启动博物馆馆藏陶瓷器102件套、青铜器65件的文物修复，完成青铜器修复。

推进亳州历史文化研究。《梁巘全集》书法系列丛书正式出版；参与“十三五”国家重点图书出版规划项目《中国砖铭全集》编纂，编纂《东汉亳州曹氏宗族墓群砖铭》卷，成为《中国砖铭全集》16卷中唯一独立卷；成立亳州市老照片编辑委员会，在全市（包括三县一区）范围内征集老照片，并到北京、南京、合肥等地的档案馆、图书馆、文史馆查询有关亳州的期刊、报纸、古籍等资料。截至年底，征集老照片近1万张。参与编辑《安徽古代文明系列丛书——亳州古代文明》《中国少数民族文物图谱安徽卷》等。

同年，市博物馆晋升为国家二级博物馆，入选“安徽省十家最美博物馆”。推选“曹操宗族墓群文字砖展”申报参加第五届安徽省博物馆陈列展览精品项目评选，并获精品奖。市博物馆自主研发的文创产品“复归·文房六礼”和“亳文化锡包壶”获“2020中国特色旅游商品大赛”两项全国银奖，“曹操在亳州”益智玩具套装获“2020中国旅游商品大赛”全国银奖。获评“2019—2020年度安徽省社会科学普及工作先进单位”。年度绩效考核总成绩居全省第一位。

【“闭馆不闭展”线上活动】2020年，市博物馆策划开展多项线上活动，实现闭馆不闭展，宣传亳州传统文化。

利用微信公众平台推出“文化战‘疫’闭馆不闭展”“老照片里的亳州”“玩转亳州文博”等系列线上展览，阅读量3万次。

举办“童心聚力同抗疫”——亳州市儿童绘画大赛，征集绘画作品500余幅，评选出获奖作品

440件，举办线上展览。

举办“我是环保小卫士”2020年亳州市青少年儿童主题绘画大赛及获奖作品展，征集参赛作品1930幅，评选出获奖作品918幅，举办颁奖仪式及获奖作品展。庆祝中国共产党成立100周年——第五届“我在博物馆画文物”全市青少年儿童书画大赛，征集到参赛作品近2000幅，评选出获奖作品1297幅。

举办“亳州市防控新型冠状肺炎疫情见证物”线上专题展览。征集到市人民医院、市华佗中医院、市骨科医院等单位捐赠的视频、照片、文字资料600余件，亳州电视台捐赠的广播剧、热心市民拍摄的疫情记录照片、书法作品近百件，实物资料30余件。

【社教活动创新】2020年，市博物馆采取线上限额预约，线下限时参与的方式，组织开展“别样中秋——月饼DIY活动”“手艺——木偶非遗DIY活动”“拓片初体验”“传统投壶”“公益讲解”中秋、国庆双节同庆等社教活动。

丰富社教活动载体。开展“神奇的造纸术”“我在博物馆画团扇”“科学小实验”“拓片的传承与技艺”“剪纸艺术体验”等一系列寓教于乐的公益性社教活动。

开展“流动博物馆／非物质文化遗产进校园、进社区”系列公益活动。走进涡阳县高炉镇杨楼小学、涡阳县东华村东华学校等乡镇学校，举办活动的同时开展爱心捐书仪式，捐赠《陈抟传说故事》《亳州博物馆藏珍》等图书以及各类文创产品，让学生们感受亳州市非物质文化遗产的独特魅力。全年走进42所学校、两个社区，惠及学生、市民10万余人。

【曹操宗族墓群文字砖拓片全国巡展】2020年，亳州市博物馆整合曹操宗族墓群出土的近600块文字砖资源，依托“曹操”为主题、以馆藏大量珍贵文字砖为主线，到淮北市博物馆、涡阳老子博物馆开展“曹操宗族墓群文字砖拓片全国巡展”活动。共展出151幅精品文字砖、画像砖拓片，较为全面地代表曹操宗族墓群文字砖的精华部分，展现其历史文化与书法价值。

【《梁巘全集》书法系列丛书出版】2020年12月，《梁巘全集》书法系列丛书正式出版面世。

自2012年始，市博物馆、市文化馆馆长吴磊搜集整理梁巘书法作品的相关资料；2015年，吴磊牵头成立《梁巘全集》编辑委员会，面向全国4000余家博物馆、文史馆、图书馆等单位，通过发公函、电话、实地拜访等形式征集梁巘的书法墨迹、碑刻、书论印章等，到日本进行海外征集，到梁巘《承晋斋积闻录》中提到的留存碑刻所在地实地调查。市博物馆举办多次梁巘书法、书论研讨会，并征集和选录当代学者诸多研究论文。经过数十次编辑、校稿，2020年末，《梁巘全集》书法系列丛书出版面世。

该丛书分为碑刻卷、墨迹卷和书论印章卷共一函三卷近1200页，首次全面系统地汇集了有关梁巘的各方面史料，对于全面了解梁巘的人生旅程、艺术成就等具有重要意义，是梁巘研究具有集大成意义的重要成果；同时对亳州市、安徽省地域历史文化的梳理与积累，对于书法传统资源的发掘与利用，乃至对于中国书法史的研究等，提供借鉴。

（孙小丽）

文化馆

【概况】2020年，亳州市文化馆设有综合展厅、文化休闲书吧、无人看管公益书吧、文化艺术培训室、多功能剧场等。功能分区涵盖书法、美术、棋类、茶艺、亲子教育、非物质文化遗产等50余项门类。

通过安徽省文化云公共服务平台宣传推广馆办各类展览及优秀社教活动。

举办亳州市阻击新冠病毒篆刻作品专题展、2020市政协—古井集团联袂捐赠抗疫书画作品展、西泠公益行——西泠十家走进亳州市书画篆刻展、亳州市首届双拥摄影展、大美亳州中国画展、闽台木偶艺术亳州展、庆祝亳州建市20周年书画展、第四届安徽书法展、“我是环保小卫士”亳州市青少年儿童绘画大赛获奖作品展等10场展览，丰富市民的文化生活。

组织“来亳州·品年味——红红火火过大年”之“迎新春送春联”、猜灯谜活动，“五一国际劳动节”致敬最美逆行者——微信有奖知识竞答，亳州市非物质文化遗产知识网上有奖问答等。

组织参加“2020安徽省少儿书画大赛”，35件作品获奖。

参加皖北七市"非遗"、广场舞等展演活动。全市4项作品入选2020年安徽省群星奖戏剧、曲艺门类决赛，是此活动全省入选作品数最多的地市。

向艺术团体、社团免费开放使用场馆。艺术团体、艺术机构提交试用申请后，可免费使用一楼综合展厅、文化艺术培训教室、多功能剧场等，用于展览、汇报演出、各类会议等。启动第二次馆办团队招募工作，首场馆办团体流动演出进社区活动走进亳州老街明道宫演出。继续推进《亳州市非物质文化遗产丛书》编撰出版，完成基础材料的收集。推进国家一级馆评估定级工作，完成材料的整理、上报。

为未复课大学生提供自习场所，自6月8日始，每周一至每周五上午8点至晚上7点，免费开放面积2000平方米的五楼公益教室。并免费供应开水、中央空调、Wi-Fi、多媒体、投影仪、纸笔等。一楼、三楼、四楼的文化休闲书吧和无人看管公益书吧内的杂志、报纸、书籍免费供阅。

【亳州文化大讲堂】2020年，市文化馆在六楼多功能剧场组织开展"铁笔问道——昌少军篆刻艺术丛谈"、大型真人儿童剧《小猪历险记》、安全生产月特别活动之消防知识讲座、篆刻之美西泠名家艺术讲座、摄影"意境"与"情怀"、书法公益讲座"何为魏碑"、书法公益讲座"亳州市成立20周年书画作品展"等25期亳州文化大讲堂活动，惠及群众4000余人。讲堂以讲座、音乐会、会演、现场教学、直播课等形式开展。

【全市"乡村春晚"】2020年，市文化馆指导各县区馆在乡村开展"乡村春晚"活动，全市共开展212场，现场观看54229人次，线上观看370.16万人次。该活动由广场舞爱好者、非遗传承人、民间艺人带头，动员村民参加演出，突出村民、群众在"乡村春晚"活动中的主体地位。

【"流动文化馆——非物质文化遗产进校园进社区"系列活动】2020年5月28日始，市文化馆联合市博物馆组织以迎"六一"助脱贫为主题的"流动文化馆"暨非遗进校园进社区活动，到涡阳县杨寨小学、东华学校，谯城区十九里镇中心小学、大杨镇中心小学等，让非遗文化融入生活，数万学生受教。

活动主要内容围绕投壶、剪纸、古琴、烙画等传统技艺体验项目展开，配以义务讲解、文物知识有奖问答。开展《亳州市博物馆藏珍》《陈抟传说故事》书籍以及"千古一亳"系列文创等捐赠活动。设置投壶、剪纸、烙画等体验项目，让孩子们零距离感知亳州传统文化魅力。该活动获第二届"非遗进校园"优秀实践案例征集展示活动优秀组织奖。

【"人人有艺"公益培训】2020年，市文化馆组织开展4期"人人有艺"全民艺术普及免费公益培训4期，课程涵盖书法、美术、音乐（古筝、古琴、钢琴等）、舞蹈、非物质文化遗产项目、棋类、篆刻、拓片、花艺、茶艺、陶艺、亲子联动培训、老年智能手机等50余个艺术门类，150个班级开课，惠及学员5000余人次。该培训特点是免费性、全民性、多样性。市文化馆开设公益培训班数量、课程门类居全省第一位，成为市民体验接触文化艺术的主阵地。

【文创产品开发】2020年，市文化馆整合亳州文化资源，创新推动文化创意产品开发，以亳州文化特色及馆内自身藏品为主线，设计开发出10余种以生活用品为主的文化创意产品。在2019年亳州市文化创意设计大赛中，文创宣传品"鸟形神器"——加湿器获铜奖，亳博藏珍书签系列、"亳礼相赠"情侣围巾套盒、《拂晓》红色记忆套装获优秀奖；自主研发的复归·文房六礼、亳文化锡包壶参加2020中国特色旅游商品大赛获两项全国银奖；参加2020中国旅游商品大赛，"曹操在亳州"益智玩具套装获银奖。

（*石秀云*）

图书馆

【概况】市图书馆是在原亳州职业技术学院图书馆基础上，由市政府与亳州职业技术学院共建，于2014年底落成并向市民开放。图书馆建筑面积29343平方米，共7层，阅览室座位2200个。开设有少儿室、电子阅览室、文科阅览室、理科阅览室、自修室等。

2020年，图书馆累计持证读者66886人，外借纸质图书7686册次；接待读者数量21323人；网站访问量83835次，数字资源点击量85万次。

投资60万元购置纸质图书17800余册，共计有纸质图书55万册。投资15.5万元购置电子图书，电子图书共计20万册。推进电子文献资源建设，共有10个采购授权数据库，免费共享20个数据库。馆内所有数字资源都可以通过网站进行远程访问，并可通过统一检索平台检索馆内数字资源和馆藏纸质图书。

【朗读亭启用】2020年，图书馆完成朗读亭建设。该项目于6月开始建设，投资9.8万元，10月建成。朗读者可在朗读亭内朗读名篇片段，用简单的方式感受文字的力量。朗读亭内共有71634项资源，于11月中旬启用，截至年底，已使用216项资源，共有372份录音文件，丰富了师生的阅读方式，总用户590人。

（赵慧勇）

新华书店

【概况】2020年，亳州新华书店有限公司（简称"亳州新华书店"）完成十九届五中全会相关学习读物、《习近平谈治国理政》第三卷、《中国制度面对面》、《不负韶华追忆"时代楷模"——李夏》等重点政治读物发行工作。其中，十九届五中全会相关学习读物征订完成2390套，《习近平谈治国理政》第三卷完成117807册、《中国制度面对面》完成5059册、《不负韶华追忆"时代楷模"——李夏》10612册。提供送书上门，实现市、区、县直单位、乡镇、街道办事处、企事业单位全覆盖。联合市委组织部、市委宣传部开展《习近平谈治国理政》第三卷学习达人挑战赛、知识竞赛活动，创新开发小程序，全市200余人参与。

开展文化惠民流动售书102场，实现三县一区乡镇、街道全覆盖。做好义教阶段的免费教材发行，兑现"课前到书，人手一册"，送书到校共计600余车次。为九年义务教育阶段学校免费提供教材308万余册。

【蒙城县图书馆运营】2020年6月，蒙城县图书馆全面开放。蒙城县图书馆是蒙城县政府创新公共文化服务项目体系建设，采取外包服务模式，对蒙城县图书馆新馆项目采取一体化模式进行招标。2019年9月省委宣传部下属国有全资企业安徽新华传媒股份有限公司，成功中标该项目，运营服务由亳州公司全程负责。2020年1月，亳州公司组建运营团队，完成蒙城县图书馆开馆前筹备工作，于2020年6月开放。地上部分建筑面积8900平方米，总投资额1.37亿元，设藏书60万册，阅览座席1000个，按国家一级馆标准建设。

蒙城图书馆自运营始，每天免费开放。成为网红打卡地，引领当地阅读时尚。截至年底，蒙城县图书馆累计进馆客流429390人次，日均2385人次，其中单日最高进馆客流6201人次。活动预告场次上传150场次。12月，安徽文化云服务监测报告，蒙城县图书馆各项指标名列榜首。客流排名继续蝉联县级馆第一；活动预告场次排名县级馆第一、市级馆前三。在县级公共图书馆微信订阅号影响力排名中，居全国第三名，稳居全省第一名。

【图书线上服务】2020年，受新冠肺炎疫情冲击，亳州新华书店线下门店运营受阻。根据疫情防控形势和读者需求，三县一市门店开创线上服务新渠道。在读者居家隔离期间，设立疫情购书热线，解决读者不能进店购书的难题。读者有购书需求，一个电话，工作人员送书上门；在解除隔离初期，店员创建22个读者微信群，专人负责每日在群里发送图书信息、回复读者问题，搜集购书需求与读者保持黏性，服务微信用户3456人；开设三县一市4家线上销售平台，与邮政快递合作开展同城派送业务；策划大型主题直播活动5个，直接参与直播89场，邀请行业精英做客直播间分享读书故事，引领大家多读书、读好书，全年参与读者51076人。《光明日报》、《安徽日报》、"学习强国"平台、本地媒体宣传报道信息50余篇。其中"春天云阅读书香溢满屏'4·23'世界阅读日营销活动"获2020年中国出版传媒商报社营销金案奖。

（杨春娇）

医疗卫生

2020年7月1日，亳州市组织中医专家为市民进行义诊　　（刘勤利　摄）

概 述

【概况】截至2020年底，全市共有各级各类医疗卫生机构2417个，其中医院94家(综合医院55家、中医院9家、中西医结合医院7家、专科医院21家、护理院2个)，乡镇卫生院92个，村卫生室1334个，社区卫生服务中心15个，社区卫生服务站120个，妇幼保健院(所、站)5个，疾控中心5个，卫生计生监督所(局)5个，采供血机构1个。全市实有床位增至29357张，千人口床位达5.87张；在岗卫生技术人员增至28255人，其中执业(助理)医师11339人，千人口执业(助理)医师达2.27人；注册护士数增至12758人，千人口注册护士达2.55人。

全市投入卫生健康经费25.47亿元，其中市本级6.92亿元、谯城区4.74亿元、涡阳县2.31亿元、蒙城县4.09亿元、利辛县7.4亿元。市本级申请政府非标准债券资金2.24亿元，其中，市人民医院急诊大楼项目4000万元，市中医院二期工程6000万元，市肿瘤医院项目1亿元，市医疗废弃物处置中心项目2400万元。

2020年，为贫困村招录本科医学人才19名；全市获卫生专业技术高级职称资格349人，其中正高级49人、副高级300人。

举办6期健康适宜技术培训班，培训800余人次。接收住院医师规范化培训学员66人，全科医生转岗培训60人、农村订单定向免费医学毕业生6人。新招录定向生55名，并与县区签订《就业协议书》。举办省级、市级继续教育项目23个、173个，分别培训4600余人次、22913人次。

【医疗监管】2020年，《安徽省医疗服务综合监管平台》对亳州市医疗机构及医务人员不良执业行为记分784起，其中医疗机构记分625起、医务人员记分159起。亳州市在省医疗服务诉求平台受理案件62起，投诉举报案件查处率100%。开展重大事项合法性审核9件，完成行政执法人员资格认证考试、推广证明事项告知承诺制等。

所有行政审批事项和公共服务事项均实行网上办理，共办理151909件，组织政民互动咨询回复1462件，回复行风热线42件和说办就办53件，无不满意办件、超时办件。

【人口计划生育】2020年统计年度，亳州市出生人口62016人，人口自然增长率5.52‰，出生人口政策符合率83.23%，出生人口性别比110.63，完成各项人口控制目标任务。全市共确认奖励扶助对象69613人(其中扩面58298人)，发放资金7309.365万元；确认特扶对象1083人，发放资金721.14万元；为1438名破产企业职工兑现一次性奖励287.6万元，对49363户独生子女家庭兑现独生子女保健费1577.46万元，为计生家庭分别代缴新农合和养老保险7919.58万元、391.72万元。

【医政医管】2020年，亳州市完成胸痛、创伤、卒中三大中心建设，持续实施县级医院能力提升工程，开展临床路径管理，全市县级以上医院临床路径入径率77.87%，完成率80%以上，在2020年度全省临床路径管理工作督查中居全省第三位。加强医疗质量安全监管，成立39个市级专业质控中心，开展公立医院年

2020年1月14日，亳州市文化科技卫生“三下乡”集中示范活动

(刘勤利 摄)

度考评、临床路径季度考评、综合医疗质量督查、药事、护理、院感、血液透析、临床用血、民营医院医疗质量、处方点评、暗访等医疗质量安全督查82次;每2个月开展一次群众就医感受暗访,发现问题563条,全部整改。全市卫生健康行政部门和医调委共受理调解纠纷93例,其中医调委调解45例、行政调解48例,调解成功93例,调解成功率100%,共计产生赔偿256.17万元。完成1552人医师执业资格考试,机考雷同率为零。

【健康促进】2020年,亳州市组织开展健康促进工作督导、技术指导,举办培训会。通过市、县区电视台播放"健康素养66条"、新冠肺炎预防、肿瘤防治等公益广告50部,通过报纸、网络、微信号等发布新冠肺炎防控、控烟、传染病防治等科普知识135篇。评选市级健康巡讲专家20名,开展健康巡讲40场次,覆盖5000余人。组建健康科普专家库,有130人。6家省级健康促进医院及戒烟门诊播放宣传视频,发放戒烟知识宣传页1000余份,发送短信10万条。印制结核病、艾滋病、麻风病、新冠肺炎防控等宣传材料26.1万份,发至重点人群,进行健康教育。联合亳州职业技术学院,开展艾滋病防治知识讲座;到亳州学院附属学校,开展预防近视和远离烟草讲座;与市委党校、市教育局联合,为党校学员、市区各中小学校校长等开设新冠肺炎防控知识讲座9期。谯城区成为第二批省级健康促进县。全市建成健康促进医院(二级及以上)9家,健康促进学校469所,健康促进企业158个,健康社区(村)241个,健康家庭370个。打造5个健康主题公园,9个健康步道,2个健康一条街。落实健康促进三年攻坚行动,做好"健康促进助力脱贫攻坚"为主题的健康中国行活动,持续开展"健康教育进学校""健康教育进乡村""健康教育进家庭"和健康教育阵地建设、基层健康教育骨干培养等工作。

【基层卫生】2020年,亳州市推进基层医疗卫生机构能力提升,2家中心卫生院创建成二级综合医院,11家中心卫生院创建成一级甲等综合医院,4家社区卫生服务中心通过社区医院市级审核。省级特色专科创成26个;4家乡镇卫生院达"优质服务基层行""推荐标准",18家乡镇卫生院达"优质服务基层行""基本标准"。创新开展"洁净行动",制作"环境卫生如同基层医疗机构的脸面"主题海报,改善群众就医环境。培训骨干乡村医生49人、骨干临床医师25人、骨干全科医师4人。解决在岗村医的养老保障问题。

【卫生健康项目建设】2020年,亳州市实施总投资额约63亿元的医疗卫生健康事业"三年提升、两年巩固"行动,计划建设公办医疗卫生项目84个,其中续建项目10个、计划新开工项目74个。截至年底实际开工项目67个,建成项目59个。加快推进市第二人民医院、市儿童医院项目建设,启动建设市中医院二期工程和市人民医院急诊大楼项目,市肿瘤医院项目完成前期手续办理。

【医药卫生体制改革】2020年,全市二级及以上公立医院与省内外三级医院共建立41个松散型医联体、30个专科联盟。全市组建紧密型医共体8家,实

2020年,在谯城区魏岗中心卫生院医养服务中心,医护人员为失能老人进行健康检查
(刘勤利 摄)

现县区全覆盖。全市住院病人815311人，县域内住院病人710217人，县域内就诊率87.11%。市人民医院、市中医院、利辛县人民医院列入省级现代医院管理制度试点医院。利辛县人民医院等5家医院通过胸痛、卒中中心建设。80名医务人员下派到乡镇卫生院工作；全年轮训乡村两级医生1692人次、市县级医院接收乡镇卫生院选派医生进修178人次，284名村医分两批次参加村级中医适宜技术培训。

【智慧医疗信息化建设】2020年，亳州市推进信息便民惠民服务，全民健康信息平台为疫情防控、家庭医生签约服务、健康档案向群众开放、精准扶贫和医保智能审核等提供数据支持，制定《亳州市全民健康信息平台（二期）建设方案》，推进“智医助理”应用，完成区域远程心电系统建设部署，实现电子健康卡县级以上医院全覆盖，市人民医院建成互联网医院。全民健康信息平台接入医疗卫生机构1564家，每天从各医疗机构抽取数据230万条，电子病历数据库汇集就诊数据15.92亿条。全年为基层提供远程影像诊断服务11.59万例；全市12家县级以上公立医院全面发卡应用，共发放电子健康卡39.26万张，用卡100.58万次；智医助理AI辅助诊断2037.61万次，采集基层医疗机构规范电子病历889.26万份，健康随访智能语音呼叫256.62万次，发送提醒短信312.82万条；市远程心电系统覆盖全市二级以上公立医院、乡镇卫生院、社区卫生服务中心。全市卫生健康系统6个单位通过信息安全三级等保测评，亳州市智慧医疗、市人民医院基础网络等信息系统通过信息安全等级保护三级测评。

【农村敬老院改革】2020年，亳州市改善农村“五保”老人的集中供养条件，各农村敬老院设置护理区、养老区等，配备老年卫生间、洗澡间、文化活动室等基本生活设施。设置诊疗室，配备治疗常见病、多发病的药物，乡镇卫生院选派专职医生、护士进驻敬老院负责“五保”老人的健康管理，老人不出大门就可就诊，看病难的问题得到有效解决。全市共有132家农村敬老院完成改革并挂牌运营，共有床位18059张。有全护理“五保”老人1429人，入住敬老院969人，入住率67.81%；有半护理“五保”老人1715人，入住敬老院854人，入住率49.8%；有全自理“五保”老人25292人，入住敬老院4876人，入住率19.28%；有社会养老406人，较上年增长34.5%。

（侯学振）

中医药服务

【概况】2020年，亳州市印发关于促进中医药传承创新发展若干措施的通知，全力支持中医药事业发展。市级中医专项资金从100万元增至200万元，市政府安排国债资金3亿元用于市中医院二期工程建设。谯城区政府划拨3万平方米建筑，作为亳州市华佗中医院分院。涡阳县政府划拨9.33公顷土地支持涡阳县中医院三期工程建设。

全市14个社区卫生服务中心、92个乡镇卫生院、115个社区卫生服务站、1333个村卫生室均拥有中医药服务能力，完成中医药服务基层全覆盖。全市基层医疗机构中医诊疗量77万人次。

【中医药科普活动】2020年，亳州市卫生健康委员会宣传贯彻《中医药法》《安徽省中医药条例》，组织专题培训、宣传活动。印制发放《中医药法》《安徽省中医药条例》单行本各1000本，宣传彩页10000余份。

【中医药传承创新】启动民间中医药传统医术传承保护推广工作，成立民间中医药传统医术传承保护推广中心，拨付20万元专项资金，制定了《关于组织开展民间传统医术继承发展项目申报遴选工作的通知》，丁建平等6位素有声望、群众信任、传承明晰但尚未取得中医执业医师资格或中医专长医师资格的民间传统医术习用者入选，并对其传统医术予以抢救性传承推广。连续11年举办全市中医药岗位技能竞赛，连续7年与安徽中医药大学合作举办中医药适宜技术培训班，共培训900多人。亳州华佗中医药研究所成果丰硕，申报国家自然科学基金3项、省重点研究与开发计划项目1项、市重大科技专项2项，发表科研论文12篇，出版专著4篇，获省科学技术奖1项，专利5项。2020

年9月，安徽省中医药宣传周暨中医药文化推进行动启动仪式、长三角中医药一体化发展高峰论坛在亳州举行。

【“三名”工程建设】2020年，亳州市市、县级公立中医院新院全部建成，总占地面积从3.67公顷增至32.67公顷，建筑面积从12.5万平方米增至30万平方米，床位从1940张增至4200张。涡阳县中医院、利辛县中医院获三级称号。省中医院与市政府签订合作协议，帮扶市中医院建设省级区域中医医疗中心。

组织开展“十三五”第二批市级中医重点专科（病）评选，确定市中医院中医急诊科等10个科室为市“十三五”第二批中医重点专科，李振等10人为学科带头人。

设立杨骏全国名中医工作室，新建市级名中医工作室7个。全市共有全国老中医药专家1人，全国基层名中医工作室指导老师3人，省级名中医8人，省级基层名中医7人。开展首届青年名中医评选，皮亚彬等10人获评“亳州市青年名中医”。

【中医药改革】2020年，亳州市卫生健康委员会鼓励推进市、县区中医医院牵头组建医共体，全市5家公立中医医院牵头43个乡镇卫生院建设医共体集团5家。各县区制定中医药适宜技术门诊按病种付费实施方案，全市适宜技术门诊优势病种执行6441例，发生费用1264万元；单病种付费331种，执行6万余例，费用约2亿元。开展公立中医医院绩效考核组织管理，成立考核组，印发《关于成立亳州市公立中医医院绩效考核工作领导小组的通知》，制定考核方案、考核标准，每年开展2次绩效考核。

【中医药防治新冠肺炎】2020年新冠肺炎疫情期间，亳州市卫生健康委员会抽调8人组成中医专家团队，进驻市级定点救治医院救治感染患者。坚持中西医结合原则，参与新冠肺炎患者救治。定点救治医院提前备足3个月用量的疏风解毒胶囊。加强学习研究，针对不同病情、不同舌态对“清肺排毒汤”进行加减，形成1号、2号、3号救治方。救治期间，共开具中药处方224张，中成药100%应用，95%以上新冠肺炎确诊患者使用中药汤剂，总有效率在93%以上。《人民日报》、中央广播电视总台、《安徽日报》等媒体多次报道。

（侯学振）

疾病预防控制

【概况】截至2020年底，全市疾控机构共有编制250个，其中2020年新增编制68个（市疾控中心新增编制20个、县区疾控中心新增编制48个）。开展实验室核酸检测能力提升工程，市、县区疾控中心均建成核酸检测实验室并投入使用；购置近1000万元的大型理化检测设备，水质检测项目从60项提高到80项。申请财政资金600万元采购配置2个移动生物安全二级实验室及相关辅助移动设施。推进中央补助重大传染病防控与医疗卫生机构能力建设、公共卫生体系建设和重大疫情防控救治体系建设等，采购基因测序仪、致病菌质谱鉴定仪、脉冲场凝胶电泳仪等设备。

全市以县区为单位，适龄儿童22剂次国家免疫规划疫苗报告接种率均达100%。全市完成接种1194216剂次，民生工程任务完成率101.74%。开展卡介苗阳转监测，全市共监测100名儿童，12周阳转率71%。全市5家疾控机构和155家预防接种单位建成疫苗追溯信息系统，全部实现疫苗出入库管理及扫码接种。麻疹、AFP、流脑、乙脑、AEFI监测相关指标均达到规定要求，其中，年化排除麻疹风疹病例报告发病率2.56/10万、48小时完整调查率98.39%、麻疹血标本采集率98.39%，AFP、流脑24小时及时调查率和标本采集率均100%，AEFI及时报告率99.82%。

完成全市碘盐、尿碘、水碘监测和儿童甲状腺肿调查，通过省级组织的地方病三年攻坚专项行动终期评审验收。各县区持续保持碘缺乏病消除状态，谯城区、蒙城县达到饮水型地方性氟中毒控制标准，涡阳县、利辛县饮水型地方性氟中毒防控措施达标。

【传染病防控】传染病报告管理。2020年，全市共网报法定传染病19823例，报告病种主要为乙型肝炎6154例、其他感染性腹泻2910例、手足口病2893例、肺结核2635例、流行性感冒1573例。

流感防控。全市共报告流感样病例10154例，采集并检测流感样病例咽拭子标本1155份，流感病毒阳性结果110份，其中，季节H3型34份，BV型76份，送省疾控中心复核阳性细胞毒株15份。

手口足病防控。全市共报告手足口病病例2893例，其中重症1例，无死亡病例。每月定期开展手足口病病原学监测，共采集检测病例样本209份，阳性结果172例，其中，CoxA16病毒14例，其他肠道病毒158例。

肠道传染病防控。落实腹泻病人监测周报制度，全市就诊腹泻病人6366例，其中县区级2377例，乡镇级3989例。落实霍乱弧菌环境和食品监测统计月报制度，共采集水体、水产品、食品、公厕粪便等样本1135份，霍乱弧菌检测结果均为阴性。

登革热防控。完成6轮次伊蚊密度监测工作，共调查1050户，发现阳性水体196个，平均布雷图指数为18.67，提示5—6月、10月存在中度传播风险，7—9月存在高度传播风险。落实清理蚊虫滋生地、滞留喷洒等综合防控措施。

艾滋病、结核病等重大传染病防控。艾滋病患者抗病毒治疗全部移交至医疗机构。开展艾滋病哨点监测，共采集标本2913人份，发现4例HIV阳性患者、63例梅毒阳性患者；完成自愿咨询检测1300人次；受理学校结核病预警信息454个，排除415个，规范处置疑似事件39起，开展全市学校结核病防控专项暗访。艾滋病CD4检测和病毒检测比例分别为94.7%和93.3%，治疗成功率和覆盖率分别为89.8%和93.1%；结核病患者登记管理率98.9%，总体到位率98.4%，结核病病原学阳性率51.8%，重点人群耐多药筛查率95.7%。

【突发公共卫生事件应急处置】2020年，市疾控中心加强技能储备，举办新冠肺炎疫情流行病学调查培训班，全市流行病学调查小分队共120人参加培训。储备医用防护口罩、防护服等个人防护物资200套，将流调小分队所需物资分发装箱，确保随用随取。开展新冠肺炎疫情常态化防控下突发疫情应急处置桌面演练。开展专题风险评估4次、日常风险评估12次。

全市共报告突发公共卫生事件及相关信息33起（其中一般事件4起、未分级事件29起），报告发病196人，波及8189人，死亡1人。33起突发公共卫生事件中传染病类32起（其中新冠肺炎疫情27起），食物中毒类1起。

【公共卫生服务】环境卫生。2020年，全市各城区共设置68个监测点，农村共设置168个监测点。农村监测点优先选择农村安全饮水工程，乡镇覆盖率100%。全市饮用水监测完成551份。完成贫困村水质检测，覆盖全市所有贫困村，收集上报数据572条。用户水龙头水质监测情况每季度向社会公示。

食品卫生。制定食品安全风险监测方案，全市9家哨点医院共上报食源性疾病病例3184例；全市食品污染物及有害因素监测完成176份；病原学检测完成143例，检测结果为阳性的占35%，其中诺如病毒阳性率10.5%。定期分析疑似聚集性病例，每季度分析食源性疾病监测数据，形成分析报告。组织开展食品安全宣传、“全民营养周”等宣传活动。

职业卫生。制定职业病防治项目实施方案，举办培训班2期，定期审核上报职业病防治民生工程个案卡。全市共完成职业病个案报告任务7015例。

放射卫生。制定医疗卫生机构医用辐射防护监测项目、职业性放射性疾病监测项目实施方案，举办放射卫生监测项目网报系统培训班，完成对57家放射诊疗机构、4家监测点医院信息调查、录入等。

学校卫生。制定学生常见病和健康影响因素监测方案，开展学生常见病和健康影响因素监测质量控制，完成对72间教室的环境监测。选取2个县区、17所学校，共体检学生5570人。

慢性病管理。开展死因监测，全市通过死因监测信息系统网报的死亡病例且已终审数为34018例，粗死亡率6.50‰。完成上消化道癌机会性筛查及诊治，该项目为跨年度项目，8家项目医院自2019年7月至2020年6月共上报完成上消化道癌机会性筛查1.75万例。完成胃镜诊疗任务上报37600例。

（侯学振）

妇幼保健

【概况】2020年，全市完成婚前健康检查10.5万人，婚检率96.83%，疾病检出率9.12%，支出资金946.9万元。

妇幼基本公共卫生项目。全市孕产妇系统管理率、3岁以下儿童系统管理率和7岁以下儿童保健覆盖率分别达86.03%、86.65%、91.13%以上。

妇幼重大公共卫生项目。全市完成免费孕前优生健康检查4.75万人，完成农村宫颈癌筛查15.9万人、乳腺癌筛查9.9万人，新增叶酸发放人数5.3万人，发放叶酸21.3万瓶。

母婴安全保障。落实母婴安全五项制度，强化监督考核，开展妊娠风险评估与管理，继续将产科质量、控制剖宫产率纳入妇幼民生工程考核，实行季度考核，定期通报。全市孕产妇死亡4例，低于上年同期水平，全市剖宫产率34%，控制成效良好。

推进妇幼信息管理和监测。全市孕产妇死亡率8.08/10万，5岁以下儿童死亡率4.1‰，婴儿死亡率2.52‰，均达到“两纲”目标要求。

加强出生医学证明管理。全市出生医学证明使用48772份，其中本年度出生的首次签发45742份，既往年度出生的首次签发646份，换发349份，补发1050份，机构外签发692份，废证293份。

举办母婴阻断及出生医学证明督导培训会、婚前保健技术培训班、产前筛查技术培训班、儿童保健适宜技术培训班、母婴安全保障技术培训班等培训；全年培训检验、新筛、儿保、助产、信息统计、母婴阻断项目技术人员近1000人。承办安徽省盆底及产后康复培训班。

市妇幼保健院建成投入使用，并与安徽医科大学第二附属医院和市人民医院分别建立医联体合作关系，安医二附院和市人民医院分别派驻2名妇产科专家、1名影像科专家在市妇幼保健院坐诊、业务带教和指导学科建设。

【出生缺陷综合干预】2020年，亳州市率先在全省范围内实施免费产前筛查，为35周岁以下孕妇提供免费孕中期三联血清学筛查。全市完成产前筛查3万人，产前筛查率64.3%，产前筛查咨询随访率在90%以上，支出资金433万元。新生儿遗传代谢病筛查4.5万人，新生儿听力筛查4.3万人，新生儿先天性心脏病筛查4.2万人，新生儿疾病筛查率均在90%以上。

（侯学振）

卫生监督执法

【概况】2020年，全市卫生健康系统承担“双随机”任务840家，检查发现关闭18家，任务完成822家，任务完成率97.86%，完结率100%。全市立案查处613件行政处罚案件，其中医疗卫生类254件（无证行医164件），传染病防治类156件，公共场所类76件，放射卫生类25件，生活饮用水类11件，餐饮具消毒单位6件，消毒产品生产单位4件，执行罚没款279.42万元。

【专项监督检查】2020年，全市开展公共场所监督抽检，共监督检查公共场所2645户次，监督覆盖率95%，对其中171家公共场所开展卫生学检测，5家检测结果不合格，合格率97.07%。开展集中式供水单位监督抽查327户次，监督覆盖率98.71%，对106家集中式供水单位进行水质检测，其中102家检测结果合格，合格率96.23%。开展现制现售饮用水自动售水机出水水质抽检53台，其中40台水质合格，合格率75.47%。开展餐饮具集中消毒服务单位监督检查5家，对5家单位消毒后餐饮具进行卫生学检测，1家检测结果不合格。开展放射卫生监督检查247户次，监督覆盖率95.79%。开展传染病防治分类监督及综合评价242家单位，其中优秀单位87家，合格单位146家，重点监督单位9家。完成253所学校的519间教室采光照明等抽检1488户次，监督覆盖率98.97%。开展消毒产品生产企业分类监督综合评价25家，其中，优秀单位2家，合格单位21家，重点监督单位2家。

【血液安全管理】2020年，全市共采集全血34708人次，同比增长8.1%，采集全血量66808单位，增长9.4%，采集量位居全省第四位；采集单采血小板 3141 个治疗量，增长 39.6%；采集新冠肺炎康复者恢复期血浆 1600 毫升。自愿无偿献血者比例 100%，重复献血者比例为 66.76%，常住千人口献血量为 12.69 单位 / 千人。亳州市第八次获评“全国无偿献血先进市”，亳州学院获“全国无偿献血促进奖”，全市 271 人获“全国无偿献血奉献奖金奖”，523 人获“全国无偿献血奉献奖银奖”，1421 人获“全国无偿献血奉献奖铜奖”，13 人获“无偿献血志愿服务奖”。

（侯学振）

医疗保障

【概况】亳州市医疗保障局（简称“市医保局”）于 2019 年 1 月 31 日挂牌成立。市医保局下设市医疗保障综合服务管理中心。主要职责是贯彻执行国家医疗保险、生育保险、医疗救助等医疗保障法律法规规章和政策规划标准，组织制定全省城乡统一的药品、医用耗材、医疗服务项目、医疗服务设施等医保目录和支付标准；建立价格信息监测和信息发布制度；制定药品、医用耗材的招标采购政策；组织制定和完善异地就医管理和费用结算政策等。

2020 年，市医保局深化医疗保障制度改革，完善基本医疗保险、生育保险、大病保险、医疗救助、药品和医疗服务价格管理、医疗保障综合协调等职能，推动医疗保障制度更加完善。“亳州市开启医保智慧监管模式”被国家医保局评为全国医疗保障经办精细化管理服务优秀典型案例。

【医保医药服务】2020 年，全市城乡居民实际参保人数 560.31 万人，参保率在 96% 以上，居民医保人均财政补助标准增加 30 元。全年参保人员医疗总费用 66.53 亿元，基本医保基金累计支付金额 38.56 亿元。其中，政策范围内住院费用 38.38 亿元，政策内住院费用补偿比 75.6%；居民大病保险筹资标准人均提高至 80 元，大病保险起付线 1 万元，分段报销比例为 60% ～ 80%。全年大病保险待遇享受 198509 人次，大病保险起付线以上合规费用 8.51 亿元，大病保险基金累计支付金额 5.4 亿元，合规费用报销比例 63.4%。

开展“1+6”支付方式改革：“1”是统一按病种付费相关政策，统一全市 359 个病种名称、手术方式、病种编码、定额标准、支付比例、考核管理政策；“6”是开展 6 项支付方式改革，即同病同保障、药品采购费用医保直接结算、日间病床、养老机构门诊基金统筹共济、慢性病按人头付费、按床日付费六项改革试点，引导常见病、多发病到基层医疗机构就诊，促进分级诊疗。

全市 5 个县以上医保经办窗口均达到标准化建设水平，入住政务中心（分厅），全面实行综合柜员制，做到医保服务“一门、一窗、一网”通办。在全市 1300 个镇村分别设立医保办和医保站。在全省医保系统行风建设市际互查及第三方评价中，亳州市获第一名。

出台实施《亳州市城镇职工大病保险工作实施意见》，全市职工按照每人 65 元的标准从历年结余医保资金筹集，起付线 2 万元，实行分段报销，最高报销 30 万元，每年将减轻参保职工 2000 余万元费用负担，补齐亳州市城镇职工医保大病保险短板。

国家组织的三批次药品集采共 112 种药品（涉及高血压、糖尿病、恶性肿瘤等），一次冠脉支架集采涉及 10 个产品；省组织的二批次耗材集采共 407 种产品（涉及骨科脊柱、人工晶体、骨科关节和心脏起搏器等），均落地亳州。全年节约医药费用 1.2 亿元（其中医保基金 8400 万元、群众自付费用 3600 万元）。

依托“政务云”上线定点医药机构药价智能监测平台，全面对接全市医保报补系统，以医保报补业务数据为核心，实时动态公示协议医药机构在售药品价格。开辟微信公众号和门户网站查询“双通道”，扩大社会监督，便利参保群众购药时“货比三家”，挤压药品价格虚高空间，减少群众购药费用支出。

加强医疗服务价格管理，开展医疗价格监督检查。按照省医保局要求，再次调低新冠肺炎核酸检测费用，新冠肺炎核酸检测三级和二级医疗机构从原来的 209 元和 198 元分别调至 57 元和 54 元（不含试剂费用），抗体检测三级和二级医疗机构从原来的 76 元和 72 元分别调至 24 元和 23 元（不含试剂费用），试剂盒费用实行价格“零差率”销售，减轻群众负担。

【医保政策扶贫】2020年，全市享受综合医保政策的建档立卡贫困人口总数321283人，累计兜底174238人次，贫困人口医疗总费用13.55亿元，其中基本医保基金累计支付金额9.24亿元，大病保险基金累计支付金额1.12亿元，城乡医疗救助资金累计支付金额1.12亿元，兜底资金累计支付金额0.47亿元，贫困人口个人自付费用1.6亿元；贫困人口慢性病补充医疗保障（“180”）方面，待遇享受928666人次，总费用3.35亿元，报销2.5亿元，“180”补充保障资金支付0.65亿元，慢性病门诊费用实际报销比例94%。全市贫困人员在省内就医全部实现医疗费用“一站式”结算。

全市贫困人口享受综合医保政策241.48万人次，综合补偿比92.80%。

【医保基金监管】2020年，亳州市打击医保基金欺诈骗保行为，维护基金安全。共查处医药机构1117家，处理参保人员89人，处理医保医师258人，解除医保协议17家，累计追回医保基金8160.39万元，保持医保基金安全可控。

建成智能监控中心，打通“智慧医疗”专线，汇聚全市医疗数据资源，上线智能审核系统。基金监管由过去的事后处罚向“事前提醒”“事中实时监控”前移。全年事前提醒38373余次，涉及金额695万元；事中控制人脸识别打卡28225次；事后审核发现疑点14.6万余条，扣款金额1170.74万余元。国家创新试点工作通过中期评估。

依托市政务数据资源，借助智慧医疗数据专线，实现基金监管“人防＋技防”有机融合，建立事前、事中、事后全链条监管机制，重塑基金监管流程，提升医保基金监管水平。

【医疗保障信息化建设】2020年，亳州市实现城乡居民与城镇职工医保系统的全面整合，做到数据储存、数据规范、加密线路、终端应用“四个统一”，实现全市医保数据“同人、同城、同库、同网”。系统整合后，参保群众可在全市范围内所有定点医疗机构实现就医结算“一站式”。

正式上线医保电子凭证，推进医保电子医保凭证激活工作。全市医保电子凭证用户累计294.8万人，参保群众激活率50.9%。全市790家医疗机构、873家定点医药机构接入使用，实现医保业务“码”上办理。

完善医保系统改造、平台对接、远程控制，实现与长三角地区40个城市、6631家医疗机构异地就医门诊、住院费用直接结算，解决异地就医“看病难、报销难、负担重”问题。亳州市在长三角地区异地就医门诊直接结算1300人次，总费用43.26万元；住院54371人次，总费用131038.63万元。

加强对医保经办机构及医共体牵头医院基金专用账户管理，市医保局上线账户监管系统，实现全市基金管理“两统一提”，即统一记账，实现财务信息系统集成和数据互连互通；统一规范账套名称、记账科目、业务分类、操作流程。通过财务数据自动汇总、综合查询、数据追踪、动态分析和监测预警，促进医保专户资金管理“智能、规范、安全”，提升基金专户精细化管理水平，防范医保资金使用风险。

【亳州市医疗智慧监管模式获评全国优秀】2020年12月24日，《国家医疗保障办公室关于推介全国医疗保障经办精细化管理服务典型案例的通知》印发，亳州市医疗智慧监管模式获评全国医保经办精细化管理服务优秀案例。

近年来，亳州市依托市政务数据资源，借助智慧医疗数据专线，通过搭平台、打通道、汇数据、设规则、筛数据等方式，实现基金监管信息有机整合，重塑基金监管流程和工作模式，提升医保基金监管精准化、规范化和智能化水平，维护群众救命钱。2020年，全市12家二级以上公立医院和市区275家定点药店全部纳入智能监控平台，14家公立医院实现事中人脸比对智能，有效遏制虚假住院、挂床住院等违规行为，实现对全辖定点机构结算数据全面审核。同时，严格“双随机一公开”制度，借助“互联网监管”平台，对违规典型案例适时公开曝光，公开透明接受社会监督，对全市定点医药机构起到警示教育作用。

（徐　伟）

·亳州市人民医院·

【概况】2020年，亳州市人民医院医疗收入12.04亿元，同比增长2.38%；门急诊1259851人次，同比增长0.21%；出院83699人次，同比下降11.83%；住院手术24678人次，同比下降1.62%，三、四级手术占比62.05%；住院均次费用9988.86元，同比增长16.73%；门急诊均次费用277.49元，同比增长4.86%；平均住院日8.7天。

完成北院医养结合改造项目。完成项目改造，投入运行医养结合中心（老年养护中心），设置床位236张，配置服务团队80余人。开工建设急诊大楼项目。项目可研、环评获得相关部门审批通过，与市重点局签署代建协议，由重点局负责、医院协助建设，完成项目设计施工一体化、监理、跟踪审计招标，11月9日通过市规委会审批，12月16日举行工程奠基仪式。推进电路双回路改造项目建设，实现南北院均两路供电。完成一期手术室新风改造项目，解决了多年遗留问题。放疗中心、核医学科再扩建工程项目立项、可研获市发改委审批。完成北院污水处理池改造，完成门诊楼、急诊病房改造，公安监管病区投入使用。完成IUI实验室净化工程改造项目、产筛中心改造项目、阳性血透室改造项目、5号楼学生教室改造项目等项目建设。

新冠肺炎疫情防控期间，累计收治全市确诊患者106例，治愈出院106例，治愈率100%。支援武汉抗疫，派出3批6名骨干医护人员加入安徽省医疗队。落实“应检尽检、愿检尽检”原则，严把院感管控关，严格执行三级预检分诊、门诊准入管理、病区封闭管理和探视陪护制度，做到“人物同防、严防死守”。市新型冠状病毒核酸检测基地建设通过省级验收，系安徽首家。

承担重大活动医疗保障任务90余次，纪委驻点服务300余人次，出动120急救车辆70余次、医务人员260余人次。承担市中级人民法院监外执行鉴定任务25例，涡阳县司法局保外就医鉴定任务3例，完成看守所体检700人次。完成涡河以南11家乡镇慢性病鉴定，完成全市491名口腔医师和市直临床医师定期考核，完成亳州学院、看守所等驻点医疗服务任务。

采编微信公众号170期，稿件443篇，累计关注87747人。与电视台合作开设“健康365”专栏，普及健康知识。

同年，医院受到全省卫生健康系统抗击新冠肺炎疫情通报表扬，感染科获全省卫生健康系统新冠肺炎疫情防控工作先进集体、安徽青年五四奖章。张孝飞获评全国抗击新冠肺炎疫情先进个人、全国优秀共产党员、安徽省卫生健康系统新冠肺炎疫情防控工作先进个人、安徽省优秀共产党员；张飞鹏、高有方受到全省卫生健康系统抗击新冠肺炎疫情通报表扬；高有方获新冠肺炎疫情防控工作“双百”省五一劳动奖章；闫芳芳获评安徽省卫生健康系统新冠肺炎疫情防控工作先进个人；刘正慧获评安徽省卫生健康系统第三批新冠肺炎疫情防控工作表现突出个人；杜文杰、刘露露、张飞鹏、白连伟获评安徽省抗击新冠肺炎疫情先进个人。

【公立医院综合改革】2020年，该院完成三级公立医院绩效考核。在2018年度全国三级公立医院绩效考核国家监测分析与排名中，医院全国排名第344位，全省排名第11位，地市级医院排名第六位。在艾力彼全国地市级医院排行榜中排名全国第147位、全省地市医院第3位。

建立健全现代医院管理制度。全年新建制度31个，修订完善制度26个，14项重点工作任务基本完成。

人事薪酬制度改革。推进编制周转池工作，首批副高及以上职称148人纳入编制周转池管理，方案已经市委编办同意，待省委编办批复。推进新综合绩效改革，坚持重点向临床一线、高技术含量、高风险、高劳动强度、关键岗位、业务骨干和做出突出贡献的人员倾斜，将绩效工作量核算与综合质量考核相结合，采用RBRVS工作原理法对科室工作量、可控成本进行核算，采用平衡记分卡法设置科室1000分制考核指标进行综合质量考核。新绩效改革实现了医护分开核算，试运行后总体平稳，连续7个月收入破亿元，收支结构有所变化，外科手术量特别是Ⅲ、Ⅳ类手术量有所提高，科室成本控制意识增强。

药品耗材管理。配合市医保局开展全市高值耗材集采招标，落地执行国家和省药品集采成果，加强抗菌药物、重点监控药品管理，开展合理用药专项治理和耗材合理使用点评，年内抽查病历2239份，查处不合理用药35例，全年药占比控制在28.28%。

医保支付方式改革。加强临床路径管理，修订临床路径表单，着力降低临床路径变异率，从70%降低至30%。开展临床路径归档病历专项检查9次，完成临床路径57838例，出院占比67.04%。在全省临床路径管理技能竞赛中获团体三等奖和个人一等奖，在上半年全省临床路径管理工作评估中排名全省第四名。探索DRGs，外出学习培训相关知识，成立项目专班。全年执行按病种付费18098例，占比为32.81%。

医共体建设。紧密型医共体取得突破，与薛阁社区卫生服务中心建立紧密型医共体，成立薛阁分院，对医疗工作进行全托管。探索实施“1+6+N”模式的医联体，与华佗中医院、涡阳县中医院和古城中心卫生院建立医联体，全方位提高辐射能力。加大对成员单位帮扶力度，全年下派专家268人次，举办专题培训12期，培训乡镇卫生院和村室医师1500人次。引导优质资源下基层，发挥医院消毒供应、医学检验、医学影像等资源优势，依托胸痛中心、卒中中心、远程会诊中心，实现优质医疗资源共享及医疗机构信息互认。畅通医共体转诊通道，出台双向转诊实施方案，建立转诊激励及考核机制，建立医疗质量同质化管理制度，建立内部双向转诊标准和转诊转院备案制度，全年常见病、慢性病下转1466人次，转诊率大幅提高。

【安全管理】2020年，该院制定医院综合质量绩效考核指标，将综合质量纳入综合绩效考核体系。调整医院质量与安全管理委员会，修订10条重点质控指标，定期开展质量与安全管理督查，加强不良事件分析，修订药械化不良反应（事件）管理规定。执行医疗核心制度，举办第二届心电图大赛和第三届医患沟通大赛，修订医疗纠纷（事故）预防和处置办法，全年无重大纠纷发生。骨科等7个临床科室顺利申报市级专业质控中心，实现39个市级专业质控中心全部挂靠该院。市儿科质控中心获省2020年度“优秀市级儿科质控中心”称号，在省第二届儿科医师临床操作技能大赛中获个人二等奖、A站单项二等奖；市眼科质控中心在省首届保护青少年眼健康知识技能竞赛中获个人技能三等奖；市病案质控中心在省年终评比中获三等奖；市医学装备质控中心在省医学装备质控品管圈项目评比中获三等奖。

成立病案首页数据质控小组，年内开展病案首页专项督查4次，督查病案首页674份。在2020年全省病案质量督查中排名市级三级医院第一名。加大病历质量督查整治力度，重点关注病历终末和过程质量控制，抽查病历5400份，查处乙级病历51份，丙级病历2份，甲级病案率99.53%。开展输血病历专项督查，抽查输血病历181份，在全省血液安全专项核查中获第二名。

医保监管。打击欺诈骗保，出台工作方案，召开全院动员大会和工作调度会议，完成自查和重点问题整改，突出重点科室、重点药品使用、合理收费等环节，形成常态化机制。加大对乡镇卫生院和民营医院欺诈骗保督查力度，完成医共体2019年医保资金决算和2020年医共体医保费用审核与医保预算资金拨付。完成电子医保凭证系统对接改造，实现电子医保凭证支付、出入院办理等便民功能。上线医保移动稽核打卡系统、医保智能审核系统，完成医保限制支付药品信息化管理改造，规范诊疗行为，确保医保资金安全。完成省内异地就医刷身份证结算系统改造，配合市医保局完成三保合一系统对接，保障患者实现院内直报。

优质护理服务。开展优秀护理文书评选活动，运用PDCA等科学管理工具，开展项目改善10项。深化责任制整体护理，评选示范病房15个，推广医护一体化工作模式病区39个。推广加速康复外科护理，开展100余例，外科病房100%覆盖。推广中医护理适宜技术5项，开展慢病管理，制定慢病管理流程，设立房颤护理门诊，设置高血压组等护理专业组。完成上级和院内满意度调查工作，全年住院病人、出院病人、门诊病人平均满意度分别为99.54%、99.50%、94.2%。

【学科建设】2020年，亳州市人民医院院设立700万资金预算用于学科建设，制定学科建设指导文件，推进“十三五”省级重点学科建设和“十四五”重点学科候选科室申报准备工作。加强学科建设考核与管理，将学科建设纳入科室绩效与科主任管理绩效。完成第一批142个亚专业组设置备案，制定管理考核办法。成立CCU并常态化运行使用，呼吸与危重症医学科规范化建设通过国家级验收，成为三级达标单位。房颤中心、标准化高血压中心、标准化心衰中心均获国家级认证，生殖中心夫精人工授精通过国家专家组验收并取得试运营资格，启动肺结节诊疗中心、心脏大血管中心和消化疾病诊疗中心建设，产前诊断中心建设进入申报阶段。加入上海瑞金医院等上级医院医联体，加入9个专科联盟，38个临床科室与北京等地医院建立技术协作关系。推进护理亚专业发展，成立护理亚专业小组22个，9个院级重点护理学科与上级医院"结对子"。

胸痛中心通过认证成为国家标准版胸痛中心；通过国家脑防委高级卒中中心认证，系全省唯一三、市级医院唯一的四星级高级卒中中心，在综合排名中位居全国第36名、全省第二名。

全年立项三新项目79项，成功开展血细胞分离单采术、烟雾病搭桥术等先进医疗技术，外派学习专项技术15人次。推行日间手术、远程诊疗、多学科会诊（MDT），全年MDT新增肺癌、消化道肿瘤、恶性淋巴瘤等12个病种，开展400余例，日间手术扩增至52个病种，成功开展3200余例，组织远程会诊306例，邀请外院专家指导120余人次。

【人才引进培养】2020年，该院引进硕士研究生35人，招聘本、专科工作人员89人。及时落实专业技术人员待遇，提高职称评聘的积极性，全年正高职称通过15人，副高职称通过85人。86人成功申报安理工临床医学院兼职教授、副教授，马景贺、张孝飞、张飞鹏、瞿香坤、郭秀荣5人获评享受第五批市政府特殊津贴人才。

选拔首届"亳医新星"30名，组织"杰青""新星"到北大医学部参加培训，组织10名"新星"参加北京协和医院内科线上培训班。加强医务人员培训，启用远程教育软件"华西云课堂"，加入中日精益学习坊。全年选派医师外出学习317人次，外出进修68人次；选派护士参加学术交流130余人次，外出进修学习27人次。

【科研教学】2020年，该院加强科研继教管理。向市委市政府、安徽医科大学汇报，达成市政府与安徽医科大学合作共建安徽医科大学附属亳州医院意向。修订科研管理办法，开展3场科研项目培训班，1项省级科研项目结题，1项省级重点计划项目获安徽省医院协会医院科技创新奖三等奖，获批市重点研发计划新冠肺炎防控科技攻关项目7项（自筹经费），立项62项院级科研项目。完成继教项目85项，其中省级6项、市级32项、院级47项。加大论文奖励和专利费用报销力度，共发表论文336篇，其中SCI论文8篇，中文核心期刊论文31篇，统计源期刊103篇，获得专利14项，其中实用新型专利12项，外观设计2项。

加快建设药物临床试验机构及专业基地（GCP）。完成GCP基地基本规划布局、首批专业组人员和秘书筛选，制定机构人员框架和职责分工，完成GCP伦理委员会建设。组织相关人员参加国家级GCP培训、青岛线上GCP培训，参加第一届GCP青委选举，全员培训考核合格。

推进教学相长。持续做好住院医师规范化培训和全科医生转岗工作，提升临床技能训练中心模拟医学教学质量，全年培训考核医务人员14481人次，接收住培学员70人，在培学员增至164人，培训院级师资121人，外送师资参加省级培训 29人，承办5批全科医生转岗培训项目共100人，在培学员增至46名，保质保量完成了培训任务。采取线上线下结合教学模式，完成安庆医专"双主体"教学班和安理工临床班教学任务。全年完成实习生岗前理论培训36场，组织皖医实习生在皖南医学院第八届大学生护理临床技能竞赛中获三等奖。

【智慧医疗】2020年，该院推进信息化项目建设，通过电子病历四级评审，互联网医院通过省级验收。完成区域心电中心建设，覆盖全市共107家基层医疗机构，在区域内实现心电检查流程的优化，全面提高区域内心电诊断质量和服务水平。新建及改进院内系统应用。与农行签订银医通协议，加快信息化建设。完成核心服务器升级更换，运维难度和成本进一步降低。完成HIS、电子病历、LIS、RIS等系统的数据库升级，安全性、稳定性进一步提升。上线新PACS影像管理系统，上线"云胶片"系统，节省胶片等费用264万元。完成医养结合楼宇智能化建设、生殖医学管理系统建设，完成电子健康卡系统改造，推进移动护理项目落地实施，与运营商签署5G战略合作协议。

优化就诊流程。上线胸痛卒中中心一体化系统，以专病路径为主线，整合资源方便就医。上线血透信息化软件，利用“刷脸”签到，减少医护工作量，提升患者透析质量。在58个病区安装住院壁挂式自助一体机，提供自助服务，让患者少跑腿。上线门诊药房自动发药机，减少窗口患者排队现象。

·亳州市中医院·

【概况】2020年，亳州市中医院门急诊人次41.17万人，出院人次3.50万人次。手术量6415例，同比增长12.39%。其中三、四类手术3483例，同比增长39.60%；介入手术量1180例，同比增长69.05%。门诊患者平均满意率95.99%，住院患者平均满意率99.10%，出院患者电话回访满意率99.54%。

公开招聘工作人员38名。引进重症监护室、耳鼻喉科及胸心外科等副高级职称专家。定期组织中层干部培训，注重提升领导干部管理能力和水平。完成职称聘任205人，其中高级职称9人，中级职称48人。

拍摄医院宣传片，更新改版医院网站，落实“华佗留心中，全面改院名”的院内标识更换。2020年，医院官网更新新闻281篇，制作并分发院报12期。对医院先进典型人物、突破性医疗新技术、中医特色技术疗法、优秀临床科室等进行展播和宣传，发布微信公众号原创文章144篇、抖音视频109条。医院工作受到《人民日报》《新闻联播》《中国中医药报》等报道20余次；《安徽日报》《安徽商报》等省级媒体报道20余次；《亳州晚报》及公众号、“药都时空”微信号、“亳州发布”等媒体报道40余次，亳州广播电视台《药都时空》《走进农家》共计报道110次，对医院抗“疫”典型事迹、先进人物、中医中药参与抗“疫”事件等广泛传播。

开展义诊活动110次。

疫情防控期间，该院有103名医务人员坚守发热门诊岗位，派出安徽省第五梯队支援湖北医护人员3名，派往亳州市集中收治定点医院医务人员18名，调至市疾控核酸检验人员1名。医院发热门诊累计共接诊发热患者3045人。其中确诊新冠肺炎病例3例，皆已治愈出院。

坚持中医辨证治疗，为全市新冠肺炎集中收治定点医院统一制作、配送中药汤剂。在武汉方舱医院、全市集中收治医院，医院医务人员教授患者演练“护肺操”“五禽戏”，帮助患者疏通肺经气血，提高心肺功能；发放纯中药香包，预防呼吸道传染病。

医院感染科获省卫生健康系统抗击新冠肺炎疫情通报表扬集体，许小荣、张铁群获省卫生健康系统抗击新冠肺炎疫情表现突出个人、先进个人，冯永飞获省护理工作先进个人，蒋翠萍获省工会职工文明家庭称号。张铁群、蒋翠萍、冯永飞被湖北省委、湖北省政府誉为“最美逆行者”。程玉峰、夏友宏获评“安徽省中医药学会抗击新冠肺炎疫情工作先进个人”。

组织志愿者服务活动53次，累计服务时长3133小时。

【公立医院综合改革】2020年，该院推进建立健全现代医院管理制度省级试点。修订完善医院章程。落实医疗价格补偿政策、实施药品耗材带量采购，高值耗材网采率100%，检验试剂网采率100%。实施临床路径管理病种数154种，完成人数29778人，入径人数30495人，入径率87.07%，完成率85.02%。开展打击欺诈骗保自查，组织医护人员签订欺诈骗保承诺书、医保医师协议，开展院内医保政策及法律法规培训10次。

构建医共体合作机制，组织医共体下乡帮扶，举行义诊15次、业务讲座8次，规范运行区域性病理中心、检验中心。落实“千医下乡”活动要求，抽调7名医生前往乡镇卫生院帮扶。组织贫困人口慢性病排查鉴定，落实光明扶贫工程建档立卡贫困白内障救治，为建档立卡贫困患者实施免费救治。

组织参与全市重大活动医疗卫生保障共计30次。举行“三下乡”社区义诊和“全国爱眼日”“世界急救日”“世界心脏日”“服务百姓大型义诊活动周”等义诊活动10余次，参与药博会，提供健康咨询和中医药特色体验服务，宣传普及中医药文化。完成学校师生约6818人体检，教师资格认证1800人次体检，国民体质辨识1600人次，

70家单位3192名职工的职业病鉴定。

【学科建设】2020年，市中医院深化与安徽中医药大学第一附属医院（省中医院）心血管内科、解放军第九〇一医院骨科、河南中医药大学儿科等技术合作。加强“三大中心”建设，召开胸痛、卒中中心月度质量分析会、联合例会。开展院内培训7次、网络医院培训5次、社区及学校心肺复苏培训3次、义诊12次。优化胸痛中心、卒中中心流程管理，缩短医疗救治时间。胸痛中心共评估患者318人，实施PCI治疗155例、STEMI治疗180例；卒中中心共评估患者1207人，实施溶栓治疗84例、脑出血81例。

新建耳鼻喉科门诊、急诊骨科门诊、肾病科门诊、特需专家门诊、PICC护理门诊、儿童康复护理门诊等，开设耳鼻咽喉头颈外科、胸外科／普通外科二病区，整合感染科，成立新生儿科和血液净化中心，完善学科建设。推进32项“三新”项目开展。全年眼科玻璃体腔注药术、心血管病科动脉内球囊反搏术、骨科一病区经皮穿刺椎体成形术、骨科二病区颈椎病前路手术、疮疡风湿科肤溃疡修复+植皮术、脑外科腰椎穿刺腰大池持续引流技术等取得突破性进展。

【教学科研】2020年，市中医院获批市重点研发计划新冠肺炎防控科技攻关项目1项、市科技重大专项2项、市重点研发计划（自筹经费）项目6项。肺病科参与省级重大横向课题1项。

打造教学型医院，完善教学体系建设。开展院内三基培训与考核，申报市级继续医学教育项目，推进技能中心、规培基地建设。接收来自安徽中医药大学、亳州职业技术学院、阜阳卫校等实习生百余名。健全教学机构，设置教研室，加强临床教学管理。开展健康巡讲师遴选，组建院内讲师团队，刘溪清入选2020年省健康素养巡讲专家库，5人入选第六批市健康素养巡讲专家库。加强护理教学培训，开展护士分层次培训24次，参加人员3334人次。马奎军获批安徽省中医药大学硕士生导师。

加强中医后备人才培养。2020年，医院签约续建杨骏全国名中医工作室，增加工作室成员6人。程玉峰获批省基层名中医工作室；孟庆贺、徐仁权获批市名中医工作室；程玉峰、马奎军获批市第三届首席专家工作室。皮亚彬、董海彦获市首届青年名中医称号。

2020年，市中医院获安徽省医院药师岗位技能竞赛团体二等奖，周萌萌获第四届安徽省医院药师个体化药学服务优秀案例大赛亳州赛区一等奖。

2020年，医院组织多学科会诊37次、肝癌MDT会诊5次，开展与市五院院际会诊382次。

【“华佗工程”建设】2020年，市中医院遴选“华佗工程”中医人才第二批培养对象5人，签署人才培养对象协议书。开展冬病夏治3426人次。全年开具门诊处方29.53万张，中药处方占比50.78%，饮片处方占比22.73%；实施非药物疗法共6.96万人次，占门诊总人次比例为13.49%。

推广应用中医药适宜技术，提高中医药使用率。组织院内中医适宜技术培训，提高中草药处方奖励绩效。在疑难病会诊中，逐步体现中医特色的参与率，发挥传统中医在疑难病中的治疗优势。2020年，医院会诊中医师参与率100%，中医治疗参与率26%。开展中医护理。开展中医理论及技能培训、考核，组织中医护理查房、中医护理疑难病例讨论等。2020年，全院各临床科室共实施中医护理方案36种1.70万例，开展中医适宜技术33项、5.7万例、31.44万人次。推进制剂中心建设，开展中药个体化加工，提供丸剂、散剂、膏方、汤剂的个体化服务。

【智慧医疗建设】2020年，市中医院完成四级电子病历系统等级创建工作及电子健康卡项目建设。上线输血系统、临床知识库、处方前置审核系统等，进一步健全信息系统孤岛建设，增强业务系统运行关系的严谨性、智能性，完善系统闭环管理；实现影像胶片、云胶片、检查报告自助查询打印功能，云胶片使用率90%；开通支付平台，实现诊间支付、微信公众号支付功能，为患者提供便利服务；上线移动护理系统，提高护理工作质量；完成智能审方系统，做到事前、事中、事后实时监控，实时提醒。

（侯学振）

体 育

2020 年 10 月 30 日，谯城区风华桐乡路小学课间操比赛 （张延林 摄）

群众体育

【概况】2020年，亳州市推进落实《亳州市全民健身实施计划（2016—2020年）》，致力办好人民满意的体育。

开展全民健身活动。组织2020年迎新春网球比赛；“建安杯”2020年安徽省羽毛球邀请赛；组织安徽省第五届全民健身运动各项目选拔赛；组织“8月8日”全民健身日展示活动；全民健身线上徒步活动等全民健身活动；举办纪念毛泽东“6·10”题词暨亳州市第二届职工气排球比赛；组织2020年华佗五禽戏公益培训班及华佗五禽戏交流展示比赛；组织2020年亳州市第三届健身瑜伽公开赛；组织2020年“体彩杯”亳州市市直单位篮球赛暨亳州市中老年篮球联赛比赛；组织安徽省第五届全民健身运动会三人制篮球、五人制足球、门球、气排球、乒乓球、羽毛球、广场舞共7个项目的选拔赛；组织足球、篮球、乒乓球、羽毛球、广场舞市县三级联赛市级比赛。

组织参加省级以上比赛。组织25个项目、约400名运动员到滁州市参加安徽省第五届全民健身运动会。选拔全市足球、篮球、乒乓球、羽毛球、广场舞等项目优秀运动员，组织约150人参加省总决赛；组织参加省器械运动会等比赛及群体活动。

加强市级文化旅游体育社会组织监管。出台和转发《关于加强文化旅游体育类社会组织管理促进社会组织健康发展的意见》《关于改革社会管理制度促进社会组织健康有序发展的实施意见》《关于开展2019年度文化旅游体育社会组织考核工作的通知》等文件，为全市文化旅游体育社会组织健康发展提供指导。

推进全国全民运动健身模范市创建。考核资料整合完成，等待省局、国家总局验收。推进十五分钟健身圈建设。印发《亳州市文化旅游体育局关于印发亳州市文化旅游体育局全民健身器材管理办法（试行）的通知》，促进中心城区公益性健身器材配置安装。第十期全民健身器材现安装完成，分布到29个乡镇、街道、游园等，安装器材有篮球架、乒乓球桌、健身路径等健身器材。第11期社区公共体育设施项目器材招标完成，现对拟安装点进行审核。通过公开招标形式委托第三方对全市中心城区健身器材维修维护。

开展第五次全国国民体质监测。按照国家、省局要求，监测3200样本量全部完成并及时上报汇总。开展全国全民健身现状调查。制定亳州市2020年全民健身活动状况调查方案，完成抽样城市的问卷调查工作。完成2020年度市本级国民体质监测1500样本量，数据汇总上报省局。

【全市文化旅游体育社会组织会议】2020年5月22日，市体育局和市民政局联合召开2020年全市文化旅游体育社会组织工作会议。会上解读市文化旅游体育局和市民政局《关于加强文化旅游体育类社会组织管理促进社会组织健康发展的意见》《关于改革社会管理制度促进社会组织健康有序发展的实施意见》，先进社会组织代表作交流发言，会议要求各社会组织发挥职能作用，每年要组织举办、参与、承办各类活动，提升自己的影响力和知名度；通过培训班提高自己的技能功法，打造精英团队；通过参加国家、省、市重大活动，来检验自己的队伍，进一步促进协会、研究会、俱乐部等社会组织在社会经济中发挥作用，积极参与全社会的各行各业的经济活动，服务社会经济发展。

【社会足球场地建设】截至2020年年底，“十三五”时期，全市应建社会足球场地77块，实际建设78块，全面完成建设任务。其中涡阳县建成19块、蒙城县建成18块、利辛县建成18块、谯城区建成20块、市直建成3块。

【亳州市体育场地统计调查】2020年，亳州市对2019年以前建设体育场地进行调查统计。印发亳州市文化旅游体育《亳州市体育场地统计调查方案》的通知，完成场地的新增、线上数据审核和县区场地现场核查等工作。截至4月27日，全市公共体育设施分布8361块，其中室外体育场地4690块，室内体育场地607块，户外运动场10块，足球场地114块，健身场地2940块。据体育场地常态普查系统显示，全市人均面积1.86平方米，达国家要求的标准。

对2020年以前建设体育场地进行调查统计。印发《亳州市文化旅游体育局关于做好2020

年体育场地统计调查工作的通知》，对中心城区及三县一区2020年新增体育场地进行调查统计，计划于2021年1月5日前完成。

（张树梅）

青少年体育

【概况】2020年，亳州市强化青少年体育单项训练基地建设。出台《亳州市青少年体育项目布局管理办法》布局涡阳一中、利辛一中、蒙城县举重队、华佗武校、华东武校等学校和单位成为亳州市青少年体育训练基地，使全市业余训练布局得到落实。全市注册运动员达1770名，较上年增加近一倍，达建市以来人数最多，为全面备战安徽省第十五届运动会，夯实基础。

教练员队伍建设。抓好教练员、裁判员队伍的岗位培训和继续教育工作，组织6人参加全国教练员线上培训班及青少年户外营地网络培训班，12人参加2020年安徽省田径（铅球）训练营，5人参加全省体育传统项目学校教练员网络培训班。

完成体育数据统计年报。完成全市三县一区2019年度体育系统统计年报工作。涉及全市体育系统从业人员情况、优秀运动队运动员和裁判员发展情况运动成绩统计、后备人才项目分布情况、青少年体育活动组织、体育赛事、体育社会组织、社会体育指导员发展、公共预算收入、公共预算支出、体育彩票发行情况、体育设施基本建设情况等19项指标。2019年亳州市共举办全国性赛事2项，承办省级赛事7项，举办市级赛事17项，培训二级裁判员173人，获青少年全国体育赛事金牌3枚、银牌1枚，省级青少年比赛金牌49枚，银牌38枚，铜牌51枚。2019年申报通过健将级运动员1人、一级运动员3人、二级运动员39人。

开展全市青少年体育基础数据统计。全市各县区共有业余体校3所，传统项目学校12所，青少年体育俱乐部17所，青少年体育户外营地1所。2019年全年组织活动166次，参与5248人。青少年体育俱乐部在训青少年运动员2918人。举办冬夏令营50次，共计8873人次。

体教融合。召开全市体教融合工作会议2次。确定全市体教融合联席会议制度及体育运动学校建设发展内容。开展“阳光体育”活动。举办安徽省“未来之星”阳光体育大会亳州分会场活动，来自三县一区的8个学校表队156名运动参加比赛。

实施青少年户外体育活动营地及青少年体育组织建设。4所青少年体育俱乐部获评2020年市级青少年俱乐部，3家单位获评青少年户外体育活动营地，6所学校获评市级体育传统项目学校。全市共有19所国家级、省级传统校和市传统体育项目学校，15所国家级、省级和市级青少年体育俱乐部，数量和质量均大幅提升。

严守兴奋剂问题底线。以“零容忍”的态度，严格落实本周期反兴奋剂工作方案的部署和要求，调整亳州市反兴奋剂工作领导小组，成立反兴奋剂办公室，明确反兴奋剂青少年体育科为工作联系人，并制定年度反兴奋剂工作计划、方案，在党组织专题研究反兴奋剂工作2次，并举办全市教练员反兴奋剂培训班。在省、市级青少年体育赛事活动中开展反兴奋剂知识讲座，播放反兴奋剂宣传视频，在比赛场馆及运动员驻地显著位置张贴反兴奋剂宣传

2020年8月5日，在亳州市花戏楼广场，孩子们在教练的指导下练习武术
（刘勤利　摄）

品。在训练场馆、运动员宿舍等显著位置张贴反兴奋剂宣传品，并定期对体育健身场所反兴奋剂宣传教育进行检查。

同年，市体育局被中国象棋协会授予“2020年全国象棋甲级联赛最佳赛区”，被中国田径协会授予“2019亳州国际马拉松荣获国家金牌赛事”，被省体育局授予“2019年安徽省优秀后备人才输送奖”“2019年度安徽省体育竞赛优秀赛区”称号，被省田径协会授予“安徽省十大品牌及路跑赛事和十大最美线路奖项”。

【承办2020年全国象棋男子甲级联赛】2020年9月14—27日，由国家体育总局棋牌运动管理中心、中国象棋协会主办，北京中体明星体育文化传播有限公司、安徽省社会体育指导中心、亳州市文化旅游体育局承办的2020全国象棋男子甲级联赛在亳州市举办，来自全国的12支参赛队参加比赛。

【承办安徽省青少年武术套路锦标赛】2020年8月，由安徽省体育局、安徽省教育厅主办，安徽省武术拳击运动管理中心，安徽省武术协会、亳州市文化旅游体育局、亳州市教育局承办的安徽省青少年武术套路锦标赛在亳州市体育馆开赛，全省573名青少年运动员参加比赛。

【安徽省青少年象棋锦标赛】2020年11月，由安徽省体育局、安徽省教育厅主办，安徽省社会体育指导中心，安徽省象棋协会、亳州市文化旅游体育局、亳州市教育局承办的安徽省青少年象棋锦标赛在亳州市上居雅途开赛，全省223名青少年棋手参加比赛。

【亳州市青少年锦标赛】2020年8月12—22日，亳州市举办全市青少年武术散打、武术套路、跆拳道、乒乓球锦标赛暨安徽省青少年锦标赛选拔赛等四项赛事，共计有500余名青少年运动员参加比赛。

【组队参加全省青少年竞赛】2020年，亳州市组织参加全省青少年游泳、田径等18个项目锦标赛，并做好运动员的选拔、集训和参赛工作，指导各县区组队参加全省县级青少年田径锦标赛和全省县级青少年三人篮球锦标赛。共获金牌金牌50枚，银牌29枚，铜牌39枚。其中参加2020年安徽省青少年锦标赛跆拳道项目获金牌13枚、银牌7枚、铜牌3枚，团体总分第二名，创亳州跆拳道项目历史记录最好成绩；古典摔跤项目获金牌6枚、银牌8枚、铜牌12枚，团体总分第一名；武术套路项目获金牌6枚、银牌8枚、铜牌12枚，团体总分第三名；武术散打项目甲组获金牌2枚、银牌2枚、铜牌2枚，团体总分第三名；参加2020年安徽省青少年锦标赛甲组比赛，举重项目得金牌6枚，银牌3枚，铜牌3枚，第四名6个，男子团体总分第三名。

（李保明）

2020年8月8日，安徽省2020年全民健身日系列活动启动仪式

（张延林 摄）

社会事务管理

2020年亳州市蝉联“全国双拥模范城”。6月29日，小学生们为退伍老兵表演节目　　（张延林　摄）

人力资源管理

【概况】亳州市人力资源社会保障局于2009年11月成立，下属事业单位6个。2015年4月，撤销市人社局信息中心，将该机构整建制划入市就业局；2016年1月，局机关增设机关事业单位养老科；2017年5月，市劳动保障监察支队更名为市劳动保障监察综合执法支队，增加内设机构1个；2019年，市人力资源和社会保障局内设科室调成7个。2020年10月，市就业人才服务局更名为市公共就业人才中心，加挂市创业服务中心牌子。

2020年，亳州市人力资源和社会保障局（简称“市人力资源社会保障局”）坚持在发展中保障和改善民生，抗疫情，稳就业，降费率，强人才，治欠薪，防风险，推进人社领域深化改革，规范人事人才工作，推进创业就业，构建和谐劳动关系。

城镇新增就业5.9万人，城镇登记失业率2.57%，各期均控制在省考核目标4.5%以内。实施就业扶持民生工程，开发公益性岗位2865个，开发就业见习岗位6997个，认定就业援助对象2280人，确保零就业家庭动态清零。发放求职创业补贴143.4万元，惠及956位毕业生。做好重点群体就业。享受社保补贴2449人。帮扶7872名离校未就业高校毕业生实现就业。农民工进城就业3.39万人，农村新转移劳动力8.8万人，失业人员再就业率73.76%。

加强事业单位人事管理，深化事业单位人事制度改革，进一步规范事业单位岗位聘用程序。开展高层次人才选拔推荐，2家企业获批设立省级博士后科研工作站，2人获批享受省政府特殊津贴。实施高校毕业生“三支一扶”计划，招募109人到基层就业，116人服务期满被招聘到乡镇事业单位。组织国家和省抗击新冠疫情国家级表彰先进个人、先进集体推荐对象申报。推行“疫防+人防+技防+物防+制度防”人事考试管理模式，创新建立线上线下和流动监考机制，全市人事考试安全平稳有序。推进技能强市建设，开展补贴性培训6.95万人次，企业新录用人员岗前技能培训1.75万人次，新技工系统培养2450人。开展名师带高徒评选，举办全市第二届家庭服务业职业技能竞赛，承办省级美容、美发高技能人才研修班，举办市级研修班7期。

实施劳动合同制度和集体合同制度，开展和谐劳动关系创建活动。全市劳动用工备案22.16万人，涉及用人单位6245家，14家企业入选省级和谐劳动关系示范企业。开展“百名仲裁员服务千家企业”活动，劳动人事争议仲裁结案率100%，调解仲裁案件成功率100%。建立健全农民工工资保障机制，研究出台工程款分账管理制度、劳资专管员管理制度、工程建设领域劳动保障信用管理制度等“六项制度”，举办《保障农民工工资支付条例》业务培训、知识竞赛，开展微信有奖答题活动。推广建设领域农民工实名制登记及工资支付监管信息化平台，累计1360个工程项目纳入平台管理，农民工实名制登记32.21万人。受理办结各类投诉662件，追发5968名劳动者工资待遇21894.12万元，5家施工单位（用人单位）和1名自然人被列入“黑名单”，6家施工单位被记不良记录。

深化“放管服”改革，启动实施“减证便民”整治专项行动，26项证明事项采取告知承诺制。深

2020年9月16日，亳州市举办美容美发职业技能大赛　（刘勤利　摄）

化“互联网+人社”行动，193项人社业务纳入网上办事，实现全流程网上办。推动“人社服务快办行动”，形成“一件事”标准化清单；落实25个提速办事项，其中失业保险关系转移接续、就业登记、就业创业证申领等3个事项办理时限比省厅规定时限压缩85%。对进驻安徽政务服务网214项事项进行逐项梳理，取消申请材料205项。与市司法局协商，在市劳动人事争议仲裁院设立法律援助工作站，实现咨询、援助、调解、仲裁“四位一体”无缝对接。举办全市劳动争议调解员培训。开展行风建设，成立行风建设专班，打造服务品牌。

建立外出务工人员管理系统，《涡阳县外出务工人员服务管理系统》获评“全国公共就业服务优秀成果一等奖”，并作为全省唯一项目在第四届“中国创翼”创业创新活动上展示。启用“建安零工市场”。开发“亳州稳就业”手机APP，建立岗位和人员2个数据库，6家经营性人力资源服务公司和8家劳动密集型企业进驻零工市场，零工登记2008人，1183名零工就业。梳理汇总全市稳就业保居民就业政策“一本清”，向企业提供就业服务。举办人社练兵比武暨公共就业服务专项业务竞赛。推进汽车驾驶员技能脱贫培训，全市参加培训6455人，2441人取得驾照，年增收1.3亿元。

【疫情防控期间组织返岗就业】2020年初，受新冠肺炎疫情影响，全市百万农民工滞留，市委、市政府多次召开专题会议，研究部署复工复产和返岗就业工作，成立市农民工返岗就业指挥部，组织16家单位现场联合办公，各县区成立指挥部。摸排45个城市2673家企业用工岗位116.29万个，推送至全市1346个返岗就业服务点，实现服务全覆盖。建立健康互认机制。与长三角、珠三角地区26个城市签订“员工返程返岗复工协同联动协议”，在义乌市、无锡市等地设立7个亳籍农民工服务站，建立健康证明互认机制，开具健康证明130万份。搭建返岗就业通道。在农民工相对集中的地区，实行“点对点、一站式”包车运输，推进“家门到车门、车门到厂门”精准对接，全市130万人实现返岗就业，其中政府组织包车2200台次、8万余人。截至3月下旬，完成外出务工人员返岗就业工作。

【就业供需平台搭建】2020年，亳州市常态化开展招聘活动，发布线上招聘会132场次，591家企业发布岗位3.1万个；举办线下招聘会515场次，提供就业岗位18.36万个；组织开展针对高校毕业生、贫困劳动者、退役军人等大型专场招聘会26场次；自8月始，市、县区人社部门联动，开展“招聘夜市”活动，259家企业提供招聘岗位1.24万个；在亳州广播电视台开设人社保障之声“空中招聘”专栏，每周更新推送一期全市10家重点企业优质岗位信息。开展“助力就业起航、情暖退役军人”就业服务月活动，提供免费就业指导、职业介绍、创业培训等服务，组织招聘会27场，759家用人单位提供岗位3.02万个。

【“四进一促”专项活动】2020年，《亳州市贯彻落实“四进一促”专项活动实施方案的任务清单》印发，明确任务，落实责任。建立由市人社局、市发改委、市教育局、市经信局、市商务局等单位参加的联席会议制度，制定《关于印发〈“四进一促”专项活动工作推进方案〉的通知》，确保专项活动取

2020年6月18日，亳州市人力资源市场高校毕业生就业专场招聘会

（刘勤利 摄）

得成效。开展人社局长进校园活动，召开政策宣讲会，发布《十项高校毕业生就业创业政策》，依托“未就业高校毕业生求职登记小程序”，提供“一键直达”就业服务，就业帮扶率99.96%。全市所有园区、高校、社区、企业实现就业创业优惠政策宣传全覆盖；归集发布招聘岗位信息20余万个；举办线下专场招聘会500余场；组织200余名干部走访企业1000余家；通过线上服指导等开展企业用工服务100余次，实现外出务工人员和贫困劳动力就业动态“清零”。

△“四进一促”：“进校园、进企业、进园区、进社区（村）、促进就业”专项活动。

【“亳州老乡，请您回家”和助力青年学子创业活动】2020年，亳州市返乡创业成功6405个，创业带动就业8.8万人，兑现创业扶持资金418.44万元，发放创业担保贷款8.96亿元，开展创业培训142个班次4512人。蒙城县获评安徽省返乡入乡创业示范县，认定省级农民工返乡创业示范园3个，4家基地获评省级小微企业创业创新示范基地，青年创客空间获评安徽青年创业园。在温州、义乌、上海、宁波、天津、廊坊等地召开省外恳谈会15场，召开本地恳谈会68场。开展第四届优秀返乡创业人才评选，评出10位第四届“亳州市优秀返乡创业人才”。举办第二届“药都创赢”创业大赛，涵盖生态环保、信息技术、生物科技、中药材深加工等100余个项目。推荐“随身灸”项目参加第三届“赢在江淮”全省创业大赛省级决赛获第三名。选送“艾草种植及深加工项目”“芍药花科技深加工项目”参加安徽省农村创新创业大赛，分别获一、二等奖，孙灿光、王品武获评2020年度省“返乡下乡创业之星”。亳州职业技术学院“传承华佗养生文化，打造中药护肤传奇”项目获“第四届中华职业教育创新创业大赛”全国总决赛高职组一等奖。开设创业大讲堂3期。

【全省“就业扶贫行动日”活动主会场启动仪式举行】2020年10月17日，该活动在利辛县举行。省人社厅副厅长刘少华、市政府副市长应国君等参加启动仪式。活动采取省、市、县三级联动、线上线下同步方式举行。主会场设在利辛县市民健身公园，谯城区魏岗镇广场、蒙城县梦蝶广场、涡阳县文化广场为分会场，共提供206家企业10709个职位，参会人员2140人，达成就业意向940个。活动旨在帮助农村建档立卡贫困劳动力就业。活动结束后，各县区人社部门送岗位到镇村，集中开展为期一周的巡回招聘。

【人事人才服务】2020年，市人力资源社会保障局实施“人防”+“技防”+“防疫”+“制度防”四举措，完成52项专技考试报名审核工作，组织实施各类人事考试78场次，服务参考考生8.79万人次。在全省率先推行“1+N”服务模式，推行报名事项承诺制。变被动“等服务”为主动“送服务”，资审点从市下移到三县一区，让考生灵活选择资审时间和地点，实现就近办理，随到随审，现场办结。

开展高层次人才选拔推荐，2家企业获批设立省级博士后科研工作站，2人获批享受省政府特殊津贴。实施高校毕业生“三支一扶”计划，招募109人到基层就业，116人服务期满被招聘到乡镇事业单位。推进技工大省民生工程建设，企业新录用人员岗前技能培训1.74万人，岗位技能提升培训2.28万人，新技工系统培养新增2450人，新增技能人才2.65万人。古井集团王玉良技能大师工作室、谯城区侯怀奇盲人医疗按摩所侯怀奇技能大师工作室获批省级技能大师工作室。古井集团刘国英技能大师工作室刘国英获评全国劳动模范。亳州市参加安徽省第二届家政服务职业技能竞赛获团体二等奖。做好“中国人民志愿军抗美援朝出国作战70周年”纪念章颁发工作，共颁发90枚纪念章。组织开展国家和省抗击新冠疫情国家级表彰先进个人、先进集体拟推荐对象申报工作。

【构建和谐劳动关系】2020年，亳州市宣传贯彻《保障农民工工资支付条例》，强化欠薪源头治理。共受理办结农民工工资支付领域投诉662件，为5968名劳动者追发工资待遇2894.12万元。

推广亳州市建设领域农民工实名制登记及工资支付监管信息化平台，通过信息化手段保障农民工工资制度落实。全市累计1360个工程项目纳入平台管理，农民工实名制登记32.21万人，专户累计入账123.74亿元，通过监管平台发放工资98.49亿元（其中2020年专户入账52.37亿元，通过监管平台发放工资47.46亿元）。

构建工资支付诚信体系，实施失信联合惩戒。对无故拖欠工资的企业和个人，一律从严处理，记入不良记录，列入拖欠农民工工资“黑名单”。规范“黑名单”认定工作程序，对拖欠工资的施工企业和个人进行曝光，推送各信用平台，实现信用信息互认共享，并向媒体公布，使欠薪企业“一处失信，处处受限”。5家施工单位（用人单位）和1名自然人被列入拖欠农民工工资“黑名单”，6家施工单位被记不良记录，对2家建设单位通报批评，面向社会公布拖欠工资典型案件4批12起。

推进行刑衔接，坚持“依法、简便、快速”原则，建立起高效、畅通衔接机制。全市各级劳动保障监察机构立案102起，移交公安机关24起，立案侦查16起，采取刑事强制措施8人。

【根治欠薪行动】2020年，亳州市成立根治拖欠农民工工资工作领导小组，建立“谁管辖谁负责、谁主管谁负责、谁建设谁负责、谁总包谁负责、谁用工谁负责”工作机制，将工程建设行业主管部门、各类市场主体监管部门和建设项目主管单位纳入其中（共34个部门），明确职责，压实责任。各县、区均成立根治拖欠农民工工资工作领导小组，建立由政府负责人牵头，相关部门分工负责的工作协调机制。

9月，亳州市开展根治欠薪夏季专项行动暨执法月活动。各地、各部门制定计划，全面梳理化解本地存量案件，集中人员对在建项目保障农民工工资支付制度落实情况开展排查，共现场检查208个在建项目，约谈14个在建项目负责人，下达限期整改指令23份，确保工资支付保障制度落实到每个在建工程项目，实现欠薪隐患早发现、问题早处置、历史陈案早办结。

11月，亳州市召开视频会，研究部署全市根治欠薪冬季专项行动。12月4日，召开根治欠薪冬季行动推进会。全市各级根治欠薪冬季专项行动专班人员集中办公，分工协作，细化措施，联合约谈，快速处置，重点实施政府投资工程项目和国企项目欠薪清零行动。共检查用人单位369家，各地人社和相关行业主管部门立案34件，通过协调等非立案方式处置138件，为1758名农民工补发工资待遇1806.7万元。

【“双随机、一公开”监管及劳动保障书面审查】2020年，全市人社系统“双随机、一公开”监管工作方案实施，检查单位904家，当场纠正违法行为4件，处理发现问题9件。组织开展全市劳动保障书面审查和诚信评价，共书面审查用人单位684家，涉及劳动者7.061万人。根据书面审查结果，结合日常巡视检查、书面材料审查、举报投诉查处、专项检查等工作，确定亳州城镇发展有限公司等180家单位为2020年“亳州市劳动保障守法诚信A级单位”，利辛县海特燃气有限公司等9家单位获评“安徽省劳动保障诚信示范单位”。

（周　丹）

社会保障

【概况】2020年，亳州市社会保险覆盖面持续扩大，全市城镇职工养老、城乡居民养老、工伤、失业保险参保人数分别为43.96万人、227.96万人、33.01万人、17.05万人。全市各项社会保险基金收入464471万元，基金累计结余659630万元。各项社会保险待遇按时足额发放，全市共完成各项社会保险基金支出529199万元。

全市累计制发社会保障卡514万张，超额完成省厅下达的年度任务指标。9月3日，亳州市举行第三代社会保障卡启动仪式，标志着第三代社保卡正式启用。第三代社会保障卡可加载“非接触”功能，用卡更安全，用卡场景和服务功能拓展。社保卡实现人社全领域用卡、公交乘车、医院门诊挂号缴费、药房购药闪付、惠农补贴、公积金发放等功能；联合卫健委、数据资源等部门理顺新生婴儿办卡流程，做到社会保障功能从娃娃抓起，体现社保卡“记录一生、服务一生、保障一生”的功能。

【企业和机关事业单位人员基本养老保险金调整】根据《关于2020年调整退休人员基本养老金的通知》规定，从2020年1月1日起调整全省企业和机关事业单位退休人员（含退职人员）基本养老金水平，调整的基本养老金包括定额部分、挂钩部分、倾斜部分。市人力资源社会保障局及时调度落实资金，畅通发放渠道，确保7月底前企业和机关事业单位退休人员增加的基本养老金全部发放到位。此次调整对象为2019年12月31日前已按规定办理退休手续的退休人员，共涉及全市机关事业单位退休人员3.95万人。调整后，机关事业单位退休人员月人均工资从3987元增至4154元，人均月增资167元，共补发4600万元；涉及亳州市企业单位退休人员6.6万人，人均月养老金水平从2313元增至2454元，人均增资141元，总共补发金额6300万元。

【社会保险费“减、免、缓、返”和援企稳岗各项政策落实】根据省人社厅、财政厅、税务局《关于阶段性减免社会保险费的通知》等文件规定，亳州市于2—12月对中小微企业三项社会保险费单位缴费免征；2—6月，对大型企业单位缴费减半征收。对依法缴纳2019年失业保险费的非严重失信企业（裁员率低于5.5%），其所缴纳失业保险费予以返还。其中，中小微企业全额返还，大型企业减半返还。2—11月全市累计减免基本养老保险、失业保险、工伤保险三项社会保险费单位缴费部分49845万元，其中，基本养老保险费47493万元、失业保险费1496万元，工伤保险费856万元。

多渠道宣传失业保险费返还政策，引导符合条件的企业通过网上申请办理。将失业保险费返还比例由上年度企业单位和个人缴纳失业保险费的50%提至100%，针对未及时提出申请的中小微企业实施“免报直发”，确保符合条件的企业都能享受到惠企政策。截至年底，累计发放2251家企业失业保险费返还3044万元。落实重点企业稳岗返还政策，发放30家重点企业稳岗返还741万元。此举有效减轻企业负担，降低企业用工成本。

【失业保险保障范围扩大】2020年，市人力资源社会保障局按照“广覆盖、保基本、可持续、兜底线”的原则和“畅通领、安全办”的标准，扩大政策受益面，简化经办流程和证明材料，保障参保失业人员基本生活。针对2019年1月1日至2020年12月31日期间与单位解除劳动关系不符合领取失业保险金条件且至今仍未就业的参保失业人员和领取失业保险金期满至今仍未就业的失业人员，在2020年3—12月可以申领6个月的失业补助金。推行“个人承诺”和“全程网办”的经办模式，发放失业补助金3184人325.97万元。

2020年9月3日，邮储银行亳州市分行成功协办第三代社保卡启动仪式
（周丹　供图）

【劳动能力线上鉴定】2020年，亳州市开展劳动能力线上鉴定新方式。在预审阶段，医学专家根据被鉴定人的情况，初步判断被鉴定人员是否符合线上鉴定条件，对于适用线上鉴定的人员，相关医学专家采用远程视频会诊的方式进行鉴定。对于伤情较为复杂（含预审结论为无级别的被鉴定人）、申请确认项目的工伤职工，以及申请因病或非因工劳动能力鉴定的被鉴定人，则要求必须参加现场鉴定，保证劳动能力鉴定结论的准确性、权威性。自开展线上鉴定后，认定工伤986人，开展劳动能力鉴定7次，鉴定813人。避免较大规模人群聚集，受到广泛好评。

【社保基金管理风险点排查】2020年，市人力资源社会保障局成立社保基金监督管理工作领导小组，分解任务落实到各经办机构。多次召开专题会议和县区工作调度会议，研究提出具体要求。对照省厅《转发〈人力资源社会保障部办公厅关于社会保险基金管理风险的通报〉的通知》，梳理排查出可能存在的风险点18大项，“颗粒化”分解为67小项。建立第三方评估机制，对可能存在的风险点和薄弱环节进行评估，发现问题及时整改。对瞒报职工缴费基数、人数和欠缴费用的企业，及时发出整改通知书，责令限期整改清缴欠费，确保职工合法权益。

（周　丹）

民　政

【概况】2001年亳州市民政局成立，2019年，实施市级民政部门机构改革，部分职能划转。主要职能是：登记管理和执法监督社会组织；落实城乡居民最低生活保障、临时救助、生活无着人员救助；指导城乡社区治理体系和治理能力建设，推动基层民主政治建设；负责乡（镇、街道）级行政区划设立、命名、变更和政府驻地迁移的审核上报，承担行政区域界线的勘定和管理，地名管理；指导社会福利事业管理；负责婚姻登记、儿童收养和殡葬管理等。内设5个职能科室和机关党委，下辖市社会救助和经济状况核对中心、市福利彩票发行中心、市救助管理站、市社会福利中心、市精神病人福利中心5个事业单位。

2020年，亳州市及时对养老机构和儿童福利机构实施全封闭管理，制定出台10余项民政领域疫情防控指导文件，实现全市民政系统“零感染”。发动社会组织、志愿者参与疫情防控，全市约4.52万名镇（街道）、村（社区）干部参与社区疫情防控，5.07万名机关干部、社会力量到社区协助开展疫情防控，摸排居民110.78万人，发放生活物资624万余元，劝返群众70.16万人。引导全市行业协会商会发挥优势，助力企业复工复产。

实施社会救助兜底脱贫行动，农村低保对象22.81万人，其中建档立卡贫困人口15.11万人，占农村低保对象66.3%，全市39.7%的建档立卡贫困人口纳入低保、特困等兜底保障。落实对未脱贫户、低收入家庭中重残、重病人员“单人保”政策。

出台《亳州市人民政府办公室关于进一步深化殡葬改革工作的意见》，加强农村公益性公墓建设，规范公益性公墓管理，加大惠民殡葬力度，鼓励节地生态葬，加强殡葬行业监管。建成农村公益性公墓20座，基本实现全覆盖。开展殡葬领域突出问题整治和安葬（放）设施违规建设经营专项摸排。加强婚姻登记机关行风建设，3所婚姻登记处获评AAA级婚姻登记机关，办理婚姻登记54038对。开展不规范地名清理整治，编纂出版《亳州地名故事》，保护地名文化遗产，联合市文化旅游体育局等单位印发《关于开展第八批安徽省千年古镇、千年古村落地名文化遗产申报的通知》，组织指导县区申报。全市推荐报送千年古镇1个（涡阳县丹城镇），千年古村落8个（谯城区牛集镇安溜村、蒋楼村，古井镇减店村；涡阳县义门镇赵屯村、马店镇大罗村、曹市镇柴村；蒙城县坛城镇坛城社区、小涧镇红城村）。福利彩票累计销售2.05亿元，提取福彩公益金2400万元。

同年，省民政厅对亳州市代表全省承接国家财政部民政部困难群众基本生活绩效评价取得优异成绩向市政府发函表扬；“流浪乞讨专项救助行动”获省级及以上转发推介典型做法；市社会福利中心和2位社区工作者分别获评全国民政系统抗击新冠肺炎疫情先进集体、优秀城乡社区工作者；在2020年全省民政系统综合评估中，亳州市民政工作获评优秀等次。

【社会救助】2020年，亳州市完成年度城乡低保提标工作，城乡低保标准增至628元/人月，较上年提高7%；特困人员基本生活标准增至817元/人月，提高6.8%；分散供养特困人员财政补助标准增至500元/人月，集中供养标准700元/人月。全年保障低保、“五保”、孤儿等救助对象27.1万人，发放救助资金12.83亿元。启动社会救助和保障标准与物价上涨挂钩联动机制，发放价格补贴9673.4万元，惠及223.307万人次。加大临时救助力度，救助5340人次，支出1707.34万元。开展社会救助“放管服”改革，社会救助审核确认权限全面下放至乡镇（街道），救助时效提升。创新开展“一人一策”流浪乞讨救助行动，向全国各地救助管理机构邮寄《关于开展生活无着的亳州籍流浪乞讨人员返乡专项救助行动的函》1931封，接回47人，落实“一人一策”“一人一方案”救助帮扶政策。推进政府购买社会救助服务，设立社工服务站。蒙城县实现社会工作服务站乡镇（街道）全覆盖。建立特困人员住院护理保险制度，购买保险支出资金270万元。

【社会福利体系建设】2020年，亳州市困境儿童分类保障制度基本建立，事实无人抚养儿童全部纳入保障范围。全市共保障孤儿5163人，累计发放孤儿保障资金5895.82万元。探索建立未成年人社会保护联动反应机制，构建以家庭监护为基础、社会监督为保障、国家监护为补充的未成年人社会保护网络，全市4所救助站均设有未成年人救助保护中心。加强关爱保护队伍建设，设置专兼职村（居）儿童保护专干1603名，儿童保护督导员100名，定期对散居孤儿、事实无人抚养儿童、农村留守儿童、困境儿童的基本生活、学习、监护和成长环境评估。落实残疾人社会福利两项补贴制度，困难残疾人生活补贴发放5753.4万元，惠及104472人；重度残疾人护理补贴发放4760.7万元，惠及69334人。发展慈善福利事业，规范开展慈善组织登记和认定，组织慈善捐赠2700余万元。

【养老服务体系构建】2020年，亳州市建成县级养老服务指导中心4所，街道（乡镇）养老服务指导中心87所，社区养老服务站70所，三级中心覆盖率100%。新增社会办养老床位650张。建成社区养老服务用房40768平方米，社区养老服务设施配建率100%。推进养老机构消防改造。推动养老信息化智慧化建设。整合现有养老服务管理系统、为老服务信息平台等资源，建成亳州市智慧养老管理系统，提供居家医养融合智能化服务。完成2家智慧养老机构、4所智慧社区居家养老服务站建设。市社会福利中心获评“安徽省示范智慧养老机构”。推动医养融合发展。全市150张床位以上的养老机构均设立医务室或护理站，137家医疗机构开设老年人绿色通道，58家医疗机构开设康复保健，创建医养结合示范单位34家，其中省级医养结合示范项目单位21家，初步形成分层次、有梯度的老年医疗护理体系。

【基层社会治理】2020年，亳州市探索“党建+”的模式，基层治理取得新成效。围绕涉及居民群众切身利益的公共事务和公益事业组织社区协商活动，社区工作协商委员会年度平均协商次数在6次以上，全市7个城乡社区被命名为省级城乡社区协商示范单位。加强村规民约（居民公约）建设，5篇村规民约（居民公约）获评全省优秀村规民约和居民公约。汤陵社区“四诊”工作法入选全省20个优秀社区工作法。基层治理能力和治理水平提升。通过购买、新建、置换等方式，改善社区办公服务条件，建立社区服务站，开展“一站式”服务，城乡社区服务站、公共服务综合信息平台覆盖率100%。把劳动保障、民政、计生、低保、残联、城市管理、市政等涉及民生的服务事项，全部纳入社区为民服务大厅网上办事，实现“一窗口受理，一条龙服务，一站式办结”；定期开展回访活动，对代办事项进行满意度测评。为群众办事服务开辟“绿色通道”。

【社会组织培育管理】2020年，亳州市新增社会组织99家，推动353家社会组织成立各类党支部231家。加强社会组织监管，发布1期非法社会组织公告，公布2家非法社会组织。引导260家市级社会组织参加年检，参检率87%。动员社会组织参与脱贫攻坚，开展帮扶项目12个，受益对象3776人。全市111家社会组织参与疫情防控，捐款捐物价值910万元；全市社会组织参与抗洪救灾，帮助转移安置受灾群众341名，捐款捐物价值达5万元。推动社会工作和志愿服务工作。

2020年7月20日，蒙城县社会儿童福利中心的儿童在做游戏　（付蒙　摄）

新增利辛县星火社会工作服务中心、谯城区乐享生活社会工作事务所、蒙城县庄子社工服务中心3家民办社会工作服务机构。

（胡月琴）

退役军人事务管理

【概况】亳州市、县（区）两级退役军人事务局全部于2019年成立，市民政局原下设的市退役军人服务管理中心整建制划转至市退役军人事务局。全市成立退役军人服务管理中心6个，乡镇（街道）成立退役军人服务管理工作站，村（社区）成立退役军人服务管理工作站。全市形成以市、县（区）、乡镇（街道）、村（社区）退役军人服务管理“两站两中心”为主体的“4421”工作架构（四级工作体系、四级政策咨询、两级申请受理、一个平台办理）。主要职能：贯彻执行国家退役军人思想政治、管理保障和安置优抚等工作政法法规，褒扬彰显退役军人为党、国家和人民牺牲奉献的精神风范和价值导向；负责军队转业干部、复员干部、退休干部、退役士兵的移交安置工作和自主择业、就业退役军人服务管理；组织开展退役军人教育培训、优待抚恤等工作；组织指导全市拥军优属工作；负责烈士及退役军人荣誉奖励、军人公墓维护以及纪念活动等。

2020年，新冠肺炎疫情防控期间，全市退役军人服务中心人员到乡镇（街道）、村（社区）指导并参与抗击疫情73人次，退役军人提交“请战书”1514次，由退役军人组成的疫情支援队、突击队等若干支。全市来自军创企业、退役军人关爱协会、退役军人个人等方面累计支援各类物资价值203.4万元，其中直接捐助金额累计108.96万元。亳州市退役军人疫情防控宣传工作居全省第一位。亳州市退役军人服务中心（站）的主要做法被退役军人事务部推广。

推进烈士遗址保护，皖北烈士陵园获批市级烈士纪念设施保护单位。推进部分退役士兵社会保险接续工作，办结部分退役士兵社会保险补缴。

贯彻落实国务院、中央军委和省委省政府的政策规定及工作部署，完成安置任务。

同年，亳州市蝉联“全国双拥模范城”。

【优抚工作】2020年，亳州市印发《关于做好2020年春节走访慰问退役军人及其他优抚对象工作的通知》《关于做好2020年“八一”建军节走访慰问退役军人及其他优抚对象工作的通知》《关于做好新年春节期间拥军优属拥政爱民工作的通知》《关于开展“致敬·2020清明祭英烈”网上祭扫活动的通知》，部署“两节”帮扶走访、拥军优抚慰问、家国情怀宣传等工作。

常态化走访联系，为退役军人帮扶解困，计发放慰问金（品）1291.8万元。为享受抚恤补助的退役军人及其他优抚对象发放价格临时补贴，共发放1543.49万元。开展系列“爱心送进光荣门”活动，筹措资金，采购轮椅600辆，助听器500台，配发给有需求的优抚对象。调整提高药都烈士子女救助标准，为12名烈士子女进行救助，发放救助资金7.04万元。

【双拥工作】2020年，亳州市持续推进双拥工作，10月20日，在北京举办的全国双拥模范城（县）

2020年9月30日，全省退役军人服务系统业务培训会召开

（何洪泽 供图）

命名暨双拥模范单位和个人表彰大会上，亳州市蝉联“全国双拥模范城”称号。

新冠肺炎疫情防控期间，市双拥办及时转发全国双拥办《关于发挥双拥工作优势大力支持新冠肺炎疫情防控工作的通知》，印发《亳州市双拥办关于倡议为抗击新冠肺炎疫情防控做贡献积极参与双拥捐赠活动的通知》，发动各方力量捐赠物资，支援疫情防控工作。来自全市各地的军创企业、退役军人关爱协会、退役军人个人等方面累计捐赠支援各类物资价值203.4万元，其中直接捐助金额累计108.9万元。洪涝灾害期间，分管副局长带领市拥军协会、市爱心协会等两新组织赴铜陵市、阜阳王家坝慰问参加抗洪抢险的亳州武警支队官兵，并送去抗洪一线急需的洗衣机、烘干机等价值10余万元的慰问物资。

开展全市首届双拥摄影展。在市文化馆展出获奖作品，推荐参加安徽省第二届双拥摄影作品展，全市2幅作品获奖。开展“模范退役军人”学习宣传系列活动，全市评选出“模范退役军人”216名，“最美拥军人物”110名，“专项岗位先进个人”100名，“退役军人创业之星”49名，济人药业朱月信获评“2020年度全省最美退役军人”。举办“讲平凡故事、守军人本色”演讲比赛，组织退役军人先进典型事迹巡回宣讲“六进”活动6次。

转发全国双拥办《关于开展情系边海防官兵拥军优属活动的通知》，在全市范围开展情系边海防官兵家庭“六送”活动，共走访慰问边海防官兵家庭，帮扶困难家庭，发放救助资金4.1万元，救助轮椅2辆，帮助解决廉租房1套。

【退役军人就业创业】2020年，亳州市开展退役士兵职业教育和技能培训工作，投入培训经费466.89万元，培训合格率100%。开展退役士兵适应性培训，推进退役军人从部队人才到经济社会发展重要力量的角色转换。与亳州青年创客空间、安徽济人药业有限公司和亳州中药科技学校（亳州技师学校）等机构签约共建退役军人就业创业孵化基地、就业实训基地和退役军人技能培训教育基地，市、县（区）两级与签订共建退役军人就业创业培训基地8家，签订共建退役军人创业孵化基地4家，省退役军人事务厅与古井集团签约省级退役军人就业创业培训基地，为退役军人提供创业孵化、就业推荐、创业辅导等服务。举办网上招聘活动、“2020年亳州市退役军人专场招聘会”等活动。推荐4名退役军人创业者参加安徽省退役军人创业特训营培训。

【退役军人服务体系建设】2020年度，亳州市围绕“枫桥式”示范型退役军人服务中心（站）建设，发掘优秀做法，宣传典型，掀起比学赶超、争先创优的氛围。全市市、县、乡、村四级服务中心（站）全部运行。申报的42家服务中心（站）全部验收通过全国示范型退役军人服务中心（站），通过率100%。

9月28—30日，省退役军人事务厅在利辛县召开全省退役军人服务保障体系建设现场会和业务骨干培训会，并对利辛县退役军人服务站进行观摩。在全省部分乡镇退役军人服务站站长培训班上，谯城区马元社区退役军人服务站以“共建、共享、智慧化服务退役军人”为题作交流发言，宣传亳州市服务体系建设成果。

（张　婕）

2020年2月19日，80岁的老党员、退伍军人张西军为居民测量体温

（刘勤利　摄）

开发区简介

亳州高新技术产业开发区　　（刘鑫　供图）

亳州高新技术产业开发区

【概况】1993年4月，省政府批准成立亳州经济技术开发区。2013年7月，亳州经济技术开发区和市南部新区合并成立亳州经济开发区。2018年5月，市委市政府研究决定，将谯东镇部分村、汤陵街道部分社区和十九里镇，划入市经开区，调整面积47平方千米，调整后面积约147平方千米。2019年1月，省政府批准更名为安徽亳州高新技术产业开发区（简称“亳州高新区”）。2020年，谯东镇铜关村、辛各村划入亳州高新区管辖，调整后面积约158平方千米；完成亳州高新区市场监督管理局、中药材市场市场监督管理局及局属4个执法大队机构改革，转隶人员78人；完成谯城区谯东镇铜关、辛各两村上划工作，设立第九社区管理中心；成立农业综合行政执法大队。

推进邻长制基层组织体系与基层党建融合发展，全区划分291个片、1192个组、6501个邻，创新开发邻长信息平台，在全市推广使用。

2020年度，亳州高新区有8项指标增速居全市前三位。五项指标居全市第一位：地区生产总值217.5亿元，增长4.9%；第二产业增加值110.1亿元，增长7.0%；规模工业增加值增长9.8%；战略性新兴产业产值增长50.5%；社会消费品零售总额68.9亿元，增长3.7%。两项指标居全市第二位：建筑业总产值37.9亿元，增长15.2%，全部财政收入22.27亿元，增长9.7%。一项指标居全市第三位：第一产业增加值0.2亿元，增长2.9%。在2020年度全省省级以上开发区考核评价中，亳州高新区位居第12名。

【土地征收】2020年，亳州高新区开展三清大道沿线项目和2020年棚改项目的土地、房屋征迁工作，全年拆迁房屋2247个院落，面积63.5万平方米，征收土地266.67公顷，政策执行好，征迁速度快，群众满意度高。

【招商引资】2020年，亳州高新区签约项目104个，总投资223.9亿元。其中工业项目94个，亿元以上工业项目59个；现代服务业项目10个，亿元以上服务业项目5个。招商项目出让土地29宗，合计116.87公顷，其中工业用地25宗，共计100.4公顷，实现利用省外资金项目42个，到位省外资金183.8亿元。

【项目建设】2020年，亳州高新区创新政务服务机制，承接市直部门下放审查管理和审批权限16项，单项目减少市区“往返跑”12次以上；整合减少4个审查办理环节，压缩精简8个内部办理环节，建立5个新接转业务办理机制，项目自准入至开工至少节省40个工作日。全年新开工项目65个，其中工业项目39个，亿元以上项目36个。

【“四送一服”】2020年，亳州高新区创新开展“1113”项目全程全权代办服务，项目代办人员及时对接，无偿全程全权代办工业项目全部建设手续和企业“围墙外”事宜。累计签订授权委托书115份，召开项目推进工作例会45场次，为企业办结代办事项551项，实地走访企业8745次，解决问题184个。开展“克服机关化·投身主战场”专项行动，针对问题项目和低效闲置用地，成立问题处置专班，召开企业家座谈会22场，班子成员走访企业38次，36个项目的问题办结销号。出台《支持药品研发及生产经营若干政策实施细则》《招商引资项目入驻标准化厂房及闲置工业厂房扶持奖励办法(暂行)》《大力促进民营经济发展的实施意见》《闲置低效用地处置办法》等系列惠企政策，共兑现项目扶持资金1.41亿元，推荐企业申报省、市、区各项奖补资金3.46亿元。

【市容管理】2020年，亳州高新区新投入使用5座垃圾分类站，完成辖区33个清理整顿行业清单内25家排污单位的清理整顿，改装1312辆柴油三轮车。集中清理垃圾杂物死角死面1000余处，清理牛皮癣小广告4000处；清理乱停放单车3000余辆；清理流动摊贩、占道经营、店外经营等违章行为6000余起。在全市爱国卫生防疫运动实地调度综合评比中获第一名。

【环境治理】2020年，亳州高新区围绕环保国控点3千米范围核查污染源，排查整改问题1004个；整治“散乱污”企业，新发现“散乱污”企业36家，其中关闭取缔25

家，整顿规范11家。省定点帮扶52个环境问题均完成整改；117件省督查转办、交办问题整改销号115件。实现全年“零燃放”目标，$PM_{2.5}$年均浓度47.4微克/立方米。

【社会事业】2020年，亳州高新区落实低保、五保、孤儿、残障、特困群体救助资金988.32万元，惠及群众9092人次。新投入使用学前教育中心等7所幼儿园，释放学位2520个，审批平侯府幼儿园等10所普惠性幼儿园。开展34所公办幼儿园课后延时服务，参与率99.5%，取缔非法办园5所。新(扩)建投入使用亳州市第五小学等7所中小学校，释放学位15540个。完成亳州九中等老旧学校校舍维修改造，建设3所标准化考场。拨付义保资金1849.6万元，惠及学生41500人。疫情期间，亳州高新区3000余名教师参与线上教学，录课上报省教育厅86节，占全市录课上报省教育厅任务的40%。受理拖欠农民工工资投诉132件，清理解决拖欠金额2100万元，惠及农民工2800人；共计收缴农民工工资保证金1034万元，涉及企业22家。

【市场监管】2020年，亳州高新区开展麻黄草专项整治。打击口罩等重点防疫物资以次充好、以假充真、哄抬物价等违法行为，检查店面2000余家次。加大案件查办力度，共立案查处案件11起，查扣物品3批次，没收违法生产中药材4186.5千克，罚没款35万元。加强食品安全管控，检查相关单位321家次，抽样100组。医疗器械及化妆品监管，检查相关单位76家次，检查产品37种。办理个体工商户注册登记516户，受理食品经营许可申请394家。完成药博会、市“两会”、全省开发区改革创新推进大会等大型活动食品安全保障服务。

【基层治理】2020年，亳州高新区落实“一村一顾问”制度，开展“七五”普法活动，组织开展“12·4”宪法宣传日活动。为各社区管理中心、十九里镇配齐政法委员，落实岗位津贴，建立政法委员月例会制度。各社区管理中心、十九里镇及各社区(村)成立人民调解委员会，聘请专(兼)职人民调解员，落实调解经费。建设第一、第二社区管理中心综治中心，开展安全感满意度“双提升”行动。开展“四下基层”和“四最试点”工作，共化解各类信访事项217件。开展扫黑除恶“六清”行动，共办结各级各类线索241件，实现动态清零。

(梁　浩)

亳州芜湖现代产业园区

【概况】亳州芜湖现代产业园区于2012年1月设立，是省政府特批设立、亳芜两市共建的特别政策区，享受省级开发区各项政策，是贯彻省委、省政府“加快皖北发展、加强南北合作”战略要求的三大南北共建园区之一。园区是长三角省际产业合作园区、安徽省服务外包示范区，实行财税独立、封闭管理的运营体制。

截至2020年年底，历经9年建设，亳州芜湖现代产业园区13平方千米的核心先导区全面建成。建成亳芜大道、汤王大道、古井大道等32段道路。亳芜2.5产业园、亳芜大酒店、人才公寓小区、邻里中心、张河景观带等基础设施投入使用；共签约项目284个，累计完成固定资产投资约252亿元。培育高新技术企业7家，战略新兴产业企业8家，“五上”企业(规模以上工业、限额以上批发和零售业、规模以上服务业、资质建筑业、房地产开发经营业)44家，实现财政总收入约17亿元。全区营业收入累计约172亿元，累计实现税收总额17.8亿(包括中央、地方级)。

2020年，亳州芜湖现代产业园区实现地区生产总值9.54亿元，同比增长1.8%；财政收入3.68亿元，增长15.3%；规模工业增加值6.26亿元，增长3.6%；固定资产投资33.05亿元。园区民间投资、财政收入、工业投资3项核心经济指标增速居全市第一位。

【基础设施建设】2020年，亳州芜湖现代产业园区完成32段道路路灯、消防栓的维修工作；完成防沉降井盖更换330套，坑洼路面、塌陷的雨水篦子全部修复工作；完成悯农路、茴香路、张良路、华佗大道4条道路包砖更换；完成易涝点全部疏通，雨污水管网清淤检测。亳芜还原小区项目一期移交亳州高新区，二期主体完成，室外配套工程在推进；完成亳芜公园项目前期立项及公开招标工作。消防站、派出所规划验收工作完成，在推进消防验收；招标大型维修管养单位对园区道路、排水、照明等市政设施实施检测、勘察设计、整治、养护一体化。编制园区雨污水管网“一张图”，解决园区道路普遍存在的破碎严重、管网不通问题。

【招商引资】2020年，亳州芜湖现代产业园区共签约项目68个，协议总投资112.895亿元。其中工业项目56个，亿元以上工业项目29个；10亿元以上项目3个，服务外包项目6个，新建亿元以上省外资金项目21个，省外资金到位47亿元，新落地亿元以上工业项目11个，新谋划项目65个，总投资约185亿元。共出让土地13宗，合计约96.8公顷。其中商住用地17.7公顷，商业用地5.3公顷，工业用地73.8公顷。

加强与苏浙沪对接。2020年园区被纳入“安徽省际产业合作园区”。与浙江省国家级开发区富阳经济技术开发区、省级开发区浙江省头门港经济开发区签订战略合作协议，确立互为合作伙伴关系。签约长三角项目4个，总投资60.73亿元，其中韵达现代产业园项目总投资50亿元，江苏钻石置业中药智能制造产业园项目投资10亿元。以浙商产业为依托，打造具有战略合作示范性质的五金机电产业园项目和中兴科创产业园项目，五金机电产业园项目开工，与19家企业签订入驻协议，其中浙商企业15家。

培育现代物流业。工业物流、冷链物流项目与快递业共同推进，中联冷链物流园投入运营。中国物流亳州综合物流项目获全市首个“省级示范物流园区”。汉盛物流、药王谷物流、皖新物流项目推进建设，投资50亿元的韵达智能物流签约，园区物流项目合计投资近100亿元，完成投资20亿元。

【项目建设】2020年，亳州芜湖现代产业园区推进44个省重点项目、61个市重点项目，创新产业发展扶持资金兑现流程，出台新开工项目入固定资产统计库奖补办法，加大在建项目资金奖补力度，推进重点项目投资完成率、开工率、竣工率。全年园区列入省重点项目44个，总投资187.1亿元，年度计划投资33.35亿元，其中续建37个，计划开工项目7个，第二批增补计划开工项目3个。全年实际完成投资33.52亿元，投资完成率100.5%；开工项目8个，开工率80%；竣工项目9个，竣工率150%；转化率25%；达产项目9个，达产率100%。兑现18家企业25笔奖补产业发展扶持资金，共计5763.76万元。

截至年底，盘活问题项目和闲置土地13宗，盘活土地78.3公顷，盘活项目12个。对长期闲置低效用地项目，对园区项目土地利用情况及剩余空闲土地情况进行摸排，逐一制定处置方案，引导企业合理利用土地；对于“僵尸企业”及闲置工业用地，探索并草拟“烂尾楼超市”处置方案，鼓励项目资产重组。

【企业服务】2020年，亳州芜湖现代产业园区帮助16家企业解决融资需求2.43亿元，帮助10家企业解决用工1211人，帮助14家企业解决用地99公顷。

推进企业复工复产、降本减负。对承租国有资产厂房企业，落实租金减免6个月的政策。全年享受租金减免企业42家，减免金额共计279.82万元。

设立亳芜园区企业服务中心。从项目选址到竣工投产提供全职、全程、全权代办服务。共完成代办服务事项451件，代办完成企业施工许可证、消防验收、道路开口等事项；共受理事项2341件，办结事项2328件，办结率99%。

开展审批制度改革。将园区24项涉企服务事项集中入驻服务中心受理、办理，服务效率提高。精简审批环节，项目开工办理事项由原来的36项、176个工作日开工，精简合并成26项、110个工作日开工（含审批时间45日内），提速约66个工作日。优化道路开口、供电、土地平整等程序，对所有涉企服务事项网上办理进行个性化开发，实行“傻瓜式”审批兑现。

推进减税降费。开办纳税服务点，累计办理各类退税3506万元，税费减免5416万元，合计8922万元。其中办理增值税增量留抵退税1090万元，出口退税67万元，其他退税1225万元；增值税降率减免2858万元，小微企业普惠性减免1185万元，支持企业复工复产761万元；社保非税减免612万元。

兑现扶持资金。创新推行“免申即享”惠企政策，共兑现67家企业168事项各类涉企政策资金约1.15亿元。

解决企业融资需求。亳芜投资公司出资1亿元参股市融资担保公司，在园区设立分公司，为园区企业完成授信3.6亿元，在保金额2.7亿元。出资约8亿元成立科创基金、康安基金、亳芜2.5产业基金等项目。帮助园区16家企业,融资贷款约2.47亿元。

【科技创新】2020年,亳州芜湖现代产业园区组织企业申报各类奖补资金,在省市两级奖励政策的基础上,结合实际叠加奖励。组织企业申报省、市两级奖补资金超过4000万元,已兑现资金2148万元。园区达规企业44家,其中规上工业27家,限上商业3家,规上服务业5家,资质以内建筑业8家。新增规模以上工业企业9家,总数达27家。

有高新技术企业7家,专利申请量150件,专利授权量95件。天马国药安徽省院士工作站通过安徽省科技厅备案。经省认定"专精特新"中小企业2家(鑫泰药业、华希电力),省认定"专精特新"冠军企业1家(天马国药),市级"专精特新"1家(万花草)省高成长型小微企业1家(伊法拉电气),通过国家两化融合管理体系标准评定的企业6家(天马生物、国祯热电、铜关粉皮、华希电力、伊法拉电气、鑫泰钻石),省级新产品3个(伊法拉电力科技),市级企业技术中心2家(华希电力、伊法拉电力科技),企业深度登云1家(汉盛药业),企业初级登云2家(亳州市捷控智能装备有限责任公司、广源堂中药)。

【亳州市融资担保公司亳芜分公司成立】2020年5月25日,亳州市融资担保公司亳芜分公司正式挂牌成立,并入驻亳芜园区企业服务中心。该公司为园区首家担保机构,进一步加大对亳芜产业园区内企业支持力度,为改善园区企业融资难、融资贵的问题提供新方案。全年为园区32家企业完成授信金额3.08亿元,在保金额2.7亿元。园区帮助16家企业主动对接联系银行机构,完成融资贷款约2.47亿元。

【亳州市政府暨亳芜现代产业园区长三角招商引资恳谈会】2020年12月18日,由亳州市招商局、亳州芜湖现代产业园区管委会、古井集团共同主办,"亳州市政府暨亳芜现代产业园区长三角招商引资恳谈会"在浙江台州举行。本次恳谈会邀请台州、温州、杭州等地近40余家浙商企业参加。与会人员共同观看了亳州市招商引资宣传片以及招商宣传片。亳芜现代产业园区管委会副主任刘仲远就亳芜园区基本情况、优惠招商政策等方面作招商推介。新世纪发展集团有限公司董事长、温州市农业产业联合会会长谢炳超致辞并表示亳州市具有产业发展优势、政策优惠优势、环境优越优势、消费市场等多种优势,依托五金机电产业园合作平台,多领域与浙商企业形成广阔的合作空间,争取早日达成合作,在亳兴业。本次恳谈会邀请台州、温州、杭州等地近40余家浙商企业参加。

(田继云)

谯城经济开发区

【概况】谯城经济开发区于2006年经省政府批准设立,为谯城区政府派出机构,负责园区建设和管理。四至范围为:东至药王大道,南至银杏路,西至望州路,北至311国道。管辖面积28.36平方千米,其中,经省政府批准面积18.67平方千米,发展方向区9.69平方千米,建成区面积22平方千米。

2020年,谯城经济开发区有纳税企业479家、独立选址企业166家、规模以上工业企业71家、房地产经营企业11家、限额以上批发和零售业企业77家、限额以上住宿和餐饮业企业27家、资质以内建筑业企业4家、高新技术企业34家。拥有院士工作站5家、博士后工作站4家、国家地方联合工程研究中心2家、省级工程技术研究中心14家、省级药业企业技术中心13家、省级技术创新中心1家。

谯城经济开发区围绕中医药制造、食品加工和电子、鞋服劳动密集型制造业三大主导产业,按照产城融合发展的思路,加大投入,加快建设。2020年度,谯城经济开发区实现销售收入367亿元,增长5.2%;规模以上工业增加值52亿元,增长6.8%;进出口总额4亿美元,增长15%;税收收入15亿元,增长4.5%。

【招商引资】2020年,谯城经济开发区新签约项目51个,项目总投资额约91.17亿元,其中亿元以上项目25个,包括总投资8亿元的亳州云永医药科技有限公司中药材产地加工项目,投资4.8亿元的惠州惠城药业饮片加工项目等。对接长三角产业转移,加大外引项目工作力度与上海奉贤区光明经济开发区、上海莘庄经济开发区、浙江省东阳经济开发区建立合作关系。

【项目建设】2020年，谯城经济开发区重点在建项目38个，其中新开工项目17个，续建项目21个。实施“四送一服”双千工程，深化“放管服”改革，优化网上办事流程，完成工程建设项目审批改革事项，实现审批一网通办，提高服务效率。赋权清单119项。

【基础设施建设】2020年，谯城经济开发区打通华佗大道、芍花路、药都大道、桐花路等10条断头路，实现通车20千米工作目标；完成经开区污水处理厂选址和设计公开招标工作；与供电部门对接完成经开区新建220千伏华佗变电站、新建110千伏马园变电站建设并投入运行，与原建成110千伏凤尾变电站一起，实现经开区范围内双电源供电，为用电企业提供用电保障；启动和平路雨水提升泵站建设；启动31个道路交口信号灯、电子警察、监控的补缺补盲；启动经开区热力管网4号线架设工程，实现通气试运行。

（卢若飞　孙荔荔）

涡阳经济开发区

【概况】涡阳经济开发区是安徽省“产城融合”实验区，2020年托管11个社区，63个自然村，辖区面积约37.1平方千米，常住人口约4万人，工业企业108家，规模以上工业企业79家，限上商贸服务企业27家，房地产企业18家。

2020年，涡阳经济开发区完成固定资产投资124.86亿元，其中工业固定资产投资32.06亿元，占全县工业总投资的69.04%；规模工业在库企业56家，完成规模工业总产值110.61亿元，占全县规模工业总产值的55.28%，同比增长19.39%；新增规模以上工业企业8家，总数56家；新增高新技术企业8家，总数23家；高新技术产业企业20家，产值72.05亿元，增长70.31%，占规模工业总产值比重65.14%；战略新兴产业企业21家，产值53.72亿元，增长9.72%。各项经济指标保持平稳快速增长。

【征迁安置】2020年，涡阳经济开发区完成新城社区彭庄周边片区二期、马腰社区马光、蒋小两自然村的征迁工作，累计征迁10.47万平方米。

完成18个村庄整村安置（共安置群众2317户）、3个自然村整村安置房型匹配和人口公示，召开安置个性问题研究预审会议，研究个案114户。

完成项目征地113.13公顷，实施道路施工项目环境保障工作，解决历史遗留断头路问题。

【招商引资】2020年，涡阳经济开发区到浙江、江苏、上海等长三角地区及山东、广州、东莞等地开展招商活动。组织外出招商40余次，接待客商百余批次。共签约项目53个，签约总金额51.52亿元。其中，来自长三角地区投资方投资项目9个，占总签约项目的16.98%；签订绿色装配式建筑项目13个、生态有机农产品加工项目9个、智能制造项目8个、能源化工新材料产业项目4个、纺织及服装加工项目2个。

【项目建设】2020年，涡阳经济开发区在建工业项目55个，其中续建工业项目16个，新开工工业项目39个，协议总投资134.72亿元。鸿路三期、东昇建材、创新秸秆等32个工业项目竣工投产，信和光能、鸿路四期、金沙河等一批重大项目边投产边建设，易腾服装、道源粮油等重大项目正在加快建设。

【产业发展】2020年，涡阳经济开发区有绿色建筑产业规模以上企业17家，已入驻盛鸿科技、鸿路建材、泰山石膏等知名企业，实现规模工业总产值70.49亿元，同比增长36.86%。智能制造产业建有20万平方米光机电标准化厂房，规模以上企业10家，已入驻广毅达、三志制动器、东昇新能源等企业，实现规模工业总产值7.75亿元，集聚效应初步形成。生态有机农产品加工产业有规模以上企业16家，已入驻金沙河面业、德运粮油、黑娃食品、道源芝麻、正宇面粉等龙头企业，实现规模以上工业总产值31.12亿元，增速29.92%。能源化工产业有规模以上企业8家，已入驻光大生物质发电、华夏气体等企业，全年实现工业总产值17.99亿元。轻工纺织产业有规模以上企业9家，已入驻易腾服装、新诚达时装、舜发服饰、冠盛纺织等企业，全年实现工业总产值8.93亿元。

【五大园区建设】西阳(阳港)产业园南至省道309,北至涡河,东至济祁高速,西至经六路,规划面积4.1平方千米。主要发展新型建材、纺织科技、现代物流、生态有机农产品加工等产业。截至2020年底,经一路、经二路、经三路、纬二路、污水处理厂建成,经四路、纬四路、污水处理厂提升、范蠡安置小区等项目正在推进,片区基础设施基本完善。中建材泰山石膏、信和光能、金沙河粮食加工、冠盛纺织等项目投产,峰顺岩棉、鸿泰玻纤、天兴物流等项目加快建设。

高炉产业园位于高炉镇镇区北侧,东至滨河路,南至双谷堆路,西至赵沃路,北至规划路,规划面积1.8平方千米。重点引进产业白酒酿造、轻工包装、生态有机农产品加工。

义门产业园主要发展现代中药、苔干食品等产业。园区规划面积1.4平方千米,北至环河南路,南至元庄路,西至真源大道,东至规划道路。重点产业引进现代中药、生态中药、生态有机农产品加工产业。

龙马产业园以生态有机农产品加工业为基础产业。园区规划面积1平方千米,东至省道238,南至纬二路,西至丹史路,北至纬十三路。截至2020年底,正宇面粉、益群牧业等企业入驻。

楚店产业园以新型建材为主导产业,园区规划面积1平方千米,北至袁庄路,南至繁华路,东至周庄路,西至张楼路。截至2020年年底,东昇建材、创新秸秆、楚城建材等项目入驻。

(张洪伟 杨鹏飞)

蒙城经济开发区

【概况】蒙城经济开发区始建于2001年,2006年3月经省政府批准为省级开发区,2013年开发区扩区规划方案获批,总体规划面积扩至23.79平方千米。截至2020年底,开发区已建成面积16.3平方千米,基础设施覆盖面积22平方千米。形成汽车及装备制造、新型建材家居、食品制造及农副产品加工三大主导产业,被列为全省“产城一体化园区”和全省第五批新型工业化产业示范基地,汽车零部件产业入选省级县域特色产业集群(基地)。

2020年,蒙城经济开发区实现规模工业总产值86.47亿元,同比增长4.61%;高新产业产值占全区工业总产值比重30.98%;战新产业产值占全区工业总产值比重21.27%;财政收入10亿元。新增规模工业企业8家,战略性新兴产业企业2家,高新技术企业6家。汽车及装备制造、食品制造及农产品加工、新型建材及智能家居三大产业规模工业总产值76.51亿元,占全区规模工业产值总量的88.48%。

【招商引资】2020年,蒙城经济开发区新签约住方科技产业园项目、牧原实业集团生猪产业链项目、江汽集团中高端MPV产品瑞风M4、L6整车生产项目等65个工业项目(单独供地项目24个,租赁项目41个),协议总投资99.91亿元,其中1亿~5亿元项目11个,5亿~10亿元项目3个,10亿元以上项目4个。繁枫真空产业园、中宝机械、源兴利报废汽车拆解等17个项目建成投产。

【标准化厂房建设】2020年,蒙城经济开发区推进政府投资和社会投资标准化厂房建设,鼓励企业建设多层厂房,提升土地集约节约利用水平。至年末,政府投资和社会投资建设标准化厂房面积约76.7万平方米。其中,政府投资标准化厂房建设面积约45万平方米全部建成。包括4.3万平方米的创业园东区标准化厂房、5.4万平方米的食品物流科技园标准化厂房、4.9万平方米的创业园南区(一期)标准化厂房、5万平方米的田桥家居产业园(一期)标准化厂房、11.2万平方米的中小企业创业园、8.2万平方米的纸品物流科技园、6万平方米的创业园南区(二期)标准化厂房。

完成社会投资标准化厂房建设,总面积约31.7万平方米,其中,农民工返乡创业园标准化厂房5.5万平方米、轻工产业园标准化厂房4.5万平方米和江淮零部件供应巢标准化厂房21.7万平方米。

(王丽娜)

利辛经济开发区

【概况】利辛经济开发区于2006年2月经安徽省人民政府批准,设立为省级经济开发区,总体规划面积为12.36平方千米。截至2020年底,已建成面积8.2平方千米，入驻工业企业310家，其中规模以上工业企业82家。

利辛经开区重点打造轻纺服饰、煤电循环、食品及农副产品加工、汽车装备制造及机械电子、绿色建材及智能家居产业五大主导。

2020年，利辛经济开发区实现经营收入191.11亿元，实现规模以上工业总产值102.99亿元，同比增长2.61%。工业增加值33.91亿元，增长0.97%；实现税收收入7.48亿元；完成固定资产投资35.29亿元。

【招商引资】2020年，利辛经济开发区重点引进高精尖的工业项目、高端服务业项目，实施精准招商。为企业提供"一站式"服务。截至2020年底，新签约供地项目49个，计划投资额67.96亿元，亿元以上项目13个。

【项目建设】2020年，利辛经开区推进项目建设攻坚年活动，对符合落地建设项目进行集中开工，完成亳州市"六稳"重大项目集中开工仪式，共有利辛县明峰纺织等10家企业集中开工。完善落实经开区项目建设工作联席会议制度机制，及时研究解决项目落地建设过程中存在的问题。针对新供地企业，督促加快规划设计，及时进行工业用地规划方案审核，缩短审批流程。截至年底，开工项目42个，已供地待开工项目6个，已通过招商例会待供地工业项目20个。

【轻纺产业】截至2020年底，利辛经济开发区有年产值1000万元以上的轻纺服饰类企业207家，其中规模以上企业37家，从业人员6万多人，年产值突破60亿元。有棉纺（化纤）68000锭，缝纫电机28000台，超声波缝合机20000台，喷水织机6100台，电脑针织横机4900台，梭片织机550台（套），高端电子丝网制造设备300台（套），电脑绣花机410台。全年可加工丝网纱门1.8亿条、挡风被5000万条、家居服1000万件，实现纱产量15000吨、白坯布8000万米、针织衫1000万件，其他服装服饰780万件，电子网印刷网4000万平方米。

轻纺产业不断转型升级，纺织类产品由最初的低支纱到高支色纺，针织服装由代加工到自创品牌销售，传统的丝网纱门到电子网再到印刷网，如音响网、手机及液晶显示屏网、线路板网等最高可达500目。截至2020年底，轻纺服饰企业获批中国驰名商标1家，工信部制造业单项冠军企业1家，工信部"专精特新"小巨人企业1家，省级智能工厂2家，省级绿色工厂2家，省级"专精特新"企业6家，安徽省新产品18个，安徽省工业精品5个。

近两年来，有38家纺织、服装、针织类企业从长三角地区迁出落户利辛。其中吴江产业园一期已落地亿元以上企业12家、二期7家；引进上海华翔服饰集团有限公司投资5亿元，盘活闲置"僵尸"企业华鲁酒业，对长三角纺织产业转移起到示范引领作用。以翰联色纺、佳辉服饰等为代表的一批本土纺织服饰企业，产品销往东南亚、欧洲、美洲、非洲等50多个国家和地区。

（房付韬）

2020年度亳州市省级以上开发区基本情况一览表

表31

序号	开发区	级别	行政管辖面积（平方公里）	GDP（万元）	入驻企业数量	主导产业
1	亳州高新区	省级	158	2175000	389	医药制造、农产品加工和中药材生产销售
2	亳芜现代产业园区	省级	10.97	95400	176	大健康、新材料、先进制造业
3	涡阳经济开发区	省级	14.99	604495	772	绿色装配式建筑、生态有机农产品加工、智能制造、轻工纺织、能源化工
4	蒙城经济开发区	省级	23.79	1037615	351	汽车机械及零部件加工、农副食品加工业、批发零售业
5	利辛经济开发区	省级	12.36	770000	360	轻纺服饰、煤电循环、食品及农副产品加工、汽车装备制造及机械电子、绿色建材及智能家居
6	谯城经济开发区	省级	22	1670000	727	中医药制造、电子鞋服、农副产品加工业

县（区）概览

陵西湖公园　　　　（刘勤利　摄）

谯城区

【概况】2000年5月，国务院批准亳州市为省辖市（地级），原副地级亳州市整建制改制为谯城区。2006年，谯城区乡镇区划调整，撤销大寺镇、三官镇、张集镇、安溜镇4个镇，分别将其并入谯东镇、双沟镇、古井镇、牛集镇。2020年，谯城区辖21个乡镇、3个街道和1个省级经济开发区，面积2263平方千米，总人口159.3万人。

2020年，全区实现地区生产总值702.2亿元，增长4.6%；财政收入43.5亿元；社会消费品零售总额274亿元，增长2.8%；规模以上工业增加值增长5.3%；战略性新兴产业产值增长12.4%；高新技术产业增加值增长8%。城镇常住居民人均可支配收入37136元，增长5.3%；农村常住居民人均可支配收入16957元，增长8.4%。

同年，谯城区民营经济发展连续六年获全省三类县（区）第一名。谯城经济开发区获省级开发区综合考核排名第23位，承办全省开发区改革创新推进大会。中央环保督察反馈问题等全部整改销号，大气污染治理三年攻坚战目标任务全面完成。社会大局和谐稳定。

农业经济。建设高标准农田6666.7公顷，粮食总产9亿千克。畜牧业总产值27.9亿元。新增“三品一标”认证36个，规模以上农产品加工产值255.6亿元。设施蔬菜种植面积24000公顷，新建长三角绿色农产品供应基地5家。入选全省农产品加工强区、首批“一县一业”全产业链示范创建名单。

工业经济。新增规模工业企业21家，规模以上工业增加值增长5.3%。技改投资增速25.3%，居全市第一位。工业用电量9.9亿千瓦时，增速6.6%。规模以上现代中医药制造业实现产值209.6亿元，亿元以上企业58家。规模以上白酒生产企业完成现价产值10.75亿元。培育专精特新中小企业、省级工业精品企业等22家。

商贸服务业。新增规模以上服务业、省重点服务业15家。第三产业增加值331.9亿元，增长3.4%。红星美凯龙等商业综合体开业。新增区域性股权交易市场挂牌企业30家。金融机构存贷款余额分别为1076亿元、1237亿元，增长6.3%、15.8%。邮政行业业务总量居全市第一位。创建AAA级旅游景区4家。古井镇药王村入选第二批全国乡村旅游重点村。

招商引资和项目建设。新签约项目76个，总投资162.4亿元，其中亿元以上工业项目46个；新开工项目90个。省、市重点项目分别完成投资160.2亿元、217亿元。全社会研发经费在3亿元以上，新认定高新技术企业17家，高新技术企业实现产值97.5亿元。兑现科技创新政策奖补资金1910万元。获批立项省市科技项目9项，新增市级工程技术研究中心、科技特派员工作站3个。新增注册商标7223件。举办政银企对接会，签约413.8亿元。发放过桥资金18.3亿元。减免、延期征收各项税费8.6亿元。网上办事大厅办结事项120万件，新发展市场主体22397家。

城乡建设。获省政府批准建设用地448公顷，完成供地637.1公顷。完成引江济淮工程第一阶段谯城段建设。改造棚户区住房6044套，柴家沟等还原小区开工建设。投资4亿元建设丹参路等11条道路。改造提升老旧小区135个。排查整改沿涡北路等易涝点74处。实施创园项目21个，人民公园、临漳公园对外开放。改造农村危房534户，改厕3500余户，13个美丽乡村省级中心村全面完成建设任务。245个村完成农村“三变改革”。新建森林长廊示范段10千米。改造农村水厂18处，受益群众21万人。投资18.8亿元实施国道344谯城段改建等交通设施项目，建设桥涵30座，开通城乡公交一体化线路20条。建立“一格两长两员一商户”包保责任制，集中整治建安路、汤陵北路等道路。处置数字城管案件22万件，清理乱堆乱放、违规广告等2.3万处。开展文化惠民活动5500场次，志愿服务活动19000场次。蝉联安徽省文明城区。

民生工程。投资36.7亿元实施31项民生工程。新增就业13537人，城镇登记失业率控制在4%以内。新建（改扩建）公办幼儿园、义务教育学校25所，智慧学校79所，维修改造农村中小学128所。投资2.9亿元改造提升华佗中医院陵西湖院区，组建华佗中医院紧密型县域医共体，下辖五马中心卫生院等6个乡镇卫生院和汤陵社区卫生服务中心等2个社区卫生服务中心。省级健康促进区建设通过验收。落实医疗保障重大措施成效明显，获省通报表扬。发放各类社保待遇13.26亿元，城乡低保标准提高至628元/月。社会救助综合改革试点经验在全市推广。儿童福利院新院开工建设，残疾人精准康复服务覆盖率94.7%，养老服务三级中心实现全覆盖。

社会事业。实现脱贫986户2046人，现行标准下农村贫困人口全部脱贫。安排专项扶贫资金3.87亿元，实施项目790个。通过扶贫产品认定175个，实现销售额1.48亿元。教育扶贫政策受益学生1.3万人次。开展安全生产专项整治三年行动，挂牌督办隐患1256处，全省乡镇消防站建设现场会在谯城召开。打掉黑社会性质组织3个，恶势力犯罪集团7个，恶势力犯罪团伙5个。全面推行邻长制，调处化解矛盾纠纷1万余件，办理各类法律援助1783件。

环保攻坚。完成白芍定点集中脱皮3.6万吨，淘汰白术脱须土炕4900余个。窑厂复垦30家。完成452家企业重污染天气应急减排清单编制。完成柴油车深度治理。混凝土搅拌站全部安装扬尘监测仪并联网监控。秸秆禁烧实现卫星监测“零火点”。PM2.5年平均浓度为46.9微克/立方米，为有监测记录始最好水平。整改涉河湖“四乱”问题348件，完成河道岸线保护与利用规划编制设计和确权划界。新增乡镇污水管网24.9千米，建设村级污水处理设施50个。完成东城海子等水体治理项目12个，排查整改入河排污口166处。获省水环境治理生态补偿。核实土壤污染重点行业企业，魏岗镇工业园区突出环境问题整改通过省级验收。完成农用地土壤环境质量类别划分。回收有害垃圾2145吨。大型规模养殖场粪污处理设施装备配套率100%，畜禽粪污综合利用率在90%以上。化肥、农药使用实现减量增效。

同年，谯城区在全省脱贫攻坚年度考核中，连续3年获得“好”的等次；蝉联安徽省文明城区；社会救助综合改革试点经验在全市推广。全省开发区改革创新推进大会在谯城区召开。

【谯城区落实医疗保障重大措施成效获省通报表扬】2020年7月，谯城区落实医疗保障重大措施成效明显，获省通报表扬。

谯城区在全省首家实行医保基金与药品企业直接结算试点，首批开展日间病床试点和高血压、糖尿病慢性病门诊按人头付费试点，按病种付费扩至331个病种并覆盖到所有定点医疗机构，同步开展乡、村两级医疗机构“同病同保障”试点。首批完成区、乡、村医保经办服务体系建设。建成谯城区医疗保障政务服务中心，28项政务服务事项实现一窗通办。全区25个乡镇、街道全部成立医保办，260个村委会设立医保站，实现基层服务队伍全覆盖。

2020年，谯城区城乡居民医保参保143.73万人，参保率99.14%，比上年增长0.92%。全面实现基本医保、大病保险一站式结算，基本医保住院实际报销比例61.5%，较上年提高2.4%。

【商业综合体开业】2020年，红星美凯龙亳州芍花路商场、亳州谯城人民路万达广场开业。红星美凯龙亳州芍花路商场项目，总投资4.33亿元。位于芍花路以北、华佗大道以西，总占地面积4.6万平方米，建筑面积5.2万平方米。入驻商家共有123个品牌，其中一线品牌71个，占比57%。委托红星美凯龙专业团队代运营，以确保国有资产增值保值，为当地提供约700余个就业岗位。商场延续红星美凯龙第七代商场经典架构，地下一层，地面三层，呈“回”字形结构。涵盖高端建材家具、进口家居、装饰设计等多业态于一体，规划科学，布局合理，保持空间的连贯性与顾客流动的便利性。

谯城人民路万达广场项目，位于谯城区人民路以北，曙光路以南，药王大道以东，汤王大道以西。项目用地面积约21.7万平方米，总建筑面积约70万平方米（含地下建筑面积），总投资约50亿元人民币。建设包含住宅、商业街及大型购物中心等，其中大型购物中心面积不低于8万平方米，可提供约3000个就业岗位。

【谯城区养老服务三级中心实现全覆盖】2020年，谯城区推进区、乡镇（街道）、村（社区）三级养老服务中心建设全覆盖。

谯城区积极应对人口老龄化，加快推进社会养老服务体系建设，努力实现养老服务主体多元化参与，养老服务项目品质化提升，养老福利适度普惠化发展，初步构建起以居家为基础、社区为依托、机构为补充、医养康养相结合，功能完善、布局合理、覆盖城乡的养老服务体系。

截至年底，建成区级养老服务指导中心1家，乡镇（街道）养老服务中心24家，村（社区）养老服务站84家。共计发放一次性建设补贴239万元，运营补贴75万元。实行统一标识、统一规范标准，提高辨识度和服务效益。实现城乡养老服务三级中心全覆盖，打造“20分钟养老服务圈”。

（仵　迪）

涡阳县

【概况】涡阳县于清同治三年（1864）置县，隶属颍州府，解放后属阜阳专区和阜阳市，2000年5月由阜阳辖下划归亳州市。

2020年，涡阳县辖20个镇、3个街道、1个省级经济开发区，辖区面积2110平方千米，户籍人口173万人。

全年实现地区生产总值380.7亿元，增长4.7%；城镇、农村常住居民人均可支配收入分别增长5.6%、8.5%；社会消费品零售总额增长2.2%；财政收入27.8亿元，增长1.3%。

涡阳县获全国农民工返乡创业试点县建设优秀等次；民营经济发展连续3年被省委、省政府表彰。

农业经济。粮食总产量199万吨，粮食生产实现“十七连丰”。实施特色农业工程，专用品牌粮食种植面积93%。金沙河“农民+职业农民+合作社”股权联盟模式试点扩大至466.67公顷。全年实现农产品加工产值76亿元，增长5.4%。新增省级农业产业化龙头企业7家、市级6家，新增农业产业化联合体8家，农民专业合作社570家，家庭农场970家。27家农产品加工企业与沪苏浙地区达成稳定供销合作，年销售额10亿元以上。新增“三品一标”认证产品24个。皖北第一个农产品保税仓成功获批。

工业经济。新增规模以上工业企业16家；规模以上工业增加值增长8.2%。工业用电量增长13.2%。新认定高新技术企业17家。高新技术产业增加值增长30.1%。新增战略新兴企业4家，战略新兴产业产值增长6.8%。新增省级企业技术中心6家，工业设计中心3家，专精特新企业3家。盛鸿科技获评安徽省优秀民营企业。绿色装配式建筑产业获批安徽省县域特色产业集群（基地）。

商贸服务业。新增限额以上商贸企业28家。限上消费品零售额增长1.3%。电商交易额增长30%。9家全国一线电商平台落户涡阳，102家农村经营主体落户电商平台，农产品上行13.4亿元，增长31%。获评省级农村电商示范县、农村电商优化升级工作示范县，星园街道、马店集镇获评省级农村电商优化升级工作示范镇。新增外贸进出口实绩企业8家。金融机构贷款余额增长24.3%。房地产投资增长15.7%，商品房价格总体平稳。

招商引智。全年招引高学历急需紧缺人才和专业技术人才870名。引进2名正高级职称医师、1名博士生，面向全国公开引进44名全日制硕士研究生。举办2020世界制造业大会涡阳专场暨绿色生态有机农产品产业高峰论坛。全年新签约项目102个，总投资286.3亿元，其中工业项目投资亿元以上的52个，5亿元以上的12个，10亿元以上的4个。

项目建设。实施重点项目309个，153个省市重点项目开工率、投资完成率、竣工率分别为100%、144.2%和135.8%。保路华电子、广毅达电子、盛鸿科技三期等24个投资亿元以上工业项目建成投产。金沙河生产基地、易腾服饰、盛鸿科技四期五期等33个投资亿元以上工业项目建设加速。涡河四桥即将建成，亳涡蒙高速、义门大桥等重大基础设施项目开工建设。

城乡建设。新建改建城市道路16条、35千米，集贤路、西环路、滨河大道、九龙大道等主干道路建成通车。完成棚户区、城中村改造7965户，改造老旧小区31处。5个安置小区交付入住，1.7万人迁新居。新开工安置小区4个，总面积81万平方米。涡阳文化艺术中心开放，推进体育中心项目建设。建成5G基站180个、社会足球场17处、公共体育设施165处、公厕31处。完善供水管网50千米、雨污管网58千米。新建城市公园、街头绿地3处，新增城市绿化129.4万平方米。获评安徽省文明城市提名城市。

30个美丽乡村中心村建设通过省级验收。实施农村人居环境整治，新建改造农村厕所1.7万户，934个自然村环境改观。开展农村乱占耕地建房专项整治。全面推进“千庄千树”工程，完成植树造林800公顷，创建森林城镇1个、森林村庄14个。楚店镇三里赵村、高炉镇单集林场获评全国文明村，曹市、高炉、龙山镇获评省级文明镇。义门古镇通过AAAA级旅游景区景观价值评价，曹市镇辉山村获评全国乡村旅游重点村、国家级森林村庄。丹城镇获评安徽省千年古镇。

农村公共空间累计清理集体土地和水面1766.67公顷、林业用地640公顷，增加集体资产4000万元。全县329个村开展农村“三变”改革，成立县级共富公司和362家村级振兴公司，村集体经济壮大。

垃圾焚烧发电项目通过省级验收，病死畜禽无害化处置中心建成使用。城乡垃圾无害化处理率98.6%，畜禽废弃物利用率95.5%。获评2020年中央财政资金秸秆综合利用示范县。国控断面水质达Ⅳ类标准，市控断面水质达Ⅴ类标准。全年优良天数较上年增加51天，PM2.5平均浓度降至47.2微克/立方米。

民生事业。33项民生工程完成年度任务。全面落实就业优先政策，全年新增城镇就业1.33万人，外出务工人员服务管理系统获评全国公共就业服务十大优秀成果。安徽中医院涡阳分院二期、第五人民医院医技楼投入使用。县人民医院扩建工程、十大基层医疗卫生服务中心加快建设。新建公办中小学校3所，新建改建公办幼儿园8所。县科普活动日获评全国科普日优秀活动，获评安徽省书画之乡。建成县残疾人康复中心和407个残疾人之家、残疾人工作站。

社会治理。完成城关、星园街道管理体制重构，社区创新治理新模式试点展开。全面推开“邻长制”改革，选配片长、组长、邻长32503名，打通服务群众延伸到户“最后一米”。应急广播体系建设实现村组全覆盖。扫黑除恶侦结黑社会性质组织案件2起，打掉涉恶犯罪集团3个，摧毁涉恶犯罪团伙15个。获评全省信访系统人民满意示范窗口。

同年，涡阳县外出务工人员服务管理系统获评全国公共就业服务十大优秀成果；涡阳县代表到江西省景德镇市参加第四届“中国创翼”创业创新活动并代表安徽省上台领奖。涡阳县获评省级农村电商示范县、农村电商优化升级工作示范县；获评“安徽省书画之乡”。丹城镇获评安徽省千年古镇。

【2020世界制造业大会江淮线上经济论坛涡阳专场暨绿色生态有机农产品产业高峰论坛】2020年9月11日，2020世界制造业大会江淮线上经济论坛涡阳专场暨绿色生态有机农产品产业高峰论坛在涡阳县举办。200余位省内外嘉宾参会，中共涡阳县委、县政府等主要负责人出席大会。此次论坛专场的主题是“开放发展、积极融入长三角——打造新时代绿色生态有机农产品产业基地”，活动签约项目6个，总投资120亿元，涉及农产品深加工、食品加工、智能制造、绿色装配、建材产业。其中，投资100亿元的金沙河集团涡阳产业园项目是涡阳县迄今最大的招商引资项目。

【涡阳县获评2020年中央财政资金秸秆综合利用试点县】2020年7月31日，省农业农村厅网站发布《安徽省2020年第二批中央财政农作物秸秆综合利用试点县公示》，涡阳县确定为第二批中央财政农作物秸秆综合利用5个试点县之一。

涡阳县农作物秸秆利用“五化”并进，综合利用率和利用水平不断提高。秸秆粉碎肥料化还田增加土壤有机质，饲料化利用兼顾经济效益和环保效益，能源化、基料化、工业原料化实现秸秆利用多元化。全年农作物秸秆综合利用总量157.22万吨，其中肥料化利用90.33万吨，占比57.45%；饲料化利用11.34万吨，占比7.21%；基料化利用0.45万吨，占比0.29%；工业原料化利用20.1万吨，占比12.79%；能源化利用35万吨，占比22.26%，综合利用率达93.04%。

【曹市镇辉山村获评全国乡村旅游重点村、国家级森林村庄】涡阳县曹市镇辉山村2020年8月入选第二批全国乡村旅游重点村名单。2020年2月认定第二批安徽省美丽乡村重点示范村、“安徽省旅游示范村”、“安徽省森林示范村”、“国家AAA级旅游景区”、“中国美丽乡村百佳村”、“中国十大乡村振兴示范村”、中国村庄2019特色村。

辉山村留有彭雪枫、张震等将军英勇战斗的足迹，辉山革命烈士陵园有300余名英烈在该地长眠。辉山村投入7000多万元改善提升基础设施，整修战地医院、新四军四师指挥部、忠烈祠、丁永年故居等红色旅游景点，致力打造“英雄筑梦·美丽辉山”。

曹市镇辉山村始终坚持党建引领，传承红色文化，推动绿色发展，立足党员干部党性教育，拓展面向中小学生的红色研究学习，不断做大做强乡村休闲采摘业，坚持发展壮大集体经济，增加群众收入。

（张洪伟）

蒙城县

【概况】蒙城，商称北冢，周曰漆园，秦属砀郡。西汉初分县，西北境为梁国蒙县，东南境为沛郡山桑县。后历置北新安郡、涡州、西徐州，隋复为山桑县。唐天宝元年（743）更名为蒙城县，沿用至今。蒙城是庄子故里、中国楹联之乡、中国硬笔书法之乡、中国养生美食之乡、全国科普示范县、全国粮食生产先进县、全国绿化先进县、全国优势农产品产业带建设示范县、全国农业机械化建设示范县、全国平安农机示范县、全国文化工作模范县、全国文物工作先进县、全国文明村镇、“中国好人”全国第一县、省级历史文化名城、全省文明县、全省园林县城、全省科学发展先进县。

2020年，全县辖17个乡镇（街道）、1个省级经济开发区，面积2144平方千米，户籍人口147.8万人。地区生产总值391.5亿元，增长3.2%；财政收入36.4亿元，增长3.3%；财政支出71.4亿元，增长0.8%；固定资产投资增长3.2%；社会消费品零售总额增长2.1%；进出口总额1.27亿美元，增长6%；城镇、农村常住居民人均可支配收入分别增长5.5%、8.4%；金融机构存款余额457.4亿元，增长11.7%；金融机构贷款余额452.4亿元，增长24.4%。

农业农村。优质专用小麦扩展至77333公顷。生猪生产实现稳产保供，年出栏68万头。新增规模农产品加工企业7家，产值57.4亿元。新增家庭农场798家、农民专业合作社184家。精益诚食品等3家公司被省列为长三角绿色农产品生产加工供应基地示范创建单位，上海市外蔬菜主供应基地面积2533公顷。新增虾稻米品牌4个，稻渔综合种养产值超5亿元。蒙城篱笆黄花梨获批国家地理标志产品，新增绿色、有机食品产地和产品认证22个。投资1.3亿元，建成乡镇冷链物流基地7个。建设高标准农田8667公顷，实施农田水利“最后一公里”治理1600公顷。农事托管服务向农资供应、植保、仓储等环节延伸，秸秆产业化利用率43.9%。村集体经济持续发展壮大，村均经营性收入37.16万元，经济强村56个。

工业经济。新增规模工业企业23家，全森木业等28家企业实施技改，市级“专精特新”入库企业18家。曼隆电梯等13个工业项目开工建设，中宝机械等12个工业项目建成投产。江淮安驰中高端MPV生产线投产，蒙城县汽车零部件产业获批安徽省县域特色产业集群（基地）。中嘉环保科技、宝业装配式建筑等一批新型建材企业稳中向好，强英食品、金冠面粉等农产品加工企业带动作用凸显。认定高新技术企业16家，高新技术产业增加值增长14.5%，兆鑫集团等22家企业开展产学研合作。新增佰世达木业等战略性新兴产业企业7家，战略性新兴产业产值增长32.7%。

服务业。新增规模服务业企业3家，实现服务业增加值224.7亿元。发放补贴资金278万元，促进汽车市场回暖。商贸服务载体不断丰富，城投时代广场开工建设，万达广场建设顺利，天河广场人气更加集聚。新增日昌服饰等进出口实绩企业4家。实现电商交易额22亿元、增长56%。青火电商园建成运营，电商孵化园获评省级现代服务业集聚区。培育省级农村电商示范镇3个、示范村7个。立仓镇成功创建省级特色旅游名镇，岳坊镇戴尧村获评AAA级旅游村庄。

园区建设。优化“园中园”建设管理，童装产业园一期基本建成，中小企业创业园、食品物流科技园、马集家居产业园共入驻企业29家。江淮供应巢被认定为安徽省小型微型企业创业创新示范基地。繁枫真空产业园等30个项目建成投产。重组博鸿纺织等4个项目，盘活土地324.8公顷。引进精顺车轮、智恒消防装配等52家企业。建成望月路南段等道排工程30千米，完成望月路10千伏线路延伸工程。开发区分布式能源供热项目竣工，具备集中供热条件。

招商引资。住方智能门窗、牧原生猪综合体、雨润宏健休闲食品等项目签约落地，华威专用车、吉峰农机大市场等项目开工建设，瑞蒙保温新材料等一批项目建成投产。新签约亿元以上工业项目49个，其中5亿元以上项目9个。推进返乡创业与招商引资联动，创业转化落地项目1871个，发放补贴204万元。被认定为首批省级返乡入乡创业示范县。新增民营企业4500家、个体工商户8264户。

民生事业。投入资金53.5亿元，实施31项民生工程。鼓励创业带动就业，开展职业技能培训1.5万人次，城镇新增就业1.33万人，转移农村劳动力2.86万人。落实减税降费13.06亿元，惠及企业38.9万户次。建成全市首个7×24小时“政务+公开”服务大厅。基层政务公开平台建设经验被国务院办公厅推广。全县城乡居民基本养老保险参保88.38万人，发放养老金2.6亿元；医保参保131.5万人，支出11.13亿元，惠及群众282.5万人次。保护农民工权益，农民工工资防欠治欠成效明显。启动五里高小区一期等7个棚改项目建设，建成涡北小区等3个安置小区，交付六里东区、望月B区。分配安置房8582套。推动义务教育优质均衡发展，已建设智慧学校147所，新投用北蒙小学等14所中小学校、幼儿园。升级改造9家乡镇敬老院消防工程。完善公共卫生服务设施，实施卫生健康项目17个。被省政府授予公立医院综合改革成效明显县。建成社会化足球场地17个，县融媒体中心通过省级验收。图书馆新馆运营良好，成为全民阅读、网红打卡地。庄子文化深度融入长三角一体化发展，庄子文化周影响力持续扩大。

城市建设。国道237、省道305蒙城绕城段一级公路改建工程和涡河四桥、五桥加快建设。综合客运站主体完工，4个公交换乘中心全部建成投用，城乡公交实现全覆盖。实施安驰大道改造工程，建成灵山大道等市政道路31段43千米。完成农村公路扩面延伸工程130千米，危桥改造63座。新建供水管网6.8千米、污水管网10千米、天然气管网16千米。建成5G基站150个。推进涡河景观带、全民健身中心等项目建设，建成投用职教园区。改建农村电网165千米，完成农村改厕1万户。建成宜居村庄160个、省级美丽乡村10个。

城乡管理。持续推进全国文明城市创建，通过省级卫生县城评估验收。完成老旧小区改造10万平方米。新建改造农贸市场4个。建立微网格巡查督办机制，重点开展交通秩序、空中管线等“十大专项整治”行动，城区餐饮单位实现一户一档管理。安装智能化交通设备25处，“守护家园”万路监控一体建成，供水、污水管网运行实现实时监测。有毒有害垃圾回收中心投入使用，垃圾无害化处理率100%。获评省级农村生活垃圾分类和资源化利用示范县。

生态建设。茨河鳜鱼青虾省级水产种质资源保护区全面禁捕退捕。整改废气排放企业42家，新建黄海社区引洪道污水处理设施和吕望等6个集镇污水处理站。涡河考核断面水质稳定达标。改造提升养殖场389家。北淝河国家湿地公园建设进展顺利。新建完善农田林网16200公顷，绿色长廊300千米。新增省级森林城镇2个，森林村庄14个。

同年，蒙城县获评第一批全国法治政府建设示范县、全国村庄清洁行动先进县，入选国家电子商务进农村综合示范县、全国县城新型城镇化建设示范县、中国综合投资热力百佳县。

【蒙城县获评2020年国家电商进农村综合示范县】2020年7月10日，商务部在其官网公布2020年电子商务进农村综合示范县名单(第一批)。其中蒙城县榜上有名。

近年来，蒙城县紧扣“国家电子商务进农村综合示范县”创建目标，推进电子商务发展。全县网络销售额从2015年不足1亿元增长到2020年15亿元。全县工商注册电商经营主体652个，电商、微商相关从业人员2万余人，开设网店8121个。快递企业16家，2020年快递收发件2300余万件，同比增长39%。建成电商孵化园、农产品电商中心等电商产业集聚区，电子商务孵化园获批省级现代服务业集聚区。培育庄周、篱笆、乐土、板桥、小涧5个省级农村电商示范镇及21个电商示范村，培育省级农村电商重点企业4个、省级农村电商品牌8个。

【蒙城县基层政务公开平台建设经验被国务院办公厅推广】2020年，蒙城县打造线上线下全方位的基层政务公开平台体系，受到国务院办公厅的肯定并加以推广。

近年来，蒙城县依托政府网站打造基层政务公开标准化规范化专题。科学编制26个领域基层政务公开事项目录，梳理公开事项1347个集中发布和展示基层各类公开事项，专题提供智能搜索功能，群众可根据领域名称、发布单位、关键词等快速定位信息，方便群众一点查询、一站尽览。依托服务大厅，建成约300平方米的政务公开专区，配备专门工作人员信息查询机7台，自助受理机1台，自助办事一体机16台，设置7×24小时政务服务事项自助办理区，实现政务公开与服务"不打烊"向群众提供一站式服务。依托移动端，开设"蒙城发布"微信公众号、"今日蒙城"移动应用程序，首页设置政务公开导航，全方位展示政务公开内容，及时推送新闻发布会、政策解读、回应群众关切等信息，适时开展行政决策公众意见征集，拓宽政府信息发布渠道，提升基层政务公开效果。依托多种形式，比如乡镇（街道）公示公告栏、"村村通"广播阵地、政府开放日、组织文艺演出团体走街头进村居等建好传统平台。

【蒙城县电子商务集聚区获评省级现代服务业集聚区】2020年12月8日，《安徽省发展改革委关于做好2020年度省级服务业集聚区及集聚示范区工作的通知》印发，蒙城县电子商务集聚区入选2020年省级服务业集聚区名单。

蒙城县电子商务集聚区按照安徽省"十三五"信息化发展规划以及安徽省省级服务业集聚区发展规划等省级规划与政策要求，始终坚持"集聚培育，双床双化，助推产业转型升级"的宗旨，组织开展招商、培育孵化、综合服务等工作。截至2020年底，集聚区入驻企业53家，实现销售额10.5亿元。经营范围包括食品、化妆品、服饰、鞋帽、家纺、汽车配件、建材、农资及农副产品等类目，园区内就业人数500余人，带动就业2000余人，培训5800余人次。

（王丽娜）

利辛县

【概况】1964年7月29日，国务院批准析阜阳、涡阳、蒙城、凤台4县部分地区置利辛县。1965年5月1日，析阜阳县的王人、王市、马店、胡集，涡阳县的张村、江集、阚集，凤台的阚疃、展沟，蒙城县的望疃共10个区，正式成立利辛县。2000年由阜阳辖下划归地级亳州市。2020年，利辛县辖23个乡镇361个村（居）委会，辖区面积2005平方千米，户籍人口175.9万人。

2020年，全县实现地区生产总值331.6亿元，较上年增长3.2%；财政收入26亿元，增长4.9%；固定资产投资增长14.2%；规模工业增加值增长1%；高新技术产业增加值增长13.9%；战略性新兴产业产值增长3.2%；社会消费品零售总额207.7亿元，增长3.3%；进出口总额5940万美元，增长1.85%；金融机构存款余额467亿元，贷款余额350.9亿元，分别增长10.2%、23.1%，存贷比75.1%；居民人均可支配收入20924元，增长7.3%；城镇常住居民人均可支配收入33414元，农村常住居民人均可支配收入14207元，分别增长5.2%和8.6%。

现代农业。实施小麦绿色高质高效行动，发展优质专用粮食生产基地71333.33公顷，建设高标准农田5333.33公顷、农田水利基础设施"最后一公里"项目666.67公顷，改善排涝灌溉面积8013.33公顷。主要农作物耕种收综合机械化率96%。粮食总产13.54亿千克，较上年增长1.34%。实施桥梁建设9座，小型电灌站拆除重建13座，引江济淮利辛段清水廊道朱集泵站建成运行，茨淮新河示范河湖建设通过省级验收。新增土地流转1573.33公顷；培育农民专业合作社22家；创建省级示范合作社3家、示范家庭农场6家，市级示范合作社14家、示范家庭农场16家。获批2020年中央财政农作物秸秆综合利用试点县，秸秆综合利用率在93%以上。城北镇被农业农村部评为产业强镇。安徽浩翔农牧有限公司获批长三角绿色农产品生产主导型生猪产品供应基地。村集体经济发展壮大，村均经营性收入达27.59万元，新增经济强村58个。

工业经济。实施中小企业培育行动计划，新增规模工业企业12家，推进板集煤矿复建，板集电厂二期工程成功获批，煤电一体化产业集群正在形成。佳辉服饰、京威服饰等一批纺织服装企业稳步发展，强英集团、牧洋油脂等农产品加工企业带动作用凸显。亿腾布业、鼎基桥梁等25个6000万元以上工业项目开工建设，宝城建筑、杰达纺织等项目建成投产。获批省专精特新企业、技术创新示范企业、消费品工业“三品”示范企业和绿色工厂各1家。新增高新技术企业16家，其中高新技术企业占规模工业企业的比重在30%以上。申报各类科技项目11个，转化科技成果93项。利辛县上榜全省制造业发展增速“10快”县，并成功创建安徽省质量强县。

现代服务业。新增规模以上服务业企业6家。新增入库建筑业企业10家。货运物流企业发展到188家，其中新增26家。培育电商示范镇2个、示范村7个，发展网络销售额超1000万元电商企业、超100万元名品牌电商企业各2家，新增电商主体105个，电商交易金额达29亿元。邮政业务总量增长50.4%。县文旅公司、信投公司组建成立，邦泰君澜大酒店、万峯汇商业综合体等投入运营。创建四星级农家乐1家，AAA级旅游景区和AAA级旅游村各1个。城关镇苏店村获评首批安徽省特色旅游名村，香秀园、治未病养心园、印象江南生态园获评省级休闲旅游示范点。西淝河国家级湿地公园通过评审验收。全省湿地公园建设观摩现场会在利辛县举办。

招商引资和项目建设。投资10亿元的传旗重科、9.6亿元的禾丰牧业等一批项目签约落地。新引进利用省外资金项目41个，实际到位省外资金165.01亿元。新签约亿元以上工业项目46个，其中5亿元以上的5个，10亿元以上的2个。55个省重点考核项目完成投资77.35亿元，143个市重点考核项目完成投资165亿元。21个项目列入地方专项债项目库，获批资金7.63亿元。争取中央投资项目10个，资金6200万元。农林生物质热电联产、淮阜城际铁路利辛段、引江济淮利辛段等一批重大项目有序推进。县经开区分布式能源供热项目具备供热条件。完成华鲁酒业等11个项目重组，盘活土地53.33公顷、闲置厂房近8万平方米。转化落地项目42个，发放创业担保贷款2.6亿元。新增私营企业5316家，个体工商户10453户。利辛县连续两年获评全国投资潜力百强县。

城乡建设。国土空间规划、高铁站前区规划编制和“多规合一”实用性村庄规划编制试点推进，县城5G通信、乡镇燃气、城区生态水网、城乡供水一体化等基础设施建设规划逐步完善。国道329绕城段、省道338等公路改建工程，以及马胡桥、邵渡口大桥等桥梁项目加快建设。投资3.66亿元，实施子胥大道等道路改造工程，完成创业路、环翠西路等市政道路建设10.8千米，建设怡秀游园等游园3个；新增和改造提升绿化面积45万平方米；整治易涝点57个。投资3.9亿元，改造农村危桥83座，建设农村公路238.3千米，生命安全防护工程128.3千米。郁湖等3家地表水厂通水运行，完成农村饮水型氟超标改水工程33处，惠及人口152万人。改造、新增公共停车泊位2000个。体育中心、市民健身公园二期工程等项目加快建设。新建省级美丽乡村3个，完成农村改厕8903户，王市镇获评省级森林城镇，汝集镇街南村等8个村获评省级森林村庄，孙庙乡阳光村获评第六届全国文明村。生活垃圾焚烧发电厂投入运营。完成城乡建设用地增减挂钩项目535.25公顷，新增耕地247.29公顷。

民生、社会事业。投入36.69亿元，完成32项民生工程。落实援企稳岗政策，城镇新增就业岗位12234个，开发见习岗位2235个、扶贫公益岗位9331个。完善社会救助制度，发放各类社会救助资金3.7亿元。实施全民参保计划，城乡居民基本医疗保险参保率达99.53%。新增社办养老床位200张，建成乡镇养老服务指导中心9所，社区（村）养老服务站18所。实施城关镇家属院等3个老旧小区改造，完成改造1.97万平方米。建设棚户区改造安置还原房屋1848套。新建、改建幼儿园13所，维修改造校舍57所，完成136所乡村中小学、62个教学点智慧学校建设，781个标准化中高考考场全部安装空调。新建、改建乡镇卫生院6所，完成乡镇卫生院能力提升3所。利辛县中医院通过三级中医院设置许可。开展“送戏进万村”演出692场，送电影下乡4152场，乡村春晚109场，村级综合文化服务中心覆盖率在95%以上。县广播电视发射塔和16个社会足球场建成使用。县融媒体中心通过省级验收。应急广播覆盖率100%。扫黑除恶打掉涉黑涉恶犯罪团伙23个，查封、扣押、冻结涉案资产1.01亿元。成立全省首家金融纠纷多元调解中心，建立人民调解委员会393个，配备人民调解员3006名。“七五”普法工作通过省、市考核验收。连续6届保持全省平安县称号。推进“邻长制”基层组织体系建设，配备片长2384名，组长6188名，邻长22474名。创建全国示范型退役军人服务中心（站）9个。张村镇四里何民族村获评全省民族团结进步模范集体。

【利辛西淝河国家湿地公园试点顺利通过验收】2020年12月25日，《国家林业和草原局关于2020年国家湿地公园试点验收结果的通知》下发，利辛西淝河国家湿地公园试点通过验收，成为国家湿地公园，填补了亳州市国家级湿地公园的空白。该公园位于利辛县城西部，以西淝河中游河段为主体，西北起朱集闸，东南至吕台大桥，河流长27千米，涉及汝集镇、孙集镇、西潘楼镇、王市镇、马店孜镇、城关镇、胡集镇、程家集镇8个乡镇，规划总面积958.71公顷，其中湿地面积585.95公顷。2014年6月通过省级湿地公园（试点）评审，2015年12月获批国家级湿地公园试点。

五年来，利辛县围绕打造“环境优美、自然和谐、宜居宜业、宜游宜乐”的西淝河湿地生态，累计投资近1.3亿元，建设保育区632.27公顷，恢复重建区209.44公顷，宣教展示区63.70公顷，合理利用区50.75公顷，管理服务区2.55公顷。2020年，西淝河森林生态廊道综合生态服务功能完善，流域水质清澈，游客服务中心、民俗展览馆、湿地学校、湿地书屋、科研监测站、拓展训练教室等研学游基地设施齐全，科普植物园、湿地展览馆景观丰富，榉树湿地生态林、黄桃产业园遥遥相应。园区水岸蜿蜒，曲径通幽，色彩斑斓，景色宜人，成为黄淮平原地区河流湿地保护与生态友好型利用的示范项目、安徽省湿地科普宣教的精品工程、水源及水质安全生态屏障，融湿地保护、湿地修复、科普教育、科研监测、湿地体验、湿地文化展示等多功能于一体的利辛生态建设标志性工程。

【利辛县实施2020年中央财政粮改饲项目取得明显成效】2020年，利辛县继续实施中央财政粮改饲项目，在全县范围内以推进农业结构调整为主攻方向，引导全县牛羊饲养从玉米籽粒饲喂向全株青贮饲喂适度转变，促进草食畜牧业发展和农民增产增收。

市场引导重建农牧结构。利辛县发挥财政资金引导作用，调动市场主体收贮、使用青贮玉米等优质饲草料的积极性，依靠市场机制拉动种植结构向粮经饲统筹方向转变，构建种养结合、粮草兼顾的新型农牧业结构。资金补贴转变饲喂方式。2020年，全县牛羊规模养殖场（收储企业）申报实施项目积极性高涨，全县62家牛羊规模养殖场（收储企业）实施粮改饲项目青贮玉米种植面积达6200公顷，制作全株玉米青贮饲料15.978万吨，中央财政补助资金共448万元，对每吨全株玉米青贮饲料平均补助28.038元，已按程序拨付到项目实施主体。实现奶牛规模养殖场青贮玉米全覆盖，肉牛和肉羊规模养殖场饲草料结构优化。推进粮改饲项目调整玉米种植结构，扩大专用青贮玉米等优质饲草料种植面积，增加收贮量，提升种、收、贮、用综合能力和社会化服务水平，推动饲草料品种专用化、生产规模化、销售商品化和牛羊标准化规模养殖快速增长，全面提升种植收益、草食家畜生产效率和养殖效益，促进种养结合及一、二、三产业融合发展，成效明显。

（房付韬）

人　物

2020年，亳州“中国好人”连续4年上榜人数居全省第一。12月6日，中央文明办在亳州市举办2020年11月“中国好人榜”网上发布活动　　（张延林　摄）

全国劳动模范简介

刘双燕

刘双燕，女，1975年6月生，亳州市利辛县人，国家税务总局亳州市税务局干部，中共党员。2012年3月始，为安徽省第五批、第六批、第七批选派帮扶干部，担任驻村第一书记。

在选派担任利辛县陆小营村第一书记期间，刘双燕克服身体病痛、无惧困难，深入艾滋病人家中帮助重树信心；筹集资金50万元，修通近3千米长的水泥主路，带动乡村经济发展。2014年11月，刘双燕留任利辛县汝集镇朱集村党总支第一书记、驻村扶贫工作队长，她带头发展种养合作社，引入特色种养殖项目、光伏发电、林业扶贫等产业，3年的时间，村里的产业从小、散、差，逐步发展到初具规模，村民收入大幅提升，全村贫困发生率由2014年的13%下降到0.4%。2018年3月再次留任，成为连任三届9年的第一书记。

她根据朱集村种植1000余亩黄蜀葵花实际情况，改变采摘黄蜀葵花烘干打碎简单加工的现行做法，发展黄蜀葵花系列养生茶饮、农家乐等高附加值产品，让扶贫农产品走进京东“穗来邦”扶贫电商平台，实现产业升级。推进“农村+电商”经营，让村民实现家门口创业、家门口致富。

扶贫期间，刘双燕经历母亲、丈夫先后病逝的悲痛，依然初心不改，矢志不渝。在新冠肺炎疫情期间，她个人捐款购买口罩和消毒液价值近6000元。省委书记李锦斌点名表扬刘双燕，国家税务总局局长王军专门批示表扬。国务院扶贫办刘永富主任赞誉她是“党的好女儿，民的亲闺女”。

刘双燕曾获评全国脱贫攻坚贡献奖、“中国好人”“全国三八红旗手”“全国最美职工”“全国最美公务员”“全国先进工作者”，2020年11月24日，刘双燕当选全国劳动模范，并作为全国劳动模范和全国先进工作者代表，参加国务院新闻发布会。

（杨宇航）

刘国英

刘国英，女，1974年12月生，蒙古族，九三学社社员，正高级工程师，高级酿酒师，安徽省劳动模范，亳州市第四届人大代表，安徽省第十三届人大代表，市总工会兼职副主席，现任古井贡酒股份公司技术质量中心技术中心主任。江南大学、河南工业大学等高校的客座教授，安徽省白酒标准化技术委员会技术专家。

刘国英一直在古井生产和科研一线从事技术研发，是公司技术研发工作带头人。刘国英先后主持和重点参与完成20余项课题的研究和新产品开发，其中18项成果通过省级、行业科技成果鉴定，近20项成果获省、市和行业协会科技奖，发表学术论文数十篇。这些研究成果解决了酿酒生产中遇到的难题和技术瓶颈，推动传统产业提质升级。

刘国英主持制定《浓香型大曲酒窖泥生产技术规程》《窖泥中腐殖质的测定　重铬酸钾氧化法》等20项安徽省地方标准和13项安徽食品行业团体标准，助推传统固态发酵过程控制的规范发展，推动了全省甚至整个白酒行业的标准化体系建设。

刘国英主持研发的“一种应用全二维气相色谱—飞行时间质谱联用定性白酒中组分的方法”等25项发明专利和33项实用新型专利获国家知识产权局授予的专利证书，她所带领团队取得的专利近百项。

“十三五”期间，作为子项目负责人，刘国英联合中国食品发酵工业研究院共同开展政府间国际科技创新合作重点专项（中国与欧盟合作项目）“重要食品同位素真实性关键技术合作研究”，该项目纳入国家科技部重点研发计划。她带领团队与北京工商大学院士团队联合申报的“传统酿造食品制造关键技术与装备开发”项目被纳入“十三五”首批国家重点研发计划。

近几年，古井研发团队在刘国英的培养建设下，培育出3名正高级工程师、8名高级工程师、10余名工程师、10名一级酿酒师、5名一级品酒师等。团队被授予“全国五一巾帼标兵岗”“省级优秀企业技术中心”“全国优秀质量管理小组”“全国优秀质量班组”等。2018年，中心的两个技术团队分别入选亳州市产业创新团队和安徽省115产业创新团队。

刘国英曾获评安徽省优秀科技工作者、安徽省劳动模范、安徽省第六批战略性新兴产业技术领军人才、安徽省项目评审专家、安徽省第五批“特支计划”人才等省级荣誉，并进入全国万名优秀创新创业导师人才库。

2020年11月24日，在2020年全国劳动模范和先进工作者表彰大会上，刘国英当选全国劳动模范。

（吴　伟　杨　燕）

李子杰

李子杰，男，1967年12月生，亳州市利辛县人，国网安徽省电力有限公司利辛县供电公司马店供电所所长。

经过多年实践，李子杰总结形成电力安全管理“细、柔、严、宽”工作法，灵活处置无数次复杂的电力安全管理问题。他曾用4年时间走遍利辛县23个乡镇，对全县60条长达3000千米的10千伏线路的运行状况了如指掌。他在工作中最大的追求就是努力为客户提供优质服务。他于2017年9月到马店任所长后，仅用一年时间便带领该供电所成功创建全市首个国家电网公司五星级乡镇供电所。在他负责利辛县低电压整改期间，项目共23个，涉及近70个供电台区。他每天高强度工作导致眼膜破裂。公司领导逼着他去县医院治疗，他放心不下工作，竟然带着吊水瓶跑到现场……最终所有项目均按计划全部完成。

多年来，李子杰参与抗震救灾、助学济困、抗击疫情等活动，累计捐赠价值13.2万元的现金和物资。

李子杰曾获全国“五一劳动奖章”、安徽省劳动模范、亳州市劳动模范、“亳州好人”。2020年11月24日，在2020年全国劳动模范和先进工作者表彰大会上，李子杰当选全国劳动模范。

（张光宇）

2020年中国好人榜亳州人物

庞朝栓

庞朝栓，男，1969年8月生，蒙城县三义镇供电所所长、党支部副书记。

庞朝栓，人称“救火队长”，全县哪个所工作落后，他就被派到哪儿。2009年3月，他被派到立仓镇供电所，仅用一年的时间，就把这个全省倒数第八的不合格供电所带出困境，获评蒙城供电公司2010年度优秀集体。2013年7月25日，蒙城西部遭受罕见大风袭击，岳坊供电所辖区的电力设施被严重破坏，整个供电系统陷入瘫痪，涉及全镇6万居民。庞朝栓立即带领团队奔赴抢险现场，当天晚上8时，全镇恢复通电。“安全第一，服务至上，细化量化，奖罚分明”就是他的成功秘诀。“没有爱心，啥事都做不成。”在庞朝栓的倡议下，岳坊供电所为全镇孤寡老人和贫困户建立了特殊客户服务档案，并明确包户到人，跟踪服务，免费维修，无偿救助。

庞朝栓先后获评“亳州供电公司优秀农电工”“安徽省电力公司优秀农电工”“亳州好人”“安徽好人”等称号，2020年1月，获评“中国好人”。

张孝飞

张孝飞，男，1982年2月出生，硕士研究生，中共党员，亳州市人民医院副主任医师，首批援鄂医生之一。

年初新冠肺炎疫情突袭而至，张孝飞每天与数不清的发热患者打交道，他坐诊的发热门诊成了医院危险的地方。1月26日，医院应召去疫情严重的湖北省武汉市，他成为安徽省首批支援武汉医疗队成员。在武汉第一天下班，他是哭着回宾馆的。他听到一位患者阿姨说：“老伴在监护室抢救，两个女儿也感染住进医院。”一位老大爷在弥留之际，让张孝飞帮忙给家属打电话，没想到他老伴在电话里说自己也在住院……他更加肯定自己来武汉的决定是对的，这里的人更需要他。作为安徽省最早一批去，最晚一批回的援鄂医疗队队员之一，张孝飞在武汉的65天里，分秒必争奋战在抗疫最前线。其间他转战两所医院，救治100余位患者。回到亳州后，他第一时间返回到工作岗位上。他还通过“传帮带”，毫无保留地帮助年轻医生掌握各种诊疗技术。

2020年，张孝飞先后获评“亳州市抗击新冠肺炎工作先进个人”“安徽省卫生健康系统新冠肺炎疫情防控工作先进个人”“安徽省医学会新冠肺炎疫情防控工作先进会员”“亳州市五四青年奖章”“安徽省优秀共产党员”，入选2020年2—7月“中国好人榜”。

高亚男

高亚男，男，1985年9月生，涡阳县马店集镇人，中共党员，本科学历，退役军人。

高亚男在部队期间，他因宣传报道突出，连续两年立个人三等功；转业后，他多次参与公益宣传报道，始终把镜头对准需要帮助的人。2020年初，疫情防控期间，作为“编外记者”的高亚男变身“战疫记者”，用镜头抗“疫”，自费公益报道80余篇（幅）疫情“暖新闻”；他是重病患者的“救命稻草”，为重病患者筹款100余万元；他是弱势群体的“贴心天使”，报道残疾人创业故事100余篇，助力100余人脱贫致富；他是产品滞销的“形象代言”，推销农产品上“热门”，帮200余户销售农产品500余万元。

2019年1月，高亚男获评“亳州好人”；2020年，获评全市新冠肺炎疫情防控工作先进个人；入选2020年2—7月“中国好人榜”。

曹　洁

曹洁，女，1967年10月生，中共党员，市盐业公司退休职工，木兰巾帼志愿服务中心发起人，市妇联兼职副主席。

作为社会公益团体负责人，曹洁每年组织志愿者义务植树、爱心助考、慰问老党员老军人、救助特困群体等，不计名利，不惧非议，热心助人千里寻亲。10年来牵头筹集善款和救助物资累计价值200余万元；开展春运志愿服务，累计帮扶旅客300万余人次；在疫情面前勇敢逆行，彰显社会公益力量的温暖与担当。她关心关爱未成年人成长，注重引导和培育青少年志愿者，鼓励在校大学生利用假期参与志愿服务活动。

曹洁在家庭和睦方面也成为榜样。她上有八旬父母，下有年幼的孙女。她作为家庭主妇，在行善的同时，妥善安排好家庭日常生活。她的善举获得家庭成员的大力支持。

近年来，曹洁先后获“第二届谯城区道德模范”“亳州市岗位学雷锋标兵”“亳州好人”“安徽省‘月评十佳’学雷锋志愿服务优秀典型”“安徽省最美家庭”“安徽好人”“全国最美家庭”等称号，入选2020年8-9月“中国好人榜”。

武中海、冯秀真、武腾腾、王俭俭

丈夫武中海，1964年9月生；妻子冯秀真，1964年11月生，中共党员；武中海夫妇常年在外务工。儿子武腾腾，1987年12月生；儿媳王俭俭，1986年2月生，小夫妻俩在市区经营一个手机维修部。4人均为谯城区魏岗镇武楼村人。

2009年，武中海夫妻外出打工，在工地安装水电，由于技术过硬、为人实在，口碑较好。有了出路后，渐渐有乡亲来投靠；2011年，夫妻俩带着村里10余人，组建工程队。前两年做工程还很顺利。2014年，武中海被建筑商告知资金困难，拖欠的劳务费要暂缓支付。后来，建筑商与开发商之间引发一场诉讼，武中海被拖欠的劳务费没了着落。其间，儿子武腾腾、儿媳王俭俭主动抵押住房贷款、协助父母多方向亲戚借款，先后垫付农民工工资及利息90余万元，把所有的债务风险都揽在自家身上；最难的时候，一家人靠借亲戚2000元钱才把年过了。儿子武腾腾连续13年参加无偿献血，是全市第六位成功捐献造血干细胞的志愿者，儿媳王俭俭始终支持武腾腾并参与公益。2017年，冯秀真患甲状腺癌，手术后她在儿媳的照料下逐步康复，之后冯秀真赶回丈夫身边一起“挣钱还债”。武中海夫妇受儿子、儿媳的影响，2018年2月，一家人均在《遗体（角膜）捐献志愿书》上签字。2019年底，终于还清所有欠款。

2018年，武腾腾获评“亳州好人”；2020年，武中海夫妇先后获评“亳州好人”“安徽好人”，武中海、冯秀真、武腾腾、王俭俭入选2020年10月“中国好人榜”；2020年12月，4人获评第七届亳州市道德模范。

康士彪、李永芳

康士彪，男，1972年5月出生，中共党员，利辛县马店孜镇供电所农电工；李永芳，女，1971年3月出生，马店孜镇康洼村村民，二人系夫妻关系。

1997年，康士彪把村里因大雨冲毁房屋的“五保”老人康成计接到自己家中，夫妻俩义务照料23年。康士彪家境并不富裕，还要照顾智障儿子，但是他从未向工作单位透露过这件事，也没有寻求组织照顾。他在乡镇供电所上班，每天都要往返20余千米，负责3个行政村23个自然村2174户居民的低压用电服务工作，工作勤恳，服务优质。在村里，他睦邻友好，服务于乡邻的用电生活，待康成计如亲人；在家中，他注重子女教育，再苦再累也不耽误孩子们上学，两个孩子考入大学，毕业后找到了理想的工作，懂得孝敬老人。由于在康士彪家中住习惯了，康成计多次拒绝入住村里的养老院。如今康成计99岁高龄，20多年来，康成计与康士彪一家成了亲密一家人。

2020年2月，康士彪获评“亳州好人”；2020年6月，康士彪、李永芳夫妇获评“安徽好人”；2020年11月，获评“中国好人”。

孙　峰

孙峰，男，中共党员，1973年1月出生，蒙城县城关街道学院社区居民，蒙城县阳光公益协会会长。

2002年，孙峰因所在公司经营不善而被迫下岗，生活困难，乡亲近邻的无私帮助让他渡过了难关。此后孙峰下海创业，经营商贸公司及酒店，事业有了起色。他深知生活的艰辛，致富不忘桑梓，10年坚持扶困助学，足迹遍布安徽、四川、云南等省区贫困地区；向四川汶川、青海玉树灾区、农村贫困户、贫困生、特殊群体等个人捐款超过60万元；发起公益活动200余次，号召社会爱心人士捐款捐物300余万元，资助慰问农村贫困生2000余人。孙峰带领蒙城县阳光公益协会连续3年开展“消费扶贫，助贫困农户脱困境”扶贫志愿服务项目，组织大型公益助销活动25次，带动价值60余万元农产品销售。新冠疫情期间，孙峰带领协会志愿者捐款捐物30余万元，为蒙城县抗疫人员送去应急防疫物资。他发起的“守护希望之光关爱贫困留守儿童”志愿服务项目、“蒙城县阳光公益协会”获评安徽省“月评十佳”，“情系大凉山奉献一片爱”志愿服务项目入围全国最佳志愿服务组织。

近年来，孙峰先后获评“亳州好人”“亳州市道德模范提名奖”“安徽好人”等称号，入选2020年12月“中国好人榜”。

2020年安徽好人榜亳州人物

武中海、冯秀真夫妇

（参见“2020年中国好人榜亳州人物”）

李灯虎

李灯虎，男，1965年4月生，蒙城县楚村镇富达新村人，中共预备党员，亳州市第四届人大代表。

李灯虎18岁就外出打零工。经多年打拼，他掌握了生猪养殖技术，于2014年回家创业，走上致富路。李灯虎致富不忘回报社会，多年来他积极参与社会公益事业。每年定期拿出5000元发放给他帮扶的贫困户，拿出12万元作为专项“扶贫金”助力全村104户贫困家庭。2020年2月2日，他向楚村镇人民政府捐款20万元，助力疫情防控；并志愿加入村疫情防控劝返点值班。

李灯虎曾获评“蒙城好人”“亳州好人”蒙城县优秀企业家带头人等称号。2020年2月，获评助人为乐类“安徽好人”。

萧　相

萧相，男，1982年2月出生，中共党员，利辛县政协委员，县卫生健康委疾控应急股负责人、县红十字会办公室负责人。

为挽救一名15岁的白血病男孩，半年时间，萧相两次捐献造血干细胞，成为全省红十字系统首例造血干细胞捐献者和全省首例二次捐献造血干细胞者，也是全省首例淋巴细胞捐献者。从2004年始无偿献血，累计献血8000毫升，获全国无偿献血奉献奖金奖。2018年7月获评“亳州好人”，同年8月获评“感动药都”志愿服务优秀典型；2019年9月，被人力资源社会保障部、中国红十字会总会授予“全国红十字系统先进工作者”，受到习近平、李克强、王沪宁、王岐山等党和国家领导人接见。

2020年3月，萧相获评助人为乐类“安徽好人”。

张显旺

张显旺，男，1980年8月生，蒙城县庄周街道东光村人，退役军人。现任浙江省宁波市亳州商会会长、宁波蒙城商会党支部书记。

张显旺转型创业成功后，致力于公益事业，回馈家乡。2014年，张显旺远赴贵州山区和贵州黄平民族中学对接认领3名贫困学生，常年资助直至完成学业，实现上大学的梦想。他多次通过蒙城县政协、县工商联向蒙城困难大学生、环卫工人、白血病儿童捐款达8万余元。先后为104名新入学大学生捐助现金3万元。2016年回家探亲时，听说乐土镇一个正读初三的同学罹患急性白血病，他立即号召商会会员单位党员捐款，并将募捐到的9.4万元送上门……

多年来，张显旺先后捐资40

余万元帮助100余名贫困儿童，为家乡建设引进多个人才和优秀项目。为了改善父老乡亲生活条件，他捐资10万余元铺设环村水泥路；新冠肺炎疫情期间，他向蒙城县红十字会捐款1万元，向内蒙古通辽市科左后旗红十字会和内蒙古通辽市库伦旗人民政府，捐赠3000余只KN95口罩；耗时一个月从海外采购90套防护服捐赠给蒙城医护工作者。

2010年，张显旺被团省委评为“优秀创业青年”“优秀团干部”，先后获评“蒙城好人”“感动蒙城道德模范”提名奖、“亳州好人”等称号。2020年4月，获评助人为乐类“安徽好人”。

高亚男

（参见“2020年中国好人榜亳州人物”）

康士彪、李永芳夫妇

（参见“2020年中国好人榜亳州人物”）

刘华军、刘华丽、刘华斌

刘华军，男，1962年8月出生，亳州市爱心协会会长；刘华丽，女，1964年8月出生，亳州市爱心协会副会长；刘华斌，男，1969年2月出生，谯城区委老干部局工作人员。三人均为“爱心老人”刘汉章子女，谯城区人。

“安徽好人”、亳州市道德模范刘汉章，在身患癌症的情况下，多年来收养资助200余名孤儿和贫困学子，帮扶80余户贫困家庭，捐款达200余万元。2012年2月，刘汉章去世后，他的儿子刘华军、刘华斌和女儿刘华丽三兄妹接过了父亲“爱的接力棒”。兄妹三人组团或单独帮扶困难家庭，收养资助孤儿，慰问留守儿童和贫困学子，情暖孤寡老人，关爱环卫工人，连续15年参加爱心送考。7年来，刘氏三兄妹共捐款20余万元资助贫困学子42名，帮助贫困家庭近百户，惠及群众千余人，志愿服务时长约13500余小时。年初疫情期间，兄妹三人参与疫情防控，累计捐赠物资价值5万余元。

近年来，兄妹三人分别获“谯城好人”“谯城区道德模范”“亳州好人”等称号。2020年7月，获评助人为乐类“安徽好人”。

丁成宽

丁成宽，男，1965年8月生，中共党员，本科学历，谯城区颜集镇乡村教师。

1984年高中毕业后，丁成宽成为本村小学的一名民办教师。针对农村“留守儿童”现象，丁成宽搜集相关资料，研究解决问题的办法。他曾帮助一个唇裂女童张傲妮申请国家免费医疗；长期关爱留守儿童丁文祥、颜艺阳，助力两个孩子健康成长。丁成宽撰写的论文《丁文祥的转变》《孩子，我用爱心点亮你的心灯》等，为关爱农村留守儿童提供了范例。教书36年来，无论多么“顽劣”的孩子，他总能“润物细无声”。

丁成宽两次获评“亳州市优秀教师”，2013年获评“亳州市优秀班主任”，2015年获评谯城区优秀党员，2018年获评“谯城好人”，2020年5月获评“亳州好人”。2020年9月，获评敬业奉献类“安徽好人”。

王　磊

王磊，男，汉族，1976年6月生，谯城区汤陵街道丰水源社区居民，亳州雷锋车队队长。

十余年来，王磊发起组织的雷锋车队从最初的十几人发展至现在的300余人，成为亳州公益组织的榜样。从1999年拾到一个20万元存折归还失主开始，到大别山勇救落水女子，再到14年参与爱心送考，王磊做公益已20余年。王磊带领队员多次参加公益活动：2016年8月为5位贫困大学生捐款5000元，12月为“中国好人”杨爱平募资捐款5000余元；2017年8月为“安徽好人”刘勇募资捐款6000余元，2018年3月雷锋车队与亳州交警某中队联手结对帮扶两个困难家庭的7名儿童……累计牵头筹集爱心捐款20余万元。2017年6月始，组织雷锋车队参与网络文明传播、“礼让斑马线”宣传引导活动；2020年疫情期间，王磊带领队员捐款捐物，并多次到乡镇、社区等卡点参与疫情防控。

2013年5月王磊获评“亳州好人”，2016年4月获评安徽省学雷锋志愿服务个人优秀典型，2018年9月获评“第六届亳州市道德模范”。2020年10月，获评助人为乐类“安徽好人”。

许海标

许海标，男，1970年8月生，中共党员，转业军人，安徽省粮食和物资储备局三级调研员，2017年4月被选派到蒙城县小辛集乡桥南村，任村党总支部第一书记、扶贫工作队队长。

下派期间，许海标带领群众脱贫致富。他争取资金跑项目，协调本单位投入220余万元兴建扶贫车间、文化广场、路灯，改造村党员活动室，支持贫困户发展产业；向桥南小学捐赠价值1.5万的图书；为贫困户带去价值6万余元的慰问品。他帮助住院贫困户播种农田；每年为18位孤寡人过集体生日，解决他们的生活困难；资助卢桂芳3000元医治左下肢严重溃疾病，为贫困户销售莲藕和粉丝等农产品25余万千克。他兼顾乡风文明建设，每年的儿童节，带领孤儿去吃肯德基、买书籍。定期邀请老师为留守儿童开展课外辅导，组织35名贫家庭儿童开展夏令营活动，每年筹集1.5万元资金用于“扶贫爱心超市”运作；成立成风锣鼓队，丰富村民文化生活。村集体经济从2016年度的零收入增至70余万元。

许海标服役期间，曾两次立个人三等功。先后获评“亳州好人”、亳州市“优秀选派帮扶干部”、省直机关“五一劳动奖章”等称号。2020年11月，获评敬业奉献类“安徽好人”。

单三毛

单三毛，男，1979年5月生，中共党员，亳州市疾控中心工作人员，2018年亳州市委组织部第七批选派帮扶干部，现任蒙城县坛城镇张圩村第一书记、扶贫工作队队长。

2011年5月，在中华骨髓库安徽分库亳州工作站成立的第一天，单三毛就采集了造血干细胞样本，加入造血干细胞志愿者库。2018年2月，单三毛与一名33岁的急性骨髓系白血病女性初配成功。当年4月13日，他正式捐献造血干细胞，成为亳州市第七例造血干细胞捐献者。完成首次捐献后，放不下工作的单三毛于4月份当月就赶往蒙城县坛城镇张圩村扶贫岗位。2020年9月，单三毛又接到红十字会的通知：患者病情复发，需要他捐献淋巴细胞。听说是“救命”，单三毛依然二话没说，当即答应。2020年11月2日，单三毛在病床上躺了5个小时，成功捐献126毫升的淋巴细胞。时隔两年，单三毛再次为同一名血液病患者带来生的希望。

单三毛先后获评“蒙城好人”“亳州好人”；2020年12月，获评助人为乐类“安徽好人”。

2020年获评安徽省“月评十佳”志愿者典型

一、个人典型

于秀娟

于秀娟，女，利辛县税务局工作人员。自2008年加入公益志愿服务事业之后，先后组织举办志愿活动450余场，慰问人群9500余人次；举办道德模范宣讲120余场，受益人群18000余人次；举办免费税法志愿宣讲300余场，宣讲辅导人群16000余人次，累计参加志愿服务总时长8000余小时，受到社会一致好评。

2020年1月，于秀娟获评安徽省“月评十佳”志愿服务个人典型。

白士峰

白士峰，谯城区志愿者协会会长，亳州市人大代表，热心公益事业，先后资助多名失学儿童复学，积极参加爱心竞拍、贫困群众救助、捐助爱心书屋、捐款汶川地震、资助白血病患儿、寒冬送暖、保护环境活动、公益普法等活动，其先进事迹先后被省市各大媒体报道。疫情期间，他带领志愿者走访10余个乡镇，慰问80余家单位，受助群众3000余人。协会共捐赠抗疫物资14批，总价值70余万元。

白士峰曾获评“亳州市劳动模范”“亳州市优秀青年”。2020年3月，白士峰获评安徽省“月评十佳”志愿服务个人典型。

孙银行

孙银行，男，退役军人，谯城区益英退役军人就业创业服务中心负责人。孙银行退役返乡后，热心公益事业，牵头组建亳州市红爱应急救援协会、谯城区益英退役军人创业就业服务中心两个公益组织，长期开展公益救援、关爱弱势群体、防灾减灾知识培训、义务寻人寻亲等公益活动。参与应急救援任务200余次，成功打捞救助6人，协助市救助站制作寻人贴300余个，参与志愿服务活动500余场次时长4000余小时。他主讲的“珍爱生命、远离溺水”安全教育公益巡讲进校园活动近百场，受益师生5万余人。2020年，疫情期间，他带领志愿者参加疫情防控知识宣传和消毒杀菌公益活动400余场次；汛期，孙银行带领志愿者7天转战六安市、阜阳市等四地抢险救灾。

孙银行曾被授予“2018年网络正能量事件”提名奖，获评“新时代雷锋”“亳州市优秀青年志愿者”；2020年8月，获评安徽省“月评十佳”志愿服务个人典型。

闫书见、刘俊霞夫妇

闫书见刘俊霞夫妇均是亳州市爱心协会会员。2013年始，夫妇俩热心参与阳光助残、敬老爱幼、保护环境、春运服务、爱心送考、疫情防控等公益事业。8年来，夫妻俩志愿服务时长共计约14000余小时，带动15000余人次参加志愿服务活动，夫妇共俩计捐款7万余元，带动他人捐款捐物180余万元，受益人数达10万人。

闫书见、刘俊霞夫妇曾获评“爱心送考助考”优秀志愿者、“谯城好人”、亳州市“最美家庭”“亳州好人”。2020年10月，夫妇俩获评安徽省“月评十佳”志愿服务个人典型。

单三毛

2020年11月，单三毛获评安徽省“月评十佳”志愿服务个人典型。（事迹见2020年度安徽好人榜亳州人物）

纪建立

纪建立，谯城区淝河镇退休老干部，淝河镇新时代文明实践所志愿者。

纪建立于2002年退休，但是他退而不休，又于2004年创办“老纪科普协会”，免费为贫困户提供交流和学习平台，组织活动、开展技术培训；每月定期开展科技知识讲座，内请能人外请专家，传授农业科技知识；开展技术交流、咨询、研讨、解答、上门指导等活动。截至2020年，老纪科普协会举办科技扶贫培训会50余场次，纪建立自费带领贫困户外出考察学习8次，给予7个贫困家庭现金资助4万元，帮助200余个家庭脱贫，累计志愿服务时长5100余小时。

纪建立曾获评“平凡人 中国梦”2013十大新闻人物、“亳州好人”、“全国离退休干部先进个人”；2020年12月，获评安徽省“月评十佳”志愿服务个人典型。

二、组织典型

利辛县蓝天救援中心

利辛县蓝天救援中心自2017年成立后，为利辛本地及周边地区常态化提供扶危济困、防灾减灾、防溺水安全宣传及公益救援等活动。共计执行救援任务286次，参加大型活动应急保障任务108次；参与疫情防控59天，参加人数639人次，出勤总时长554小时，出勤车次248台次；进行现场及网络寻人寻物1606次，校园社区培训350余次；发放防溺水、防火、交通安全手册32万余册，受益人数超过60万人。

2020年7月，利辛县蓝天救援中心获评安徽省“月评十佳”志愿服务组织典型。

三、项目典型

谯城区——“萌芽的天使”志愿服务项目

该项目是亳州市青少年关爱协会2017年3月创建的品牌项目，通过开展法律知识进校园、关爱留守儿童、救助贫困青少年等一系列活动，助力青少年健康成长，增强全社会对青少年的关爱意识。自项目创建后，开展各类志愿服务170余次，参与项目志愿者620余人，捐款150万余元，服务青少年9000余人次。

2020年2月，该项目获评安徽省“月评十佳”志愿服务项目典型。

利辛——阳光家园快乐成长关爱农村留守儿童项目

该项目由利辛县爱心协会于2018年6月发起，采用“社工志愿者+学校”的服务模式，为利辛县偏远农村的留守儿童提供生活物资、兴趣课程、安全教育及关爱服务等帮助，致力于改善农村留守儿童的生活，以帮助留守儿童群体健康成长。自项目启动后，开展活动58次，动员志愿者、社会团体及企业500余人次参与关爱活动，帮助留守儿童500余位。

2020年5月，该项目获评安徽省“月评十佳”志愿服务项目典型。

蒙城——守护希望之光关爱留守儿童

该项目由蒙城阳光公益协会于2017年始开展，以关爱贫困留守儿童的心理健康和身体健康为宗旨，从经济上和心理上进行帮扶和引导，为孩子们提供经济资助和心智给养，帮助他们顺利融入社会。自项目启动后，协会组织志愿者开展关爱志愿服务活动50余次，活动参与志愿者1000余人次，关爱贫困留守儿童1200余人次，总爱心捐款捐物达50余万元。

2020年6月，该项目获评安徽省"月评十佳"志愿服务项目典型。

蒙城县"情暖夕阳　空巢有爱"志愿服务项目

该项目以改善空巢老人生活质量，营造和谐文明的社会环境为目的，自2018年1月份始，为100余位社区空巢老人提供生活照料、情感陪护、义剪义诊、文化娱乐等志愿服务1000余场次，提高空巢老人的生活质量。并面向空巢老人中生活困难的群体开展个案服务，为其链接医疗、心理健康服务等资源，提供"多对一"的志愿服务。

2020年9月，该项目获评安徽省"月评十佳"志愿服务项目典型。

2020年亳州好人一览表

表32

月份	亳州好人姓名	类别
1月	刘松年	敬业奉献
1月	徐　岩	诚实守信
1月	赵玉珊	助人为乐
1月	孟　磊	敬业奉献
1月	彭冬梅	孝老爱亲
2月	康士彪	孝老爱亲
2月	武中海	诚实守信
2月	冯秀真	诚实守信
2月	张建民	助人为乐
2月	周　凯	敬业奉献
2月	高　静	敬业奉献
2月	苑　旭	见义勇为
3月	宋崇伟	敬业奉献
3月	赵连生	助人为乐
3月	温德保	助人为乐
3月	李祥林	助人为乐
3月	李海燕	助人为乐
3月	李　强	助人为乐
4月	张　义	诚实守信
4月	胡群艳	孝老爱亲
4月	邵　超	敬业奉献
4月	宋金红	见义勇为
4月	陶晓宇	助人为乐

续表 32

月份	亳州好人姓名	类别
5 月	宋文超	孝老爱亲
	张华荣	
	侯利华	见义勇为
	丁成宽	敬业奉献
	夏超华	助人为乐
	刘玉生	助人为乐
6 月	任启峰	见义勇为
	马　山	敬业奉献
	张　霞	孝老爱亲
	王　飞	助人为乐
7 月	张孝飞	敬业奉献
	孙玉林	孝老爱亲
	孙灿光	助人为乐
	胡纪标	见义勇为
	张启晨	敬业奉献
8 月	张轶群	敬业奉献
	蒋翠萍	
	冯永飞	
	闫启知	助人为乐
	侯桂芳	见义勇为
	邓　刚	助人为乐
	周计芳	孝老爱亲
9 月	闫书见	助人为乐
	刘俊霞	
	韩　敏	敬业奉献
	庄　捷	敬业奉献
	刘恒元	敬业奉献
	孙嘉宁	见义勇为
10 月	闫守东	孝老爱亲
	孙银行	助人为乐
	尚秀华	敬业奉献
	刘子斐	敬业奉献
	宋春林	孝老爱亲
11 月	李　健	见义勇为
	李松涛	敬业奉献
	杨　磊	敬业奉献
	徐慧英	孝老爱亲
12 月	朱　飞	敬业奉献
	王亚伟	敬业奉献
	刘　锋	见义勇为
	王俊芳	孝老爱亲

2020 年亳州市工会系统省级以上表彰的先进集体一览表

表 33

序号	受表彰单位	获奖名称	表彰文件名称及文号
1	安徽古井贡酒股份有限公司成品一部四车间四班	2018—2019 年度我省继续保持全国“安康杯”优胜班组	《关于 2018—2019 年度全国“安康杯” 竞赛优胜集体、优胜班组继续保持荣誉称号的通报》（皖安康办〔2020〕5 号）
2	亳州药都农村商业银行	2019 年度安徽省劳动竞赛先进集体 安徽省五一劳动奖状	《关于 2018—2019 年度全国“安康杯” 竞赛优胜集体、优胜班组继续保持荣誉称号的通报》（皖竞字〔2020〕2 号）
3	安徽正宇面粉有限公司	安徽省劳动竞赛先进集体	《关于 2018—2019 年度全国“安康杯” 竞赛优胜集体、优胜班组继续保持荣誉称号的通报》（皖竞字〔2020〕2 号）
4	亳州药都农村商业银行	安徽省劳动竞赛先进集体	《关于 2018—2019 年度全国“安康杯” 竞赛优胜集体、优胜班组继续保持荣誉称号的通报》（皖竞字〔2020〕2 号）
5	安徽古井集团有限责任公司	安徽省劳动竞赛先进集体	《关于 2018—2019 年度全国“安康杯” 竞赛优胜集体、优胜班组继续保持荣誉称号的通报》（皖竞字〔2020〕2 号）
6	亳州市烟草专卖局（公司）	安徽省劳动竞赛先进集体	《关于 2018—2019 年度全国“安康杯” 竞赛优胜集体、优胜班组继续保持荣誉称号的通报》（皖竞字〔2020〕2 号）
7	涡阳县自然资源和规划局不动产登记中心	安徽省工人先锋号	《关于 2018—2019 年度全国“安康杯” 竞赛优胜集体、优胜班组继续保持荣誉称号的通报》（皖安康办〔2020〕5 号）
8	蒙城县疾病预防控制中心新冠肺炎防控工作组	安徽省工人先锋号	《关于 2018—2019 年度全国“安康杯” 竞赛优胜集体、优胜班组继续保持荣誉称号的通报》（皖安康办〔2020〕5 号）
9	利辛县疾病预防控制中心应急科	安徽省工人先锋号	《关于 2018—2019 年度全国“安康杯” 竞赛优胜集体、优胜班组继续保持荣誉称号的通报》（皖安康办〔2020〕5 号）
10	亳州市永刚饮片厂有限公司化验室	安徽省工人先锋号	《关于 2018—2019 年度全国“安康杯” 竞赛优胜集体、优胜班组继续保持荣誉称号的通报》（皖安康办〔2020〕5 号）
11	中国邮政集团公司亳州市分公司寄递事业部政务中心营业部	安徽省工人先锋号	《关于 2018—2019 年度全国“安康杯” 竞赛优胜集体、优胜班组继续保持荣誉称号的通报》（皖安康办〔2020〕5 号）
12	中煤新集利辛发电有限公司设备管理部	安徽省工人先锋号	《关于 2018—2019 年度全国“安康杯” 竞赛优胜集体、优胜班组继续保持荣誉称号的通报》（皖安康办〔2020〕5 号）
13	亳州市扶贫开发局	安徽省脱贫攻坚十大工程先锋集体（省五一劳动奖状）	《关于 2018—2019 年度全国“安康杯” 竞赛优胜集体、优胜班组继续保持荣誉称号的通报》（皖安康办〔2020〕5 号）

（张　蕾）

2020年亳州市工会系统省级以上表彰的先进个人一览表

表34

序号	姓名	单位（职务）	获奖名称
1	朱学军	国家税务总局涡阳县税务局经开区税务分局副局长	2019年度安徽省劳动竞赛先进个人
2	侯怀奇	涡阳县奇手恒康保健按摩服务有限公司总经理	2019年度安徽省劳动竞赛先进个人
3	闫　勇	蒙城县卫生计生监督所党支部书记、所长	2019年度安徽省劳动竞赛先进个人
4	江月勇	安徽浩翔农牧有限公司部门经理	2019年度安徽省劳动竞赛先进个人
5	马　勤	安徽金不换白酒集团销售	2019年度安徽省劳动竞赛先进个人
6	滕云峰	国网安徽省电力有限公司亳州供电公司党建部副主任	2019年度安徽省劳动竞赛先进个人
7	年佳佳	亳州市发展和改革委员会科员	2019年度安徽省劳动竞赛先进个人
8	许昌勇	亳州市谯城区芦庙镇杨庄村第一书记、扶贫工作队队长（古井集团物流调度中心副总监）	安徽省脱贫攻坚十大工程先锋个人（省五一劳动奖章获得者）
9	李行军	蒙城县许疃镇许疃卫生院院长	新冠肺炎疫情防控工作“双百”省五一劳动奖章
10	萧　相	利辛县卫生健康委员会股室负责人	新冠肺炎疫情防控工作“双百”省五一劳动奖章
11	舒生虎	亳州市华佗中医院内科主任	新冠肺炎疫情防控工作“双百”省五一劳动奖章
12	高有方	亳州市人民医院感染科主任	新冠肺炎疫情防控工作“双百”省五一劳动奖章

说明：表彰文件为《关于2018—2019年度全国“安康杯”竞赛优胜集体、优胜班组继续保持荣誉称号的通报》（皖安康办〔2020〕5号）

（张　蕾）

2020年亳州市妇联系统获“全省三八红旗手”一览表

表35

序号	姓名	工作单位及职务
1	王红梅	亳州市利辛县人民医院感染管理办公室主任
2	李保霞	亳州市谯城区汤陵街道灵津渡社区党委委员、副主任
3	姚　莉	亳州市农业科学研究院（涡阳县农业科学研究所）研究员
4	李卫卫	亳州市蒙城县小辛集乡农业综合服务站中级农艺师，小辛集乡妇联主席
5	颜露露	亳州市妇联组织发展部部长
6	叶　嘉	亳州高新区投资促进局办公室主任
7	刘双燕	国家税务总局亳州市税务局机关党委副书记，安徽省亳州市利辛县朱集村第一书记兼扶贫工作队队长

说明：表彰文件为《关于2020年度安徽省“三八红旗手”标兵、安徽省“三八红旗手”、安徽省“三八红旗集体”的通报》（皖妇〔2021〕7号）

（张小燕）

附　录

谯城区十河镇花海大世界油菜花　　（张延林　摄）

亳州市2020年国民经济和社会发展统计公报

亳州市统计局　国家统计局亳州调查队

（2021年3月22日）

2020年，面对突如其来的新冠肺炎疫情和复杂严峻的内外部环境，全市上下在市委、市政府的坚强领导下，坚持以习近平新时代中国特色社会主义思想为指导，贯彻党中央和省委、省政府决策部署，扎实做好"六稳"工作，全面落实"六保"任务，实现了经济发展稳中向好、社会大局和谐稳定。

一、综合

初步核算，全年生产总值（GDP）1806.0亿元，按可比价格计算，比上年增长4.1%。分产业看，第一产业增加值256.3亿元，增长3.0%；第二产业增加值631.5亿元，增长4.8%；第三产业增加值918.2亿元，增长3.7%。三次产业结构由上年的13.6∶35.6∶50.8调整为14.2∶35.0∶50.8，其中工业增加值占GDP比重为25.2%。

年末全市户籍人口668.2万人，比上年增加5.2万人；全年出生人口10.4万人，人口出生率为15.6‰；死亡人口3.5万人，

2020年全市生产总值及其增长速度一览表

表1　　单位：亿元

指标	绝对数	比上年增长（%）
生产总值	1806.0	4.1
第一产业	256.3	3.0
第二产业	631.5	4.8
工业	454.8	4.9
建筑业	177.0	4.7
第三产业	918.2	3.7
交通运输、仓储和邮政业	82.2	2.4
批发和零售业	147.7	1.1
住宿和餐饮业	32.6	−6.6
金融业	129.8	6.0
房地产业	159.7	2.7
营利性服务业	169.3	8.9
非营利性服务业	188.9	2.6

2020年全市居民消费价格比上年涨跌幅度一览表

表2　　单位：%

指标	比上年涨跌幅度
居民消费价格	2.5
其中：食品烟酒	7.4
居住	−0.8
衣着	−0.1
医疗保健	2.7
交通和通信	−1.2
教育文化和娱乐	0.6
生活用品及服务	0.1

死亡率为5.3‰;人口自然增长率10.3‰。

全年居民消费价格比上年上涨2.5%,其中食品烟酒价格上涨7.4%。商品零售价格上涨1.8%。工业生产者出厂价格下降0.2%,工业生产者购进价格上涨1.9%。

全年城镇新增就业5.9万人,新增转移农村劳动力8.8万人,开发就业见习岗位6997个,公益性岗位2865个。年末城镇登记失业率2.37%,较上年下降0.31个百分点。

二、农业

全年粮食作物种植面积872.8千公顷,比上年扩大0.9千公顷,小麦种植面积436.7千公顷,扩大0.1千公顷。油料种植面积8.1千公顷,扩大0.4千公顷。蔬菜种植面积75.5千公顷,扩大2.2千公顷。中药材种植面积58.1千公顷,扩大0.8千公顷。

全年粮食产量505.2万吨,比上年增长1.1%。其中,夏粮316万吨,增长0.1%;秋粮189.2万吨,增长2.9%。油料产量4.4万吨,增长6.4%。棉花产量0.8万吨,下降24.2%。蔬菜产量296.3万吨,增长4.7%。

年末全市生猪存栏172万头,比上年增长19.8%;全年生猪出栏256万头,增长2.5%。猪牛羊肉产量25.2万吨,下降7.2%。禽蛋产量9.2万吨,增长21.1%。牛奶产量0.8万吨,增长20.0%。水产品产量5.3万吨,与上年持平。皖北黑猪、皖北斗鸡(亳州斗鸡)、黄淮山羊3个品种列入省级畜禽品种遗传资源目录。

年末全市农业机械总动力813.1万千瓦,比上年增长2.2%。农田有效灌溉面积456.5千公顷,新增节水灌溉面积6.5千公顷。农产品地理标志产品(商标)达12件,新认定"三品一标"农产品146个,小麦新品种"国禾麦19"荣获全国强筋小麦评比冠军。涡阳高炉家酒入选中欧地理标志协定首批保护名录。新建改建农村综合服务社(中心)57家、农家店162家。蒙城县获评国家级电子商务进农村综合示范县。

年末市级以上农业龙头企业达570家,较上年新增10家,其中国家级5家、省级60家。全市新建农民专业合作社省级示范点(社)20个,较上年新增6家,年末拥有农民专业合作组织22882个,合作组织成员86.2万人。获批省级农产品加工强园2个。规模以上农产品加工企业总数390家,省级农业产业化示范联合体43个。

三、工业和建筑业

年末全市规模以上工业企业达691户。全年规模以上工业企业实现增加值比上年增长5.9%。大中型工业企业和外商及港澳台商投资企业生产增长较快,增幅分别比规模工业高了4.9个和91.2个百分点。

2020年全市主要农产品产量一览表

表3　　　　单位：万吨

产品名称	绝对数	比上年增长（%）
粮食	505.2	1.1
油料	4.3	6.4
#花生	3.8	5.7
油菜籽	0.4	12.9
棉花	0.8	-24.2
烤烟	0.02	-6.3
药材	29.1	5.5
蔬菜	296.3	4.7
瓜果	55.7	6.0

2020年全市规模以上工业增加值一览表

表4　　　　单位：%

指标	比上年增长
规模工业增加值	5.9
其中：国有企业	6.3
集体企业	-30.5
股份合作企业	-38.1
股份制企业	5.8
外商及港澳台商投资企业	97.1
其他企业	7.0
其中：国有及国有控股企业	6.8
其中：大中型工业企业	10.8

全市30个工业行业中，16个保持增长，增长面达53.3%，增速超全市平均水平的12个。煤炭开采和洗选业增长21.1%，农副食品加工业增长2.0%，酒、饮料和精制茶制造业增长5.8%，医药制造业增长9.7%，汽车制造业增长24.1%，五大主导行业对全市规模以上工业增长贡献率达77.3%。高新技术产业增加值增长14.6%。战略性新兴产业产值增长21.4%。

规模以上工业统计的主要产品产量中，小麦粉增长4.2%、精制茶下降6.8%、白酒下降5.5%、服装下降29.6%、塑料制品下降79.5%、水泥增长2.7%。

全市规模以上工业企业营业收入增长3.4%；营业利税总额增长4.9%；利润总额增长5.5%。农副食品加工业，食品制造业，酒、饮料和精茶制造业，医药制造业，金属制品业，非金属矿物制品业，汽车制造业，计算机、通信和其他电子设备制造业，电力、热力生产和供应业，煤炭开采和洗选业，燃气生产和供应业等11个行业利润均超亿元。

全年全社会建筑业增加值177.0亿元，比上年增长4.7%。年末具有资质等级的总承包和专业承包建筑业企业675家，比上年增加186家。房屋建筑施工面积745.7万平方米，比上年增加186.7万平方米；房屋竣工面积198.8万平方米，比上年减少86.5万平方米。

2020年全市主要工业产品产量一览表

表5

产品名称	单位	绝对数	比上年增长（%）
小麦粉	万吨	209.0	4.2
精制茶	吨	212.1	−6.8
白酒	千升	118526.3	−5.5
熟肉制品	吨	9983.4	33.1
饮料	万吨	3.9	−23.8
冻肉	万吨	10.7	15.2
饲料	万吨	82.7	13.0
日用塑料制品	万吨	1.2	23.1
水泥	万吨	317.2	2.7
商品混凝土	万立方米	711.2	−0.7
砖	万块	112494.9	−12.5
石墨及碳素制品	吨	1821.1	−2.5
服装	万件	3072.1	−29.6
布	万米	8401.1	35.2
家具	万件	81.8	68.1
电光源	万只	13.0	4.9

四、固定资产投资

全年固定资产投资比上年下降3.3%。其中，工业技术改造投资增长0.1%；民间投资下降3.0%。分产业看，第一产业投资增长56.9%，第二产业投资下降27.6%，第三产业投资增长4.7%。分行业看，工业投资下降27.6%，其中制造业投资下降35.5%。

全年房地产开发投资449.7亿元，比上年增长8.3%。商品房销售面积704.0万平方米，增长4.7%；商品房销售额419.6亿元，增长0.1%。

2020年，901个市重点项目投资完成率102%，超额完成年度目标任务。583个省重点项目投资完成率116.5%；计划开工项目新开工199个，开工率84.3%；竣工项目103个，竣工率128.8%。涡阳县信和光能硼硅玻璃制品生产、蒙城县繁枫真空产业园、利辛县明峰纺织年产10000万米纺织品织造、谯城区济人药业医药产业园等亿元以上产业项目建成投产或主体完工。古井贡酒酿酒生产智能化技术改造、涡阳县绿色装配式建筑产业园钢结构（重钢）生产、涡阳县金沙河生产基地、蒙城县瑞蒙科技年产500万平方米无机保温装饰板、利辛县万达广场、谯城区福派园（亳州）食品产业园、亳州高新区绿地城际空间站、亳芜现代产业园区浪潮云计算产业园等10亿元以上重大产业以上项目加快建设。

五、国内贸易

全年社会消费品零售总额991.7亿元，比上年增长2.6%。按经营地统计，城镇消费品零售额761.1亿元，增长2.7%；乡村消费品零售额230.6亿元，增长2.1%。按消费形态统计，商品零售额908.9亿元，增长4.7%；餐饮收入82.8亿元，下降15.9%。其中，限额以上单位零售额201.9亿元，增长2.3%。

限额以上企业商品零售额中，吃、穿、用类商品零售额分别

2020年全市行业固定资产投资增长速度一览表

表6　　单位：%

行业	比上年增长
农、林、牧、渔业	41.8
采矿业	-10.6
制造业	-35.5
农副食品加工业	74.1
酒、饮料和精制茶制造业	-12.0
医药制造业	-45.9
非金属矿物制品业	-53.4
汽车制造业	-48.3
电力、燃气及水的生产和供应业	-3.9
交通运输、仓储和邮政业	4.2
信息传输、软件和信息技术服务业	403.4
批发和零售业	416.4
住宿和餐饮业	128.5
房地产业	6.4
教育	4.3
卫生和社会工作	82.4
文化、体育和娱乐业	-64.5

比上年增长15.6%、3.7%和下降2.1%。其中，粮油类增长9.3%，肉禽蛋类增长17.1%，服装类下降0.1%，化妆品类下降5.8%，日用品类下降12.2%，中西药品类增长2.6%，家用电器和音像器材类下降4.0%，石油及制品类下降3.3%，汽车类下降0.6%，金银珠宝类增长4.8%，文化办公用品类增长8.0%。

全市电商网点740个，培育电商示范镇12个，电商示范村28个。培育网销额超1000万元的电商龙头企业12家，网销额超100万元的电商名优品牌8家，新增农村电商经营主体416家，“火热药都·惠民消费”活动累计带动消费超2亿元。

六、对外经济和旅游

全年进出口总额10.6亿美元，比上年增长1.7%。其中，出口9.2亿美元，增长9.3%；进口1.4亿美元，下降30.3%。从出口经营主体看，生产型企业出口增长5.3%，贸易型企业出口增长29.1%。从出口商品看，中药材出口增长0.04%，机电产品下降69.0%。全市孵化新增进出口实绩企业63家。

全年新设外商投资企业3家；实际利用外商直接投资4.3亿美元。积极参加第三届进博会、世界制造业大会，成功举办2020年国际（亳州）中医药博览会暨第36届全国（亳州）中药材交易会。

全年入境旅游人数4394人次，国内游客1880.6万人次，旅游总收入139.4亿元。其中，旅游外汇收入155.5万美元；国内旅游收入139.3亿元。年末全市共有AAAA级旅游景点（区）9处，星级酒店16家，旅行社32家。举办第四届中国国际健康旅游高峰论坛。持续开展“道源问道”中华传统文化研学之旅、“中华药都养生体验之旅”“田园如诗中药花海休闲之旅”“皖北水乡西淝河茨淮新河自驾之旅”等精品旅游线路。华佗故里中医药文化感悟之旅、世界药都中医药康养之旅获评全国十大中医药健康旅游精品线路。荣获国家、省级荣誉称号和奖项37项，获得“中国研学旅行最佳目的地”“中国最佳康养休闲旅游城市”“2020年度中国康养旅游目的地案例”等荣誉称号。

2020年全市出口主要分类及地区分布一览表

表7　　单位：万美元

指标	绝对数	比上年增长（%）
出口额	91791	9.3
其中：中药材	26195	0.04
其中：机电产品	2003	-69.0
其中：一般贸易	85098	16.5
加工贸易	6693	-38.8
其中：生产型企业	73500	5.3
贸易型企业	18291	29.1
国有企业	181	-31.9
民营企业	91610	9.5

七、交通和邮电

全年交通运输、仓储和邮政业增加值82.2亿元,比上年增长2.4%。

全年公路旅客运输量1538万人,比上年下降51.8%,公路和水运货物运输量25088万吨,下降32.3%;公路旅客运输周转量13.2亿人千米,下降52.4%,公路和水运货物运输周转量440.3亿吨千米,增长4.2%。全年港口货物吞吐量49.8万吨,下降48.6%。阜蒙淮城际铁路、亳蒙高速公路开工建设,亳州机场开工在即,涡河高等级航道整治工程有序推进,11个国省干线改造项目建设里程205千米,亳蒙城际铁路前期工作积极推进。

年末全市民用汽车拥有量70.1万辆,比上年增长8.6%,其中私人汽车61.1万辆,增长8.4%。轿车拥有量30.9万辆,增长10.0%,其中私人轿车30.2万辆,增长10.2%。全市城区年末公交营运车辆2466辆,出租车营运车辆3005辆。

全年邮电业务总量442.0亿元。其中,电信业务总量398.6亿元;邮政业务总量43.4亿元。年末本地固定电话用户21.7万户;移动电话用户491.3万户。年末基础电信运营企业计算机互联网宽带接入用户150.5万户,增加22.9万户。

八、财政、金融和保险业

全年财政收入217.9亿元,比上年增长1.7%,其中地方财政收入126.4亿元,增长0.2%。全部财政收入中,增值税下降5.8%,企业所得税增长3.2%。财政支出391亿元,增长4.7%,科学技术、教育、卫生健康、社会保障和就业分别增长10.9%、19.5%、8.7%、11.4%。不断加大财政民生投入,全市民生支出327.7亿元,占总支出的83.9%。深入实施32项民生工程,累计投入210.8亿元,比上年增长7.8%。

年末全市金融机构各项存款余额(人民币口径,下同)2501.7亿元,比上年末增加213.6亿元,增长9.3%。其中,单位存款余额761.9亿元,下降0.1%;住户存款余额1684.1亿元,增长14.9%。金融机构各项贷款余额2380.4亿元,比上年末增加390.4亿元,增长19.6%。其中,短期贷款953.1亿元,增长15.8%;中长期贷款1400.8亿元,增长24.1%,中长期贷款中个人消费贷款741.0亿元,增长34.4%。

年末全市共有9家证券公司营业部,开户股民(含基金)总数11.1万个,比上年增长25.6%。全市共有保险公司37家,其中,财产保险公司18家,人寿保险公司19家。全年保险业保费总收入87.5亿元,增长2.1%。其中,财产险业务保费收入39.7亿元,增长11.3%;人身险业务保费收入47.8亿元,下降4.4%。赔款和给付29.6亿元,增长2.7%。其中,财产险业务赔款和给付支出20.7亿元,增长7.4%;人身险业务赔款和给付支出8.8亿元,下降6.8%。

九、教育和科学技术

年末全市普通高校2所,在校学生2.3万人。各类中等职业学校(不含技工学校)13所,在校生6.6万人。普通高中29所,在校生9.8万人,高中阶段毛入学率93.7%。普通初中274所,在校生25.8万人,初中阶段适龄人口入学率100%。小学1107所,在校生52.9万人,小学学龄儿童入学率100%。各级各类成人学校毕业生1.4万人。新建改扩建公办中小学、幼儿园79所,完成城镇小区配套幼儿园治理55所,公办幼儿园开设食堂、课后延时服务加快推开。全面实施免费义务教育,受益学生78.9万人。亳州学院顺利通过省学士学位授予权评估,亳州学院中医药学院即将开工建设。亳州职业技术学院获批建设省技能型高水平大学。

年末全市有各类专业技术人员5.9万人,比上年增长5.8%。全市新认定高新技术企业78家,总数达178家。各类科技成果415项,其中,省部级以上科技成果84项。主要科技成果有:安徽济人药业有限公司"中药配方颗粒质量控制与标准制定关键技术及临床研究"、安徽翰联色纺股份有限公司"HL-20多吸附环保水处理复合纱"、安徽省同丰种业有限公司"中涡18"等。获批2家省级众创空间,新组建市级重点实验室5家,新备案市级科技企业孵化器、众创空间7家,安徽瑞思威尔科技有限公司获批省级新型研发机构。传统大豆酿造调味品机械化标准化工程技术集成研究与产业化示范项目获批科技部"科技助力经济2020"重点专项。华佗国药股份有限公司参与完成的华佗牌救心丸工艺研究及质量标准提升项目获2019年度安徽省科学技术奖二等奖。加大科普中国e站建设力度,建设科普中国e站13个。成功举办第十届亳州市青少年科技创新暨发明创造大赛。

现有省级以上工程研究(技术)中心17家,国地联合工程研究中心2家,省技术创新中心1家;设立院士和博士后工作站11

家，药明康德等国内顶级研发团队入驻亳州。全年受理专利申请6172件，授权专利4452件。获省科学技术奖4项，获批省级以上科技重大专项、重点研发项目14项。亳州市科技馆正式运营。

十、文化、卫生和体育

年末全市共有专业艺术表演团体378个，文化馆5个，公共图书馆5个，博物馆5个，乡镇综合文化站87个，建成村级综合文化服务中心1320个，建设农家书屋1299个。全市免费送戏下乡2626场。全国重点文物保护单位8处，省级重点文物保护单位44处，市级重点文物保护单位59处。国家级非物质文化遗产名录3项，省级名录38项，市级名录112项。广播电台4座，中波发射台和转播台2座，广播人口覆盖率100%。电视台4座，有线电视用户25.6万户，电视综合人口覆盖率100%。全年出版报纸1种，总印数870万份。出版《梁巘全集》，梆剧《雨燕衔春》入选省级戏曲创作孵化计划。西凉掌（亳州晰扬掌）、淮北梆子戏、古井贡酒酿造技艺3个项目新入选“国家级非物质文化遗产”。

2020年末全市金融机构人民币各项存贷款余额一览表

表8

指标	年末数（亿元）	比上年末增长（%）
各项存款余额	2501.7	9.3
其中：单位存款余额	761.9	-0.1
住户存款余额	1684.1	14.9
各项贷款余额	2380.4	19.6
其中：短期贷款余额	953.1	15.8
中长期贷款余额	1400.8	24.1
#个人消费贷款	741.0	34.4

表9　2020年全市各类教育发展情况一览表

表9　　单位：万人

指标	招生数	在校生数	毕业生数
普通高等教育	0.9	2.3	0.5
中等职业教育	3.7	6.6	2.2
普通高中	3.6	9.8	2.7
普通初中	8.6	25.8	7.8
小学	8.2	52.9	8.7
特殊教育	0.06	0.5	0.04

年末全市共有卫生机构2418个，其中医院94个，卫生院92个，社区卫生服务中心（站）136个，妇幼保健院（所、站）5个，疾病预防控制中心5个。卫生技术人员28263人，其中执业（助理）医师11350人，注册护士12757人。医院、卫生院实有床位数28186张。全年诊疗2425.4万人次。村卫生室1334个，乡村医生和卫生员4546人，农村有医疗点的村占总村数的100%。坚定不移抓好疫情防控工作，全市确诊新冠肺炎108例患者全部治愈。共筹建卫生健康项目84个，市妇幼保健院等一批项目建成投用，市第二人民医院、市儿童医院等一批新项目加快推进。

年末全市共有体育场地8730个，其中体育场21个，体育馆3座，建成社会化足球场78个。全年在国际和国内的重大比赛中，我市运动健儿获52枚金牌、30枚银牌和40枚铜牌。“全民健身”系列主题活动蓬勃开展，全年共举办百人以上群众体育活动185次，其中现代体育项目群众活动143次，民间传统体育群众活动42次。举办2020全国象棋甲级联赛、省青少年锦标赛，2020年迎新春网球比赛，承办“建安杯”2020年安徽省羽毛球邀请赛、安徽省“东方新新杯”第四届皖北六城市围棋联赛。被中国象棋协会授予“2020年全国象棋甲级联赛最佳赛区”，被中国田径协会授予“2019亳州国际马拉松荣获国家金牌赛事”。

十一、城市和美丽乡村建设

全年市中心城区共投入城市建设维护资金26.8亿元。市区新修主干路网70.6千米，配套设施正在完善。新增公园、街头游园39个，完成海绵城市建设4.1平方千米。城市日供水综合能力33.9万吨，自来水普及率达99.7%。液化气年家庭用量0.3万吨，城市气化率达99.6%。年末园林绿地面积4084.8公顷，建成区绿化覆盖率为39.9%，人均公共绿地面积18.1平方米。开通5G基站1300个，5G网络实现市中心城区和三县县城主要区域全覆盖。累计完成72条道路雨污分流和248个易涝点整治，“城市看海”现象得到根本改变。成功获批国家节水型城市，顺利通过国家历史文化名城保护评估验收。亳州市和蒙城县获评全国文明城市提名城市、省文明城市，谯城区获评省文明城区，涡阳县、利辛县获评省文明城市提名城市。

建成美丽乡村省级中心村56个，80个乡镇污水处理厂全部投入使用，农村卫生厕所普及率72%，农村生活垃圾无害化处理率95.9%，完成农村公路扩面延伸工程931千米。实施农村饮水型氟超标改水工程20处，惠及23万人。农村电网改造升级工程完成投资4.3亿元。10个乡镇实现通燃气。建成村级综合文化服务中心1320个。创建人居环境整治省级重点示范村16个。获评全国文明村镇5个、全国乡村旅游重点村2个。

十二、人民生活和社会保障

全年城镇常住居民人均可支配收入34159元，比上年增长5.4%。人均消费性支出22007元，增长4.0%。其中，食品支出增长5.0%，衣着下降18.0%，居住增长20.5%，教育文化娱乐服务增长19.7%。城镇常住居民恩格尔系数为31.3%，比上年提升0.3个百分点。年末城镇常住居民人均住房建筑面积57平方米。

全年农村常住居民人均可支配收入15293元，比上年增长8.5%。人均生活消费支出12893元，增长8.4%。其中，食品支出增长7.1%，衣着下降5.9%，居住增长63.8%，交通下降43.0%。农村常住居民恩格尔系数为34.2%，比上年下降0.4个百分点。年末农村常住居民人均住房建筑面积58.0平方米。

年末全市参加城镇职工基本养老保险32.4万人，比上年增长9.0%；城镇职工基本医疗保险30.3万人，增长9.9%；参加失业保险人数为17.1万人，增长3.2%；全市参加工伤保险人数分别为33.0万人，增长20.5%；参加新型农村养老保险363.2万人，增长0.2%。被征地农民养老保险制度全面推进，年末被征地农民参保人数17.8万人，增长5.3%。全市城乡低保水平进一步提升，全年发放低保金10.5亿元，城镇低保年末保障9194人，农村低保年末保障22.8万人。

年末全市有各类收养性社会福利单位床位3.4万张，收养各类人员1.0万人。城镇建立各种社区服务设施641个，乡镇、街道及县（市、区）级社区服务中心93个，综合性社区服务站116个，改扩建乡镇敬老院63所。全年销售社会福利彩票2.1亿元，筹集公益金2400万元。

十三、资源、环境和安全生产

全年批准建设用地1613.1公顷，落实基本农田保护面积51.3万公顷，出让国有土地使用权1398.0公顷。补充耕地2456.6公顷，人工造林3140.6公顷，完成四旁植树124.7万株，完成森林抚育7.2万亩，新建农田林网21.4万亩，完善提高农田林网48.2万亩。完成森林长廊示范段建设54.1千米，面积4401.7亩。成功创建省级森林城市1个，森林城镇5个，森林村庄42个。

全市已发现各类矿产8种，已探明储量的矿产4种，煤炭储量达50.6亿吨。

全市用水总量10.3亿立方米。年平均气温16.3℃；年日照总时数1945.3小时；年平均降水量999.9毫米。市防灾减灾科普教育中心对外开放，组织大型科普宣传活动8次，举办科普宣传讲座11次，市科普公园被认定为全国气象科普教育基地。

年末全市有各类气象台站4个，自动观测点298个，市、县级环境监测站5个。全市有3个国家级生态乡镇、26个省级生态镇、56个省级生态村、12个市级生态镇、94个市级生态村。

在涡河设置的涡河亳州、义门大桥、岳坊大桥、龙亢4个监测断面，水质类别分别为Ⅳ类、Ⅳ类、Ⅲ类、Ⅲ类，较去年水质改善。西淝河断面水质为Ⅲ类，较去年持平。

全年市区环境空气质量优良天数为252天，空气质量达标率为70.2%。$PM_{2.5}$平均浓度为47微克/立方米，比去年下降11.2%。集中式饮用水水源地水质达标率100%。区域环境噪声平均值为54.4分贝，交通噪声平均值为62.9分贝。建成烟尘控制区1个，面积为169.0平方千米，建成环境噪声污染达标区面积44.9平方千米。

全市共发生各类生产安全事故65起、死亡55人、伤33人，发生较大道路交通事故1起，分别下降26.1%、23.6%、23.3%和50%，全年共排查安全隐患99458处，无重大生产安全事故、无重大森林火灾事故、无重大消防火灾事故、无重大自然灾害事故，安全生产形势总体稳定向好。

亳州市国民经济和社会发展第十四个五年规划和2035年远景目标纲要

亳州市国民经济和社会发展第十四个五年规划和2035年远景目标纲要，根据党的十九届五中全会精神和《中共亳州市委关于制定国民经济和社会发展第十四个五年规划和二〇三五年远景目标的建议》编制，主要明确“十四五”时期亳州经济社会发展指导思想、发展目标、主要任务和重大举措，展望到2035年基本实现社会主义现代化远景目标，是市场主体的行为导向，是各级政府依法履行职责的重要依据，是亳州经济社会发展的宏伟蓝图和全市人民共同奋斗的行动纲领。

第一篇　全面建成小康社会开启新阶段现代化美好亳州建设新征程

第一章　决胜全面建成小康社会取得决定性成就

“十三五”时期是全面建成小康社会决胜阶段。面对错综复杂的国际形势、艰巨繁重的改革发展任务特别是新冠肺炎疫情的严重冲击，在以习近平同志为核心的党中央坚强领导下，市委、市政府不忘初心、牢记使命，认真贯彻落实党中央、国务院及省委、省政府各项决策部署，团结带领全市广大党员干部群众，抢抓长三角区域一体化发展等重大战略机遇，聚焦人民群众关心关注的热点问题、社会各界反映强烈的焦点问题、当前工作中亟待解决的重点问题、制约亳州长远发展的难点问题，强化问题导向、目标导向、服务导向、务实导向，攻坚克难、开拓创新，扎实做好“六稳”工作，全面落实“六保”任务，高质量实施五大发展行动计划，经济社会发生了历史性重大变化。

*经济实力跨上新台阶。*2016—2020年，全市地区生产总值连跨8个百亿台阶，由全省第11位升至第9位，2020年总量达1806亿元，是2015年的1.7倍，年均增长8.3%，居全省第1位。2020年财政收入217.9亿元，是2015年的1.7倍，由全省第12位升至第10位，年均增长10.9%，居全省第2位。固定资产投资年均增长12.4%，高于全省平均水平2.7个百分点。三次产业比由2015年的18.1∶38.8∶43.1调整为2020年的14.2∶35.0∶50.8，主要指标年均增速位居全省前列。连续4年获国务院大督查通报表扬，连续5年获省对市综合考核“优秀”等次，连续3年获省稳增长贡献奖。

创新发展实现新突破。《世界中医药之都（安徽亳州）建设发展规划（2020—2030年）》经省政府同意并由省发展改革委等四部门联合印发实施，亳州市现代中药产业集聚发展基地作为全省首批战略性新兴产业集聚发展基地加快建设，现代中医药产业规模突破1300亿元。2020年，高新技术企业数量由2015年的30家增加到178家，是2015年的5.9倍；战略性新兴产业企业数量由2015年的89家增加到151家，是2015年的1.7倍。每万人口发明专利拥有量达4.4件。博士后工作站总数是2015年的2.3倍。亳州高新技术产业开发区创

建国家高新技术产业开发区通过评审论证，国家级农业科技园区通过科技部验收。安徽古井贡酒股份有限公司产品设计中心获评国家级工业设计中心。筑梦社区和青年创客空间获批国家级众创空间。

协调发展取得新成效。市中心城区规划区面积由2015年的100平方公里扩大至218平方公里，常住人口城镇化率45%、年均提高1.6个百分点，百万人口大城市加快建设。引江济淮亳州段正式通水，历史性解决了长期制约我市发展和百姓生活的水资源短缺问题。商合杭高铁全线通车，我市迈入高铁时代。阜阳—蒙城—淮北城际铁路（亳州段）、亳州—蒙城高速公路开工建设，亳州机场即将开工，亳州—蒙城（蚌埠）城际铁路前期工作加快推进，涡河高等级航道整治工程加快建设，综合交通运输体系初步建成。市中心城区和三县县城主干道雨污分流改造及易涝点整治顺利完成，“城市看海”现象初步得到改变。5G网络实现市中心城区连续覆盖和三县县城重点覆盖。城市绿地率提升至34.5%，国家历史文化名城保护工作通过国家评估，蝉联省文明城市。5年来累计获批建设用地计划指标19.9万亩，有效保障了城乡建设用地需求。粮食生产实现“十七连丰”，建成省级美丽乡村中心村271个，天然气“镇镇通”工程加快推进，基础设施和公共服务持续向农村延伸。

绿色发展厚植新优势。中央环保督察及“回头看”、省生态环境保护督察交办问题及“23+80+N”涉亳问题完成整改，推动解决了一大批群众身边的突出环境问题。“地净、路畅、水活、天蓝、林拥城”工程深入实施，生态环境持续改善。市中心城区网格化责任制管理进一步深化，连续两年完成省下达秋冬季环境空气质量改善目标任务，空气优良天数比率提升至70.2%，2020年$PM_{2.5}$浓度47微克／立方米，完成污染防治攻坚战目标任务。认真落实河长制，地表水环境质量稳中向好，国控断面水质全部达标，获得省级水生态补偿奖补资金数额位居全省前列，在全省率先实现乡镇污水处理设施全覆盖，市、县（区）建成区36处黑臭水体完成整治。茨河鳜鱼青虾种质资源保护区禁捕退捕工作全面落实。成功创建国家节水型城市。人工造林43.5万亩，森林覆盖率达21%。土壤环境保持稳定，主要农作物化肥和农药使用量保持零增长，污染防治三年攻坚目标顺利实现。

开放发展迸发新活力。招商引资成效明显，5年来累计落地项目1515个，总投资2916亿元，累计到位省外内资1500亿元。国内500强企业、医药百强企业分别有22家、57家落户亳州。全面融入长三角一体化发展，与上海市奉贤区、江苏省连云港市、浙江省衢州市签订战略合作协议，与沪苏浙13个园区签订合作共建协议，谯城区与温州市龙湾区签订战略合作框架协议。国际（亳州）中医药博览会暨全国（亳州）中药材交易会实现市场化运作。亳州海关挂牌运营。积极参与“一带一路”建设，2020年外贸进出口总额11亿美元，是2015年的2.2倍，实际利用外资4.3亿美元。

共享发展结出新硕果。48.95万贫困人口全面脱贫，286个贫困村全部出列，三县一区在全省率先实现全部摘帽，是全省唯一连续4年获得脱贫攻坚年度成效考核“好”的等次且位次逐年前移的市。城镇、农村常住居民人均可支配收入分别是2015年的1.4倍、1.6倍。民生支出累计完成1452亿元，是“十二五”期间的1.7倍。滚动实施46项民生工程，累计投入资金834.8亿元，年均增长11.4%。累计新增城镇就业30.2万人、转移农村劳动力58.8万人，“亳州老乡·请您回家”和助力青年学子创业活动带动2.4万人次创业成功。全市规划保留的40户以上较大自然村全部通硬化路，1141个建制村全部通客车。城乡养老服务三级中心实现全覆盖，累计完成棚户区改造10.5万套和城市老旧小区改造398.5万平方米。亳州师专成功升格本科院校更名亳州学院，总投资10.5亿元的亳州学院中医药学院即将开工并与上海中医药大学合作共建。亳州职业技术学院获准建设安徽省技能型高水平大学。新建、改扩建公办中小学、幼儿园696所，增加学位25.4万个，学前三年毛入园率、高中阶段教育毛入学率、九年义务教育巩固率均超过全省平均水平。卫生健康事业快速发展，总投资62.7亿元的医疗卫生健康事业“三年提升、两年巩固”行动启动实施，成功创建国家基层中医药工作先进市。文化旅游体育

业繁荣发展，连续四年开展文化旅游年活动，2020年AAA级及以上旅游景区数量达到45家，是2015年的3倍。薛阁塔被国务院公布为第八批全国重点文物保护单位。市体育馆、体育公园等一大批体育设施建成投用，城市社区“15分钟健身圈”覆盖率达96%，村级综合文化中心覆盖率达97%，“村村通”广播自然村通响率达95%。“中国好人”上榜人数连续四年居全省第1位。国家安全全面加强，新冠肺炎疫情防控取得重大战略成果，安全生产形势平稳，“邻长制”改革创新实施，扫黑除恶专项斗争取得重大阶段性成果，视频数据平台实现城市公共区域、农村重点部位监控全覆盖，每10万人命案发生率低于全省全国平均水平，人民群众安全感实现“五连升”，社会大局保持和谐稳定。

深化改革激发新动力。“放管服”改革深入推进，市县两级机构改革顺利完成，权责清单实现动态管理，“互联网+政务服务”迭代升级，企业开办实现6项基本要素“一日办结”、乡镇纪检监察工作协作区建设、乡镇生态环保（河长制）工作站设立、农村敬老院集成改革等工作走在全国全省前列，工程建设项目审批制度改革、免费为新开办企业刻制公章、乡镇消防站建设等工作领跑全省。“一线一网”打造“永不下班的政府”成为我省唯一入选全国走好网上群众路线典型案例。1291个村全部完成农村产权制度改革，87.4%的村完成“三变”改革。实现紧密型县域医共体三县全覆盖，市人民医院、市中医院、利辛县人民医院列入省级现代医院管理制度试点医院。国资国企、财税金融、教育等领域改革扎实推进。累计实施重点领域和关键环节改革任务600余项，形成了村级集体经济“联合体·组合投资·优先股”模式、“邻长制”、公检法重要岗位交流轮岗全覆盖等一批原创性改革成果。

民主法治建设谱写新篇章。市人大及其常委会立法主导作用充分彰显，制定实施《亳州国家历史文化名城保护条例》《亳州市文明行为促进条例》等4部地方性法规。人民政协作为民主协商重要渠道作用充分发挥，民主监督脱贫攻坚、环境保护等工作成效明显，爱国统一战线巩固发展，工会、共青团、妇联等群团组织桥梁纽带作用进一步发挥，蒙城县荣获“全国法治县创建先进单位”称号，法治亳州建设取得新进展。国防动员和后备力量建设持续加强，蝉联全国双拥模范城。

全面从严治党达到新高度。“不忘初心、牢记使命”主题教育成果巩固深化，四届市委以来先后开展“讲看齐、见行动”“讲政治、重规矩、作表率”“讲忠诚、严纪律、立政德”“三个以案”系列警示教育，干部队伍建设扎实推进；制定完善《全市各级领导班子和领导干部政治建设监督检查参考指标》，注重未巡先改，强化政治监督；创新开展“一月一课一片一实践”活动，规范党内组织生活；深入开展党内政治监督谈话，统筹推进各级各类巡视巡察、督察督导反馈问题整改，扎实开展形式主义官僚主义整治，深入推进乡镇纪检监察工作协作区标准化规范化，着力加强不敢腐、不能腐、不想腐体制机制建设，风清气正、干事创业的良好政治生态不断优化。

这些成绩的取得，是习近平新时代中国特色社会主义思想科学指引的结果，是以习近平同志为核心的党中央坚强领导的结果，是习近平总书记考察安徽重要讲话指示精神落地转化的结果，也是市委、市政府带领全市广大干部群众贯彻省委、省政府各项决策部署拼搏进取的结果，为建设新阶段现代化美好亳州奠定了坚实基础。

专栏1 “十三五”主要目标完成情况表

类别	序号	指标目标		2015年实绩	2020年		年均增长（%）		属性
					目标	实绩	目标	实绩	
经济发展	1	地区生产总值（亿元）		1067	1600	1806	9左右	8.3	预期性
	2	全员劳动生产率（元/人）		29856	40000	49500	7.1	7.8	预期性
	3	财政收入（亿元）		130.1	200	217.9	与GDP同步	10.9	预期性
	4	固定资产投资（亿元）		767.3	–	–	12左右	12.4	预期性
	5	社会消费品零售总额（亿元）		588.4	700	991.7	10	11.0	预期性
	6	规模以上工业企业利润（亿元）		45	75	78	12	11.6	预期性
	7	服务业增加值占地区生产总值比重（%）		43.1	45以上	50.8	★0.16	★1.6	预期性
	8	民营经济增加值占地区生产总值比重（%）		64.8	70以上	60	★1.04	★−1.5	预期性
	9	城镇化率（%） 常住人口	户籍人口	14.8	20.8	21.8	★1.2	★1.4	预期性
				37	45	45	★1.5	★1.6	预期性
	10	进出口总额（亿美元）		5	7.9	11	10	16	预期性
	11	实际利用境外资金（亿美元）		6.57	10	5	10	−8.1	预期性
创新驱动	12	研究与试验发展经费投入强度（%）		0.44	0.75	–	16	–	预期性
	13	战略性新兴产业增加值占地区生产总值比重（%）		6.8	7.5	27.8（注3）	–	–	预期性
	14	每万人口发明专利拥有量（件）		0.8	2.3	4.4	23.5	36.6	预期性
	15	互联网普及率	固定宽带家庭普及率（%）	26.56	42.1	72.0	★3.29	★9.1	预期性
			移动宽带用户普及率（%）	46.88	51.67	77.3	★0.958	★6.1	
民生福祉	16	常住居民人均可支配收入（元）		14202	22000	22274	9左右	9.5	预期性
	17	劳动年龄人口平均受教育年限（年）		8.13	9.92	9.3	–	–	约束性
	18	城镇新增就业人数（万人）		2.8	[14]	[30.2]	–	–	预期性

续表

类别	序号	指标目标		2015 年实绩	2020 年		年均增长（%）		属性
					目标	实绩	目标	实绩	
民生福祉	19	农村贫困人口脱贫（万人）		8.9（8.7）	[40.1]	[40.1]	–	–	约束性
	20	基本养老保险参保率（%）		90	95 以上	96.3	–	–	预期性
	21	城镇棚户区住房改造（万套）		9.6	[12.8]	[13.01]	–	–	约束性
	22	人均预期寿命（岁）		75.42	78.5	–	0.62	–	预期性
	23	每万人拥有公共汽车数（台）		6.6	8	11.03	★0.28	★0.886	预期性
	24	人均体育场地面积（平方米）		0.75	1.08	–	0.066	–	预期性
	25	志愿者注册人数占常住人口比重（%）		6.86	8	13.28	★0.228	★1.28	预期性
生态文明	26	新增建设用地规模（万亩）		1.426	5.55	–	−0.22	–	约束性
	27	万元工业增加值用水量下降（立方米）		63.6	–	–	–	–	约束性
	28	单位 GDP 能耗降低（%）		–	[−14]	[−20]	–	–	约束性
	29	非化石能源占一次能源消费比重（%）		2	5	–	★0.6	–	约束性
	30	单位 GDP 二氧化碳排放降低（%）		–	[−17]	[−28]	–	–	约束性
	31	森林发展	森林覆盖率（%）	18.4	21	21	–	–	约束性
			森林蓄积量（亿立方米）	0.09	0.11	0.11	4 左右	4	
	32	绿化覆盖率（%）		22.37	36	39.38	★2.73	★3.4	预期性
	33	城市建成区绿地率（%）		18.9	33	34.5	★2.82	★3.12	预期性
	34	人均公园绿地面积（平方米）		5.21	9	16.59	–	–	预期性
	35	空气质量	城市 $PM_{2.5}$ 或 PM_{10} 年均浓度值（微克 / 立方米）	58	下降 18%	下降 19%	★−3.6	★−3.8	约束性
			城市空气质量优良天数比率（%）	78.5	81.6	70.2	–	–	
	36	地表水	好于 III 类水体比例（%）	10	25	75	★3	★13	约束性
			劣 V 类水比例（%）	14	0	0	–	–	
	37	主要污染物排放总量减少	化学需氧量（%）	–	−15	−15.47	★−3	★−3.09	约束性
			氨氮（%）	–	−14.3	−18.38	★−2.86	★−3.68	约束性
			二氧化硫（%）	–	−11	−19.74	−2.29	−3.9	约束性
			氮氧化物（%）	–	−8.8	−9.35	−1.76	−1.87	约束性

说明：1.“★”表示年均提高百分点数。2.[ ] 表示 5 年累计变化数。3. 战略性新兴产业增加值占地区生产总值比用战略性新兴产业产值占规模以上工业产值比重代替

第二章　进入加快建设现代化美好亳州的新发展阶段

“十四五”时期是我国全面建成小康社会、实现第一个百年奋斗目标之后，乘势而上开启全面建设社会主义现代化国家新征程、向第二个百年奋斗目标进军的第一个五年。在我国转向高质量发展阶段的过程中，亳州发展面临多方面的新机遇。国家进入新发展阶段、贯彻新发展理念、构建新发展格局，有利于我市发挥特色产业、人力资源、市场腹地等比较优势，推进以人为核心的新型城镇化，激发内需潜力；国家共建“一带一路”、加快长江经济带发展、推进长三角一体化发展、促进中部地区加快崛起、推进中原城市群和淮河生态经济带建设，有利于我市发挥承东启西、左右逢源的区位优势，全面提高参与区域分工和竞争的能力，推动现代中医药、白酒、农副产品深加工等主导产业高质量发展；国家出台《促进皖北承接产业转移集聚区建设的若干政策措施》，省委、省政府进一步推动皖北地区高质量发展，支持我市打造世界中医药之都，有利于我市乘势而上，加快发展。多年来，全市上下心齐气顺，风正劲足，发展势头持续向好，新阶段现代化美好亳州建设动能进一步增强。

同时也要清醒地认识到，全球疫情扩散蔓延态势还在持续，不稳定性不确定性明显增加。世界经济复苏进程艰难，结构性矛盾凸显，经济增长动能不足，全球产业分工格局面临深刻调整。国内经济运行基本恢复常态，但发展不平衡不充分问题仍然突出，深层次结构性矛盾和问题在外部冲击下逐步显现，各类风险挑战不容忽视。我市发展体量偏小、发展质量不优、科技创新能力较弱等问题依然存在，重点领域和关键环节改革任务仍然艰巨，工业发展特别是制造业发展水平较低，民营经济发展不充分，生态环保任重道远，民生保障短板较多，社会治理还有弱项。

总的来看，“十四五”时期我市仍处于重要战略机遇期，但机遇和挑战都有新的发展变化，必须胸怀两个大局，深刻认识新发展阶段带来的新特征新要求，增强机遇意识和风险意识，树立底线思维，把握发展规律，保持战略定力，发扬斗争精神，办好自己的事，善于在危机中育先机，于变局中开新局。

第三章　指导思想

高举中国特色社会主义伟大旗帜，深入贯彻党的十九大和十九届二中、三中、四中、五中全会精神，坚持以马克思列宁主义、毛泽东思想、邓小平理论、“三个代表”重要思想、科学发展观、习近平新时代中国特色社会主义思想为指导，认真贯彻落实习近平总书记考察安徽重要讲话指示精神，全面贯彻党的基本理论、基本路线、基本方略，统筹推进经济建设、政治建设、文化建设、社会建设、生态文明建设的总体布局，协调推进全面建设社会主义现代化国家、全面深化改革、全面依法治国、全面从严治党的战略布局，科学把握新发展阶段，坚决贯彻新发展理念，服务构建新发展格局，坚持稳中求进工作总基调，以推动高质量发展为主题，以深化供给侧结构性改革为主线，以改革创新为根本动力，以满足人民日益增长的美好生活需要为根本目的，坚持系统观念，统筹发展和安全，持续实施五大发展行动，扎实推进长三角一体化发展进程，深入推进世界中医药之都、皖北承接产业转移集聚区、长三角绿色农产品生产加工供应基地、华夏酒城、文化旅游强市和省际毗邻区域中心城市建设，加快构建现代化经济体系，推进治理体系和治理能力现代化，实现经济行稳致远、社会安定和谐，为我市社会主义现代化建设开好局、起好步。

贯彻上述指导思想，必须遵循以下原则：

——*坚持党的全面领导*。坚持和完善党领导经济社会发展的体制机制，坚持和完善中国特色社会主义制度，不断提高贯彻新发展理念，构建新发展格局能力和水平，为新阶段现代化美好亳州建设提供根本保证。

——*坚持以人民为中心*。坚持人民主体地位，坚持共同富裕方向，始终做到发展为了人民、发展依靠人民、发展成果由人民共享，维护人民根本利益，激发全体人民积极性、主动性、创造性，促进社会公平，增进民生福祉，不断实现人民对美好生活的向往。

——*坚持新发展理念*。把新发展理念贯穿新阶段现代化美好亳州建设全过程和各领域，切实转变发展方式，推动质量变革、效率变革、动力变革，实现更高质量、更有效率、更加公平、更可持续、更为安全的发展。

——*坚持深化改革开放*。坚

定不移推进改革、扩大开放，主动融入国家重大战略，加强社会治理体系和治理能力现代化建设，破除制约高质量发展、高品质生活的体制机制障碍，强化有利于提高资源配置效率、有利于调动全社会积极性的重大改革开放举措，持续增强发展动力和活力。

——坚持系统观念。加强前瞻性思考、全局性谋划、战略性布局、整体性推进，办好发展和安全两件大事，坚持"一盘棋"思想，更好发挥各方面积极性，着力固根基、扬优势、补短板、强弱项，注重防范化解重大风险挑战，实现发展质量、结构、规模、速度、效益、安全相统一。

第四章　主要目标

到2035年基本实现社会主义现代化远景目标。按照党的十九大对实现第二个百年奋斗目标作出分两个阶段推进的战略安排，展望2035年，我市经济实力、科技实力、综合实力迈上新台阶，经济总量和城乡居民人均收入较2020年翻一番以上；基本实现新型工业化、信息化、城镇化、农业现代化"新四化"，建成现代化经济体系；治理体系和治理能力现代化实现新提升，人民平等参与、平等发展权利得到充分保障，基本建成法治亳州、法治政府、法治社会；国民素质和社会文明程度达到新高度，文化软实力显著增强；全面绿色转型树立新样板，广泛形成绿色生产生活方式，生态环境根本好转，生态宜居美丽新家园建设目标基本实现；对外开放形成新格局，深度融入长三角一体化发展，加强与中原城市群内城市间合作，基础设施和公共服务互联互通全面实现，区域合作和竞争能力明显增强；协调发展实现新跨越，城乡区域发展差距和居民生活水平差距显著缩小，人民基本生活保障水平与长三角平均水平大体相当，基本公共服务实现均等化，中等收入群体显著扩大；平安亳州建设达到新水平；人民美好生活谱写新篇章，人的全面发展、全体人民共同富裕取得更为明显的实质性进展。

"十四五"时期我市经济社会发展主要目标。锚定2035年远景目标，贯彻习近平总书记考察安徽时提出的强化"两个坚持"、实现"两个更大"的目标要求，落实市委四届十二次全会《决定》，坚定朝着经济强、百姓富、生态美的新阶段现代化美好亳州进军。

——综合实力实现新的更大跃升。发展潜能充分发挥，经济增速较大幅度高于全省，高质量发展走在皖北前列，经济实力显著增强，一般公共预算收入较大幅度增长，人均地区生产总值与全省差距进一步缩小。

——现代化经济体系建设实现新的更大进展。现代中医药产业迈向中高端，长三角绿色农产品生产加工供应基地基本建成，白酒产业影响力进一步提升，文化旅游对经济发展支撑作用不断增强。综合立体交通网络基本形成，现代流通体系日益完善，有效需求规模不断扩大，皖北承接产业转移集聚区建设走在全省前列，在构建新发展格局中的作用进一步发挥。

——城乡协调发展实现新的更大优化。城市综合承载力和辐射带动力进一步提升，省际毗邻区域中心城市地位更加稳固。常住人口城镇化率持续提高。数字化、精细化、制度化管理扎实推进，成功创建全国文明城市。县城新区提升、老城改造统筹推进，基础设施建设不断完善，城乡区域发展协同性明显增强。优先发展农村，农村交通、水利、通信、养老等设施更加完善。

——改革开放实现新的更大突破。社会主义市场经济体制更加完善，重点领域和关键环节改革扎实推进，发展活力和动力持续增强。在更大范围、更高层次上深化对外开放和区域合作，融入长三角一体化发展取得明显成效，招商引资提质增效，开放型经济发展水平大幅提升。

——社会文明程度实现新的更大提高。社会主义核心价值观深入人心，人民思想道德素质、科学文化素质、身心健康素质明显提高，公共文化服务体系和文化产业体系更加健全，人民精神文化生活日益丰富。创新能力持续增强，人才强市建设成果丰硕。

——生态文明建设实现新的更大进步。国土空间开发保护格局得到优化，"地净、路畅、水活、天蓝、林拥城"工程全面展开，引江济淮入亳工程涵养地下水源效果进一步显现，能源资源利用效率大幅提升，主要污染物排放总量持续减少，生态安全屏障更加牢固，城乡人居环境明显改善，全社会绿色转型成效明显，生态文明意识持续增强，生态文明制度深入落实。

——民生福祉实现新的更大增进。民生投入力度持续加大，实现更加充分更高质量的就业，居民收入较大幅度增长，基本公共服务均等化水平明显提高，全市人民受教育程度不断提升，多层次社会保障体系更加健全，卫生健康体系更加完善，脱贫攻坚成果巩固拓展，乡村振兴战略全面推进，人民生活品质持续提高。

——治理效能实现新的更大提升。法治亳州、法治政府、法治社会建设取得积极进展，社会公平正义进一步彰显，行政效率和公信力显著提升，社会治理特别是基层治理水平明显提高，平安亳州建设不断深化，防范化解重大风险体制机制健全有效，突发公共事件应急能力显著增强，自然灾害防御水平明显提升，统筹发展和安全更加有力。

专栏2　“十四五”经济社会发展主要目标一览表

类别	序号	指标	2020年（含预估值）	2025年目标	年均增长	属性
经济发展	1	地区生产总值增长（%）	—	—	7.5左右	预期性
	2	人均地区生产总值（元）	34000	52000	6.3左右	预期性
	3	全员劳动生产率增长（%）	—	—	6.3左右	预期性
	4	制造业增加值占GDP比重（%）	21.1	26	—	预期性
	5	常住人口城镇化率（%）	45	52以上	—	预期性
	6	固定资产投资增长（%）	—	—	8.5左右	预期性
	7	进出口总额（亿美元）	11	15	10左右	预期性
	8	社会消费品零售总额（亿元）	991.7	1425	7.5左右	预期性
创新驱动	9	研发经费投入增长（%）	—	—	高于全省	预期性
	10	战略性新兴产业产值占规模以上工业产值比重（%）	27.8	30	—	预期性
	11	每万人口高价值发明专利拥有量（件）	—	力争达到全省平均水平	—	预期性
	12	数字经济核心产业增加值占GDP比重（%）	—	力争达到全省平均水平	—	预期性
	13	高新技术企业数（个）	178	360	—	预期性
民生福祉	14	居民人均可支配收入增长（%）	7.3	—	8左右	预期性
	15	城镇调查失业率（%）	6	—	6以内	预期性
	16	劳动年龄人口平均受教育年限（年）	9.3	10	—	约束性
	17	每千常住人口拥有执业（助理）医师数（人）	2.05	2.37	—	预期性
	18	基本养老保险参保人数（万人）	271.9	280	—	预期性
	19	每千常住人口拥有3岁以下婴幼儿托位数（个）	—	力争达到全省平均水平	—	预期性
	20	人均预期寿命（岁）	—	78	[1.3]	预期性
绿色生态	21	单位GDP能源消耗降低（%）	完成省下达目标	—	省下达	约束性
	22	单位GDP二氧化碳排放降低（%）	完成省下达目标	—	省下达	约束性
	23	城市空气质量优良天数比率（%）	70.2	省下达	—	约束性
	24	地表水达到或好于Ⅲ类水体比例（%）	75	省下达	—	约束性
	25	森林覆盖率（%）	21	21.6	—	约束性
安全保障	26	粮食综合生产能力（万吨）	500	稳定在500万吨左右	—	约束性
	27	能源综合生产能力（万吨标准煤）	530	560左右	—	约束性

说明：1.“*”表示年均提高百分点数。2.[ ]表示5年累计变化数。

第二篇 发挥科技引领作用 高质量推进创新发展

坚持创新在现代化建设全局中的核心地位，积极响应省“五个一”创新主平台和“一室一中心”分平台升级版建设，以实现科技创新“三个翻番”为目标，深入实施创新驱动发展战略，以创新推动高质量发展。

第五章 建设提升创新研发平台

建设高水平技术研发平台。整合现有资源，创新体制机制，充分发挥亳州市中药材检验检测研究院和亳州市产品质量检验检测研究院作用。改善育种基础设施和技术装备条件，提升亳州市农业科学研究院在小麦、大豆等粮食领域育种水平。增强安徽济人药业有限公司、安徽协和成药业饮片有限公司、天马（安徽）国药股份科技有限公司等企业创新平台带动能力，推动由服务企业自身向服务整个产业转变。坚持“科创＋产业”，抓住长三角科技创新共同体建设机遇，强化政策引导，吸引知名高校科研院所单独或与我市企业合作建设省重点实验室、省技术创新中心、省临床医学研究中心等省级创新平台。加大市级工程技术研究中心、重点实验室等创新平台培育力度，形成创新平台梯次发展的格局。力争“十四五”期间，新建国家级创新平台1家、省级创新平台3～5家、市级创新平台10家。

建设科技创新公共服务平台。以创建省新型研发机构为目标，建成投用亳州高新科创医药产业技术研究院，打造集共性技术研发、技术中试熟化和技术转移于一体的高水平中医药公共研发平台。持续完善亳州市网上技术大市场功能，促进科技成果与产业资源精准对接，为创新主体提供技术转移转化全流程服务。围绕主导产业布局，支持省级开发区建设一批关键核心技术平台。力争“十四五”期间，建设省级新型研发机构2家。

促进创新创业融合发展。坚持创新引领创业，依托亳州高新区、亳芜现代产业园区、各县区开发区等载体，加大知名科技企业孵化器、众创空间、星创天地等创新创业平台招引力度，打造充满活力的创新创业生态，构建“众创空间＋科技企业孵化器＋科技企业加速器＋专业园区”的完整孵化链条。推动亳州青年科技创业园和筑梦社区创建国家级科技企业孵化器，实现省级科技企业孵化器和众创空间县域全覆盖。“十四五”期间，新建省级及以上科技企业孵化器、众创空间等创新创业平台5家。

第六章 增强企业技术创新能力

发挥重点行业企业创新引领作用。紧紧围绕现代中医药、白酒、农副产品深加工等主导产业，引导企业加大研发投入，破解企业发展技术难题。培育高新技术企业标杆企业，占据国内乃至国际细分领域制高点。引导高新技术企业建立高水平工程（技术）研究中心、重点（工程）实验室、企业技术中心等研发机构，到2025年，实现高新技术企业研发机构和科技专员全覆盖。实施高新技术企业培育计划，建设高新技术企业培育库，开展“一对一”培育服务，尽快补齐高新技术企业短板。

培育发展科技型中小企业。大力实施“百企领军”“千企竞发”等科技型企业梯度培育计划，重点扶持和培育创新能力强、产业特色明显、成长性突出的科技型中小企业，形成一批“专精特新”和“小巨人”企业。建立科技型中小企业数据库，定期跟踪梳理企业发展需求，联合第三方机构为企业提供企业家、技术顾问及顶尖研发平台等各种资源链接。大力推进科技创业园、电商产业园和项目孵化基地、中试基地、产业化基地建设，完善研发、设计、创意、孵化等功能。

第七章 激发各类人才创新活力

加大招才引智力度。围绕主导产业和教育、卫生、文化等公共服务领域“高精尖”人才需求，科学制定实施招才引智计划，定期发布引才目录，加大高层次人才和高层次团队引进力度。探索“飞地”用才、柔性引才等方式，鼓励采取“双聘制”等方式开展人才合作，发展“星期天工程师”“云端工程师”和“轨道人才”等人才共享模式，加速汇聚一批具有较强影响力的科技领军人才、高层次创新创业人才和团队，着力建设高水平人才强市。探索“资本＋项目”“企业＋项目”等招才引智模式。探索与沪苏浙人才双向挂职机制。力争到2025年，全市新引进人才16.5万人、总量达60万人，其中高层次人才1.5万人、急需紧缺人才12万人。

加快培育本土人才。制定实

施本土人才培养计划，加强创新型、应用型、技能型人才培养，实施知识更新工程、技能提升行动，壮大高水平工程师和高技能人才队伍。力争到2025年，全市技能人才总量达40万人，其中高技能人才17万人以上。大力实施企业家素质提升工程，深入推进药都“双创”英才计划和“药都工匠”专项培育行动，搭建教育、培训、交流、互动平台，着力打造一支具有创新精神、适应全球科技革命和产业变革的人才队伍。实施“金蓝领”培养工程，开展“金蓝领”职业技能提升行动，组织各类“药都技能大师”竞赛，建立健全职业技能终身培训体系。加快推进中医药专业人才培养。

激励人才更好发挥作用。围绕产业链创新链打造人才链，优化人才配置，推进产创才融合，真正实现人尽其才。设立人才创新创业基金，支持企业设立院士工作站、博士后科研工作站及博士后创新实践基地，引导优秀博士后向科技创新企业流动，加大对科技创新人才支持力度。健全科技人才组织管理方式，采取“定向委托”“揭榜挂帅”“竞争赛马”等方式，选拔领头羊、先锋队。健全创新激励和保障机制，构建充分体现知识、技术等创新要素价值的收益分配机制。深化科技成果使用权、处置权、收益权改革，开展赋予科研人员职务科技成果所有权或长期使用权试点。改进科研人才薪酬制度，完善高层次、高技能人才特殊津贴制度。

优化人才发展环境。建立吸引高素质人才流入留住机制，制定促进高校毕业生留亳返亳来亳就业创业政策。力争到2025年，累计吸引10万名高校毕业生在亳就业创业。建立“一窗受理、集中办理、专员服务、全程跟踪”人才综合服务机制，完善“人才+资本”创业投融资体系。创新人才流动、人才落户、人才安居等支持政策，鼓励人才集聚的企事业单位、开发区建设人才公寓等配套服务设施，着力解决高层次人才医疗、配偶安置、子女入学等实际问题。开辟引进人才绿色通道，畅通各类人才流动渠道，为优秀人才干事创业创造良好环境。加强学风建设，坚守学术诚信。

第八章　完善科技创新体制机制

加快科技成果转化。强化问题导向和需求导向，健全科技成果转移转化机制，推动形成以企业为主体、政产学研用金相结合的开放式协同创新机制，加速科技创新成果落地转化。大力开展科技成果发布、在线展会、在线专家咨询与对接服务等活动，建立“线上”与“线下”互补的成果转移转化服务体系，提高企业创新能力和成果转化应用能力，着力破解技术交易推广难、共享难、转化难问题。加快发展科技服务业，重点培育和引进一批成果转化、科技评估、知识产权等专业化科技中介机构，健全科技成果转移转化全程服务链。设立亳州市科技成果转化基金，建设具有亳州特色的现代中医药科技成果转化基地。

加强知识产权保护。推进知识产权综合管理体制改革，完善知识产权创造、运用、保护等管理体系，鼓励企业通过知识产权评估实现知识产权价值。积极推动专利与科技、经济、金融创新结合，加速知识产权服务高端化、全链条发展。大力培育知识产权咨询、申报、转移等代理机构，加快发展知识产权评估机构。强化知识产权保护工作，依法打击知识产权假冒行为，探索建立专利、商标、版权综合执法机制。研究制定传统文化、传统知识等领域保护办法，加强中医药知识产权保护。加强知识产权维权援助体系建设，创新快速维权机制。加强公益宣传，开展知识产权保护“五进”活动，不断提高全社会知识产权保护意识。

深化科技金融服务。充分发挥政府产业基金杠杆作用，建立科技成果产业化风险补偿机制。充分发挥天使基金、高层次科技人才团队创新创业基金作用，建设覆盖创新企业全周期的投融资体系。支持金融机构创新金融产品，鼓励银行开发和推广科技金融信贷产品。鼓励担保机构为科技型企业提供科技担保产品。设立市新兴产业创业投资引导基金，支持创业投资机构做大做强。鼓励吸引国内外创业投资资本进入亳州，重点投资高新技术项目，助力科技创新创业和产业升级。

优化科技创新环境。健全政府投入为主、社会多渠道投入机制，持续完善科技创新政策。加大创新创业政策宣传力度，简化优惠政策审批和办理程序，降低企业或个人享受优惠政策的综合成本。完善科研诚信制度建设，改进科技项目组织管理方式，实行“揭榜挂帅包干”等制度，推动

政府职能从研发管理向创新服务转变。完善科技评价机制，构建普惠性创新支持政策体系。加强科普工作，大力弘扬科学家精神、工匠精神，营造崇尚创新的社会氛围。

专栏3　创新发展重点工程

创新主体培育工程。发挥重点行业企业创新主体作用，积极培育发展科技型中小企业，促进小微企业创新创业。到2025年，全市高新技术企业总数达到360家以上。

创新载体建设工程。鼓励社会力量建设孵化器、加速器、众创空间、公共技术服务平台。"十四五"期间，新建国家级创新平台1家、省级创新平台3—5家、市级创新平台10家，新建省级及以上科技企业孵化、众创空间等创新创业平台5家，新建省级新型研发机构2家。

创新人才集聚工程。大力实施人才强市战略，优化人才发展环境，完善人才发展体制机制，围绕主导产业和紧缺人才，深入推进招才引智工作。"十四五"期间，全市引进人才总量不少于16.5万人。

科技金融提升工程。充分发挥市科技成果转化引导基金、产业基金、创业投资引导资金作用，积极引入知名天使基金、VC、PE等投资机构入驻亳州。跟踪对接国家、省创业投资基金。支持企业上市，"十四五"期间，全市上市（挂牌）企业达20家以上。

第三篇　深度融入国家战略　全方位推进开放发展

抢抓国家推进区域协调发展历史机遇，深度融入长三角一体化、淮河生态经济带建设、中原城市群、长江经济带、黄河流域生态保护和高质量发展等国家战略，坚持"走出去"与"引进来"相结合，在更大范围、更宽领域、更深层次上参与国内外分工合作，实现高水平对外开放。

第九章　紧扣一体化和高质量　协同推进长三角一体化发展

高水平打造皖北承接产业转移集聚区。深入落实省"五个区块链接"，建立与长三角地区政府、开发区等常态对接机制，加强沟通互动，落实合作事项，增强高质量发展动能。做强承接产业转移平台载体，推进6个省级开发区标准化建设，进一步完善基础设施和公共服务配套，推动开发区改革创新、转型升级发展，提升承接产业转移承载能力。以推动亳州高新技术产业开发区创建国家高新技术产业开发区为抓手，高起点规划、高标准建设承接产业转移集聚区试验区；充分发挥亳芜现代产业园区作为全省首批"安徽省际产业合作园区"作用，切实加大与沪苏浙园区对口合作力度，着力推动形成全方位多领域深层次合作格局。坚持高端绿色集约高效承接，按照强链延链补链增链思路，市中心城区重点承接现代中医药、医疗器械、高端装备与智能制造、电子信息、文化旅游、健康养老等产业，县域重点承接农副产品深加工、纺织服饰、汽车及零配件、绿色装配式建筑、建材家居等产业，培育打造重点产业集群。探索创新承接产业转移方式方法，瞄准长三角中心城市和高水平园区，以合作共建现代产业园区为抓手，采取建设园中园、托管园、"飞地经济"等多种合作方式，实现互利共赢。构建"一区多点"城镇空间承接格局，加强蒙城县、利辛县、涡阳县基础设施建设，拓展承接产业空间，培育壮大县域产业集群。围绕要素注入和技术溢出，加大资金、土地、人才等要素扶持力度，保障承接项目留得住、发展快、效益好。

高标准建设长三角绿色农产品生产加工供应基地。落实省"158"行动计划，构建完善的产业体系、生产体系和经营体系。加快与沪苏浙地区合作交流，推进"亳"字号农产品走出去，提升长三角绿色农产品供给质量。坚持因地制宜，制定设施蔬菜产业发展规划，依托蒙城上海蔬菜基地等，扩大全市设施蔬菜种植规模，提升技术管理水平，实现生产规模、质量和效益的协调发展。到2025年，新增设施蔬果栽植面积10万亩、市级以上蔬果标准园20个。建设冷链物流集散中心，加强与沪苏浙电商企业、连锁超市等合作，开展直销连锁配送，共建长三角3小时鲜活农产品物流圈，推动更多优质农产品销往长三角地区。

*提升中医药服务长三角健康发展能力。*充分发挥亳州中医药产业优势，以全面提升现代中医药产业发展水平为核心，积极参与长三角中医药一体化发展，打造面向长三角区域乃至全国、全世界的中药材供给体系和中医药服务体系。提升中药材规模化种植水平，积极引进沪苏浙龙头企业和产业资本，大力发展中药材良种繁育和规模化、规范化种植，建设一批绿色有机中药材种植基地。到2025年，中药材种植面积稳定在120万亩，其中规范化种植面积50万亩。鼓励本地企业与沪苏浙高校、科研院所开展产学研合作，发挥离岸孵化中心、科研基地作用，加大中医药关键技术和装备的引进与研发力度，实现中医药制造业由中低端向中高端迈进。鼓励市内中医医疗机构与长三角地区合作共建，提升中医药医疗水平和服务能力。加大亳州市中医药“老字号”品牌宣传力度，面向沪苏浙开展中医药文化推广活动；培育具有亳州中医药特色的服务贸易项目、服务业品牌、旅游品牌，建设一批融中医医疗养生、药膳体验、健身休闲、文化旅游为一体的中医养生保健基地，把亳州打造成长三角地区文化休闲、中医药养生旅游目的地。

*一体化推进公共服务便利共享。*坚持在一体化发展中补齐民生短板，提升我市公共服务能力水平。深化教育领域合作，积极引进沪苏浙优质学前教育、中小学教育资源，加强与长三角地区高校合作，通过设立分校、整体托管等方式提升我市办学水平。深化公共卫生领域合作，积极参与长三角公共卫生应急体系建设，一体化推进新冠肺炎等重大突发传染性疾病疫情防控，借力提升我市公共卫生应急体系建设水平。深化医疗领域合作，加快引进沪苏浙高水平医疗团队和专家等优质医疗资源，采取合作办医、设立分院、委托管理、组建医联体等形式，开展全方位深度合作。深化信用领域合作，健全市信用平台和公共信用信息目录体系，拓展信用信息归集共享范围，构建覆盖全社会的信用信息数据库。加强与长三角城市在市场主体、个人征信等信用体系建设方面的合作，全面推进在食品药品、旅游、市场消费等领域产品质量溯源合作，建立联合监督机制，探索建立跨区域的信用联合奖惩机制，共同建设“信用长三角”。

第十章 大力推进区域开放合作

*积极参与淮河生态经济带建设。*全面落实《淮河生态经济带发展规划》和《安徽省贯彻落实淮河生态经济带发展规划实施方案》，推进生态文明建设和高质量发展。坚持把生态保护和环境治理放在首要位置，建立健全跨区域生态建设和环境保护联动机制，统筹上中下游开发建设与生态环境保护，突出重点生态环境问题整改，强化涡河干支流水污染治理，加快形成绿色发展方式和生活方式。加强分工协作，着力培育新技术、新产业、新业态，推动产业跨界融合发展，加快农副产品深加工等传统产业转型升级，壮大提升现代中医药等战略性新兴产业。加快沿淮铁路、高速公路和物流运输体系建设，加速推进亳州—蒙城（蚌埠）城际铁路前期工作，实施国省干线公路扩容改造和重点航道治理工程，促进基础设施互联互通。

*扎实推进中原城市群协同发展。*积极落实国家《中原城市群发展规划》和《中原城市群发展规划安徽省实施方案》，坚持中原城市群核心发展区战略定位，健全会商机制和工作推进机制，协同推进基础设施互联互通，深化产业体系分工合作，加强生态环境共保共治，促进公共服务共建共享。积极谋划平顶山—漯河—周口—亳州—宿州客运专线、禹亳铁路以及亳州—鹿邑、亳州—夏邑、亳州—虞城快速通道，加快推进亳州—许昌城际铁路前期工作，升级改造311国道亳州—永城段，加大对周边河南所辖市县的辐射作用，打造省际毗邻区域中心城市。发挥亳州作为连接长三角和中原地区的节点城市作用，依托现代中医药特色产业优势，进一步深化与周边市县在产业链、供应链等方面合作，探索园区共建，实现优势互补、组团发展。加强与商丘、周口、阜阳、宿州、淮北等周边城市在大气、水、

土壤污染等方面开展联防联控联治，确保涡河等跨界水环境水质达到水功能区水质目标要求。

深入实施长江经济带发展战略。坚持共抓大保护、不搞大开发，以改善生态环境、推进绿色发展为主线，以解决突出生态环境问题为突破口，构建生态系统健康、环境质量优良、资源利用高效的区域性河流绿色发展体系。纵深推进“三大一强”专项攻坚行动，突出重点生态环境问题整改，构建分级管控体系，持续推进“禁新建、减存量、关污源、进园区、建新绿、纳统管、强机制”七大行动，加快推进涡河、西淝河、北淝河、茨河、茨淮新河等主要河流岸线绿化、美化、生态化。全面治理“散乱污”企业，坚决淘汰关停落后产能，严格控制污染物排放。围绕船舶码头污染、入河排污口、城镇污水垃圾、农业面源污染、固体废物污染治理等重点领域，深入开展专项整治，提升污染治理水平。巩固开发区优化整合成果，强化开发区环境基础设施建设，实现开发区企业污水处理、环保设施运行和环保数据监测全覆盖，推动传统产业“四化”转型，打造具有核心竞争力的新兴产业集群。推行生态复绿补绿增绿，强化重点河湖湿地保护和修复，加强生物多样性保护。到2025年，打造水清岸绿产业优美丽长江（安徽）经济带亳州样板。

贯彻落实黄河流域生态保护和高质量发展战略。坚持生态优先、绿色发展，因地制宜、分类施策，共同抓好大保护，协调推进大治理。突出抓好水土保护和污染治理，推进实施一批重大生态保护修复和建设工程，提升水源涵养能力。坚持以水定城、以水定地、以水定人、以水定产，把水资源作为最大的刚性约束，合理规划人口、城市和产业发展，推动用水方式由粗放向节约集约转变。大力发展现代农业，不断提升农产品质量和效益，有力保障国家粮食安全。

第十一章　推动开发区改革创新发展

完善提升载体功能。依托皖北承接产业转移集聚区建设，提升开发区规划建设水平。科学编制新一轮开发区发展规划，完善功能配套，推动开发区标准化建设，实现与城市基础设施和公共服务设施有机衔接。强化电力、热力、天然气等保障供应，按照“七通一平”标准，完善开发区基础设施和公共服务设施配套。实施数字园区培育工程，大力推进创新型智慧园区建设，加快布局建设开发区5G、人工智能、工业互联网等，建成智慧政务管理、智慧产业运行、智慧设施管理和智慧公共服务四大平台体系，推进开发区从单一产业园区向现代化城区转变，打造现代产城一体化新区。

推动创新集聚发展。坚持走“科创+产业”道路，实施开发区创新能力提升、特色产业做强、龙头企业培育行动，推进开发区公共创新平台建设，促进更多创新成果落地转化。聚焦现代中医药、农副产品深加工等主导产业，以高水平推进皖北承接产业转移集聚区建设为抓手，依托亳州市现代中药产业集聚发展基地及县区省级特色产业集群（基地），着力打造特色优势产业集群，提升开发区产业竞争力。加强优质龙头企业培育和招引，推动“龙头+配套”协同发展，快速做大做强开发区首位产业，增强集聚能力。力争到2025年，建成经营（销售）收入超千亿元开发区1个、超500亿元开发区2个、超300亿元开发区5个。

强化要素保障能力。坚持优秀干部派往开发区、优质资源配置进开发区、优惠政策落实在开发区，推动要素集聚，放大融合效应。保障土地供给，满足开发区项目建设用地需求。强化金融支撑，支持金融机构在开发区设立分支机构，推动各类担保机构进驻开发区开展融资担保业务。设立开发区建设发展基金和产业发展基金，促进各类产业发展和技术改造等资金向开发区集中。强化人才支撑，加大产业工人和企业急缺技能型人才培养力度，建立健全开发区企业和劳动力资源精准对接机制，促进供需双方无缝对接。全面推行开发区“标准地”改革，着力提高亩均投资强度和亩均税收。坚持节约集约用地，开展闲置低效用地清理，实施存量建设用地再开发，盘活土地资源，提高土地利用效率。严格准入机制，严禁高耗能、高耗水、高排放项目入园，禁止淘汰落后类产业进入开发区。加大治污力度，实行区内污染源台账管理，分类处置，确保达标排放。推进绿色工厂建设和园区循环化改造，打造绿色园区。

健全完善体制机制。推动建立灵活高效的体制机制，扎实推

进法定机构改革试点，优化管委会内设机构设置，鼓励开发区推行企业化管理，健全绩效激励机制。创新开发区多元化建设和运营模式，积极引进国内外战略投资者和专业化园区运营商，大力推广“管委会＋公司”模式，以整体外包、特许经营等方式，提高建设运营专业化、市场化水平；积极引导社会资本参与开发区公共设施、标准厂房等建设。剥离开发区社会性事务管理服务职能，集中精力抓好经济管理、投资服务、产业发展。动态完善开发区赋权清单，依法有序下放开发区经济管理权限，提高管理与服务效率。充分借鉴中国（安徽）自由贸易试验区改革试点经验，主动承接蚌埠片区辐射带动作用，探索开展联动创新区建设。

第十二章　实施招商引资提质工程

突出精准招商。全面梳理我市产业优势和短板，科学制定产业招商地图，实施“补链延链强链”式产业链招商。抢抓长三角区域一体化发展机遇，认真研究沪苏浙产业转移趋势和上市企业、行业百强企业战略布局，锁定龙头企业，实施靶标招商，抓龙头、引总部、聚相关，着力引进一批产业层次高、集聚能力强、带动效应大、延伸配套好的支柱性和横向配套项目，努力引进“链长”“群主”项目，实现引来一个、搞活一链、带动一片。

创新方式招商。聚焦重点领域、重点产业，在巩固以商招商、委托招商、展会招商等传统招商的基础上，加快推进网络招商、基金招商、金融资本招商，不断推动招商引资工作向纵深发展。探索建立网上项目合作对接平台，实现网上项目洽谈互动，提高项目推进效率。健全全市各载体和驻外招商机构信息联动以及招商项目市内异地流转利益共享机制，协调推进“双招双引”。整合各种宣传资源，打造主题招商品牌，建立系统的投资环境宣传推广运行机制。

完善机制招商。创新招商引资政策，提高相关扶持政策的精准性和吸引力，鼓励县区、开发区结合实际、因地制宜在法定范围内制定出台具有创新性、操作性强的招商引资优惠政策。充实招商力量，选派优秀干部组建专业招商队伍，提升招商引资专业化水平。深入推进“亳州老乡·请您回家”活动，实施“凤还巢”工程，推动以“亲情＋优惠政策”方式鼓励亳籍成功人士回乡投资。推进投资项目“承诺制”改革，建立和完善“全程代办制”，实行“一站式”“保姆式”服务，营造重商、亲商、安商、富商的良好氛围。

第十三章　提升外贸外资水平

积极参与“一带一路”建设。坚持共商共建共享原则，以企业为主体，以市场为导向，深化共建“一带一路”沿线国家和地区经贸合作。完善国际市场多元化布局，持续深耕发达经济体等传统市场，大力开拓新兴市场。鼓励和促进我市骨干企业到境外建立资源开发基地、生产基地和研发中心，重点瞄准欧洲、东南亚、中亚、非洲等重点国家和地区，支持企业建立经贸合作园区。积极与“一带一路”沿线国家建立国际便利化运输合作机制，建立健全适合内陆多式联运标准规范和服务规则，加快对接融入中欧班列（合肥），促进产业链和供应链高效便利运转。争取开展中药材市场采购贸易方式试点，促进中药材外贸优进优出。支持跨境电商平台、跨境物流发展和“海外仓”建设。组织企业积极参加进博会、广交会、华交会等国内重点展会。加强出口商品营销和售后服务网络建设，推进对外投资合作便利化，加快形成以品牌、质量和服务为核心的外贸竞争新优势。以人文交流为纽带，进一步加强与日本京丹后市、韩国荣州市、巴西维涅多市等友好城市的合作。

实施外贸主体培育壮大工程。完善外贸企业孵化培育机制，支持现代中医药、农副产品深加工等行业重点外贸企业采取重组兼并、参股控股等多种方式强强联合，组建“走出去”企业联盟，引导支持有条件的企业以新设、并购、参股等方式开展跨国经营，打造有国际竞争力的企业集团，加快培育出口企业集群，力争到2025年，进出口实绩企业达240家，进出口规模超1000万美元企业达50家。全面落实进出口政策，重点扩大先进技术装备、关键零部件和资源性产品及消费品进口，扩大薄荷、芝麻、香料、西洋参等原材料进口，支持企业引进国外先进技术和设备，提高生产效率和产品质量。积极发展跨境电子商务，鼓励企业开展境外商标注册、产品国际认证、境外专利申请。打造一站式外贸服务平台，构建外贸综合服务体系，提升通关、物流、退税、金融、保险等综合服务能力，促进外贸企业提质增效。力争到2025年，全市进出口总额突破15亿美元。

稳定扩大利用外资规模。大力开展境外招商活动，积极组织企业参加世界制造业大会，推进签约项目落地。拓宽利用外资领域，积极承接国际服务业转移，促进利用外资稳中提质。鼓励本地企业通过绿地投资、并购投资、证券投资、联合投资等多种方式到境外开展投资，深度开展国际合作。积极复制自贸区外资改革试点经验，按照国家统一部署，依法实施外商投资准入前国民待遇加负面清单管理模式，提升外商投资便利化水平。建立常态化外商投资企业联系服务机制，落实外商投资企业准入后国民待遇，保护外商投资企业合法权益。“十四五”期间，外商直接投资年均增长5%。

专栏4 开放发展重点工程

开发区产业园建设工程。聚焦产业发展特色和基础，打造一批“区中园”“园中园”，提升专业化建设水平。建设亳州高新区大皖工坊闽台健康产业园、亳芜现代产业园区五金机电产业园、谯城经开区金地产业园、蒙城经开区真空设备高端制造共享产业园。

开发区基础设施提升工程。加强园区基础设施与城市规划有机衔接，多渠道投入建设开发区公共服务、基础设施和配套设施，为园区招商引资、筑巢引凤提供强力支撑。实施涡阳县西阳（阳港）园区基础设施建设PPP项目、涡阳经开区A区基础设施、蒙城经开区智能标准厂房、利辛经开区工业标准化厂房、谯城经开区基础设施提升改造项目、亳州高新区14条道路工程等。

开发区招商项目智慧管理试点工程。以亳芜现代产业园区为试点，建设“智慧亳芜”一期企业生命全周期智慧服务平台，动态掌握项目建设情况、企业生产情况等，自动筛选符合政策条件的企业，实现“免申即享”和“免审即享”。2021年智慧亳芜企业生命全周期智慧服务平台建成投用，2022年在全市逐步推广。

第四篇 推进全面深化改革 加速释放经济发展动能

充分发挥市场在资源配置中的决定性作用，更好发挥政府作用，推动有效市场和有为政府更好结合，持续深化重要领域和关键环节改革，着力构建更具活力、更有效率的高水平市场经济体制，实现改革与发展深度融合、高效联动。

第十四章 激发各类市场主体活力

深化国企国资改革。全面制定落实国企改革三年行动实施方案，深化重点领域和关键环节改革，做大做优做强国有资本和国有企业。加快国有经济布局优化和结构调整，推动国有资本加速向重点行业和关键领域集中，更多投向新型基础设施、战略性新兴产业、优势产业和公共服务等领域。支持国有企业主导或参与现代中医药等产业重大创新示范项目工程建设、关键核心技术研发和科技成果转化，发挥其提升产业链供应链水平上的引领作用。深入开展市属国有企业管理提升活动，加快管理创新、商业模式创新，合理限定法人层级，有效压缩管理层级。加快建立现代人力资源管理体系，建立健全管理人员公开招聘、竞争上岗以及企业员工市场化公开招聘制度，推进全员绩效考核，合理拉开收入分配差距。建立健全现代企业制度，开展市属企业三项制度改革专项行动，加快建立各司其职、各尽其责、协调运作、有效衔接的公司治理机制，稳妥推进国有资本授权经营管理，有效发挥国有资本投资运营公司的功能作用。

支持非公有制经济高质量发展。毫不动摇鼓励、支持、引导非公有制经济发展，全面落实支持民营经济、外商投资企业发展系列政策措施，在要素获取、准入许可、经营运行、政府采购和招投标等方面对各类所有制企业依法平等对待。严格落实公平竞争审查制度，实施公平统一的市场监管制度。破除制约民营企业发展的各项壁垒，落实好减费降税政策，打造惠企“直通车”，确保各项支持措施直达基层、直接惠及市场主体。切实落实保障中小企业款项支付条例，建立防范拖欠账款长效机制。持续推进“个转企”“小升规”“规改股”“股上市”，不断壮大民营经济主体数量和规模。完善“亲”“清”新型政商关系政策体系，建立规范化机制化政企沟通渠道，构建政策制定充分听取企业和行业协会意见机制，常态化开展领导干部点对点联系重点民营企业活动，依法依规、穷尽办法、竭尽所能帮助企业解决遇到的各类矛盾和问题。弘扬新时代优秀企业家精神，依法平等保护民营企业和企业家合法权益，注重做好民营企业家培训工作，开展优秀民营企业和民营企业家评选表彰活动。

第十五章　深化财政金融体制改革

深化财税体制改革。加强财政资源统筹，完善中期财政规划管理，增强全市重大任务、重大项目、重大工程财力保障。落实各项税制改革任务，加强地方税体系建设。进一步规范罚没物资管理，提高非税收入管理水平。完善全口径预算管理，加强政府性基金预算、国有资本经营预算、社会保险基金领算与一般公共预算统筹衔接。深化预算信息公开，推进财政支出标准化，强化预算约束，提升财政资源配置效率和资金使用效益。全面实施预算绩效管理，加快构建全方位、全过程、全覆盖的预算绩效管理体系。推进市以下财政事权与支出责任划分改革，制定实施公共文化等领域财政事权和支出责任划分改革方案，增强基层公共服务保障能力。健全完善以政府债券为主体的政府举债融资机制，推动地方融资平台加快市场化转型发展。

深化金融改革开放。实施金融体系和融资结构调整优化工程，构建银行信贷、债券市场、股票市场、保险市场、风险投资等多层次金融支持服务体系。推动更多企业上市挂牌和直接融资，支持上市公司再融资和并购重组，提高上市公司发展质量。大力发展普惠金融，引导金融资本重点支持制造业和中小微企业，促进财政与金融、就业、产业等集成协调。深化地方农村商业银行改革，推进药都银行上市。积极引进域外金融机构特别是股份制银行在亳设立分支机构。深化国有金融资本管理改革，优化国有金融资本战略布局，促进国有金融资本保值增值。建立金融人才柔性流动机制，吸引高端金融人才来亳创业、任职。积极融入长三角地区金融市场一体化发展，共建共享金融要素交易平台。更加充分利用多层次资本市场，大力推进企业上市，力争到2025年，全市新增1～2家上市公司。健全金融风险预防、预警、处置、问责制度体系，对违法违规行为零容忍。

第十六章　建设高标准市场体系

全面落实市场体系基础制度。全面实施市场准入负面清单制度，进一步放宽市场准入门槛，定期评估、排查、清理各类显性和隐性壁垒，推动“非禁即入”普遍落实。增强公平竞争审查制度刚性约束，强化竞争政策基础地位，清理违反公平、开放、透明市场规则的政策文件，推进反垄断、反不正当竞争执法。建立健全第三方审查和评估机制、面向各类市场主体的公平竞争审查举报处理和回应机制。落实民法典和相关法律法规，依法保护国有、民营、外资等各种所有制企业产权和自主经营权，依法严肃查处各类侵害企业合法权益的行为，妥善处理企业涉外商事案件。完善知识产权保护体系，综合运用法律、行政、经济、技术、社会治理手段强化保护。推广知识产权民事、刑事、行政案件“三合一”审判机制，有效执行侵权惩罚性赔偿制度，加强企业商业秘密保护。

深化要素市场化改革。建立健全城乡统一的建设用地市场。严格落实存量土地盘活、土地产出效益与新增建设用地计划指标分配挂钩制度，完善低效利用土地市场退出机制。深化产业用地市场化配置改革，健全长期租赁、先租后让、弹性年期供应、作价出资（入股）等工业用地市场供应体系。在符合国土空间规划和用途管制要求前提下，调整完善产业用地政策，创新使用方式，推动不同产业用地类型合理转换，探索增加混合产业用地供给。完善土地利用计划管理，实施年度建设用地总量调控制度，增强土地管

理灵活性，推动土地计划指标更加合理化。畅通人才跨所有制、跨区域、跨行业流通渠道，建成功能完善、服务规范的综合性人力资源市场。整合各部门、各行业政务数据资源，探索建立数据市场化流通、交换机制，依法合规开展数据运营、交易和服务。健全要素市场化交易平台，拓展公共资源交易平台功能，深化招投标制度改革。

*提高现代化市场监管水平。*以"双随机、一公开"监管为基本手段，以重点监管为补充，健全以信用为基础的新型监管机制。逐步完善失信联合惩戒对象管理制度清单和失信联合惩戒措施清单。加强优化营商环境涉及的法规规章和规范性文件备案审查。实行随机抽查事项清单管理，建立检查对象名录库和执法检查人员名录库，推行信用监管和"互联网＋监管"系统应用。严格落实行政执法公示、执法全过程记录、重大执法决定法制审核"三项制度"。依法健全行政执法裁量基准制度。试行中介组织对同一对象相同性质的评估报告通行通用制度。以食品、药品、疫苗安全为重点，健全统一权威的从生产、流通到消费的全过程监管体系。健全完善网络市场规制体系，建立常态化监管机制。对新产业新业态实行包容审慎监管。

第十七章 加快转变政府职能

*优化政府职责体系。*建设职责明确、依法行政的政府治理体系，加快实现政府治理规范化、程序化、法治化，善于运用法治思维和法治方式深化改革、推动发展、化解矛盾、维护稳定，不断提高科学治理、民主治理、依法治理水平。纵深推进"互联网＋政务服务"提质增效，推进政务服务标准化、规范化、便利化，健全政务公开制度，规范政府信息管理和发布，充分发挥政府门户网站、政务新媒体、政务公开栏等平台作用，更多运用信息化手段做好政务服务工作。深化事业单位改革，创新事业单位机制编制管理方式，推动有条件的事业单位转为企业或社会组织。深化行业协会、商会和中介机构改革，加强备案审查、监督管理，确保行业协会、商会和中介组织依法运行，发挥积极作用。

*提高行政决策质量。*健全重大政策事前评估和事后评价制度，完善重大行政决策程序制度，推动政策举措进入"执行—评估—改进—再评估—再改进"良性循环，提高决策科学化、民主化、法治化水平。全面履行公众参与、专家论证、风险评估、合法性审查和集体讨论决定等法定程序，充分论证政策的必要性、可行性、科学性，从源头上把控政策方向，防止决策的随意性。加强对政策实施的跟踪监测，及时进行调整完善。建立健全大数据辅助决策机制，提升科学决策能力。畅通参与政策制定的渠道，保障人民群众通过多种途径和形式参与决策，切实保障市场主体和群众在政策制定中的知情权、参与权、表达权和监督权，提高政府执行力和公信力。

*持续优化"四最"营商环境。*坚持以人民为中心的发展思想，践行"三严三实"，弘扬"马上就办、真抓实干"作风，持续深化简政放权，不断改善营商环境，完善政府部门权责清单，切实提升治理效能。全面提升行政审批质效，推进"放管服"改革迭代升级、"互联网＋政务服务"延伸扩面，完善"皖事通办"平台建设，巩固企业开办"一日办结"成果，积极推进长三角地区政务服务"一网通办"。持续开展"四送一服"双千工程，坚决落实大规模减税降费政策，努力解决企业发展中遇到的困难和问题。深化"一网一门一次"改革，提升"全程网办"服务水平，整合各级各部门政务服务移动端，形成全市统一"皖事通办"移动端，实施"安康码"便民应用工程，推进"一网"全覆盖；持续推进政务服务大厅智能化升级改造，推行 7×24 小时不打烊"随时办"服务，实施"基层办、就近办"，推进"一门"更智能；深化"最多上一次"改革，加强电子印章、电子签名、电子证照、电子材料"四电"建设，推进"办好一件事"集成服务，探索智能审批、智能搜索、刷脸审批等智能服务，推进"一次"最优化。优化拓展企业联办服务平台功能，推进工程建设项目审批改革，提升不动产登记服务水平。规范事中事后监管，加强政务诚信建设，切实履行政府承诺，实施重点领域失信问题专项治理。保护企业家合法权益，形成长期稳定发展预期，鼓励创新，宽容失败，营造激励企业家干事创业的浓厚氛围。

*全力推动"12345""一号响应"政务服务热线改革。*进一步加强和完善非紧急政务服务热线整合工作，对"12345"市长热线的政务服务热线进行全面优化升

级，进一步明确“12345”“一号响应”热线受理范围、优化办理流程、强化技术支撑、完善信息共享机制、健全督办问责机制，进一步提升服务质量，实现企业、群众诉求“一号响应”，确保反映问题和合理诉求及时得到处理，确保“12345”政务服务热线打得通、接得住、转得出、办得好。

专栏5 全面深化改革行动

完善企业联办服务平台。进一步拓展优化企业联办服务平台功能，推动平台与政务服务网、电子税务局、银行开户等系统深度对接，实现电子证照、电子材料、电子云签、电子印章等“四电”的共享共用。上线智能审批功能，压缩企业注册登记时限，实现注册登记“秒批秒办”。

推行7×24小时不打烊“随时办”服务。完善7×24小时政务服务大厅功能，上线智能自助端通用业务管理系统，配置智能化综合一体机，提供7×24小时不打烊“随时办”服务。完善7×24小时政务服务地图功能，拓展服务内容，持续提升线上线下办事体验。2021年实现自助一体机可办理高频事项150项以上，2022年实现300项以上，2025年达1000项。

实施“安康码”便民应用行动。依托“皖事通办”平台亳州门户，着力构建集个人信息、电子证照、支付凭证等功能于一体的“安康码”应用服务体系，推动“安康码”在医疗、教育、政务服务、交通出行、社会保障、公用事业和金融服务等领域“全覆盖、多功能、一码通”。2021年全市“安康码”申领率达90%，2022年达95%，2025年实现应领尽领。

完善证明证照查询出具系统。建设完善统一的证明证照查询出具系统，运用电子签名、电子印章、黑名单、征信惩戒、依法追责等手段，推行告知承诺、容缺受理及事中事后监管，实现证明证照线上申请、预览、下载、打印等，推进系统在电脑端、移动端、自助端、窗口端自动调用，做到“证明系统之外无证明”。

优化“人生大事”集成服务。依托安徽政务服务网亳州分厅，基于行政权力清单和公共服务清单，建立居民全生命周期的服务与管理体系，上线“人生大事”集成服务事项。到2025年，实现“婚、生、学、医、退、死”六项“人生大事”一次办、简便办。

完善“稳就业”平台。依托“皖事通”APP，完善平台求职人员与工作岗位的智能匹配、在线评价、电子简易“稳就业”合同签订等功能。根据市场就业行情，为培训计划制定提供有效数据支撑，向符合条件的人员定向推送培训信息。量化就业扶助、奖补政策等指标，智能匹配符合政策的企业或人才，提升政策落实效果。

减税清费降成本行动。全面落实国家各项降低实体企业成本政策，严格执行国家结构性减税政策，清理政府性基金和行政事业性收费，清理规范涉企经营服务性收费，规范商（协）会收费行为，降低融资中间环节费用，降低企业经营成本，减轻企业用地负担。

金融科技水平高标准市场体系建设行动。全面落实市场准入负面清单、公平竞争审查、产权保护等市场体系基础制度，推进土地、劳动力、资本、技术、数据等要素资源高效配置，改善提升市场环境和质量，实施高水平市场开放，完善现代化市场监管机制等重点任务。

建设可视化辅助决策场景。依托“城市大脑”，建立多渠道数据采集机制，整合汇聚重点工作、重点领域、重点区域、重点行业等相关数据，形成规范化、质量化的主题数据库，构建数据模型，为各级政府和部门科学决策提供数据化、在线化、智能化支持。2021年建成人口、企业、经济运行情况等领域的数据“仪表盘”；2022年人口、企业、经济运行情况等领域辅助决策模型持续完善；2025年建成覆盖城市管理、经济发展和民生保障等多领域辅助决策模型。

第五篇　实施扩大内需战略全面促进消费投资升级

牢牢把握扩大内需这个战略基点，推动供给侧结构性改革同需求侧管理有机结合，充分发挥消费对经济发展的基础作用、投资对优化供给结构的关键作用，形成需求牵引供给、供给创造需求的更高水平动态平衡。

第十八章　全面促进消费

促进实物消费提档升级。以建设省际毗邻区域中心城市为契机，着力打造一批中高端消费载体，推动闲置的传统商业综合体加快创新转型，改造形成一批高品位街区。力争到2025年，建设大型商业综合体达到20家、市级特色商业示范街3条，促进商圈建设与繁荣。优化社区服务设施，鼓励设立社区菜店和24小时不打烊餐饮店、便利店等社区商业设施，促进社区生活服务集聚式发展，建设社区生活服务中心，落实好新建社区商业和综合服务设施面积占社区总建筑面积比例不低于10%的政策。大力推动汽车产业电动化、智能化、绿色化，促进汽车消费优化升级，推动汽车消费由购买管理向使用管理转变。落实新能源汽车推广应用政策，加大新能源汽车政府采购力度。培育汽车改装、后市场服务等特色消费市场，构建多元化汽车消费体系。规范发展住房租赁市场，促进住房消费健康发展。推广农产品“生鲜电子商务+冷链宅配”“中央厨房+食材冷链配送”等服务新模式。支持发展“老字号”品牌。依托无接触配送、在线办公、互联网问诊、直播带货等模式，推动线上线下消费融合发展。以5G全面商用和智能产品推广为基础，重点促进适应消费升级的中高端移动通信终端、可穿戴设备、超高清视频终端、智慧家庭产品等新型信息产品以及虚拟现实、增强现实、服务机器人等前沿信息产品消费。构建绿色产业生态，建立家电、汽车、电子等重点消费品废旧回收循环利用体系，促进消费向绿色、健康、安全发展。

推进服务消费扩容提质。创新打造服务消费新平台，争创国家级文化和旅游、体育消费试点(示范)城市，培育发展文化旅游产业融合发展示范区，加快建设北关历史文化街区等一批文旅商业消费聚集区。开展全域旅游示范区创建活动，打造一批旅游新景点、景区，提升管理服务水平，全域推进乡村旅游和休闲农业融合发展。支持自驾车、旅居车、乡村旅游等特色消费。推动移动网络基站扩容升级，持续促进网络提速降费。严格落实带薪休假制度，鼓励实行错峰休假和弹性作息制度，扩大节假日消费。积极拓展体育业态，推动形成内涵丰富的体育消费市场。支持社会力量提供多层次多样化的医疗健康服务，全面放开养老服务市场，促进健康养老家政消费。开发研学旅行、实践营地、特色课程等教育服务产品，支持设立非学制类职业教育培训机构，促进教育培训消费。开展城乡居民扩大文化消费试点，促进优秀文化产品和优质文化服务消费。适应行政管理和社会公共事业发展需求，适当增加公共消费。积极培育信息消费创新产品和体验中心。

推动农村消费梯次升级。实施“互联网+”农产品出村进城工程，推动电子商务向广大农村地区延伸覆盖，畅通城乡双向联动销售渠道，促进线下产业发展平台和线上电商交易平台结合，鼓励和支持消费新业态新模式向农村市场拓展。健全农村电商服务体系，优化布局农村电商服务网点，大力引进知名电商品牌企业，强化本地电商品牌建设。推动具备条件的乡镇将商贸物流与休闲农业、乡村旅游、产品加工等有机结合。加大农村地区水电路气、信息等设施建设和改造力度，鼓励和引导农村居民扩大交通通信、文化娱乐、汽车等消费。健全农村现代流通网络体系，优化整合存量设施资源，推动田头市场建设，推进乡镇运输服务站建设，有效降低农村流通成本。开展城乡高效邮政、快递配送专项行动。继续实施消费扶贫。

营造安全放心消费环境。充分发挥市场机制在居民消费领域的作用，建立产品和服务消费后评价体系，落实网购七日无理由退换货制度，鼓励和倡导全市大型商超开展线下无理由退货承诺。加强质量认证体系建设，促进消费向绿色、健康、安全发展。督促网络平台切实履行主体责任，加大对网络经营平台、网站和网络经营者监测力度，严厉打击虚假宣传、价格欺诈、销售假冒伪劣商品、不正当竞争等违法违规行为。持续开展重点领域反不正当竞争专项执法行动，强化消费领域企业和个人信用体

系建设。开展放心满意消费创建活动，提高消费者主体意识和维权能力，强化消费者权益保护。顺应新型消费发展规律，研究制定电子商务、共享经济等分行业分领域管理办法，深化包容审慎和协同监管，有序做好与其他相关政策法规衔接，促进新型消费良性发展。

专栏 6　全面促进消费行动

商品消费转型升级行动。稳定传统大宗消费，加快冰箱、彩电、空调等家电产品更新替代，扩大绿色食品、中医药健康服务等健康类消费品生产销售。

数字经济消费培育行动。加快培育在线办公、数字生活、智能配送等新业态。推动商业实体数字化改造，依托商场自营 APP、小程序或主流第三方平台等载体，选择线上直播满足消费需求，引导实体商业向线上延伸发展。支持康美中药城等网上直播中心建设，推行"互联网＋医疗"试点。

共享经济壮大行动。拓展共享生活新空间，鼓励和支持共享出行、餐饮外卖、团购、在线购药等。打造共享生产新动力，促进生产设备、农用机械、建筑施工机械等生产工具共享。探索生产资料共享新模式，按市场化原则、商业化方式自主推进生产资料共享。

夜间经济提升行动。加强夜间经济整体规划布局，推动夜间消费载体改造升级，打造地标性夜生活集聚区。到 2025 年，各县（区）至少建设 1 个高品质消费街区和若干社区型夜间消费集聚点。积极参与夜间消费品牌评选，打造省级夜间文旅消费集聚区，争创具有全国影响力的夜市品牌。

农村消费振兴行动。改造提升农村流通基础设施，推动电子商务进农村，支持电商和物流企业向农村延伸。到 2025 年，培育重点物流配送中心（园区）5 家，农村电商综合网点达到 400 家。

放心消费创建行动。开展放心消费示范单位创建行动，优化消费环境。到 2025 年，创建市级放心消费示范单位 200 个。

第十九章　拓展投资空间

精准扩大有效投资。坚持把重大项目作为稳投资、促增长的重要抓手，深度融入国家重大战略，聚焦产业发展、科技创新、"两新一重"、乡村振兴、生态环境、公共服务等重点领域和薄弱环节，谋划推进一批重大项目。围绕长三角一体化发展，立足现代中医药、白酒、农副产品深加工、文化旅游等主导产业，推进一批产业基础再造和产业链再造项目，扩大战略性新兴产业投资。围绕提升科技创新能力，推进一批科技孵化器、加速器、异地研发机构、检验检测平台等项目。围绕推动企业设备更新和技术改造，推动实施一批技改项目，力争到 2025 年，实现规模以上工业企业技术改造全覆盖。围绕 5G 建设和数字经济发展，推进一批新基建项目，布局物联网、大数据、人工智能、工业互联网等新型信息基础设施。围绕提升中心城市承载力，推进一批综合交通运输、能源、水利、产业平台等重大基础设施项目。聚焦生态文明建设领域，推进一批环境基础设施提标改造和市政基础设施建设项目。围绕县城城镇化补短板强弱项，推进一批教育、卫生、文化、体育、养老、托育等城乡公共设施项目。围绕医疗卫生防疫短板，推进一批医院、卫生防疫、应急物资储备项目。围绕中央投资及地方债支持方向，在城市内涝治理、城市停车场建设、重大水利工程、中小河流治理、农村沟渠疏浚等方面推进一批基础性重大项目。"十四五"期间，每年实施亿元以上重点项目 500 个以上；五年累计完成全社会固定资产投资 5000 亿元以上。

激发民间投资活力。加快放开民间投资领域，推动"非禁即入"普遍落实。继续发挥好政府投资的引导和撬动作用，加大基础设施和公用事业领域开放力度，禁止排斥、限制或歧视民间资本的行为，为民营企业创造平等竞争机会。常态化公开发布回报机制明确、商业潜力大的项目，吸引民间资本参与。规范开展政府和社会资本合作（PPP）模式，提高项目论证和决策科学性。支持民营企业上市和再融资，引导民营企业通过增资扩股、债券发行等方式融资。加大产业承接力度，支持符合本地招商引资方向的高层次民间投资项目落地。

深化投融资体制改革。充分发挥市场在资源配置中的决定性作用和更好发挥政府作用，深化投融资体制改革，推行“容缺受理＋承诺”。加快完善投资项目在线审批监管等平台功能，提高投资审批效率。建立以投资决策综合性咨询为基础的联合评审机制，鼓励发展全过程和综合性投资咨询机构。稳妥开展基础设施领域不动产投资信托基金试点，有效盘活存量资产，形成良性投资循环。积极争取政策性、开发性金融机构支持，加大对城镇棚户区改造、生态环保、城乡基础设施、科技创新等重大项目和工程的资金支持力度。

第二十章　统筹推进现代流通体系建设

加强流通基础设施建设。建设综合交通运输体系，提升铁路公路水路货物运输能力。加快亳州机场和空港物流园建设，高标准建设亳州港多式联运综合物流园、亳州港涡阳港区城东作业区公铁水多式联运综合物流园。加快公路港建设，推进公路货运转型升级，构建快货物流圈，增强货运服务水平。推动干线运输和末端配送有机衔接，促进交通运输和邮政快递融合发展。完善城市绿色配送体系，调整优化运输结构。改造提升农村流通基础设施，全力推进农村三级物流体系建设。

健全现代商贸流通体系。支持关系居民日常生活的商贸流通设施改造升级，引进大型电商平台，推动骨干流通企业开展数字化、智能化改造和跨界融合，培育一批大型商贸流通企业。促进县城配送投递设施提档扩面、冷链物流设施提质增效、农贸市场改造升级。加快推进快递进村工程，到2022年底，全市基本实现村村通快递，全市城乡实现邮政快递网络全覆盖。

完善流通保障机制。推动流通领域标准化建设，加快建设中药材、农产品等重要产品追溯体系，建立健全以信用为基础的新型监管机制。强化支付结算等金融基础设施建设，大力发展供应链金融。加强关键核心技术攻关，促进物流新技术新业态新模式发展，推动构建全国性、区域性物流公共信息平台，促进相关企业数据交换，逐步实现物流信息全程透明化和可追溯。优化物流设施布局，严格物流园区监管，增强集聚发展功能。

第六篇　做强做优实体经济　加快构建现代产业体系

坚持把发展经济着力点放在实体经济上，大力实施制造强市、质量强市战略，加快构建“4331”现代产业体系，打好产业基础高级化和产业链现代化攻坚战，不断提高经济质量效益和核心竞争力。

第二十一章　做大做强主导产业

现代中医药产业。坚定实施以药立市发展战略，抢抓中医药产业发展历史机遇，坚持传承精华、守正创新，全面落实《世界中医药之都（安徽亳州）建设发展规划（2020—2030年）》，加快建设全球中医药贸易、中医药产品制造、中医药健康服务、中医药文化传承“四大中心”，着力强化中医药文化、资源、市场“三大优势”，彰显天下道源、华佗故里“两大名片”，举全市之力将亳州打造成为在中医药产业规模、创新能力、品牌塑造、文化传承等方面处于全球领先水平的世界中医药之都。力争到2025年，现代中医药产业总体规模达到2000亿元。

——加快中药农业现代化。以道地药材生产为重点，完善中药农业生产体系和经营体系，打造现代中药农业新业态，建设中药材现代生态农业示范区和中药材初加工产业园区，支持在乡镇、种植专业村、规模化基地周边建设一批地产药材初加工（趁鲜加工）项目。力争到2025年，建设中药材品种标准化种植示范园10个以上，中药农业产值达42亿元。加大中药材种质资源保护和利用力度，深入推进中药材种子种苗组培繁育基地建设。推动大宗道地中药材绿色化、标准化、规模化、机械化生产，打造道地药材知名品牌。探索发展生态循环中药农业，培育中医药田园综合体，大力发展特色新兴业态。建立中药材溯源体系，强化源头管理。

——改造升级中医药制造业。加快亳州市现代中药产业集聚发展基地建设，吸引长三角更多药业企业来亳投资中成药制造、配方颗粒生产、中药提取等项目，培育“亳药”品牌，打造中医药制造业优势集群，推动现代中医药产业迈向中高端。力争到2025年，培育年销售收入10亿元以上企业10家、亿元以上单品种10个，中医药制造业产值突破500亿元。引导支持中药饮片企业向“专精特新”发展，深度挖掘传统炮制工艺，建设中药饮片炮制技术传承创新基地，积极发展精制饮片、直接口服饮片、破壁饮片等产品，巩固提升全国最大的中药饮片加工集群优势。大力推进中药配方颗粒试点研究，扩大中药配方颗粒生产能力，建设中药配方颗粒生产基地。支持药业企业开展仿制药一致性评价和创新药研发。加大品种转移优惠政策兑现力度，争取更多大品种落户亳州。抢抓药品上市许可持有人制度改革机遇，加快药品上市许可持有人平台和委托生产基地建设。支持企业并购重组，组建医药产业集团，培育医药上市企业。建设保健食品和中药健康产品基地，开发科技含量高、适应市场需求的新产品。加快医药、医疗配套器械生产，引进关键技术装备，推进医药工业智能化发展。

——扩大中医药贸易优势。以中药材商贸流通转型升级为主线，创新经营模式，推动有形市场和无形市场融合发展，力争到2025年，全市中医药贸易总额突破1200亿元。着力推进中国（亳州）中药材专业市场、亳州中药材商品交易中心等错位发展。建设中药材电子商务示范基地，提升药通网、药博商城等电商平台能力，积极引进中药材电子商务龙头企业在亳州注册设立全国性总部或区域性总部。科学谋划中医药海外布局，加快安徽济人药业有限公司配方颗粒、疏风解毒胶囊在欧盟等地推广，推进亳州中药材技术性贸易措施研究评议工作，推动中医药对外贸易发展。深化中医药国际合作，积极参与中药国际标准制定和推广，办好国际（亳州）中医药博览会暨全国（亳州）中药材交易会。

——提高中医药健康服务水平。以创建国家中医药健康旅游示范区为抓手，围绕中医医疗服务、养生保健、健康养老等重点领域，发挥亳州健康产业资源和基础优势，创新医养健康服务产品供给，构建满足人民群众多层次与多样化需求的中医药健康服务体系，力争到2025年，中医药健康服务收入达400亿元。建立“互联网+中医”平台，开展线上线下诊疗、互联网中医院、掌上中医院、智慧中医诊所和智慧中药房等多形式服务，打造国内外知名的中医诊疗中心。促进中医药和养老产业融合发展，支持中医医疗资源进入养老机构、社区和居民家庭，推动中医药康复医疗、养生保健治未病理念和技术融入健康养老全过程。支持建设一批亚健康调理中心、高端保健中心等中医药养生保健机构，规范发展中医药养生保健服务业、药膳产业、特色康复服务等。

——提升中医药科技创新能力。建设中医药国家级工程技术研究中心以及国际科技合作基地，推进省中医药工程技术研究中心、重点实验室等一批研发服务平台建设，提升中医药科技研发能力。坚持“政产学研用金”紧密结合，加大与沪苏浙高校、科研院所合作力度，建设科技成果转移转化基地。加强关键共性技术研发，重点解决大宗中药材种苗繁育、种植（养殖）、加工、质量控制等技术难题。开展中药质量标志物发现、中药新药研发、有效成分提取分离、新型制剂开发、安全性评价等专题研究，推动中医药科研成果在亳州转化。

专栏7　现代中医药产业重点项目

涡阳县：涡阳县健康百姓大药房中药饮片、消毒制剂项目（1.2亿元）。

蒙城县：蒙城县5000亩中药材种植及深加工项目（1.5亿元）。

利辛县：利辛县阳光药业有限公司中药材种植及深加工项目（1.1亿元）。

谯城区：谯城区长白山制药中医药产业园区项目（30亿元）、黑龙江珍宝岛中药材产地加工项目（12亿元）、谯城经开区医疗器械产业园项目（10亿元）、谯城区中药材初加工及特色农副产品深加工产业园区项目（7.8亿元）、谯城经开区现代中药产业园项目（南区）（5.8亿元）、谯城区鹭燕现代中药生产项目（5.6亿元）、谯城区济人药业医药产业园项目（5亿元）、谯城区惠城药业年产8000吨中药饮片项目（4.8亿元）、谯城区万辉制药有限公司中药配方颗粒和中成药生产项目（3亿元）、谯城经开区现代中药及生物医药孵化器项目（3亿元）、谯城区北京同仁堂现代中药生产项目（2.5亿元）。

亳州高新区：高新区珍宝岛九洲方圆神农谷中药电商物流城项目（80亿元）、高新区太阳升制药有限公司国际医药产业园项目（20亿元）、高新区宝龙药业有限公司中药饮片、提取、中成药、配方颗粒及西药制剂生产项目（7.3亿元）、高新区安徽昊森药业有限公司中药饮片、提取及中成药生产项目（6.5亿元）、高新区中国中药控股有限公司中药提取、配方颗粒生产线、仓储中心项目（6亿元）、高新区新伊塑业科技有限公司年产6万吨新型医疗食品薄膜生产线项目（5亿元）、高新区安徽裕康中药饮片有限公司中药饮片、配方颗粒生产项目（4亿元）、高新区亳州三象制药科技有限公司医疗器械、消毒类产品加工生产线项目（2.6亿元）、高新区安徽金湖药业有限公司中药提取、中成药生产项目（2.3亿元）、高新区安徽念草堂生物科技有限公司功能性食品、中药饮片、提取、中成药生产线项目（1.8亿元）、高新区安徽安贝药业有限公司中成药、保健品生产线项目（1.8亿元）、高新区安徽诺健药业有限公司中药提取、中成药、保健品、化学仿制药等生产线项目（1.5亿元）、高新区安徽亿宝堂药业有限公司中药提取、中成药、保健品、配方颗粒生产线建设项目（1.5亿元）、高新区安徽科盛药业有限公司中药提取、中成药、保健品、化学仿制药等生产线项目（1.2亿元）。

亳芜现代产业园区：亳芜现代产业园区国康盈盛配方颗粒剂、中成药生产线一期项目（12亿元）、亳芜现代产业园区国康盈盛配方颗粒剂、中成药生产线二期项目（11亿元）、亳芜现代产业园区国信健康产业园项目（5亿元）、亳芜现代产业园区佳和中药提取、中成药及化药生产项目（1.1亿元）。

本专栏计划总投资263.9亿元，“十四五”期间计划投资189.1亿元。

白酒产业。坚持以创新创造引领白酒产业转型升级，构建品牌强、品质优、品种多、集群化、集约化的亳州白酒产业发展体系，建成全国优质酒生产、研发和原料、包装基地，巩固亳州白酒在全省龙头、全国第一方阵地位，建设集名酒名镇、酿酒基地、文化传承、康养旅游于一体的华夏酒城。力争到2025年，白酒企业主营业务收入达300亿元以上，酿酒总产量20万千升。

——强化龙头带动。支持古井集团做大做强白酒主业，实施兼并重组，推进技术改造，加快产品升级，提升在全国同类行业中的地位。支持古井集团、徽酒集团等骨干企业，依托品牌和技术优势，引进人才和资本，扩大品牌影响力和市场占有率。到2025年，培育年销售收入超过200亿元的白酒企业1家、亿元以上白酒企业5～8家。

——完善产业链条。依托龙

头企业，采取“企业+基地+农户”的订单农业模式，打造标准化、规模化优质原料基地。提升酒类科技研发、人才培养、创意设计、检验检测等公共服务能力，完善包装印刷、制瓶制盖等配套产业，延伸商贸、会展、金融、物流等关联产业，打造酿酒全产业链。落实省、市相关政策，支持古井白酒特色小镇、高炉白酒特色小镇发展。

——塑造品牌形象。支持企业争创中国驰名商标、中华老字号，加大区域标志宣传推介，扩大古井等品牌影响力和知名度，建设全国具有较大影响力、知名度的白酒历史文化中心、白酒产业集聚中心，力争到2025年，培育申报驰名商标5个。大力推进白酒市场营销创新，利用渠道平台加强品牌信息深度传播。支持白酒企业开展对接合作，积极申报中国白酒优势产区。做好亳州酒文化遗产申报和保护工作，加快推进古井贡酒酿酒生产智能化技术改造等项目，深化白酒生产、勾贮、包装、物流等环节大数据应用，建设华夏酒城。

——促进融合发展。推进白酒与中医药、文化旅游等产业融合发展。加强白酒产业与现代中医药融合发展，重点开发集口感、时尚与保健作用于一体的中药养生白酒、高端功能酒等。切实做好重点文物保护单位、非物质文化遗产、工业旅游示范基地等酒文化载体保护和申报工作。推进白酒博览展示馆、特色公园、特色街区、休闲酒吧、主题式精品酒庄等项目，开发特色酒文化旅游。

专栏8　白酒产业重点工程

龙头企业带动工程。重点推进古井集团、徽酒集团等企业在产业规模、产品升级、品牌打造、价值倍增、文化建设上实现新突破，打造中国白酒行业名牌企业。建成古井贡酒酿酒生产智能化技术改造项目。到2025年，古井集团销售收入超过200亿元、徽酒集团销售收入超过10亿元。

中小企业培育工程。扶持一批中小型白酒企业提升发展，引导企业加快两化融合、技术改造、技术创新步伐，积极与知名电商平台对接，进一步提升产品品质、生产效率、管理水平，扩大市场占有率。到2025年，培育销售收入亿元以上企业5～8家。

优质品牌塑造工程。传承发扬传统酿造工艺，挖掘品牌文化，加强品牌创建培育，不断提升亳酒品牌知名度和影响力。到2025年，培育申报驰名商标5个、省商标品牌示范企业10个。

产业平台建设工程。推进白酒产业与文化旅游等产业融合发展，打造集生产、文化、旅游于一体的产业融合发展平台。以古井白酒特色小镇为依托，打造国内一流的浓香型白酒产区、白酒双创产业园区和白酒文化旅游目的地。以徽酒集团为依托，打造涵盖白酒及白酒配套产业生产、历史经典文化旅游展示、生物发酵工程研究等业态的多香型白酒产业集中区、推进古井白酒工业园区建设。

农副产品深加工产业。依托特色农产品资源优势，深入实施农产品加工业“五个一批”工程，突出规模化、品牌化、集团化，统筹推动农产品精深加工与初加工、综合利用加工协调发展。到2025年，全市农产品加工产值与农业总产值比值超过全省平均水平，每个县区至少培育1个优势主导产业，农产品加工业产值达1300亿元。

——壮大农副产品深加工企业。支持企业加快技术装备改造升级，培育引进科技型农业龙头骨干企业，加大中小微企业梯次培育力度，推动上下游关联企业加强协作，打造一批自主创新能力强、市场前景好的加工示范企业。积极引导重点龙头企业与农民合作社、家庭农场组建产业化联合体，年组建农业产业化省级示范联合体5家以上。到2025年，培育国家级龙头企业7家、省级龙头企业70家、亿元以上龙头企业150家。

——完善农副产品深加工产业链条。按照“一县一业（特）”

专栏 9　农副产品深加工产业重点项目

涡阳县：涡阳县正邦生态循环农业产业园区建设项目（30 亿元）、亳州温氏畜牧有限公司双百万工程建设项目（28 亿元）、安徽金沙河面业粮食加工生产基地项目（20 亿元）、涡阳县安欣牧业双百万全产业链现代肉羊产业园区项目（27.5 亿元）、涡阳县牧原公司 100 万头生猪产业化体系建设项目（18 亿元）、涡阳县金沙河百万吨淀粉深加工项目（7 亿元）、涡阳县爱家绿色食品深加工项目（5 亿元）、涡阳县正宇食品深加工项目（3 亿元）、涡阳县正宇面粉日产 2000 吨绿色营养强化及高端复配专用小麦粉生产线改扩建项目（2.6 亿元）、涡阳县祥禾实业有限公司年加工 2 万吨农副系列产品生产项目（2.3 亿元）。

蒙城县：蒙城县宏健食品年产 1 万吨牛肉制品暨 2.5 万吨休闲食品项目（5 亿元）、蒙城县牧原公司 300 万头生猪屠宰加工项目（4.5 亿元）、蒙城县年出栏 10 万只肉羊种养加循环一体化项目（3 亿元）、蒙城县金海农业万吨果蔬种植加工项目（2.1 亿元）、蒙城县有机食品生产加工项目（1.8 亿元）、蒙城县玉米秸秆饲料加工项目（1.7 亿元）、蒙城县精菜加工项目（1.2 亿元）。

利辛县：利辛县立华牧业年出栏 60 万头生猪产业化项目（12.2 亿元）、利辛县正大食品年出栏 100 万头生猪产业化项目（5.6 亿元）、利辛县正源牧业存栏 8000 头奶牛产业化项目（2.1 亿元）、安徽禾丰食品有限公司年屠宰 100 万头生猪及肉制品深加工项目（1.9 亿元）。

谯城区：谯城区聚福生物科技年产 3.7 万吨食品加工项目（5.4 亿元）、谯城区福派园（亳州）食品有限公司年产 2.6 万吨食品加工项目（3.2 亿元）、谯城区名剑生物科技年产 1.6 万吨食品建设项目（3.1 亿元）、安徽福谷力生物科技有限公司年产 1.5 万吨食品加工项目（2.3 亿元）。

亳州高新区：高新区品冠食品有限公司休闲食品项目（1.3 亿元）。

本专栏计划总投资 199.8 亿元，“十四五”期间计划投资 167.7 亿元。

全产业链示范创建要求，推进优质粮油、畜禽、中药材、果蔬产业化项目建设，构建完善的产业体系、生产体系和经营体系。大力推广设施蔬菜种植，扶持发展农产品产地初加工，加快建设一批农产品保鲜冷库。力争到 2025 年，各县区建设冷库 30 个以上。开展亳州特色大宗农产品精深加工技术研究，围绕药材、蔬果、大豆、玉米等，研发生产安全方便、营养健康的粮油食品、养生食品、白酒及饮料、蔬果加工产品，实现食品制造产业提档升级。围绕猪、羊、鸭等畜禽养殖业，重点发展肉食精深加工。鼓励支持农产品加工企业、农民合作社等推进麦麸、油料饼粕、果蔬皮渣、畜禽皮毛骨血等副产物综合利用。

——推动农副产品深加工企业集群化发展。充分发挥亳州粮食生产主体功能区和重要农产品生产保护区优势，依托国家级、省市级龙头企业，重点打造以安徽金沙河面业有限公司、五得利集团亳州面粉有限公司等为龙头的粮食加工产业集群。力争到 2025 年，新增规模以上加工企业 30 家以上，产值达 400 亿元以上。做大做强畜禽加工产业，推动冷鲜肉加工向风味熟食和休闲食品方向延伸，重点打造以安徽恒盛实业有限公司、安徽省东升食品有限公司、亳州温氏畜牧有限公司等为龙头的畜禽加工产业集群。力争到 2025 年，新增规模以上加工企业 10 家以上，产值达 100 亿元以上。大力开发新型干燥蔬果制品，发展蔬菜功效成分提取，积极开发蔬菜汁饮料制品，重点打造以安徽精益诚食品有限公司、安徽义门苔干有限公司等为龙头的蔬果加工产业集群。到 2025 年，新增规模以上加工企业 5 家以上，产值达 30 亿元以上。

——创建农产品品牌。发挥强筋优质小麦、高蛋白大豆等农产品优势，依托市、县（区）食品产业园，瞄准沪苏浙市场需求，大力引进一批农副产品深加工和食品制造企业，培育一批“绿色亳农”知名品牌。增加优质绿色农产品供给，加速培育“三品一标”，大力推进区域品牌、企业品牌、产品品牌“三位一体”的农业品牌建设。建立品牌目录，加强品牌保护，不断提升品牌价值。到2025年，力争“三品一标”产品认证数量突破700个，驰名商标认定总数15个以上，省级区域公用品牌5个以上。

专栏10 文化旅游产业重点工程

景区改造升级工程。高质量、高标准做好景区硬件设施提升改造，重点推进林拥城、亳药花海休闲观光大世界、华佗百草园、亳州市大型国防教育综合基地、亳州古城、汤王温泉旅游度假区、古井酒文化博览园、涡阳县义门千年古镇景区、涡阳县道源湿地公园、利辛县西淝河生态旅游度假区、利辛县印象江南生态园、蒙城县恋蝶谷景区等精品景区建设，不断提升引江济淮生态旅游带旅游业态，创建一批国家3A级以上旅游景区、旅游特色小镇和省级旅游度假区，争创国家级旅游度假区和5A级旅游景区。

文旅融合提升工程。积极挖掘文化和旅游资源，将亳州地域特色文化优势转化为旅游发展优势，实施中医药温泉康养小镇、芍花养生小镇、华佗康养小镇、蒙城县庄子文化小镇、谯城区古井白酒小镇、利辛县阚疃古镇等项目，打造一批具有亳州特色的文化旅游精品。

宣传营销创新工程。充分挖掘亳州文化旅游优势资源，加大对外宣传力度，提升“天下道源·圣贤故里·世界药都·养生亳州”旅游品牌形象。积极运用互联网、大数据，依托各类旅游OTA平台，推进城市文旅精准营销，提高城市影响力、美誉度。

市场主体培育工程。培育壮大亳州文旅集团、亳州锐艺传媒有限公司、安徽省刀锋科技网络有限公司等龙头型文化旅游经营企业、引领型文创产品开发企业、创新型互联网文化旅游企业。力争到2025年，文化旅游产业产值达到1200亿元，旅游总收入超过550亿元。

智慧文旅建设工程。加强亳州历史文化、景区景点数据采集，完善“亳州旅游”APP，建立文化旅游数据资源库，推进旅游大数据应用。通过“亳州旅游”APP、微信公众号、微博等，加强历史文化宣传、景区介绍、游客引导、产品营销。

文化旅游产业。发挥国家历史文化名城、中国优秀旅游城市品牌优势，坚持以文促旅、以旅彰文，持续开展文化旅游年活动，打造底蕴厚重、功能完善的文化旅游强市。力争到2025年，文化旅游产业产值达到1200亿元。

——打造文化旅游目的地。以北关历史文化街区为重点，串联花戏楼、曹操运兵道、华祖庵、汤王温泉等景点，实施旅游景区、线路、业态、商品、企业“五个一批”精品工程，全力打造中医药健康旅游目的地。统筹三县一区文旅资源，建设古井酒文化旅游区、涡阳老子文化旅游区、蒙城庄子文化旅游区、利辛西淝河生态休闲度假区。打造旅游特色街区、旅游演艺等夜游产品，推进林拥城景区、亳药花海休闲观光大世界、华佗百草园和亳州市大型国防教育综合基地等项目提档升级。坚持以游客为中心，推进智慧旅游景区建设，提升景区智慧管理和智慧服务水平。力争到2025年，打造文旅精品项目10个，建成4A级旅游景区或省级旅游度假区15个，实现国家级旅游度假区、5A级旅游景区“零”的突破。

——促进“旅游+”融合发展。推进“旅游+养生”融合发展。以创建国家中医药健康旅游示范区为引领，推动中医药消费旅游区、中医药休闲观光旅游示范区、中医药旅游产业示范园区、中医药历史文化体验区建设，大力发展医疗保健、康复养老等复合功能型康养产业。推进“旅游+农业”融合发展。发展乡村旅游，打造涵盖中药种植、休闲度假等业态的田园综合体。力争到2025年，建成A级旅游村庄20个以上，推动创建3星级以上农家乐30个、省级特色旅游名镇5个、省级特色旅游名村10个，发展精品旅游民宿20家。推进“旅游+体育”融合发展。结合五禽戏等具有亳州特色的传统体育运动，推动体育、健身、赛事等深度融合发展，培育一批国际性、区域性品牌赛事。到2025年，基本建成布局合理、功能完善、门类齐全、具有亳州特色的体育产业体系，建设特色鲜明的省级体育（旅游）产业基地5个以上，全市体育产业总规模超过20亿元。

——加强文化旅游宣传营销。着力打造文化旅游品牌，树立“天下道源·圣贤故里·世界药都·养生亳州”文化旅游IP，进一步提升国际（亳州）中医药博览会暨全国（亳州）中药材交易会、华佗五禽戏养生健身节、亳州国际马拉松、芍花养生文化旅游节等品牌活动知名度和影响力。加大文化旅游品牌形象策划和推广力度，依托商合杭高铁全域开通契机，积极培育高铁沿线重点城市客源市场。依托长三角旅游联盟，强化线上渠道营销，深化与沪苏浙知名旅游企业合作，联合推出高铁游、研学游、养生游等产品。

——创新发展文化产业。加快发展新型文化企业、文化业态、文化消费模式，建立健全文化科技创新体系，推动文化科技创新。加快文化与相关产业融合发展，推动文化创意和设计服务向制造业全过程渗透。发展壮大文化市场主体，积极推动亳州文旅集团等骨干文化企业跨地区跨行业跨所有制兼并重组，引导社会资本投资文化产业。大力发展文化电子票务、文化电商平台等现代流通组织形式，拓展图书报刊、电影电视等产品市场，积极拓展互联网文化产业发展新领域。推动文化与金融融合发展，加强文化投融资体系建设。加强对外文化宣传，拓展文化交流项目，讲好“亳州故事”。

——优化文化旅游发展环境。完善旅游功能和配套设施，推动游客集散中心等综合服务平台建设，加大旅游景区道路、停车场、旅游厕所等建设力度。优化文化旅游服务市场，开展旅游景区服务整治行动，建立健全旅游诚信体系，营造统一有序、供给有效、富有活力的市场环境。完善文化旅游产业规划和扶持政策，鼓励社会资本向文化旅游产业聚集，促进各类人才向文化旅游产业靠拢，支持文化旅游企业做大做强。深化市属文化旅游企业改革，支持国有文艺院团改革发展，激发国有文艺院团生机与活力。

第二十二章　扶持提升优势产业

煤炭采选及电力生产。充分发挥能源资源优势，树立绿色、智能发展理念，积极发展煤电一体化，着力提高煤炭就地转化率和清洁、开发利用水平。到2025年，煤炭采选及电力生产产业产值达500亿元。

——煤炭采选。推广煤炭绿色开采技术和装备，支持许疃煤矿、袁店二矿、涡北煤矿采用先进技术，提高煤矿开采机械化、自动化、信息化、智能化、绿色化水平，打造现代化矿区。建成投产板集煤矿、信湖煤矿，启动徐广楼、赵集、展沟等现代化煤矿前期工作。大力发展煤炭洗选，提高原煤入选比例和煤炭产品质量。到2025年，打造千万吨级煤炭开采基地。

——煤电生产。抢抓国家鼓励建设煤电一体化坑口电厂机遇，积极推动煤炭清洁高效利用和煤电联营一体化发展，大力发展煤电循环经济产业。建设利辛煤电一体化基地。着力提升煤系共伴生矿产资源开发利用水平，推进煤炭副产品综合利用，提高资源综合利用效率。加快中煤新集利辛板集电厂二期、涡北低热值煤发电项目推进步伐，力争到2025年建成投产。

专栏11　煤炭采选及电力生产产业重点工程

煤炭开采基地建设工程。利辛县板集煤矿项目、涡阳县信湖煤矿项目建成投产，涡阳县徐广楼煤矿、蒙城县赵集煤矿、利辛县展沟煤矿推进前期工作，促进资源优势转化为经济优势，打造千万吨级煤炭开采基地。

煤电综合利用工程。推动煤电一体化发展，加快中煤新集利辛板集电厂二期项目、涡北低热值煤发电项目建设步伐，实现煤炭产能就地转化，促进资源整合利用。

专栏12 汽车制造和零部件加工产业重点项目

涡阳县：涡阳开发区新能源汽车配件项目（5亿元）、涡阳开发区农业机械化生产项目（2.3亿元）。

蒙城县：蒙城县汽车用铝制品加工项目（15亿元）、蒙城县汽车智慧生态园项目（6亿元）、蒙城县华威专用车及汽车零部件生产项目（5亿元）、蒙城县模具和机械产业加工项目（2.2亿元）、蒙城县年产1200万套汽车轴承生产项目（1.5亿元）、蒙城县高档休闲箱包、高级汽车配套工具包生产项目（1.2亿元）。

利辛县：利辛县传旗重科装备制造产业园项目（12亿元）、利辛县四叶花环境技术有限公司年产5000台环卫机具设备项目（6亿元）、利辛县汽车无极变速器生产及研发项目（3亿元）。

亳州高新区：高新区明军新能源汽车及零配件中心项目（2亿元）、安徽远景时代环保科技有限公司汽车尾气处理设备和汽车拆解回收项目（1.2亿元）。

亳芜现代产业园区：亳芜现代产业园区宇利达新能源汽车项目（2.8亿元）、亳芜现代产业园区尚通新能源汽车配件生产项目（2亿元）、亳芜现代产业园区通达九州汽车零部件及车厢加工生产项目（1.2亿元）、亳芜现代产业园区昊泽专用汽车生产及配件项目（1.1亿元）。

本专栏计划总投资69.5亿元，“十四五”期间计划投资48.8亿元。

汽车制造和零部件加工。推动汽车制造和零部件加工集群化、高端化、智能化发展，提升全产业链协同集成能力。到2025年，建成省级商务车全产品系列生产基地，汽车制造和零部件加工产值达到150亿元。

——整车制造。围绕蒙城江淮汽车MPV中高端商务车整车制造和兴蒙星马专用车生产等龙头项目，强链、补链、延链，重点发展乘用车、专用车、新能源汽车等整车产品，大力培育引进车身附件、汽车电子、轮毂、汽车内饰等配套企业。支持企业加快与国内外新能源汽车生产企业合作，加快新能源汽车技术研发及产业化。培育发展智能化汽车制造，支持智能交通等关键技术融合应用。加大政策支持力度，积极引进国内一流整车制造企业落地亳州。到2025年，整车制造产值达到70亿元。

——汽车改装。依托蒙城县华威汽车、蒙城县兆鑫汽车、利辛县江淮扬天、利辛县丰源车业、亳芜现代产业园区奇瑞专用车厂等重点车辆改装企业，引进先进生产工艺设备和检测设备，加快发展房车以及环卫车、清扫车、搅拌车等专用工程车辆改装和生产。延伸汽车改装上下游产业链，引进汽车改装配件厂家、汽车改装服务机构，拓展围绕汽车制造商和消费终端的专业定制服务。力争到2025年，形成相对完整的汽车改装产业链，产值达到30亿元。

——零部件加工。依托蒙城省级汽车零部件特色产业集群，优先发展车身附件、汽车内饰等劳动密集型零部件加工产业，谋划发展自动变速器、发动机电控系统、汽车电子控制系统等汽车关键核心零部件，逐步向高端零部件及模块部件产品延伸。引导行业优势骨干企业联合高校科研院所设立汽车零部件研发中心，增强零部件平台研发、先进制造和信息化支撑能力。加快构建“整车—零部件”合作关系，依托蒙城江淮汽车，推动嘉仕龙机械等规模以上零部件企业做大做强，建立安全可控的关键零部件配套系统。加快3D打印、虚拟与增强现实、物联网、大数据、云计算、机器人及其应用系统等智能制造支撑技术在汽车零部件加工领域的深化应用。到2025年，汽车零部件产业产值达到30亿元。

——汽车后市场服务。推动汽车制造业与服务业联动发展，鼓励发展汽车金融、二手车、汽车租赁等后市场服务，发展服务型制造。规划建设蒙城汽车文化产业园，开展汽车会展、汽车赛事、汽车电影院、汽车产品体验等活动，推动汽车服务和文化创意融合，扩大汽车产业影响力。进一步简化二手车交易登记程序，积极提供二手车交易、纳税、登记、保险、违法处理等零接触式服务，推动二手车市场规范发展。依托皖北汽车批发市场、春雨汽车城等商贸中心资源，大力发展维修保养、汽车拆解等业务，完善汽车贸易全产业链。力争到2025年，汽车后市场营业收入达到20亿元。

专栏13　纺织服饰产业重点项目

涡阳县：涡阳县安徽易腾服装年产300万件（套）系列服装加工项目（10亿元）、涡阳县工业（纺织）产业聚集区项目（3亿元）。

蒙城县：蒙城县盛佳喷水纺织扩建项目（3亿元）、安徽强英羽绒制品有限公司年产万吨优质羽绒羽毛及制品项目（2.5亿元）、蒙城县飞翔服饰扩建项目（1.5亿元）、蒙城县羊毛衫针织产业园项目（1.2亿元）。

利辛县：利辛县吴江纺织产业园二期、三期项目（10亿元）、利辛县针织服装产业园项目（6亿元）、安徽君翰纺织科技有限公司年产1200万件针织服装、5000吨聚乳酸基纤维纱项目（5.2亿元）、利辛县明峰纺织科技有限公司年产10000万米纺织品织造项目（2.6亿元）、安徽东越纺织科技有限公司年产8000万米化纤面料生产项目（1.8亿元）、安徽丰彩纺织科技有限公司年产5万锭智能化纺织品生产项目（1.5亿元）、安徽众程织造有限公司年产1200万米涤纶化纤面料生产项目（1.3亿元）、安徽省亿腾布业有限公司年产2000吨坯布和绣花项目（1.1亿元）、利辛县润天纺织科技有限公司年产6000万米化纤纺织品织造项目（1.1亿元）。

谯城区：谯城区杉杉纺织技改提升项目（1.1亿元）、谯城区喜宝鞋服年产600万双运动鞋智能化生产线项目（1亿元）。

亳州高新区：高新区梧桐树纺织科技有限公司纺织产业园项目（5.5亿元）、安徽省恒隆实业有限公司出口服装加工生产项目（1.3亿元）。

亳芜现代产业园区：亳芜现代产业园区金启宏集团经编织造项目（5亿元）。

本专栏计划总投资65.7亿元，“十四五”期间计划投资57.8亿元。

纺织服饰。聚焦纺织服饰产业创新应用，推动传统纺织服饰企业加快技术创新、新品研发、柔性生产、市场拓展、品牌塑造。力争到2025年，纺织服饰产值达到150亿元，建成轻纺类特色产业集聚区。

——加快转型升级。支持安徽翰联色纺有限公司、安徽省冠盛纺织科技有限公司、梧桐树纺织产业园等加大设备引进力度，推动鞋服生产智能化改造升级，提升产品质量。加快发展高档精梳、多种纤维混纺、高端家纺等高附加值产品，拓展纺织品产业在汽车船舶、卫生医疗等领域应用。支持安徽华扬服饰有限公司、亳州市静全服饰有限公司、安徽伯希和户外装备用品有限公司等企业延伸产业链条，加快推进鞋服生产由代工贴牌生产为主向设计、制造、品牌“三位一体”转型。支持安徽骄阳软门有限公司、利辛县富亚纱网有限公司、安徽省兰飞化纤织造有限公司等企业探索应用新材料、新工艺，研发新产品，开拓新市场，扩大“中国丝网纱门之乡”影响力。

——推进集聚发展。充分发挥劳动力资源优势，主动承接纺织服饰项目，培育谯城区、蒙城县、利辛县纺织服装产业集群，建设纺织服装鞋帽产业园区（基地），形成融纺织面料、服装鞋帽于一体的服装纺织产业链。发挥安徽亳州喜宝鞋服有限公司、亳州鼎基鞋服有限公司等龙头企业带动引领作用，吸引上下游配套企业落户亳州。积极发展长丝织造，开发生产中高档装饰、服装面料，壮大丝（筛）网和工业滤布特色制造产业集群。

第二十三章 培育壮大新兴产业

新一代信息技术。紧跟数字经济、新基建发展趋势,加快推动以电子信息产业、云计算、大数据、物联网、5G为代表的新一代信息技术产业快速发展,培育新的经济增长点。

——培育电子信息产业。以亳州高新区、谯城经开区、蒙城经开区为载体,大力发展汽车电子和新型元器件产业。支持重点电子元器件、汽车电子企业研发低功耗集成电路、车载云终端设备等新产品,打造电子信息产业链。积极引进智能穿戴产品研发生产企业,吸引上游关键原材料、元器件、产品设计研发、配套软件跟进,建立智能终端产业链。大力引进计算机服务、移动电子端服务和软件服务等电子信息服务产业,积极培育软件开发、数据库开发等电子信息开发产业,推动电子信息产业集聚发展。力争到2025年,电子信息产业营业收入达到35亿元,新增电子信息企业50家以上。

——大力发展数字经济。积极培育软件和大数据企业,加快亳州大数据产业园建设,壮大产业规模。推动政务数据、行业数据、高分卫星数据及北斗导航数据融合开放,支持企业研发并提供多领域大数据产品和服务。建设独具亳州特色的中医药全产业链数字化发展体系,每年推进10家中医药企业与互联网融合发展。推动数字技术与农业生产管理、经营管理、市场流通、资源环境深度融合,推广农业智慧化生产、网络化经营。到2025年,建成一批农业物联网示范应用基地,逐步完善现代农业信息服务体系。加快发展工业互联网,积极推进智能制造,着力提升制造业数字化水平,每年通过省级智能工厂、数字化车间认定的企业达3家以上。到2025年,工业无线、时间敏感网络(TSN)、IPv6等工业互联网网络技术在规模以上工业企业中广泛部署。深化数字技术在服务业领域的融合创新,推进制造业智能服务化,培育网络体验、智能零售、共享经济、平台经济等新模式新业态。

新型建材。坚持以节能环保低碳为导向,加快建材企业升级改造步伐,培育发展新型保温隔热、装饰装修、防水密封等新材料,推动新型建材产业高质量、高效益、可持续发展。力争到2025年,形成绿色化、智能化的新型墙体材料结构体系,争创省级装配式建筑产业基地。

——实施产业转型升级工程。按照消化一批、转移一批、整合一批、淘汰一批原则,加速推进中小墙材企业联合重组。到2025年,关停复垦砖瓦窑场30家以上。推动企业升级改造,提高生产线标准,支持企业加大研发力度,提升产业竞争力。大力发展装配式钢结构建筑和混凝土建筑,重点推广适应装配式建筑的墙板部品部件,以及适应建筑功能要求和具有保温隔热性能的绿色新型墙体材料。支持新型建筑业企业和新型建材业企业兼并重组,向上下游产业延伸,形成新型建筑业和新型建材业融合发展新格局。

——实施龙头企业带动工程。积极引导资源、技术、人才、资金等要素向重点企业聚集,推动涡阳县盛鸿科技有限公司、蒙城宝业建筑工业化有限公司、安徽省中联新型材料有限公司等企业做大做强,培育一批具有技术优势、品牌优势、管理优势、文化优势的绿色新型墙体材料龙头企业。支持盛鸿科技装配式建筑产业园建设,力争到2025年,打造成全国最大的绿色钢结构装配式建筑产业基地。

——实施绿色技术推广工程。推进工业废渣、建筑垃圾、植物秸秆等固体废弃物在墙材中的综合利用,支持新型墙材企业实施节能减排技术改造,推广适用于新型墙材生产的能源梯次利用。积极推广新型保温隔热材料在房地产等建筑行业应用,打造节能型建筑。积极引导新型防水密封材料替代传统防水材料,在工业建筑与民用建筑及桥梁、隧道等行业和领域推广运用,提升建筑防水性能及环保能力。推动政府投资工程率先采用绿色建材,逐步提高城镇新建建筑中绿色建材应用比例。发展壮大绿色建材相关产业,培育上下游关联企业。

高端装备制造。依托产业基础和优势,集中力量发展中高端装备,重点发展医疗器械设备、农机装备、智能制造设备等装备制造业,推动产业向智能化高端化迈进。

——医疗器械设备。按照"健康中国"建设要求,顺应医疗器械技术发展方向,聚焦医疗康复机器人、可穿戴设备、人工智能、医疗康复3D打印等领域,加快医疗器械产品数字化、智能化,推动一批重点医疗器械升级换代。聚焦快速检测、精准医疗等体外检测设备和检测试剂,以及重大疾病急救、治疗、康复辅助器具和高值耗材,推动一批相关项目落地建设。融合现代科技与中医理论,发展智能中医动态监测设备和治疗仪器、智慧化辅助诊疗系统、养老养护和慢性病服务类产品。

——农机装备。以服务全面推进乡村振兴战略为目标,探索建立"企业+合作社+基地+科研院所"的农机产品研发模式,重点攻克高速精量排种、种肥远距离输送、智能化监控技术以及高稳定性、高可靠性农用无人机自主飞行控制等技术。大力发展主要粮食作物联合收获机、智能大马力拖拉机及联合整地机械、精准植保机械、秸秆收集及综合利用装备等,培育发展高端农机装备制造业。加快推进中药采挖机械化,研发符合中药材个性化需求的特色农机。加大政策扶持力度,推进农机装备全产业链协同集聚发展。

——智能制造设备。引进智能终端和智能家电制造企业,发展培育智能终端和信息家电产业,以两化融合推进智能制造转型。依托亳州联滔电子有限公司等企业,加大对上游传感器生产企业以及下游智能终端品牌整机企业的招商力度,完善产业链条。深化制造业与互联网融合发展,开展新一代信息技术与装备融合的集成创新和工程应用,支持产学研联合攻关,围绕汽车、食品、纺织等重点行业生产制造智能化升级需求,加快开发一批适应市场需求的智能制造成套装备。

专栏 14 新兴产业重点工程

新一代信息技术产业扶持工程。重点支持下一代互联网(IPv6、SDN、NFV 等技术)、5G 等发展。依托安徽广毅达精密科技有限公司、涡阳县保路华电子有限公司等企业,加快发展涡阳智能制造产业园区。大力发展"新基建"产业,推动亳州大数据产业园、谯城区大数据中心、谯城区新能源智能汽车充电站项目、利辛县大数据产业园、亳州联滔电子产业园、蒙城县新型电子元器件产业园建设,加快亳州物联网、云计算、大数据等相关领域发展。

绿色新型建材产业制造工程。重点实施涡阳县鸿路绿色装配式建筑产业园钢结构生产项目、涡阳县盛鸿绿色装配式建筑智能制造工厂建设项目、涡阳县信和光能硼硅玻璃制品生产项目、涡阳县西阳玻璃制品产业园项目、蒙城县住方科技有限公司智能化门窗生产项目、蒙城县瑞蒙科技保温墙板生产项目、蒙城宝业建筑工业化二期项目、蒙城县建材家居智能化产业园项目、谯城区佳恩特电子年产 5000 万件 3C 金属配件生产线二期项目、亳芜现代产业园区晶官绿建装配式建筑生产线项目、亳芜现代产业园区墨泰新型材料项目、亳芜现代产业园区矛与盾铝业有限公司年产金属制品项目、亳芜现代产业园区长恒装配式建筑构件生产项目、亳芜现代产业园区青石特种门窗有限公司年产 20 万平方米消防、人防门窗项目等,促进产业做大做强。

高端装备制造集群发展工程。聚焦重点领域,实施高新区安徽惠利装备科技有限公司中药加工设备生产线项目、亳芜现代产业园区金锐中药智能装备项目、亳芜现代产业园区五金机电产业园项目、亳芜现代产业园区安徽华希电力科技有限公司电力器材生产项目、亳芜现代产业园区电子产业园等,培育一批创新型企业和品牌。

第二十四章 积极发展现代服务业

生产性服务业。优化服务业内部结构,推动重点产业与先进制造业深度融合,积极引领生产性服务业向专业化和价值链高端延伸。

——现代物流。加快完善物流基础设施,建设物流快递分拣中心,打造皖北地区、沿淮区域及中原城市群重要的物流枢纽城市和农副产品物流基地。加快建设中国物流亳州综合物流园二期、韵达现代产业园等项目，全面推进物流与现代中医药、白酒、农副产品深加工等主导产业联动发展。完善城乡配送网络体系和一体化的农产品物流配送体系，推进鲜活农产品产地预冷、初加工、冷藏保鲜、冷链运输等设施建设。加快推进亳州港多式联运综合物流园、高铁新区现代物流园、亳州机场空港物流园建设，构建水、陆、空多式联运高效物流服务体系。加快推进智慧物流建设，打造智慧化物流信息平台，促进传统物流转型升级。高起点建设一批规模种植基地和农产品产地批发市场，建设冷链物流集散中心。加快推进邮政快递业发展，引导邮政、快递企业入驻园区，形成集聚效应。

——金融服务。积极参与长三角城市群的金融市场联动、产业整合和管理创新，争取长三角金融市场、国际金融服务及金融后台服务系统向亳州延伸，打造皖北区域性金融中心。引进股份制银行、基金投资公司等金融机构和配套服务机构入驻，加快培育本土金融市场主体。创新金融产品和业态，更好地适应、服务、支撑和引领实体经济发展。加快企业上市、“新三板”挂牌及并购重组和再融资，不断提高资产证券化率。

——科技服务。围绕现代中医药、白酒、农副产品深加工等产业重大技术需求，大力发展成果转化、知识产权、项目咨询等科技服务，培育引进一批专业化的科技中介机构。大力发展技术开发咨询、工程咨询、决策咨询、管理咨询等机构，拓展咨询服务领域。完善知识产权综合信息服务体系，加强与G60科创走廊沿线城市对接，鼓励各类科研机构与企业建立科技成果供需信息共享平台，提高科技成果本地转化率。

——电子商务。依托专业市场和产业集群，推进行业网站由信息流服务向信息流、商流、物流和资金流综合服务发展，提升各行业电子商务平台服务功能。推动生产制造领域电子商务的普及应用，鼓励引导生产企业采取网络零售、在线批发、代运营等多种方式，全方位发展电子商务。支持第三方电子商务与交易服务平台建设，推动网络交易与电子认证、在线支付、物流配送、信用评估等环节的集成应用。加强农村电子商务建设，鼓励“三品一标”农产品生产企业在线销售。推广“电商企业＋基地＋专业合作社＋农户”模式，支持电商企业与农业基地或专业合作社开展稳定购销协作。推进与阿里巴巴、京东等知名电商平台展开深度合作，推动重点行业和骨干企业电子商务应用。创建国家级、省级电子商务示范基地（园区）和电子商务示范企业。

——商务服务。依托国际（亳州）中医药博览会暨全国（亳州）中药材交易会，大力发展亳州特色主题会展，运用“互联网＋”、大数据等赋能会展业，全面提升展会能级。积极培育法律、会计、审计、税务、资产评估等专业机构，加快发展融资租赁、经营性租赁、人事代理、人员培训、劳务派遣等服务，规范发展行业协会、商会等组织。鼓励与专业服务企业加强协作，培育一批知名度高、公信力强、具有较强竞争力的中介服务机构。

——服务外包。依托亳芜现代产业园区省级服务外包示范区，加速服务外包产业集聚，发挥集群效应，壮大产业规模。大力发展软件和信息技术、设计、研发、互联网、医疗、工业、能源等领域服务外包，加快发展文化创意、教育、交通物流、健康护理、科技服务、批发零售、休闲娱乐等领域服务外包。鼓励亳州迪科数金科技有限公司等服务外包企业购买专业化服务，构建数字化服务平台，实现包括产品设计、工艺流程、生产规划、生产制造和售后服务在内的全过程管理。加强商业模式和管理模式创新，积极承接具有长期合约形式的服务外包业务。支持亳州学院、亳州职业技术学院等开设服务外包相关专业，引导大学生创新创业。

专栏 15 生产性服务业重点项目

涡阳县:涡阳县会展中心项目(12 亿元)、涡阳县空港物流园项目(10 亿元)、涡阳县智慧物流产业园项目(8 亿元)、涡阳县电子商务公共服务中心项目(5 亿元)、涡阳县双子楼建设项目(6.5 亿元)、涡阳县东城物流产业园项目(5 亿元)、涡阳县中农批二期项目(5 亿元)、涡阳县多式联运物流园项目(2 亿元)、涡阳县金融中心项目(1.5 亿元)。

蒙城县:蒙城县冷链物流项目(12.9 亿元)、蒙城县皖北农机大市场项目(6 亿元)、蒙城经开区智慧仓储物流基地项目(5.3 亿元)、蒙城县电商快递物流产业园项目(2.5 亿元)。

利辛县:利辛县长三角绿色农产品冷链物流项目(14.8 亿元)、利辛县智慧物流园项目(10 亿元)、利辛县交通物流园项目(8 亿元)。

谯城区:亳州建材物流园项目(4 亿元)、谯城经开区科创中心孵化器及总部基地(2.5 亿元)、亳州海港城建设项目(2.3 亿元)、亳州农贸城冷链交易区项目(2 亿元)、谯城区盛荣电子商务产业园项目(1.1 亿元)。

亳州高新区:高新区国际会展中心项目(7.5 亿元)、高新区城建创谷产业园项目(5.3 亿元)。

亳芜现代产业园区:亳芜现代产业园区韵达现代产业园项目(50 亿元)、亳芜现代产业园区汉盛物流园项目(14 亿元)、亳芜现代产业园区中国物流亳州综合物流园项目(13 亿元)、亳芜现代产业园区亳州皖新物流园项目(6 亿元)。

市直:亳州港多式联运综合物流园项目(30 亿元)。

本专栏计划总投资 252.2 亿元,“十四五”期间计划投资 223.1 亿元。

生活性服务业。主动适应人民群众消费需求,创新消费业态和模式,积极引领生活性服务业向高品质和多样化升级,推动生活性服务业扩大规模、提升品质、优化供给。

——商贸流通。积极培育线上线下互动的体验式智慧商业企业,引导商品专业市场开展“互联网+”转型升级,推动由单纯购物场所向提供购物体验和娱乐的生态型、休闲型商圈转变。加快建设乡镇商贸中心、商品配送中心、中心村直营连锁店。完善城市商业网点,引进高端商业,培育消费热点,发展新兴业态,打造核心商圈。积极扩大汽车、家电、建材、通信产品等重点商品消费,引进知名品牌。

——健康养老。实施“健康亳州”“养生亳州”行动计划,完善健康养老产业链,大力发展中医药医疗保健服务,打造具有浓郁中医药特色的健康养老服务品牌。支持社会力量兴办中医、西医、中西医结合、专科和特色康复医院,鼓励发展特色养老保健和中医养生机构。丰富养老业态,大力发展供养型、养护型、医护型养老服务机构,支持大型医养结合服务机构建设,推进养老服务专业化、规范化、社会化。

——家政服务。健全城乡居民家政服务体系,推动市县(区)家政服务培训基地建设,提升供给规模和服务质量,促进家政服务市场多层次、多形式发展。引导家政服务企业多渠道、多业态提供专业化的生活性服务,推进规模经营和网络化发展,创建一批家政服务特色品牌。整合、充实、升级家政服务业公共平台,健全服务网络,实现一网多能、跨区域服务,发挥平台对城乡生活性服务业的引导和支撑作用。

——社区服务。完善社区服务网点,多方式提供婴幼儿看护、护理、美容美发、家用电器及其他日用品修理等生活性服务,推动房屋租赁经营、物业管理、搬家保洁等生活性服务规范化、标准化发展。培育壮大家庭服务品牌企业,推动家庭服务业连锁化、规模化、标准化发展。鼓励和支持各类组织、企业和个人拓展社区经营性服务发展空间,满足社区居民的多层次、个性化需求。加快提升社区服务信息化水平，整合不同层级、不同部门的各类社区信息系统向统一平台集成，实现数据开放共享。鼓励在乡村建设综合性服务网点，提高农村居民生活便利程度。

专栏 16　生活性服务业重点项目

涡阳县：涡阳县佳源环球港项目（32 亿元）、涡阳县鲲海置业美凯龙城市商业综合体项目（31 亿元）、涡阳县和润景城商业综合体项目（2.5 亿元）。

蒙城县：蒙城县晶宫广场项目（15.6 亿元）、蒙城县万达广场项目（10 亿元）、蒙城县鲲鹏广场特色商业街项目（8 亿元）、蒙城县城投・时代广场项目（5 亿元）、蒙城县田园欢乐谷项目（1.2 亿元）、蒙城县鲲鹏湖水街项目（1 亿元）。

利辛县：利辛县万达广场项目（23 亿元）、利辛县城区农贸市场建设及升级改造项目（2.7 亿元）。

谯城区：谯城区万达广场项目（48.7 亿元）、谯城区陵西湖及周边商业旅游综合体项目（15 亿元）、谯城区华佗广场项目（7 亿元）。

亳州高新区：高新区亳州绿地城际空间站项目（200 亿元）、高新区安徽华富商业运营有限公司南湖广场项目（7.5 亿元）、高新区方圆荟世纪金源购物中心项目（4 亿元）、高新区北京城房亳州欢乐世界项目（3 亿元）。

本专栏计划总投资 417.2 亿元，“十四五”期间计划投资 341.6 亿元。

第二十五章　提高产业链供应链稳定性和现代化水平

提高产业链供应链竞争力。实施产业链补链固链强链行动，分行业开展供应链战略设计和精准施策，推行产业集群群长制、产业链供应链链长制、产业联盟盟长制。立足我市特色产业优势、配套优势和先发优势，锻造现代中医药、白酒、农副产品深加工、文化旅游等产业链供应链长板，巩固增强产业链竞争优势。补齐高端装备制造、先进基础工艺等领域产业链短板。积极承接国内外尤其是长三角新兴产业转移布局，加快推进一批产业链关键环节重大项目。强化产业链供应链协作联动，加强关键设备、零部件、原材料储备，构建安全可控的产业链供应体系。

增强产业链供应链支撑力。扎实开展“1323”重点产业提升行动，力争到 2025 年，打造产值超 2000 亿元产业 1 个（现代中医药）、产值 1000—2000 亿元产业 3 个（农副产品深加工、文化旅游、现代服务业）、产值 500—1000 亿元产业 2 个（煤炭采选及电力生产、战略性新兴产业）、产值 100—500 亿元产业 3 个（白酒、汽车制造和零部件加工、纺织服饰）。大力实施“3633”龙头企业培育计划，力争到 2025 年，培育 100 亿元以上龙头企业 3 家左右、50 亿元以上龙头企业 6 家左右、10 亿元以上龙头企业 30 家左右、亿元以上龙头企业 300 家左右。

第七篇　优先发展农业农村全面推进乡村振兴

坚持把解决好“三农”问题作为重中之重，落实农业农村优先发展的方针，坚持新型工业化、信息化、城镇化、农业现代化同步发展，实现巩固拓展脱贫攻坚成果同乡村振兴有效衔接，强化以工补农、以城带乡，推动形成工农互促、城乡互补、协调发展、共同繁荣的新型工农城乡关系，促进农业高质高效、乡村宜居宜业、农民富裕富足，全力打造乡村振兴的亳州样板。

第二十六章　提高农业质量效益和竞争力

提高农业综合生产能力。坚持最严格的耕地保护制度，深入实施藏粮于地、藏粮于技战略，全面落实粮食安全责任制，实施重要农产品保障战略，力争到 2025 年，粮食种植面积稳定在 1300 万亩以上，其中优质专用粮食种植面积 550 万亩以上。加强农田基础设施建设，实施高标准农田建设工程，稳步提升耕地质量，到2025年，高标准农田面积达800万亩左右。扩大农机托管优势，强化农机装备支撑，重点支持大中型、智能化、复合型机械应用，到2025年，全市农机总动力达到880万千瓦以上。深入开展农村乱占耕地建房整治、常态化整治大棚房等工作，着力整改卫片执法检查发现问题，严守耕地红线，构建耕地数量、质量、生态“三位一体”保护格局。推进农业清洁生产，加强农业面源污染防治，深入推进化肥、农药零增长行动。健全农业支持保护制度，扩大政策性保险实施范围，建立以绿色生态为导向的农业补贴政策，落实粮食最低收购价政策。

优化农业生产结构和区域布局。优化种植业布局。打造沿涡河中药材标准化种植产业带，建立中药材标准化种植技术规范和质量控制标准，促进中药材种植道地化、标准化、品牌化。打造沿省道S309高效设施农业产业带，实施蔬果绿色增长模式攻关行动，科学制定设施蔬菜产业扶持政策，进一步扩大种植规模，提升设施蔬菜生产标准化、集约化、机械化、信息化水平，打造全国重要的优质蔬菜生产供应基地。依托亳州国家农业科技示范园区，建设以中药材为特色、具有较强辐射带动能力的全国现代化农业技术创新示范园区。依托涡阳县国家现代农业示范区，重点发展粮油、绿色果蔬等产业，建设全国重要的小麦生产专用品牌粮食生产基地。依托利辛县优良的生态农业资源，打造沿西淝河生态农业产业带，重点发展经济作物、特色农产品种植等生态农业。优化养殖业布局。坚持走“农牧结合、种养循环”生态高效发展道路，加大养殖场标准化创建力度，依托三县一区国家级生猪生产大县，重点建设优质生猪供应基地。以涡阳县为重点，建设长三角地区养殖规模最大、生态循环式的现代肉羊产业园区，打造长三角优质肉羊供应基地。以蒙城县、利辛县为中心，建设稻鱼综合种养水产品基地。力争到2025年，建立长三角绿色农产品生产类、加工类、供应类基地40个以上，基本建成长三角绿色农产品生产加工供应基地。加强农产品产地冷链物流贮藏设施建设。促进农村一、二、三、产业融合发展。

提高农业科技创新能力。支持农业科技园区提档升级，推进农业科技园区成为农业高新技术成果研发转化、农业科技人才培养、现代农业新兴产业集聚的重要基地。支持龙头企业对接相关专业科研机构，探索建立农业协同创新平台，推进科研成果转化等深度合作。强化农业科技运用，积极参与种源“卡脖子”技术攻关，充分利用地方大豆种质资源，加强新品种培育，提高涡阳大豆内在品质；加强药用植物组培繁育中心建设，加快中药材提纯复壮和种子种苗培育，提升中药材种子种苗质量；推进黄淮山羊等地方畜禽品种保护与开发利用。规范中药材生态种植、野生抚育和仿生栽培，推广一批配套中药材绿色高效生产技术。鼓励引进专业农业科技孵化运营商，强化入孵企业引进数量和质量，扎实推进省级科技企业孵化器创建。实施“互联网+现代农业”行动，推进物联网、云计算、大数据、移动互联等新技术在农业领域应用，建立农业数据智能化采集、处理、应用、服务、共享体系。研发应用多功能农田作业、农机智能、设施农业、小型轻便作业装备，加快发展精准播种、精准施肥（药）、精准收获、精准饲喂、疫病防控、农产品加工、冷鲜物流等智能化装备。强化粮食生产气象服务能力，加强农村气象灾害风险预警。

培育新型农业经营主体。培育壮大家庭农场、农民合作社等新型农业经营主体，每年新增各级示范家庭农场150家和示范合作社100家；积极创建家庭农场、农民合作社高质量发展示范县，三县一区全面完成创建任务。加快构建以龙头企业为核心、家庭农场为基础、专业合作社为纽带，集生产、加工、服务和销售为一体的现代农业产业化联合体。鼓励引导农民合作社规范发展，支持农民合作社成为农业产业链整合的主体，推动各类农业生产要素有机重组和优化配置，促进农民增加收入。实施新型职业农民培育工程，支持新型职业农民通过弹性学制参加中高等农业职业教育，鼓励农民专业合作社、专业技术协会、龙头企业等主体兴办农业技能培训班。大力发展农业产前产中产后服务业，构建覆盖全程、综合配套、便捷高效的多元化农业社会化服务体系。扩大农事托管范围，力争到2025年，农事托管组织达到3200家。

第二十七章 实施乡村建设行动

强化乡村建设规划引领。以建设产业强、生态美、乡风好、治理优、百姓富的新时代幸福新农村为目标，综合考虑村庄区位条件、居住规模、资源优势、城乡产业发展、基础设施、公共服务和生态环境保护等因素，构建覆盖城乡的规划编制体系，统筹推进县域城镇和村庄规划建设。大力提升农村建筑风貌，加快推进建筑设计下乡，开展田园建筑示范。按照集聚提升、城郊融合、特色保护、搬迁撤并思路，合理确定村庄布局和规模，加强乡村风貌整体管控，分类推进村庄建设。加强乡村建设规划许可管理，提升农民建房质量。注重保护村庄传统选址、格局、风貌以及自然和田园景观等整体形态与环境，全面保护文物古迹、历史建筑、传统民居等传统建筑。

提升乡村公共基础服务水平。加快建设城乡一体化基础设施，因地制宜合理配置基础设施，加大乡村水、电、路、气、通信、广播电视、物流等基础设施投入和管护力度，做到高规格、可持续、更实用。全面推进“四好农村路”建设，加速农村公路网提档升级。推动公共教育、医疗卫生、社会保障等城市优质化公共服务向乡村延伸，推进城乡义务教育一体化发展，建立覆盖城乡的基本医疗卫生制度和现代医院管理制度。加快农村养老体系建设，推动农村敬老院转型升级为区域性养老服务中心，大力发展乡村康养服务产业。实施数字乡村战略，到2025年，4G深化普及、5G创新应用，城乡“数字鸿沟”明显缩小。

改善乡村人居环境。在巩固提升农村“三大革命”“三大行动”成果基础上，启动实施农村人居环境整治提升五年行动，着力提升农村人居环境。分阶段、分步骤改造农村厕所，推进自然村常住农户卫生厕所改造，到2025年农村卫生厕所普及率达到85%以上。统筹推进农村生活垃圾治理，建立健全城乡环卫一体化治理体系，促进垃圾分类和资源化利用。大力推动农村污水治理，加强污水处理设施建设，实施河湖水系综合整治，逐步消除农村黑臭水体。推进房前屋后整洁卫生、河沟渠塘疏浚清淤、村道宅路连通畅通。因地制宜发展“五小园”，做好护绿、增绿、管绿、用绿、活绿的文章，常态化实施村庄清洁行动，推进农户“五净一规范”文明庭院建设。

建立健全长效管护机制。研究制定农村人居环境管护制度和管护标准，加大财政资金投入，落实资金保障，推动形成民建、民管、民享的长效机制。鼓励各地进一步完善村规民约，实行“门前三包”制度，切实增强农民群众自觉性、主动性，确保村庄干净、整洁、有序。依托村规民约，鼓励管理创新。实施乡村振兴人才成长计划、高素质农民培育计划，建立城市各类人才入乡激励机制。完善村党组织领导的乡村治理体系，加强农村精神文明建设，创建文明乡村。

第二十八章 深化农村综合改革

深化农村土地制度改革。衔接落实第二轮土地承包到期后再延长三十年政策，完善农村承包地“三权分置”制度，强化确权登记颁证成果运用，加强承包地管理，加快放活土地经营权。深化农村土地征收制度改革，执行公共利益征地的相关制度规定，严格界定公共利益用地，健全征地补偿安置机制。完善城乡建设用地增减挂钩政策，推进闲置、废弃以及低效利用的农村建设用地整治复垦。健全城乡统一的建设用地市场，探索实施农村集体经营性建设用地入市制度。深化农村宅基地制度改革试点，有序推进农村闲置宅基地和闲置住宅盘活利用试点。

加快农村集体产权制度改革。巩固农村集体产权制度改革成果，探索赋予农民集体资产股份权能，完善农村集体经济组织管理制度，建立符合市场经济要求的农村集体经济运行新机制，形成有效维护农村集体经济组织成员权利的治理体系。不断完善农村产权抵押担保权能，建立权属清晰、权责明确、流转顺畅的农村产权制度。积极推进农村产权进市场交易，完善市县乡村四级联动农村产权交易服务体系，创新农村集体经营性固定资产流转模式。深入推进农村“三变”改革，引导村集体和农户将符合条件的农村土地、林地、水面、闲置房屋等资源资产资金，通过折股量化、发包租赁、联合经营等合作方式盘活利用，让村集体和农户更多分享农业产业链和价值链增值收益。深入实施扶持壮大村级集体经济“百千万”工程，发展新型农村集体经济。

第二十九章 实现巩固拓展脱贫攻坚成果同乡村振兴有效衔接

巩固拓展脱贫攻坚成果。坚

持以人民为中心的发展思路，坚持共同富裕方向，将巩固拓展脱贫攻坚成果放在突出位置，建立农村低收入人口帮扶机制，健全乡村振兴领导体制和工作体系，加快推进乡村产业、人才、文化、生态、组织等全面振兴，在巩固拓展脱贫攻坚成果方面走在全省前列。加强对脱贫不稳定户、边缘易致贫户和因病因灾因意外事故等其他原因收入骤降或支出骤增户，以及“老弱病残孤”特殊困难群体的防止返贫监测预警和帮扶工作，发挥社会力量参与帮扶，持续巩固拓展脱贫成果。把提高扶贫产业的可持续性作为巩固脱贫攻坚成果的关键任务，加强产业帮扶精准指导，构建高质量、高效率、可持续的乡村产业体系，做好脱贫人口稳岗就业工作。加大以工代赈实施力度，动员更多脱贫群众投工投劳。巩固易地扶贫搬迁成果，持续做好产业扶持、就业帮扶、社区治理、社会融入等后续帮扶工作，加强扶贫项目资金资产管理和监督。加大社保兜底力度，健全常态化、制度化社会保障体系和农村养老服务体系，实现所有符合低保、特困供养等救助条件的农村人口精准识别、应保尽保、应救尽救。加强宣传引导，讲好脱贫攻坚“亳州故事”，营造脱贫光荣、勤劳致富的良好社会氛围。

建立有效衔接机制。积极探索过渡期内脱贫攻坚与乡村振兴衔接机制，落实“四个不摘”要求，保持现有扶贫帮扶政策总体稳定。加强脱贫攻坚和乡村振兴政策统筹，做好财政投入、金融服务、土地支持、人才智力支持等方面的政策衔接，研究现行倾斜性支持政策的延续时限与脱钩方法，促进相关政策向常规性、普惠性和长效性转变。对巩固拓展脱贫攻坚成果和乡村振兴任务重的村派驻第一书记和乡村振兴工作队，坚持和完善社会力量参与帮扶机制，落实“千企帮千村”行动。

专栏 17　乡村振兴重点项目

涡阳县：涡阳县 2021 年美丽乡村建设项目（10 亿元）、涡阳县绿色优质农产品供应基地项目（9 亿元）、涡阳县乡镇污水处理设施工程项目（6.5 亿元）、涡阳县美丽集镇整治项目（5.2 亿元）、涡阳县农田水利“最后一公里”项目（3.8 亿元）、涡阳县农村饮水安全巩固提升工程（3.5 亿元）、涡阳县曹市镇正邦种植养殖基地项目（2 亿元）。

蒙城县：蒙城县美丽乡村建设项目（10 亿元）、蒙城县高标准农田治理项目（10 亿元）、蒙城县 20 万亩蔬菜产业基地项目（7 亿元）、蒙城县花果蔬产业园项目（5.5 亿元）、蒙城县绿色优质农产品供应基地项目（5 亿元）、蒙城县上海蔬菜外延基地项目（3.6 亿元）。

利辛县：利辛县农村人居环境整治工程（12.5 亿元）、利辛县绿色优质农产品供应基地项目（9 亿元）、利辛县高标准农田建设项目（2.7 亿元），利辛县农村饮水安全巩固提升工程（2.2 亿元）、利辛县稻渔共作产业园项目（2 亿元）。

谯城区：谯城区国家现代农业产业园项目（13 亿元）、谯城区农村饮水安全工程（6.8 亿元）、谯城区绿色优质农产品供应基地项目（5 亿元）、谯城区颜集镇木材加工产业园项目（3 亿元）、谯城区双沟镇农村产业融合示范园建设项目（1.5 亿元）。

市直：亳州市农业灌溉水源保障工程（51.1 亿元）、亳州市 2021 年度高标准农田建设项目（10.6 亿元）、亳州市主要粮食作物良种繁育基地项目（7 亿元）。

本专栏计划总投资 207.5 亿元，“十四五”期间计划投资 136.8 亿元。

第八篇　加强基础设施建设 有力支撑经济社会发展

以整体优化、协同融合为导向，统筹存量和增量、传统和新型基础设施发展，打造集约高效、经济适用、智能绿色、安全可靠的现代化基础设施体系。

第三十章　加快新型基础设施建设

构建信息基础设施网络。加快实施《亳州市中心城区5G通信基础设施专项规划（2020—2030年）》，优先实现城市建成区、开发园区、热点区域以及重点企业全覆盖。以市中心城区铁路以东2号3号地块为试点，着力打造5G应用实验区。到2025年，全市建成5G基站6500个以上。谋划5G应用示范园区建设，推动5G在产业领域、公共服务、民生保障等方面应用示范，深化拓展5G应用场景。深入推进IPv6规模部署，加快网络和应用升级改造。推动省级开发区、新兴产业集中区、战新基地“触网登云”，推动工业企业云化改造和云端迁移，规模以上工业企业全部与云资源深度对接。统筹推进物联网建设，支持城市公用设施、建筑等物联网应用和智能化改造。超前布局新技术基础设施。持续推进视频数据平台升级改造、补盲建设和社会资源接入，完善高分亳州分中心建设。安全有序推进数据商用，有效破除数据壁垒和“孤岛”，提升消费信息数据共享商用水平。推进城镇地区高速光纤网络全覆盖，推动宽带乡村建设，实现农村地区光纤网络覆盖。力争到2025年，物联网实现市主城区深度覆盖、县城城区全面覆盖，光纤宽带用户占比达98%以上。

加快新能源汽车充电设施建设。按照《亳州市中心城区新能源（电动）汽车充电设施布点规划（2020—2030年）（修编）》确定的目标，坚持全局规划、适度超前，分区引导、分类实施，示范带动、稳步推广，政府引导、市场运作的原则，推动市中心城区新能源（电动）汽车充电基施建设。围绕住宅小区、公交枢纽站、停保场、首末站、出租车充换电站、公共充电站、加油加气站、高速公路服务区和各企事业单位自有场地等重点区域，结合实际需求，统筹推进公交车、私人乘用车、环卫车、物流车等专用充电桩和出租车、环卫车、物流车、私人乘用车等公用充电桩建设。到2025年，市中心城区建成公交充换电站23座，社会公共充换电站7座，出租车公用充电站1座；建成充电桩22642个，其中，直流桩3895个，交流桩18747个。

着力建设数字亳州。以“城市大脑”建设为载体，按照“1346”的总体思路，夯实新型基建、建设数字政府、构建数字社会、发展数字经济，统筹推进数字亳州建设，打造省内领先、国内靠前的新型智慧城市。围绕强化感知、融通数据、塑造能力、保障安全，加快推进数字新基建，奠定数字亳州发展基石。力争到2025年，5G网络实现市域全覆盖，政务数据汇集率达100%，社会、经济数据汇集率超过90%。发挥数字化、网络化、智能化在资源整合、部门协同、模式创新等方面的核心优势，提高社会治理能力水平。到2025年，“城市大脑”城市管理、应急管理应用场景成效明显，全市自然灾害风险监测预警能力显著提升，救灾减灾能力大幅增强，市场监管更加智慧，社会治安防控体系数字化水平显著提升，以自然资源“一张图”为基础的自然资源大数据体系基本建成，重点污染源在线监测实现全覆盖，智慧交通应用不断深化。优化完善公共服务体系，聚焦智慧医疗健康、智慧教育、智慧养老、智慧社保、智慧文旅五大领域，统筹推进公共服务便捷化、精准化、普惠化。到2025年，全市智慧养老机构发展到30家，全市三级公立医院全面开展智慧医院创建，建成全市统一的教育基础数据库和教育管理系统，智慧社保体系更加完善，社保卡实现应发尽发。

第三十一章　构建现代化综合交通运输体系

公路。坚持结构合理、功能明确、衔接充分、服务高效原则，以扩容、网化、提升为核心，加快推进高速公路、国省干线以及省市县、县乡村公路畅通工程建设，提高承载力和路网服务水平。建成亳州—蒙城高速公路、机场快速通道，加快建设绕城高速公路，推进徐淮阜高速公路亳州段、利辛北至亳蒙高速公路连接线工程建设，逐步实现县县通一级公路、县城通高速的目标。力争到2025年，普通国省道二级及以上公路比例达70%以上，配套实施一批国省干线服务区项目。实施农村道路扩面延伸工程，推进县乡公路提质改造、建制村通双车道建设，基本建成布局合理、连接

城乡、安全畅通、服务优质、绿色经济的农村公路网络。

铁路。抢抓“轨道上的长三角”机遇，加强与国家和长三角区域相关规划衔接，加快建设涉亳城际铁路和普通铁路，实现区域快速通达。建成阜阳—蒙城—淮北城际铁路（亳州段），积极推进亳州—蒙城（蚌埠）城际铁路、三洋铁路建设，深化亳州—许昌城际铁路前期研究。实施涡阳站、利辛西潘楼站改扩建以及亳州火车站货场搬迁项目。

机场。建成亳州机场，加强与国内航空枢纽功能对接，提升机场通达能力。建设空港产业园，谋划发展飞机维修、空港物流、航空培训等临空经济。推进蒙城、利辛通用机场前期工作，满足日益增长的农业灾备、紧急救援、旅游出行等需求。

港口航道。加快建设涡河航道戴桥至大寺闸段、大寺闸至界沟段整治工程以及涡河大寺、涡阳复线船闸，提升涡河航道等级，全力提升水运通江达海水平。创新“互联网＋航道”模式，加快航道信息化基础设施建设。提升港口功能，建设发展专业化泊位、集装箱运输，构建多货种的专业化运输体系。优化进出港道路，改善港口通道条件，促进港口与其他运输方式平顺衔接，提升水运能力。

场站。加快建设蒙城县综合客运枢纽站及城乡公交换乘点项目，建成利辛高铁站综合客运枢纽，完成11个乡镇运输服务站建设，逐步形成客运“零距离换乘”的运输站场体系。

专栏18 综合交通运输重点项目

公路。亳州—蒙城高速公路项目（135亿元）、G344涡阳绕城段公路建设工程（含涡河特大桥）（50亿元）、徐淮阜高速公路亳州段（43亿元）、涡阳县S238绕城段一级公路建设项目（31亿元）、谯城区S252豫皖交界—谯城与太和县界公路项目（21.4亿元）、涡阳县S245新兴至涡阳段公路项目（18.4亿元）、G237蒙城绕城段（涡河五桥）项目（16.9亿元）、利辛县农村公路建设项目（15.9亿元）、S305蒙城绕城段（涡河四桥）项目（11.9亿元）、谯城区S250豫皖交界—谯城与涡阳县界公路项目（11.2亿元）、S411（涡阳段）公路项目（10亿元）、涡阳县S413丹城至高炉段公路项目（9.1亿元）、涡阳县S308西阳至高公段公路项目（8.8亿元）、蒙城—蚌埠机场快速通道项目（6亿元）、谯城区G311亳州段一级公路改建工程（5.5亿元）、G329利辛绕城段新建工程项目（3.8亿元）、谯城区G311高铁立交至亳阜高速东入口段改建工程（3.5亿元）。

铁路。亳州—蒙城（蚌埠）城际铁路（185亿元）、阜阳—蒙城—淮北城际铁路（亳州段）（136.8亿元）、亳州—许昌铁路（亳州段）（60亿元）、三洋铁路（亳州段）（44亿元）、蒙城县高铁站前区配套路网工程（12亿元）、涡阳县阳港铁路专用线项目（11.7亿元）、亳州火车站货场搬迁项目（11亿元）、青阜线及涡阳火车站迁改工程（7.4亿元）、涡阳工业园区铁路专用线项目（6.5亿元）、谯城区G344国道和芦庙镇武杨路下穿京九铁路和商合杭高铁项目（1.8亿元）、利辛县西潘楼火车站及货场改建工程（1.5亿元）。

机场。亳州空港产业园项目（40亿元）、亳州机场项目（10.3亿元）、涡阳县机场配套服务设施建设项目（8亿元）、蒙城通用机场项目（8亿元）、利辛通用机场项目（7亿元）。

港口航道。涡河蒙城枢纽建设工程（14.6亿元）、涡河航道整治工程（14.2亿元）、涡河蒙城港区建设工程一期项目（8.3亿元）、涡阳县东城港码头疏港道路建设项目（8亿元）、涡阳港区西阳作业区金沙河码头工程（5.5亿元）、亳州港利辛港区一期及配套工程（5亿元）、安徽天兴物流有限公司天兴码头工程（3亿元）、蒙城港区物流园疏港道路工程（2.6亿元）、谯城区大寺货运码头项目（2.2亿元）。

站场。蒙城县综合客运枢纽及城乡公交换乘点项目（1.95亿元）。

本专栏计划总投资1017.8亿元，“十四五”期间计划投资526.6亿元。

第三十二章 构建现代能源体系

积极发展可再生能源。大力发展太阳能、风能、生物质能等可再生能源，加快推进生活垃圾焚烧发电、秸秆焚烧发电项目建设。加速智慧化改造，实现分布式能源高效、灵活接入以及生产消费一体化。结合种植业、养殖业，建设一批风光、农光、渔光等“光伏＋综合利用”项目。推动浅层地热能资源开发利用，适度发展土壤源热泵和地下水源热泵。到2025年，光伏、风能、生物质能总装机容量分别达150万千瓦、150万千瓦、25万千瓦，非化石能源消费占全部能源消费量的比重达到20%以上。

持续提升电力供应及配置能力。积极拓展电力外送通道，完善电网主架结构，加大智慧电厂建设力度。持续推进500千伏电网从通道式、外送型向网格式、枢纽型网架转变。加快主干网架结构升级，构建220千伏环网结构。加大农村电力基础设施建设力度，实施农村电网提档升级。提高配电网智能化水平，建成一流现代化配电网。以就地消纳为原则，因地制宜推动分散式风电项目开发建设。鼓励和支持企业直接购电。

加快油气基础设施建设。以增强油气供应能力为目标，推动电力、煤炭、天然气等能源领域的基础装备改造升级。强化跨区域油气基础设施建设，加快亳州至太和天然气管道延伸线和亳州油库等项目建设进度。适应新型城镇化和开发区基础设施建设需要，实施新一轮天然气管网设施建设工程，继续推进天然气“镇镇通”。开展综合能源服务站建设。

推进煤炭工业转型升级。积极参与长三角地区煤炭产能、实物储备能力和通道运力建设，融入长三角煤炭交易中心和煤炭产供储销体系。到2025年，全市煤炭产能稳定在1300万吨/年左右。建设智能化示范煤矿，开展采掘工作面智能化升级改造、高劳动强度及危险岗位机器人替代。建设煤矿数据中心以及5G入井，打造煤矿风险预警和防控平台。推行充填开采、保水开采、煤与瓦斯共采等绿色开采技术，推动煤炭安全高效绿色开采。

专栏19 能源基础设施重点项目

风电项目。利辛县阚疃、孙集等镇风电场项目（24亿元）、蒙城县薛湖、许疃二期风电场项目（9.5亿元）、协合亳州谯北风电场项目（8.6亿元）、谯城区万通风电场项目（8.5亿元）、涡阳县标里风电场项目（7.3亿元）、谯城区谯东风电场二期工程（5亿元）、涡阳县和润牌坊风电场项目（4.3亿元）、涡阳县和风包河与武家河风电场项目（4.3亿元）。

热电项目。中兴电力蒙城超超临界高效超净燃煤电厂建设项目（75亿元）、涡阳县阳港产业园热电联产项目（23亿元）、亳州古井智能园区热电联产项目（5亿元）、谯城区天然气输送管道及热电联产和分布式能源站项目（1.8亿元）。

生物质发电和非电应用项目。涡阳县金沙河年产35万吨生物乙醇项目（10亿元）、涡阳县农林生物质热电联产项目（5.3亿元）、利辛县农林生物质热电联产项目（4.9亿元）、蒙城县宏桥生物科技6MW生物质沼气发电和有机肥生产项目（3.9亿元）。

生活垃圾发电项目。涡阳县生活垃圾焚烧发电项目（3.65亿元）、利辛县生活垃圾焚烧发电二期项目（3.6亿元）。

动力电池项目。蒙城县3GWh高安全固态锂离子动力电池项目（20亿元）。

输变电项目。亳州亳二500kV输变电项目（10.3亿元）、亳州谯城500kV输变电项目（7.2亿元）、亳州与淮北电网解环项目（2.4亿元）；亳州子胥220kV输变电项目（2.2亿元）、亳州二500kV变电站220kV送出项目（1.7亿元）、安徽亳州木兰220kV输变电工程（1.1亿元）。

本专栏计划总投资252.6亿元，“十四五”期间计划投资176.3亿元。

第三十三章　推进亳州水利工程建设

防洪排涝工程。有序推进重点水利基础设施建设，建成较为完善的防洪排涝减灾体系。完善城市防洪规划，提高防洪排涝标准。加快灾后水利薄弱环节建设，实施病险涵闸除险加固、中小河流治理。到2025年，市级（城区）防洪标准达到100年一遇、排涝标准达到30～50年一遇，县城及建制镇防洪标准达到20—50年一遇、排涝标准达到20年一遇，主要支流保护区、中小河流保护区防洪标准总体达到20年一遇。

供水保障设施工程。加快引江济淮亳州段二期工程建设，确保"十四五"期间喝上"长江水"。实施农村灌溉水源保障工程建设，农业灌溉保障率达到75%以上。继续实施农村饮水安全提质增效工程，推进城乡供水一体化建设。实施水系连通工程，优化水资源配置，合理调配水资源。到2025年，全市用水总量控制在11.35亿立方米以内，农村自来水普及率达100%，集中供水普及率达97%。

水生态治理修复和保护工程。推进涡河、茨淮新河、西淝河等流域水生态修复与治理工程建设，改善沿岸水生态、水景观；继续实施城区水系综合治理工程，连通城乡水系，实现"水活"目标。推深做实河长制改革，促进各级河长履职尽责，开展美丽河湖建设。全面推进水利综合执法，推动解决河湖管理保护问题。持续推进水生态文明城市建设，改善城乡水生态、水环境。

智慧水利及行业监管能力建设。加强水利信息化建设，加快互联网、大数据等新技术与水利工作深度融合，实现水利信息采集、输送、存储、处理和服务现代化，提升水利管理信息化水平。

专栏20　水利基础设施重点项目

涡阳县：水生态修复治理工程（19.7亿元）、一体化城乡供水工程（15.2亿元）、农业灌溉水源保障工程（12.2亿元）、防洪排涝工程（10.3亿元）。

蒙城县：防洪排涝工程（43.7亿元）、农业灌溉水源保障工程（15.1亿元）、一体化城乡供水工程（14.25亿元）、水生态修复治理工程（10.1亿元）。

利辛县：防洪排涝工程（20.1亿元）、农业灌溉水源保障工程（16.3亿元）、一体化城乡供水工程（6.7亿元）、水生态修复治理工程（6.1亿元）。

谯城区：水生态修复治理工程（28.9亿元）、一体化城乡供水工程（13.5亿元）、防洪排涝工程（10.8亿元）、农业灌溉水源保障工程（5亿元）。

市直：引江济淮亳州段二期工程（20亿元）、亳州市引江济淮古井镇供水工程（9.9亿元）、亳州市城市防洪工程（5.7亿元）、亳州市水利信息化及强监管工程（3.3亿元）、亳州市窑鸿沟及窑鸿支沟综合治理工程（2.2亿元）、亳州市涡北地表水厂（1.96亿元）。

本专栏计划总投资290.96亿元，"十四五"期间计划投资290.96亿元。

第九篇　优化国土空间布局　促进区域城乡协调发展

坚持分类指导、区域协同，按照主体功能定位，持续优化国土空间开发格局，着力构建以市中心城区、三县县城、农村集镇、美丽乡村为主体的总体空间格局，进一步增强发展的整体性、协调性，推动城乡融合、区域协调发展。

第三十四章　统筹国土空间开发保护

发挥市发展规划统领作用，强化国土空间规划基础性作用，形成主体功能明显的国土空间开发保护新格局。深入实施主体功能区战略，加强禁止开发区域的自然生态系统保护和修复。进一步优化国土空间布局，编制实施市县乡三级三类空间规划，构建市域国土空间开发保护“一张图”。在资源环境承载能力和国土空间开发适宜性评价的基础上，科学有序统筹布局生态、农业、城镇等功能空间，合理划定生态保护红线、永久基本农田、城镇开发边界等空间管控边界。按照市发展规划战略导向，优化重大基础设施特别是新型基础设施、重大科技创新平台、教育医疗资源、经济外部性明显的重点产业等重大生产力和公共资源布局。规范做好土地征收成片开发工作。结合实际，在国土空间规划确定城市城镇边界范围内，划定若干集中建设区作为土地征收成片开发区域，编制成片开发方案，报有批准权限的机关批准后组织实施。落实空间开发保护原则、边界，为国家、省发展战略和区域协调发展提供有力支撑。

第三十五章　优化城镇化空间布局

建设省际毗邻区域中心城市。牢固树立全生命周期理念，按照现代化城市发展导向，以城市有机更新、精细治理、协调发展为重点，坚持“南充北展东扩中提升”原则，统筹推进市中心城区新城区建设、老城区改造。持续提升城市基础设施建设、公共服务能力和精细化管理水平，着力做大城市体量、提升城市能级、丰富城市内涵，培育建设省际毗邻区域物流集散和配送中心、健康医疗中心、文化科教中心以及商务服务中心，充分发挥商合杭高铁、亳州机场功能和效应，提高对人才、资源等要素的吸纳集聚能力，增强引领区域发展的辐射带动能力，打造区域重要增长极和新的动力源，建设省际毗邻区域中心城市。

推动县城建成中等规模城市。把县城作为承接农业转移人口就近市民化的主要载体，围绕公共服务提标扩面，优化医疗、教育、卫生、文体、养老、托育和社区综合服务等设施；围绕环境卫生提级扩能，完善垃圾无害化资源化处理、污水集中处理和公共厕所等设施；围绕市政公用设施提档升级，推进市政交通、市政管网和配送投递设施完善以及老旧小区更新改造；围绕产业提质增效，完善县城产业发展平台、冷链物流设施和农贸市场，扎实推进县城城镇化补短板强弱项。坚持“结合实际、彰显特色、集约高效”原则，支持三县县城建成中等规模城市。支持涡阳县建设科技成果产业化基地、产业融合发展示范基地、问道涡阳旅游目的地；支持蒙城县创建全国文明城市，建设长三角绿色农产品生产加工供应示范基地、区域商贸物流中心；支持利辛县建设绿色能源基地、长三角绿色果蔬供应基地、大宗固废综合利用基地。

加快建设农村集镇。根据农村集镇资源条件、区位优势、功能定位、人口规模、历史文化和特色景观，编制农村集镇总体规划，按照“城乡融合、适度超前”原则，加快推进农村集镇给排水、电力、通信、垃圾处理等基础设施建设，配套完善医疗卫生、教育、养老等公共服务设施。“十四五”期间，实施50个乡镇政府驻地建成区提升工程。按照工业类、商贸类、旅游类等不同农村集镇功能定位，因地制宜确定并持续壮大主导产业，增强农村集镇可持续发展能力。重点支持涡阳高炉镇、蒙城乐土镇、利辛西潘楼镇、谯城古井镇等发展工业，鼓励涡阳义门镇、蒙城立仓镇、利辛城北镇、谯城十八里镇等发展农业和商贸服务。不断创新农村集镇监管机制，扩大乡镇政府服务管理权限。

持续打造美丽乡村。坚持规划统领，突出群众主体作用，围绕“生态宜居村庄美、兴业富民生活美、文明和谐乡风美”建设目标，因地制宜建设美丽乡村，重点安排在集聚提升类、特色保护类和未纳入城市建设规划的城郊融合类村庄，保护自然，留住乡愁，不搞大拆大建，扎实有序推进美丽乡村建设。提升完善村庄基础设施水平，补齐农村公共服务短板，大力弘扬时代新风行动，发挥好新乡贤作用，倡导农村文明新风尚，加快实现乡村生态美、风貌美、环境美、风尚美、生活美的有机统一。到2025年，建成美丽乡村中心村200个、美丽乡村自然村庄2000个。

第三十六章　建设现代化高品质城市

提高城市宜居水平。结合城市体检，实施城市更新行动，打造高品质城市空间。完善城区交通骨架网络，提升城市路网密度，加快建设市中心城区快速路网，有效解决群众出行难题。合理布局城区公共厕所、环保设施、公共停车场等，鼓励企事业单位开放停车泊位。进一步改善老旧居住区人居环境，到2025年，全市完成234个城市老旧小区改造任务。强化国家历史文化名城保护，重点推进北关历史街区、花戏楼、曹操运兵道、蒙城庄子祠、涡阳老子庙等保护传承和合理利用，塑造城市特色风貌，提升城市内涵。加快建立统一、规范、成熟、稳定的住房供应体系，着力规范公租房发展，健全完善长租房政策，租购并举。坚持土地供应向租赁住房建设倾斜，单列租赁住房用地计划，探索利用集体建设用地和企事业单位自有闲置土地建设租赁住房。全力做好被征地群众住房保障和采煤塌陷区群众搬迁安置工作。

增强城市安全韧性。实施城市防洪体系建设工程和城市内涝治理工程，持续开展城市排水设施建设和积水点治理，降低内涝风险。严格落实《亳州市海绵城市专项规划》，积极采取河道疏通，建设雨水花园、旱塘、植草沟、生态驳岸等设施，提高城市道路、公园、绿地、小区雨洪蓄排能力，增强城市“海绵”功能，到2025年，中心城区建成区45%以上的面积达到海绵城市建设要求。大力建设下沉式绿化带、人行道透水铺装、下沉式树池等，充分消减雨水径流。加快城市及周边河湖等水系综合治理，加强落实排水许可制度。加强城市生命线工程建设，完善城市管网系统，稳步推进地下综合管廊建设。提高城市既有建筑灾害设防标准，完善防御设施，健全防灾减灾基础工程建设，合理规划布局应急避难场所。提高城市公共卫生防控救治能力，大力整治城市环境卫生“死角”。

完善城市生态体系。持续改善城市园林生态环境，大力推进城市公园、游园建设，形成300米见绿、500米见园的公园绿地系统，优化城市生态空间格局。加强公园绿地、防护绿地、城市绿廊、城市湿地及城郊大环境绿化建设，构建“10分钟公园绿地服务圈”。到2025年，市中心城区建成区与三县县城建成区绿地率分别达36%、35%，绿化覆盖率分别达39%、38%，建成8个城市公园、30个街头游园。重点实施铁路沿线防护林地、高速出入口景观绿化以及水源地涵养林，继续推进城市规划区外环“林拥城”建设。持续推进城镇污水处理提质增效三年行动计划，加强污水处理能力建设，加强城市黑臭水体生态修复及管护，保障水体长制久清。大力推进城市生活垃圾分类，到2025年，城市生活垃圾分类小区实现全覆盖，建成分类投放、分类收集、分类运输、分类处理的生活垃圾处理系统。

提高城市治理现代化水平。深入实施“四创一建”，加强城市精细化管理，推进管理体制创新，完善城市管理服务网络，提升城市综合管理服务平台功能。充分发挥“邻长制”和“城市大脑”作用，突出社区服务功能，加强城市“微治理”。建立城市体检评估机制，完善覆盖规划、设计、建设、运营、维护、更新等各环节的城市全生命周期发展模式。加快新型智慧城市建设，深入实施智慧交通、智慧城管、智慧政务、智慧消防等工程，提升城市智能化信息化水平。

第三十七章　推进以人为核心的新型城镇化

加快农业转移人口市民化。深化户籍制度改革，推动稳定就业居住的农业转移人口率先在城镇落户，重点促进在城区就业居住3年以上或缴纳社保1年以上农业转移人口举家进城落户。鼓励城镇简化户籍迁移手续，提高落户便利性。完善居住证制度，引导农业转移人口就地就近市民化。加大农业转移人口及随迁子女教育、医疗和住房保障力度，逐步实现农业转移人口平等享有城镇基本公共服务。切实提升农民就业创业能力，推动农业转移人口向现代产业工人转变。稳定农民进城落户意愿，允许进城落户农民继续保留依法取得的农村土地承包经营权、宅基地使用权、集体收益分配权，探索推进土地承包权有偿退出、土地经营权抵押贷款、土地经营权入股农业产业化经营，维护进城落户农民农村权益。到2025年，全市常住人口城镇化率达52%。

建立健全城乡融合发展机制体制。突出以城带乡、以工促农，健全城乡融合发展机制体制。推动公共服务向农村延伸、社会事业向农村覆盖，健全全民覆盖、普惠共享、城乡一体的基本公共服务体系，建立健全城乡基本公共服务普惠共享体制机制。加快推动乡村基础设施提档升级，实现城乡基础设施统一规划、统一建设、统一管护，建立健全城乡基础设施一体化发展体制机制。积极搭建促进城乡要素自由流动平台，推动城乡产业协同发展平台、科技成果入乡转化平台等建设。积极争创国家、省城乡融合发展试验区。

第三十八章　大力发展县域经济

落实县域主体功能定位，强化要素支撑，加快经济特色化、产业集群化。深入实施县域特色产业集群（基地）建设工程，高标准建设涡阳县绿色装配式建筑特色产业集群（基地）、蒙城县汽车及零部件特色产业集群（基地）；培育发展利辛县丝网纱门产业集群，争创省级特色产业集群（基地）；支持谯城区做大做强现代中医药特色产业集群（基地），着力打造规模体量大、专业化程度高、延伸配套性好、支撑带动力强的县域特色产业集群（基地）。强化县域要素保障，创新人才培养引进政策措施，加大对各类专业技术人才的吸引力度；盘活存量建设用地，加大对县域农产品加工、农产品冷链、物流仓储、产地批发市场、小微创业园、休闲农业、乡村旅游等项目用地支持力度；支持县域物流体系建设，加快完善县乡村三级物流节点网络；引导县（区）设立小微企业信贷风险补偿基金，支持县域企业上市挂牌。力争到2025年，3个县（区）进入全省县域经济高质量发展分类考核前列。

专栏21　新型城镇化建设重点项目

涡阳县：涡阳县西外环道路改建项目（29.9亿元）、涡阳县涡北街道席楼安置小区项目（15.6亿元）、涡阳县城南新区道路建设项目（10.5亿元）、涡阳县2020—2022年老城区老旧小区改造项目（10亿元）、涡阳县老城区道路改扩建项目（10亿元）、涡阳县综合停车场项目（9.5亿元）、涡阳县城区沿涡滨河生态项目（6.5亿元）、涡阳县世纪大道改造项目（5.6亿元）、涡阳县城区排水管道建设项目（5亿元）。

蒙城县：蒙城县市政道路“三行”系统完善工程项目（30亿元）、蒙城县涡河城市公园项目（20亿元）、蒙城县规划区道路工程项目（20亿元）、蒙城县老旧小区及周边存量资源综合提升改造项目（15.6亿元）、蒙城县老旧小区改造项目（7亿元）、老旧小区红线外设施配套改造项目（6亿元）、蒙城县城区停车场建设项目（1.5亿元）。

利辛县：利辛县滨河新区及经开区道路桥梁工程项目（5.4亿元）、利辛县市政管网及道路改造维护工程项目（4.2亿元）、利辛县雨污水管网及相关设施提升工程（3.2亿元）、利辛县中水提升改造利用项目（3亿元）、利辛县地下管网综合改造及相关设施配套工程（2亿元）、利辛县老旧小区改造项目（1.7亿元）、利辛县城乡环卫一体化项目（1.5亿元）、利辛县城市停车场建设项目（1.2亿元）。

谯城区：谯城区产城一体PPP创新示范项目（18.2亿元）、谯城区“城乡一体化”基础设施PPP项目（16.5亿元）、谯城区八纵十二横道路改造工程（10亿元）、谯城经开区基础设施提升工程（10亿元）、谯城区城区雨污分流改造及易涝点治理项目（4.5亿元）、谯城区涡北智慧停车场项目（3亿元）、谯城区三义路子建路道路建设项目（1.8亿元）、谯城区2021-2025年老旧小区改造项目（1.4亿元）、谯城区交通信息指挥中心项目（1亿元）。

亳州高新区：高新区药都大道以北、铁路以东、涡河以南区域片区开发项目（100亿元）、高新区翁庄还原小区及二期项目（20亿元）、高新区丁庄安置小区工程（18.9亿元）。

市直：亳州市中心城区快速路网一期项目（96亿元）、亳州市道东片区2#、3#地路网工程（20.4亿元）、亳州市三清大道工程（14.3亿元）、亳州市合欢路等六条下穿京九、商合杭铁路立交工程（10.1亿元）、亳州市汤王大道涡河隧道工程（6.3亿元）、亳州市智慧停车场工程（2.3亿元）、亳州市中心城区创园项目（2.2亿元）。

本专栏计划总投资581.8亿元，“十四五”期间计划投资352亿元。

第十篇　践行"两山"理念高水平推进绿色发展

牢固树立"绿水青山就是金山银山"的理念，坚决扛起"生态优先、绿色发展"的政治责任，坚持尊重自然、顺应自然、保护自然，合理布局"三生空间"，严守生态保护红线、环境质量底线、资源利用上线，促进经济社会发展全面绿色转型，建设人与自然和谐共生的生态宜居美丽新家园。

第三十九章　加快推动绿色低碳发展

*推动产业绿色化生态化。*以绿色化为主攻方向，将"生态+"理念融入产业发展全过程、全领域，促进生产、消费、流通各环节绿色化，加快建立以产业生态化和生态产业化为主体的特色生态经济体系。加快构建以市场为导向的绿色技术创新体系，培育壮大节能环保、循环经济、清洁生产、清洁能源等绿色新产业新业态，推进重点行业和重要领域绿色化改造。大力发展绿色建筑，加大钢结构装配式建筑应用，力争到2025年，绿色建筑占新建民用建筑面积比例不低于70%，装配式建筑占新建建筑面积比例达到30%。采取政府采购、提供绿色信贷等措施，鼓励和引导企业提供更多的绿色产品和服务。提升产业融合发展水平，大力发展生态旅游、健康养老、文化创意、线上经济等新业态新模式。推进绿色园区、绿色企业建设。

*推行绿色生活方式。*转变传统消费方式，培育生态消费、绿色消费理念。推进交通运输低碳发展，建设绿色循环低碳交通运输示范城市，实行公共交通优先，鼓励自行车等绿色出行。落实新能源汽车购置补贴和税收优惠政策，加大新能源汽车推广力度。大力推广节能家电、高效照明产品、节水器具、生物基可降解聚酯等绿色产品。开展绿色社区、绿色学校、绿色家庭等创建活动。培育宣传一批成效突出、特点鲜明的绿色生活优秀典型，广泛宣传推广简约适度、绿色低碳、文明健康的生活理念和生活方式，形成崇尚绿色生活的社会氛围。

*完善绿色发展制度体系。*制定配套制度，通过生态补偿、循环补贴、低碳补助等方式激励生态保护、资源循环利用、低碳生产。完善绿色发展目标责任制度，实行严格的问责制、"一票否决"制及终身追究机制。推动建立统一的绿色产品标准、认证、标识体系，完善绿色产品市场准入和追溯制度。推动国有企业率先执行企业绿色产品采购指南，推行绿色产品政府采购制度。加大绿色产业财政投入力度，大力推进绿色金融，兑现绿色发展税收优惠。完善林长目标责任体系，健全护绿、增绿、管绿、用绿、活绿协同推进的体制机制。

*加快推进低碳发展。*积极应对气候变化，按照碳达峰和能源高质量发展要求，制定碳排放达峰行动计划，明确达峰目标、路线图和工作方案，2030年实现碳排放达峰。开展火电行业二氧化碳总量控制试点，鼓励火电等行业实施二氧化碳捕集纯化项目开展碳减排。严控煤炭消费，推进重点领域减煤，严控新增耗煤项目，大气污染防治重点区域内新、改、扩建项目实施煤炭消费减量替代。调整优化产业结构，依法依规推动落后产能退出，化解过剩产能。调整优化能源结构，提高非化石能源消费比重。控制工业领域温室气体排放，发展低碳农业，积极推广绿色防控技术，降低化肥使用量。建设低碳高效能源体系，加强天然气供储销体系建设，积极发展绿色低碳能源。加强城乡低碳化管理，建设低碳交通运输体系，鼓励使用节能、清洁能源和新能源运输工具。加强废弃物低碳化处置，推动城镇化低碳发展。积极参与碳排放权交易市场建设。

第四十章　持续改善环境质量

*严明生态环境保护责任制度。*深入推进"地净、路畅、水活、天蓝、林拥城"工程，健全环境治理领导责任体系，压实各方责任，全面完成中央和省生态环境保护督察及"回头看"交办问题、中央和省长江经济带生态环境警示片披露问题、环境风险隐患排查问题等各类突出生态环境问题整改。着力构建以排污许可制为核心的固定污染源监管制度体系，推进已核发排污许可证清理整顿和排污许可证核发登记工作，依法加强排污许可管理。健全自然资源资产产权制度，加强自然资源调查评价监测和确权登记。健全环境治理市场体系，创新环境治理模式，积极争取省级环境污染第三方治理试点。健全环境治理信用体系，开展生态环境保护失信问题专项治理和企业环境信用评价，提高分级分类监管的准

确性和有效性。完善环境保护、节能减排约束性指标管理，保障污染防治攻坚战取得实效。落实生态环境公益诉讼制度和生态环境损害赔偿制度，实行生态环境损害责任终身追究制。

*深入开展大气污染综合防治行动。*推进大气环境质量持续改善，制定实施限期达标规划，努力减少重污染天数。到2025年，细颗粒物$PM_{2.5}$平均浓度持续降低，优良天数比率不断提高，臭氧浓度基本稳定，完成国家和省下达的控制目标。开展NOx和VOCs总量减排，到2025年，全市削减NOx和VOCs排放量完成省下达任务。开展臭氧形成机理研究与源解析，实施$PM_{2.5}$和臭氧污染协同控制。持续推进污染源治理，完成秸秆电厂超低排放改造，加强燃煤发电机组污染治理设施运行管控，确保按超低排放运行。强化水泥、砖瓦、建材等行业物料储存、输送及生产工艺过程无组织排放，强化挥发性有机物污染防治精细化管理，实施VOCs排放总量控制。推进工业园区、产业集群因地制宜推广建设涉VOCs“绿岛”项目，推动涂装类统筹规划建设集中涂装中心。加强汽修、干洗、餐饮等生活源VOCs综合治理。深化机动车污染防治，积极推进老旧车淘汰。提升中药材初加工污染治理水平。进一步加强建筑施工扬尘、餐饮油烟、道路保洁等管理工作，提升大气网格化管理水平。健全应急预案体系，完善重污染天气应急减排措施项目清单，开展绩效分级，实施重污染天气差异化管控措施，落实“长三角”“苏皖鲁豫”交界区域污染治理措施，实施基于环境绩效的错峰生产，强化区域联防联控，强化人工影响天气在生态保护等重点领域的服务保障作用。

*加强河湖水环境治理。*实施水污染防治行动升级版，深化河长制改革，强化河湖空间用途管制，全面提升河湖监管能力和水平。加强河道沿岸乡镇污水处理厂、中心村污水处理站管理，加强畜禽养殖场污染整治。持续深化市中心城区及三县县城建成区黑臭水体整治，加强涡河、西淝河、茨淮新河、北淝河等河流断面水质监测，推进涡阳道源湿地公园、蒙城北淝河湿地公园、利辛西淝河湿地公园建设，有效恢复水体生态环境。实施重要水源地保护工程，优先保护饮用水水源地，加强引江济淮亳州段全流域水环境保护，确保水质安全。开展地下水调查评估，严格保护和合理利用地下水。推动涡河全流域综合治理，协同建设新阶段现代化美丽长江（安徽）经济带。

*提升土壤污染和固废危废防治水平。*聚焦打赢净土保卫战，加强土壤环境监管能力建设，开展重点区域土壤污染风险调查及评估，推进重点企业和工业园区周边土壤监督性监测，加强土壤重点监管企业的环境管理，严控重点行业重金属排放量。优先保护耕地土壤环境，突出工业污染场地治理与修复，推进化肥农药减量化和土壤污染治理，加强白色污染治理。推动生活垃圾分类收集、运输和处理，完善和落实固体废物污染防控体制机制，严厉打击跨境非法转移、倾倒固废危废违法犯罪，支持利辛县建设大宗固废综合利用基地。加快实施亳州市医疗废弃物处置扩建工程，健全医疗废物收集转运处置体系，实现县级以上医疗废物全收集、全处理。

第四十一章　提升生态系统质量和稳定性

*严格保护生态空间。*高标准编制实施市县乡国土空间规划，实施重点生态功能区生态系统修复工程，加强对自然生态空间的整体保护，重视植被修复养护、水系岸线防护。统筹各类自然资源开发利用、保护和修复，按照不同主体功能定位，开展资源环境承载能力和国土空间开发适宜性评价。严守生态保护红线、永久基本农田、城镇开发边界三条控制线，落实“三线一单”各类分区管控措施，严格管制各类开发活动，建立不同功能区差异化协同发展长效机制，推动城乡空间资源有效保护、有序开发，实现林田水整体保护、系统修复、综合治理。全面落实产业准入负面清单制度，因地制宜明确产业发展方向，合理确定开发强度。争创国家园林城市。

*完善生态保护补偿机制。*健全市场化多元化生态补偿机制，加大重点生态功能区转移支付力度，完善生态保护成效与资金分配挂钩的激励约束制度，加快实现由单一财政资金补偿向市场多元化领域拓展。按照“谁超标、谁赔付，谁受益、谁补偿”原则，完善地表断面水生态补偿机制。加强涡河、包河、茨淮新河、西淝河等重要河流、湿地生态保护治理。落实长江“十年禁捕”决策部署，切实做好退捕渔民就业生活保

障，加强茨河鳜鱼青虾种质资源保护工作。深化生态环境保护综合执法改革，强化乡镇（街道）生态环境保护工作站建设。推深做实林长制改革，健全基层林长履职机制。推进排污权、用能权、用水权、碳排放权市场化交易。

第四十二章　全面提高资源利用效率

*强化能源消费总量和强度双控制度。*以有效控制能源消耗总量、提高能源利用效率为目标，进一步优化产业结构和能源结构，突出抓好工业、建筑、交通、公共机构、农业农村、商贸流通等重点领域节能，强化重点用能单位和用能设备节能管理。探索发挥市场配置资源作用的有效途径，引导能耗要素合理流动和高效配置。严格落实固定资产投资项目节能评估和审查制度，提高新上项目能效水平。加强能耗源头管控，严控高耗能、高耗煤项目无序扩张。严格控制能耗强度，合理控制能源消费总量，保障经济社会发展和民生改善合理用能。

*完善水资源消耗总量和强度双控制度。*健全市、县（区）两级行政区域用水总量和强度双控指标体系。建立健全规划和建设项目水资源论证制度，重点推进重大产业布局、开发区规划等水资源论证。组织开展全民节水行动，大力推进农业、工业、服务业等领域节水，提高水资源利用效率，形成全社会节水的良好风尚，建设节水型社会。建立健全供水价格形成机制和动态调整机制，不断完善差别水价、阶梯水价等措施。

*实施最严格的节约用地和耕地保护制度。*严格控制城乡建设用地总量和新增建设用地规模，严格建设用地审查，健全存量和低效建设用地盘活利用的有效机制，鼓励合理利用地上地下空间，促进建设用地复合利用、立体利用、综合利用。加强耕地保护，严守耕地红线，全面落实永久基本农田特殊保护制度，完成省下达的耕地保有量和永久基本农田保护面积任务。坚决遏制耕地“非农化”、防止“非粮化”，深化“大棚房”整治，重点清理占用耕地特别是永久基本农田建设非农设施，改变土地性质和用途的违法违规建设行为。

*完善矿产资源高效利用制度。*强化矿产资源保护，优化矿业权出让流程，坚持适度开发，提高矿产资源利用水平。加强绿色矿山建设，落实矿产资源权益金制度，健全矿产资源保护利用、监测评价和统计制度。推动涡北煤矿、袁店二矿和许疃煤矿采煤塌陷区综合治理，有效利用沉陷积水区，建设平原水库、湿地公园，充分发挥改善生态环境、休闲娱乐和科普教育等生态、环境和社会效益。因地制宜开展沉陷区地下充填治理、受损道路及水利设施修复和重建工作。

*大力发展循环经济。*深入实施循环发展引领行动，健全资源节约集约循环利用政策体系，推动经济社会绿色循环转型。依托亳州循环经济产业园、利辛县煤电循环产业园、大宗固废综合利用基地及涡阳循环基地产业园等载体，推进全市废铅蓄电池收贮和服务于小微企业的危险废物收贮中心等项目建设，重点发展废弃资源综合利用等循环经济产业。深化园区循环化改造，加快推行源头减量、环境友好、资源循环、末端治理的生产方式，实现企业循环式生产、园区循环式发展、产业循环式组合。推进生活垃圾分类，建设生活垃圾分类基础设施，实现生活垃圾的减量化、资源化和无害化。推广“生态美超市”，建立生产系统和生活系统循环链接的共生体系。

专栏 22　生态系统保护与修复重点项目

涡阳县：涡阳县道源湿地生态治理项目（12 亿元）、涡阳县城乡生活垃圾分类智能收运系统建设项目（11 亿元）、涡阳县采煤沉陷区生态治理项目（10 亿元）、涡阳县西阳工业片区污水处理厂、水厂提升及道路建设项目（4.4 亿元）。

蒙城县：蒙城县北淝河国家湿地公园项目（8 亿元）、蒙城县畜禽养殖废弃物资源化利用整县推进项目（2.6 亿元）、蒙城县存量垃圾资源化利用和垃圾填埋场生态修复项目（1.8 亿元）、蒙城县建筑垃圾及炉渣综合利用项目（1.5 亿元）。

利辛县：利辛县大宗固废利用基地项目（10 亿元）、利辛县阚泽湿地公园（2.6 亿元）、利辛县西淝河国家湿地公园生态修复项目（2.4 亿元）、利辛县生活垃圾填埋场生态修复项目（2 亿元）、利辛县西淝河、茨淮新河清水廊道综合整治项目（2 亿元）、利辛县建筑垃圾处理与资源化利用工程（1.5 亿元）。

谯城区：谯城经开区垃圾处理及转运提升改造工程（5 亿元）、谯城区西部城区污水处理厂及管网建设项目（4.8 亿元）、谯城区城乡生活垃圾分类处理中心项目（2.5 亿元）、谯城区科威年加工 150 万吨再生资源循环利用项目（1.6 亿元）、谯城区城市生活垃圾和建筑垃圾综合处理站项目（1.6 亿元）、谯城经开区垃圾收集和转运系统建设提升项目（1.2 亿元）、谯城区新惠通生活污泥处理项目（1.1 亿元）。

市直：亳州市建筑垃圾处理项目（1.6 亿元）、亳州市污水厂扩建工程（1.2 亿元）。

本专栏计划总投资 92.4 亿元，“十四五”期间计划投资 86 亿元。

第十一篇　坚持以人民为中心 高标准推进共享发展

坚持把实现好、维护好、发展好最广大人民根本利益作为发展的出发点和落脚点，尽力而为、量力而行，提高民生工程精准度，健全基本公共服务体系，完善共建共治共享的社会治理制度，扎实推进共同富裕，不断增强人民群众获得感、幸福感、安全感。

第四十三章　强化就业优先政策

千方百计稳定和扩大就业创业。贯彻落实国家就业政策，加强对灵活就业、新就业形态的支持，多措并举稳定就业。实施大学生就业促进、创业引领、基层成长等计划，完成“三支一扶”高校毕业生招募任务，做好大学毕业生档案接收管理工作。鼓励街道（乡镇）、社区（村）提供更多公共管理和社会服务就业岗位。加强驻外农民工综合服务站建设，利用“外出务工人员信息管理系统”，精准做好政策宣传和就业服务，积极扶持返乡农民工就业创业。实施“创业江淮”行动计划，持续开展“亳州老乡·请您回家”和助力青年学子创业活动，建立鼓励创业和宽容失败的保障机制，有序推进创业担保贷款发放，加强创业培训管理。力争到 2025 年，全市城镇新增就业人数不低于 15 万人。

促进重点群体就业。加大援企稳岗力度，规范企业裁员行为，健全就业监测和失业风险预警机制，全力防范化解规模性失业风险。持续开展“四进一促”稳就业专项活动，突出做好重点群体就业工作。实施高校毕业生就业促进计划和基层成长计划，推动高校毕业生面向重点领域、重点行业就业，引导高校毕业生到民营企业、中小微企业施展才华，做好困难高校毕业生、少数民族毕业生就业工作。实施青年见习计划、就业启航计划，每年组织 1500 人参加就业见习。积极推进退役军人就业。建设农村劳动力转移就业示范县和示范基地，创造更多适合农民工就业机会，促进农民工和引导受灾群众就地就近转移就业。促进妇女平等就业，做好残疾人、少数民族劳动者、退役运动员等特定群体就业工作。开展就业帮扶，促进就业困难人员、失业人员就业。围绕补齐民生短板扩展公益性岗位，加强托底安置，确保零就业家庭动态清零。

健全终身职业技能培训制度。推动职业技能培训供给侧改革，建立职业技能培训市场化社会化发展机制。提升职业技能培训基础能力，加强亳州技师学院、县区技工学校和公共实训基地建设，力争到2025年，建设市级以上示范性公共实训基地8个、高技能人才培训基地7个、家政实训基地5个。开展企业职工技能提升培训和转岗转业培训，组织高校毕业生、农民工、退役军人、残疾人等参加技能培训和创业培训，组织城乡未继续升学的初高中毕业生、20岁以下失业人员参加劳动预备制培训。深化产教融合、校企合作，全面推行企业新型学徒制。开展职业技能线上培训和以工代训，增强补贴技能培训的可及度和惠及面，每年开展各类补贴性职业技能培训不少于3.5万人次。促进培训与就业紧密对接、技能提升与工作改善良性互动，着力解决结构性就业矛盾。健全职业技能培训质量评估监管机制，完善职业技能培训补贴和生活费补贴发放制度，提高培训质量和培训补贴资金使用效益。

健全就业创业公共服务体系。强化全方位公共就业服务，建设省级人力资源服务产业园，提升建安零工市场功能，完善“亳州公共招聘网”公共就业创业服务平台，常态化推进“2+N”招聘活动，促进供需精准对接。完善“智慧就业”项目，发挥好阳光就业网、创业服务云平台等载体作用，实现就业创业服务“一次不用跑”。实施“药都工匠”培养行动，组织技能大师评选，努力打造技能拔尖、技艺精湛的技师队伍。举办创业大讲堂和创业特训营活动，完善创业扶持政策，加大对创业企业和个人的扶持力度，提高创业补贴标准。实施“技能亳州”暨职业技能提升行动，提高劳动力素质和技能水平。搭建高层次人才施展才干的平台，支持创新型企业家和创新型企业成长发展。到2025年，培育在全省具有示范引领作用的人力资源行业领军企业4家、人力资源服务骨干企业10家，人力资源服务业营业收入力争达到10亿元。

第四十四章　健全多层次社会保障体系

完善社会保险制度。全面实施全民参保计划，采取有效措施促进农民工、灵活就业人员、新就业形态人员、未参保居民等重点群体积极参保、持续缴费。力争到2025年，全市城乡基本养老保险参保率达95%以上。持续完善补充工伤保险等多层次工伤保险制度体系，执行失业保险、工伤保险、生育保险和基本医疗保险省级统筹，稳步建立长期护理机制。完善医保异地即时结算制度，基本实现异地就医住院费用直接结算。统一全市医疗救助政策，增强医疗救助托底保障功能，提高年度医疗救助限额，合理控制贫困群众政策范围内自付费用比例。落实城乡居民养老保险基础养老金正常调整机制，健全机关事业单位养老保险政策和职业年金运行制度。积极构建基本养老保险、职业（企业）年金与个人储蓄性养老保险、商业保险相衔接的多支柱养老保险体系。建立健全失业保险费率调整与标准调整机制，扩大失业保险政策覆盖面和受益面。完善预防、补偿、康复“三位一体”的工伤保险制度，推进长三角地区工伤保险一体化。

推进社会保障全覆盖。放宽灵活就业人员参保条件，建立新业态从业人员职业伤害保障制度，完善被征地农民社会保障政策。健全“按户保”与“按人保”相结合的分层分类社会救助体系，形成“资金+实物+服务”社会救助模式。加强社会救助资源统筹，实施精神卫生和流浪乞讨救助服务提升工程。完善帮助残疾人、孤儿等社会福利制度，健全城乡困境儿童和妇女、老年人、残疾人关爱服务体系。建立以社会保障卡为载体的居民服务“一卡通”服务管理模式，推动社会保障卡在公共交通、文化旅游、校园管理、公积金提取、惠农补贴发放等公共服务领域广泛应用，全面发行第三代社会保障卡，基本实现常住人口社会保障卡全覆盖。

增强社会保障可持续性。拓展社保基金投资渠道，积极稳妥推进划转部分国有资本充实社保基金，推进养老保险基金等社保基金的投资运营，推动基金市场化、多元化、专业化投资，努力实现基金保值增值，提升基金的抗风险能力。积极应对人口老龄化加速发展的趋势，实施渐进式延迟法定退休年龄，建立抵御人口老龄化风险的财务自平衡机制。

健全退役军人保障体系。积

极构建政府机构、事业单位、社会力量共同推进的退役军人服务保障体系，充分发挥退役军人服务中心（站）功能作用，推进退役军人事务规范化建设。扎实推进信息采集工作常态化，建设标准统一、数据完整、动态更新的退役军人数据资源库。创新服务模式，通过政府购买服务、引入社会资源等方式，在关爱帮扶、心理疏导、社会融入等方面更好地为退役军人服务。全面推进退役军人思想政治、教育管理、权益维护和系统建设等各项工作，深化安置、就业创业工作改革。推进优抚事业改革创新发展，提升优抚对象服务保障水平。完善退役军人服务设施和烈士陵园服务管理，建成大型国防教育基地、双拥公园，蝉联全国双拥模范城。

第四十五章 提高人民收入水平

健全完善收入分配制度。在稳定现有收入水平的基础上，进一步拓宽居民收入渠道，提高劳动报酬在初次分配中的比重，以多种方式增加城乡居民收入，推动城乡居民人均可支配收入持续稳定增长。完善反映市场供求和经济效益的工资决定机制、正常增长机制和支付保障机制，积极推进工资集体协商。健全劳动、资本、土地、知识、技术、管理、数据等生产要素由市场评价贡献、按贡献决定报酬机制，加大再分配力度，提高劳动收入占比。健全高校科研院所薪酬激励机制，推进国有企业负责人薪酬制度和工资决定机制改革，推动符合条件的国有企业实施科技型股权和分红激励。进一步完善社会保障体系，推进收入分配重点领域改革，探索通过土地、资本等要素使用权、收益权增加中低收入群体要素收入。合理调节过高收入，坚决取缔非法收入，缩小收入分配差距。建立个人收入和财产信息系统，落实个人所得税专项附加扣除政策，完善现代支付和收入监测体系。

实施中等收入群体倍增工程。破除影响重点群体增收的体制机制障碍，大力扶持新型职业农民、专业技术人员、小微创业者、社会事业工作者、高校和职业技术院校毕业生等中等收入群体“后备军”。弘扬新时期工匠精神，培养高水平工匠队伍，完善技术工人薪酬激励机制，贯通职业资格、学历等认证渠道，营造崇尚技能的社会氛围，带动广大产业工人增技能、增本领、增收入。加大对农民合作社的培育和支持力度，加快职业化进程，挖掘现代农业增收潜力，拓宽新型职业农民增收渠道，带动广大农民增收。清除创业壁垒，降低创业成本，提高创业参与率和创业成功率，引导和支持小微创业者在“双创”中实现创收致富。落实国家有关公务员与企业相当人员工资水平调查比较制度，健全机关事业单位工资正常增长机制，深化公立医院薪酬制度改革，落实义务教育教师工资待遇政策。积极扶持高校毕业生成长发展，引导通过高质量就业创业增加收入。持续完善税收、住房、社保等配套支持体系，降低中等收入群体生活成本。

持续提升低收入群体收入。建立推动共同富裕的政策体系和举措，引导低收入群体，通过开展生产经营、积极参加生产劳动增收致富。开展“一村一品”产业推进行动，完善农民合作社、龙头企业与农户的利益联结机制，加大农产品品牌推介营销支持力度，支持低收入农户发展电子商务，推动农产品出村进城，增加经营性收入。鼓励具备就业能力的低收入群体积极就业，着力根治拖欠农民工工资问题，增加工资性收入。保障农民合理分享土地增值收益，深化农村资产收益分配改革，增加农民财产性收入。加大临时救助和城市职工解困脱困帮扶力度，提高财政兜底保障水平。提高困难群体和经济薄弱地区居民生活水平。完善第三次分配机制，发展慈善捐助等社会公益事业，培育药都慈善项目和品牌。

第四十六章 建设高质量教育体系

推动基础教育高质量发展。坚持教育公益性原则，深化教育改革，促进教育公平。促进学前教育优质发展，全面推行公办幼儿园午餐供应和课后延时服务，到2025年，学前三年毛入园率超过95%，普惠性幼儿园覆盖率超过86%，公办园占比达51%。巩固义务教育基本均衡发展水平，合理有序扩大城镇学校学位供给，推广集团化办学、名校办分校、委托管理、学区制管理、学校联盟、九年一贯制学校等办学形式，促进优质教育资源共享。大力提高乡村及薄弱地区义务教育质量，完善特殊教育办学体系。全面实施高中阶段教育普及攻坚计划，结合高考综合改革，建立健全确保高中阶段教育可持续发展的体制机制，提升普通高中办学质量，支持特色多样化发展。到2025年，全市高中阶段教育毛入学率达94%。着力提升学校信息化基础设施与应用水平，完成中小学智慧学校和智慧教育云平台建设，鼓励、支持在线教育发展。规范民办教育和校外培训机构。

提升职业教育服务发展能力。把职业教育摆在教育改革创新和经济社会发展中更加突出的位置，实施现代职业教育质量提升计划，深化职普融通、产教融合、校企合作，培养高素质的产业蓝领技术工人，提高职业教育服务地方经济和社会发展的能力。支持职业院校和企业共同建设“双师型”教师培养培训基地，开展现代中医药、现代农业、先进制造业、现代服务业等紧缺领域教师培训。全面落实《职业教育提质培优行动计划（2020—2023年）》《国家职业教育改革实施方案》《安徽省职业教育改革实施方案》，办好公平有质量、类型特色突出的新时代职业教育。支持亳州职业技术学院建成省级技能型高水平大学，支持亳州幼师升格为高等专科学校。力争到2025年，创建省级B类学校5所，省级A类学校2所，市级高水平专业化产教融合实训基地4个，组建市级示范职业教育集团6个。

提升特色高等教育质量水平。优化高等教育结构，全面提升高等教育人才培养、科学研究、社会服务、文化传承创新等能力水平。推进高等教育内涵发展，支持亳州学院办成皖北一流、全省知名高校。积极搭建高校资源开放共享平台，加大与沪苏浙高校、科研院所合作力度，引入国内知名高校来亳合作办学。鼓励社会力量和民间资本兴办各类型高等院校。提高高等教育质量，根据我市产业特色和发展需求，加快培养理工农医类专业紧缺人才和物联网、云计算、大数据、人工智能、5G等“新工科”人才。

完善终身学习体系。推进各级各类教育纵向衔接、横向沟通，搭建更加开放畅通的人才成长“立交桥”，构建服务全民终身学习的教育体系。统筹利用区域内广播电视大学、职业院校等各类教育机构场地设施、教学实训设备参与和服务社区教育。共享基层社区服务中心、文化中心、体育中心等机构人员和设施，实现一个场所、多种功能。完善老年教育课程体系，健全三级社区老年教育网络。发挥文化、科技、体育等机构的社会教育功能，加强学校与博物馆、图书馆、文化馆、科技馆等地方文化资源联动，推动社区学校与中职学校、高校联动，实现资源共享互助。加强终身教育教师队伍建设，支持中小学等学校教师参与成人教育工作，充分发挥专兼职教师与志愿者等工作队伍作用。建设学习型社会，保障全民享有终身学习机会。

加强新时代教师队伍建设。深入贯彻党的教育方针，全面加强教师队伍思想政治工作。健全师德师风建设长效机制，深化新时代教育评价改革和教育督导体制机制改革，引导教师以德修身、以德立学、以德施教、以德育德，倡导全社会尊师重教，激励广大教师努力成为“四有”好老师。推进“三全育人”综合改革试点市建设，加大对高校思想政治教育教学及研究的支持力度，努力提升高校思想政治工作能力。全面加强教师队伍建设，深化中小学教师“县管校聘”管理改革，促进教师资源均衡配置。继续实施农村义务教育阶段学校教师特设岗位计划和高等学校毕业生“三支一扶”计划，吸引更多高校毕业生到村小、教学点任教。实施“123”名校长培养工程和名师培养计划，选派中小学校长到长三角发达地区跟岗学习。强化教师待遇保障，确保义务教育教师平均工资收入水平不低于当地公务员平均工资收入水平。提高乡村教师待遇，住房纳入教师周转房保障范围，建立乡村教师荣誉制度，分类分级实施农村学校教师特殊津贴制度。

专栏 23　教育类重点项目

涡阳县：涡阳县科教园区建设项目（10 亿元）、涡阳南部新区义正高级中学建设项目（5.9 亿元）、涡阳县涡北新建中学项目（4.4 亿元）、涡阳县涡北高中建设项目（4 亿元）、涡阳县部分乡镇学校校舍建设项目（2.5 亿元）、涡阳县经开区新建中小学项目（2 亿元）。

蒙城县：蒙城县教学辅助用房及体育运动场馆提升项目（5.6 亿元）、蒙城县职教园三期建设项目（3.6 亿元）、蒙城县音乐、美术专用教室提升项目（3.3 亿元）、蒙城县致远高新学校建设项目（2.2 亿元）、蒙城县第十一高中建设项目（2.1 亿元）、蒙城县第十二高中建设项目（2.1 亿元）、蒙城县创新中学新校区建设项目（1.6 亿元）、蒙城县齐山路初级中学建设项目（1 亿元）、蒙城县义务教育标准化学校建设项目（1 亿元）、蒙城县濮水路寄宿制初中项目（1 亿元）。

利辛县：利辛县城西片区机电科技学校（职教园）及中小学、幼儿园建设项目（11.7 亿元）、利辛第二中等职业学校（北区）项目（4.6 亿元）、利辛城南片区中小学及幼儿园建设项目（3.5 亿元）、利辛淝河路片区中小学建设项目（2.2 亿元）、利辛东北片区利辛二中扩建及中小学、幼儿园建设项目（2.2 亿元）。

谯城区：谯城区和平路九年一贯制学校项目（2.4 亿元）、亳州市第十七中学（2.4 亿元）、谯城区机电信息工程学校新校区（2.4 亿元）、亳州市第二十一中学项目（1.9 亿元）、谯城区乡镇教师周转宿舍项目（1.7 亿元）、谯城区古城镇中心小学项目（1.6 亿元）。

亳州高新区：高新区紫苑东路高中项目（2.8 亿元）、亳州市芍花路学校项目（2.2 亿元）、亳州第三十四中学（含十小、江宁路幼儿园）项目（2 亿元）、亳州第三十五中学项目（1.9 亿元）、高新区第一小学、实验小学、九中幼儿园教学楼扩建、小区配建幼儿园装修、高新区学校功能室设备项目（1.9 亿元）、亳州子胥路小学项目（1.5 亿元）、亳州第八小学项目（1.3 亿元）、亳州第三十六中学二期项目（1.2 亿）、亳州第九小学项目（1.2 亿元）、亳州第十一小学项目（1 亿元）。

市直：亳州学院中医药学院建设项目（10.5 亿元）、亳州职业技术学院二期工程项目（2.9 亿元）、亳州大型国防教育基地项目（2 亿元）、亳州一中校园整体升级改造项目（1.5 亿元）。

本专栏计划总投资 122.8 亿元，“十四五”期间计划投资 114.1 亿元。

第四十七章　全面推进健康亳州建设

全面推进公共卫生体系建设。改革疾病预防控制体系，统筹传染病、重大疾病、职业病防治，推进医防协同创新。建立疾控机构—医疗机构—社区医疗服务中心—卫生院（室）智慧联动预警监测机制，运用大数据、人工智能、云计算等数字技术，加强实时监测和动态分析，提升公共卫生风险评估和预警能力。健全公共卫生应急管理体系，建立应急物资储备和调运机制，健全突发卫生事件应急决策指挥系统，分级分类组建卫生应急队伍，推进市级传染病医院建设，全面提升防控和救治能力。建立稳定的公共卫生事业投入机制，改善疾控基础条件，重点加强农村、社区等基层疫情防控能力建设，着力构建预防为主、平战结合的公共卫生体系。提升健康教育、慢性病管理和残疾康复服务质量，重视精神卫生和心理健康。重点加强疫苗、血液制品、植入医疗器械等高风险产品监管。

深入推进综合医改。坚持基本医疗卫生事业公益属性，持续深化医药卫生体制综合改革，完善医疗卫生行业综合监管制度。健全分级诊疗制度，提升紧密型县域医共体建设质量，探索逐步将城市公立医院慢性病等门诊设在社区卫生服务机构，推动医疗卫生工作重心下移、资源下沉，形成“小病在基层、大病到医院、康复回基层”的合理就医秩序。深化公立医院改革，全面建立现代医院管理制度。深化药品、医用耗材集中带量采购制度改革，降低药品耗材虚高价格。完善药品供应保障制度，促进基本药物优先使用，加强县域医共体中心药房建设。健全统筹城乡、可持续的基本医保制度，完善筹资机制，稳步提高保障水平。推进按病种付费、按人头总额预付等多元复合式医保支付方式改革，实施按疾病诊断相关分类付费试点。改革职工基本医疗保险个人账户，建立健全门诊共济保障机制。

提升医疗卫生能力水平。加快优质资源扩容和区域均衡布局，深化与沪苏浙以及合肥等地优质医疗资源合作共享，加快市人民医院、市中医院与安徽医科大学、安徽中医药大学合作共建。实施医疗卫生健康事业“三年提升、两年巩固”行动，加强肿瘤、康复、精神卫生、儿科、传染病等短缺医疗资源配置。加快全民健康信息平台建设，加强信息互联互通，开展远程医疗服务。深入开展“互联网+医疗健康”建设，支持智慧医院建设。逐步在全市范围公共场所配置除颤器，实现文体活动中心、便民服务中心、养老服务中心、大型商场超市、学校、车站等重点区域全覆盖。强化县级医院综合能力建设，实施乡村医疗卫生服务能力提升“百千万”工程，加强标准化卫生室和社区卫生机构以及村医队伍建设，提高基层医疗机构服务质量。

促进中医药传承创新发展。大力实施中医药传承创新工程，推进中医药“四名工程”建设。巩固全国基层中医药工作先进单位创建成果，推动县区建设“示范中医馆”，所有中医院建成“治未病”中心。完善中医医疗服务体系，将更多中医适宜技术纳入医保。推进蒙城中医院成功创建三甲医院，涡阳中医院、利辛中医院争取升级为三级医院。创新方式引进一批国医大师、名老中医，建设一批高水平中医药医疗服务机构，打造全国有影响的中医医疗中心。鼓励公立社区医院和保健院全面开设中医科室，加强中医特色科室建设，争创国家级中医区域诊疗中心，创建省级中医区域诊疗中心1—2个。全面提升基层中医药服务能力，推动乡镇卫生院、社区卫生服务中心、村卫生室、社区卫生服务站中医药服务能力全覆盖。加快中医药人才队伍建设，着力打造中医药领域国家临床研究中心（基地）、国家中医药传承创新基地。开展名中医师承教育试点，实施全国名老中医经验传承项目，培养国家级名中医指导老师1—2名、省名中医和省基层名中医15名。鼓励亳州学院等院校开设中医药学类、健康服务类专业，大力培养基层实用型中医药领军人才。力争到2025年，每千人口执业中医师数达到0.5人，每千人口中医床位数达到1张，中医医疗机构门诊人次、住院人次占比达到30%，村卫生室至少配备1名能够提供中医药服务的乡村医生或中医类别医生。加强中医药文化建设，推动创造性转化和创新性发展。

深入实施健康亳州行动。完善健康促进政策，加强综合干预，实施健康知识普及行动等15个专项行动。全面开展健康促进县区创建活动，推进无烟党政机关建设，实施国民营养计划和“三减三健”行动。突出抓好中小学健康促进，强化肥胖、视力不良等儿童重点疾病筛查干预，加快实施妇幼健康促进、职业健康保护、老年健康促进等专项行动，完善癌症、高血压、糖尿病等重大疾病防治保障机制，加强艾滋病、结核病、病毒性肝炎等重点传染病防治。推动从环境卫生治理向全面社会健康管理转变，全面提高社会健康综合治理能力，创建省级卫生城市，全面推进健康城镇和健康细胞建设。加强卫生健康教育和科学知识普及，提高群众公共卫生素养，促进全市人民养成文明健康生活方式。

专栏 24 健康亳州重点项目

涡阳县：涡阳县乡镇区域卫生健康服务能力整体提升工程（8.1 亿元）、涡阳县中医院中医药传承创新中心项目（老年康复中心）（8 亿元）、涡阳县人民医院改扩建工程（6.9 亿元）、涡阳县中医院提标扩能项目（5 亿元）、涡阳县第六人民医院项目（3 亿元）、涡阳县公共卫生应急救治中心项目（3 亿元）、涡阳县传染病医院项目（3 亿元）、涡阳县人民医院北区项目（1 亿元）。

蒙城县：蒙城县第二人民医院新院区（一期）项目（10 亿元）、蒙城县第一人民医院传染病医院项目（7.5 亿元）、蒙城县肿瘤专科医院项目（6.7 亿元）、蒙城县医共体集团乡镇卫生院提升项目（3 亿元）、蒙城县卫生系统信息化项目（2 亿元）。

利辛县：利辛县中医院新区项目（6 亿元）、利辛县第三人民医院项目（传染病医院）（5.5 亿元）、利辛县宝璋医院二期工程项目（5 亿元）、利辛县肿瘤专科医院项目（4 亿元）、利辛县妇女儿童医院项目（4 亿元）、利辛县第三人民医院新建项目（精神病专科医院）（4 亿元）、利辛县部分乡镇中心卫生院搬迁项目（3.6 亿元）。

谯城区：谯城区人民医院项目（7 亿元）、谯城区精神病医院项目（4.8 亿元）、谯城区医共体综合医疗卫生服务提升项目（9.6 亿元）、谯城区第二人民医院（传染病医院）项目（4 亿元）、谯城区陵西湖社区卫生服务中心和体检中心项目（2.1 亿元）、谯城区妇幼保健中心项目（1.5 亿元）、谯城区疾病预防控制中心建设项目（1.2 亿元）。

市直：亳州市第二人民医院 PPP 项目（10.1 亿元）、亳州市肿瘤医院项目（4 亿元）、亳州市中医院二期工程（3 亿元）、亳州市儿童医院项目（3 亿元）、亳州市疾病预防控制中心项目（1.5 亿元）、亳州市人民医院急诊大楼项目（1 亿元）、亳州市人民医院传染病病区改扩建项目（1 亿元）。

本专栏计划总投资 153.1 亿元，“十四五”期间计划投资 139.3 亿元。

第四十八章 繁荣发展文化体育事业

全面提高社会文明程度。按照文化强市建设要求，进一步加强公民思想道德建设，提升人民文明素养，促进社会文明程度得到新提高。推动理想信念教育常态化、制度化，坚持马克思主义在意识形态领域的领导地位，加强精神文明建设，推动形成适应新时代要求的思想观念、精神面貌、文明风尚、行动规范。深入开展习近平新时代中国特色社会主义思想学习教育，用好“学习强国”“亳州先锋网”等平台，打造网上理论传播矩阵，加强党史、新中国史、改革开放史、社会主义发展史教育，加强爱国主义、集体主义、社会主义教育，用好亳州特色党史资源，弘扬党和人民在各个历史时期奋斗中形成的伟大精神，推动公民道德建设，拓展新时代文明实践中心建设。提升公民文明素养，实施文明创建工程，推进公民道德建设，开展道德模范与身边好人推荐评选活动。健全志愿服务体系，推动志愿服务制度化，广泛开展志愿服务关爱行动。弘扬诚信文化，加快诚信建设。提倡艰苦奋斗、勤俭节约，开展以劳动创造幸福为主题的宣传教育。加强家庭、家教、家风建设。发展积极健康的网络文化。弘扬传统美德，倡导移风易俗，破除陈规陋习，反对封建迷信，抵制不文明行为和不良生活习俗。成功创建全国文明城市，争创“全国无障碍环境示范市”，积极构建家庭、学校、政府、社会相结合的思想道德教育体系，大力加强和改进未成年人思想道德建设工作。加强科普工作，促进全民科学素质快速提升。

提升公共文化服务水平。传承弘扬优秀传统文化。加强亳州古城、义门、城父等历史文化名城名镇、历史文化街区和文物保护，研究、利用、挖掘、整理民间文化，完善五禽戏、二夹弦、剪纸、古井贡酒酿造技艺等国家级非物质文化遗产代表项目保护传承机制，不断健全非遗名录体系建设，做好五禽戏传承和推广普及工作。以抢救濒危项目为重点，以传承基地、示范区建设为依托，以展示展演展销展览为载体，坚持政府主导与社会参与并重、坚持传承与保护并重、坚持宣传和对外交流活动并重，保护利用、传承发展好非物质文化遗产。通过对传统演艺、民间手工艺技法、内容和表现形式的改革和创新，激发传统文化活力，创作出时代需要的文艺作品。运用新媒体等现代化信息手段，发扬光大老庄文化、曹魏文化、中医中药文化和白酒文化。提高公共文化供给能力。全面繁荣新闻出版、广播影视、文学艺术、哲学社会科学事业。实施文艺作品质量提升工程，每年重点支持一部小说、一部影视剧或动漫剧、一部剧本、一台舞台剧、一幅绘画作品、一座雕塑等原创文学艺术创作，不断推出反映时代新气象、讴歌人民新创造的文艺精品。聚焦建党100周年、党的二十大等重要时间节点，推出一批“四个讴歌”重点作品。加强舆论阵地建设，推进媒体融合发展，实施全媒体传播工程，打造新型主流媒体，建强用好县级融媒体中心。创新“按需制单、百姓点单、政府买单”模式，开展“送戏进万村”工作。制定亳州市公共文化服务产品目录，丰富公共文化产品和服务内容供给，鼓励和引导文化企业和社会力量参与公共文化服务。支持文化馆、图书馆等文化设施免费向社会开放。加强档案事业发展，推动档案存储数据化和利用网络化，推动档案公共服务惠及广大人民群众。提高公共文化服务能力。统筹城乡公共文化设施布局、服务提供、队伍建设、资金配置，均衡配置公共文化资源，推进城乡公共文化服务体系一体化建设。加快推进市本级“三馆一院”建设，新建亳州市博物馆新馆、亳州市大剧院、亳州市中医药博物馆，县区新建公共图书馆、文化馆达到国家一级馆标准。规划建设亳州市综合性科技馆。实施文化惠民工程，继续开展文化旅游惠民季活动，不断扩大“乡村春晚”覆盖面。培育挖掘乡土文化人才，广泛开展群众性文化活动。实现村级综合性文化服务中心基本全覆盖。推进公共文化服务数字化，建立健全以城乡基层文化设施为重点、以流动文化设施和数字文化平台为补充的四级公共文化服务网络。

*大力发展体育事业。*完善市中心城区“15分钟健身圈”设施体系，深入推进中心城区社区篮球场、足球场、羽毛球场等健身场地建设，推动机关企事业单位、学校等公共活动场地适时对外开放。强化全民健身指导中心建设和体质监测工作，组织面向大众的体质监测活动，大力开展为群众建立体质档案、开具健身处方、普及健身知识、指导科学健身等服务活动，提升科学健身指导服务水平。做好五禽戏推广普及工作，争创国际健身气功五禽戏培训基地。实施学生体魄强健工程，广泛开展课余体育锻炼，保证中小学生每天1小时校园体育活动。完善校园竞赛体系，建设常态化校园体育竞赛机制，把体质健康和运动技能作为学生综合素质评价重要指标。大力培养青少年竞技体育后备人才。加强体育师资队伍建设和场地场馆、器材配备，达到国家标准。广泛开展全民健身运动，丰富社区体育赛事和完善全民健身活动体系，增强人民体质。支持社会团体承办体育活动。加强社会化足球场建设，发展校园足球，办好足球特色学校。争创全国全民运动健身模范市，支持三县一区创建全国全民运动健身模范县（区）。到2025年，市县级“五个一”公共体育设施拥有率100%，人均体育场地面积不少于2平方米。

专栏 25　文化体育类重点项目

涡阳县：涡阳县体育公园项目（6.5 亿元）、涡阳县融媒体及文体健康中心项目（6 亿元）、涡阳县应急广播体系项目（5.9 亿元）、涡阳县城市社区文体活动中心项目（2 亿元）。

蒙城县：蒙城县全民健身步道项目（7.3 亿元）、尉迟寺国家遗址公园项目（5 亿元）、蒙城县体育馆及配套项目（4 亿元）、蒙城县全民健身中心项目（2.3 亿元）、茨淮新河纪念馆项目（2 亿元）、蒙城县文化馆项目（1.2 亿元）。

利辛县：利辛县文化中心项目（5.1 亿元）、利辛县体育中心项目（2.6 亿元）、利辛县文化创意园项目（2 亿元）。

谯城区：谯城区文化产业园项目（3 亿元）、谯城区村级综合文体大礼堂项目（2 亿元）、谯城区全民健身中心项目（1.4 亿元）。

市直：亳州市体育基础设施建设 PPP 项目（10 亿元）、曹操宗族墓群国家遗址公园项目（5 亿元）、亳州市博物馆新馆项目（3 亿元）、亳州市大剧院项目（2.9 亿元）。

本专栏计划总投资 79.2 亿元，“十四五”期间计划投资 59 亿元。

第四十九章　保障妇女、未成年人和残疾人合权益

促进妇女全面发展。进一步完善促进男女平等、妇女全面发展的制度机制，推进两性平等和谐发展、妇女与经济社会同步协调发展。统筹兼顾妇女在政治、经济、文化、社会和家庭生活各方面的发展利益，消除不利于妇女发展的障碍，有效解决制约妇女发展的重难点问题，加强妇女卫生保健、终身教育、平等就业、参与决策管理等。推动妇女参加社会和经济活动，提高妇女社会地位。加大对残疾、留守妇女等特殊妇女群体的关爱帮扶，严厉打击暴力侵害妇女、拐卖妇女等犯罪行为。发挥群团优势和作用，深化妇联改革，壮大基层妇联组织工作力量。

提升未成年人关爱水平。依法优先保障未成年人生存、发展、受保护和参与的权利，缩小未成年人发展城乡差异。加强未成年人思想道德建设，促进学校教育、家庭教育、社会教育协调互动，保障未成年人身心健康。消除对女童的歧视，严厉打击拐卖儿童、弃婴和各类侵害未成年人人身安全的犯罪行为。深化预防青少年违法犯罪工作，坚持综合治理，完善服务管理，坚决维护青少年合法权益。加强防范“校园欺凌”工作，不断增强青少年法治观念和法治意识。健全儿童关爱服务体系，实施困境儿童关爱保护工程，加强困境儿童分类保障，加大对留守儿童和困境儿童的救助关爱，创造更加和谐友好的儿童发展环境。推进儿童福利机构、未成年人保护机构转型升级和儿童福利指导中心建设。推进未成年人心理健康辅导站建设。加大宣传力度，在公共场所、公园、中小学校及其周边、街道、社区等处加强“关爱未成年人”公益广告宣传。

加强家庭建设。巩固强化家庭基础地位，注重家庭、注重家教、注重家风。弘扬中华民族家庭美德，树立新时代家庭观，推动形成爱国爱家、相亲相爱、向上向善、共建共享的家庭文明新风尚。深入实施家庭幸福安康工程，实施家庭文明创建行动、家庭教育支持行动、家庭服务提升行动。构建和谐家庭关系，倡导共同参与家庭事务。完善社区生活服务体系，强化社区支撑保障，提升家庭发展能力。组织群众讲好家风故事，大力弘扬中华民族优秀传统家风文化，让好家风浸润百姓心灵。

促进残疾人全面发展。把残疾人事业纳入各项建设事业中，不断健全残疾人权益保障制度。大力发展残疾人康复、特殊教育事业，大规模开展残疾人职业技能培训，促进残疾人就业。落实残疾人基本社会保障，完善残疾儿童康复救助制度，实施对残疾人的特别救助。健全残疾人服务体系，加强服务机构和服务设施建设，培育发展残疾人社会服务组织。引导残疾人树立正确的人生观、价值观，做到自尊、自信、自强、自立。增强全社会扶残助残意识，营造关心关爱

残疾人的浓厚氛围。

第五十章　实施积极应对人口老龄化国家战略

推动实现适度生育水平。落实生育政策，增强生育政策包容性，完善生育支持、幼儿养育、就业、奖励等配套政策，全力解决群众在婚育养育方面的实际困难和后顾之忧，引导生育水平适度提升并稳定在合理区间，促进人口长期均衡发展。加快改革创新，充分保障育龄妇女在就业创业、事业发展、婚姻生育等方面的权利。加强妇幼保健服务能力建设，支持县域妇幼医院建设。

健全婴幼儿托育体系。普及优生优育优教知识，强化对出生缺陷的预防和干预，提高人口素质。鼓励家庭育儿知识传播、社区共享平台等托育服务新模式新业态发展，拓展多元化托育服务体系。利用社区中心、闲置校舍等存量资源建立婴幼儿看护中心，建成一批具有带动效应、承担一定指导功能的示范性婴幼儿照护服务机构，进一步提升婴幼儿照护服务能力。开展支持社会力量发展普惠托育服务专项行动，采取多种方式，积极引导社会力量举办托育服务机构，增加托位供给，提供婴幼儿照护服务，延伸服务内容。积极开展保育知识、技能等培训，推动高职院校设置相关专业，开展家庭科学育儿培训指导。每年建成示范婴幼儿照护服务机构2—3个，各县区每年至少建成1个普惠性婴幼儿照护服务机构。

完善养老服务体系。加大财政投入，健全基本养老服务体系，补齐弱项，加快推进公办养老机构建设，落实新建城区、居住（小）区按照人均不少于0.1平方米的标准配建养老服务设施，稳步提高护理型床位占比。健全养老服务综合监管制度，构建居家社区机构相协调、医养康养相结合的养老服务体系。建立多层次长期照护保障制度，健全老年人能力评估和长期护理需求评估体系，实施兜底性长期照护服务保障工程。深入推进公办养老机构改革，有序推进社会化运营，不断提升服务质量水平。探索农村养老服务发展模式，深化农村敬老院集成改革，支持家庭承担养老功能，开展家庭照护床位试点。加强养老服务设施建设，提高新建城区、新建小区养老服务配套设施比重，培育居家养老服务企业和社会组织，引进品牌连锁型养老机构，发展普惠型养老服务和互助性养老服务。推动养老事业和养老产业协同发展，促进医养康养深度结合，建设中医药健康养老基地。加强养老机构行业管理，促进养老机构安全规范发展。

建设老年友好型社会。切实解决老年人运用智能技术困难问题，推广应用智能穿戴等产品设备。鼓励社会力量针对老年人需求，发展智慧健康养老服务。实施老年健康促进行动，加强老年人健康管理。构建老有所学的终生学习体系，提升老年教育种类和品质。积极开发老龄人力资源，建立老年人才信息库，鼓励专业技术领域人才延长工作年限，支持老年人继续为社会贡献宝贵经验和知识。推动老年产品市场提质扩容，加快老年人适用产品、技术的研发和应用，发展银发经济。推进城市公共服务设施建设和无障碍改造，对特殊困难老年人家庭进行适老化改造。加强应对人口老龄化所需的各类人才队伍建设，充分调动老年人个人、家庭和社会力量，构建能够满足老龄化动态发展需求的综合体系。

专栏26　养老服务类重点项目

涡阳县：涡阳县公办养老院提升工程（5.4亿元）、涡阳县社区康养服务中心项目（3.5亿元）、涡阳县城市社区养老服务站项目（3.4亿元）。

蒙城县：蒙城县医养结合养老中心项目（3亿元）。

利辛县：利辛县智慧养老中心及配套设施项目（1亿元）。

谯城区：谯城区华佗城市医养中心项目（2.5亿元）、谯城区乡镇敬老院医养结合项目（1.5亿元）、谯城区智慧养老中心项目（1.5亿元）。

本专栏计划总投资21.8亿元，“十四五”期间计划投资21亿元。

第十二篇　统筹发展和安全建设更高水平的平安亳州

践行总体国家安全观，落实国家安全战略，维护国家安全，统筹传统安全和非传统安全，把安全发展贯穿全市发展各领域和全过程，防范和化解影响我市现代化进程的各种风险，筑牢安全屏障，建设更高水平的平安亳州。

第五十一章　加强国家安全体系和能力建设

健全国家安全体制机制。深入落实市委防范化解重大风险“1+9+12”方案体系，分领域完善风险监测预警指标，全方位防控各领域重大风险。落实国家安全领导体制和工作机制，执行国家安全审查制度，开展国家安全宣传教育，增强全民国家安全意识，巩固国家安全人民防线。健全国家安全法规制度体系，健全国家安全审查制度，加强国家安全执法。坚定维护国家政权安全、制度安全、意识形态安全。严密防范和严厉打击敌对势力渗透、破坏、颠覆、分裂活动。

促进经济建设与国防动员协调发展。增强基础设施国防功能，深化资源要素共享，建立健全有序可控的军地数据资源共享机制，推动实现地质、测绘、气象、频谱、空间环境等基础数据军地互通共享。完善国防动员体系，推进国防动员基础设施建设，夯实基层武装基础，加快后备力量建设转型，建立健全军地应急指挥协同、常态业务协调、灾情动态通报和联合勘测、应急资源协同保障机制。加强现代人民防空建设，持续加大人防地下空间建设和开发利用力度，形成连片成网、立体互通、功能配套的防护体系。强化全民国防教育，完善双拥工作和军民共建机制，巩固和发展军政军民团结大好局面。完善军粮供应体系和副食品渠道。全面贯彻党中央重大决策和省委部署要求，建立健全组织管理体系、工作运行体系和政策制度体系，加快形成全要素、多领域、高效益的军民融合深度发展格局。

第五十二章　确保经济安全

保障粮食安全。健全粮食安全责任领导制。稳定粮食播种面积和产量，构建科学合理、安全高效的粮食和重要农产品供给保障体系。深入实施高标准农田建设，加快土地整治和中低产田改造，确保口粮绝对安全、重要农副产品供应充足。创新粮食生产经营模式，优化生产技术措施，落实各项扶持政策，保护农民种粮积极性，着力提高粮食生产效益。建立粮食储藏安全检查制度，合理确定储备规模，加强粮食储备和流通体系建设。确保储备粮数量真实、质量良好和储存安全。适当增加地方粮食储备规模。

保障能源安全。加快能源产供储销体系建设，增强能源持续稳定供应、合理需求调控、风险预警和管控应对能力，有效扩大能源储备，实现能源供应稳定可靠，提升能源均衡供应能力。加大能源安全生产投入，加强能源行业安全监管，全面提升煤电油气运安全水平。密切关注境外疫情对全球能源供应链和产业链的影响，加强供需形势的密切跟踪研判，动态监测能源安全风险，适时启动分级动用和应急响应机制。

维护地方金融安全。加强违法违规金融活动整治，强化风险识别。完善地方金融监管规则和机制，分类处置涉众型金融风险。聚焦非法集资、非法网贷、恶意逃废债等重点领域，清理取缔非法金融机构，规范实行牌照经营，明确设定评估、检查、督查和整改措施。加强法人金融机构、类金融机构风险管控，加大重点企业债务风险处置力度，补齐、补足短板，有效防范和化解金融风险隐患。

维护新型领域安全。完善网络安全制度体系和综合治理体系，强化对数据资源、网络信息和关键设施保护，做好网络意识形态风险防控。提升大数据安全保障能力，加强关键信息基础设施安全防护，强化个人信息保护。加强网络综合治理，提升网络态势感知和应急处置能力，构建良好网络生态。

第五十三章　保障人民生命安全

提高安全生产水平。坚持人民至上、生命至上，把保护人民生命安全摆在首位，完善和落实安全生产责任制，对城乡规划、产业规划、重大工程、重点项目开展安全风险评估，实行重大安全风险“一票否决”。健全安全生产监管体系，实施“1+2+22”安全生产专项整治三年行动，持续推进“铸安”行动常态化实效化和安全风险管控“六项机制”制度规范化，加大重大安全隐患挂牌督办力度，加强安全生产监管执法，有效遏制道路交通、危险化学品、煤矿、建筑施工、高层建筑、大型综合体消防等较大以上安全事故。严格落实企业安全生产主体责任，推行以信用监管为基础的企业安全承诺制。

提升食品药品监管水平。保障人民群众“舌尖上的安全”，开展食品药品专项整治行动，加强食品安全技术支撑能力建设，推广“互联网 + 食品”监管模式，全面提高食品安全风险管控能力。建立涵盖所有类别和链条各环节的监督管理制度，融入建设长三角一体化食品安全信息化追溯体系。扎实开展食品安全放心工程建设攻坚行动，完善食品药品安全监管制度，严厉打击违法违规行为，提升食品全链条质量安全保障水平。严格落实食品安全党政同责制度，健全食品安全责任体系。到 2025 年，基于风险分析和供应链管理的食品药品安全监管体系初步建立，主要农产品质量安全监测总体合格率稳定在 95% 以上，食品抽检合格率稳定在 95% 以上，创建国家食品药品安全城市。

健全应急管理体制。加快推进应急管理体系和能力现代化，强化消防基础建设，推进实施自然灾害防治能力提升工程，提高防灾减灾救灾能力。加强应急预案管理，健全应急预案体系，强化以消防救援为主体的应急救援力量建设，开展常态化应急疏散演练。加快各级应急指挥中心建设，明确市县乡三级响应标准和应急责任，建立完善现代化应急指挥体系。强化河流湖泊安全、城市防洪安全，推进“四启动一建设”，抓好新一轮“一规四补”。健全气象灾害监测预警联防工作机制，强化城市内涝风险管理，提升灾害性天气监测能力和气象服务精细化水平。加快建设监测预警、指挥调度、抢险救援“三大系统”，推进危险化学品、道路交通、地质灾害、森林防火、防汛抗旱、地震等“6+N”重点领域应急系统建设。健全应急物资保障和储备体系，加强应急物资统筹协调能力。完善保险体系，筑牢防灾减灾救灾人民防线。

第五十四章 维护社会稳定和安全

健全社会矛盾纠纷多元预防调处化解综合机制。坚持和发展新时代“枫桥经验”，巩固拓展信访突出问题“深督导、重化解、促落实”专项行动成果，严格按照“三到位一处理”要求，坚持“三位一体”责任制、信访积案挂牌督办、“三个一”、信访挂职干部、带案下访等行之有效的机制，落实好“开门接访”、主要负责同志联系信访积案制度。畅通和规范群众诉求表达、利益协调、权益保障通道，加强各级综治中心标准化规范化建设，健全各类调解联动工作体系，发挥非诉讼纠纷解决机制作用，构建源头防控、排查梳理、纠纷化解、应急处置的社会矛盾综合治理机制，严防冲击社会道德底线事件发生。建立健全社会心理服务体系和危机干预机制，完善社会心理服务网络，培育自尊自信、理性平和、积极向上的社会心态。

加快建设社会治安防控体系。健全点线面结合、网上网下结合、人防物防技防结合、打防管控结合的社会治安防控体系建设，提高对动态环境下社会治安的控制力，到 2025 年，市县城区重点公共区域视频监控覆盖率达 98%。大力推进“雪亮工程”建设，深入开展“守护平安”行动，常态化机制化开展扫黑除恶斗争，坚决防范和打击黄赌毒、暴力恐怖、黑恶势力、新型网络犯罪。落实重大决策社会稳定风险评估制度，建设维稳态势监测预警平台，完善平安建设实体化运作制度机制，加强平安亳州基层组织、基础工作、基本能力建设。加强法院、检察院、公安、国家安全、司法等政法领域基础设施和信息化建设，坚持以大数据、信息化促进治安防控提质增效。加强刑事犯罪预警工作，严密防范、依法打击各种违法犯罪活动。完善监所安全共同治理机制，加强流动人口和特殊人群服务管理，推进社区矫正场所建设，促进社区戒毒、社区康复专业延伸和指导帮扶。加强社区警务建设，完善“警民联调”机制和“农村警务室”建设。弘扬见义勇为精神，加强公益宣传，普及安全知识。

专栏 27　平安亳州建设行动

平安建设集中宣传。利用各种媒介，大力加强国家安全、平安亳州建设宣传，努力形成人人参与平安建设的浓厚氛围。

矛盾纠纷排查化解。组建工作专班，加强专职协调队伍建设，统筹多方资源，加大化解力度，持续开展矛盾纠纷大走访大排查大化解，确保隐患消除、矛盾纠纷化解。

扫黑除恶成果巩固。常态化开展扫黑除恶，深入推进“破网打伞”“打财断血”。开展“守护平安”系列行动，严厉打击黄赌毒、盗抢骗等违法犯罪，严打暴恐犯罪。

重点领域问题整治。加强道路交通安全、校园安全、生产安全、食品药品安全等影响社会安全稳定突出问题专项整治，强化隐患排查治理，完善预警、监测、报告和应急处置机制，严防发生重特大安全事故和公共安全事件。

社会治安管控提升。加强公安大数据建设与应用，推进公安执法检查站、“前哨”系统、农村警务室、警务实训基地、平安小区等建设，提升社会治安防控立体化、信息化、智能化水平。

第十三篇　加强民主法治建设　营造公平正义法治环境

坚持党的领导、人民当家做主、依法治国有机统一，完善共建共治共享的社会治理制度，加强和创新基层社会治理，更加注重维护社会公平正义，全面提升民主法治化水平。

第五十五章　大力发扬社会主义民主

坚持和完善人民代表大会制度。坚持中国特色社会主义政治发展道路，依法保障人民通过人民代表大会行使权力。支持和保证人大及其常委会依法行使职权，加强人大对“一府一委两院”的监督。保证各级人民代表大会依法选举产生、对人民负责、受人民监督。拓宽人大代表同人民群众联系渠道，健全代表议案建议交办、办理和督办机制，保障人民依法通过各种途径和形式管理经济文化事业和社会事务。

坚持和完善中国共产党领导的多党合作和政治协商制度。发挥社会主义协商民主独特优势，推进政治协商、民主监督、参政议政。加强人民政协专门协商机构建设，健全用好专题协商会等协商方式，充分发挥民主党派、工商联、无党派人士和各阶层作用，提高建言资政和凝聚共识水平，充分议政建言、服务大局，促进决策科学化、民主化。

巩固和发展最广泛的爱国统一战线。全面贯彻党的民族政策，深入持续开展民族团结进步创建，加强各民族交往交流交融，保障少数民族合法权益，搞好民族团结宣传教育。全面贯彻党的宗教工作基本方针，提高宗教工作法治化水平，积极引导宗教与社会相适应，发挥宗教界人士和信教群众在促进经济社会发展中的积极作用。加强对台、港澳、外事和侨务工作，加强新时代民营经济统战工作，加强党外知识分子工作，做好新的社会阶层人士统战工作，巩固和发展大团结大联合局面。

深化群团改革。发挥工会、共青团、妇联等群团组织作用，健全群团工作体系，增强政治性、先进性、群众性，把各自联系群众紧紧凝聚在党的周围。进一步健全各级工会联系广泛、服务职工的工作体系，积极服务发展大局，努力建设高素质劳动大军。坚持党管青年原则，为青年就业创业、婚恋交友、社会融入、心理健康提供服务，健全青年发展政策体系，促进青年全面发展。高质量推进妇联组织改革，动员妇女群众创业创新、建功立业，更好地代表和维护妇女合法权益，更密切地联系妇女、更有效地服务妇女。

第五十六章　全面推进法治亳州建设

健全地方立法机制。坚持党对立法工作的领导，进一步落实党领导立法工作的制度和机制。强化人大立法主导作用，注重发挥政府在立法工作中的支持作用。健全立项、论证、评估、听证等制度，拓展开门立法渠道，深入开展立法协商。聚焦高质量发展，贯彻新发展理念，加强重点领域立法，制定修改城乡建设与管理、环境保护、历史文化保护等领域急需的法规规章，以良法促进发展、保障善治。坚持立改废释并举，注重突出地方特色。

推进法治政府建设。严格落实重大行政决策程序制度，健全科学、民主、依法决策机制。深化行政执法体制改革，推动执法重心下移，逐步实现乡镇一支队伍管执法。继续推进重点领域综合执法改革，探索跨领域跨部门综合执法。实施行政复议体制改革，加强行政复议办案场所和装备设施建设。严格规范公正文明执法，全面推行行政执法公示、执法全过程记录、重大执法决定法制审核制度。规范执法自由裁量权，全面推行行政裁量权基准制度。加强和创新事中事后监管，建立健全行政执法风险防控机制。深入开展法治政府建设示范点创建活动。

加快推进公共法律服务体系建设。推进基本公共法律服　务均衡发展，均衡配置城乡基本公共法律服务资源，保障特殊群体的基本公共法律服务权益。促进公共法律服务多元化专业化，加快整合律师、公证、司法鉴定、仲裁、司法所、人民调解等法律服务资源，尽快建成覆盖全业务、全时空的法律服务网络，打造覆盖城乡、便捷高效、均等普惠的现代公共法律服务体系，形成党委领导、政府主导、社会参与的工作格局。

深入推进全民守法。大力弘扬社会主义法治精神，推动全社会形成守法光荣、违法可耻的社会氛围。加强法治宣传教育，积极实施“八五”普法规划，全面落实“谁执法谁普法”普法责任制，深入开展“法律六进”活动。加强法治文化建设，开展群众性法治文化活动。增强普法工作针对性和实效性，不断提升全体公民法治意识和法治素养。加强法治乡村建设，积极开展民主法治示范村（社区）创建活动。加强律师人才队伍建设，完善法律服务供给机制，健全法律援助制度，扩大援助范围，实现“应援尽援”。

第五十七章　创新完善基层社会治理

完善基层社会治理体系。发挥群团组织和社会组织在社会治理中的作用，畅通规范市场主体、新社会阶层、社会工作者和志愿者等参与社会治理的途径。以提升组织力为重点，深入抓好农村基层党建“一促”和城市基层“三抓一增”工程，扎实推进党支部建设提升行动、基层党组织“登高计划”，深入整顿软弱涣散基层党组织，切实把基层党组织建设成为宣传党的主张、贯彻党的决定、领导基层治理、团结动员群众、推动改革发展的坚强战斗堡垒。实施社会组织培育工程，重点培育发展行业协会商会和公益慈善类社会组织，完善监管体系，引导社会组织提升建设质量和服务能力。加强行业规范、社会组织章程、村规民约、社区公约等社会规范引导，依法保障居民知情权、参与权、决策权和监督权。发挥村（居）委会的群众自治性组织作用，引导社区群众依法参与社区事务、财务和集体资产等管理。扎实推进党建引领信用村建设。

创新基层社会治理方式。完善基层民主管理制度，把“邻长制”改革作为“十四五”社会治理的重要抓手，建立“乡镇（街道）—村（社区）—片—组—邻”五级组织体系，推动社会治理和服务重心向基层下沉。完善基层社会服务管理机制，在乡镇（街道）、村（社区）普遍建立为民服务中心。加强基层社会治理队伍建设，构建网络化管理、精细化服务、信息化支撑、开放共享的基础管理服务平台，打造“网络＋网格”基层社会治理升级版。实施社区治理和服务能力提升工程，推进“三社联动”试点，建设“智慧社区”。加大社会组织扶持力度，探索建立社会组织扶持发展基金，重点培育和优先发展社区居民日常生活急需的社区服务类、志愿互助类、公益慈善类、专业调处类等社会组织。

第十四篇　强化规划实施保障　确保规划目标任务实现

坚持党的全面领导，建立健全规划实施机制，强化统筹协调和制度保障，充分调动一切积极因素，形成推动建设新阶段现代化美好亳州的强大合力。

第五十八章　坚持和加强党的全面领导

深入贯彻新时代党的建设总要求，全面加强党的政治建设、思想建设、组织建设、作风建设、纪律建设，推动全市广大党员、干部切实增强“四个意识”、坚定“四个自信”、做到“两个维护”，自觉在思想上政治上行动上同以习近平同志为核心的党中央保持高度一致。强化基层党组织政治功能，发挥好基层党组织战斗堡垒和党员先锋模范作用。加强干部队伍建设，增强领导干部科学决策能力、贯彻执行能力、组织管理能力、综合协调能力、选材用人能力、处事应变能力、开拓创新能力、学习实践能力。加强调查研究工作，坚决杜绝形式主义、官僚主义。健全完善监督体系，把严的主基调长期坚持下去，建设风清气正的良好政治生态。

完善党和国家监督体系。坚持把监督贯穿于党领导经济社会发展全过程，把完善权力运行和监督制约机制作为实施“十四五”规划的基础性建设，形成决策科学、执行坚决、监督有力的权力运行机制，构建全覆盖的责任制度和监督制度。坚持把党委（党组）主体责任、书记第一责任人责任和纪委监委监督责任贯通起来、一体落实，强化对公权力运行的制约和监督。发挥党内监督主导作用，完善纪律监督、监察监督、派驻监督、巡视监督统筹衔接制度，抓深抓实纪检监察体制改革，强化纪委监委监督的协助引导推动功能，促进党内监督与人大监督、民主监督、行政监督、司法监督、审计监督、财会监督、统计监督、群众监督和舆论监督贯通融合、协调协同，不断增强监督治理效能。深入贯彻落实《关于加强巡视巡察上下联动的意见》，推动巡察向基层一线延伸。注重发挥人民群众的监督主体作用。

第五十九章　完善规划实施机制

构建以市发展规划为统领，市级国土空间规划为基础，市级专项规划为支撑，由市县（区）规划共同组成，定位准确、边界清晰、功能互补、统一衔接的市域规划体系。充分发挥各级政府和社会各界的积极性、主动性、创造性，尊重基层和群众的首创精神，汇聚全市人民的力量和智慧，形成全市人民群策群力、共建共享的生动局面。加强规划宣传，推进规划实施信息公开，健全政府与企业、社会的信息沟通和交流机制，促进规划有效实施，主动接受全社会监督。

第六十章　推动重大工程项目建设

认真落实重大项目“四督四保”“三个走”“双调度”等工作机制，形成市、县（区）、乡（镇）全力协同推进的工作格局，促进重大项目建设提质增效。加大项目前期工作力度，整合相关要素资源，在经济发展、科技创新、保障民生、生态环保、城乡发展等领域组织实施一批关系全局和长远发展的重大项目。制定重大项目（工程）建设推进计划，落实分年度重大项目投资计划，加强项目储备库建设，形成“投产一批、续建一批、开工一批、储备一批”的梯次推进格局。做好重大项目过程管控和考核管理，确保重大工程项目有序有效推进，发挥好对全社会固定资产投资的支撑作用，促进经济高质量发展。

索　引

主题索引

本索引采用主题分析索引法，按索引词首字汉语拼音字母顺序排列，同声同韵字按声调、同音字按笔画顺序排列，若首字母相同按第二字音序排列，依次类推。索引词后的阿拉伯数字表示该词所在页码，数字后的英文字母 a、b、c 分别表示该页文字的左、中、右栏。

C

M

N

P

Q

T

W

X

Y

Z

图表索引

本索引按图片和表格在文中的先后顺序排列，图片说明文字和表格标题后的阿拉伯数字表示所在页码。

系列图片索引：

随文图片索引：

表格索引：